EXCEL 3.0

Said Baloui

EXCEL 3.0
KOMPENDIUM

Zum Lernen und zum Nachschlagen

Markt&Technik Verlag AG

CIP-Titelaufnahme der Deutschen Bibliothek

Baloui, Said:
EXCEL 3.0 – das Kompendium : zum Lernen und zum Nachschlagen / Said Baloui. –
Haar bei München : Markt-und-Technik-Verl., 1991
ISBN 3-87791-089-0

Die Informationen in diesem Produkt werden ohne Rücksicht auf einen eventuellen Patentschutz veröffentlicht.
Warennamen werden ohne Gewährleistung der freien Verwendbarkeit benutzt.
Bei der Zusammenstellung von Texten und Abbildungen wurde mit größter Sorgfalt vorgegangen.
Trotzdem können Fehler nicht vollständig ausgeschlossen werden.
Verlag, Herausgeber und Autoren können für fehlerhafte Angaben und deren Folgen weder eine juristische
Verantwortung noch irgendeine Haftung übernehmen.
Für Verbesserungsvorschläge und Hinweise auf Fehler sind Verlag und Herausgeber dankbar.

MS-EXCEL ist ein eingetragenes Warenzeichen der Microsoft Corporation, USA
MS-Windows ist ein eingetragenes Warenzeichen der Microsoft Corporation, USA
MS-DOS ist ein eingetragenes Warenzeichen der Microsoft Corporation, USA
PC-DOS ist ein eingetragenes Warenzeichen der International Business Machines Corporation, USA

15   14   13   12   11   10   9   8   7   6   5   4   3

94   93   92   91

ISBN 3-87791-089-0

© 1991 by Markt&Technik Verlag Aktiengesellschaft,
Hans-Pinsel-Straße 2, D-8013 Haar bei München/Germany
Alle Rechte vorbehalten
Einbandgestaltung: Grafikdesign Heinz Rauner
Dieses Produkt wurde mit Desktop-Publishing-Programmen erstellt
und auf der Linotronic 300 belichtet.
Druck: Triltsch, Würzburg
Printed in Germany

Inhaltsverzeichnis

	Vorwort	13

	Einleitung	15

	Die Begleitdiskette	17

Teil A	Installation und Benutzeroberflächen	19

1	**Benutzeroberfläche**	21
1.1	Installation und Aufruf	21
1.2	Komponenten des Excel-Fensters	22
1.3	Arbeitsfenster manipulieren	24
1.3.1	Der Zellcursor	24
1.3.2	Bildlauf mit den Cursortasten	26
1.3.3	Bildlauf mit der Maus	29
1.4	Menüs, Befehle und Fenster	30
1.4.1	Fenstergröße, Fensterposition und das Systemmenü	32
1.4.2	Befehlstasten	34
1.4.3	Menübedienung und Fenstermanipulation mit der Maus	35
1.4.4	Kurzmenüs und vollständige Menüs	36
1.4.5	Umgeschaltete Befehle	37
1.5	Dialogfelder und die Hilfefunktion	37
1.5.1	Dialogfelder	38
1.5.2	Die Hilfefunktion	45

Teil B	Tabellen	49

2	**Grundlagen**	51
2.1	Grundbegriffe	51
2.1.1	Was ist eine Tabelle?	51
2.1.2	Bearbeitungszeile, Eingabe- und Bearbeitungsmodus	54
2.2	Dateneingabe	56
2.2.1	Überlange Eingaben	56
2.2.2	Interpretation von Zahlen als Text	58
2.3	Dateihandling, Tabellen löschen und anlegen	60
2.3.1	Datei speichern	60
2.3.2	Dateinamen	61

2.3.3	Speicheroptionen	63
2.3.4	Arbeitsfenster schließen	66
2.3.5	Datei öffnen	66
2.3.6	Datei löschen	69
2.3.7	Neue Tabelle anlegen	70
2.3.8	Arbeitsbereich sichern und laden	71
2.4	Formeln	73
2.4.1	Konstanten und mathematische Operatoren	73
2.4.2	Komplexe Formeln und Prioritätsebenen	74
2.4.3	Feldbezüge	75
2.4.3.1	Bezugsanpassungen	76
2.4.3.2	Zeilen- und Spaltendifferenzen	79
2.4.3.3	Relativer, absoluter und gemischter Bezug	81
2.4.3.4	Eingabe im Zeigemodus	89
3	**Selektieren und Editieren**	**91**
3.1	Selektieren	91
3.1.1	Bereiche	91
3.1.2	Mit Laptop-Tastaturen	93
3.1.3	Mehrfachselektion	94
3.1.4	Spalten und Zeilen, das Arbeitsblatt	96
3.2	Editieren	98
3.2.1	Demoanwendungen und die Diskette zum Buch	98
3.2.2	Dateneingabe und Bereichsselektion	100
3.2.3	Leerfelder einfügen und löschen	102
3.2.4	Komplette Spalten und Zeilen behandeln	107
3.2.5	Ausschneiden und Einfügen	110
3.2.6	Kopieren und Einfügen	113
3.2.7	Kopieren und Verschieben	117
3.2.8	Inhalte löschen	119
3.2.9	Befehle rückgängig machen	120
3.2.10	Befehle wiederholen	121
3.2.11	Verknüpfen und einfügen	121
3.2.12	Selektives Kopieren, Transponieren und Verknüpfen	122
3.2.13	Ausfüllen eines Bereichs	128
3.2.14	Kurztasten	130
3.2.15	Anwendung auf Eingabefelder	131
4	**Formatieren**	**132**
4.1	Formate zuweisen und löschen	132
4.1.1	Über Dialogfelder	133
4.1.2	Mit der Werkzeugleiste	135
4.2	Eine kleine Haushaltsbuchführung	135

4.3	Summieren – die SUMME()-Funktion und der »Summierungs-Knopf«	137
4.4	Zahlenformate	140
4.4.1	Standardformate	143
4.4.2	Definition eigener Zahlenformate	146
4.5	Text- und Zahlenausrichtung	147
4.6	Schriftformate	150
4.6.1	Schriftarten und-farben	151
4.6.2	Druckerschriften	156
4.7	Spaltenbreite und Zeilenhöhe	158
4.7.1	Zeilenhöhe	158
4.7.2	Spaltenbreite	161
4.7.3	Mit der Maus	163
4.7.4	Praxistips	164
4.8	Rahmen	165
4.9	Muster- und Farbwahl	167
4.10	Eingabe und Formatierung von Datums- und Zeitwerten	169
4.10.1	Datumsformate	169
4.10.2	Zeitformate	171
4.10.3	Eine beliebte Fehlerquelle und ein kleiner Trick	172
4.11	Bündig anordnen	173
4.12	Feldschutz	174
4.13	Formatvorlagen – Kombinationen von Formatmerkmalen	175
4.13.1	Zuweisung	176
4.13.2	Eigendefinierte Vorlagen	177
4.13.2.1	Vorgabe eines Beispiels	177
4.13.2.2	Manuelle Definition	179
4.13.2.3	Umdefinition	183
4.13.3	Individuelle Formatierungs-Voreinstellungen	184
4.13.4	Formatvorlagen und die Werkzeugleiste	185
5	**Drucken**	186
5.1	Druckereinrichtung	186
5.1.1	Grafikauflösung und Textqualität	187
5.1.2	Druckertyp, Farbe und Schriftarten	187
5.1.3	Einzug, Papier- und Druckformat	188
5.1.4	Laserdrucker	188
5.2	Das Seitenlayout	191
5.2.1	Randeinstellungen	192
5.2.2	Kopf- und Fußzeilen	192
5.2.3	Zusätzliche Optionen	193
5.3	Der Ausdruck	194
5.3.1	Die Seitenansicht	194
5.3.2	Interaktives Layouten	196

5.3.3	Tabellenteile drucken	198
5.3.4	Manueller Seitenumbruch	199
5.3.5	Überschriften definieren	202
5.3.6	Der Druckerspooler	204
6	**Arbeitserleichterungen**	**206**
6.1	Verwendung von Namen	206
6.1.1	Konstanten und Formeln benennen	206
6.1.2	Benennen von Feldern und Bereichen	209
6.1.3	Namen einfügen, suchen, ändern und löschen	214
6.1.4	Namen übernehmen	215
6.1.5	Namen anwenden	218
6.1.5.1	Mehrfachselektionen in Listenfeldern	219
6.1.5.2	Relative/absolute Bezüge ignorieren	220
6.1.5.3	Zeilen- und Spaltennamen verwenden	220
6.1.6	Praxistips	223
6.2	Mit mehreren Fenstern gleichzeitig arbeiten	224
6.2.1	Wechsel des aktiven Fensters	225
6.2.2	Fenster arrangieren	226
6.2.3	Fenster verbergen und anzeigen	227
6.2.4	Fenster und Arbeitsbereiche speichern	229
6.2.5	Unterfenster einrichten	229
6.2.6	Fenster fixieren	231
6.2.7	Mehrere Fenster für eine Tabelle	233
6.2.8	Editieren über mehrere Fenster hinweg	233
6.3	Notizen und Informationen	234
6.3.1	Das Notizfenster	234
6.3.2	Das Infofenster	236
6.4	Sonstiges	239
6.4.1	Automatisches Öffnen von Dateien	239
6.4.2	Formeln testen	240
6.4.3	Reihen berechnen	240
6.4.4	Zielwertsuche	244
6.4.5	Der »Solver«	247
6.4.6	Bildschirmanzeige steuern	256
6.4.7	Farbpalette editieren	258
6.4.8	Berechnungsmöglichkeiten	259
7	**Fortgeschrittene Anwendungen**	**262**
7.1	Tabellen verknüpfen	262
7.1.1	Eigenschaften externer Bezüge	264
7.1.2	MustervorlagenundArbeitsgruppen	270
7.1.3	Suchen und Ersetzen	274
7.1.4	Verknüpfungen aktualisieren	282

7.2	Datenkonsolidierung	285
7.2.1	Statische Verknüpfungen	286
7.2.2	Orientierung an Rubrikennamen	290
7.2.3	Dynamische Verknüpfungen	295
7.3	Gliederungen	299
7.3.1	Automatische Gliederungserstellung	299
7.3.2	Manuelle Gliederungen	303
7.3.3	Selektives Aus- und Einblenden	312
7.3.4	Spaltenorientierte Gliederungen	313
7.4	Mehrfachoperationen	315
7.4.1	Mit einem Eingabefeld	316
7.4.2	Testen mehrerer Formeln	320
7.4.3	Mehrfachoperationsbereiche editieren	323
7.4.4	Mit zwei Eingabefeldern	323
7.5	Matrixformeln	325
7.5.1	Eingabe und Anwendung	326
7.5.2	Editieren	332
7.5.3	Matrixkonstanten und Matrixexpansion	333
7.6	Tabellen durchsuchen	337
7.6.1	Wahl der zu suchenden Datenart	337
7.6.2	Zeilen- und Spaltendifferenzen	339
7.6.3	Vorrangige und abhängige Felder	342
7.7	Datenexport/Datenimport	343
7.7.1	Dateiformate	344
7.7.1.1	Allgemeine Formate	344
7.7.1.2	Zwei nützliche Utilities	352
7.7.1.3	Multiplan, Lotus, Symphony und dBase	355
7.7.2	Datenaustausch mit Windows-Applikationen	357
7.7.2.1	Die Zwischenablage	357
7.7.2.2	Dynamischer Datenaustausch	359
8	**Funktionen**	362
8.1	Grundlagen	362
8.1.1	Was ist eine Funktion?	362
8.1.2	Argumente, Datentypen und verschachtelte Funktionsaufrufe	364
8.2	Funktionsgruppen	367
8.2.1	Mathematische Funktionen	368
8.2.2	Textfunktionen	370
8.2.3	Datums- und Zeitfunktionen	371
8.2.4	Statistische Funktionen	373
8.2.5	Suchfunktionen	378
8.2.6	Logische Funktionen	383
8.2.7	Informationsfunktionen	389

8.2.8	Finanzmathematische Funktionen	389
8.2.9	Trigonometrische Funktionen	390
8.2.10	Matrixfunktionen	391
8.3	Add-in's	392
8.3.1	Anwendung	392
8.3.2	Der Add-in-Manager	392

Teil C   Datenbanken 395

9	**Datenbanken und Datenmasken**	397
9.1	Datenbank definieren	397
9.1.1	Struktur einer Datenbank	398
9.1.2	Definition des Datenbankbereichs	399
9.2	Datenbank editieren	400
9.2.1	Datensätze eintragen	401
9.2.2	Sonstige Editierungen	402
9.3	Datenmasken	402
10	**Datenbankbefehle und Datenbankfunktionen**	404
10.1	Auswertungen	404
10.1.1	Kriterienbereiche	405
10.1.2	Suchmöglichkeiten	409
10.1.2.1	Textsuche	409
10.1.2.2	Kombinieren von Suchkriterien	409
10.1.2.3	Maskieren	410
10.1.2.4	Logische Operatoren und Vergleichsoperatoren	411
10.1.2.5	Berechnete Suchkriterien	412
10.1.3	Ausgewählte Daten bearbeiten	415
10.1.4	Selektierte Datensätze löschen	418
10.2	Sortieren	418
10.2.1	Sortierkriterien	420
10.2.2	Mehrfachschlüssel	421
10.2.3	Zeilen und Spalten sortieren	422
10.3	Datenbankfunktionen	425

Teil D   Grafikobjekte und Diagramme 427

11	**Grafikobjekte**	429
11.1	Erzeugen, selektieren und manipulieren	429
11.2	Objektbezogene Dialogfelder	433
11.3	Objektbindung	438
11.4	Objekttypen	440

12	**Diagramme erzeugen**	**443**
12.1	Integrierte Diagramme	443
12.2	Eigenständige Diagrammfenster	445
12.2.1	Diagramme in die Tabelle kopieren	447
12.2.2	Speichern, laden, schützen und drucken	448
12.3	Diagrammelemente	450
12.3.1	Datenreihen und Rubriken	452
12.3.2	Legenden einfügen	460
12.3.3	Leere Datenreihen	462
12.4	Diagrammarten	463
12.4.1	Die »Galerie«	463
12.4.2	2D-Diagramme	464
12.4.3	3D-Diagramme	469
12.4.4	Überlagerungsdiagramme	470
12.4.5	Das Hauptdiagramm	474
12.4.6	Vorzugsform	476
13	**Diagramme manipulieren**	**477**
13.1	Selektieren und Formatieren	478
13.1.1	Datenpunkte	480
13.1.2	Achsenformatierung und -skalierung	483
13.1.3	Textzuordnung	495
13.1.4	Textformatierung	500
13.1.5	Legende formatieren	502
13.1.6	Pfeile und Gitternetzlinien	504
13.1.7	Diagramm und Diagrammfläche	507
13.2	Symbole aus Zeichenprogrammen übernehmen	507
13.3	Datenreihen und Datenreihenformeln	508
Teil E	**Makros**	**517**
14	**Grundlagen**	**519**
14.1	Funktionsweise von Makros	519
14.1.1	Makroarbeitsblätter	519
14.1.2	Makros schreiben	521
14.1.3	Makros benennen und ausführen	521
14.2	Der Makrorekorder	523
14.2.1	Makros aufzeichnen	524
14.2.2	Aufzeichnungsmodi	526
14.2.3	Speichern, laden, schützen und editieren	527
14.2.4	Autoexec-Makros	529
14.3	Makros und Grafikobjekte	531
14.3.1	Verknüpfungen herstellen	532
14.3.2	Schaltknöpfe	533

15	**Makroprogrammierung**	535
15.1	Makrofunktionen	535
15.1.1	»Debuggen« von Makros	536
15.1.2	Befehlsäquivalente Funktionen und Dialogfeldfunktionen	543
15.1.3	Aktionsäquivalente Funktionen und Bezugsformate	549
15.1.4	Steuerfunktionen, Bedingungen und Schleifen	554
15.1.5	Wertausgabefunktionen	570
15.1.6	Anwenderspezifische Funktionen	571
15.1.7	Selbstdefinierte Funktionen	579
15.1.8	Add-in's erzeugen	584
15.1.9	Verwendung von Variablen	586
15.2	Eigendefinierte Menüs	589
15.2.1	Definitionsbereiche	589
15.2.2	Befehle einfügen und löschen	590
15.2.3	Menüs einfügen und löschen	594
15.2.4	Menüleisten erzeugen und löschen	595
15.2.5	Befehle umbenennen, hinterlegen, Wahlmarkierungen festlegen	597
15.3	Dialogfelder	598
15.3.1	Definition der Dialogfeldelemente	598
15.3.2	Dateihandling in Dialogfeldern	610
15.3.3	Optionsgruppen	614
15.3.4	Der Dialog Editor	615

Anhang A Tabellen- und Datenbankfunktionen   620

Anhang B Makrofunktionen   634

Stichwortverzeichnis   677

Vorwort

Sehr geehrter Leser,

in der Version 3.0 setzt Excel neue Maßstäbe für die Leistungsfähigkeit und Bedienungs-freundlichkeit einer Tabellenkalkulation. Mit Features wie der Konsolidierungs- und der Gliederungsfunktion und der Möglichkeit, Grafiken unterschiedlichster Art in Tabellen zu integrieren, erfüllt Excel wohl auch die Anforderungen anspruchsvoller Benutzer.

Diese Leistungsfähigkeit hat jedoch ihren Preis. Der enorme Befehls- und Funktions-umfang des Programms »erschlägt« den Anwender geradezu. Und die Handbücher sind zum Erlernen von Excel ungeeignet, da sie eindeutig als Nachschlagewerke gedacht sind.

Im Gegensatz zum mitgelieferten Lernprogramm, das den Umgang mit Excel sehr ausführ-lich und vor allem anschaulich erläutert. Ein solches Lernprogramm ist allerdings nicht jedermanns Sache. Und genau hier setzt das vorliegende Buch an, das Ihnen die Möglich-keiten von Excel Schritt für Schritt näherbringt. Angefangen mit der Erläuterung der Bedie-nung von »Pull-down-Menüs« und »Dialogfeldern«. Dieser und der folgende Abschnitt, in dem ich grundlegende Elemente der Excel-Tabellenkalkulation wie »Bezüge«, »Formeln«, das »Selektieren« und »Editieren« erläutere, wendet sich an Neulinge in Sachen Tabellen-kalkulation und ist entsprechend ausführlich gehalten.

Anschließend werden deutlich zügiger die wirklich interessanten Komponenten von Excel erläutert, die fortgeschrittenen Tabellen-, Datenbank- und Grafikfunktionen bis hin zum dynamischen Datenaustausch mit anderen Programmen und der Programmierung mit Makros.

Kurz gesagt: Das vorliegende Buch enthält – hoffentlich – alles Wissenswerte über Excel in der Version 3.0. Und zwar nicht in theoretischer Lehrbuchform, sondern es veranschaulicht anhand unzähliger kleinerer und größerer Beispiele, die sich zum größten Teil auch auf der beiliegenden Diskette befinden. Darauf befinden sich übrigens außer Tabellen, Diagram-men und Makrovorlagen auch zwei kleine eigenständige Hilfsprogramme (*READFILE.EXE* und *TAB_REPL.EXE*), die einige Schwächen von Excel beim Datenaustausch beheben und von mir im Abschnitt 7.7.1.2 »Zwei nützliche Utilities« erläutert werden.

Den Abschluß bildet ein umfangreicher Anhang mit einer Kurzbeschreibung aller Funktio-nen, der Ihnen das ständige Hin- und Herwechseln zwischen diesem Buch und den Hand-büchern ersparen soll.

Bis zum nächstenmal,

Said Baloui

Einleitung

Bevor es losgeht, möchte ich Sie kurz darauf vorbereiten, was Sie auf den folgenden Seiten erwartet.

Zunächst erfahren Sie einiges über die Bedienung der Benutzeroberfläche, über den Umgang mit »Fenstern«, »Pull-down-Menüs« und »Dialogfeldern«. Wenn Sie bereits mit Windows-Programmen arbeiten (Word für Windows, Paintbrush usw.), empfehle ich Ihnen, diesen Teil zu übergehen, da er für Sie wohl kaum Neues enthält.

Der folgende Teil ist der Schwerpunkt dieses Buches und entsprechend umfangreich. Er erläutert die Tabellenkalkulation mit Excel. Angefangen bei den grundlegenden Möglichkeiten zum Erstellen, Formatieren und Bearbeiten von Tabellen. Dieser Teil wendet sich ausdrücklich an Leser, die noch nie Kontakt mit einer Tabellenkalkulation hatten. Sie erfahren, was eine »Tabelle«, ein »Bezug« und eine »Formel« ist, wie Felder editiert und formatiert werden. Leser, die bereits Erfahrungen mit Tabellenkalkulationen besitzen, werden meine Erläuterungen sicher als etwas zu ausführlich empfinden und sich möglicherweise langweilen.

Aber sicher nicht lange. Denn nach dieser Einführung geht es um Techniken wie eingebaute Funktionen, das Verknüpfen von Tabellen, Matrixoperationen und ähnliches, mit denen Sie sich die Arbeit erleichtern und gleichzeitig den Einsatzbereich von Excel erweitern können. Den Abschluß bildet eine detaillierte Besprechung des Ausdrucks von Tabellen, da Excel gerade hier mehr Möglichkeiten bietet als andere Programme.

Im zweiten Teil wird Excel als – einfache – Datenbank eingesetzt. Excel ist zwar nicht dazu geeignet, dBase, Clipper oder andere Standardprogramme auf diesem Gebiet zu ersetzen, eignet sich aber ohne weiteres zur Verwaltung kleinerer Datenbestände wie zum Beispiel der Kundenkartei eines Versicherungsvertreters.

Der dritte Teil erläutert das integrierte Grafikpaket. Im Gegensatz zu manch anderer Tabellenkalkulation besitzt Excel alle nötigen Funktionen, um aus Ihren »Zahlenwüsten« anschauliche zwei- oder dreidimensionale Balken-, Torten- oder Liniendiagramme zu erzeugen, die Sie problemlos in die Tabelle selbst integrieren und zusammen mit ihr ausdrucken können.

Danach folgt die Makroprogrammierung, mit der Sie alle möglichen Vorgänge automatisieren und Excel mit eigenen Dialogfeldern und Menüs sogar ein ganz neues »Gesicht« geben können. Dieses Kapitel ist sicher das anspruchsvollste des gesamten Buches und wird Sie als Einsteiger wahrscheinlich erst interessieren, wenn Sie bereits einige Zeit mit Excel gearbeitet haben.

Ebenso wie der Anhang, der eine vollständige Übersicht über alle Tabellenkalkulations-, Datenbank- und Makrofunktionen enthält und zum Nachschlagen gedacht ist, um zum Beispiel schnell einmal die Reihenfolge von Argumenten nachzuschlagen, die einer bestimmten Funktion übergeben wird. An Ausführlichkeit ist er keinesfalls mit dem entsprechenden Excel-Handbuch zu vergleichen und nicht als Ersatz dafür gedacht.

Eine Bitte habe ich an Sie: Betrachten Sie dieses Buch als Kursus mit aufeinander aufbauenden »Lektionen«, die Sie der Reihe nach durcharbeiten sollten. Springen Sie nicht wahllos zwischen den einzelnen Kapiteln hin und her, sondern halten Sie sich möglichst an die von mir vorgesehene Reihenfolge. Mit einer Einschränkung: Sollten Sie die Windows- und Excel-Oberfläche bereits kennen, können Sie die ersten Kapitel einfach übergehen.

Die Begleitdiskette

Die Begleitdiskette enthält nahezu alle Beispieltabellen, -diagramme und -makroprogramme, die in diesem Buch entwickelt werden. Die knapp 90 Dateien mit einem Gesamtumfang von etwa einem halben Megabyte konnte ich nur mit einem kleinen Trick auf einer gewöhnlichen 360-Kbyte-Diskette unterbringen: Sie wurden mit dem Public-Domain-Programm »Lharc« komprimiert.

Als Resultat befindet sich auf der Begleitdiskette eine einzige mit knapp 200 Kbyte vergleichsweise kleine Datei *DEMOS.EXE*, mit der Sie so nichts anfangen können. Zuerst müssen die darin enthaltenen Dateien »entkomprimiert« werden. Und zwar so:

▪ Vergewissern Sie sich, daß auf Ihrer Festplatte noch mindestens 700 Kbyte freier Speicherplatz vorhanden ist.

▪ Kopieren Sie *DEMOS.EXE* auf die Festplatte.

▪ Rufen Sie das Programm auf.

Die Datei entkomprimiert sich nach dem Aufruf selbständig. Anschließend befinden sich im betreffenden Verzeichnis die Original-Demodateien. *DEMOS.EXE* wird nicht mehr benötigt und kann gelöscht werden – auf der Festplatte, bitte nicht auch auf der Begleitdiskette!

Installation und Benutzeroberfläche

ABCDE

1 Benutzeroberfläche

1.1 Installation und Aufruf

In den Regalen Ihres Buchhändlers liegt womöglich noch eine frühere Fassung dieses Buches, die Windows in der Version 2.1 und Excel in den Versionen 2.01 und 2.1 beschrieb.

Dort erläuterte ich die Installationsprozedur ausführlich und gab vor allem einige Tricks, die Hilfsprogramme wie *HIMEM.SYS* oder *SMARTDRV.SYS* betreffen. All diese Erläuterungen kann ich mir inzwischen ersparen, da die Installation von Windows 3.0 und Excel 3.0 inzwischen wesentlich problemloser und weitestgehend automatisch abläuft.

Zuerst installieren Sie Windows, indem Sie das zugehörige Installationsprogramm *SETUP.EXE* aufrufen. Windows erkennt selbständig, welchen Rechnertyp Sie besitzen (PC, AT, 386er), wieviel Speicher, welche Tastatur, welchen Grafikadapter, welchen Maustyp und so weiter. So daß Sie sich diese Angaben im Gegensatz zu früheren Windows-Versionen ersparen können und die Installation fast vollautomatisch abläuft. Die erwähnten Treiber *HIMEM.SYS* und *SMARTDRV.SYS* bindet Windows durch Änderung Ihrer *CONFIG.SYS*-Datei automatisch ein und ändert die PATH-Angabe in der Datei *AUTOEXEC.BAT* so, daß anschließend die Eingabe *WIN* genügt, um Windows aufzurufen.

Anschließend installieren Sie Excel. Sie rufen Windows auf, legen die Excel-Diskette ein, die das Programm *SETUP.EXE* enthält, und rufen es auf, indem Sie im »Programmanager« von Windows im *DATEI*-Menü den Befehl *Ausführen...* wählen und »A:SETUP« eingeben, beziehungsweise »B:SETUP«, wenn Sie die Diskette in Laufwerk B eingelegt haben. Die Installation verläuft erneut weitestgehend automatisch, und nur an wenigen Stellen werden irgendwelche Eingaben von Ihnen erwartet – zu denen Sie auch noch Hinweise erhalten.

Noch ein Hinweis für erfahrenere Anwender: Sie kommen möglicherweise auf die Idee, das Windows-DiskCaching-Programm *SMARTDRV.SYS* durch irgendein anderes Programm zu ersetzen, das Sie bisher bevorzugten. Das sollten Sie sich jedoch gut überlegen. *SMART-DRV.SYS* ist speziell auf die Zusammenarbeit mit Windows 3.0 ausgelegt. Wird Windows der verfügbare Speicherplatz zu knapp, kann es den für *SMARTDRV.SYS* reservierten Speicherplatz benutzen und nach getaner Arbeit wieder *SMARTDRV.SYS* zur Verfügung stellen. Dieser »dynamische Speicheraustausch« zwischen Windows 3.0 und *SMARTDRV.SYS* kann die Arbeit mit Windows deutlich beschleunigen, da Windows mehr Speicher zur Verfügung steht, als es beim Einsatz anderer Cache-Programme der Fall wäre.

Außerdem ist der Einsatz von *SMARTDRV.SYS* in manchen Fällen zwingend erforderlich. Vor allem, wenn Sie einen 386er mit mehr als 2 Mbyte Arbeitsspeicher besitzen, auf dem Windows im sogenannten »Enhanced«-Modus arbeitet.

In diesem Modus hat Windows 3.0 größte Schwierigkeiten, mit SCSI-Festplatten und Fest-
plattenpartitionen zusammenzuarbeiten, die größer als 32 Mbyte sind. Diese Probleme
äußern sich im Extremfall in zerstörten Dateien – allerdings nur, wenn *SMARTDRV.SYS*
nicht eingesetzt wird! Daher sollten Sie Ihr bisheriges Lieblings-Cache-Programm vergessen und bei dem nach der Windows-Installation eingebundenen *SMARTDRV.SYS*
bleiben.

Ich gehe davon aus, daß Sie inzwischen Windows und Excel installiert haben. Nach der
Installation von Excel wird das Programm automatisch gestartet. Normalerweise starten Sie
es im Windows-Programmanager. Sie zielen mit dem Mauszeiger auf das Symbol mit dem
Titel »Excel 3.0« und drücken zweimal schnell hintereinander die linke Maustaste (»Maus-
Doppelklick«).

Alternativ können Sie Windows und Excel gleichzeitig von DOS aus aufrufen. Begeben Sie
sich in das Verzeichnis, in dem sich Excel befindet, und geben Sie ein:

```
WIN EXCEL
```

Windows wird aufgerufen und unmittelbar darauf Excel gestartet. Im Windows-Verzeich-
nis befindet sich die Datei *EXCEL.INI*, die später – wenn Sie bereits einige Erfahrungen
mit Excel gesammelt haben – noch recht nützlich für Sie sein wird. Es ist eine »ASCII-
Datei«, die Sie mit jedem beliebigen Editor bearbeiten können, der in der Lage ist, Dateien
im »ASCII-Format« zu speichern – zum Beispiel mit dem Windows-Notizblock.

Um diese Datei zu modifizieren, laden Sie sie in Ihren Editor, editieren sie und speichern
sie wieder als ASCII-Datei ab. Zum Beispiel enthält *EXCEL.INI* den Eintrag *MAXI-
MIZED=1*.

Er legt fest, daß Excel im »Vollbildmodus« gestartet wird und nach dem Aufruf sofort den
größten Teil des Bildschirms einnimmt. Ändern Sie ihn jedoch in *MAXIMIZED=0*,
erscheint Excel dagegen zunächst in einem kleinen Fenster.

Bearbeiten Sie mit Excel immer die gleiche Tabelle, empfiehlt es sich, eine zusätzliche
Zeile einzufügen:

```
OPEN=dateiname
```

»dateiname« steht für den Namen Ihrer Tabelle, die nach dem Start von Excel automatisch
geladen werden soll. Zum Beispiel sorgt der Eintrag *OPEN=mytab.xls* dafür, daß nach dem
Laden von Excel automatisch die Tabelle *MYTAB.XLS* geöffnet wird.

1.2 Komponenten des Excel-Fensters

Die folgende Bildschirmabbildung zeigt mehrere Elemente, die Ihnen immer wieder
begegnen werden: Am oberen Bildschirmrand befindet sich die »Titelleiste«, die den
Namen der Windows-Applikation enthält, mit der Sie gerade arbeiten, in unserem Fall also
»Excel«.

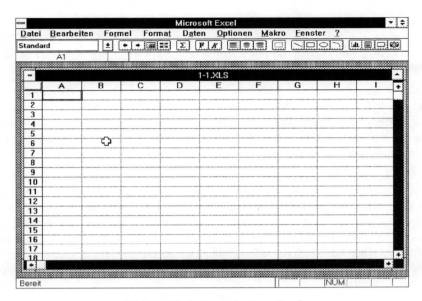

Bild 1.1: Nach dem Aufruf von Excel

Direkt darunter sehen Sie die »Menüleiste«, die die Namen der verschiedenen »Auswahl-menüs« enthält, die Ihnen Excel zur Befehlsauswahl zur Verfügung stellt.

Die dritte Zeile von oben ist die »Werkzeugleiste«. Sie enthält verschiedene Symbole oder »Knöpfe«, die durch Anklicken mit der Maus aktiviert werden, wodurch einige der am häufigsten verwendeten Excel-Befehle ausgeführt werden. Wir werden später sehen, daß ein Mausklick auf eines dieser Symbole genügt, um zum Beispiel eine Grafik zu erzeugen, Zahlen zu addieren, oder Texte fett oder kursiv hervorzuheben.

Die vierte Zeile heißt »Eingabezeile«. Sie zeigt nähere Informationen zu jenem Teil des »Arbeitsblattes« an, den Sie gerade bearbeiten. Am unteren Bildschirmrand befindet sich die »Statuszeile«, die Excel für Mitteilungen reserviert. Momentan lautet diese Mitteilung »Bereit«, das heißt Excel ist bereit, irgendwelche Befehle oder Eingaben von Ihnen entgegenzunehmen. Im rechten Teil der Statuszeile zeigt Excel an, welche speziellen Tastenfunktionen gerade aktiviert sind. Das »NUM« in der Abbildung bedeutet, daß der numerische Ziffernblock eingeschaltet ist, den Sie mit der Taste [Num] wahlweise ein- oder ausschalten können.

Das wichtigste Element der Abbildung ist jedoch das leere »Tabellenblatt« oder »Tabellenfenster«, das nahezu den gesamten Bildschirm einnimmt. Dieses von einem Rahmen umgebene Fenster ist durch »Gitternetzlinien« in Spalten und Zeilen unterteilt. Die einzelnen Spalten werden durch Buchstaben (A, B, C usw.) und die Zeilen durch Zahlen (1, 2, 3 usw.) gekennzeichnet.

Die kleinen Blöcke, aus denen das Arbeitsblatt besteht, sind die sogenannten »Zellen« oder »Felder«. In diesem Buch werde ich abwechselnd mal diesen, mal jenen Begriff verwenden. Jede Zelle kann eine bestimmte Information aufnehmen, eine Zahl (123,45), eine Zeichenfolge (»Hallo«), ein Datum (15.11.59) oder eine Formel.

Die Position einer Zelle hängt davon ab, in welcher Zeile und in welcher Spalte sie sich befindet. Beides zusammen bildet die sogenannte »Zellreferenz«. Nehmen wir als Beispiel die Zelle in der oberen linken Ecke. Sie befindet sich in der ersten Zeile von Spalte A. Die Zellreferenz wird gebildet, indem beide Informationen hintereinander geschrieben werden, wobei zuerst die Spaltenbezeichnung kommt, danach die Zeilennummer.

Unsere Zelle oben links besitzt also die Zellreferenz A1. Die Zelle darunter befindet sich ebenfalls in der Spalte A, aber in Zeile 2. Ihre Referenz ist demnach A2. Mit diesem System kann offensichtlich jede Zelle des Blattes eindeutig identifiziert werden. Die Zelle in der rechten unteren Ecke besitzt entsprechend eine Referenz wie I18, je nachdem wie groß das Arbeitsblatt ist. Wir werden uns noch oft genug mit Zellen und deren Inhalten beschäftigen. Daher werde ich darauf noch nicht eingehen, sondern zunächst die restlichen Elemente besprechen, aus denen ein Arbeitsblatt besteht, vor allem die »Bildlaufleisten« und die »Bildlaufpfeile«.

1|3| Arbeitsfenster manipulieren

Um den Umgang mit diesen Elementen zu erlernen, ist ein leeres Arbeitsblatt ziemlich ungeeignet. Daher tragen wir nun zunächst einige Zahlen in dieses Blatt ein. Zuvor müssen Sie jedoch lernen, den »Zellcursor« zu steuern.

1|3|1| Der Zellcursor

Sicher sind Sie bereits in den verschiedensten Programmen an den Umgang mit einem Positionsanzeiger gewohnt, dem »Cursor«. In Excel »hüpfen« Sie mit diesem Cursor jedoch nicht von Zeichen zu Zeichen, sondern von Zelle zu Zelle – und darum heißt er auch »Zellcursor«. Der Zellcursor befindet sich nach dem Aufruf von Excel zunächst auf der Position A1 und wird wie üblich mit den Cursortasten gesteuert, also mit den vier Pfeiltasten. Probieren Sie es einfach aus. Jede Betätigung der Taste → bewegt den Cursor um eine Spalte nach rechts, also von Zelle A1 zu Zelle B1, von dort zu C1 und so weiter. Und ← bewegt ihn gerade entgegengesetzt jeweils eine Zelle nach links. Analog bewegen ↓ und ↑ den Zellcursor jeweils um eine Zeile nach unten beziehungsweise nach oben. In welcher Zelle Sie sich gerade befinden, wird ständig ganz links in der Eingabezeile angezeigt.

Öffnen Sie bitte das Menü OPTIONEN durch Anklicken mit der Maus. Klicken Sie in diesem Menü den Befehl Arbeitsbereich... an. Eine »Dialogbox« erscheint. Klicken Sie in dieser Box das Kästchen »Auswahl nach dem Drücken der Eingabetaste verschieben« an. In dem Kästchen erscheint ein Kreuz. Es bedeutet, daß diese Option aktiviert ist und Excel den Zellcursor von nun an eine Zeile nach unten bewegt, wenn Sie eine Eingabe mit Enter abschließen.

Steuern Sie den Zellcursor nun bitte wieder zur Ausgangsposition, zur Zelle A1 in der linken oberen Ecke. Geben Sie dort die Zahl 1 ein und drücken Sie anschließend ⌈Enter⌉. Ihre Eingabe wird in Zelle A1 angezeigt und in dem Moment, in dem Sie ⌈Enter⌉ drücken und damit die Eingabe beenden, von Excel rechtsbündig in der Zelle ausgerichtet.

Außerdem springt der »Zellcursor« zur nächstunteren Zelle, zu A2, und links in der Eingabezeile wird ebenfalls A2 als aktuelle Zellreferenz angezeigt – zumindest wenn Sie, wie soeben beschrieben, die Option »Auswahl nach dem Drücken der Eingabetaste verschieben« aktiviert haben, wovon ich in allen folgenden Beispielen ausgehen werde. Ohne Aktivierung dieser Option bleibt der Zellcursor nach ⌈Enter⌉, wo er gerade ist.

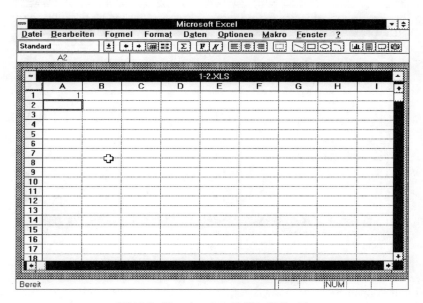

Bild 1.2: Eingabe einer Zahl in Zelle A1

Übrigens: wenn Sie eine Tastatur mit getrenntem Ziffernblock besitzen, sollten Sie sich angewöhnen, diesen zur Eingabe von Zahlen zu benutzen, da Sie sich damit die Arbeit auf Dauer erheblich erleichtern.

Sie sollen nun einige weitere Zahlen eingeben. Zuerst eine 2 in Zelle A2. Drücken Sie anschließend aber bitte nicht ⌈Enter⌉, sondern die Taste ⌈→⌉. Wie Sie sehen, wird die Eingabe dadurch zwar ebenfalls abgeschlossen, der Zellcursor jedoch nicht wie bei ⌈Enter⌉ nach unten, sondern nach rechts bewegt.

Allgemein: Nach dem Beenden einer Eingabe mit ⌈Enter⌉ wird der Zellcursor nach unten bewegt, bei Betätigung einer Cursortaste dagegen in die betreffende Pfeilrichtung. Was vor allem bei Tabellen vorteilhaft ist, in denen die Zahlen nicht waagrecht, sondern senkrecht angeordnet sind. Sie geben eine Zahl ein, drücken ⌈→⌉, und können sofort die nächste Zahl in der Zelle rechts daneben eingeben.

Mit der Maus eröffnen sich weitere Alternativen zum Abschließen einer Eingabe. Sie können den Knopf mit dem Häkchen in der Bearbeitungszeile anklicken oder aber jene Zelle, in die Sie die nächste Zahl eingeben wollen. Auch diese Aktion schließt die Eingabe ab und bewegt den Zellcursor anschließend zur angeklickten Zelle.

Geben Sie nun bitte noch in Zelle B1 eine 3 und in B2 eine 4 ein. Ihr Arbeitsblatt sollte danach folgendes Aussehen haben:

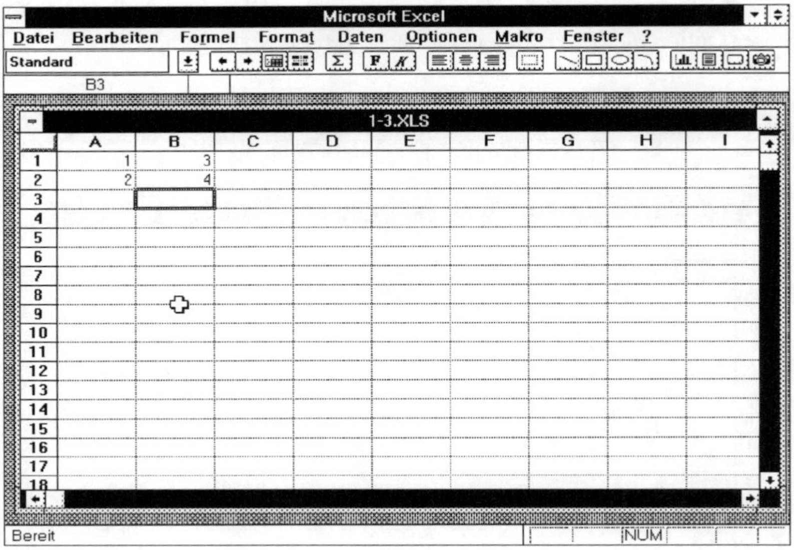

Bild 1.3: Arbeitsblatt nach Eingabe von vier Zahlen

Korrekturen können Sie sehr einfach vornehmen, indem Sie den Zellcursor zur betreffenden Zelle bewegen und nun den korrekten Wert eingeben. Jede Neueingabe »überschreibt« den bisherigen Inhalt einer Zelle.

1.3.2   Bildlauf mit den Cursortasten

Excel ermöglicht Ihnen Arbeitsblätter mit einer Größe von bis zu 256 Spalten und 16384 Zeilen – vorausgesetzt, Ihr Arbeitsspeicher ist groß genug! Das heißt, daß Sie auf dem Bildschirm im Arbeitsfenster immer nur einen winzigen Ausschnitt aus dem gesamten Riesenblatt sehen. Diesen Ausschnitt können Sie allerdings beliebig verschieben. Am einfachsten mit den Cursortasten. Bewegen Sie den Cursor bitte zur untersten Zeile des Blattes. Und nun betätigen Sie genau einmal die Taste ⬇. Der sichtbare Ausschnitt des Blattes beginnt nun eine Zeile tiefer bei Zeile 2 statt wie zuvor bei Zeile 1. Dafür sehen Sie am unteren Rand eine Zeile, die sich bisher unterhalb des sichtbaren Teils befand.

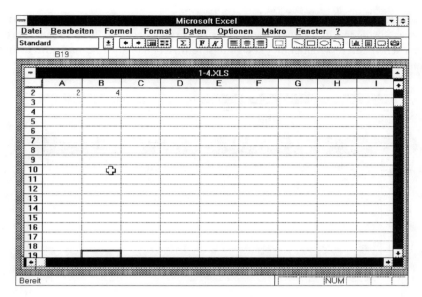

Bild 1.4: Bildlauf mit den Cursortasten

Wenn Sie noch einmal ⊡ drücken, »rollt« auch Zeile 2 oben aus dem Ausschnitt heraus und am unteren Rand kommt dafür wieder die nächste Zeile ins Blickfeld. Wenn Sie so lange ⊡ drücken, bis sich der Zellcursor am oberen Fensterrand befindet (momentan also Zeile 3) und die gleiche Taste noch mal drücken, wird der Ausschnitt in die entgegengesetzte Richtung gerollt, nach oben, und Zeile 2 kommt wieder ins Blickfeld.

Sie können einen solchen »Bildlauf« in alle vier Richtungen ausführen. Ganz allgemein gilt: Bewegen Sie sich mit dem Zellcursor zu einem der vier Ränder des Arbeitsblattes. Wenn Sie ihn dann über diesen Rand »hinaus« führen, wird ein Bildlauf durchgeführt und der Ausschnitt des Arbeitsblatts in die entsprechende Richtung verschoben.

Außer dem zeilen- und spaltenweisen Rollen des Ausschnitts ermöglicht Ihnen Excel auch ein »Blättern«, bei dem der Bildlauf in größeren Sprüngen ausgeführt wird. Dies geschieht mit den Tasten ⌜Bild↓⌝ und ⌜Bild↑⌝. ⌜Bild↓⌝ rollt den Ausschnitt um eine Seite nach unten. Statt den Zeilen 1 bis 18 werden nun die Zeilen 19 bis 36 angezeigt. ⌜Bild↑⌝ rollt den Bildschirm entsprechend um eine Seite nach oben.

Eine Seite nach rechts oder links blättern Sie ebenfalls mit diesen Tasten, wenn Sie dabei die ⌜Strg⌝-Taste gedrückt halten. ⌜Strg⌝+⌜Bild↓⌝ blättert eine Seite nach rechts (statt der Spalten A bis I werden nun die Spalten J bis R angezeigt), ⌜Strg⌝+⌜Bild↑⌝ eine Seite nach links. Mit diesen Tasten können Sie eine umfangreiche Tabelle somit sehr zügig seitenweise durchblättern.

Noch mehr Komfort ergibt sich durch einige Tastenkombinationen, die am ehesten mit dem
»wortweise Springen« in Textverarbeitungen zu vergleichen sind. Um sie auszuprobieren,
benötigen wir mehrere »Zahlenblöcke« in unserem Arbeitsblatt. Ergänzen Sie es bitte entsprechend der folgenden Abbildung.

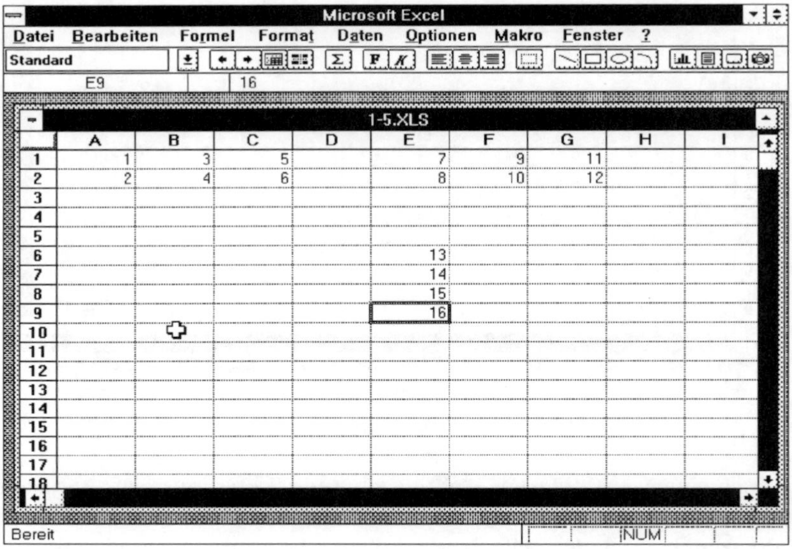

Bild 1.5: Tabelle mit mehreren Zahlenblöcken

Gehen Sie nun zu Zelle A1, und drücken Sie mehrmals nacheinander die $\boxed{\text{Strg}}$+$\boxed{\rightarrow}$. Sie
kommen von Zelle A1 zu C1, dann zu E1, zu G1 und zuletzt zur Zelle mit der merkwürdi-
gen Bezeichnung IV1. Offenbar bewegt $\boxed{\text{Strg}}$+$\boxed{\rightarrow}$ den Cursor von Datenblock zu Datenblock nach rechts. Zum Anfang eines Blocks, dann zum Ende des Blocks, zum Anfang des
nächsten Blocks, zu dessen Ende und so weiter. Wenn weiter rechts nur noch leere Zellen
vorhanden sind, gelangen Sie ans äußerste rechte Ende des Arbeitsblattes, zur 255ten
Spalte, die die Bezeichnung IV besitzt. Zurück kommen Sie entsprechend mit der Kombination $\boxed{\text{Strg}}$+$\boxed{\leftarrow}$, die den Cursor »blockweise« nach links bewegt.

Das Ganze funktioniert natürlich auch nach unten und oben, mit $\boxed{\text{Strg}}$+$\boxed{\downarrow}$ beziehungsweise $\boxed{\text{Strg}}$+$\boxed{\uparrow}$. Befinden Sie sich in Zelle E1 und drücken Sie $\boxed{\text{Strg}}$+$\boxed{\downarrow}$, kommen Sie
zu E2, dem unteren Ende des Zahlenblocks. Drücken Sie erneut $\boxed{\text{Strg}}$+$\boxed{\downarrow}$, kommen Sie
nach E6, dem Anfang des nächsten Blockes und anschließend zu E9, dem Ende dieses
Blocks.

Die Tasten $\boxed{\text{Pos1}}$ und $\boxed{\text{Ende}}$ helfen Ihnen, innerhalb einer bestimmten Spalte schneller
voranzukommen. $\boxed{\text{Pos1}}$ führt immer zum ersten Feld dieser Zeile, zum Beispiel zu A7,
wenn Sie sich gerade in Zeile 7 befinden und $\boxed{\text{Ende}}$ zum letzten besetzten (also nicht-leeren) Feld dieser Zeile, in unserem Fall zu E7.

Zusammen mit der ⌈Strg⌉-Taste ändert sich die Funktionsweise. ⌈Strg⌉+⌈Pos1⌉ führt immer zur oberen linken Ecke des Arbeitsblattes, zu Zelle A1. Und ⌈Strg⌉+⌈Ende⌉ zur rechten unteren Ecke Ihrer Tabelle, in unserem Fall zu G9, dem Schnittpunkt zwischen der letzten besetzten Spalte G und der untersten besetzten Zeile 9.

Wenn Sie gleichzeitig die Tasten ⌈Strg⌉ und ⌈Bild↓⌉ drücken, wird der Ausschnitt um eine »Seite« nach rechts verschoben, also um so viele Zeilen, wie der Ausschnitt faßt. Umgekehrt rollt ⌈Strg⌉+⌈Bild↑⌉ den Ausschnitt um eine Seite nach links.

Taste	Funktion
⌈→⌉	Spalte bzw. Bildlauf nach rechts um eine Spalte
⌈←⌉	Spalte bzw. Bildlauf nach links um eine Spalte
⌈↓⌉	Zeile bzw. Bildlauf nach unten um eine Zeile
⌈↑⌉	Zeile bzw. Bildlauf nach oben um eine Zeile
⌈Strg⌉+⌈→⌉	Blockweise nach rechts springen
⌈Strg⌉+⌈←⌉	Blockweise nach links springen
⌈Strg⌉+⌈↓⌉	Blockweise nach unten springen
⌈Strg⌉+⌈↑⌉	Blockweise nach oben springen
⌈Pos1⌉	Zur ersten Zelle der aktuellen Zeile springen
⌈Ende⌉	Zur letzten besetzten Zelle der aktuellen Zeile springen
⌈Strg⌉+⌈Pos1⌉	Zu Zelle A1 springen
⌈Strg⌉+⌈Ende⌉	Zur rechten unteren Tabellenecke springen
⌈Bild↓⌉	Eine Seite nach unten blättern
⌈Bild↑⌉	Eine Seite nach oben blättern
⌈Strg⌉+⌈Bild↓⌉	Eine Seite nach rechts blättern
⌈Strg⌉+⌈Bild↑⌉	Eine Seite nach links blättern

Tabelle 1.1: Steuerung des Bildlaufs und des Zellcursors

1.3.3 Bildlauf mit der Maus

Erheblich komfortabler wird das Rollen des Arbeitsfensters mit einer Maus und den »Bildlaufpfeilen«. Diese vier Pfeile befinden sich am rechten beziehungsweise am unteren Rand des Arbeitsfensters. Jedes »Anklicken« durch Drücken der linken Maustaste eines der Pfeile bewirkt einen Bildlauf in die entsprechende Richtung. Wenn Sie mit dem Mauszeiger zum Beispiel den nach unten gerichteten Pfeil anklicken, wird der Ausschnitt um eine Zeile nach unten gerollt.

Größere Strecken in einem umfangreichen Arbeitsblatt legen Sie entweder mit »Dauerfeuer« auf die Maustaste zurück oder aber mit den »Bildlaufboxen«. Diese beiden Knöpfe befinden sich jeweils zwischen zwei entgegengesetzt ausgerichteten Bildlaufpfeilen. Sie können Sie mit der Maus anklicken und bei gedrückter linker Maustaste beliebig weit in die gewünschte Richtung »ziehen«. Wenn Sie die Maustaste loslassen, wird ein Bildlauf in diese Richtung durchgeführt, der um so weiter ausfällt, je mehr Sie die Box verschieben.

1|4| Menüs, Befehle und Fenster

Alte »Windows-Hasen« können sicher auch mit den Excel-Menüs umgehen. Für Neulinge: Die Benutzeroberfläche Windows (und damit auch Excel, das »unter« Windows läuft) arbeitet mit »Pull-down-Menüs«. Bei dieser Menüart enthält eine Bildschirmzeile die Namen der einzelnen Menüs. Wird einer dieser Menünamen selektiert, öffnet sich das zugehörige Auswahlmenü mit einer Liste der Befehle, unter denen Sie wählen können.

Die Menüleiste kennen Sie bereits. Um sie über die Tastatur zu aktivieren, drücken Sie wahlweise die Alt - oder die F10 -Taste. Der erste Menüname *DATEI* wird nun invers hervorgehoben. Die Statuszeile am unteren Bildschirmrand enthält nun die Information »Datei öffnen, schließen, speichern oder drucken«, die Ihnen Auskunft über die Möglichkeiten dieses Menüs gibt.

Mit den Tasten → und ← können Sie die inverse Markierung zu jedem beliebigen Menünamen bewegen, den die Leiste enthält. Ein selektiertes Menü öffnen Sie, indem Sie entweder die Enter - oder die ↓ -Taste drücken.

Alternativ können Sie ein beliebiges Menü erheblich schneller selektieren und öffnen, indem Sie gleichzeitig die Alt -Taste und jenen Buchstaben drücken, der im betreffenden Menünamen unterstrichen ist. Aktivieren Sie auf diese Weise bitte mit Alt + r das Menü *FORMEL* (im Menünamen *FORMEL* ist das »r« unterstrichen).

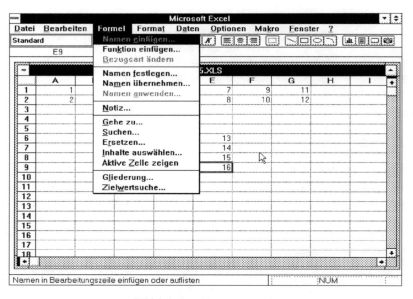

Bild 1.6: Das Menü »Formel«

Nach dem Öffnen eines Menüs ist darin immer der erste Befehl invers markiert. Die Statuszeile enthält nun nicht mehr Informationen zum selektierten Menü, sondern zum darin hervorgehobenen Befehl. Zum Beispiel die Information »Namen in Bearbeitungszeile einfügen oder auflisten«, wenn der Befehl *Namen einfügen...* im *FORMEL*-Menü selektiert ist.

Sie haben nun wieder zwei Alternativen, um Excel zu veranlassen, einen bestimmten Befehl im geöffneten Menü auszuführen. Entweder selektieren Sie zunächst den gewünschten Befehl mit den Tasten ⟨↓⟩ beziehungsweise ⟨↑⟩ und drücken anschließend ⟨Enter⟩. Oder aber – schneller – Sie wählen diesen Befehl direkt an, indem Sie – ohne ⟨Alt⟩ – die Taste drücken, die dem im betreffenden Befehl unterstrichenen Buchstaben entspricht, zum Beispiel »z«, um den Befehl »Ersetzen...« auszuführen.

Übrigens sind nicht zu jedem Zeitpunkt alle Befehle eines Menüs auch wirklich »verfügbar«, das heißt anwählbar, sondern nur die fett hervorgehobenen. Im Beispiel können Sie Excel daher weder den Befehl geben *Bezugsart ändern...* noch *Namen anwenden...*, die beide nur schwach sichtbar sind. Wenn Sie ein Menü geöffnet haben und es sich anders überlegen, weil Sie eigentlich ein anderes öffnen wollten, haben Sie zwei Möglichkeiten: Mit ⟨→⟩ beziehungsweise ⟨←⟩ können Sie das Menü rechts beziehungsweise links davon öffnen. Mit ⟨Alt⟩ plus dem unterstrichenen Buchstaben im Menünamen können Sie ein Menü auch direkt anwählen.

Übrigens: Da ein Befehl durch seinen Namen und das Menü, in dem er sich befindet, eindeutig identifiziert wird, halte ich mich ab jetzt an die im Handbuch verwendete Konvention, einen Befehl mit

MENÜNAME Befehlsname

zu benennen. Das heißt, mit *FORMEL Namen einfügen...* ist der Befehl *Namen einfügen...* im Menü *FORMEL* gemeint.

Taste	Funktion
⟨Alt⟩	Menüleiste aktivieren
⟨Alt⟩+Buchstabe	Menü direkt selektieren
Buchstabe	Befehl direkt selektieren
⟨→⟩/⟨←⟩	Benachbartes Menü selektieren
⟨↓⟩/⟨↑⟩	Benachbarten Befehl selektieren
⟨Enter⟩	Selektierten Befehl ausführen lassen
⟨Esc⟩	Menüleiste deaktivieren

Tabelle 1.2: Tastenfunktionen zur Menübedienung

Äußerst wichtig ist, daß Excel Sie *niemals* zwingt, einen Befehl auszuführen, wenn Sie es nicht wollen. Sie können die Befehlswahl jederzeit mit `Esc` abbrechen, um ein geöffnetes Menü zu schließen und gleichzeitig die Menüleiste zu deaktivieren!

1.4.1 Fenstergröße, Fensterposition und das Systemmenü

Nun wollen wir jedoch tatsächlich einen Befehl ausführen. Und zwar den Befehl *Größe ändern*. Diesen Befehl werden Sie jedoch in keinem der »normalen« Menüs *DATEI* bis *FENSTER* finden. Er befindet sich im sogenannten »Systemmenü«, das jedoch nicht diesen Namen trägt, sondern nur durch ein Kästchen dargestellt wird, das einen Strich enthält. Es gibt zwei solcher Systemmenüs. Eines befindet sich am linken oberen Bildschirmrand. Seine Befehle beeinflussen das Aussehen des gesamten Excel-Fensters. Und ein zweites in der linken oberen Ecke des Arbeitsfensters, das entsprechend auch nur auf dieses Fenster wirkt. Um es zu öffnen, klicken Sie es mit der Maus an. Besitzen Sie keine Maus, aktivieren Sie bitte zunächst mit `Alt` das *DATEI*-Menü. Drücken Sie nun einmal `←`, obwohl sich kein weiteres Menü neben *DATEI* befinden. Als Resultat wird das Systemmenü des Arbeitsfensters aktiviert, was Sie daran sehen, daß sich seine Farbe ändert. Mit `↓` können Sie es nun öffnen.

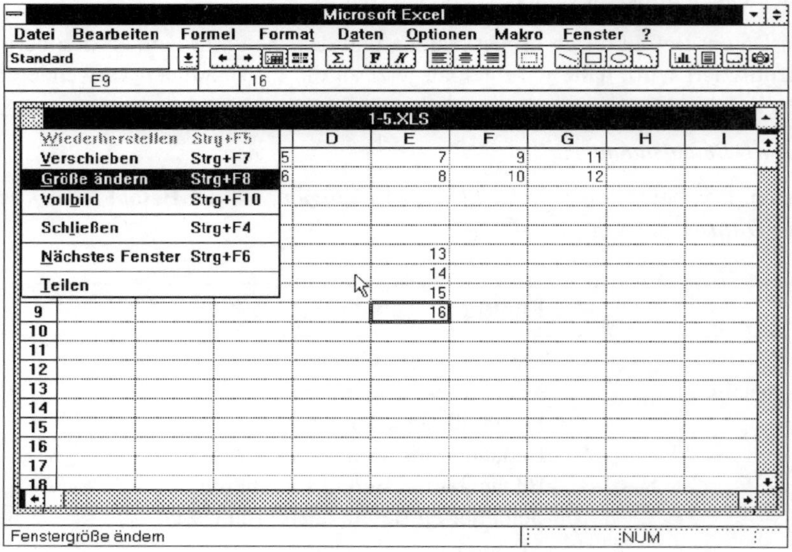

Bild 1.7: Befehle zur Manipulation des Arbeitsfensters

Drücken Sie nun zweimal `↓` und `Enter`, um *Größe ändern* anzuwählen (Alternativen: Direktanwahl über den Buchstaben »g«) oder klicken Sie den Befehl einfach mit der Maus an.

Sie besitzen nun die Möglichkeit, das Arbeitsfenster mit den Cursortasten in verschiedene Richtungen zu »ziehen« und damit zu vergrößern oder zu verkleinern. Wenn das Fenster die gewünschte Größe besitzt, müssen Sie ⎡Enter⎤ drücken, um diese Größenänderung abzuschließen. Mit ⎡Esc⎤ können Sie den Befehl *Größe ändern* übrigens jederzeit abbrechen – wie jeden anderen Befehl auch! Merken Sie sich bitte: wenn Sie versehentlich einmal den falschen – unerwünschten – Befehl angewählt haben – ⎡Esc⎤ befreit Sie aus der Klemme! Verkleinern Sie nun bitte das Arbeitsfenster etwa auf ein Viertel der Bildschirmgröße:

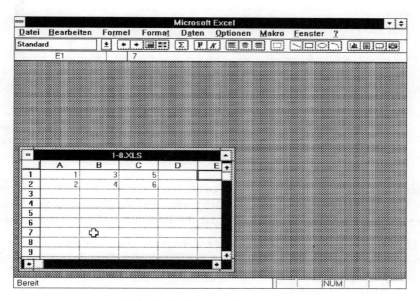

Bild 1.8: Verkleinertes Arbeitsfenster

Sicher haben Sie gemerkt, daß Sie mit den Cursortasten in diesem Modus tatsächlich nur die Fenstergröße beeinflussen können, aber nicht die Fensterposition. Das erfolgt mit dem Befehl *Bewegen* aus dem gleichen Menü. Nach Anwahl dieses Befehls können Sie das Fenster mit den Cursortasten beliebig über den Bildschirm verschieben. Und wenn die gewünschte Position erreicht ist, schließen Sie auch diesen Befehl mit ⎡Enter⎤ ab.

In der Praxis am interessantesten ist jedoch der Befehl *Vollbild*. Mit ihm können Sie das Fenster auf seine maximale Größe bringen, mit folgendem Resultat:

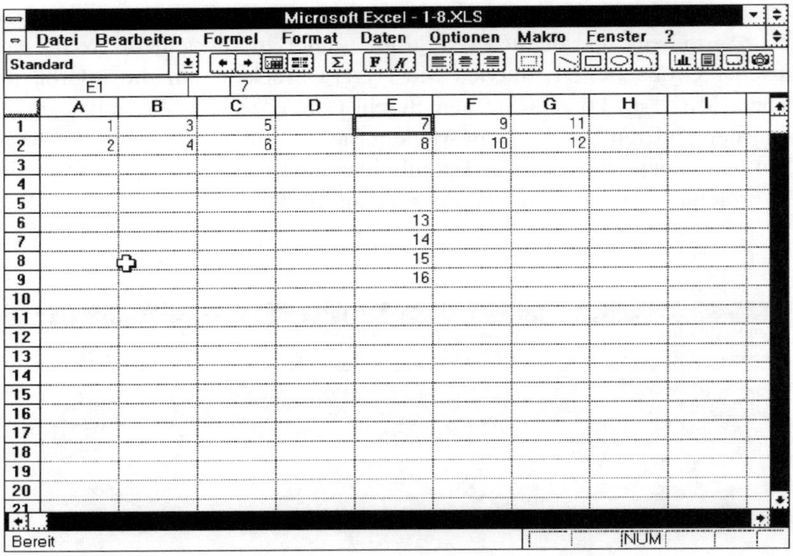

Bild 1.9: Die »Vollbild«-Darstellung

In dieser Maximalgröße erhalten Sie den optimalen Überblick über ein umfangreiches Arbeitsblatt, dafür entfallen jedoch der Fensterrahmen und die Titelleiste. Der Fenstertitel (im obigen Bild »1-8.XLS«) wird statt dessen in die Titelzeile des Excel-Fensters verlagert.

Wenn Sie auf dem optisch zweifellos netten Rahmen bestehen: Wählen Sie den Befehl *Wiederherstellen*. Er bringt das Arbeitsfenster wieder auf die zuletzt eingestellte Größe.

1|4|2| Befehlstasten

Übrigens können Sie alle Befehle des Systemmenüs auch erheblich einfacher als bisher über die Tastatur anwählen. Zum Beispiel lautet der Befehl *Wiederherstellen* vollständig eigentlich *Wiederherstellen Strg+F5*. Das heißt, daß Sie diesen Befehl mit dieser Tastenkombination direkt anwählen können, und zwar *ohne zuvor die Menüleiste zu aktivieren*. Das gleiche gilt natürlich auch für alle anderen Befehle, denen solche »Befehlstasten« zugeordnet sind.

Und davon gibt es eine ganze Menge. Nicht nur [Strg]+[F5], [Strg]+[F7] und so weiter zur Fenstermanipulation, sondern weitere Tasten(kombinationen) im Menü *BEARBEITEN*. Zum Beispiel [Umschalt]+[Entf] zum Ausschneiden, [Strg]+[Einfg] zum Kopieren und so weiter.

Auch das Systemmenü können Sie mit einer solchen Befehlstaste jederzeit ohne Umwege anwählen: mit der Tastenkombination [Alt]+[-] (Bindestrich bzw. Minuszeichen).

Zumindest gilt das für das Systemmenü eines Arbeitsfensters. Wie bereits erwähnt, besitzt auch das Excel-Fenster ein eigenes Systemmenü, das sich in der linken Ecke der Excel-Titelleiste befindet. Der Strich in diesem Excel-Systemmenü ist allerdings etwas länger als der im Arbeitsfenster-Systemmenü. Der längere Strich soll keinen Bindestrich, sondern die Leertaste symbolisieren. Das heißt, dieses Systemmenü wird nicht mit `Alt`+`-`, sondern mit `Alt`+`Leertaste` geöffnet. Es enthält Befehle zur Manipulation des gesamten Excel-Fensters, unter anderem die Ihnen bereits bekannten Befehle *Größe ändern*, *Bewegen*, *Vollbild* und *Wiederherstellen*.

Ein wenig mit diesen Befehlen zu experimentieren schadet sicher nicht und ist eine nette Übung zum Umgang mit der Windows-Oberfläche. Denn diese Systemmenüs enthält in ähnlicher Form jede Windows-Applikation, deren Fenster somit immer in einheitlicher Weise manipuliert werden. Und immer gilt, daß das Systemmenü einer Applikation wie Excel, Paint oder Write mit `Alt`+`Leertaste` und das Systemmenü einer darin enthaltenen Arbeitsdatei mit `Alt`+`-` geöffnet wird. In allen Fällen führt der Befehl *Schließen* dazu, daß das Fenster völlig verschwindet!

Das heißt, wenn Sie im Excel-Systemmenü diesen Befehl anwählen, wird Excel verlassen. Er ist daher äquivalent zu Befehlen wie *Ende* oder *Quitt* in herkömmlichen, nicht unter Windows laufenden Programmen. Noch einfacher geht es mit einer Maus, da ein Doppelklick auf das Systemmenü des Programms die gleiche Wirkung besitzt.

Wenn Sie diesen Befehl im Systemmenü Ihres Arbeitsfensters wählen, ist Excel zwar weiter vorhanden, aber das Arbeitsfenster ist weg! Also hüten Sie sich bitte vor dem Schließen eines Arbeitsfensters, zumindest solange, bis wir besprochen haben, wie neue Fenster dieser Art angelegt werden.

1.4.3 Menübedienung und Fenstermanipulation mit der Maus

All diese Manipulationen von Fenstern und Menüs sind mit der Maus erheblich einfacher. Wenn das Arbeitsfenster nicht gerade Maximalgröße besitzt, sondern ein echtes Fenster mit einem Rahmen ist, können Sie diesen Rahmen an einer der vier Ecken mit dem Mauspfeil »packen« (Mauspfeil zur Ecke bewegen und linke Maustaste drücken) und durch »ziehen« (bei gedrückter linker Maustaste) in die gewünschte Richtung vergrößern oder verkleinern. Wenn Sie das Fenster verschieben wollen, klicken Sie die Titelleiste des Arbeitsfensters an, halten die Maustaste gedrückt und verschieben es durch Bewegen der Maus in die gewünschte Richtung.

Mit der Maus können Sie nicht nur ziehen und schieben, sondern durch Anklicken von »Knöpfen« spezifische Fensterfunktionen auslösen. Derartige Knöpfe enthält sowohl das Arbeitsfenster als auch das Excel-Fenster selbst.

Wenn Sie den Knopf mit dem aufwärts gerichteten Pfeil am rechten oberen Rand des Arbeitsfensters anklicken, wird es als Vollbild dargestellt, also in maximaler Größe. Alternativ genügt auch ein Doppelklick auf die Titelleiste mit dem Namen des Arbeitsblatts.

Danach erscheint ganz rechts in der Menüleiste ein neuer Knopf mit einem Doppelpfeil, dessen Teile nach oben beziehungsweise nach unten zeigen. Anklicken dieses Knopfes stellt die ursprüngliche Größe des Arbeitsfensters wieder her.

Die gleichen Manipulationen können Sie nicht nur mit dem Arbeits-, sondern dem gesamten Excel-Fenster durchführen. Anklicken des Knopfes mit dem Doppelpfeil in der Titelleiste (»Microsoft Excel«) stellt das Programm Excel, das momentan den gesamten Bildschirm beansprucht, als echtes Fenster dar. Der Doppelpfeil wird daraufhin durch einen einfachen aufwärts gerichteten Pfeil ersetzt, der Excel wieder als Vollbild darstellt, wenn Sie ihn anklicken. Wenn Sie Excel vorläufig nicht mehr interessiert, weil Sie mit einem anderen Programm arbeiten wollen, klicken Sie den Knopf mit dem nach unten gerichteten Pfeil an, worauf Excel zu einem winzigen Symbol am unteren Bildschirmrand »zusammenschrumpft«. Ein Doppelklick auf dieses Symbol stellt den ursprünglichen Zustand wieder her. Zusammengefaßt lautet die »Knöpfchen-Philosophie« von Windows:

■ Knopf mit aufwärts gerichtetem Pfeil oder Doppelklick auf die Titelleiste: Darstellung des Fensters in maximaler Größe, als Vollbild

■ Knopf mit abwärts gerichtetem Pfeil: Fenster als Symbol darstellen, also in minimaler Größe

■ Knopf mit Doppelpfeil: vorherige Fenstergröße wiederherstellen

Wohlgemerkt, das gilt für alle Fenster! Für ein Arbeitsblatt innerhalb des umgebenden Excel-Fensters und ebenso für das Excel-Fenster selbst.

Auch die Menüs können Sie mit der Maus bedienen. Um ein Menü zu öffnen, klicken Sie einfach den Menünamen beziehungsweise – im Fall des Systemmenüs – das Kästchen an. Ebenfalls per Anklicken selektieren Sie im nun geöffneten Menü den gewünschten Befehl.

1|4|4| Kurzmenüs und vollständige Menüs

Wählen Sie nun bitte den Befehl *OPTIONEN Kurze Menüs* – also den Befehl *Kurze Menüs* im *OPTIONEN*-Menü. Öffnen Sie anschließend das *FORMEL*-Menü (vgl. Bild 1.10).

Es enthält nun einige Befehle weniger als zuvor. Zum Beispiel ist im zweiten Teil des Menüs nur noch der Befehl *Namen festlegen...* zu sehen. Zuvor befanden sich dort noch drei Befehle: *Namen festlegen...*, *Namen übernehmen...* und *Namen anwenden...* Das gleiche gilt für alle anderen Menüs. Excel zeigt in jedem nur noch die wichtigsten Befehle an und nicht mehr die seltener benötigten.

Möglicherweise wollen Sie später mit diesen vereinfachten Menüs arbeiten. Da wir hier jedoch alle Befehle besprechen werden, können wir diese Darstellung momentan nicht gebrauchen. Öffnen Sie wieder das *OPTIONEN*-Menü, und wählen Sie den Befehl *Ganze Menüs*, der inzwischen den Befehl *Kurze Menüs* ersetzt hat.

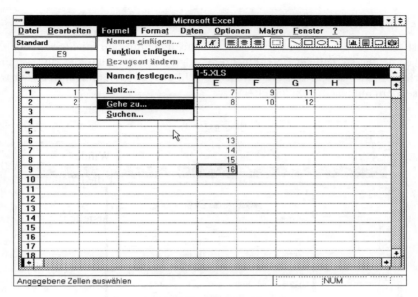

Bild 1.10: Kurze Menüs

1|4|5| Umgeschaltete Befehle

Bei einigen wenigen Befehlen haben Sie die Wahl zwischen zwei leicht unterschiedlichen Varianten. Wenn Sie zum Beispiel das *DATEI*-Menü öffnen, sehen Sie darin den Befehl *Schließen*. Halten Sie jedoch beim Öffnen die [Umschalt]-Taste gedrückt ([Umschalt]+[Alt]+ [d] oder Anklicken mit der Maus und dabei die [Umschalt]-Taste gedrückt halten), erscheint darin stattdessen der Befehl *Alles schließen*. Das Handbuch spricht hier von »umgeschalteten Befehlen«. Welche dieser Befehle in einer »umgeschalteten« Version existieren, können Sie sehr einfach ausprobieren, indem Sie jedes Fenster zweimal öffnen, zuerst wie gewohnt, und anschließend bei gedrückter [Umschalt]-Taste.

1|5| Dialogfelder und die Hilfefunktion

Im folgenden Kapitel erläutere ich den Umgang mit den »Dialogfeldern« und der umfassenden Hilfefunktion von Excel. Anschließend wissen Sie praktisch alles, was es über die Oberfläche von Excel zu sagen gibt, und wir können uns dem eigentlichen Thema dieses Buches zuwenden.

1│5│1│   Dialogfelder

Ihnen ist sicher aufgefallen, daß sehr viele Menübefehle mit drei Pünktchen enden. Diese Pünktchen deuten an, daß der Befehl mehrere Möglichkeiten besitzt, die eine weitere Auswahl erforderlich machen. Diese zusätzliche Wahl erfolgt jedoch nicht über ein weiteres Menü, sondern mit einem »Dialogfeld«.

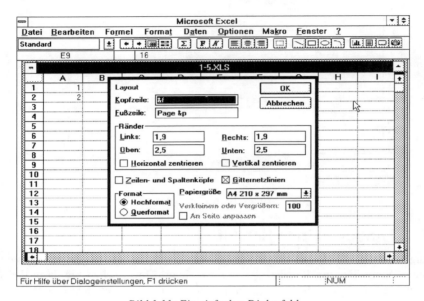

Bild 1.11: Ein einfaches Dialogfeld

Wenn Sie noch keine Maus besitzen, sollten Sie sich spätestens jetzt eine anschaffen. Die Bedienung von Dialogfeldern ohne Maus ist zwar möglich, aber äußerst umständlich. Die Abbildung zeigt ein relativ einfaches Dialogfeld, das erscheint, wenn Sie den Befehl *DATEI Layout...* wählen. Über dieses Dialogfeld können Sie die Art und Weise bestimmen, in der eine Kalkulationstabelle ausgedruckt wird, also die Breite des linken und des rechten Blattrandes, den oberen und unteren Rand und so weiter.

Zu einem bestimmten Element eines Dialogfeldes gelangen Sie mit der Maus durch einfaches Anklicken. Mit der Tastatur ist das Hin- und Herbewegen in einem Dialogfeld etwas umständlicher. Momentan ist das erste Element mit der Bezeichnung »Kopfzeile« invers markiert. Drücken Sie bitte einmal ⎡Tab⎤. Die Markierung bewegt sich weiter zum nächsten Element, zu »Fußzeile«. Mit der Kombination ⎡Umschalt⎤+⎡Tab⎤ gelangen Sie wieder zum vorhergehenden Element zurück.

Allgemein: Mit ⎡Tab⎤ bewegen Sie sich von Element zu Element vorwärts, mit ⎡Umschalt⎤+⎡Tab⎤ zurück. Befinden Sie sich gerade »auf« einem Eingabefeld, wird es invers dargestellt. Bei anderen Elementen von Dialogfeldern verwendet Excel stattdessen einen dünnen gepunkteten Rahmen, um Ihnen Ihre aktuelle Position anzuzeigen.

Statt sich mit $\boxed{\texttt{Tab}}$ und $\boxed{\texttt{Umschalt}}$+$\boxed{\texttt{Tab}}$ schrittweise in einem Dialogfeld voran- oder zurückzutasten, können Sie ein bestimmtes Element auch direkt anwählen, indem Sie gleichzeitig die $\boxed{\texttt{Alt}}$-Taste zusammen mit jenem Buchstaben drücken, der im betreffenden Befehlsnamen unterstrichen ist. Drücken Sie nun bitte gleichzeitig $\boxed{\texttt{Alt}}$ und $\boxed{\texttt{o}}$. Die Markierung bewegt sich zum Befehl »Oben«, in dem das »o« unterstrichen ist.

Die verschiedenen Elemente eines Dialogfeldes werden sehr unterschiedlich bedient. Das in der Abbildung gezeigte Dialogfeld enthält sechs »Eingabefelder«. In ein Eingabefeld wird entweder ein Text oder eine Zahl eingegeben. Mit dem Eingabefeld »Kopfzeile« bestimmen Sie zum Beispiel die Kopfzeile beim Ausdruck eines Blattes, das heißt die Überschrift am oberen Blattrand. Aktivieren Sie dieses Feld mit $\boxed{\texttt{Alt}}$+$\boxed{\texttt{k}}$, und geben Sie ein »Test« – aber bitte *ohne* nach der Eingabe wie gewohnt $\boxed{\texttt{Enter}}$ zu drücken! Diese Eingabe sorgt dafür, daß bei jedem Ausdruck am oberen Blattrand die Überschrift »Test« gedruckt wird.

Begeben Sie sich nun mit $\boxed{\texttt{Alt}}$+$\boxed{\texttt{l}}$ zum Feld »Links«, und geben Sie die Zahl 4 ein. Von nun an wird Excel bei jedem Ausdruck am linken Blattrand vier Zentimeter frei lassen.

Eingaben in ein solches Feld können Sie wie von anderen Programmen gewohnt editieren. Also mit $\boxed{\texttt{Entf}}$ das aktuelle Zeichen löschen, mit $\boxed{\texttt{Rücktaste}}$ das letzte Zeichen löschen oder die Cursortasten $\boxed{\rightarrow}$ und $\boxed{\leftarrow}$ benutzen, um sich in der Eingabezeile nach rechts beziehungsweise nach links zu bewegen und so weiter. Außerdem stehen Ihnen noch einige nicht unbedingt für jedes Programm selbstverständliche Editierfunktionen zur Verfügung.

Taste	Funktion
$\boxed{\rightarrow}$	Ein Zeichen nach rechts
$\boxed{\leftarrow}$	Ein Zeichen nach links
$\boxed{\texttt{Strg}}$+$\boxed{\rightarrow}$	Ein Wort nach rechts
$\boxed{\texttt{Strg}}$+$\boxed{\leftarrow}$	Ein Wort nach links
$\boxed{\texttt{Pos1}}$	Sprung zum Anfang der Eingabezeile
$\boxed{\texttt{Ende}}$	Sprung zum letzten eingegebenen Zeichen
$\boxed{\texttt{Entf}}$	Aktuelles Zeichen entfernen
$\boxed{\texttt{Rücktaste}}$	Zeichen links entfernen

Tabelle 1.3: Tastenfunktionen zur Editierung von Eingabefeldern

Bei Bedienung über die Tastatur besitzen Eingabefelder eine sehr interessante Eigenschaft, mit der Sie am schnellsten durch Ausprobieren vertraut werden. Gehen Sie bitte zu »Fußzeile« – und zwar nicht durch Anklicken mit der Maus, sondern mit $\boxed{\texttt{Tab}}$ beziehungsweise $\boxed{\texttt{Umschalt}}$+$\boxed{\texttt{Tab}}$. Das gesamte Feld ist hervorgehoben. Tippen Sie nun zunächst den ersten Buchstaben des Wortes »Hallo« ein, und beobachten Sie, was mit der Vorgabe geschieht: Sie wird komplett gelöscht, und das Feld enthält nur noch den soeben eingegebenen Buchstaben »H«. Geben Sie nun auch noch den Rest von »Hallo« ein.

Drücken Sie nun ⎡Tab⎤, um das Feld zu verlassen, und kehren Sie anschließend mit ⎡Umschalt⎤+⎡Tab⎤ wieder zurück. Das Feld ist erneut komplett markiert. Drücken Sie einmal ⎡→⎤. Die Markierung verschwindet, die Vorgabe »Hallo« bleibt erhalten, und der Cursor befindet sich am Ende dieses Wortes. Sie können es nun zum Beispiel durch Eingabe von » Walter« zu »Hallo Walter« ergänzen.

Allgemein gilt: Ist ein Feld insgesamt invers markiert und Sie drücken eine Buchstabentaste, geht Excel davon aus, daß Sie die Vorgabe komplett verwerfen und einen völlig anderen Text eingeben wollen – die Vorgabe wird vollständig gelöscht. Drücken Sie dagegen eine Cursortaste (⎡→⎤, ⎡←⎤, ⎡Pos1⎤, ⎡Ende⎤), nimmt Excel an, daß Sie die Vorgabe zumindest teilweise übernehmen wollen und löscht sie daher nicht.

Allerdings gilt dieses Verhalten nur für die Anwahl über die Tastatur. Anklicken mit der Maus setzt den Cursor immer exakt auf das angeklickte Zeichen und markiert niemals die gesamte Vorgabe.

Interessant ist, was bei offensichtlich unsinnigen Eingaben passiert, zum Beispiel nach der Eingabe eines Textes in ein Feld, in dem eine Zahl erwartet wird. Gehen Sie bitte zur Randeinstellung »Links«, geben Sie »Hallo« ein, und drücken Sie ⎡Enter⎤.

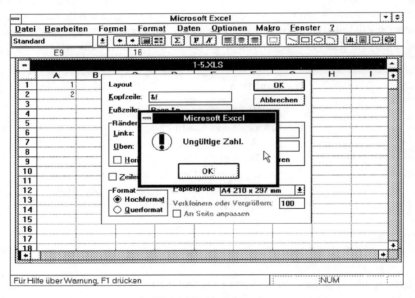

Bild 1.12: Alarmboxen

Eine »Alarmbox« erscheint. Sie erhalten die Mitteilung »Ungültige Zahl« und müssen den Erhalt dieser Mitteilung bestätigen, indem Sie entweder ⎡Enter⎤ drücken oder die »Schaltfläche« »OK« mit der Maus anklicken. Darauf verschwindet die Box, und die komplette ungültige Eingabe ist markiert. Sie können sie nun korrigieren oder mit ⎡Entf⎤ komplett löschen. ⎡Entf⎤ löscht normalerweise nur ein Zeichen. Ist jedoch mehr als ein Zeichen markiert, löscht ⎡Entf⎤ den gesamten markierten Text.

Excel wird übrigens auch mit »überlangen« Eingaben fertig, also mit Eingaben, die zu lang sind, um in das vorgesehene Feld zu passen. Geben Sie versuchsweise im Feld »Kopfzeile« das Wort »Kalkulationsblatt« ein. In dem Moment, in dem Sie den rechten Rand der Box erreichen, wird deren Inhalt um ein Zeichen nach rechts verschoben, so wie Sie es bereits vom Arbeitsfenster gewohnt sind. Auch ein Eingabefeld ist ein Fenster, das bei langen Eingaben nur einen Ausschnitt der gesamten Zeile darstellt, den Sie mit den Cursortasten nach rechts oder links verschieben können.

Am unteren Rand des Dialogfeldes befinden sich zwei völlig andere Elemente von Dialogfeldern, zwei »Optionsfelder« mit den Bezeichnungen »Zeilen- und Spaltenköpfe« und »Gitternetzlinien«. Mit »Gitternetzlinien« werden in Excel die feinen Trennstriche bezeichnet, die die einzelnen Zellen eines Kalkulationsblattes voneinander trennen.

Dieses Optionsfeld ermöglicht Ihnen zu wählen, ob diese Trennlinien beim Ausdruck ebenfalls gedruckt oder einfach weggelassen werden. Das Kreuz in dem Kästchen besagt, daß diese Option momentan eingeschaltet ist. Das heißt, wenn nun ein Ausdruck erfolgt, werden auch die Gitternetzlinien mitgedruckt. Bewegen Sie die Markierung bitte mit `Tab` und `Umschalt`+`Tab` oder schneller mit `Alt`+`g` zu dieser Option, und drücken Sie die Leertaste. Das Kreuz verschwindet, um anzuzeigen, daß diese Option nun ausgeschaltet ist. Wenn Sie die Leertaste erneut drücken, ist auch das Kreuz wieder da und die Option entsprechend eingeschaltet. Mit der Leertaste können Sie ein Optionsfeld somit wahlweise ein- oder ausschalten. Noch schneller können Sie ein Optionsfeld durch Anklicken mit der Maus umschalten.

Bleiben noch zwei Elemente, die *jedes* Dialogfeld enthält, die Schaltflächen »OK« – die auch die Alarmbox enthielt – und »Abbrechen«. Anklicken mit der Maus aktiviert die betreffende Schaltfläche. Die Aktivierung von »OK« bewirkt, daß Excel die veränderten Einstellungen des Dialogfeldes übernimmt und das Dialogfeld schließt. »Abbrechen« schließt das Dialogfeld ebenfalls, allerdings werden die vorgenommenen Änderungen ignoriert. Probieren Sie das bitte aus, indem Sie »Abbrechen« wählen, um unsere Veränderungen der vorgegebenen Einstellungen wieder rückgängig zu machen.

Wenn Sie mit der Tastatur arbeiten, ist die Anwahl einer dieser beiden Schaltflächen vollkommen überflüssig. Statt »Abbrechen« anzuwählen, drücken Sie einfach `Esc`, wie beim vorzeitigen Abbruch einer Menüwahl.

Um die Schaltfläche »OK« herum befindet sich ein dickerer Rahmen als um »Abbrechen«. Damit wird angezeigt, daß »OK« »vorselektiert« ist und aktiviert wird, wenn Sie `Enter` drücken. Egal auf welchem Element eines Dialogfeldes sich die Markierung gerade befindet: Wenn Sie `Enter` drücken, wird die Schaltfläche »OK« aktiviert, das Dialogfeld geschlossen, und Excel übernimmt die vorgenommenen Einstellungen.

Einzige Ausnahme: Wenn statt `»OK«` ausnahmsweise in einem Dialogfeld »Abbrechen« vorselektiert ist, wird natürlich diese Schaltfläche aktiviert.

Die folgende Abbildung zeigt das Dialogfeld, das erscheint, wenn Sie im *FORMAT*-Menü den Befehl *Schriftart...* wählen.

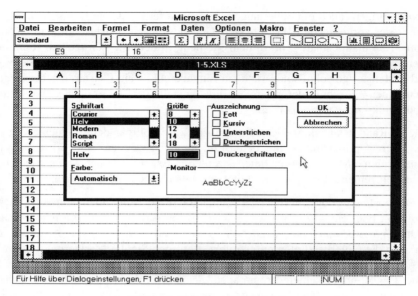

Bild 1.13: Komplexe Dialogfelder

Sie sehen nun eines der komplexesten Dialogfelder, die Excel zu bieten hat. Im oberen Teil befinden sich die beiden »Listenfelder« »Schriftart« und »Größe«, und die »Options-gruppe« »Auszeichnung«. Da die Namen der beiden Listenfelder jeweils einen unter-strichenen Buchstaben enthalten, können beide Felder wie üblich mit [Alt]+[Buchstabe] direkt angewählt werden. Also zum Beispiel »Schriftart« mit [Alt]+[c]. Sie sehen nach dieser Anwahl zunächst keine Auswirkungen außer einer gepunkteten Linie, die den Selek-tionsbalken umgibt und anzeigt, daß Sie soeben dieses Listenfeld aktivierten.

Drücken Sie nun bitte mehrmals die Tasten [↓] und [↑]. Der Selektionsbalken im Listenfeld wird nach oben beziehungsweise unten bewegt, zum Beispiel vom Eintrag »Helv« zu »Modern«, wenn Sie [↓] drückten. Im Eingabefeld darunter erscheint nun dieser selektierte Eintrag als neue Vorgabe.

Wenn ein Listenfeld aktiviert ist, können Sie den gewünschten Eintrag mit den Cursor-tasten auswählen. Oder schneller, indem Sie seinen Anfangsbuchstaben eintippen. Mit der Eingabe »s« selektieren Sie den Eintrag »Script«, und wenn Sie noch einmal »s« drücken, den nächsten Eintrag, der mit diesem Buchstaben beginnt, also »System«. Allgemein: In einem alphabetischen Listenfeld genügt es, einen Buchstaben einzutippen, um zum näch-sten Eintrag zu gelangen, der mit diesem Buchstaben beginnt.

Das gleiche gilt selbstverständlich auch für das zweite Listenfeld mit der Bezeichnung »Größe«, das mit [Alt]+[g] aktiviert wird. Zum Beispiel selektiert »2« die Zahl 20.

Listenfelder können übrigens erheblich mehr Einträge enthalten, als zu sehen sind. Ist das der Fall, befinden sich an der Seite der Box die üblichen Bildlaufleisten, die zusammen mit der Maus das Rollen des Ausschnitts ermöglichen. Über die Tastatur erfolgt das Verschieben wie immer dann, wenn der obere beziehungsweise untere Rand des Ausschnitts erreicht wurde.

Die Optionsgruppe »Auszeichnung« enthält einige eckige Optionsfelder. Andere Dialogfelder enthalten statt eckiger zum Teil runde Optionen. Dann können Sie immer nur genau ein Element der gesamten Optionsgruppe auswählen.

Bei Gruppen mit eckigen Elementen können Sie dagegen jede dieser Optionen separat ein- oder ausschalten. Sie können zum Beispiel die beiden Auszeichnungen »Fett« und »Unterstrichen« aktivieren. Und zwar wie bei der zuvor erläuterten einfachen Dialogbox, indem Sie die betreffende Option selektieren und mit der Leertaste den Optionszustand umschalten, oder das betreffende Element einfach anklicken.

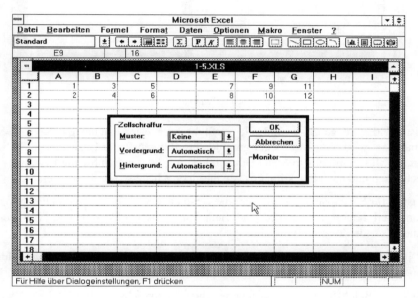

Bild 1.14: Geschlossene Listenfelder

Diese Abbildung zeigt das Dialogfeld, das erscheint, wenn Sie den Befehl *FORMAT Muster...* wählen. Es enthält eine andere Sorte von Listenfeldern als das vorhergehende Dialogfeld. »Muster«, »Vordergrund« und »Hintergrund« sind drei Listenfelder, die im Moment jedoch noch geschlossen sind. In diesem Fall wird nur eines der verfügbaren Listenelemente angezeigt.

Mit ⬇ und ⬆ können Sie sich die anderen Elemente der Liste anzeigen lassen. Komfortabel wird die Auswahl eines Listenelementes jedoch erst, wenn Sie den abwärts gerichteten Pfeil anklicken – zum Beispiel im Feld »Muster«:

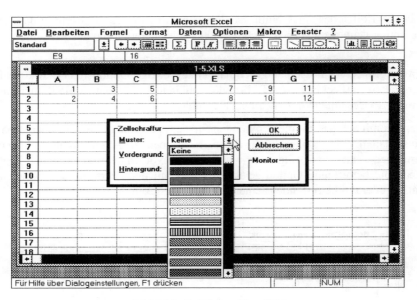

Bild 1.15: Geöffnetes Listenfeld

Das Listenfeld wird geöffnet, und alle verfügbaren Muster erscheinen. Klicken Sie den Pfeil erneut an, wird die Liste wieder geschlossen. Bei geöffneter Liste suchen Sie sich das gewünschte Muster mit einem Maus-Doppelklick aus, oder indem Sie die Liste mit ⬇ oder ⬆ durchgehen und nach Selektion des gewünschten Musters [Enter] drücken.

Sicher ist es für Sie zunächst verwirrend, die verschiedenen Elemente von Dialogboxen und ihre zum Teil höchst unterschiedliche Bedienung auseinanderzuhalten. Vielleicht hilft Ihnen die folgende Zusammenfassung.

1. Mit [Tab] und [Umschalt]+[Tab] bewegen Sie sich innerhalb eines Dialogfeldes von Element zu Element beziehungsweise von Gruppe zu Gruppe.

2. Enthält ein Befehls- oder Gruppenname einen unterstrichenen Buchstaben, können Sie das betreffende Objekt alternativ über [Alt]+[Buchstabe] selektieren.

3. Innerhalb einer Gruppe (Optionsgruppe oder Listenfeld) wird ein einzelner Eintrag oder eine Option mit den Cursortasten ⬇ und ⬆ selektiert. Enthält die Gruppe runde Optionsfelder, bestimmt diese Selektion, welche der Optionen aktiv sein soll (nur eine).

4. Der Zustand rechteckiger Optionsfelder wird mit der Leertaste umgeschaltet (aktiviert beziehungsweise deaktiviert).

5. Selektion der Schaltfläche »OK« und (Enter) schließt das Dialogfeld und bestätigt die Gültigkeit der darin vorgenommenen Einstellungen. Alternativ können Sie – außer wenn momentan »Abbrechen« selektiert ist – jederzeit einfach (Enter) drücken.

6. Die Schaltfläche »Abbrechen« schließt das Dialogfeld ebenfalls, macht jedoch vorgenommene Änderungen rückgängig. Die gleiche Funktion besitzt die (Esc)-Taste, unabhängig davon, welches Element des Dialogfeldes zur Zeit selektiert ist.

7. Listenfelder mit Texteinträgen sind alphabetisch geordnet. Drücken Sie bei aktiviertem Listenfeld eine Buchstabentaste, wird das nächste Element mit diesem Anfangsbuchstaben selektiert.

8. Geschlossene Listenfelder öffnen Sie mit einem Mausklick auf den abwärts gerichteten Pfeil.

1|5|2| Die Hilfefunktion

Wenn Sie nicht mehr wissen, was eine bestimmte Tastenkombination oder ein Befehl bewirkt, können Sie sich von Excel nähere Informationen dazu geben lassen. Öffnen Sie das Menü *?*.

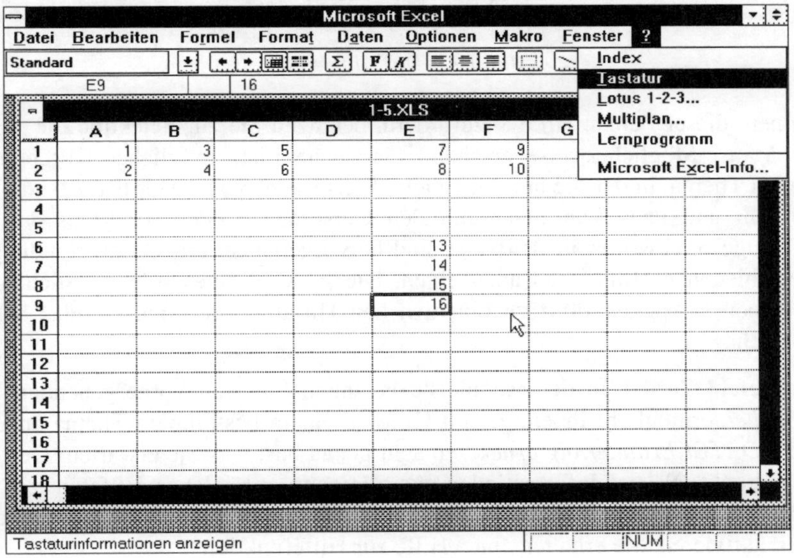

Bild 1.16: Das Hilfemenü

Der Befehl *Index* öffnet ein Fenster, in dem ein Index der möglichen Hilfepunkte erscheint.

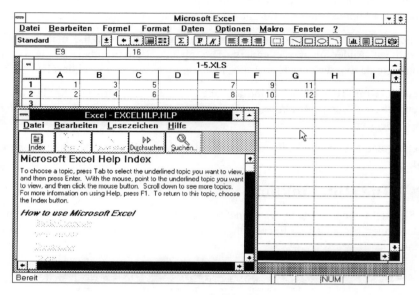

Bild 1.17: Das Hilfefenster

Um zu einem dieser Punkte Hilfe anzufordern, benutzen Sie zur Selektion die [Tab]-Taste oder die Maus. Möglicherweise erscheint eine neue Liste möglicher Hilfepunkte zum betreffenden Thema, in der Sie auf die gleiche Weise selektieren. Der betreffende Hilfetext erscheint nun und kann von Ihnen mit den Cursortasten oder der Maus durchblättert werden. Einige Stichwörter im Hilfstext sind hervorgehoben, um Querverbindungen zwischen verschiedenen Hilfstexten anzuzeigen. Die Anwahl eines solchen Stichwortes mit [Tab] oder per Anklicken führt zu einem neuen Hilfetext, der sich auf das betreffende Thema bezieht.

Mit dem Befehl *Zurück* in der Menüleiste gelangen Sie zum vorhergehenden Hilfetext zurück, *Suchen* ermöglicht Ihnen, gezielt Hilfe zu einem bestimmten Thema anzufordern. Der Befehl *DATEI Erläuterung drucken* macht genau das, was Sie erwarten: Der Hilfetext wird ausgedruckt. Nähere Informationen zum Umgang mit solchen Hilfefenstern erhalten Sie, wenn Sie in diesem Fenster wieder das Menü *HILFE* und darin den Befehl *Hilfe verwenden* aktivieren. Sie erhalten eine »Hilfe zur Hilfefunktion«.

Zurück zum übergeordneten Fenster. Das Hilfemenü enthält außer *Index* einige weitere Befehle. *Tastatur* öffnet ebenfalls ein Fenster, allerdings mit Informationen zum Umgang mit der Tastatur unter Excel. *Multiplan...* öffnet eine Dialogbox, in der Sie nach einem Multiplan-Kommando gefragt werden und anschließend gezielt Hilfe zur Umsetzung dieses Kommandos in Excel erhalten.

Noch ausführlicher ist die Dialogbox, die erscheint, wenn Sie *Lotus 1-2-3...* wählen. Sie enthält Hilfestellungen zu jedem einzelnen Lotus-Menü und allen darin enthaltenen Befehlen. Unter »Hilfsoptionen« können Sie wählen, ob Sie Hilfe in Form von »Instruktionen« oder als »Demo« wünschen. »Instruktionen« bedeutet, daß Ihnen mitgeteilt wird, wie das betreffende Kommando in Excel umgesetzt wird. »Demo«, daß diese Umsetzung als Demonstration abläuft, mit welcher Geschwindigkeit, bestimmen Sie. Für die Ablaufgeschwindigkeit ist der Wert 3 voreingestellt. Mit den Schaltflächen »Langsamer« und »Schneller« können Sie ihn schrittweise ändern oder aber im Eingabefeld direkt den von Ihnen bevorzugten Wert eingeben.

Nehmen wir an, Sie benötigen Hilfe zum Lotus-Befehl */PRINT File* und haben als Art der Hilfestellung »Instruktionen« aktiviert. Zunächst selektieren Sie mit einem Doppelklick das gewünschte Menü *PRINT>*. Die Liste enthält nun alle Lotus-Befehle dieses Menüs. Sie selektieren mit einem einfachen oder doppelten Mausklick den Befehl *File* und erhalten nun die Information, daß der entsprechende Excel-Befehl *Speichern unter...* heißt, sich im *DATEI*-Menü befindet, und welche Optionen er bietet.

Haben Sie den Befehl mit einem einfachen Mausklick angewählt, ist die Hilfestellung weiter aktiv, und Sie gelangen mit Esc zur vorhergehenden Befehlsebene zurück, im Beispiel also zur Liste der Lotus-Menüs, in der Sie das Menü *PRINT>* selektierten.

Wenn »Demo« aktiviert ist, startet der Doppelklick auf den interessierenden Befehl den Ablauf der interaktiven Demonstration – soweit sie für den betreffenden Befehl verfügbar ist, was bei */PRINT File* zum Beispiel nicht der Fall ist.

Sie können das ausprobieren, indem Sie zum Beispiel das Menü *WORKSHEET>* wählen, danach *INSERT>*, und wieder mit einem Doppelklick den Befehl *Column...* dieses Menüs. Die Demonstration beginnt, indem Sie Excel auffordert, einen Bereich zu selektieren und dabei die aktive Zelle vorgibt. Abhängig von der Größe und Form des selektierten Bereichs werden anschließend Leerzellen eingefügt. Und zwar in Form einer gemächlich ablaufenden Demonstration, bei der Excel selbständig der Reihe nach das Menü *BEARBEITEN* öffnet, den Befehl *Leerzellen...* wählt, und die Fragen in der anschließend erscheinenden Dialogbox beantwortet. Ihnen also der Reihe nach die einzelnen Schritte vorführt, mit der dieser Lotus-Befehl in eine entsprechende Excel-Anweisungsfolge umgesetzt wird.

Lernprogramm und *Leitfaden* starten jeweils ein eigenes Programm, das Ihnen die Möglichkeit eröffnet, Excel ausschließlich am Rechner zu erlernen. Die interaktive Arbeitsweise dieses Programms – Sie werden zum Beispiel aufgefordert, einen bestimmten Befehl einzugeben, und sehen sofort die Auswirkungen. Sollten Sie einen Fehler gemacht haben, weist Sie das Lernprogramm darauf hin – das besitzt sicher manche Vorteile. Experimentieren Sie ruhig ein wenig mit diesem Programm. Anschließend werden Sie jedoch wahrscheinlich meiner Meinung sein, daß selbst das beste Lernprogramm kein vollwertiger Ersatz für ein Buch ist, sondern einfach eine andere Form des Lernens ermöglicht und daher eine Ergänzung zu einem Handbuch ist.

Excel-Info teilt Ihnen mit, wieviel Speicher momentan frei ist und ob Excel in Ihrem Rechner einen mathematischen Coprozessor erkannt hat – der die Arbeit mit großen Tabellen um ein Vielfaches beschleunigen kann.

Interessanter als das Hilfemenü ist die »kontextsensitive Hilfe«. Öffnen Sie bitte mit dem Befehl *DATEI Layout...* die bereits bekannte Dialogbox, in der Sie unter anderem die beim Ausdruck zu beachtenden Seitenränder einstellen können. Momentan ist »Kopfzeile« markiert. Drücken Sie nun [F1]. Das Hilfefenster erscheint mit näheren Informationen zur Dialogbox »Seitenlayout«, genauer zum Punkt »Kopfzeile«. Das Hilfefenster wird geschlossen, wenn Sie noch einmal [F1] drücken.

Mit [F1] können Sie jederzeit Hilfe zu einem aktivierten Menü, einem selektierten Befehl oder einer geöffneten Dialogbox anfordern. Öffnen Sie nun das *DATEI*-Menü. Der erste Befehl *Neu...* ist markiert. Wenn Sie jetzt [F1] drücken, wird das Hilfefenster Informationen zu diesem speziellen Befehl enthalten.

Es geht auch umgekehrt. Drücken Sie bitte [Umschalt]+[F1]. Ein großes Fragezeichen erscheint. Wenn Sie nun einen Befehl wie *DATEI Layout...* wählen, erscheint ebenfalls der Hilfetext zu diesem Thema.

Tabellen

ABCDE

2▌ Grundlagen

Ich gehe davon aus, daß Sie entweder bereits mit Windows umgehen können oder das vorhergehende Kapitel gelesen haben. Im Umgang mit Fenstern, Menüs und Dialogboxen sind Sie nun einigermaßen fit, und wir können uns unserem eigentlichen Thema zuwenden, der Tabellenkalkulation.

2▌1▌ Grundbegriffe

Zuerst mache ich Sie mit einigen Grundbegriffen vertraut, die jeder Excel-Anwender wissen muß, will er nicht über kurz oder lang »verloren« sein (nicht nur beim Lesen dieses, sondern ebenso jedes anderen Buches über Excel).

2▌1▌1▌ Was ist eine Tabelle?

Im einfachsten Fall ist eine Tabelle eine Zahlenreihe. Üblicherweise soll eine solche Zahlenreihe irgendwie ausgewertet, zum Beispiel die Summe ermittelt werden, etwa so:

```
 3,4
 8,7
 1,0
 4,5
─────
17,6
```

Die vier ersten Zahlen sind voneinander unabhängig. Die letzte, die Summe, ist dagegen vom Wert aller anderen vier Zahlen abhängig. Sie ändert sich natürlich, wenn sich irgendeine der vier unabhängigen Zahlen ändert. Was dazu führt, daß Sie sich erneut Ihren Taschenrechner schnappen und alle Additionen wiederholen müssen – und genau das erspart Ihnen eine Tabellenkalkulation!

Sie wissen, daß ein Excel-Arbeitsblatt in Spalten und Zeilen unterteilt ist und diese Unterteilung zu einzelnen Zellen oder »Feldern« führt, deren Position anhand der Spalten- und Zeilenkoordinaten eindeutig bestimmt werden kann.

In jede dieser Zellen können Sie im einfachsten Fall eine Zahl eintragen. Interessant wird eine Tabellenkalkulation jedoch erst durch die Möglichkeit, in Zellen auch Formeln einzugeben. Diese Formeln sind nichts anderes als Rechenvorschriften, die bestimmen, auf welche Weise der Wert in der Zelle ermittelt werden soll. Schauen Sie sich das folgende Blatt an:

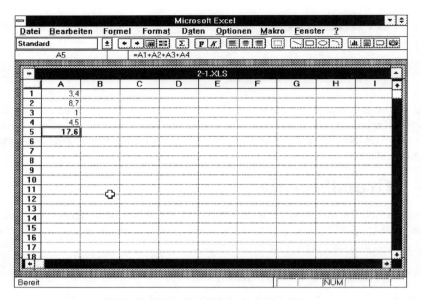

Bild 2.1: Abhängige und unabhängige Zellen

In dieses Blatt habe ich zuerst unsere vier Zahlen in die Felder A1, A2, A3 und A4 ein-getragen. Und anschließend nicht etwa die resultierende Summe 17,6 in A5 eingetragen – das hat Excel selbst erledigt. Ich habe in diese Zelle stattdessen die Formel ein-gegeben, die in der »Eingabezeile« (unmittelbar unterhalb der Werkzeugleiste) sichtbar ist: *=A1+A2+A3+A4.*

Diese Formel besagt, daß sich der Wert von Zelle A5 durch Addition der Werte ergibt, die in den Zellen A1, A2, A3 und A4 enthalten sind. Mit dem Resultat, daß Excel diese Summe gemäß der Rechenvorschrift, die nun für diese Zelle gilt, selbst ermittelt. Sie können Ihren Taschenrechner also beiseite legen.

Sie benötigen ihn auch dann nicht mehr, wenn sich einer der vier zu addierenden Werte ändern sollte. In dem Moment, in dem Sie in einer der vier unabhängigen Zellen A1 bis A4 einen neuen Wert eingeben, rechnet Excel die Formel in der abhängigen Zelle A5 neu durch. Das heißt, wenn Sie die 1 in Zelle A3 in eine 2 ändern, korrigiert Excel im gleichen Moment die in Zelle A5 enthaltene Summe und trägt selbständig in A5 statt der alten Summe 17,6 den nun korrekten Wert 18,6 ein.

Sicher, vier Zahlen mit dem Taschenrechner zu addieren, ist so einfach, daß man es mehr-fach mit unterschiedlichen Zahlen ausführen kann, bevor man überhaupt den Rechner ein-geschaltet und Excel aufgerufen hat. Ob man das auch von der folgenden Tabelle sagen kann?

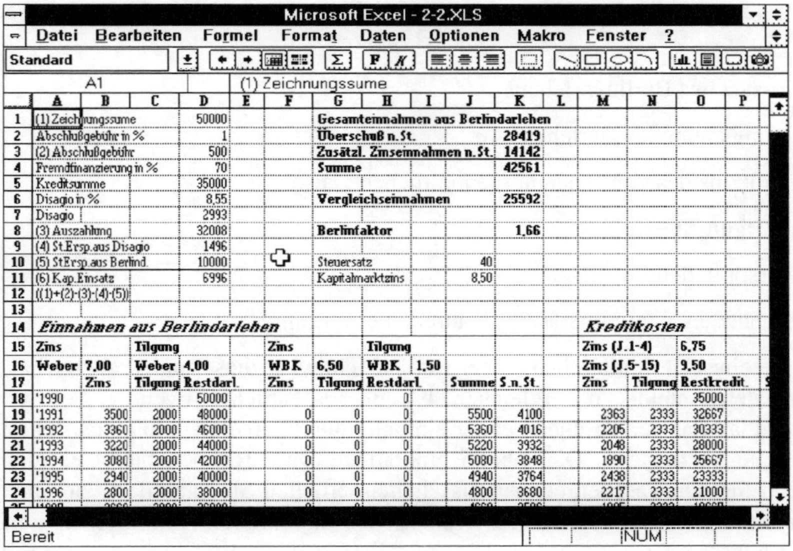

Bild 2.2: Komplexe Anwendungen mit Excel

Diese Tabelle ist zu groß, um komplett in einem Fenster zu erscheinen. Aber der sichtbare Ausschnitt sieht bereits kompliziert genug aus, finden Sie nicht? Es handelt sich um ein Modell zur Analyse von Berlindarlehen. Falls Ihnen dieser Begriff nichts sagt: »Berlindarlehen« sind Darlehen an Berlin, die zwar mit einem relativ niedrigen Zinssatz ausgestattet sind, dafür jedoch steuerbegünstigt sind. Denn bei Darlehen nach §17 des Berlinförderungsgesetzes mindert ein solches Darlehen in dem Jahr, in dem Sie es zeichnen, Ihre Steuerschuld um 20% der Darlehenssumme (aber höchstens 50% der Steuerschuld).

Angenommen, Ihre Lohn- oder Einkommenssteuer beträgt in diesem Jahr 50 000 DM. Wenn Sie ein Berlindarlehen über 100 000 DM nach §17 BerlinFG zeichnen, vermindert sich Ihre Steuerschuld um 20% von 100 000 DM, also um 20 000 DM. Das heißt, statt 50 000 DM kassiert das Finanzamt nur noch 30 000 DM von Ihnen. Praktisch, nicht wahr? Außerdem wird das Darlehen bereits während der Laufzeit ganz oder teilweise getilgt, Sie bekommen also jedes Jahr bereits einen Teil Ihres investierten Kapitals zurück. Ganz im Gegensatz zu einer normalen Anleihe wie einem Bundesschatzbrief, bei dem Sie Ihr Geld erst am Ende der Laufzeit zurückerhalten.

Allerdings hat die Geschichte auch einen Haken: Ein solches Darlehen besitzt eine Laufzeit von 25 Jahren. Und während der gesamten Zeit kassieren Sie deutlich weniger Zinsen als bei einem Bundesschatzbrief oder ähnlichem! Die Frage ist also, ob die Steuerersparnis groß genug ist, um ein Berlindarlehen trotz des relativ niedrigen Zinssatzes attraktiv erscheinen zu lassen. Was von verschiedenen Faktoren abhängt und zusätzlich verkompliziert wird, weil Berlindarlehen üblicherweise zum Teil durch Aufnahme eines Kredites finanziert werden. Unter anderem müssen Sie bei einem solchen Vergleich berücksichtigen:

▓ den Zinssatz des Berlindarlehens

▓ die Tilgungsraten des Darlehens

▓ den Kreditzins des von Ihnen aufgenommenen Darlehens

▓ dessen Tilgungsraten

▓ Ihren persönlichen Steuersatz

▓ den geschätzten Kapitalmarktzins während der 25 Jahre

Die Rendite eines Berlindarlehens unter Berücksichtigung dieser und weiterer Faktoren mit einer normalen Anleihe zu vergleichen, ist außerordentlich aufwendig. Selbst wenn Sie bereit wären, all das per Taschenrechner einmalig durchzurechnen, lohnt es sich, dafür eine Excel-Tabelle aufzubauen. Denn beim einmaligen Durchrechnen bleibt es nicht. Spätestens, wenn Sie den Taschenrechner ausschalten, erhalten Sie garantiert von einer anderen Bank ein weiteres Angebot für ein Berlindarlehen mit anderen Konditionen, zum Beispiel mit einem höheren Zinssatz und niedrigeren Tilgungsraten. Welches ist nun günstiger, das erste oder das zweite Darlehen? Und wenn Sie einen Kredit aufnehmen, um das Berlindarlehen zu finanzieren, wiederholt sich das Ganze: Jedes weitere Kreditangebot mit anderen Zins- und Tilgungssätzen erfordert ein weiteres Durchrechnen des Modells.

Ganz anders dagegen bei der Excel-Tabelle. Nahezu alle Felder der Tabelle sind abhängige Zellen, enthalten also irgendwelche Formeln, die bestimmen, auf welche Weise der Inhalt der betreffenden Zelle von dem anderer Zellen abhängt. Zum Beispiel vom Inhalt von Zelle B16, die den Zinssatz des Berlindarlehens enthält und in der momentan der Wert 7,00 eingetragen ist.

Erhalten Sie ein zweites Darlehensangebot, das zum Beispiel mit einem Zinssatz von 6,45% ausgestattet ist, geben Sie einfach in Zelle B16 diesen neuen Wert ein. Excel rechnet sofort alle im gesamten Blatt enthaltenen Formeln neu durch, auf die sich die Veränderung von B16 auswirkt.

Mit dem Resultat, daß Sie sofort sehen, welche Auswirkungen der geänderte Zinssatz auf das Ergebnis des Berlindarlehens besitzt. Alle notwendigen Neuberechnungen übernimmt Excel für Sie.

2.1.2   Bearbeitungszeile, Eingabe- und Bearbeitungsmodus

Verzeihen Sie mir bitte den langatmigen Ausflug. Aber bevor es wirklich losgeht, wollte ich Ihnen zeigen, welche enormen Vorteile eine Tabellenkalkulation besitzt, wenn es um komplexe Berechnungen geht. Um eine Tabelle aufzubauen, müssen Sie zunächst wissen, wie Sie einen Wert in ein Feld des Arbeitsblattes eintragen.

Das wissen Sie bereits, werden Sie sagen. Immerhin hatten wir ja bei der Erläuterung des Arbeitsfensters und des Zellcursors eine Miniaturtabelle aufgebaut. Daher wissen Sie, daß Sie nur den Zellcursor zur betreffenden Zelle bewegen, die Zahl eingeben und ⎡Enter⎤ oder eine der Cursortasten drücken müssen. Sie wissen jedoch noch nicht, wie Sie solche Eingaben nachträglich ändern können, ohne sie komplett zu überschreiben. Dazu müssen Sie erst über die verschiedenen »Excel-Modi« und die Funktion der Bearbeitungszeile Bescheid wissen.

Das »Editieren« von Eingaben ist mit Hilfe der Bearbeitungszeile möglich, die ständig Informationen über jene Zelle anzeigt, die gerade mit dem Zellcursor selektiert ist. Bewegen Sie den Zellcursor bitte zu Zelle A1. Am unteren Bildschirmrand, in der Statuszeile, steht »Bereit«. Am linken Rand der Bearbeitungszeile wird A1 angezeigt, die Koordinaten der selektierten Zelle.

Sie sollen nun in diese Zelle die Zahl 12,3 eingeben. Drücken Sie zunächst nur die Zifferntaste »1«, und schauen Sie sich die Statuszeile an. Darin steht nicht mehr »Bereit«, sondern »Eingeben«. Der Name sagt es bereits: Im »Eingabemodus« werden Daten eingegeben – und genau das tun Sie ja gerade.

Nachdem Sie die Taste »1« gedrückt haben, erscheint diese Ziffer in der Zelle selbst und in der Bearbeitungszeile, da diese außer den Zellkoordinaten auch den Inhalt der Zelle anzeigt. Geben Sie nun auch den Rest der Zahl ein, aber bitte *ohne* Enter *zu drücken.*

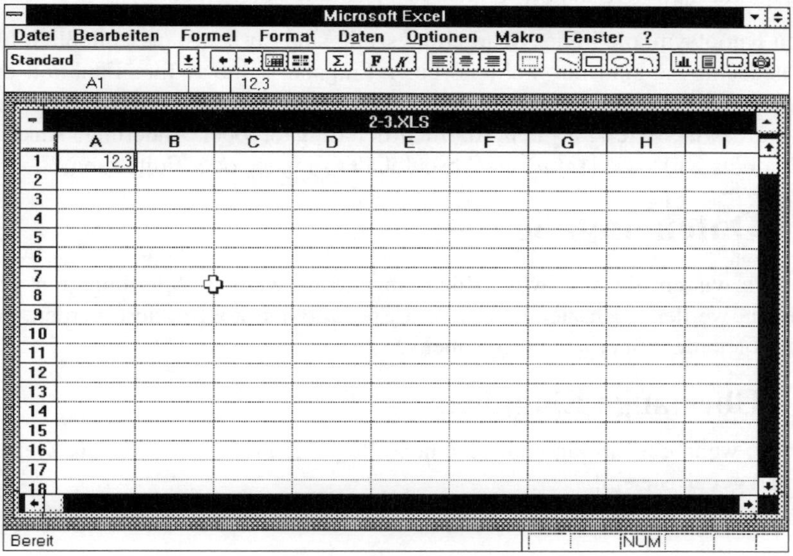

Bild 2.3: Die Bearbeitungszeile

Mit Rücktaste können Sie während der Eingabe das jeweils zuletzt eingegebene Zeichen löschen. Wenn Sie wollen, können Sie eine Eingabe damit auch (natürlich ziemlich umständlich) komplett löschen, indem Sie oft genug Rücktaste drücken.

Weitere Editiermöglichkeiten stehen Ihnen allerdings im Eingabemodus nicht zur Verfügung, wenn Sie keine Maus besitzen. Sie können sich zum Beispiel nicht mit den Cursortasten in der Bearbeitungszeile umherbewegen. Im Eingabemodus wirkt jede Betätigung einer Cursortaste wie `Enter`, die Eingabe wird also abgeschlossen und der aktuelle Inhalt der Bearbeitungszeile als gewünschter Zellinhalt übernommen. Anschließend wird der Zellcursor in die betreffende Richtung bewegt, je nach Cursortaste.

Echte Editiermöglichkeiten mit der Tastatur haben Sie nur im »Änderungsmodus«. Ich gehe davon aus, daß Sie inzwischen 12,3 eingegeben und noch nicht `Enter` gedrückt haben. Nun sollen Sie die Ziffer »1« löschen, ohne den Rest der Eingabe zu verändern, was nur im Bearbeitungsmodus möglich ist. Schalten Sie diesen Modus ein, indem Sie `F2` drücken oder einfacher mit der Maus die Ziffer »1« anklicken. In der Statuszeile steht nicht mehr »Eingeben«, sondern »Ändern«. Jetzt können Sie die Eingabe frei editieren und sich mit den Cursortasten beliebig in der Bearbeitungszeile umherbewegen, ohne die Eingabe dadurch ungewollt abzuschließen. Wenn die Eingabe korrigiert ist, drücken Sie zum Abschluß `Enter`.

Den Bearbeitungsmodus können Sie nicht nur während einer Eingabe einschalten, sondern auch nachträglich. A1 enthält nun – nach Entfernen der »1« – die Zahl 2,3; und da die Eingabe abgeschlossen wurde, steht in der Statuszeile wieder »Bereit«. Drücken Sie `F2` oder klicken Sie wieder den in der Bearbeitungszeile angezeigten Zellinhalt an. Erneut wird der Änderungsmodus aktiviert und Sie können den Zellinhalt editieren.

Die beiden Knopfsymbole in der Bearbeitungszeile sind übrigens ausschließlich für Mausbenutzer gedacht. Sie sind nur während einer Eingabe sichtbar. Ihre Funktion entspricht den Tasten `Enter` und `Esc`. Anklicken des linken »Schaltfeldes« mit dem kleinen Kreuz in der Mitte bewirkt wie `Esc` den Abbruch der Eingabe oder Änderung, Anklicken des rechten Symbols wirkt wie `Enter` als Abschluß der Eingabe oder Editierung.

2|2| Dateneingabe

Grundsätzlich wissen Sie nun, wie Zahlen eingegeben werden. Allerdings nur grundsätzlich, denn Sie werden noch ziemlich oft mit Spezialfällen konfrontiert werden, vor allem mit dem Problem der »überlangen Eingaben«.

2|2|1| Überlange Eingaben

Was passiert, wenn ein Eintrag nicht in eine Zelle paßt? Probieren wir's aus. Gehen Sie zu Zelle B1 und geben Sie ein:

`Dies ist ein Test überlanger Eingaben`

Während der Eingabe ist dieser Text in der recht langen Bearbeitungszeile jederzeit vollständig zu sehen. In der vergleichsweise kleinen Zelle dagegen ist immer nur ein Ausschnitt des Textes sichtbar. Die Zelle verhält sich wie ein kleines Fenster mit einem rollenden Ausschnitt. Kümmern Sie sich nicht weiter darum, sondern drücken Sie einfach `Enter`. Der Text erstreckt sich nun über mehrere Zellen, über B1, C1, D1 und E1. Offenbar nutzt Excel aus, daß die benachbarten Zellen leer sind und verwendet diese zur Anzeige mit.

Dennoch »gehört« dieser Text zur Zelle B1. Wenn sich der Zellcursor auf einer der zur Anzeige mitverwendeten Zellen C1, D1 oder E1 befindet, wird als Zellinhalt in der Bearbeitungszeile nichts angezeigt – C1, D1 und E1 sind weiterhin leer. Bewegen Sie den Cursor zu B1. Als Zellinhalt wird der komplette Text angezeigt, nicht nur der Teil, der in der Zelle selbst sichtbar ist.

Daß C1, D1 und E1 in Wirklichkeit leer sind, zeigt sich sofort, wenn Sie in D1 eine 20 eingeben. Excel zeigt den echten, den »gespeicherten« Wert dieser Zelle an und benutzt ab sofort nur noch die tatsächlich leere Zelle C1 zur Anzeige des überlangen Inhalts von B1.

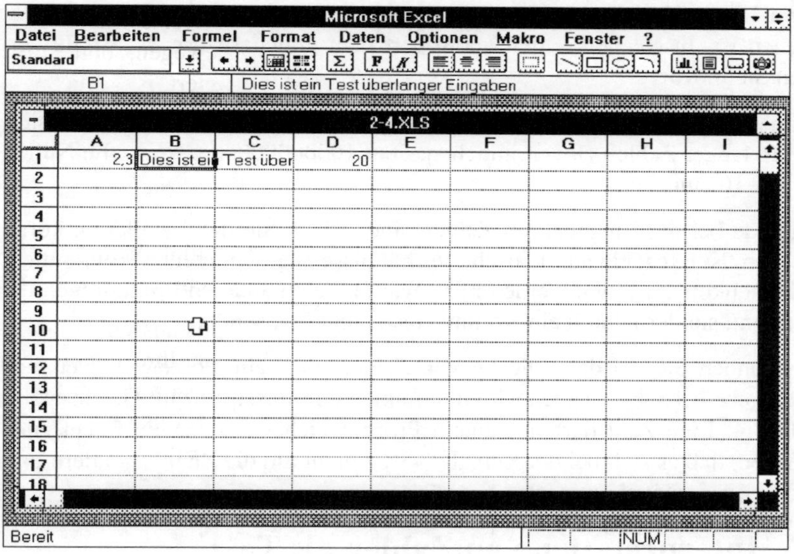

Bild 2.4: Überlange Texteingaben

Das heißt, Excel nutzt bei überlangen Texteingaben zur Darstellung auf dem Bildschirm rechts benachbarte Zellen nur dann, wenn diese leer sind. Wenn Sie mit F2 oder der Maus den Bearbeitungsmodus aktivieren, die 20 wieder entfernen und Enter drücken, werden auch D1 und E1 wieder zur Anzeige mitverwendet. Unterscheiden Sie bitte immer zwischen dem in einer Zelle gespeicherten und dem auf dem Bildschirm angezeigten Wert. Möglicherweise kann der gespeicherte Wert gerade nicht angezeigt werden, weil er zu lang ist und keine benachbarten Zellen frei sind. Dennoch geht er nicht verloren und wird in der Bearbeitungzeile vollständig angezeigt, wenn Sie den Zellcursor zum betreffenden Feld bewegen.

Soviel zu Texteingaben. Bei überlangen Zahlen verhält sich Excel völlig anders. Geben Sie in A2 (erste Spalte, zweite Zeile) die Zahl 120000000000 (12 mit folgenden zehn Nullen) ein. Wenn Sie die Eingabe beenden, ist die Zahl zwar in der Bearbeitungszeile immer noch sichtbar, in der Zelle selbst wird jedoch statt dessen »1,2E+11« angezeigt. Aufgrund ihrer Länge schlecht darstellbare Zahlen wandelt Excel in das »Exponentialformat« um. 1,2 ist

die sogenannte »Mantisse«, +11 der Exponent zur Basis 10. 1,2E+11 bedeutet daher aus-
gesprochen »1,2 mal 10 hoch 11«. Merken Sie sich bitte diese Darstellungsform und den
Zusammenhang mit der üblichen mathematischen Schreibweise, die kleine hochgestellte
Ziffern für Exponenten verwendet:

$$1,2E+11 \quad = \quad 1,2 * 10^{11}$$

Sollte übrigens Ihre Zahl trotz dieser Kurzschreibweise immer noch zu lang für das betreffende Feld sein, verwendet Excel nicht etwa benachbarte Felder wie bei überlangen Texten.
Sondern zeigt stattdessen einfach eine Reihe von Nummernzeichen an, etwa so: »####«.
Diese Nummernzeichen signalisieren, daß die betreffende Zahl im betreffenden Feld aufgrund ihrer Länge nicht angezeigt werden kann und nur in der Bearbeitungszeile vollständig zu sehen ist. In solchen Fällen vergrößert man üblicherweise die Breite der Spalte –
wie, sehen Sie in Kürze.

Die Exponentialschreibweise können Sie übrigens auch selbst benutzen, um sich die Eingabe extrem langer Zahlen zu vereinfachen. Statt 10000000000 (1 mit zehn Nullen) können
Sie auch 1E+10 eingeben.

Da wir gerade bei der Eingabe von Zahlen sind: Wenn Sie die Installation korrekt durch-
geführt haben, ist Excel ein auf deutsche Verhältnisse zugeschnittenes Programm. Das heißt,
Vor- und Nachkommastellen werden nicht wie in vielen anderen Programmen durch einen
Punkt getrennt, sondern durch ein Komma, also nicht 3.4, sondern 3,4!

Natürlich können Sie bei der Eingabe von Zahlen auch ein Vorzeichen verwenden. Also
statt 3,4 eingeben: +3,4 – was jedoch vollkommen überflüssig ist. Im Gegensatz zur negativen Zahl –3,4. Eine Zahl darf mit einem Prozentzeichen enden, um Excel zum Beispiel
klarzumachen, daß es sich bei der Eingabe »3%« nicht um die Zahl 3, sondern um drei Prozent handelt (wovon auch immer).

2|2|2| Interpretation von Zahlen als Text

Excel ist recht »intelligent« und erkennt zum Beispiel, ob Sie einen Text oder eine Zahl
eingeben. Denn eingegebene Zahlen werden im Gegensatz zu Texteingaben sofort rechtsbündig in der betreffenden Zelle formatiert. Wenn Ihnen das noch nicht aufgefallen ist,
geben Sie einen Text wie »Hallo« und in eine andere Zelle eine Zahl ein. Der Text wird
links-, die Zahl rechtsbündig ausgerichtet.

Selbst Excel ist jedoch nicht schlau genug, um immer zu wissen, was Sie meinen, einen
Text oder eine Zahl. Stellen Sie sich eine Tabelle vor, die in Spalte A untereinander die
Jahreszahlen 1990, 1991, 1992, 1993 bis 2000 enthält. Und in Spalte B die zugehörigen
Jahresumsätze Ihrer Firma. Excel wird die Jahre garantiert als Zahlen interpretieren und
rechtsbündig ausrichten – auch dann, wenn Ihnen die linksbündige Ausrichtung, die bei
Texten üblich ist, viel besser gefallen würde. In solchen Fällen können Sie Excel dazu
zwingen, die betreffende Eingabe als Text zu behandeln. Geben Sie die betreffende Zahl
einfach in Anführungszeichen an, und beginnen Sie die Eingabe mit einem Gleichheitszeichen. Geben Sie statt 1990 ein:

`="1990"`

Die Anführungszeichen selbst erscheinen nicht in der Zelle. Excel erkennt jedoch, daß Sie hier einen Text eingeben wollen, und richtet »1990« daher wie jeden Text linksbündig aus.

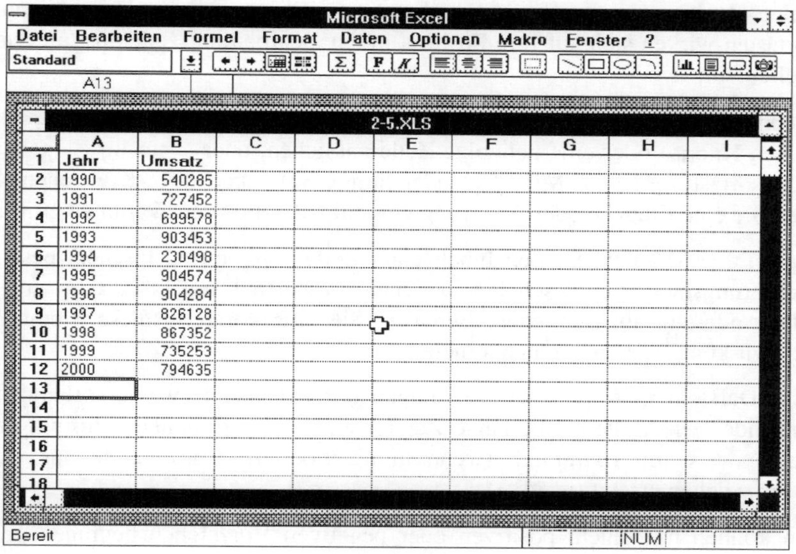

Bild 2.5: Als Texte interpretierte Zahlen

Die linksbündige Formatierung unserer Jahreszahlen ist zwar auch einfacher zu erzielen. Allerdings gibt es auch andere Fälle, in denen Excel eine als Text gedachte Eingabe als Zahl interpretiert und die Konsequenzen unangenehmer als in unserem Beispiel sind. Merken Sie sich bitte, daß Sie Excel zwingen können, Ihre »mißverständliche« Eingabe als Text aufzufassen, indem Sie sie in Anführungszeichen einschließen und die Eingabe mit »=« beginnen.

Da die Eingabe und Editierung von Texten und Zahlen zu den absoluten Grundlagen im Umgang mit einer Tabellenkalkulation gehören, sollten Sie sich folgende Punkte merken, bevor Sie weiterarbeiten:

- Die Bearbeitungszeile zeigt ständig die Koordinaten der momentan mit dem Zellcursor selektierten Zelle und ihren Inhalt an. Mit Hilfe dieser Zeile kann der Zellinhalt manipuliert werden.

- Die Statuszeile zeigt den aktuellen Excel-Modus an.

- Beginnen Sie eine Eingabe, erscheint in der Statuszeile »Eingeben«. Im Eingabemodus wirken sich die Cursortasten nicht auf den Cursor in der Eingabezeile, sondern auf den Zellcursor aus. Daher haben Sie im Eingabemodus mit der Tastatur nur sehr beschränkte Editiermöglichkeiten (Rücktaste). Mit der Maus können Sie dagegen jederzeit eine zu korrigierende Stelle in der Eingabe anklicken und verbessern.

■ Jederzeit – während einer bereits begonnenen Eingabe oder auch, wenn sie bereits abgeschlossen wurde – können Sie mit F2 oder dem Anklicken des in der Bearbeitungszeile sichtbaren Zellinhalts den Änderungsmodus aktivieren. In der Statuszeile erscheint »Ändern«. Nun verfügen Sie über die gewohnten Editiermöglichkeiten, und die Cursortasten wirken sich auf Ihre Position in der Bearbeitungszeile aus, nicht mehr auf den Zellcursor.

■ Eingaben oder Änderungen werden abgeschlossen, wenn Sie Enter drücken, den »Häkchen-Knopf« oder eine beliebige Zelle anklicken, oder – nur im Eingabemodus – eine Cursortaste drücken. Mit Esc oder durch Anklicken des »Kreuzchen-Knopfes« brechen Sie eine Eingabe oder Änderung vorzeitig ab, ohne den Zellinhalt zu verändern.

■ Eine primitive Möglichkeit, den Inhalt einer Zelle komplett zu löschen, besteht darin, den Änderungsmodus einzuschalten, Zeichen für Zeichen mit Rücktaste zu entfernen und die Änderung abzuschließen. Benutzen Sie bitte vorläufig diese Methode; später werden wir komfortablere kennenlernen.

■ Für die Darstellung überlanger Texteingaben nutzt Excel (wenn vorhanden) rechts angrenzende leere Zellen. Überlange Zahlen werden im Exponentialformat dargestellt beziehungsweise im Extremfall (wenn immer noch zu lang) durch eine Reihe von Nummernzeichen ersetzt (»####«).

■ Zahlen können mit einem positiven oder negativen Vorzeichen beginnen, mit einem Prozentzeichen enden, im Exponentialformat eingegeben werden, Vor- und Nachkommastellen *müssen* mit einem Komma getrennt werden.

■ Soll Excel eine Zahl als Text interpretieren, muß diese Zahl in Anführungszeichen gesetzt werden und die Eingabe mit einem Gleichheitszeichen beginnen (="1990").

2|3| Dateihandling, Tabellen löschen und anlegen

Die grundlegenden Eingabeformen beherrschen Sie nun. Momentan sind wahrscheinlich irgendwelche Zahlen und Texte in Ihrer Tabelle enthalten. Diese Tabelle sollen Sie nun speichern.

2|3|1| Datei speichern

Verwenden Sie hierzu den Befehl *DATEI Speichern* (vgl. Bild 2.6).

Wird eine Datei zum ersten Mal gespeichert, verlangt Excel einen Dateinamen. Als Vorschlag erscheint der Name *TAB1.XLS*. *TAB1*, so nennt Excel eine noch nicht benannte Tabelle. Dieser Name war die ganze Zeit in der Titelleiste des Arbeitsblattes zu sehen. Sie können diesen Namen mit Enter akzeptieren und die Datei unter diesem speichern oder einen nahezu beliebigen anderen Namen eingeben. Beachten Sie bitte, daß Excel nach dem Speichern den vollständigen Dateinamen in der Titelleiste anzeigt, also zum Beispiel nicht mehr *TAB1*, sondern *TAB1.XLS*.

Übrigens: Dem Befehl *DATEI Speichern* ist die Kurztaste (Umschalt)+(F12) zugeordnet. Mit dieser Tastenkombination ersparen Sie sich die übliche Befehlsanwahl im Menü und gelangen direkt zur abgebildeten Dialogbox.

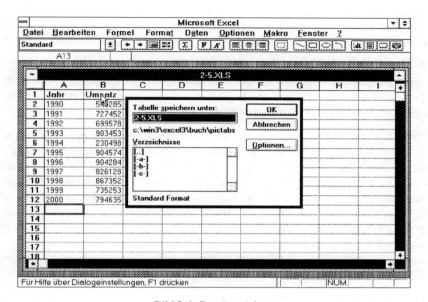

Bild 2.6: Datei speichern

2|3|2| Dateinamen

Dateinamen unterliegen einigen vom Betriebssystem MS-DOS her stammenden Beschränkungen. Ein Dateiname besteht aus maximal acht Zeichen und – optional, kann also entfallen – einem Punkt, dem wiederum bis zu drei Zeichen folgen können. Er darf weder Leerzeichen noch sonstige »Sonderzeichen« wie zum Beispiel das Zeichen »;« enthalten. Einige Beispiel für mögliche Dateinamen:

■ *TEST*

■ *TEST.XLS*

■ *TABELLE.XLS*

Die maximal drei Buchstaben hinter dem Punkt heißen »Erweiterung«. Eine solche Erweiterung hat üblicherweise den Zweck, Dateiarten auf einen Blick identifizieren zu können. Zum Beispiel enden von Textverarbeitungen gespeicherte Textdateien fast immer mit *.TXT* oder Basic-Programmdateien mit *.BAS*.

Letztlich ist es Ihre Entscheidung, ob und, wenn ja, welche Erweiterung Sie vergeben. Am besten vergeben Sie gar keine, dann übernimmt das Excel für Sie. Und zwar hängt Excel an

Ihren Dateinamen automatisch den Zusatz .XLS an, wenn der Name keine Erweiterung enthält. Das heißt, die Eingabe »TEST« speichert Ihre Datei unter dem Namen TEST.XLS und die Eingabe »HALLO« unter HALLO.XLS.

Wollen Sie aus irgendwelchen Gründen, daß Ihre Datei ohne Erweiterung gespeichert wird, muß Ihre Eingabe mit einem Punkt enden. Die Eingabe »HALLO« führt wie erläutert zur Speicherung unter HALLO.XLS. Mit »HALLO.« wird die Datei dagegen unter HALLO gespeichert, ohne jede Erweiterung.

Excel unterscheidet bei Dateinamen ebensowenig wie DOS zwischen Groß- und Kleinschreibung. Ob Sie nun »TEST«, »test« oder »Test« eingeben, Ihre Datei wird in jedem Fall unter dem Namen TEST.XLS gespeichert.

Außer dem Namen der Datei können Sie auch bestimmen, wo diese gespeichert wird. Normalerweise wird eine Datei einfach im aktuellen Verzeichnis des gerade aktiven Laufwerks gespeichert. Beide Informationen zeigt Excel in der Dialgbox unterhalb des Dateinamens an. Wird eine Datei zum ersten Mal gespeichert, verlangt Excel einen Dateinamen. Als Vorschlag erscheint der Name TAB1.XLS. TAB1, so nennt Excel eine noch nicht benannte Tabelle. Dieser Name war die ganze Zeit in der Titelleiste des Arbeitsblattes zu sehen. Sie können diesen Namen mit [Enter] akzeptieren und die Datei unter diesem speichern oder einen nahezu beliebigen anderen Namen eingeben. Beachten Sie bitte, daß Excel nach dem Speichern den vollständigen Dateinamen in der Titelleiste anzeigt, also zum Beispiel nicht mehr TAB1, sondern TAB1.XLS.

Übrigens: Dem Befehl DATEI Speichern ist die Kurztaste [Umschalt]+[F12] zugeordnet. Mit dieser Tastenkombination ersparen Sie sich die übliche Befehlsanwahl im Menü und gelangen direkt zur abgebildeten Dialogbox. Im Bild lautet der aktuelle »Pfad« zum Beispiel »C:\WIN3\EXCEL3\BUCH\PICTABS«. Paßt Ihnen diese Vorgabe nicht, besitzen Sie zwei Möglichkeiten:

1. Sie geben außer dem Dateinamen selbst einen beliebigen Pfad gemäß den DOS-Konventionen an. Mit der Eingabe »C:\WIN\DATEN\TEST.XLS« wird die aktuelle Tabelle unter dem Namen TEST.XLS im Verzeichnis WIN\DATEN auf der Festplatte C gespeichert.

2. Sie benutzen das »Laufwerks- und Verzeichnis-Listenfeld« in der unteren Hälfte der Box, um Laufwerk und Verzeichnis interaktiv zu bestimmen. Mit einem Doppelklick auf »[-a-]«, »[-b-]« usw. wechseln Sie das Laufwerk. Ein Doppelklick auf den Eintrag »[..]« führt zur nächsthöheren Verzeichnisebene. Ein Doppelklick auf einen – in der Abbildung nicht vorhandenen – Eintrag wie »[win3]« oder »[excel3]« führt in das betreffende Verzeichnis.

Speichern Sie die Datei nun bitte im aktuellen Verzeichnis unter dem Namen TEST.XLS, geben Sie also einfach »TEST« ein, und drücken Sie [Enter]. Ihre Festplatte läuft kurz an, und das war's auch schon. Sie können mit Ihrer immer noch vorhandenen Tabelle weiterarbeiten und wissen, daß nicht alles verloren ist, wenn der Strom ausfällt.

Genau aus diesem Grund ist es sinnvoll, bei längeren Arbeiten Dateien ab und zu einmal zu speichern, um jeweils den aktuellen Stand der Tabelle auf der Festplatte zu sichern. Excel erleichtert Ihnen das, wie Sie gleich sehen werden. Wählen Sie erneut *DATEI Speichern*. Diesmal läuft die Festplatte an, *ohne daß zuvor die Dialogbox erscheint*.

Bei der allerersten Anwahl des Befehls *DATEI Speichern* müssen Sie einen Dateinamen vergeben oder die Vorgabe akzeptieren. Excel geht anschließend davon aus, daß Sie auch beim zweiten und dritten Speichern wieder den gleichen Namen verwenden wollen. Daher werden Sie nicht mehr gefragt. Excel überschreibt den alten Inhalt der Datei *TEST.XLS* einfach mit dem aktuellen Inhalt Ihrer Tabelle. Auf diese Weise ist es sehr einfach, nach und nach in mehreren Stunden umfangreiche Tabellen aufzubauen und den aktuellen Zustand dieser Tabelle ab und zu sicherheitshalber zu speichern. Und sogar noch einfacher, wenn Sie einfach die Kurztaste Umschalt+F12 drücken, die wie bereits erwähnt dem Befehl *DATEI Speichern* zugeordnet ist.

Wollen Sie die Datei dennoch aus irgendeinem Grund plötzlich unter einem anderen Namen speichern, wählen Sie statt *DATEI Speichern* den Befehl *DATEI Speichern unter...* *Speichern unter...* zaubert die gleiche Dialogbox auf den Schirm, die beim ersten Mal erschien und Sie zur Eingabe eines Namens aufforderte. Sie können nun zum Beispiel den Namen »TEST1« wählen und haben nach Enter zwei Dateien auf der Platte, die zuerst gespeicherte Datei heißt *TEST.XLS* und die soeben gespeicherte *TEST1.XLS*. Auch diesem Befehl ist übrigens eine Kurztaste zugeordnet: F12.

2|3|3| Speicheroptionen

Wählen Sie bitte noch einmal *DATEI Speichern unter...* Aktivieren Sie diesmal die Schaltfläche »Optionen...«. Eine erweiterte Dialogbox erscheint, die Ihnen die unterschiedlichsten »Speicheroptionen« anbietet:

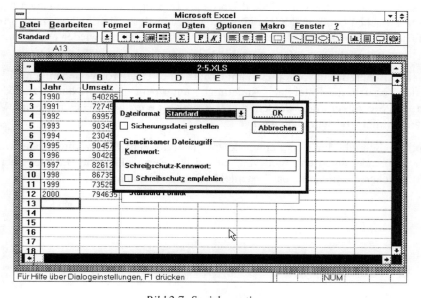

Bild 2.7: Speicheroptionen

Die – normalerweise inaktive (nicht »angekreuzte«) – Option »Sicherungsdatei erstellen« sorgt dafür, daß Ihnen sicherheitshalber immer eine Kopie der Tabelle zur Verfügung steht, mit der Sie gerade arbeiten. Das geht so: Wenn Sie Ihre Tabelle speichern, sagen wir unter dem Namen *TEST* (also tatsächlich unter *TEST.XLS*), prüft Excel, ob eine Datei dieses Namens bereits existiert. Wenn ja, haben Sie die Tabelle zuvor schon einmal gespeichert. Die Erweiterung dieser Datei mit der zuletzt gespeicherten Version der Tabelle wird in *.BAK* umbenannt, in unserem Fall also in *TEST.BAK*. Jetzt erst wird *TEST* gespeichert. Und zwar, ohne die zuletzt gespeicherte Version zu überschreiben, die ja nun einen anderen Namen besitzt. Dieser Vorgang wiederholt sich bei jedem Speichervorgang. Wenn Sie Ihre Tabellen sicherheitshalber in regelmäßigen Abständen unter dem immer gleichen Namen speichern, indem Sie einfach ab und zu mal ⎡Umschalt⎤+⎡F12⎤ drücken (Kurztaste für *DATEI Speichern*), gilt daher:

```
NAME.XLS  =  aktuelle Version der Datei
NAME.BAK  =  zuletzt gespeicherte Version
```

Vorausgesetzt, Sie haben die Option »Sicherungsdatei erstellen« aktiviert. Die Katastrophe ist dann nicht mehr allzu groß, wenn Sie Ihre Datei irgendwann löschen und am nächsten Tag feststellen, daß Sie sie eigentlich noch gebraucht hätten. In dem Fall greifen Sie einfach auf die immer noch vorhandene zuletzt gespeicherte Version zurück, die *.BAK*-Datei, und laden diese – außer, Sie sind ein gründlicher Mensch und haben sie gleich mitgelöscht!

Im Feld »Kennwort« können Sie einen bis zu 15 Zeichen langen Namen vergeben, der erfragt werden soll, wenn diese Datei irgendwann später geladen wird. Angenommen, Sie geben ein: »Testwort«. Und Ihr neugieriger Kollege am benachbarten Arbeitsplatz versucht am nächsten Tag, Ihre Datei zu laden. Dann wird er leider Pech haben. Denn eine Dialogbox erscheint, in der ihn Excel auffordert, das Kennwort zu nennen, und wenn die Eingabe falsch ist, wird die Datei nicht geladen! Übrigens: Im Gegensatz zu Dateinamen wird hier sehr wohl zwischen Groß- und Kleinschreibung differenziert. Die Eingabe »testwort« wäre daher falsch! Einen solchen »Dateischutz« können Sie jederzeit wieder aufheben, indem Sie die Datei mit *Speichern unter...* erneut speichern und das Kennwort dadurch entfernen.

Das »Schreibschutz-Kennwort« dient zum Schutz einer Datei vor versehentlichem Schreiben. Jeder Versuch, die Datei nach Änderungen unter dem gleichen Namen zu speichern, bewirkt, daß Sie aufgefordert werden, dieses Kennwort einzugeben, bevor die alte Version der Datei wirklich überschrieben wird.

Die Option »Schreibschutz empfehlen« dient ebenfalls zum Schutz Ihrer Daten vor versehentlichen Änderungen und wird von mir bei der Besprechung des Ladens einer Datei erläutert. Klicken Sie nun bitte das Listenfeld »Dateiformat« an:

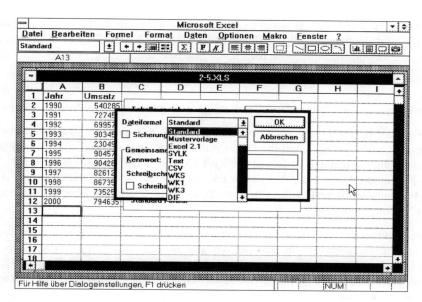

Bild 2.8: Dateiformate

Mit dem Listenfeld »Dateiformat« bestimmen Sie, in welcher Form die Datei gespeichert wird. Vorselektiert ist immer »Standard«, das normalerweise von Excel verwendete Format, mit dem es am besten – und am schnellsten! – umgehen kann. Die anderen Formate sind zum Datenaustausch mit anderen Programmen gedacht. Wollen Sie zum Beispiel eine Excel-Datei in irgendeine Textverarbeitung einlesen und weiterbearbeiten, sollten Sie »Text« oder »CSV« wählen. Bei »Text« erhält die Datei die Erweiterung *.TXT*, bei »CSV« den Zusatz *.CSV*.

In beiden Fällen wird praktisch reiner Text gespeichert, ohne spezielle Zusatzinformationen, mit denen echte Excel-Dateien sonst gespickt sind, mit denen eine Textverarbeitung jedoch nichts anfangen kann. Wenn Sie Ihre Tabelle im Textformat speichern und zum Beispiel in Word einlesen, sieht das etwa so aus:

```
20   Dies ist ein Test nberlanger Eingaben    23
1,2346E+14
```

Wie Sie sehen, werden Umlaute leider nicht korrekt eingelesen (»n« statt »ü«). Der Unterschied zwischen dem Text- und dem CSV-Format: Im Textformat werden die Zellinhalte durch Tabulatoren voneinander getrennt, im CSV-Format durch Kommata.

Die Option »Excel 2.1« bedeutet, daß Ihre Tabelle in jenem Format gespeichert wird, das die Vorgängerversion 2.1 benutzte. Beachten Sie bitte, daß dabei alle Eigenschaften Ihrer Tabelle unwiderruflich verlorengehen, über die diese Vorgängerversion noch nicht verfügte!

Die Version 5.0 von Word ist übrigens in der Lage, in diesem Excel-Format gespeicherte
Dateien direkt einzulesen (Word-Befehl *BIBLIOTHEK VERKNÜPFEN Kalkulationstabelle*), was in obigem Beispiel zu folgendem Ergebnis führt:

```
20   Dies ist ein Test überlanger Eingaben    23
!!!
```

Der Umlaut ist diesmal vorhanden, aber die Zahl in Exponentialschreibweise leider nicht.

Viele Formate beziehen sich auf den Datenaustausch mit anderen Tabellenkalkulations-
programmen. »SYLK« speichert die Daten zum Beispiel im »symbolischen Link-Format«,
das auch Multiplan benutzt, »DIF« ist für VisiCalc gedacht, »WKS«, »WK1« und »WK3«
für das Format der Lotus-1-2-3-Versionen 1.x, 2.x und 3.x. »DBF2«, »DBF3« und »DBF4«
ist das Format von dBase II, dBase III und dBase IV, die restlichen Formate beziehen sich
auf den Macintosh und OS/2.

Allgemein gilt: Jedes Programm besitzt andere Fähigkeiten, was den Datenaustausch mit
Excel angeht. Schauen Sie in der Dokumentation zum betreffenden Programm nach,
welche Dateiformate dieses verarbeitet und – falls es gleich mehrere von Excel unterstützte
Formate sind – probieren Sie einfach aus, in welchem Format sich Excel mit Ihrem Programm am besten versteht.

2|3|4| Arbeitsfenster schließen

Nach dem Speichern müßte ich eigentlich das Laden einer Tabelle besprechen. Die soeben
gespeicherte Tabelle gleich wieder zu laden, ist jedoch ziemlich sinnlos, da sie sich ja noch
auf dem Bildschirm befindet. Also löschen wir die Tabelle zuvor, oder in der Window-
Terminologie: Wir »schließen das aktive Arbeitsfenster«.

Und zwar mit dem Befehl *Schließen* im Systemmenü des Arbeitsfensters, oder noch einfacher mit einem Doppelklick auf dieses Menüsymbol. Aber zuvor ändern Sie bitte in irgendeiner Zelle den darin eingetragenen Wert.

Wenn Sie nun *Schließen* wählen, zeigt Excel, wie clever es ist. Das Programm erkennt, daß
sich die Tabelle gegenüber der zuletzt gespeicherten Version verändert hat, und eine Dialogbox erscheint, in der Sie gefragt werden, ob Sie die Tabelle speichern wollen. Wenn ja,
wird sie unter dem zuvor von Ihnen eingegebenen Namen *TEST* gespeichert und überschreibt damit die inzwischen veraltete Version (beim ersten Speichern einer neuen, noch
unbenannten Tabelle würde Excel Sie natürlich nach einem Namen fragen). Und erst
danach wird das Arbeitsfenster geschlossen. Bis auf *DATEI* sind alle Menüs verschwunden,
da diese die Manipulation von Arbeitsblättern ermöglichen und das ohne Arbeitsblatt recht
sinnlos ist.

2|3|5| Datei öffnen

Die einfachste Möglichkeit zum Öffnen einer Datei besteht häufig darin, einfach das Menü
DATEI zu öffnen. Ganz unten, vor dem Befehl *Beenden*, sehen Sie darin immer die Namen
Ihrer zuletzt benutzten Dateien. Klicken Sie einen dieser Namen an, lädt Excel die zugehö-
rige Datei.

Allerdings funktioniert diese Methode eben nur mit den zuletzt verwendeten Dateien. Wählen Sie nun im Menü *DATEI* den Befehl *Öffnen*.

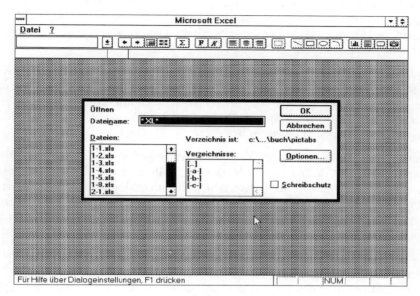

Bild 2.9: Öffnen einer Datei

Bedient wird diese Dialogbox wie jede andere. Zum Beispiel können Sie eine der im (alphabetisch geordneten)»Dateien«-Fenster gezeigten Dateien mit der Endung *.XLS* laden, indem Sie die betreffende Datei selektieren und dann »OK« aktivieren oder einfach (Enter) drücken. Noch schneller geht's mit der Maus, bei der ein Doppelklick auf den Dateinamen genügt.

Enthält das Listenfeld extrem viele Einträge, kann das Rollen des kleinen Fensters sehr lästig werden. Schneller geht's, wenn Sie das Fenster mit (Tab) aktivieren (oder durch Anklicken irgendeines Eintrags mit der Maus) und dann die Taste drücken, die dem Anfangsbuchstaben Ihres Dateinamens entspricht. Zum Beispiel (t)« für *TEST.XLS*. Sofort zeigt Excel im Fenster die erste Datei an, die mit einem »t« beginnt, und alle alphabetisch folgenden Dateien.

Im Feld »Dateiname« können Sie den Namen der gewünschten Datei auch per Hand eingeben. Das ist sinnvoll, wenn sich diese zum Beispiel in einem ganz anderen Verzeichnis befindet, sagen wir in *C:\EXCEL\DATEN* statt im angezeigten Verzeichnis *C:\WIN3\EXCEL3\BUCH\PICTABS*. Dann laden Sie eine Datei *TEST.XLS*, indem Sie eingeben:

`C:\EXCEL\DATEN\TEST`

Der Zusatz *.XLS* ist überflüssig, da Excel ihn wieder automatisch an den von Ihnen angegebenen Namen anhängt, wenn dieser keine Erweiterung besitzt.

Haben Sie, wie im vorigen Kapitel beschrieben, den Dateinamen mit einem Punkt abgeschlossen (»TEST.«), um zu verhindern, daß Excel eine Endung ergänzt, müssen Sie diesen Punkt auch beim Laden angeben. Mit der Eingabe »HALLO« können Sie eine unter diesem Namen gespeicherte Datei nicht laden, da Excel automatisch nach *HALLO.XLS* suchen wird. Erst die Eingabe »HALLO.« macht Excel klar, daß der Dateiname tatsächlich *HALLO* ohne jede Endung ist.

Im Eingabefeld können Sie statt eines vollständigen Dateinamens auch eine Dateiselektion eingeben, zum Beispiel »*.*«. Im Dateifenster werden anschließend nicht nur wie momentan alle Dateien mit der Endung *.XLS* angezeigt, sondern *alle* Dateien im aktuellen Verzeichnis. Oder »*.TXT«, wenn Sie nur Dateien mit der Endung *.TXT* sehen wollen. Oder »*.«, um alle Dateien ohne Endung zu sehen.

Sie können auch den Namen eines Verzeichnisses eingeben, in dem Sie Ihre Datei vermuten, zum Beispiel *C:\EXCEL\DATEN*. Dann zeigt Ihnen Excel alle Dateien dieses Verzeichnisses mit der Endung *.XLS*. Kombiniert mit der Möglichkeit der Dateiselektion könnten Sie sich auch mit der Eingabe »C:\EXCEL\DATEN*.*« alle Daten dieses Verzeichnisses ausgeben lassen. Und wenn Sie einfach nur »A:« eingeben, wechseln Sie von der Festplatte auf das Diskettenlaufwerk. Auch diese Möglichkeit können Sie natürlich mit allen zuvor beschriebenen kombinieren.

Der Wechsel zwischen verschiedenen Laufwerken und/oder Verzeichnissen erfolgt jedoch erheblich einfacher über das Listenfeld »Verzeichnisse«, in dem Sie wie beim Speichern einer Datei interaktiv Laufwerk und Verzeichnis wechseln können. »[-A-]«, »[-B-]«, »[-C-]« und so weiter sind die Namen der verschiedenen Laufwerke Ihres Rechners. Ein Doppelklick mit der Maus befördert Sie zum betreffenden Laufwerk.

»..« symbolisiert das Verzeichnis »über« dem aktuellen Verzeichnis *WIN3\EXCEL3\ BUCH\PICTABS*, in dem ich mich offenbar befand, als diese Abbildung erstellt wurde. Ein Doppelklick auf »..« wäre daher mit einem Wechsel nach *WIN3\EXCEL3\BUCH* gleichbedeutend. Gibt es im aktuellen Verzeichnis Unterverzeichnisse, sind deren Namen ebenfalls in der Liste vorhanden. Sie sehen, dieses Listenfeld erlaubt ein äußerst komfortables Durchwandern des Verzeichnisbaums in alle Richtungen.

Selektieren Sie nun bitte auf die Ihre eigene Art und Weise die vor kurzem unter dem Namen *TEST* gespeicherte Datei. Das Arbeitsfenster erscheint, und die dargestellte Tabelle enthält die gleichen Werte wie zuvor.

Das war's im Grunde. Der Vollständigkeit halber will ich noch die Optionen »Schreibschutz« und die Schaltfläche »Optionen...« erläutern. Die Option »Schreibschutz« dient, wie bereits erwähnt, zum Schutz Ihrer Daten vor versehentlichen Änderungen und verhindert, daß sie überschrieben werden.

Wenn Sie diese Option aktivieren, wird die Datei scheinbar normal geladen. Sie können darin herumblättern und editieren wie gewohnt. Allerdings erscheint in der Titelleiste des Arbeitsfensters hinter dem Dateinamen die Bemerkung »[Schreibgeschützt]«, um Sie darauf hinzuweisen, daß Sie diese Datei nicht verändern können. Wählen Sie *DATEI*

Speichern, wird nicht wie sonst die alte Datei – zum Beispiel *TEST.XLS* – einfach überschrieben, sondern Sie werden nach einem neuen Namen gefragt. Geben Sie dennoch den
alten Dateinamen *TEST.XLS* ein, weist Sie Excel darauf hin, daß diese Datei nur gelesen
werden kann, Änderungen an *TEST.XLS* jedoch unzulässig sind. Das Speichern wird nur
erlaubt, wenn Sie einen neuen Dateinamen wählen und die alte Tabelle somit nicht überschrieben wird.

Im Zusammenhang mit dieser Option steht auch die »Schreibschutz empfehlen«-Option im
erweiterten Dialogfeld des *Speichern*- und *Speichern unter...*-Befehls. War diese Option
beim Speichern aktiviert, erhalten Sie beim späteren Laden der Datei eine Warnung, daß
sie im »Schreibschutz«-Modus geladen werden sollte – außer, Sie haben diese Option beim
Laden sowieso aktiviert. Es handelt sich also gewissermaßen um einen Hinweis, den Sie
sich selbst geben, um sich daran zu erinnern, daß diese Datei wichtige Daten enthält und
vor dem Überschreiben geschützt werden sollte. Excel gibt Ihnen diesen Hinweis und fordert Sie auf, zu wählen, ob die Datei im Normal- oder im »Schreibschutz«-Modus geladen
werden soll.

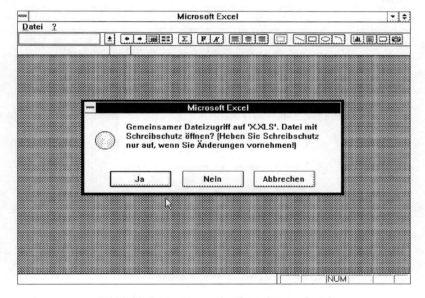

Bild 2.10: Laden einer schreibgeschützten Datei

2.3.6 Datei löschen

Wir wollen jetzt keine Datei löschen. Trotzdem sollten Sie nun den Befehl *DATEI Datei
löschen...* aktivieren. Annähernd die gleiche Dialogbox wie beim Laden oder Speichern
einer Tabelle erscheint. Nur, daß diesmal alle Dateien des aktuellen Verzeichnisses darin
erscheinen, nicht nur *.XLS*-Dateien, da die »Selektionsmaske« im Eingabefeld »*.*« lautet.

Sie haben nun die gleichen Möglichkeiten zur Dateiselektion wie zuvor. Allerdings wird die selektierte Datei diesmal eben – nach einer Sicherheitsabfrage – gelöscht. Die Dialogbox bleibt danach weiter geöffnet – vielleicht wollen Sie ja eine weitere Datei löschen. Lassen Sie aber bitte Excel und Windows auf Ihrer Platte, damit wir noch ein wenig weiterarbeiten können.

2l3l7l   Neue Tabelle anlegen

Auch das Anlegen von Tabellenfenstern ist oft sehr praktisch. Wenn Sie zum Beispiel eine neue Tabelle gestalten wollen. Dann schließen Sie das aktuelle Arbeitsfenster mit *DATEI Schließen*, speichern dabei eventuell zuvor noch den aktuellen Tabellenzustand und öffnen ein neues Arbeitsfenster.

Schließen Sie Ihr Arbeitsfenster nun bitte, um als Ausgangspunkt einen leeren Bildschirm vor sich zu haben. Legen Sie mit dem Befehl *DATEI Neu...* ein neues Arbeitsfenster an.

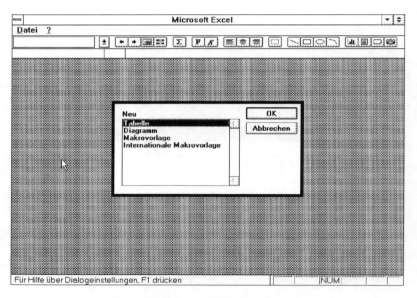

Bild 2.11: Neues Arbeitsfenster anlegen

Bestätigen Sie die vorselektierte Auswahl »Tabelle«. Ebenso wie beim Aufruf von Excel erscheint ein leeres Arbeitsfenster, das diesmal jedoch nicht den Namen *TAB1* trägt, sondern *TAB2*.

So funktioniert also das Anlegen eines neuen Tabellenfensters über die Menüs. Schließen Sie es nun bitte wieder mit *DATEI Schließen*. Drücken Sie anschließend (Umschalt)+(F11). Wie zuvor wird ein neues Tabellenfenster angelegt, diesmal mit dem Namen *TAB3*. (Umschalt)+(F11) ist offenbar die Kurztaste, die dem Befehl *DATEI Neu...* mit der Option »Tabelle« zugeordnet ist.

2I3I8I   Arbeitsbereich sichern und laden

Sie können nicht nur eine, sondern nahezu beliebig viele Tabellenfenster gleichzeitig im Speicher halten und bearbeiten. Wenn Sie Excel verlassen wollen und in vielen dieser Tabellen Änderungen vorgenommen haben, ist es sehr mühsam, zuvor jede Tabelle einzeln zu speichern. Und vor allem: Es ist genauso mühsam, am nächsten Tag all diese Dateien auch wieder einzeln zu laden. Für solche Fälle ist der Befehl *DATEI Arbeitsbereich speichern...* gedacht.

Momentan arbeiten wir zwar nur mit einer Datei, die *TAB1*, *TAB2* oder ähnlich heißt. Um die Wirkung dieses Befehls auszuprobieren, benötigen wir ein zweites Arbeitsfenster. Drücken Sie einfach [Umschalt]+[F11], die Kurztaste zum Anlegen einer neuen Tabelle oder wählen Sie *DATEI Neu...*, wenn Sie ein Freund von Pull-down-Menüs sind.

Ein zweites Arbeitsfenster erscheint, das zum Beispiel *TAB4* heißt und das darunterliegende »inaktive« Fenster nahezu vollständig verdeckt.

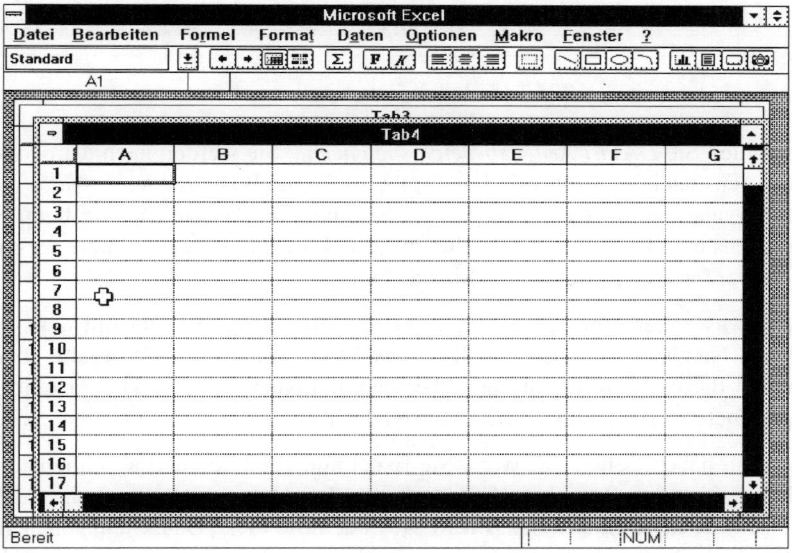

Bild 2.12: Aktives und inaktives Arbeitsfenster

Durch Anklicken dieses inaktiven Fensters machen Sie es zum aktiven Fenster. Es wird »nach oben geholt« verdeckt nun gerade umgekehrt das soeben noch aktive Fenster. Mit der Tastatur schalten Sie am einfachsten mit [Strg]+[F6] zwischen den verschiedenen Fenstern hin und her.

Verkleinern Sie nun die beiden Arbeitsfenster (Maus oder Kurztaste [Strg]+[F8]), so daß beide jeweils etwa die Hälfte des Bildschirms einnehmen. Positionieren Sie sie nebeneinander (Maus oder Kurztaste [Strg]+[F7]), damit beide vollständig sichtbar sind. Geben Sie anschließend in jedes Fenster einige Werte ein, so daß sich folgender Zustand ergibt:

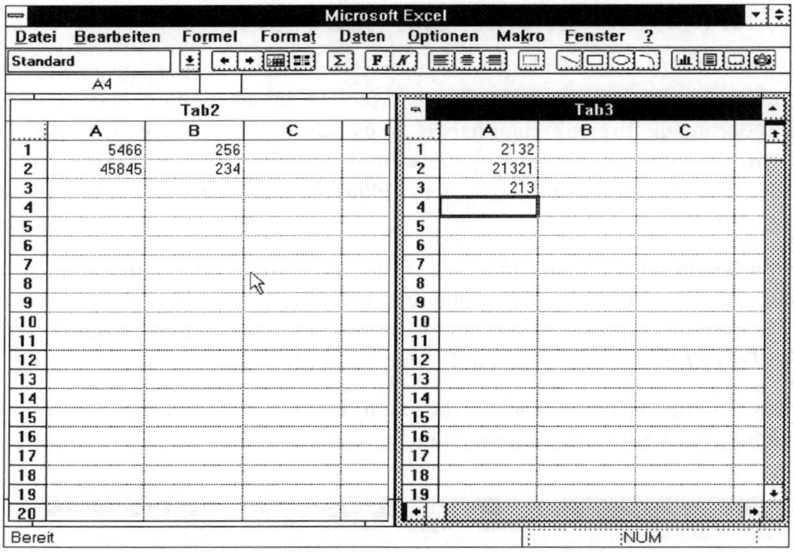

Bild 2.13: Arbeitsfenster positionieren

Und nun wählen Sie *DATEI Arbeitsbereich speichern...* Sie werden nach dem Namen einer »Arbeitsbereichsdatei« gefragt, und Excel gibt als Name *WIEDER.XLW* vor. Übernehmen Sie diese Vorgabe, und drücken Sie (Enter). Nun passiert das gleiche wie beim Schließen des Arbeitsfensters. Excel fragt, ob die in den Tabellen vorgenommenen Änderungen gespeichert werden sollen. Bestätigen Sie das bitte.

Und noch etwas anderes geschieht. Excel erstellt eine weitere Datei mit dem von Ihnen eingegebenen Namen. Also die Datei *WIEDER.XLW*, wenn Sie die Vorgabe übernahmen. Und speichert darin alle Informationen über den aktuellen Zustand. Die Anzahl und Position der geöffneten Arbeitsfenster, die Position des Zellcursors und so weiter.

Was Sie davon haben, sehen Sie, wenn Sie Excel nun verlassen und anschließend neu aufrufen. Geben Sie den Befehl *DATEI Öffnen...* Im Dateifenster erscheint außer Ihren Tabellen auch die neue Datei *WIEDER.XLM*. Laden Sie diese Datei, und schauen Sie sich das Ergebnis an. Excel lädt die beiden zuvor geladenen Tabellen, zum Beispiel *TAB2* und *TAB3* und positioniert beide genau so, wie es zuletzt der Fall war. Sogar der Cursor befindet sich in jener Zelle jener Datei, in der er sich auch beim Speichern der Arbeitsbereichsdatei befand.

Diese Funktion ist sehr nützlich, wenn Sie später mit mehreren Dateien gleichzeitig arbeiten und auf diese Weise praktisch alle Dateien mit einem Schlag speichern und am nächsten Tag durch Selektion der Arbeitsbereichsdatei *WIEDER.XLW* ebenfalls auf einen Schlag laden können.

Bevor es weitergeht, schließen Sie bitte eines der beiden Arbeitsfenster, da wir vorläufig nur mit einer Tabelle arbeiten werden. Zur Erinnerung: Das aktive Fenster schließen Sie mit ⌈Strg⌉+⌈F4⌉ oder dem Befehl *DATEI Schließen*, und mit ⌈Strg⌉+⌈F6⌉ wechseln Sie das aktive Fenster.

2|4| Formeln

Bisher können Sie in eine Tabelle nur Texte und Zahlen eingeben. Um Excel sinnvoll zu nutzen, müssen Sie jedoch vor allem mit »Formeln« umgehen können. Eine Formel verknüpft eine Zelle mit anderen. So wie im Additionsbeispiel am Anfang dieses Kapitels die Zelle A5 mit den Zellen A1 bis A4 verknüpft wurde. Die zugehörige Formel lautete:

`=A1+A2+A3+A4`

Diese Formel wurde in Zelle A5 eingegeben. *Jede Formel muß mit einem Gleichheitszeichen beginnen.* Excel erkennt daran, daß es sich um eine auszuwertende Formel und nicht um normalen Text oder eine Zahl handelt. Was dem Gleichheitszeichen folgt, ist höchst unterschiedlich. Prinzipiell ist eine Formel eine Mischung aus folgenden Elementen:

- Konstanten (13, 124)
- Feldbezüge (A1, D5)
- Namen (AUSGABEN, BWK)
- Funktionen (SIN(), SUMME())
- Operatoren (+ – / *)

2|4|1| Konstanten und mathematische Operatoren

Einige dieser Elemente, vor allem »Namen« und »Funktionen«, sind eindeutig fortgeschrittene Themen und werden daher erst später von mir besprochen. Beschränken wir uns vorerst auf Konstanten und Operatoren. Eine Konstante ist ganz einfach ein fester Wert, eine bestimmte Zahl. Ein Operator ist ein Zeichen wie »+« oder »–«, das angibt, nach welcher Vorschrift die Elemente einer Formel, die »Operanden« (zum Beispiel zwei Konstanten wie 34 und 21), miteinander zu verknüpfen sind.

Zum Beispiel verknüpft »+«, der »Additionsoperator«, den Sie alle kennen, zwei Operanden durch eine Addition, bildet also ihre Summe. Die restlichen mathematischen Operatoren von Excel:

Operator	Funktion
^	Potenzierung
+	Addition
–	Subtraktion (Negation)

Operator	Funktion
*	Multiplikation
/	Division
%	Prozent

Tabelle 2.1: Mathematische Operatoren

Der Zeichen »–« hat eine doppelte Bedeutung. Einmal verknüpft es zwei Konstanten durch die Rechenvorschrift »Subtraktion«: 3–4. Und zum anderen steht es für ein negatives Vorzeichen.

Die einfachste Möglichkeit zur Bildung einer Formel besteht darin, ein Gleichheitszeichen einzugeben, dem zwei Konstanten folgen, die durch irgendeinen Operator miteinander verbunden sind, etwa so:

`=43–21`

Tragen Sie diese Formel bitte in irgendeine Zelle Ihres gerade aktiven Arbeitsblatts ein. Excel wird den resultierenden Wert 22 ausrechnen und ihn in der Zelle anzeigen. Mit Konstanten und Operatoren können Sie Excel somit als einfachen Taschenrechnerersatz benutzen.

2.4.2   Komplexe Formeln und Prioritätsebenen

Sie können beliebig lange und komplexe Formeln eingeben, wie:

`=3+4*2,5/2`

Die Frage ist, wie eine solche komplexere Formel ausgewertet wird. Nicht einfach von links nach rechts. Wäre das so, müßte das Ergebnis 8,75 lauten. Excel behauptet jedoch nach Eingabe der Formel, daß das Ergebnis 8 lautet.

Über die Berechnungsreihenfolge entscheiden die Prioritäten der einzelnen Operatoren. Gemäß der berühmten »Punkt vor Strich«-Regel werden zum Beispiel Multiplikationen und Divisionen vor Additionen oder Subtraktionen ausgeführt. In dieser Formel multipliziert Excel daher zunächst 4 mit 2,5 und dividiert das Resultat 10 anschließend durch 2. Und zu diesem neuen Zwischenergebnis 5 wird zum Schluß die 3 addiert, was natürlich 8 ergibt.

Die höchste Priorität besitzt die Potenzierung (Multiplikation einer Zahl mit sich selbst). Daher wird in der Formel

`=4*2^3`

zuerst der Ausdruck 2^3 ausgewertet und 2 dreimal mit sich selbst multipliziert: 2*2*2. Das Resultat 8 wird nun mit 4 multipliziert, was 32 ergibt.

Diese automatische Auswertungsreihenfolge können Sie ändern, indem Sie Klammern verwenden. Klammern besitzen eine höhere Priorität als alle Operatoren. Ein geklammerter Ausdruck wird daher immer zuerst ausgewertet. Wollen Sie zum Beispiel zuerst 4 und 2 addieren und anschließend das Ergebnis mit 5 multiplizieren, benötigen Sie unbedingt eine Klammer:

`=(4+2)*5`

Denn ohne die Klammer würde Excel zuerst 2 mit 5 multiplizieren und anschließend die 4 addieren. Klammern können beliebig ineinander verschachtelt werden, ein Beispiel:

```
Formel:        =    ( 4 + 2 )  *  ( ( 5  -  2 )  +  1 )
```

Rechenschritt:

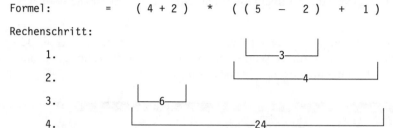

Excel beginnt eine Auswertung immer mit der innersten Klammer, hier also mit dem Ausdruck 5–2 mit dem Resultat 3. Nun wird die äußere Klammer ausgewertet und zu dieser 3 eine 1 addiert, Ergebnis: 4. Die Multiplikation wird noch nicht ausgeführt, sondern stattdessen die Addition 4+2, die ja ebenfalls geklammert ist. Und nun wird multipliziert, das Zwischenergebnis 6 der linken mit dem Resultat 4 der beiden rechten Klammern.

2|4|3| Feldbezüge

Excel als Taschenrechner zu benutzen, ist sicher ganz nett, aber aus diesem Grund haben Sie sich wohl kaum ein so leistungsfähiges Programm gekauft (Sie haben es doch gekauft, oder?). Nahezu jede wirklich sinnvolle Formel enthält unter anderem »Feldbezüge«, die die Verbindung zu anderen Zellen herstellen. Ein Feldbezug besteht aus den Koordinaten der betreffenden Zelle, der »Zellreferenz«. Beim Ermitteln des Wertes einer Formel ersetzt Excel Feldbezüge durch die aktuellen Inhalte der betreffenden Zellen. Feldbezüge sind für Excel Hinweise in der Art »Setze in der Formel an dieser Stelle den Wert ein, den die betreffende Zelle enthält«. Tragen Sie zum Beispiel in eine Zelle die Formel

`=B5+C4`

ein, wird Excel den in B5 enthaltenen Wert zu jenem addieren, der in C4 enthalten ist, und die resultierende Summe anzeigen. Probieren wir das Ganze an Beispielen mit allmählich ansteigendem Schwierigkeitsgrad aus. Verwenden Sie dazu ein leeres Arbeitsblatt. Löschen Sie also die aktuellen Inhalte der einzelnen Zellen entweder einzeln durch Editieren jeder Zelle – oder schließen Sie das Arbeitsblatt, und erstellen Sie anschließend mit dem Befehl *DATEI Neu...* und Wahl der Option »Tabelle« (Kurztaste [Umschalt]+[F11]) ein neues. Geben Sie nun in Zelle A2 die folgende Formel ein:

`=A1`

Oder alternativ *=a1*, da Excel bei Zellreferenzen nicht zwischen Groß- und Kleinschreibung unterscheidet. Wenn Sie [Enter] drücken, zeigt Excel in A2 den Wert 0 an. Folgendes ist passiert: Sie haben mit dieser Formel festgelegt, daß der Wert von A2 mit dem in A1 enthaltenen identisch sein soll. Da A1 momentan leer ist – was dem Wert 0 entspricht –

ermittelt Excel als Resultat der Formel ebenfalls 0. Tragen Sie jetzt in A1 den Wert 123 ein. Da sich der Inhalt der im Feldbezug angegebenen Zelle verändert hat – was Excel natürlich bemerkt – rechnet das Programm die Formel neu durch und zeigt als neues Resultat in A2 ebenfalls 123 an.

Ändern Sie nun die in A2 enthaltene Formel. Schalten Sie mit F2 oder durch Anklicken der Formel in der Bearbeitungszeile den Bearbeitungsmodus ein, und ändern Sie die Formel in

`=2*A1`

Statt 123 wird Excel als neuen Inhalt von A2 den Wert 246 anzeigen, eben zweimal 123. Beachten Sie bitte, daß in A2 zwar dieser Wert steht, in der Bearbeitungszeile als »echter« Inhalt dieser Zelle jedoch weiterhin die eingegebene Formel angezeigt wird.

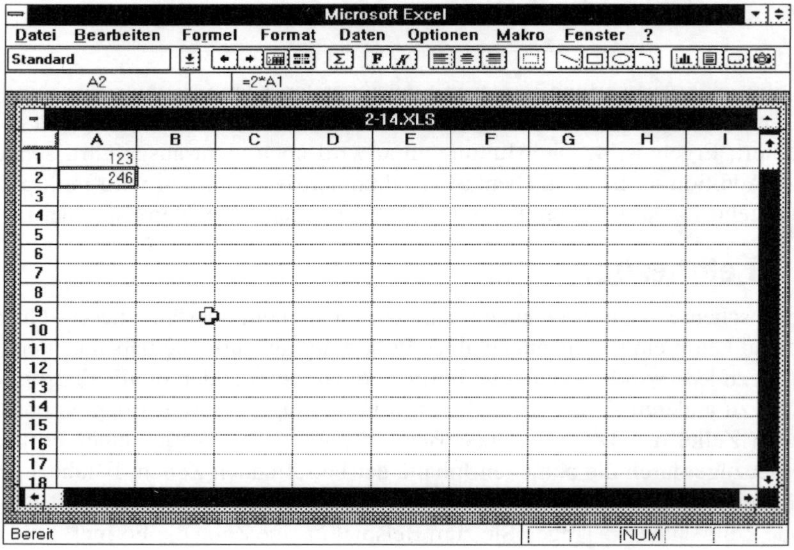

Bild 2.14: Formel in A2 mit Bezug auf Zelle A1

Betrachten Sie Feldbezüge in Formeln einfach als »Statthalter« oder »Stellvertreter« für Werte. Die betreffenden Werte sind eben nicht wie Konstanten direkt in der Formel festgelegt, sondern ergeben sich aus dem Inhalt anderer Zellen. Und wenn sich der Inhalt irgendeiner dieser Zellen ändert, ändert sich auch der Wert der davon »abhängigen« Zelle.

Wenn sich in einer Zelle eine Formel mit einem Bezug befindet, genügt übrigens ein Doppelklick auf die Zelle, um sofort zur Bezugszelle zu gelangen. In unserem Beispiel würde Sie daher ein Doppelklick auf Zelle A2 zu Zelle A1 »befördern«.

2.4.3.1   Bezugsanpassungen

Excel kennt bei der Angabe von Zellreferenzen drei verschiedene Bezugsformate, nämlich »relative«, »absolute« und »gemischte« Angaben. Die von uns bisher verwendeten Angaben wie A1 oder A2 sind »relative Bezüge«.

Egal, welche Bezugsart Sie verwenden, bei Änderungen des Arbeitsblattes werden Bezüge von Excel automatisch an die neue Situation angepaßt. Was mit »Anpassung« gemeint ist, zeigt am einfachsten ein kleines Experiment. Momentan haben Sie ein leeres Arbeitsblatt auf dem Bildschirm, abgesehen von Zelle A1 mit dem Wert 123, und Zelle A2, die die Formel =2*A1 enthält.

Nehmen wir an, Sie würden gerne in der obersten Zeile des Arbeitsblattes die Überschrift »Ein Test« eingeben. Und zwar ausgerechnet in der linken Ecke, die aber leider schon belegt ist. Dann müssen Sie die Inhalte der Zellen A1 und A2 eine Zeile nach unten verschieben, in die Zellen A2 und A3. Kein Problem für Excel. Bewegen Sie den Zellcursor zu A1, und wählen Sie *BEARBEITEN Leerzellen...*

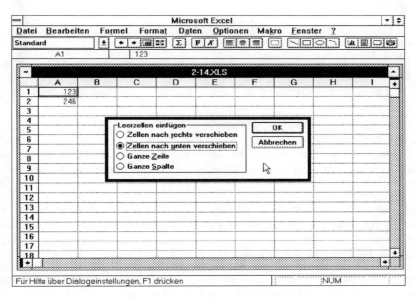

Bild 2.15: Felder in Zeile 1 und darunter nach unten verschieben

Eine Dialogbox erscheint, in der Sie zwischen »Zellen nach rechts verschieben« und »Zellen nach unten verschieben« wählen können. Und sich zusätzlich aussuchen können, ob komplette Spalten oder Zeilen verschoben werden sollen.

Die Option »Zellen nach unten verschieben« ist vorselektiert. Drücken Sie einfach $\boxed{\text{Enter}}$, denn genau das wollen wir ja: den Inhalt des aktuellen und aller darunterliegenden Zellen nach unten verschieben. Nachdem Excel diese Verschiebung durchgeführt hat, geben Sie in der freigewordenen Zelle A1 die gewünschte Überschrift »Ein Test« ein.

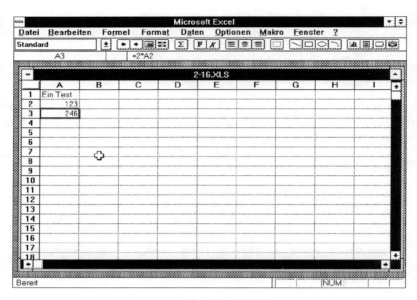

Bild 2.16: Angepaßte Zellreferenz in A3

Die Feldinhalte wurden verschoben. Der zuvor in A1 enthaltene Wert 123 befindet sich eine Zeile tiefer in A2 und die zuvor in A2 enthaltene Formel nun ebenfalls eine Zeile tiefer in A3.

Theoretisch dürfte in unserer »Formelzelle« A3 jetzt keine 123 mehr angezeigt werden. Denn die Formel lautete *=2*A1*. Und A1 enthält ja jetzt keine Zahl mehr, sondern einen Text. Da Excel einen Text verständlicherweise nicht mit 2 multiplizieren kann, müßte eigentlich eine Fehlermeldung erscheinen.

Statt dessen wird jedoch weiterhin 246 angezeigt. Excel hat den Bezug an die veränderte Situation angepaßt, wovon Sie sich überzeugen können, wenn Sie den Zellcursor zu A3 bewegen und sich die veränderte Formel in der Eingabezeile anschauen. Sie lautet nicht mehr *=2*A1*, sondern *=2*A2* (siehe Bild 2.16).

Durch das Einfügen des Leerfeldes befinden sich nun sowohl die Formel- als auch die Bezugszelle jeweils eine Zeile tiefer. Und an diese veränderte Situation hat Excel den Bezug angepaßt.

Das gleiche gilt, wenn Sie eine Formel nach oben, rechts oder links verschieben. Oder nur die Formel- *oder* die Bezugszelle verschieben. Probieren wir das aus, indem wir die Zelle A2 eine Spalte nach rechts verschieben. Gehen Sie mit dem Zellcursor zu A2, und wählen Sie wieder *BEARBEITEN Leerzellen...* Selektieren Sie diesmal jedoch »Zellen nach rechts verschieben«. Excel verschiebt den Inhalt dieses einen Feldes nach rechts, in Zelle B2. Gehen Sie mit dem Cursor zu A3, und schauen Sie sich die erneut angepaßte Formel an.

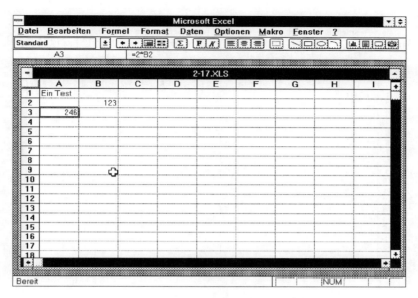

Bild 2.17: Anpassung nach Verschieben des Bezugsfeldes

Sie haben den zuvor in A2 enthaltenen Wert 123 in Zelle B2 verschoben. Excel hat die Formel *=2*A2* entsprechend in *=2*B2* angepaßt. Diese eine Anpassung hätten Sie zwar auch noch per Hand vornehmen und Ihre Formel selbst entsprechend ändern können. In der Praxis sind Arbeitsblätter jedoch weitaus größer, und beim Aufbau eines solchen Blattes werden ständig irgendwelche Teile verschoben, um für eine Überschrift, eine nachträglich hinzukommende Spalte oder ähnliches Platz zu machen – das gilt zumindest, wenn Sie später einmal Ihre Blätter wie ich selbst nicht sorgfältig planen, sondern eher nach dem »Trial and Error«-Prinzip nach und nach verfeinern. Bei einer solchen Arbeitsweise ist die von Excel automatisch vorgenommene Anpassung relativer Zellreferenzen äußerst angenehm.

2|4|3|2| Zeilen- und Spaltendifferenzen

Um den Unterschied zwischen den Bezugsformaten zu verstehen, müssen Sie erst einmal wissen, welche Bedeutung ein relativer Bezug in Wahrheit für Excel besitzt.

Der in A3 enthaltene relative Bezug auf A2 bedeutet für Excel nämlich keineswegs »nehme den in A2 enthaltenen Wert«, sondern wird eben *relativ* interpretiert, als Entfernung der Bezugs- zur Formelzelle. Das bedeutet: »Nehme den Wert der Zelle, die in der gleichen Spalte, aber eine Zeile weiter oben ist«. Dies wird deutlich, wenn Sie den Befehl *OPTIONEN Arbeitsbereich...* wählen und in der anschließend erscheinenden Dialogbox die Option »Z1S1« wählen, um das sogenannte »Bezugsformat Z1S1« zu aktivieren.

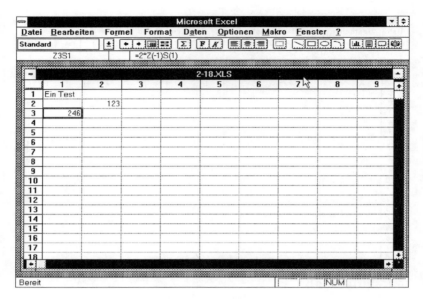

Bild 2.18: Relative Spalten- und Zeilenangaben

Die in A3 enthaltene Formel wird nicht mehr in der Form =2*B2 angezeigt, sondern als

`=2*Z(-1)S(1)`

Nur in dieser Darstellungsform sehen Sie die wahre Bedeutung von Bezügen. Die Zahlen in den Klammern geben den Abstand der Bezugszelle von der Formelzelle in Spalten beziehungsweise Zeilen an.

»Z(–1)« bedeutet, daß sich die Bezugszelle eine Zeile oberhalb der Formelzelle befindet. Und »S(1)«, daß die Zelle eine Spalte rechts neben der Formelzelle ist. Allgemein ist das Format

`Z(Wert1)S(Wert2)`

so aufzufassen: positive Zahlen für »Wert1« geben an, wie viele Zeilen sich die Bezugszelle unterhalb der Formelzelle befindet, negative, wie viele Zeilen darüber. Positive Zahlen für »Wert2« geben entsprechend an, wie viele Spalten sie sich rechts neben der Formelzelle befinden, beziehungsweise negative Werte, wie viele Spalten links davon. Die Darstellung des Koordinatensystems des Arbeitsblattes hat sich ebenfalls geändert. Spalten sind nun nicht mehr durch Buchstaben, sondern wie die Zeilen ebenfalls fortlaufend als 1, 2, 3 usw. numeriert.

Prinzipiell ist es natürlich Ihre Sache, welche Darstellungsform Sie vorziehen. Die Anzeige relativer Koordinaten demonstriert ganz ausgezeichnet, was unter einem »relativen Bezugsformat« zu verstehen ist.

In der Praxis ist die Anzeige absoluter Koordinaten jedoch sinnvoller. Bei einer absoluten Angabe wie B5 wissen Sie sofort, welche Zelle gemeint ist. Bei einer relativen Angabe wie zum Beispiel Z(7)S(–5) müssen Sie sich zunächst – ausgehend von der Formelzelle – sieben Zeilen nach unten und fünf Spalten nach links »tasten«, bevor Sie wissen, welche Zelle referenziert, also »angesprochen« wird.

Sie wissen inzwischen zwar, daß Excel exakt auf diese Art und Weise vorgeht, aber für Sie und mich ist es doch einfacher, Koordinaten am Rand des Arbeitsblatts lediglich abzulesen, als umständlich auszurechnen.

Schalten Sie daher wieder die ursprüngliche Darstellungsform (das »Bezugsformat A1«) ein, indem Sie erneut *OPTIONEN Arbeitsbereich...* wählen, die Option diesmal jedoch deaktivieren.

Merken Sie sich bitte: Im Anzeigeformat Z1S1 zeigt Excel die wahre Bedeutung von Bezügen an, bei relativen Bezügen eben den Abstand der Formel- zur Bezugszelle. Im Anzeigeformat A1 wird dieser Abstand in Koordinaten umgerechnet, so daß Sie auf einen Blick erkennen, welche Zelle gemeint ist. Dieses Verständnis der Anzeigeformate ist unumgänglich, um den Unterschied zwischen relativen und absoluten Bezügen zu verstehen.

2|4|3|3| Relativer, absoluter und gemischter Bezug

Absolute Bezüge geben Sie ein, indem Sie vor beiden Koordinaten, also sowohl der Spalten- als auch der Zeilenangabe, je ein Dollarzeichen einfügen. Statt A5 zum Beispiel $A$5. Ändern Sie nun bitte die in A3 enthaltene Formel entsprechend in

=2*$B$2

Würden Sie erneut auf das Bezugsformat Z1S1 umschalten, würde Excel anzeigen:

=2*Z2S2

Die fehlenden Klammern zeigen an, daß es sich hier um absolute und nicht um relative Angaben handelt. »Z2S2« meint keine Entfernung zur Formelzelle, sondern *absolute Koordinaten*, also tatsächlich die Zelle in Zeile 2 von Spalte 2. Schalten Sie nun bitte wieder auf das gewohnte A1-Anzeigeformat um.

Auch mit der absoluten Bezugsangabe wird natürlich weiterhin in A3 der Wert 246 angezeigt. Auf den ersten Blick scheint es keinen Unterschied zwischen einem relativen und einem absoluten Bezug zu geben. Die Unterschiede zeigen sich erst bei der Manipulation von Arbeitsblättern, genauer: beim Kopieren.

Werden Felder mit den Befehlen *BEARBEITEN Löschen...* oder *BEARBEITEN Leerzellen...* verschoben, paßt Excel Bezüge aller Art an die neue Situation an. Um sich davon zu überzeugen, verschieben Sie bitte die in B2 enthaltene Formel wieder an ihre ursprüngliche Position, nach A2. Und zwar, indem Sie zu A2 gehen, *BEARBEITEN Löschen...* wählen, und in der Dialogbox »Zellen nach links verschieben« wählen. Das Feld neben A2 – also unser Bezugsfeld B2 – wird nach links verschoben und befindet sich wieder in A2. Und wie zuvor bei der Angabe relativer Bezüge wurde auch diesmal der Bezug in der Formelzelle von Excel automatisch an die veränderte Situation angepaßt. Die Formel lautet nicht mehr *=2*$B$2*, sondern *=2*$A$2*.

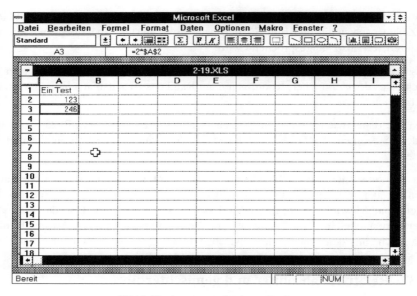

Bild 2.19: Anpassen absoluter Bezüge

Beim Einfügen, Löschen oder Verschieben von Feldern werden *beide* Bezugsformen angepaßt, relative und absolute. Beim in der Praxis extrem häufig angewendeten Kopieren von Formeln werden Bezüge jedoch nicht angepaßt!

Es gibt gravierende Unterschiede zwischen relativen und absoluten Bezügen. Bei Verwendung absoluter Bezüge bezieht sich die Kopie der Formel auf die gleichen Felder wie das Original. Kopieren Sie die in A2 enthaltene Formel =2*$A$1 nach B2, enthält anschließend auch B2 die Formel =2*$A$1, bezieht sich also ebenfalls auf das Feld A1.

Relative Bezüge würden zwar ebenfalls unverändert bleiben, sich aber dennoch auf ein anderes Feld beziehen! Um diesen scheinbar paradoxen Sachverhalt aufzuklären, muß ich ein wenig ausholen.

Machen Sie sich bewußt, daß ein relativer Bezug wie »A1« nicht etwa eine Zelle mit absoluten Koordinaten definiert, sondern eine Zelle, die sich in einer bestimmten *Entfernung* von der Formelzelle befindet. Wird die Formelzelle nun eine Spalte nach rechts kopiert, bezieht sich die relative Angabe daher ebenfalls auf eine Bezugszelle, die sich eine Spalte weiter rechts befindet.

Zum Beispiel lautet die Formel *=2*A1* in Zelle A2 im Z1S1-Format: *=2*Z(–1)S*. Sie bedeutet also: »Multipliziere den Wert der Zelle in der gleichen Spalte, aber eine Zeile weiter oben mit 2«. Wird diese Formel eine Spalte nach rechts in B2 kopiert, wird die Formel von Excel nicht angepaßt. Sie bleibt unverändert, und im Z1S1-Format wird weiter *=2*Z(–1)S* angezeigt.

Mit dem gleichen Bezug wird diesmal jedoch eine andere Bezugszelle angesprochen, nämlich B1 statt wie zuvor A1, da sich nun B1 oberhalb der Formelzelle befindet. Und im A1-Anzeigeformat wird die Formel entsprechend als *=2*B1* dargestellt.

Ein weiteres Beispiel. Angenommen, Sie haben vier Spalten A, B, C und D mit jeweils fünf zu addierenden Werten. Dann geben Sie in die erste freie Zelle von Spalte A, also in Zelle A6, folgende Formel ein:

`=A1+A2+A3+A4+A5`

Die Bezüge sind relativ. Also besagt die in A6 enthaltene Formel in Wahrheit: »Addiere die in der gleichen Spalte, aber fünf bzw. vier bzw. drei bzw. zwei bzw. eine Zeile darüber enthaltenen Werte«. Geben Sie in Ihr Arbeitsblatt bitte in A6 diese Formel und in A1 bis D5 die in der folgenden Abbildung gezeigten Werte ein:

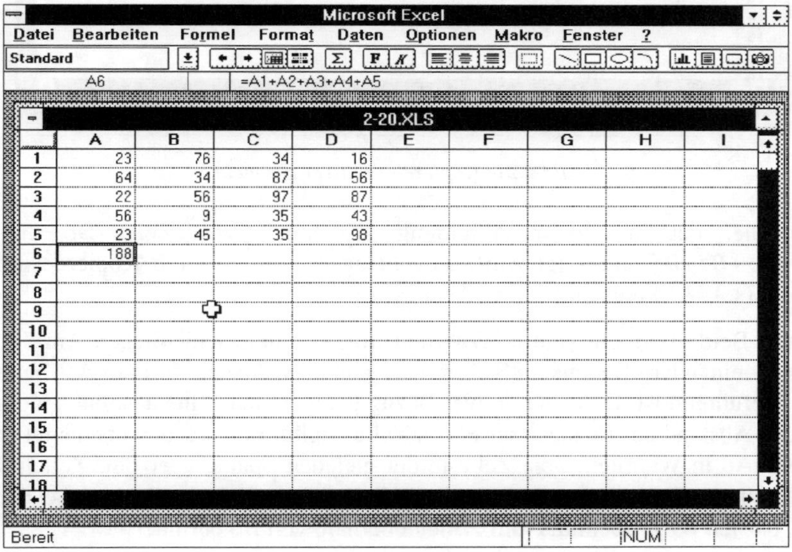

Bild 2.20: Summieren von vier Spalten

Gehen Sie mit dem Zellcursor zu A6, und wählen Sie *BEARBEITEN Kopieren*. Die Zelle A6 ist nun von einem »Laufrahmen« umgeben. In der Statuszeile werden Sie aufgefordert: »Kopieren (Ziel wählen + EINGABE drücken oder Einfügen wählen)«. »EINGABE« steht für die `Enter`-Taste. Sie sollen also das »Kopierziel« wählen und dann `Enter` drücken. Das Kopierziel ist in unserem Fall B6. Gehen Sie dorthin, drücken Sie `Enter`, und Excel kopiert die Formel. Kopieren Sie die Formel auf die gleiche Weise auch in C6 und D6. Das Resultat:

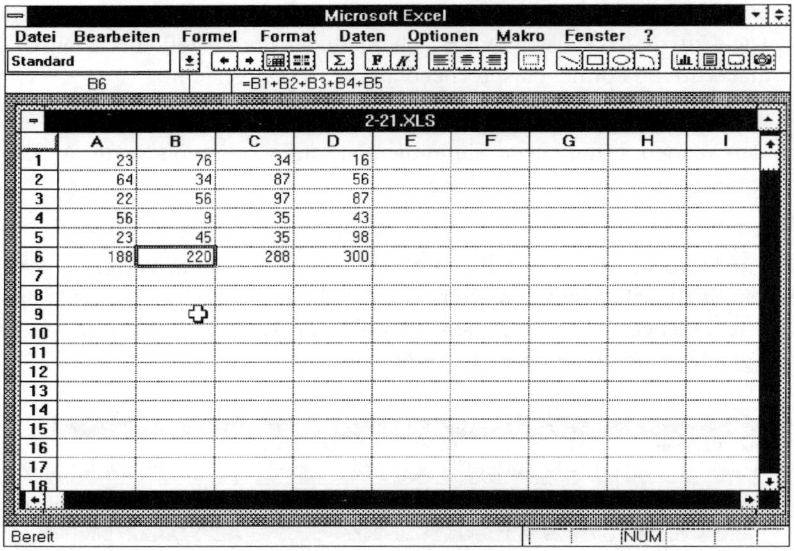

Bild 2.21: Kopieren relativer Formeln

Beachten Sie, daß in dieser Abbildung als Inhalt von Zelle B6 die Formel =B1+B2+B3+B4+B5 angezeigt wird, obwohl diese Formel durch Kopieren der Formel =A1+A2+A3+A4+A5 entstand.

Wie gesagt: Beide Formeln sind in Wahrheit trotz der unterschiedlichen Anzeige absolut identisch miteinander. Bedenken Sie immer, daß das Anzeigeformat A1 bei relativen Bezügen irreführend ist. Daß ein relativer Bezug ja eigentlich keine absoluten Koordinaten, sondern den Abstand der Bezugs- zur Formelzelle angibt. Entsprechend bedeutet der Bezug A1 in Zelle A6 in Wahrheit:»die Zelle in der gleichen Spalte, aber fünf Zeilen darüber«. Und der Bezug B1 in Zelle B6 ebenfalls:»die Zelle in der gleichen Spalte, aber fünf Zeilen darüber«, da sich B1 ja ebenfalls fünf Zeilen oberhalb von B6 befindet.

Die relativen Bezüge sind darum automatisch an die neue Situation angepaßt und beziehen sich ebenfalls auf die fünf darüberliegenden Zellen.

Daß die relativen Bezüge in allen drei Formelzellen tatsächlich identisch sind, sehen Sie erneut, wenn Sie auf das Z1S1-Anzeigeformat umschalten. Sowohl in A6 als auch in B6 und C6 wird jeweils die gleiche Formel angezeigt:

=Z(−5)S+Z(−4)S+Z(−3)S+Z(−2)S+Z(−1)S

Sie besagt:»Addiere die in der gleichen Spalte, aber fünf bzw. vier bzw. drei bzw. zwei bzw. eine Zeile darüber enthaltenen Werte«. Diese Rechenoperation addiert in allen drei Fällen die gewünschten Zahlen.

Merken Sie sich bitte: Beim Kopieren von Formeln verändert Excel darin enthaltene Bezüge nicht. Bei relativen Bezügen erfolgt dennoch eine Anpassung an die neue

Umgebung. Eben weil relative Bezüge »relativ« und von der Position der Formelzelle abhängig sind. Ändert sich diese Position, weil die Formelzelle an einen anderen Ort im Arbeitsblatt kopiert wird, ändert sich entsprechend auch die angesprochene Bezugszelle.

Speichern Sie nun bitte Ihr aktuelles Arbeitsblatt unter dem Namen *DEMO*, da wir es in Kürze wieder benötigen.

Entfernen Sie anschließend die in B6, C6 und D6 enthaltenen Formeln. Selektieren Sie nacheinander diese Zellen, schalten Sie den Bearbeitungsmodus ein, und löschen Sie die Formeln mit der ⎡Rück⎤-Taste. Schalten Sie bitte auch für unsere Ausgangszelle A6 den Bearbeitungsmodus ein, und ändern Sie die darin enthaltenen Bezüge in:

`=$A$1+$A$2+$A$3+$A$4+$A$5`

Ersetzen Sie die relativen also durch absolute Bezüge. Kopieren Sie die Formel anschließend wieder in B6, C6 und D6. Das Resultat:

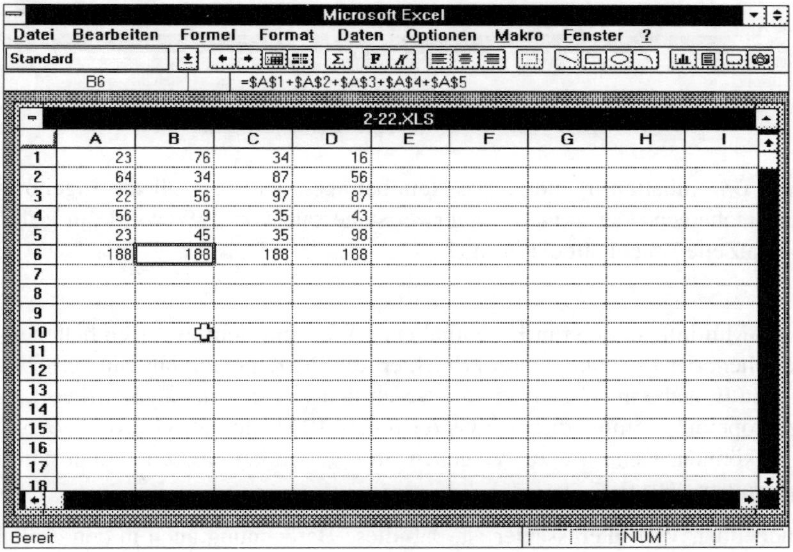

Bild 2.22: Kopieren absoluter Formeln

Diesmal ist das Ergebnis vollkommen falsch, da jede der drei Formeln die gleichen Felder in Spalte 1 addiert und nicht wie geplant die jeweils darüberliegenden Felder.

Relative Bezüge sind offenbar weitaus flexibler als absolute, da relative Angaben meist auch nach dem Kopieren einer Formel zutreffen. Daher enthalten mindestens 90% aller in einem Arbeitsblatt verwendeten Formeln relative Bezüge.

Wozu also überhaupt absolute Bezüge? Weil manchmal die Flexibilität relativer Bezüge absolut unerwünscht ist, wie Sie gleich sehen werden. Schließen Sie Ihr aktuelles Arbeitsblatt, legen Sie ein neues an, und geben Sie alles ein, was die folgende Abbildung zeigt:

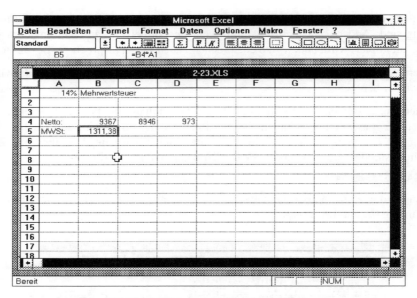

Bild 2.23: Bezug auf eine bestimmte Zelle

B4, C4 und D4 enthalten irgendwelche Nettobeträge. Darunter soll die zugehörige Mehrwertsteuer erscheinen. Der aktuelle Mehrwertsteuersatz von 14% wurde in Zelle A1 eingegeben. Die Zelle B5 enthält die Formel

`=B4*A1`

Sie besagt: »Multipliziere den in B4 enthaltenen Wert mit dem in A1 enthaltenen Prozentsatz«. Sie sehen, der Prozentoperator erleichtert die Prozentrechnung ganz erheblich. Ohne ihn müßte die Eingabe in A1 statt »14%« wesentlich weniger aussagekräftig »0,14« lauten. Der Prozentoperator nimmt diese Division durch 100 automatisch vor, wovon Sie sich überzeugen können, wenn Sie zu A1 gehen. In der Bearbeitungszeile steht nämlich nicht 14%, sondern der Wert 0,14.

Das nur nebenbei. Viel interessanter ist, daß diese Berechnung auch in den Zellen C5 und D5 ausgeführt werden soll. Würden Sie die in B5 enthaltene Formel einfach kopieren, ergäbe sich ein recht merkwürdiges Resultat (vgl. Bild 2.24).

In C5 wird »#WERT!« angezeigt und in D5 eine Null. Kein Wunder, wenn Sie bedenken, daß die Formel *=B4*A1* ausschließlich relative Bezüge enthält. B4 stand für die Zelle in der darüberliegenden Zeile und der gleichen Spalte. Und A1 für die Zelle fünf Zeilen weiter oben und eine Spalte weiter links.

Wird diese Formel eine Spalte nach rechts kopiert, ergibt sich aufgrund der »automatischen Anpassung« relativer Bezüge an die neue Position der Formelzelle:

`=C4*B1`

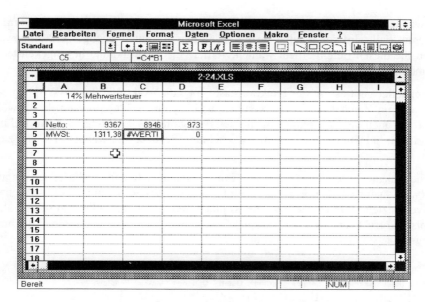

Bild 2.24: Fehler durch Verwendung relativer Bezüge beim Kopieren

C4 ist korrekt. Wieder geht es um den Wert in der gleichen Spalte, in der sich auch die Formelzelle befindet, aber in der darüberliegenden Zeile. Der Haken ist der Bezug B1. Denn der Mehrwertsteuer-Prozentsatz befindet sich ja weiterhin unverändert in Zelle A1.

In B1 befindet sich dagegen keine Zahl, sondern der Text »Mehrwertsteuer«! Die Fehlermeldung »#WERT!« besagt entsprechend, daß die Berechnung überhaupt nicht ausgeführt werden kann, daß sie unzulässig ist. Kein Wunder, denn eine Multiplikation mit einem Text kann selbst Excel noch nicht durchführen.

Die 0 in D5 ist ebenfalls schnell erklärt. D5 enthält die angepaßte Formel *=D4*C1*. D4 ist richtig, der Bezug C1 jedoch nicht. Die Zelle C1 ist leer (der darin angezeigte Text »teuer« gehört in Wirklichkeit zum Inhalt von B1), also wird 973 mit 0 multipliziert, daher das Ergebnis 0.

Das Problem ist gelöst, wenn Sie die in B5 enthaltene Ausgangsformel ein wenig ändern und anschließend erneut in C5 und D5 kopieren:

```
=B4*A$1$
```

Ändern Sie die Formel bitte nicht per Hand! Selbstverständlich ist das zulässig. Einfacher geht es jedoch, wenn Sie

▓ mit [F2] den Bearbeitungsmodus einschalten,

▓ den Cursor rechts neben den zu ändernden Bezug A2 setzen (wo er sich nach dem Einschalten des Bearbeitungsmodus automatisch befindet),

▓ und den Befehl *FORMEL Bezugsart ändern* geben.

Excel wandelt daraufhin den Bezug links vom Cursor in das entgegengesetzte Format um. In unserem Fall wird der relative Bezug A2 in den absoluten Bezug $A$2 umgewandelt. Würden Sie diesen Befehl erneut wählen, verliefe die Umwandlung in umgekehrter Richtung, und Sie hätten wieder einen relativen Bezug.

Noch schneller geht es mit der Funktionstaste F4, die exakt die gleiche Wirkung besitzt: Cursor auf ein Zeichen des Bezugs setzen und mehrmals F4 drücken, bis sowohl die Spalten- als auch die Zeilenkomponente des Bezugs relativ angezeigt werden. Bei mehreren Bezügen: Selektieren Sie die umzuwandelnden Bezüge, und wandeln Sie alle zugleich mit F4 um.

Die neue Ausgangssituation: B4 ist weiterhin ein relativer Bezug, A1 jedoch ein absoluter, der sich auch nach dem Kopieren nach C5 und D5 weiterhin auf exakt die gleiche Zelle wie zuvor bezieht. Führen Sie bitte die Kopieraktion durch. Anschließend sollten alle drei Ergebnisse korrekt sein und zum Beispiel C5 wie in der folgenden Abbildung die nun korrekt angepaßte Formel $=C4*\$A\$1$ enthalten.

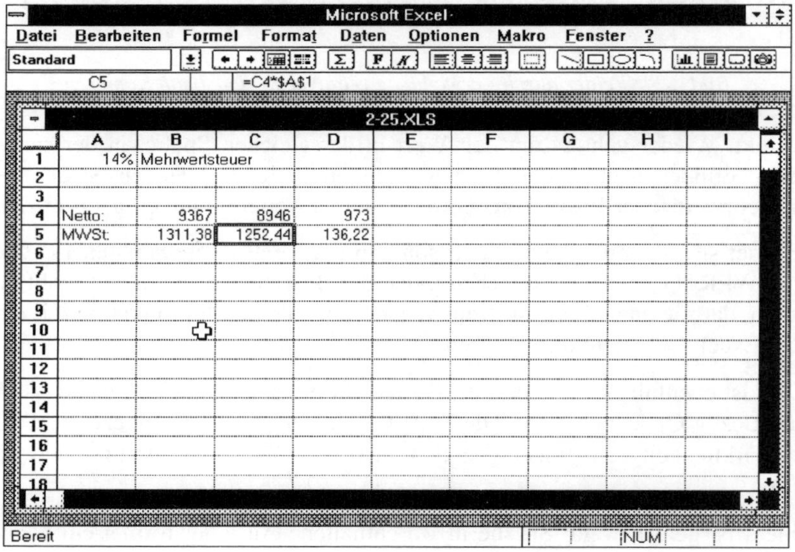

Bild 2.25: Mit absolutem Bezug

Der relative Bezug B4 ergibt nach dem Kopieren C4, der absolute Bezug $A$1 bleibt dagegen unverändert, was ja auch der tatsächlichen Situation entspricht. Egal, wohin wir eine Formel kopieren, die sich auf den in A1 enthaltenen Prozentsatz bezieht: Er selbst ändert seine Position deswegen noch lange nicht.

Merken Sie sich bitte: Relative Bezüge sind zweifellos erheblich flexibler als absolute, da sie ja nur Entfernungsangaben enthalten und daher auch nach dem Kopieren an die neue Situation angepaßt sind.

Manchmal jedoch auch *zu flexibel*. Und zwar immer dann, wenn genau dieses Verhalten nicht erwünscht ist, wenn nach dem Kopieren nicht eine Zelle in der gleichen Entfernung von der Formelzelle, sondern tatsächlich exakt die gleiche Zelle wie zuvor gemeint ist. Verwenden Sie in solchen Fällen für jene Zellreferenzen der Formel, die nicht angepaßt werden sollen, absolute Bezüge.

In der Praxis nur eine Nebenrolle spielen die »gemischten Bezüge«. Also Bezüge, bei denen der Spaltenbezug absolut und der Zeilenbezug relativ ist oder umgekehrt. Bei diesen Bezügen befindet sich vor genau einer der beiden Angaben ein Dollarzeichen. Zum Beispiel ist bei A$2 nur der Zeilenbezug absolut. Wird eine Formel, die diesen Bezug enthält, kopiert, bezieht sich auch die Kopie ebenfalls immer auf Zeile 2. Allerdings nicht unbedingt auf Spalte A, da die Spaltenangabe relativ ist und daher angepaßt wird. Wird der Befehl *FORMEL Bezugsart ändern* auf diesen gemischten Bezug angewendet, lautet das Resultat $A2 – das heißt, nun ist genau umgekehrt die Spaltenangabe absolut und die Zeile relativ.

2|4|3|4| Eingabe im Zeigemodus

Wirklich komfortabel ist die Eingabe von Feldbezügen, wenn Sie diese nicht per Hand eingeben, sondern einfach auf die betreffenden Felder »zeigen«. Das funktioniert so: Sie beginnen die Formeleingabe mit dem Gleichheitszeichen. In dem Moment, in dem Sie die Taste »=« drücken, erkennt Excel den Beginn einer Formel und zeigt in der Statusleiste »Eingeben« an. Sie können nun den Rest der Formel per Hand eingeben. Oder mit dem Zellcursor oder der Maus auf die gewünschte Bezugszelle »zeigen«, indem Sie den Zellcursor zu der betreffenden Zelle bewegen.

Sobald Sie eine Cursortaste drücken, ist Excel im »Zeigemodus« und fügt in Ihre Formel während der Bewegung ständig die Koordinaten der gerade selektierten Zelle ein. Noch einfacher geht es mit der Maus, bei der Sie die betreffende Zelle nur anklicken müssen, um ihre Koordinaten in die Formel einzufügen. Die aktuelle Selektion zeigt übrigens nicht der gewohnte Zellcursor an, der auf der Formelzelle bleibt, sondern ein naher »Verwandter«, der deutlich schwächer sichtbar ist.

Um das auszuprobieren, benötigen wir ein kleines Arbeitsblatt. Schließen Sie das aktuelle Blatt, das nicht mehr benötigt wird, und laden Sie anschließend das vorhin unter dem Namen *DEMO* gespeicherte Blatt mit den vier zu addierenden Spalten, die jeweils fünf Werte enthielten.

Löschen Sie die vier Formeln, die wir nun komfortabler noch einmal eingeben wollen. Die Formel in A6, indem Sie sie mit dem Zellcursor selektieren und *BEARBEITEN Inhalte löschen...* wählen. Daraufhin erscheint eine Dialogbox, die fragt, was gelöscht werden soll, »Alles«, »Formate«, »Formeln« oder »Notizen«. »Formeln« ist vorselektiert, drücken Sie daher einfach ⌷Enter⌷, um die betreffende Formel zu löschen.

Sie könnten natürlich auch die anderen drei Formeln auf diese Weise löschen. Schneller geht es jedoch, wenn Sie einfach zur betreffenden Zelle gehen und ⌷Entf⌷ drücken, die Kurztaste, die dem Befehl *BEARBEITEN Inhalte löschen...* entspricht. Die gleiche Dialogbox erscheint, und da »Formeln« vorselektiert ist, genügt die Bestätigung mit ⌷Enter⌷. Noch schneller geht es übrigens mit ⌜Strg⌝+⌜Entf⌝, da bei dieser Tastenkombination die Dialog-box gar nicht erst erscheint, sondern die Zellinhalte ohne Nachfrage gelöscht werden. Löschen Sie auf diese Weise auch die restlichen Formeln.

Gehen Sie nun zu A6, und geben Sie zunächst nur das Gleichheitszeichen ein. Sie sind im Eingabemodus. Selektieren Sie mit den Cursortasten oder der Maus die Zelle A1. Der Zell-cursor bleibt auf A6, die selektierte Zelle A1 wird durch eine dünne Umrandung gekenn-zeichnet. Die Eingabezeile enthält »=A1«, also außer dem Gleichheitszeichen die Koordi-naten der selektierten Zelle. Drücken Sie die ⌜+⌝-Taste. Die Umrandung verschwindet. Durch Eingabe des »+«-Operators haben Sie den Zeigemodus verlassen und Excel die erste Bezugszelle »gezeigt«. Selektieren Sie auf die gleiche Weise die Zelle A2. Der aktuelle Stand der Formel ist momentan:

`=A1+A2`

Drücken Sie erneut ⌜+⌝ und selektieren Sie A3, danach A4 und zuletzt A5. Bis die Formel wie zuvor lautet:

`=A1+A2+A3+A4+A5`

Diese Art der Eingabe ist äußerst komfortabel, finden Sie nicht? Vor allem mit der Maus – wie fast immer bei Excel. Theoretisch könnten Sie die Formel nun in B6 bis D6 kopieren, da sie nur relative Bezüge enthält. Ich empfehle Ihnen jedoch, die »Selektion durch Zei-gen« dort noch einmal zu wiederholen, da Ihnen ein wenig Übung sicher nicht schadet.

Allgemein: Bei der Eingabe einer Formel können Sie einen Zellbezug jederzeit durch »Zeigen« mit der Maus oder den Cursortasten eingeben. Auch bei einer Formel, die nicht nur Bezüge enthält, wie zum Beispiel

`=2*A1+3`

In diesem Fall geben Sie per Tastatur »=2*« ein, »zeigen« auf Zelle A1, worauf Excel die-sen Bezug einfügt (ergibt »=2*A1«), und beenden die Eingabe wieder per Tastatur mit »+3« und ⌜Enter⌝.

3| Selektieren und Editieren

Unter »Selektieren« ist die Auswahl von Teilen eines Arbeitsblatts zu verstehen. Momentan können Sie nur eine einzige Zelle selektieren, jene, die durch den Zellcursor markiert wird.

Excel bietet darüber hinaus jedoch vielfältige weitere Selektionsmöglichkeiten. Wenn Sie diese Techniken beherrschen, zeige ich Ihnen anschließend, wie Sie Ihr Arbeitsblatt »editieren«. Das heißt, wie Sie beliebige Teile löschen, verschieben, kopieren und so weiter.

3|1| Selektieren

Mit der Maus oder den Cursortasten können Sie eine einzelne Zelle selektieren – aber auch einen größeren Bereich des Arbeitsblattes, sogar ganze Zeilen, Spalten oder das vollständige Arbeitsblatt. Der selektierte Bereich wird immer hervorgehoben.

3|1|1| Bereiche

Mit den Cursortasten wird ein rechteckiger Tabellenbereich selektiert, indem Sie den Zellcursor zu einer Ecke des Bereichs bewegen, die ⌈Umschalt⌉-Taste drücken und *diese Taste während allen folgenden Aktionen weiterhin gedrückt halten!* Und mit der Maus, indem Sie die Maus über den betreffenden Bereich »ziehen« *und dabei die linke Maustaste gedrückt halten!* In beiden Fällen wird die Zellselektion ausgeweitet, was Excel durch eine dunkle Tönung der markierten Fläche anzeigt.

Probieren Sie das aus, indem Sie das Blatt *DEMO* laden, das Sie im letzten Kapitel speicherten (wenn nicht: Es befindet sich auch auf der Begleitdiskette), und versuchen, die jeweils ersten fünf Zellen der beiden Spalten B und C zu selektieren. Bewegen Sie den Zellcursor zu B1. Drücken Sie die ⌈Umschalt⌉-Taste und *halten Sie sie gedrückt!*. Drücken Sie anschließend viermal ⌈↓⌉. So sollte Ihr Bildschirm nun wie Bild 3.1 aussehen.

Nehmen Sie nun die Hände von der Tastatur – der Bereich von Zelle B1 bis B5 bleibt weiter selektiert. Der Ausgangspunkt B1 ist übrigens heller hervorgehoben, gehört aber dennoch zum selektierten Bereich! Die Hervorhebung bedeutet, daß B1 die »aktive« Zelle im selektierten Bereich ist, worauf ich später noch eingehen werde.

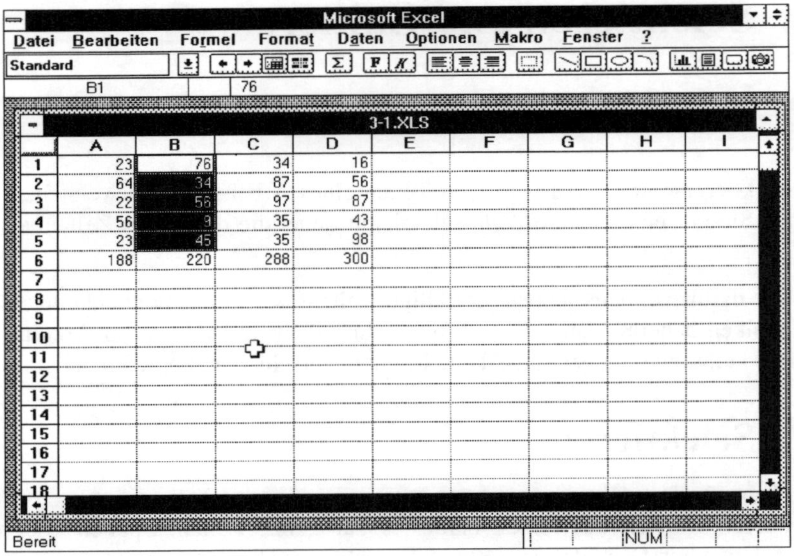

Bild 3.1: Selektieren von Zelle B1 bis B5

Nun sollen Sie *zusätzlich* C1 bis C5 selektieren. Zusätzlich heißt, Sie müssen zunächst wieder die [Umschalt]-Taste drücken, da die Selektion sonst aufgehoben wird. Und anschließend einmal die Taste [→].

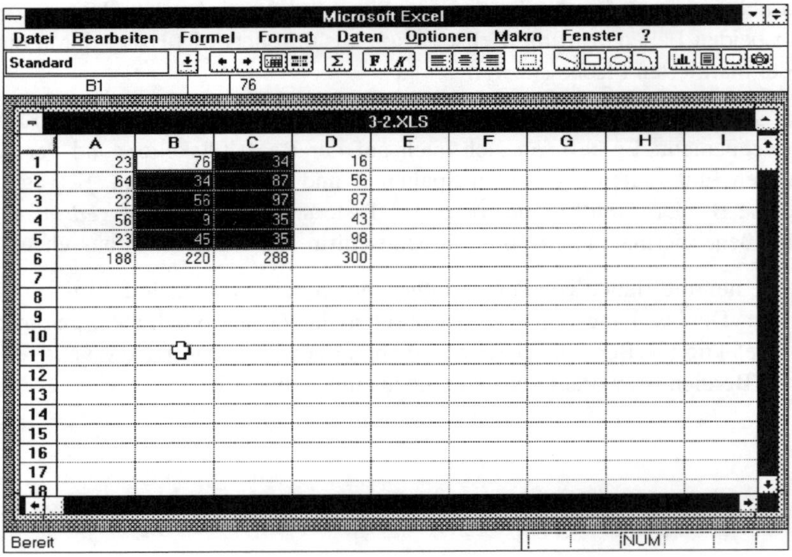

Bild 3.2: Bereich B1 bis C5 selektiert

Sie haben nun den Bereich B1 bis C5 selektiert. Jeder rechteckige Bereich kann durch Angabe zweier Ecken eindeutig beschrieben werden. Zum Beispiel durch Angabe der linken oberen und der rechten unteren Ecke. Ebensogut wäre natürlich auch eine Identifikation durch Angabe der rechten oberen und der linken unteren Ecke möglich: »Bereich C1 bis B5«. Wenn ich im folgenden von Bereichen spreche, werde ich immer die erste Methode gebrauchen. Und zur Angabe jene Schreibweise verwenden, die auch Excel benutzt:

Ecke1:Ecke2

Beispiel: *Die Angabe »B1:C5« kennzeichnet einen rechteckigen Bereich mit der oberen linken Ecke B1 und der unteren rechten Ecke C5.*

Und nun das Ganze noch einmal mit der Maus. Nehmen Sie die Hände von der Tastatur. Sie sollen den Bereich A1 bis D6 selektieren, oder kurz: A1:D6. Klicken Sie die obere linke Ecke dieses Bereichs an, also A1. Halten Sie die Maustaste gedrückt und »ziehen« Sie die Maus nach rechts zu D1. Und anschließend nach unten zu D6.

Mit der Maus geht es offenbar noch einfacher als mit den Cursortasten. In beiden Fällen wird der sichtbare Ausschnitt des Arbeitsblattes gerollt, wenn Sie den Rand erreichen, so daß weitaus größere Bereiche als nur der gerade sichtbare Bereich selektiert werden können.

Alle Möglichkeiten zur schnelleren Bewegung im Arbeitsblatt können Sie natürlich auch beim Selektieren von Bereichen nutzen. Ein Beispiel: Sie sollen den gesamten Block von A1:D6 selektieren. Gehen Sie zu A1. Drücken Sie nun die `Umschalt`- und die `Ende`-Taste. `Ende` bewegt den Cursor bekanntlich zur letzten belegten Zelle der aktuellen Zeile, in unserem Fall also zu D1. Daher ist momentan der Bereich A1:D1 selektiert. Und nun drücken Sie die `Umschalt`-Taste plus der Tastenkombination `Strg`+`↓`, die den Cursor zum unteren Ende eines Blocks bewegt. Also die Drei-Tastenkombination `Umschalt`+`Strg`+`↓`. Nun müßte der gesamte Datenblock selektiert sein.

Übrigens wäre die Selektion des gesamten Blocks von A1 aus noch schneller möglich, mit einer einzigen Tastenkombination. Und zwar mit `Umschalt`+`Strg`+`Ende`, da `Strg`+`Ende` den Cursor zum Ende des belegten Teils eines Arbeitsblattes bewegt, genauer: zur rechten unteren Ecke, hier also zu D1.

Auf die gleiche Weise können Sie beim Selektieren `Pos1`, `Strg`+`Bild↓` und alle anderen Möglichkeiten zur Cursorsteuerung einsetzen. Sie müssen nur darauf achten, immer gleichzeitig die `Umschalt`-Taste zu drücken, was manchmal zu etwas akrobatischen Dreitasten-Kombinationen führt.

3|1|2| Mit Laptop-Tastaturen

Wenn Sie einen Laptop benutzen, aber nicht über eine Maus verfügen, gibt es ein Problem: Möglicherweise funktioniert bei Ihnen die Selektion mit der gedrückten `Umschalt`-Taste nicht!

Ursache dafür sind die offenbar deutlich vom Standard abweichenden Laptop-Tastaturen. Ich kann nicht beurteilen, ob das Problem bei jedem Laptop auftritt. Zumindest bei meinem eigenen und zwei weiteren getesteten Rechnern ist es absolut unmöglich, mit der [Umschalt]-Taste zu selektieren.

Die Lösung: Sie begeben sich ebenfalls zu einer Ecke des gewünschten Bereichs und drücken nun die Taste [F8]. Und zwar nur ein einziges Mal. In der Statuszeile erscheint die Meldung »EXT«, die Sie darauf aufmerksam macht, daß Sie sich nun im »erweiterten« Modus befinden, in dem Sie mehr als nur eine Zelle selektieren können. Und zwar, indem Sie einfach, wie zuvor beschrieben, den Zellcursor in die gewünschte Richtung steuern, ohne gleichzeitig irgendeine weitere Taste zu drücken. Der »erweiterte« Markiermodus bleibt auch so erhalten. Wollen Sie die Selektion aufheben, drücken Sie erneut [F8], um den erweiterten Markiermodus wieder auszuschalten. Jede Betätigung der Cursortasten hebt nun die Markierung auf und bewegt ganz normal den Zellcursor.

Diese Methode ist zwar umständlicher als das Markieren mit der gedrückten [Umschalt]-Taste oder gar mit der Maus, funktioniert aber immer, unabhängig davon, wie ungewöhnlich Ihre Tastatur ist.

3|1|3| Mehrfachselektion

»Mehrfachselektion« meint die Auswahl mehrerer rechteckiger Bereiche. Zum Beispiel die beiden Bereiche B1:B6 und D1:D6. Probieren wir das zuerst mit den Cursortasten. Selektieren Sie zunächst B1. Drücken Sie die [Umschalt]-Taste, und ziehen Sie den Cursor zu B6. Der erste Bereich ist selektiert.

Diese Selektion wird jedoch sofort wieder aufgehoben, wenn Sie nun – ohne gedrückte [Umschalt]-Taste – den Cursor bewegen, zum Beispiel zu D1, dem Beginn des zweiten Bereichs, den wir selektieren wollen.

Beibehalten wird sie nur, wenn Sie die Auswahl mit [Umschalt]+[F8] »verlängern«. Drücken Sie diese Taste genau ein Mal. In der Statuszeile erscheint »ADD« als Hinweis, daß Sie dem selektierten Bereich nun einen weiteren hinzufügen können.

Gehen Sie zum Beginn dieses zweiten Bereichs, zu D1, und selektieren Sie wie gewohnt mit der [Umschalt]- und den Cursortasten den Bereich von D1:D6.

Sie können der Selektion einen dritten Bereich hinzufügen. Allerdings schaltete Excel den Verlängerungsmodus in jenem Moment aus, als Sie mit der Selektion des zweiten Bereichs begannen. Sie müssen den Verlängerungsmodus also erneut mit [Umschalt]+[F8] einschalten: Das »ADD« erscheint wieder. Der Verlängerungsmodus ist wieder eingeschaltet, und Sie können nun einen dritten Bereich auswählen.

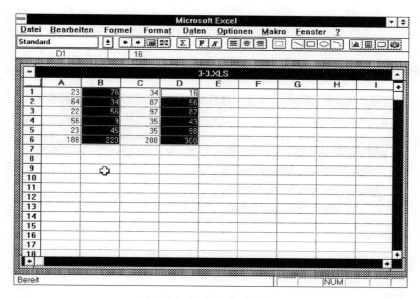

Bild 3.3: Mehrfachselektion

Mit der Maus gibt es gleich zwei Methoden zur Mehrfachauswahl. Einmal die, die das Handbuch beschreibt: Selektieren Sie zunächst mit der Maus den ersten Bereich, sagen wir A1:D1. Um nun als zweiten Bereich A3:D3 zu selektieren, drücken Sie zunächst die Strg-Taste. Klicken Sie dann den Bereichsanfang A3 an. Halten Sie die Maustaste gedrückt, und selektieren Sie den Bereich A3:D3. Wenn Sie den Beginn des zweiten Bereichs angeklickt haben, können Sie die Strg-Taste während der Selektion ruhig wieder loslassen, obwohl im Handbuch steht »Halten Sie anschließend die Strg-Taste gedrückt«. Wenn Sie wollen, können Sie allerdings auch gemäß Handbuch »Dauerfeuer« auf Strg geben – es schadet zumindest nicht.

Selektieren Sie nun als dritten Bereich A5:D5. Drücken Sie dazu Strg, klicken Sie A5 an, und ziehen Sie die Maus bei gedrückter Maustaste bis D5.

Einfacher als diese »Strg-Technik« ist eine andere Methode, die im Handbuch allerdings nicht beschrieben ist oder zumindest nicht von mir entdeckt wurde: Sie ziehen die Maus bei gedrückter Maustaste über den ersten Bereich, um diesen zu selektieren. Dann drücken Sie – einmal, nicht gedrückt halten – Umschalt+F8, um den Verlängerungsmodus einzuschalten. Anschließend bewegen Sie den Mauspfeil zum zweiten Bereich und ziehen die Maus bei gedrückter Maustaste auch über diesen Bereich. Danach über den dritten, vierten Bereich und so weiter, beliebig oft.

Diese Technik ist nahezu identisch mit der Selektion per Cursortaste. Allerdings müssen Sie nicht für jeden weiteren Bereich erneut den Verlängerungsmodus mit `Umschalt`+`F8` einschalten, sondern nur einmalig, entweder gleich zu Beginn oder spätestens, wenn Sie den zweiten Bereich selektieren wollen.

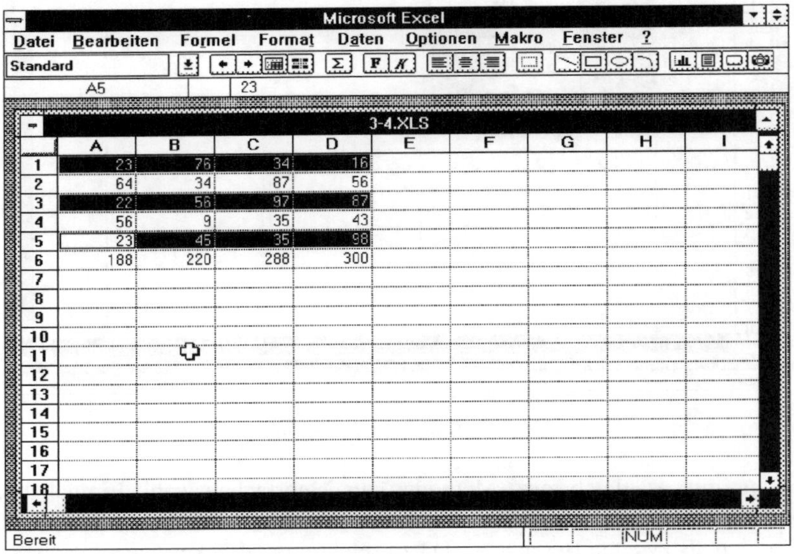

Bild 3.4: Noch eine Mehrfachselektion

Bei der Mausselektion bleibt der Verlängerungsmodus so lange eingeschaltet, bis Sie ihn explizit wieder ausschalten. Das tun Sie natürlich erst, wenn Sie alle gewünschten Bereiche selektiert haben. Und zwar, indem Sie noch einmal `Umschalt`+`F8` drücken oder noch einfacher – nur eine Taste – mit `Esc`.

3|1|4| Spalten und Zeilen, das Arbeitsblatt

Auch komplette Spalten und Zeilen können Sie selektieren. Mit den Cursortasten, indem Sie den Zellcursor in die gewünschte Spalte oder Zeile bewegen und `Umschalt`+`Leertaste` drücken, um die Zeile zu selektieren, beziehungsweise `Strg`+`Leertaste` für die Spalte. Selbstverständlich können Sie auch hier wieder mit `Umschalt`+`F8` den Verlängerungsmodus einschalten.

Allerdings zeigte meine Excel-Version hier ein sehr merkwürdiges Verhalten, wenn mehr als zwei Spalten oder Zeilen selektiert werden sollten. Angenommen, die Spalten B und D und zusätzlich die Zeile 6 sollen selektiert werden.

Dann selektieren Sie zuerst Spalte B, schalten mit `Umschalt`+`F8` den Verlängerungsmodus ein und selektieren Spalte D. Im Gegensatz zu vorhin bleibt diesmal das »ADD«

erhalten. Also verlassen Sie sich darauf und bewegen den Zellcursor in Zeile 6, um die komplette Zeile zu selektieren. Aber in diesem Moment wird die Markierung von Spalte B aufgehoben!

Versuche ergaben, daß nach der Markierung zweier Spalten oder Zeilen zwar »ADD« in der Statuszeile steht, der Verlängerungsmodus tatsächlich jedoch ausgeschaltet ist und mit [Umschalt]+[F8] explizit wieder eingeschaltet werden muß. Gehen Sie daher so vor:

- Bewegen Sie den Zellcursor zu irgendeiner Zelle von Spalte B, und drücken Sie [Strg]+[Leertaste], um diese Spalte zu selektieren.

- Da Ihre Selektion noch nicht beendet ist, schalten Sie mit [Umschalt]+[F8] den Verlängerungsmodus ein.

- Gehen Sie zu einer Zelle von Spalte D, und drücken Sie wieder [Strg]+[Leertaste], um zusätzlich diese Spalte zu selektieren.

- Glauben Sie dem »ADD« in der Statuszeile nicht, sondern drücken Sie [Umschalt]+[F8]: »ADD« verschwindet. Drücken Sie erneut [Umschalt]+[F8]: »ADD« erscheint wieder, und diesmal ist der Verlängerungsmodus tatsächlich eingeschaltet.

- Gehen Sie in eine der Zellen von Zeile 6, und selektieren Sie diese Zeile mit [Umschalt]+[Leertaste]

Wenn Sie diese Schritte korrekt nachvollzogen haben, sieht Ihr Bildschirm so aus:

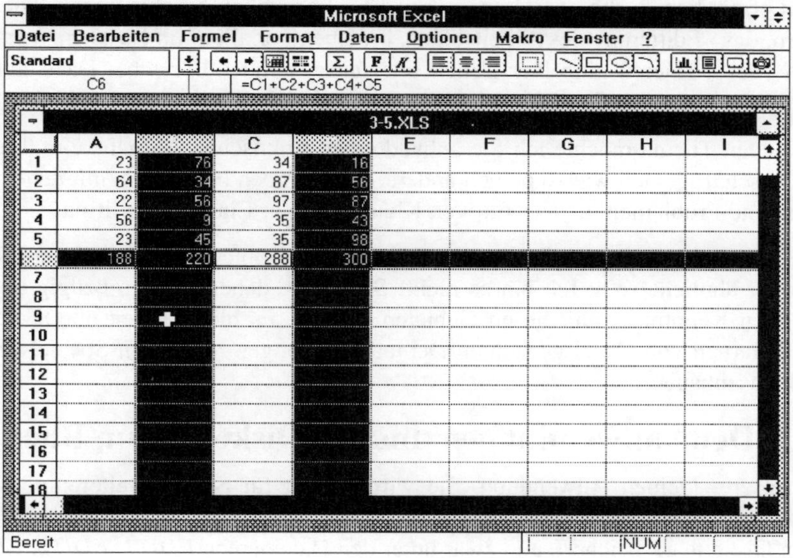

Bild 3.5: Mehrfachselektion von Zeilen und Spalten

Mit der Maus ist das alles erheblich einfacher. Sie selektieren eine komplette Spalte, indem Sie den Buchstaben anklicken, der die Spalte bezeichnet, und eine Zeile entsprechend durch Anklicken der Zeilennummer am linken Fensterrand. Die Spalten B und D und zusätzlich die Zeile 6 selektieren Sie daher, indem Sie

- den Spaltenbuchstaben B anklicken,

- mit `Umschalt`+`F8` den Verlängerungsmodus einschalten,

- den Spaltenbuchstaben D anklicken,

- die Zeilennummer 6 anklicken,

- und mit `Umschalt`+`F8` den Verlängerungsmodus wieder auschalten.

Die Selektion sollte die gleiche sein wie zuvor mit der Tastatur, allerdings bei wesentlich geringerem Aufwand.

Mit wenig Aufwand können Sie auch das gesamte Arbeitsblatt selektieren. Mit der Tastatur, indem Sie `Strg`+`Umschalt`+`Leertaste` drücken. Und mit der Maus durch Anklicken des kleinen Kästchens unterhalb des Systemmenü-Symbols (oberhalb der Zeilennummer 1 und links von der Spaltenbezeichnung A).

3|2| Editieren

Wozu diese ganze »Selektiererei«? Um uns vielfältige Manipulationen unseres Arbeitsblattes zu ermöglichen, die den Umgang mit Excel erheblich beschleunigen. Diese Manipulationen, das »Editieren« des Arbeitsblatts, bestehen vor allem im Löschen, Verschieben, Kopieren oder Sortieren einzelner Zellen oder ausgewählter Bereiche. Dazu mußten Sie zunächst lernen, wie man den zu manipulierenden Bereich überhaupt auswählt.

In unser neuen Thema möchte ich Sie anhand einer praktischen Aufgabe einführen. Diese Aufgabe beschäftigt sich wie so manch andere, die wir noch behandeln, mit den Aufgabenstellungen und Problemen in einer fiktiven Klein- oder gar Einpersonenfirma.

Sollten Sie zufällig Experte mit einer Ausbildung für Probleme wie Buchführung, Lagerhaltung oder ähnliche sein: Ich bin es nicht! Sehen Sie daher bitte großzügig über meine mangelhaften Kenntnisse auf diesen Gebieten hinweg. Es bleibt Ihnen überlassen, meine nur zum Erlernen von Excel gedachten Demoanwendungen mit Ihrem Spezialwissen professionell auszubauen.

3|2|1| Demoanwendungen und die Diskette zum Buch

Nun zu unserer kleinen Anwendung. Sie wird Schritt für Schritt weiterentwickelt. Jede »Entwicklungsstufe« des Arbeitsblattes ist in einer eigenen Datei auf der diesem Buch beiliegenden Diskette gespeichert, und zwar unter den Dateinamen *EDIT1, EDIT2, EDIT3* und so weiter. Kopieren Sie den Inhalt dieser Diskette bitte auf Ihre Festplatte. *Sie sollten niemals mit der Originaldiskette arbeiten!*

Immer dann, wenn wir einen Schritt weiter sind, zeige ich Ihnen anhand einer Abbildung, wie Ihr Arbeitsblatt inzwischen aussehen sollte. Unter vielen dieser Abbildungen finden Sie den Namen der zugehörigen Datei, in der dieser Zustand des Arbeitsblatts gespeichert ist.

Wenn Sie grobe Schnitzer begangen haben und Ihr Arbeitsblatt ganz anders aussieht als das in der Abbildung gezeigte: Schließen Sie Ihr Arbeitsblatt, laden Sie die zugehörige Datei und arbeiten Sie einfach mit dieser weiter.

Oder – falls Sie ehrgeizig sind – laden Sie die Datei, die zur letzten Abbildung gehört, also die letzte Entwicklungsstufe, und versuchen Sie, die mißlungenen Schritte ausgehend von diesem Blatt noch einmal nachzuvollziehen.

Übrigens werde ich Sie ziemlich häufig auffordern, Ihr gerade bearbeitetes Blatt zu schließen und eine bestimmte Datei zu laden. Wenn Sie das Schließen der alten Datei vergessen (was Ihnen garantiert ab und zu passieren wird), haben Sie auf einmal zwei Arbeitsfenster auf dem Bildschirm, die einander teilweise überlappen und beide je eine Tabelle enthalten. Nun gibt es genau drei Möglichkeiten:

1. Sie arbeiten mit dem »obenliegenden«, dem gerade geladenen Blatt und ignorieren das darunterliegende alte Blatt einfach.

2. Sie klicken das alte Blatt an. Dadurch kommt es nach oben und wird zum »aktiven Arbeitsfenster«. Mit der Tastatur erreichen Sie das gleiche Resultat mit $\boxed{\text{Strg}}$+$\boxed{\text{F6}}$. Nun schließen Sie dieses Fenster nachträglich. Mit dem Resultat, daß nun tatsächlich nur noch ein Arbeitsblatt vorhanden ist, und zwar das zuvor geladene.

3. Sie wollen sich nicht mit solch pauschalen Hinweisen abfinden, sondern unbedingt wissen, was denn nun eigentlich hinter diesen gleichzeitig vorhandenen Arbeitsfenstern steckt und wie man damit umgeht. Wenn Sie so neugierig sind und beim besten Willen nicht mehr warten können, empfehle ich Ihnen das Kapitel 6.2 »Mit mehreren Fenstern gleichzeitig arbeiten« – und warne Sie: Möglicherweise verstehen Sie nicht alles, weil Ihnen durch Ihren »Sprung« einige dort vorausgesetzte Kenntnisse entgangen sind.

Nun zum eigentlichen Problem. Sie besitzen eine Kleinfirma, die EDV-Produkte vertreibt, die Sie aus Taiwan importieren: Rechner, Drucker, Monitore und so weiter. Sie erlernen gerade Excel und wollen es benutzen, um einen Überblick über die Entwicklung der verschiedenen Kosten im gerade abgelaufenen Jahr zu gewinnen. Sie interessieren sich nur für einige Kostenarten, und zwar für

- Ihre Einkaufskosten,

- die Lagermiete,

- Ihre Werbekosten,

- Kosten für Büromaterial und Büromöbel,

- und die Büromiete.

All diese Posten wollen Sie für jeden Monat erfassen. Die Höhe dieser Zahlen entnehmen Sie Ihrer Buchführung, in der Sie diese Posten im vergangenen Jahr separat aufgeführt haben. Und nun wollen Sie diese Zahlen mit Hilfe von Excel in einer Tabelle übersichtlich zusammenstellen.

Fünf Posten, geordnet nach zwölf Monaten, diese Datenstruktur verlangt geradezu danach, für jeden Posten eine eigene Spalte zu verwenden, wobei die ersten zwölf Zeilen dieser Spalten den Monaten Januar bis Dezember entsprechen. Zum Beispiel werden in die Zellen A1:A12 die monatlichen Einkaufskosten eingegeben. In A1 die Einkaufskosten im Januar, in A2 die Einkaufskosten im Februar und so weiter. In den Bereich B1:B12 wird entsprechend der monatliche Umsatz eingetragen und so weiter.

3|2|2| **Dateneingabe und Bereichsselektion**

Die einzugebenden Zahlen selbst können Sie gleich einer Abbildung entnehmen. Allerdings sollen Sie diese Zahlen nicht wie bisher eingeben, sondern mit Hilfe einer neuen Eingabetechnik.

Um diese Technik anzuwenden, müssen Sie zuerst den oder (Verlängerungsmodus) die Bereiche Ihres Arbeitsblatts selektieren, in den/die Sie Daten eingeben wollen. In unserem Fall sind das die ersten zwölf Zeilen der Spalten A, B, C, D und E.

Zunächst benötigen wir ein leeres Arbeitsblatt. Schließen Sie bitte Ihr Arbeitsblatt, und legen Sie anschließend mit *DATEI Neu...* ein neues an (Kurztaste: Umschalt+F11). Gehen Sie zu Zelle A1, und selektieren Sie in diesem leeren Blatt den Bereich von A1:E12.

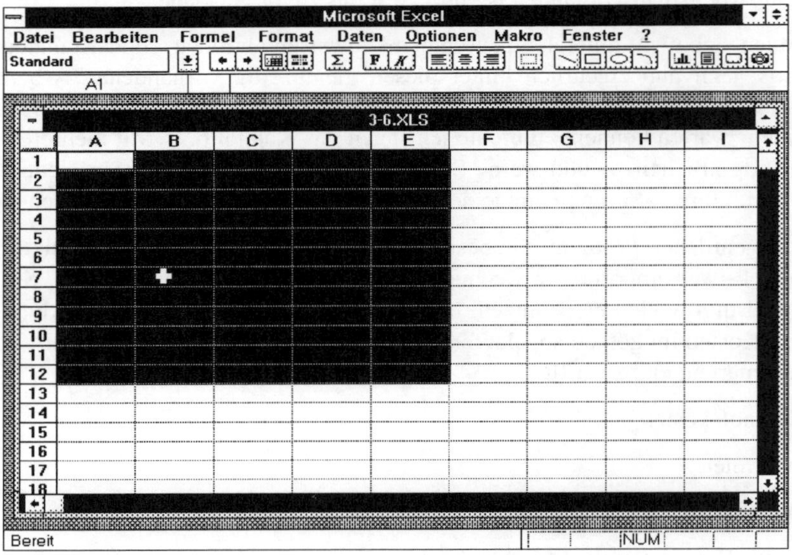

Bild 3.6: Bereich A1:E12 selektieren

Die »aktive Zelle« dieses Bereichs (dünn hervorgehoben) ist Ihr Ausgangspunkt A1. Sie können nun in diese Zelle Daten eingeben, ohne die Bereichsmarkierung zuvor aufzuheben.

Die Dateneingabe in einen selektierten Bereich unterscheidet sich allerdings von der normalen Eingabe. Wenn Sie die Eingabe mit [Enter] abschließen, wird der Zellcursor zunächst wie üblich automatisch auf die darunterliegende Zelle gesetzt, so daß Sie sofort die Dateneingabe direkt fortsetzen können. Wenn Sie jedoch das untere Bereichsende bei A12 erreichen und wieder nach der Eingabe [Enter] drücken, bewegt sich der Zellcursor *zur obersten Zelle der nächsten markierten Spalte*. Sie verlassen den markierten Bereich also auf keinen Fall, sondern durchwandern ihn automatisch in der richtigen Reihenfolge.

Eines dürfen Sie allerdings auf keinen Fall: eine Cursortaste betätigen oder eine Maustaste drücken, da die Selektion in diesem Fall sofort aufgehoben wird!

Dennoch können Sie natürlich zu spät bemerkte Fehler korrigieren. [Enter] durchwandert die selektierten Spalten von oben nach unten und [Umschalt]+[Enter] in der umgekehrten Reihenfolge. Mit [Tab] durchwandern Sie den Bereich von links nach rechts und mit [Umschalt]+[Tab] von rechts nach links.

Sie besitzen also immerhin vier Bewegungsmöglichkeiten, zu einer bestimmten Zelle zu gelangen, und den alten Zellinhalt einfach zu übertippen, um einen Fehler zu korrigieren, oder ihn zu editieren, nachdem Sie wie üblich zuvor mit [F2] den Änderungsmodus einschalten. Die einzugebenden Zahlen entnehmen Sie bitte der folgenden Abbildung.

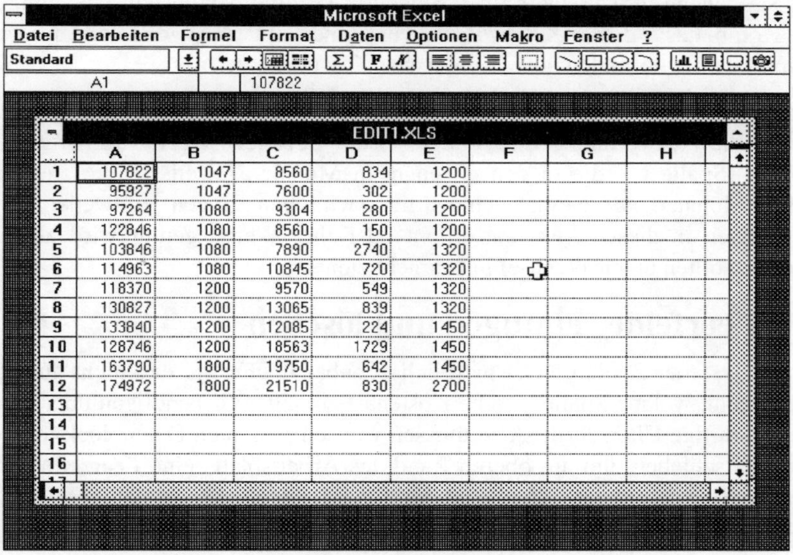

	A	B	C	D	E	F	G	H
1	107822	1047	8560	834	1200			
2	95927	1047	7600	302	1200			
3	97264	1080	9304	280	1200			
4	122846	1080	8560	150	1200			
5	103846	1080	7890	2740	1320			
6	114963	1080	10845	720	1320			
7	118370	1200	9570	549	1320			
8	130827	1200	13065	839	1320			
9	133840	1200	12085	224	1450			
10	128746	1200	18563	1729	1450			
11	163790	1800	19750	642	1450			
12	174972	1800	21510	830	2700			
13								
14								
15								
16								

Bild 3.7: Die Datei EDIT1.XLS

Diese Abbildung nachzuvollziehen, ist sicher kein Problem. Wenn doch: Schließen Sie Ihr Arbeitsblatt, und laden Sie die zugehörige Datei *EDIT1*. Aber bitte nur, wenn es unbedingt sein muß. Die gespeicherten Arbeitsblätter sollen Ihnen keineswegs alle Arbeit abnehmen, denn allein durch Lesen dieses Buches ohne praktisches Nachvollziehen ist Excel sicher nicht zu erlernen.

Ich gehe davon aus, daß Sie die Daten inzwischen eingegeben haben. Dann haben Sie sich sicher eine Meinung über diese neue Eingabetechnik gebildet. Wenn Sie diese Methode mit Selektion des Eingabebereichs bequemer finden als die bisherige: Die folgende Tabelle enthält alle Möglichkeiten, sich in einem selektierten Bereich zu bewegen.

Taste	Funktion
`Enter` .	eine Zelle nach unten
`Umschalt`+`Enter`	eine Zelle nach oben
`Tab`	eine Zelle nach rechts
`Umschalt`+`Tab`	eine Zelle nach links
`Strg`+`,` (Ziffernbl.)	nächste Ecke des Bereichs
`Strg`+`Tab`	nächster Bereich
`Strg`+`Umschalt`+`Tab`	vorhergehender Bereich

Tabelle 3.1: Bewegungsmöglichkeiten im selektierten Bereich

Das Springen zum nächsten beziehungsweise vorhergehenden Bereich macht natürlich nur bei einer Mehrfachauswahl mit mehreren getrennten Bereichen Sinn. Beachten Sie außerdem, daß Sie – wenn Ihre Tastatur einen separaten Ziffernblock besitzt – bei einigen Tastaturen die Kommataste *dieses Ziffernblocks* zusammen mit `Strg` drücken müssen – nicht die Kommataste der normalen alphanumerischen Tastatur!

Zurück zu unserem Arbeitsblatt. Wurden die Kosten wie hier in eine übersichtliche Form gebracht, ist die Auswertung relativ einfach. Zum Beispiel ist klar zu erkennen, daß die Werbekosten (Spalte C), die in den ersten neun Monaten jeweils mäßig stiegen, in den letzten drei Monaten auf einmal schlagartig nach oben gingen. Entweder wurden die Werbeaktivitäten in diesen Monaten erhöht oder Ihre Werbeagentur wird allmählich zu teuer, und Sie sollten einen Wechsel in Betracht ziehen.

3|2|3| Leerfelder einfügen und löschen

Für eine Analyse der Zahlen ist es natürlich denkbar ungünstig, daß nicht auf den ersten Blick hervorgeht, welche Spalte welche Kostenart enthält. Wir benötigen über jeder Spalte eine aussagekräftige Überschrift. Also müssen wir den gesamten Datenblock um eine Zeile nach unten verschieben, um am oberen Rand des Arbeitsblatts eine Leerzeile einzufügen. Dafür ist, wie Sie wissen, der Befehl *BEARBEITEN Leerzellen...* zuständig.

Wir könnten zum Beispiel zu A1 gehen, diesen Befehl wählen und in der anschließend erscheinenden Dialogbox die Option »Zellen nach unten verschieben« wählen. Excel würde bei A1 ein leeres Feld einfügen und zu diesem Zweck den Inhalt von A1 und aller darunterliegenden Zellen um jeweils eine Zeile nach unten verschieben. Allerdings müßten wir diese Prozedur in den benachbarten Spalten wiederholen – und genau das ist vollkommen überflüssig, wenn man weiß, wie leistungsfähig *BEARBEITEN Leerzellen...* tatsächlich ist.

Dieser Befehl fügt nicht nur ein leeres Feld ein, sondern ganz allgemein *einen beliebigen Bereich* von Leerfeldern. Den einzufügenden Bereich geben wir an, indem wir ihn zuvor selektieren. Selektieren Sie bitte den Bereich B3:D5. Wählen Sie *BEARBEITEN Leerzellen...*, und bestätigen Sie die vorselektierte Option »Zellen nach unten verschieben«.

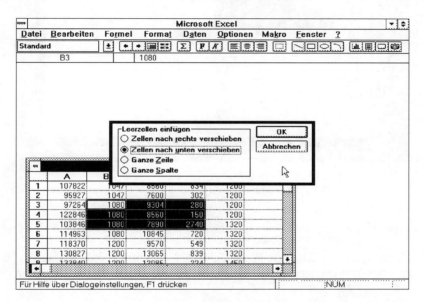

Bild 3.8: Leerbereich einfügen

Das Resultat: Ein leerer Bereich wird eingefügt, dessen Größe und Form mit dem selektierten Bereich identisch ist. Da Sie »Zellen nach unten verschieben« gewählt haben, verschiebt Excel die in diesem Bereich enthaltenen Felder und die darunterliegenden ebenfalls um die Bereichsgröße nach unten, also um drei Zeilen (vgl. Bild 3.9)

Der Befehl *BEARBEITEN Leerzellen...* kann also nicht nur ein Leerfeld einfügen, sondern einen beliebig großen leeren Bereich. Die Größe dieses Bereichs geben wir an, indem wir ihn zuvor selektieren.

Das gleiche gilt für *BEARBEITEN Löschen...*. Auch dieser Befehl löscht nicht nur ein einzelnes Feld, sondern einen beliebig großen, zuvor selektierten Bereich. Machen wir nun das Einfügen des Leerbereichs wieder rückgängig. Selektieren Sie erneut B3:D5, wählen Sie *BEARBEITEN Löschen...* und die Option »Zellen nach oben verschieben«.

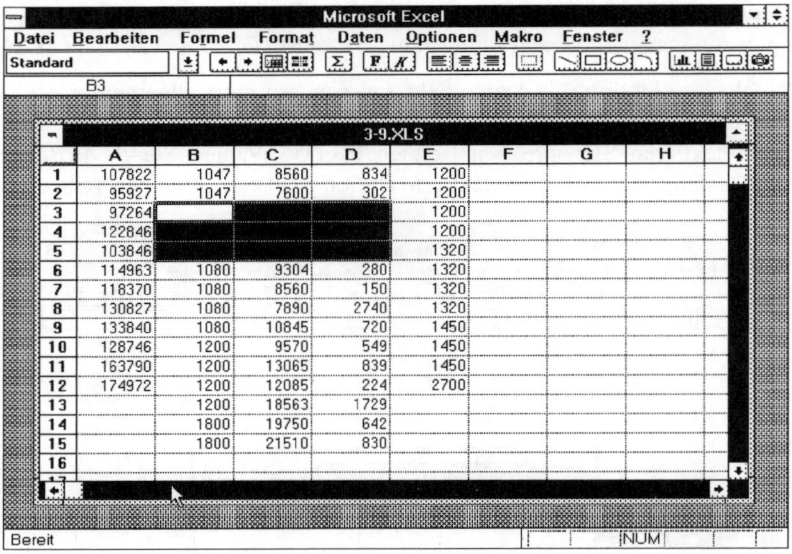

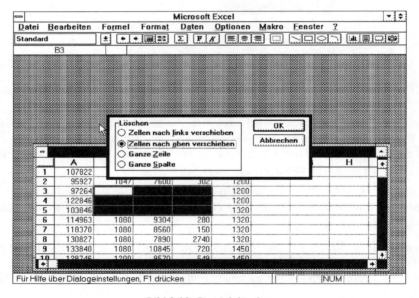

Bild 3.9: Verschieben um Größe des Leerbereichs

Bild 3.10: Bereich löschen

Excel löscht alle im selektierten Bereich enthaltenen Zellen, indem alle darunterliegenden Zellen der drei Spalten um die Länge des gelöschten Bereichs nach oben verschoben werden, also um drei Zeilen.

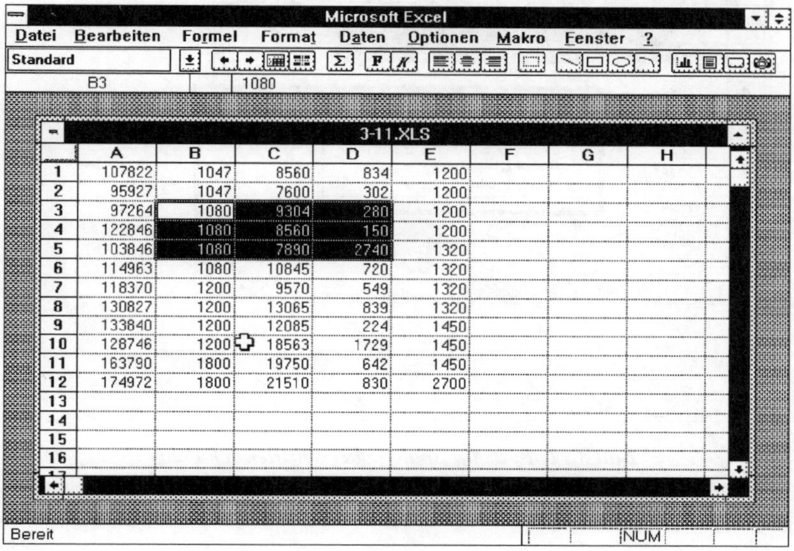

Bild 3.11: Verschieben um Größe des gelöschten Bereichs

Wir haben nun den Ausgangszustand wiederhergestellt, und Sie kennen die wahren Möglichkeiten von *Leerzellen...* und *Löschen...* Nun sind Sie in der Lage, unsere eigentliche Absicht umzusetzen: am oberen Fensterrand Platz für Spaltenüberschriften zu schaffen.

Und zwar zwei Zeilen Platz. Markieren Sie daher den Bereich A1:E2, wählen Sie *Leerzellen...* und »Zellen nach unten verschieben«.

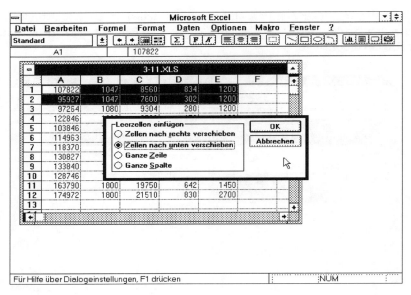

Bild 3.12: Platz für Spaltenüberschriften schaffen

Geben Sie in diesen leeren Bereich bitte Überschriften entsprechend der folgenden Abbildung ein:

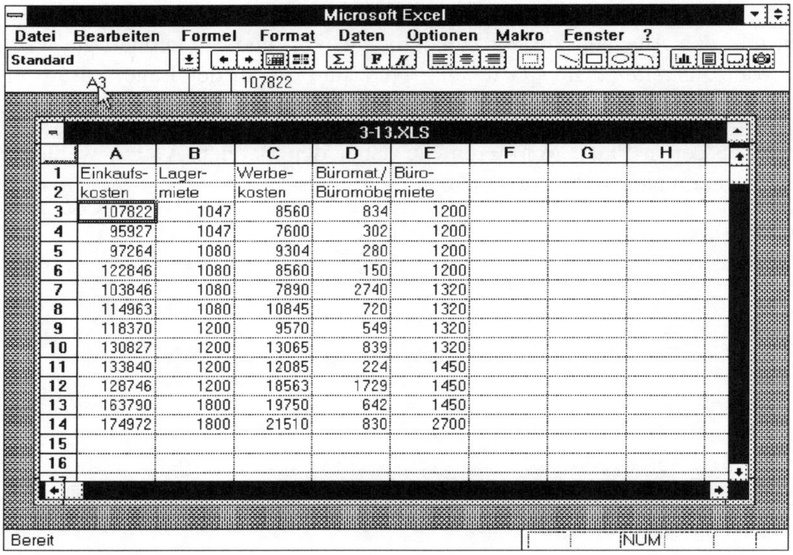

Bild 3.13: Die Datei EDIT2.XLS

3|2|4| Komplette Spalten und Zeilen behandeln

Nun benötigen wir noch Platz am linken Rand des Arbeitsblattes, um die Monatsnamen »JAN«, »FEB«, »MAE« usw. eintragen zu können. Eine Möglichkeit wäre natürlich, A1:A12 zu selektieren, erneut *Leerzellen...* zu wählen, diesmal aber mit der Option »Zellen nach rechts verschieben«.

Viel einfacher ist es jedoch, gleich eine komplette Spalte einzufügen. *Leerzellen...* und *Löschen...* behandeln normalerweise den markierten Bereich. Wenn Sie eine komplette Spalte markieren, fügt *Leerzellen...* entsprechend eine komplette Spalte ein. Markieren Sie die Spalte A, indem Sie zu irgendeiner Zelle der Spalte gehen und [Strg]+[Leertaste] drükken, oder einfach mit der Maus den Spaltenbuchstaben am oberen Fensterrand anklicken. Wählen Sie anschließend *Leerzellen...*

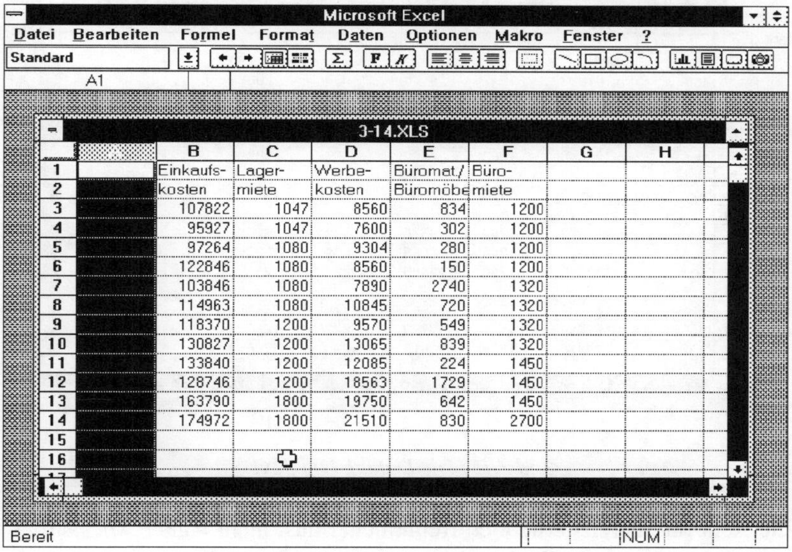

Bild 3.14: Platz für Zeilenüberschriften schaffen

Da eine Spalte markiert war, fügte Excel – übrigens, ohne nachzufragen – eine komplette leere Spalte ein. Wären zwei Spalten markiert gewesen, zum Beispiel A und B, hätte Excel entsprechend zwei Leerspalten eingefügt.

Noch ist die Leerspalte markiert. Würden Sie nun *Löschen...* wählen, würde Excel die gesamte Spalte entfernen und den Zustand vor dem Einfügen wiederherstellen. Tun Sie das aber bitte nicht! Wichtig ist, daß Sie nun wissen, wie Sie in Ihr Arbeitsblatt komplette Spalten einfügen oder löschen, und zwar beliebig viele Spalten, genau so viele, wie selektiert sind.

Selbstverständlich ist das gleiche mit Zeilen möglich. Das erlaubt uns, nach jeweils drei Zahlen eine Leerzeile einzufügen, um die einzelnen Quartale optisch voneinander zu trennen.

Selektieren Sie die komplette Zeile 12 (Anklicken der Zeilennummer oder Cursor in die Zeile bewegen und [Umschalt]+[Leertaste] drücken), und wählen Sie *Leerzellen...* Excel fügt eine Leerzeile ein und verschiebt die Inhalte der Zeilen 12, 13 und 14 um jeweils eine Zeile nach unten. Gehen Sie bei Zeile 9 und danach bei Zeile 6 genauso vor. Geben Sie anschließend in Spalte A Monatsnamen gemäß der folgenden Abbildung ein:

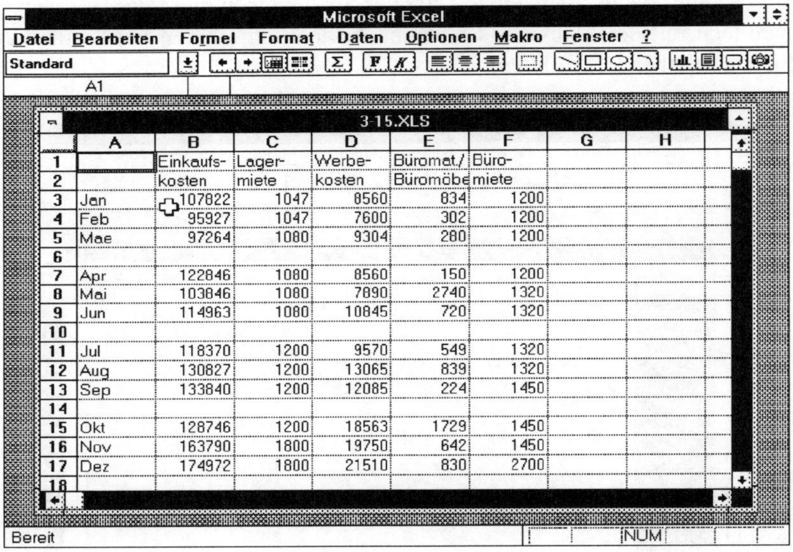

Bild 3.15: Die Datei EDIT3.XLS

Die Tabelle sieht nun bereits erheblich freundlicher aus, nicht wahr? Aber eine Frage muß ich Ihnen noch beantworten, die Sie sich möglicherweise stellen. Warum erscheint keine Dialogbox, wenn Sie *Löschen...* oder *Leerzellen...* wählen und komplette Zeilen oder Spalten selektiert haben?

Sehr einfach: Wenn Sie eine komplette Spalte wie zum Beispiel D selektieren und *Leerzellen...* wählen, ist völlig klar, daß Sie Zellen nach rechts verschieben wollen und nicht nach unten. Denn wie sollte ein »nach unten Verschieben« ablaufen, da doch bereits die komplette Spalte bis zum untersten Feld zu behandeln ist? Darunter gibt es keine weiteren Felder! Beim Löschen einer kompletten Spalte ist die Verschieberichtung – nach links –

ebenso eindeutig. Das gleiche gilt für das Löschen oder Einfügen kompletter Zeilen. Beim Löschen einer Zeile müssen Zellen nach oben und beim Einfügen nach unten verschoben werden. Dank dieser Eindeutigkeit entfällt die Dialogbox.

Beim Einfügen eines selektierten Bereichs kann dieser dagegen nach rechts oder nach unten verschoben werden. Allerdings verhält sich Excel auch in diesen zweideutigen Fällen so clever wie möglich. Ist der Bereich wie zum Beispiel B3:F5 eher breit als tief (erstreckt er sich über mehr Spalten als Zeilen), geht Excel davon aus, daß Sie den Bereich nach unten verschieben wollen. In der Dialogbox ist »Zellen nach unten verschieben« vorselektiert.

Erstreckt sich der Bereich dagegen wie B3:D17 über mehr Zeilen als Spalten, ist er also eher tief als breit, nimmt Excel an, daß Sie Felder nach rechts verschieben wollen, und die Option »Zellen nach rechts verschieben« ist beim Einfügen vorselektiert. Entsprechendes gilt für das Löschen eines markierten Bereichs und die jeweils vorselektierte Option.

Vielleicht stellen Sie sich noch eine weitere Frage. Warum eigentlich nicht immer gleich komplette Spalten oder Zeilen einfügen? Es scheint doch erheblich einfacher zu sein, als nur einen bestimmten Bereich zu verschieben. Sogar das Beantworten der Frage in der Dialogbox entfällt.

Schauen Sie sich noch einmal unser Arbeitsblatt an. Angenommen, Sie wollen plötzlich ein wenig Leerraum zwischen den Monatsnamen in Spalte A und den unmittelbar benachbarten Zahlen in Spalte B. Natürlich könnten Sie einfach Spalte B komplett selektieren und *Leerzellen...* wählen, um zwischen A und B eine komplette Spalte einzufügen.

Was jedoch, wenn unser Arbeitsblatt erheblich größer wäre und sich irgendwo weiter unten, sagen wir ab Zeile 30, eine weitere Auswertung mit irgendwelchen Zahlenkolonnen befindet? Dann werden diese Zahlenkolonnen durch das Einfügen einer Leerspalte natürlich »zerrissen« und dadurch eventuell eine mühsam aufgebaute Optik zunichte gemacht!

Sinnvoller wäre es, den Bereich B1:B17 zu selektieren, *Leerzellen...* zu wählen, und auf diese Weise den gewünschten Platz zu erhalten, ohne den weiter unten liegenden Teil des Arbeitsblattes ebenfalls zu beeinflussen. Bevor Sie *Leerzellen...* und *Löschen...* auf komplette Spalten oder Zeilen anwenden, sollten Sie daher immer die Auswirkungen auf das gesamte Blatt berücksichtigen und im Zweifelsfall das gezielte Löschen oder Einfügen eines bestimmten Bereichs vorziehen.

Übrigens ist das Löschen oder Einfügen von Spalten oder Zeilen auch ohne Selektieren der gesamten Spalte/Zeile möglich. Es genügt, wenn sich der Cursor irgendwo in der betreffenden Zeile/Spalte befindet. Angenommen, er befindet sich auf dem Feld B3. Wenn Sie *Leerzellen...* wählen, erscheint die bekannte Dialogbox:

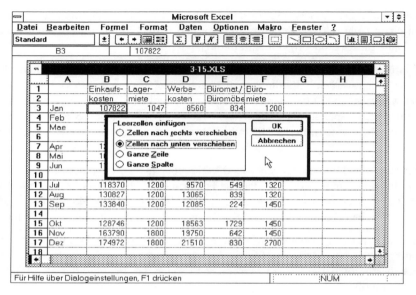

Bild 3.16: Komplette Zeilen/Spalten behandeln

Durch Aktivierung der Option »Ganze Zeile« wird die komplette Zeile behandelt, in der sich der Cursor befindet, in unserem Fall also Zeile 3. Statt nur eines leeren Feldes wird eine komplette Leerzeile eingefügt, als hätten Sie zuvor die gesamte Zeile 3 selektiert. Die Option »Ganze Spalte« fügt entsprechend eine komplette Spalte ein, auch ohne daß Sie zuvor Spalte 3 selektieren. Beide Optionen sind auch in der Dialogbox des Befehls *Löschen...* vorhanden.

3|2|5| Ausschneiden und Einfügen

Die Befehle *Leerzellen...* und *Löschen...* wirken sich immer auf große Teile des Arbeitsblattes aus. Einmal auf den selektierten Bereich, dessen Felder gelöscht oder in dessen Größe Leerfelder eingefügt werden. Aber auch auf angrenzende Bereiche, die je nach Kommando nach oben, unten, rechts oder links verschoben werden.

Was aber, wenn Sie ganz gezielt einen Bereich selektieren und tatsächlich nur diesen Bereich manipulieren wollen? Dann benötigen Sie die Befehle *Ausschneiden*, *Kopieren*, *Einfügen* und *Inhalte löschen...*, die ebenfalls im *BEARBEITEN*-Menü untergebracht sind.

Mit dem Befehl *Ausschneiden* (Kurztaste [Umschalt]+[Entf]) in Verbindung mit *Einfügen* ([Umschalt]+[Einfg]) wird ein Bereich verschoben. Sie sollen nun die in der ersten Spalte enthaltenen Monatsnamen nach rechts verschieben, in die Spalte G. Der Bereich A3:A17, der die Monatsnamen enthält, soll also nach G3:G17 verschoben werden.

Selektieren Sie den Bereich A3:A17, und wählen Sie *Ausschneiden*. Ein »Laufrahmen« umfließt den selektierten Bereich, und in der Statuszeile erscheint »Ausschneiden (Ziel wählen + EINGABE drücken oder Einfügen wählen)«.

Excel wartet darauf, daß Sie bestimmen, wohin der Bereich verschoben werden soll und daß Sie den »Zielbereich« auswählen. Sie haben nun zwei Möglichkeiten:

▦ Entweder selektieren Sie den vollständigen Zielbereich (hier: G3:G17), dessen Form und Größe exakt mit dem ausgeschnittenen Bereich übereinstimmen muß; wenn nicht, erhalten Sie eine Fehlermeldung.

▦ Oder Sie selektieren nur die linke obere Ecke des Zielbereichs, in unserem Fall die Zelle G3.

Die zweite Methode ist zweifellos einfacher. Gehen Sie daher mit dem Cursor zu G3, und wählen Sie *Einfügen* oder drücken Sie einfach (Enter), was laut Statuszeile ja ebenfalls zulässig ist. Excel verschiebt den Inhalt der Zellen A3:A17 nach G3:G17.

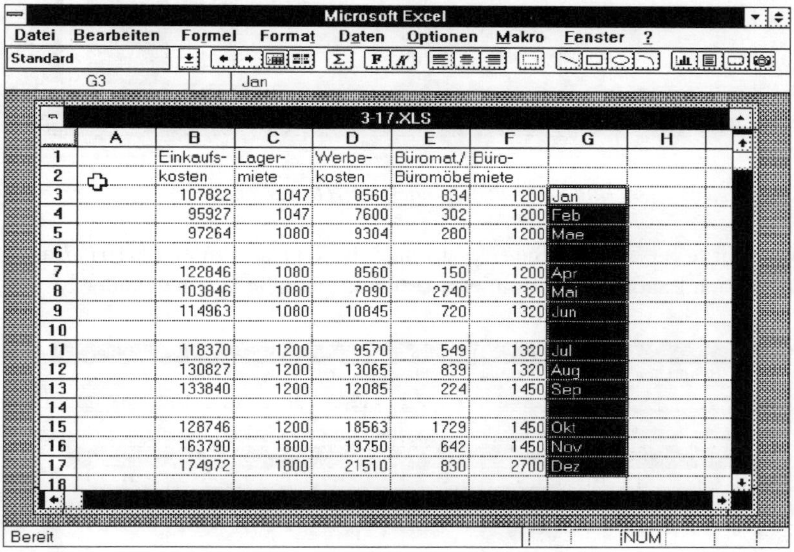

Bild 3.17: Die Datei EDIT4.XLS

Hätten Sie statt dessen nach dem Ausschneiden die Zelle G53 selektiert, wäre der Bereich nach G53:G67 verschoben worden, also nicht nur nach rechts, sondern auch nach unten.

Mit *Ausschneiden* und *Einfügen* können Sie beliebige Teile Ihres Arbeitsblattes verschieben. Da im Gegensatz zu den Befehlen *Leerzellen...* und *Löschen...* keine Leerfelder eingefügt oder Bereiche entfernt werden, bleibt der Rest des Blattes absolut unverändert.

Vertauschen Sie zur Übung die beiden Rubriken »Lagermiete« und »Büromat./Büromöbel«, um zu erreichen, daß sich Lagermiete und Büromiete anschließend nebeneinander befinden. Verschieben Sie zunächst den Inhalt des Bereichs E1:E17 nach H1:H17, also in die noch leere Spalte H. Und zwar, indem Sie E1:E17 selektieren, *Ausschneiden* wählen, zu H1 gehen und *Einfügen* wählen.

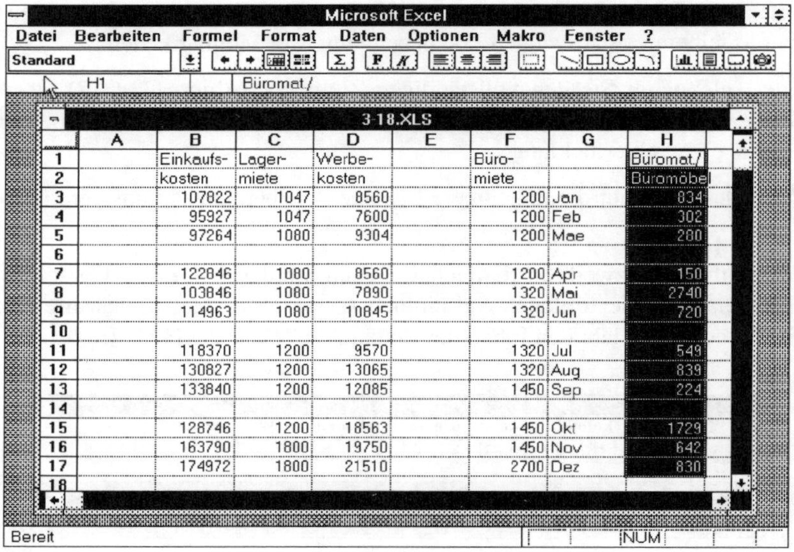

	A	B	C	D	E	F	G	H
1		Einkaufs-	Lager-	Werbe-		Büro-		Büromat./
2		kosten	miete	kosten		miete		Büromöbel
3		107822	1047	8560		1200	Jan	834
4		95927	1047	7600		1200	Feb	302
5		97264	1080	9304		1200	Mae	280
6								
7		122846	1080	8560		1200	Apr	150
8		103846	1080	7890		1320	Mai	2740
9		114963	1080	10845		1320	Jun	720
10								
11		118370	1200	9570		1320	Jul	549
12		130827	1200	13065		1320	Aug	839
13		133840	1200	12085		1450	Sep	224
14								
15		128746	1200	18563		1450	Okt	1729
16		163790	1800	19750		1450	Nov	642
17		174972	1800	21510		2700	Dez	830
18								

Bild 3.18: E1:E17 nach H1:H17 verschieben

Im zweiten Schritt verschieben Sie C1:C17 nach E1:E17 und zuletzt H1:H17 nach C1:C17. Nun befinden sich Lager- und Büromiete »ordnungsgemäß« nebeneinander.

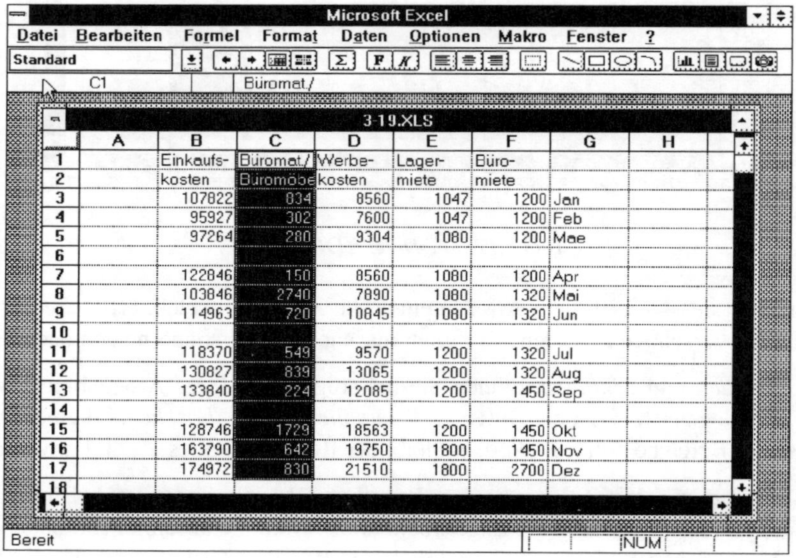

	A	B	C	D	E	F	G	H
1		Einkaufs-	Büromat./	Werbe-	Lager-	Büro-		
2		kosten	Büromöbel	kosten	miete	miete		
3		107822	834	8560	1047	1200	Jan	
4		95927	302	7600	1047	1200	Feb	
5		97264	280	9304	1080	1200	Mae	
6								
7		122846	150	8560	1080	1200	Apr	
8		103846	2740	7890	1080	1320	Mai	
9		114963	720	10845	1080	1320	Jun	
10								
11		118370	549	9570	1200	1320	Jul	
12		130827	839	13065	1200	1320	Aug	
13		133840	224	12085	1200	1450	Sep	
14								
15		128746	1729	18563	1200	1450	Okt	
16		163790	642	19750	1800	1450	Nov	
17		174972	830	21510	1800	2700	Dez	
18								

Bild 3.19: Die Datei EDIT5.XLS

Wie gesagt, *Ausschneiden* und *Einfügen* bezieht sich immer auf den selektierten Bereich, den Sie zu jeder beliebigen Stelle Ihres Arbeitsblatts verschieben können, indem Sie einfach die linke obere Ecke des Zielbereichs angeben. Wirklich zu jeder beliebigen Stelle, selbst wenn sich der ausgeschnittene und der Einfügebereich überlappen!

Ohne explizite Selektion eines Bereichs bezieht sich *Ausschneiden* einfach auf den Inhalt der aktuellen Zelle, und nur der Inhalt dieser einen Zelle wird verschoben. Wenn Sie wollen, können Sie natürlich auch komplette Zeilen oder Spalten selektieren und ausschneiden beziehungsweise einfügen.

Mehrere Spalten oder Zeilen auf einmal allerdings nur, wenn sich diese neben- beziehungsweise untereinander befinden, also einen rechteckigen Bereich bilden. Ein Beispiel: Sie wollen die Spalten C und D nach H und I verschieben. Dann selektieren Sie den auszuschneidenden Bereich, also die beiden Spalten, indem Sie mit der Maus den Spaltenbuchstaben C anklicken, die Maustaste gedrückt halten und die Maus zum Spaltenbuchstaben D ziehen. Nun wählen Sie *Ausschneiden*, selektieren danach die Zelle H1 in der linken oberen Ecke des Zielbereichs, und drücken $\boxed{\text{Enter}}$.

Übrigens: Wenn Sie die Inhalte von Zellen verschieben, auf die sich irgendwelche Formeln beziehen, paßt Excel die Bezüge in diesen Formeln an. Befände sich zum Beispiel in Zelle F19 die Formel

`=F3+F4+F5+F7+F8+F9+F11+F12+F13+F15+F16+F17`

und Sie würden den zu addierenden Bereich F3:F17 nach H3:H17 verschieben, würde Excel die Formel entsprechend anpassen:

`=H3+H4+H5+H7+H8+H9+H11+H12+H13+H15+H16+H17`

Hätte es sich um eine Formel mit absoluten Bezügen gehandelt, wäre das Resultat entsprechend:

`=$H$3+$H$4+$H$5+$H$7+$H$8+$H$9+$H$11+$H$12+$H$13+$H$15+$H$16+$H$17`

Auch wenn die Formel selbst verschoben wird, paßt Excel die darin enthaltenen Bezüge an, die sich somit anschließend auf die gleichen Zellen beziehen wie vorher.

Merken Sie sich bitte: Ebenso wie beim Einfügen oder Löschen von Leerfeldern werden auch beim Verschieben von Bezugszellen oder Formeln relative und absolute Bezüge angepaßt.

3.2.6 Kopieren und Einfügen

Ein äußerst nützlicher Befehl ist *Kopieren* (Kurztaste $\boxed{\text{Strg}}$+$\boxed{\text{Einfg}}$). Sie kennen ihn, denn wir haben ihn bereits zum Kopieren einer Formel benutzt. Allerdings wissen Sie noch nicht, was er wirklich leistet. Er kopiert keineswegs nur Formeln, sondern beliebige Zellinhalte.

Er kann mit beliebigen rechteckigen Bereichen umgehen. Kopieren Sie zum Beispiel die Monatsnamen, die sich in Spalte G befinden, in die Spalte A.

Selektieren Sie den Bereich G3:G17, und wählen Sie *Kopieren*. In der Statuszeile werden
Sie wieder aufgefordert, den Zielbereich anzugeben (die linke obere Ecke genügt) und
danach *Einfügen* zu wählen oder einfach ⸨Enter⸩ zu drücken. Also gehen Sie zu A3, und
drücken Sie ⸨Enter⸩. Nun befinden sich die Monatsnamen auf beiden Seiten der Zahlenkolonnen.

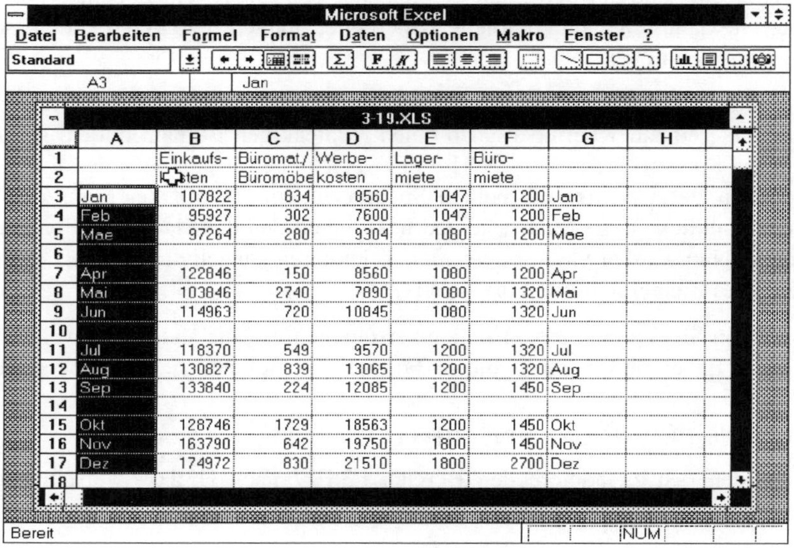

	A	B	C	D	E	F	G	H
1		Einkaufs-	Büromat./	Werbe-	Lager-	Büro-		
2		kosten	Büromöbe	kosten	miete	miete		
3	Jan	107822	834	8560	1047	1200	Jan	
4	Feb	95927	302	7600	1047	1200	Feb	
5	Mae	97264	280	9304	1080	1200	Mae	
6								
7	Apr	122846	150	8560	1080	1200	Apr	
8	Mai	103846	2740	7890	1080	1320	Mai	
9	Jun	114963	720	10845	1080	1320	Jun	
10								
11	Jul	118370	549	9570	1200	1320	Jul	
12	Aug	130827	839	13065	1200	1320	Aug	
13	Sep	133840	224	12085	1200	1450	Sep	
14								
15	Okt	128746	1729	18563	1200	1450	Okt	
16	Nov	163790	642	19750	1800	1450	Nov	
17	Dez	174972	830	21510	1800	2700	Dez	
18								

Bild 3.20: Die Datei EDIT6.XLS

Zahlenkolonnen wie diese möchte man meist addieren. Also geben wir unter jeder Zahlenreihe eine Formel ein, die die Summe dieses Postens über alle 12 Monate bildet. Für die
erste Zahlenreihe, die – mit Unterbrechungen – von B3 bis B17 reicht, lautet diese Formel:

=B3+B4+B5+B7+B8+B9+B11+B12+B13+B15+B16+B17

Geben Sie diese Formel in Zelle B19 auf jene komfortable Art und Weise ein, die ich in
»Eingabe von Zellreferenzen im Zeigemodus« beschrieb:

▓ Gleichheitszeichen eingeben

▓ mit Maus oder Cursortasten auf B3 »zeigen« – Excel fügt diesen Bezug ein

▓ »+« drücken, auf die nächste Zelle B4 zeigen – Excel fügt auch diesen Bezug ein

Und so weiter, bis Sie auf diese Weise alle zwölf Bezüge eingegeben haben. Diese Formel
benötigen wir auch in C19, D19, E19 und F19. Zwar nicht exakt die gleiche Formel, die B3
bis B17 addiert, sondern in C19 eine Formel, die entsprechend C3 bis C17 addiert.

Daher sollte man annehmen, daß wir diese Formel nicht einfach kopieren können, da Excel Bezüge beim Kopieren ja nicht anpaßt. Bei absoluten Bezügen hätten wir tatsächlich ein Problem. Denn eine Formel wie

```
=$B$3+$B$4+$B$5+$B$7+$B$8+$B$9+$B$11+$B$12+$B$13+$B$15+$B$16+$B$17
```

bezieht sich ja immer auf die gleichen absoluten Koordinaten. Allerdings enthält unsere Formel ausschließlich relative Bezüge, die ja in Wahrheit nur Entfernungsangaben darstellen (erinnern Sie sich an das Z1S1-Anzeigeformat) und daher in etwa besagen: »Addiere die Inhalte der zwölf Zellen oberhalb der Formelzelle«. Diese Situation ist ja in allen fünf Spalten identisch. Also können wir unsere Formel problemlos kopieren, statt sie jedesmal neu einzugeben. Kopieren wir sie zum Beispiel nach C19, zeigt Excel darin anschließend an:

```
=C3+C4+C5+C7+C8+C9+C11+C12+C13+C15+C16+C17
```

Die Formel wurde eine Spalte nach rechts kopiert, also beziehen sich auch alle darin enthaltenen relativen Bezüge nicht mehr auf die Original-Bezugszellen, sondern auf die Zellen eine Spalte weiter rechts.

Kopieren Sie die Formel bitte nicht separat nach C19, dann nach D19, E19 und F19, sondern gehen Sie so vor: Selektieren Sie Zelle B19, die die Formel enthält, und wählen Sie *Kopieren*. Markieren Sie als Ziel den Bereich C19:F19, also alle Zellen, in die diese Formel kopiert werden soll.

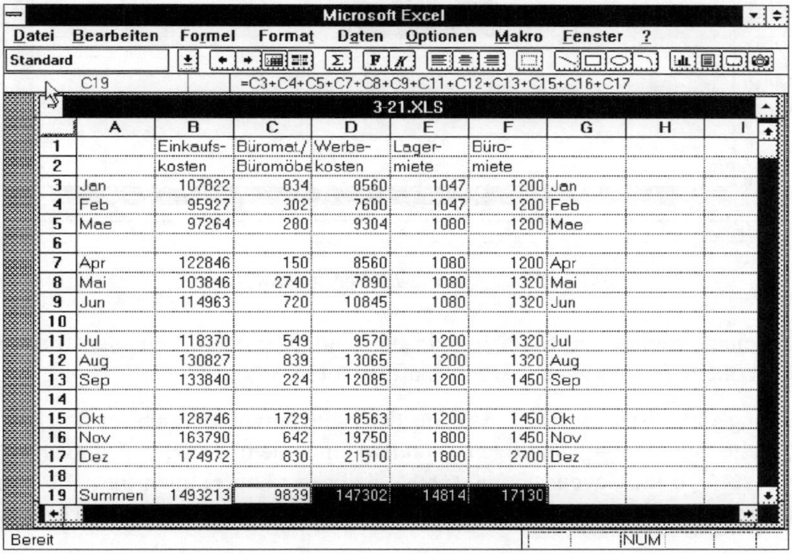
Microsoft Excel
Datei Bearbeiten Formel Format Daten Optionen Makro Fenster ?
Standard
C19 =C3+C4+C5+C7+C8+C9+C11+C12+C13+C15+C16+C17
3-21.XLS
A B C D E F G H I
1 Einkaufs- Büromat./ Werbe- Lager- Büro-
2 kosten Büromöbe kosten miete miete
3 Jan 107822 834 8560 1047 1200 Jan
4 Feb 95927 302 7600 1047 1200 Feb
5 Mae 97264 280 9304 1080 1200 Mae
6
7 Apr 122846 150 8560 1080 1200 Apr
8 Mai 103846 2740 7890 1080 1320 Mai
9 Jun 114963 720 10845 1080 1320 Jun
10
11 Jul 118370 549 9570 1200 1320 Jul
12 Aug 130827 839 13065 1200 1320 Aug
13 Sep 133840 224 12085 1200 1450 Sep
14
15 Okt 128746 1729 18563 1200 1450 Okt
16 Nov 163790 642 19750 1800 1450 Nov
17 Dez 174972 830 21510 1800 2700 Dez
18
19 Summen 1493213 9839 147302 14814 17130
Bereit NUM

Bild 3.21: Die Datei EDIT7.XLS

Excel kopiert die Formel in *jede einzelne Zelle des Zielbereichs*. Der Zielbereich darf sogar aus mehreren separaten Bereichen bestehen, die Sie mit dem Verlängerungsmodus selektieren. Excel kopiert die Formel daraufhin in alle Zellen der selektierten Bereiche.

Aber nicht nur einzelne Felder können auf diese Weise mehrfach kopiert werden. Sie können beliebig große Ausschnitte selektieren, und sie in größere Einfügungsbereiche hineinkopieren. Voraussetzung für diese Verfielfältigung ist jedoch immer, daß der Einfügungsbereich aus Rechtecken der gleichen Größe und Form wie der Ursprungsbereich besteht!

Zum Beispiel könnten Sie A1:B5 selektieren, *Kopieren* wählen, D1:E10 selektieren und den Befehl *Einfügen* geben. Excel wird die Inhalte der fünf Zellen nach D1:E5 *und* nach D6:E10 kopieren. Sie haben somit gleich zwei Kopien der gleichen Zahlenreihe erstellt.

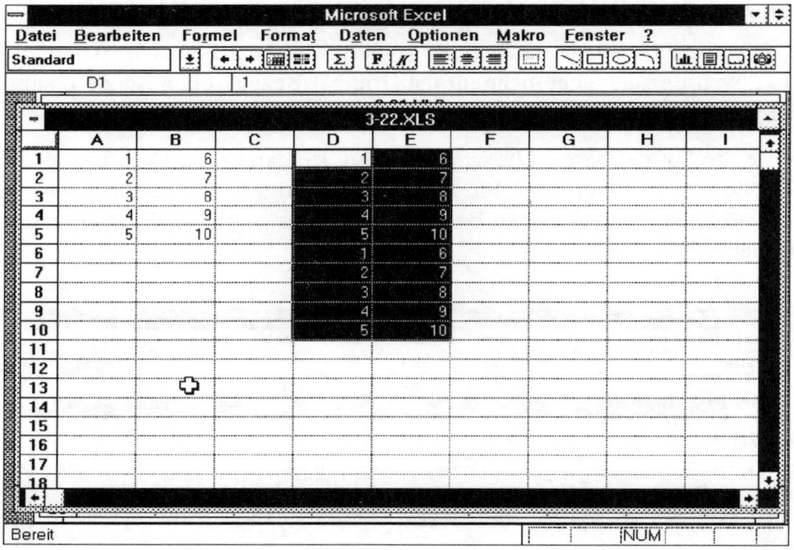

Bild 3.22: Mehrfaches Kopieren eines Bereichs

Sie können einen selektierten Bereich nicht nur einmal, sondern beliebig oft nacheinander an unterschiedliche Positionen im Arbeitsblatt kopieren.

Voraussetzung dazu ist allerdings, daß Sie den selektierten Bereich an der gewünschten Position nicht mit [Enter] einfügen, sondern mit dem Befehl *Einfügen* (Kurztaste [Umschalt]+[Einfg]). Im Gegensatz zu [Enter] bleibt der Laufrahmen diesmal erhalten. Sie gehen nun einfach zur nächsten Einfügeposition und wählen erneut den Befehl *Einfügen*.

Allgemein: Solange der Laufrahmen um den selektierten Bereich besteht, können Sie ihn immer wieder mit *Einfügen* an weitere Stellen im Arbeitsblatt kopieren.

3|2|7| Kopieren und Verschieben

Die Befehlskombination *Kopieren* und *Einfügen* kopiert einen Bereich, indem die Felder des Zielbereichs einfach überschrieben werden. Wenn Ihnen das nicht paßt, müßten Sie dort zuvor mit *Leerzellen...* einen Bereich aus Leerfeldern einfügen, dessen Form und Größe exakt dem zu kopierenden Bereich entspricht. Ein Beispiel:

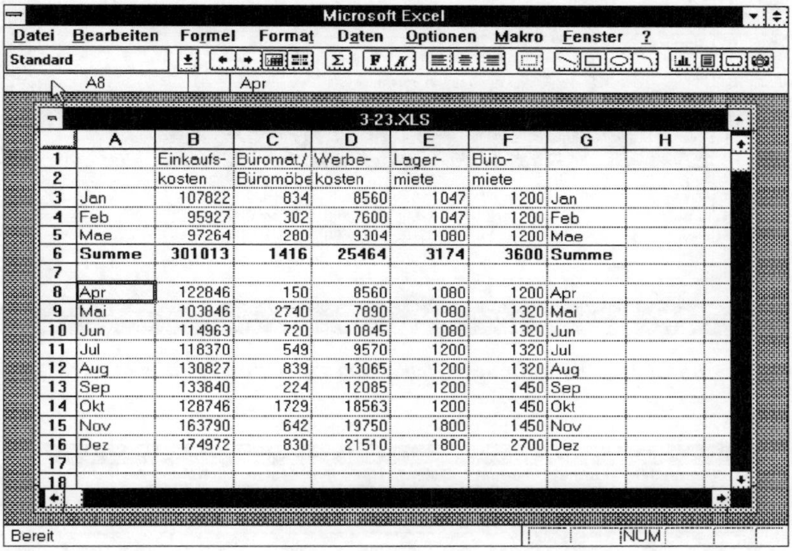

	A	B	C	D	E	F	G	H	
1		Einkaufs-	Büromat./	Werbe-	Lager-	Büro-			
2		kosten	Büromöbe	kosten	miete	miete			
3	Jan	107822	834	8560	1047	1200	Jan		
4	Feb	95927	302	7600	1047	1200	Feb		
5	Mae	97264	280	9304	1080	1200	Mae		
6	**Summe**	**301013**	**1416**	**25464**	**3174**	**3600**	**Summe**		
7									
8	Apr	122846	150	8560	1080	1200	Apr		
9	Mai	103846	2740	7890	1080	1320	Mai		
10	Jun	114963	720	10845	1080	1320	Jun		
11	Jul	118370	549	9570	1200	1320	Jul		
12	Aug	130827	839	13065	1200	1320	Aug		
13	Sep	133840	224	12085	1200	1450	Sep		
14	Okt	128746	1729	18563	1200	1450	Okt		
15	Nov	163790	642	19750	1800	1450	Nov		
16	Dez	174972	830	21510	1800	2700	Dez		
17									
18									

Bild 3.23: Einfügen und Verschieben

In Zeile 6 werden die Summen des ersten Quartals Januar bis März gebildet. Zeile 7 ist leer und dient nur zur optischen Trennung. Dieser Bereich A6:G7 soll nun in Zeile 11 kopiert werden, um entsprechend die Summen des zweiten Quartals von April bis Juni zu bilden. Mit den Befehlen *Kopieren* und *Einfügen* würde der Zielbereich, also die Felder A11:G12, einfach überschrieben werden, was hier absolut unerwünscht ist. Also müßten Sie vor dem Kopieren diesen Bereich markieren und mit *Leerzellen...* einen entsprechend großen Leerbereich einfügen. Genau diese Aufgabe erledigt der Befehl *Leerzellen und einfügen...* nebenbei, der eine Kombination aus den Befehlen *Leerzellen...* und *Einfügen* darstellt. Die Vorgehensweise:

■ Sie selektieren den zu kopierenden Bereich A6:G7 und wählen *Kopieren*. Excel ersetzt nun im *BEARBEITEN*-Menü den Befehl *Leerzellen...* durch den Befehl *Leerzellen und einfügen...*

■ Sie gehen zum Beginn des Zielbereichs, zu A11 und wählen *Leerzellen und einfügen...*

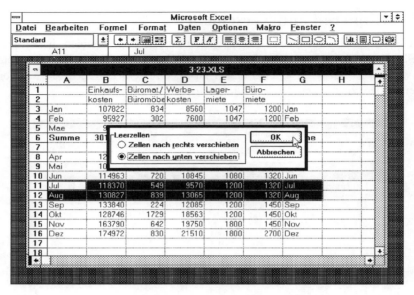

Bild 3.24: Dialogbox des Befehls »Leerzellen und einfügen...«

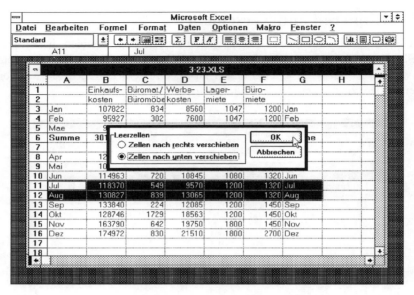

Bild 3.25: Einfügen von Leerfeldern und Kopieren des Bereichs

Leerzellen und einfügen... fügt den zu kopierenden Bereich nicht sofort ein, sondern verschiebt zunächst jenen Bereich, der dabei überschrieben würde. Wie immer beim Einfügen von Leerfeldern werden Sie gefragt, ob die zu verschiebenden Zellen nach rechts oder nach unten verschoben werden sollen. »Zellen nach unten verschieben« ist vorselektiert. Drücken Sie ⎡Enter⎤, wird ein Bereich aus Leerfeldern eingefügt, dessen Form und Größe exakt dem zu kopierenden Bereich entspricht. Alle darunterliegenden Felder werden nach unten verschoben, bevor im letzten Schritt der zu kopierende Bereich eingefügt wird.

Auf die gleiche Weise würden Sie in diesem Arbeitsblatt die beiden Zeilen noch zweimal kopieren, um auch die restlichen Quartalssummen zu bilden.

3|2|8| Inhalte löschen

Der Befehl *Löschen...* entfernt Felder komplett und verschiebt benachbarte Felder entsprechend. Dagegen löscht *BEARBEITEN Inhalte löschen...* (Kurztaste ⎡Entf⎤), wie der Name bereits sagt, nur die *Inhalte* von Feldern, nicht die Felder selbst. Es finden also keinerlei Verschiebungen im Arbeitsblatt statt. Wenn Sie eine Zelle, einen Bereich, Spalten oder Zeilen selektieren, und diesen Befehl geben, erscheint eine Dialogbox, in der Sie auswählen können, was Sie löschen wollen:

- Alles

- Formate

- Formeln

- Notizen

Mit den Optionen »Formate« und »Notizen« können wir noch nichts anfangen. In Kürze erläutere ich, wie eine Zelle »formatiert« wird, wie zum Beispiel bestimmt wird, ob ihr Inhalt rechts- oder linksbündig ausgerichtet sein soll. Die Option »Formate« löscht solche Formatierungen und stellt die Excel-Standardformatierung wieder her, läßt jedoch den Inhalt selbst unangetastet.

Die Option »Formeln« löscht den Inhalt einer Zelle (eine Zahl, einen Text oder eben eine Formel), beläßt jedoch die Formatierung, so daß nach dem Löschen neu eingegebene Zahlen genauso formatiert werden wie zuvor.

Zu jeder Zelle können wir eine Art »Notizblock« mit einem beliebigen beschreibenden Text anlegen. »Notizen« löscht nur die zugehörige Notiz, ändert jedoch weder Inhalt noch Format der Zelle.

Und »Alles« löscht natürlich alles, den Inhalt, eventuell eingestellte Formatierungen und zugehörige Notizen.

Um *Inhalte löschen...* auszuprobieren, selektieren Sie bitte den Bereich B15:E17 in der Datei *EDIT7.XLS* und wählen anschließend diesen Befehl. In der Dialogbox ist »Formeln« vorselektiert, da das Löschen des Zellinhalts die bei weitem üblichste Form des Löschens ist. Drücken Sie ⎡Enter⎤, um den Inhalt dieses Bereichs zu löschen.

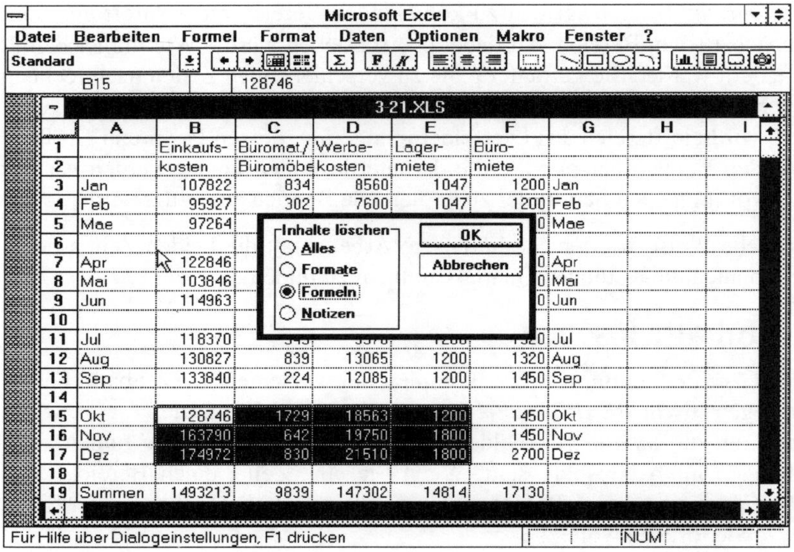

Bild 3.26: Inhalt des selektierten Bereichs löschen

Noch interessanter als die Kurztaste ⎡Entf⎤ ist die Kombination ⎡Strg⎤+⎡Entf⎤. Sie löscht die im selektierten Bereich enthaltenen Formeln und Werte ohne Nachfrage, erhält jedoch Formate und Notizen.

3|2|9| Befehle rückgängig machen

Die im Bereich B15:E17 enthaltenen Zahlen sind gelöscht, und die Spaltensummen ändern sich entsprechend. Keine Angst, Sie müssen die fehlenden Zahlen nicht per Hand erneut eingeben.

Wählen Sie *BEARBEITEN Widerrufen: Inhalte löschen.* Der alte Inhalt dieses Bereichs wird wiederhergestellt. Das *Widerrufen*-Kommando macht generell die *letzte* Aktion rückgängig. Würden Sie es erneut anwählen, wird daher die soeben erfolgte Wiederherstellung des Bereichs rückgängig gemacht – die Zahlen sind wie zuvor gelöscht.

Der Name dieses Kommandos wechselt übrigens. Hätten Sie soeben nicht die Inhalte von Zellen gelöscht, sondern mit *Leerzellen...* neue Felder, Zeilen oder Spalten in Ihr Blatt eingefügt, würde das Kommando *Widerrufen: Leerfelder* lauten. Die Anwahl würde nicht nur die leeren Felder wieder entfernen, sondern auch alle dadurch hervorgerufenen Verschiebungen rückgängig machen.

Der »wechselhafte« Name dieses Kommandos hat einen großen Vorteil: Sie sehen sofort, ob sich der Befehl, den Sie fatalerweise gaben, rückgängig machen läßt, oder ob Sie inzwischen bereits einen anderen Befehl wählten. Denken Sie daran: *Widerrufen* kann nur die letzte Aktion rückgängig machen – soweit möglich! Haben Sie zum Beispiel mit *DATEI Datei löschen...* eine Datei gelöscht, dann hilft auch dieses Kommando nicht mehr – eine einmal gelöschte Datei ist – abgesehen von Tricks, die mit Excel nichts zu tun haben – für immer weg. Außer *DATEI Datei löschen...* kann Excel auch die Befehle *DATEN Löschen* und *DATEN Suchen und kopieren* nicht ungeschehen machen.

Zusätzlich setzt die verfügbare Speicherkapazität diesem Kommando Grenzen. Denn um es jederzeit ausführen zu können, muß sich Excel ja ständig die Auswirkungen des aktuellen Kommandos merken. Genau das ist unter Umständen nicht mehr möglich, wenn zu viele Zellen davon betroffen werden. Wenn Sie zum Beispiel ein riesiges Arbeitsblatt benutzen und die Inhalte eines sehr großen Bereichs dieses Blatts löschen, dann ist Excel eventuell nicht in der Lage, sich die ursprünglichen Inhalte all dieser Zellen zu merken, und kann Ihre Löschaktion daher auch nicht rückgängig machen. Allerdings weist Excel Sie fairerweise vor dem Löschen eines zu umfangreichen Bereichs darauf hin, daß keine Wiederherstellung mehr möglich ist.

3|2|10| **Befehle wiederholen**

Das Kommando *BEARBEITEN Wiederholen Inhalte löschen* ist ebenfalls »wechselhaft«, und es folgt ebenfalls immer ein Hinweis auf die letzte Aktion. *Wiederholen* wiederholt den letzten Befehl, inklusive aller Optionseinstellungen. Einige Befehle können allerdings nicht wiederholt werden.

Zum Einsatzzweck ein – zugegebenermaßen nicht gerade sinnvolles – Beispiel: Wenn Sie zuletzt den Inhalt einer Zelle gelöscht haben und dabei als Option »Formate« wählten, können Sie den Inhalt einer anderen Zelle statt mit *Inhalte löschen...* auch mit *Wiederholen* löschen. Sie bewegen den Cursor zur zweiten Zelle, geben das Kommando *Wiederholen*, und der Zellinhalt wird gelöscht, als hätten Sie erneut den Befehl *Inhalte löschen...* gegeben und anschließend die Option »Formate« gewählt.

3|2|11| **Verknüpfen und einfügen**

Den Befehl *Verknüpfen und einfügen* können wir leider nicht in vernünftiger Weise an unserem Demo-Arbeitsblatt ausprobieren. Dennoch werden Sie ihn manchmal gut gebrauchen können. Vor allem, wenn Sie Zahlenkolonnen kopieren und daran interessiert sind, daß sich bei jeder Änderung der Originaldaten auch die Kopien dieser Daten entsprechend verändern. Schauen Sie sich einmal Bild 3.27 an

Der selektierte Bereich ist nicht durch einfaches Kopieren entstanden. Zwar wurde wie beim Kopieren A1:B10 selektiert und *Kopieren* gewählt und der Zellcursor wird anschließend zu E7, der linken oberen Ecke des gewünschten Zielbereichs bewegt. Statt *Einfügen* wählte ich dann jedoch *Verknüpfen und einfügen*. Das Resultat ist ebenfalls eine Kopie des Ausgangsbereichs. Allerdings eine Kopie, auf die sich jede Änderung der Originaldaten auswirkt! Wird zum Beispiel in A1 eine andere Zahl eingegeben, sagen wir eine 1, erscheint diese Zahl sofort in der entsprechenden Zelle des Einfügungsbereichs, also in E7. Jede Änderung des Inhalts einer der Zellen des Ausgangsbereichs ändert sofort die entsprechende Zelle des Einfügungsbereichs.

Das Resultat ist das Gleiche, als befände sich in E7 die Formel *=A1* und in E8 die Formel *=A2*, in E9 die Formel *=A3* und so weiter.

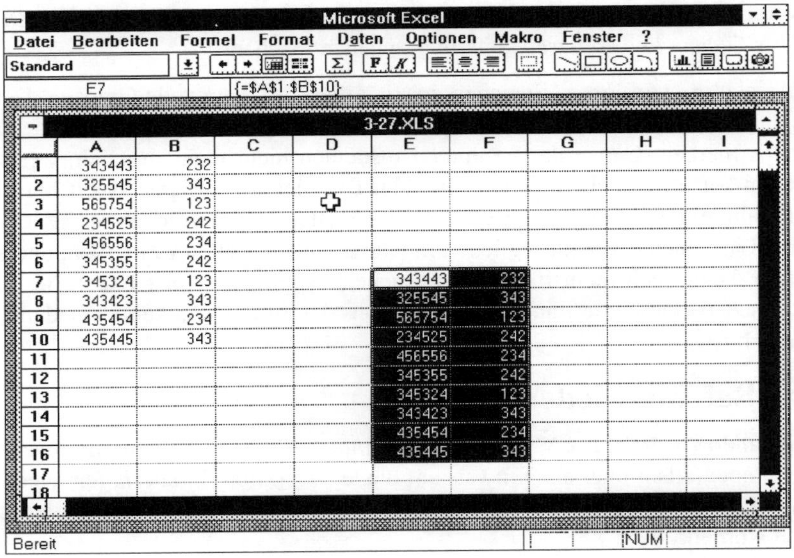

Bild 3.27: Verknüpfte Bereiche

Inzwischen sollten Sie übrigens wissen, wie Sie all diese Formeln mit extrem wenig Aufwand selbst in den Bereich E7:F16 eingeben könnten. Indem Sie zuerst nur in E7 die Formel =A1 eingeben, diese Zelle selektieren und *Kopieren* wählen. Und den Befehl *Einfügen* geben, nachdem Sie zuvor den Bereich E8:F16 selektiert haben – und zusätzlich (im Verlängerungsmodus) die Zelle F7, da diese sonst nicht berücksichtigt würde. Excel wird daraufhin die Formel =A1 in Zelle F7 und in den Bereich E8:F16 kopieren und dabei entsprechend anpassen.

Dieser Methode gegenüber hat *Verknüpfen und Einfügen* jedoch einen entscheidenden Vorteil: Anstelle einer Formel in jeder Zelle verwendet Excel für den gesamten Bereich nur eine einzige Formel, eine sogenannte »Matrixformel«, wodurch vor allem bei umfangreichen Arbeitsblättern Speicherplatz gespart wird.

3|2|12| Selektives Kopieren, Transponieren und Verknüpfen

Auch für den Befehl *Inhalte einfügen...* kann ich Ihnen momentan leider kein wirklich sinnvolles Beispiel geben. Tatsächlich ist er so vielseitig, daß Sie ihn sicher ab und zu verwenden werden. Zunächst besitzt er ebenso wie *Verknüpfen und Einfügen* eine ähnliche Aufgabe wie die »Standardbefehle« *Kopieren* und *Einfügen*. Er kopiert einen zuvor ausgewählten in den gerade selektierten Bereich.

Allerdings können Sie beim Kopieren »selektiv« vorgehen. Sie bestimmen, welche Datenart kopiert wird, ob nur Werte, nur Formeln, Formate, Notizen oder alles kopiert werden soll.

Haben Sie zum Beispiel eine Tabelle, die wie üblich aus einer bunten Mischung von Formeln und Werten besteht, können Sie die gesamte Tabelle *Ausschneiden*, den Zielbereich selektieren und mit dem Befehl *Inhalte einfügen...* festlegen, daß nur die im Originalbereich enthaltenen Werte und Formeln dorthin kopiert werden sollen, nicht aber bestimmte Formatierungen. Die folgende Abbildung zeigt, was mit »Formatierung« gemeint sein kann.

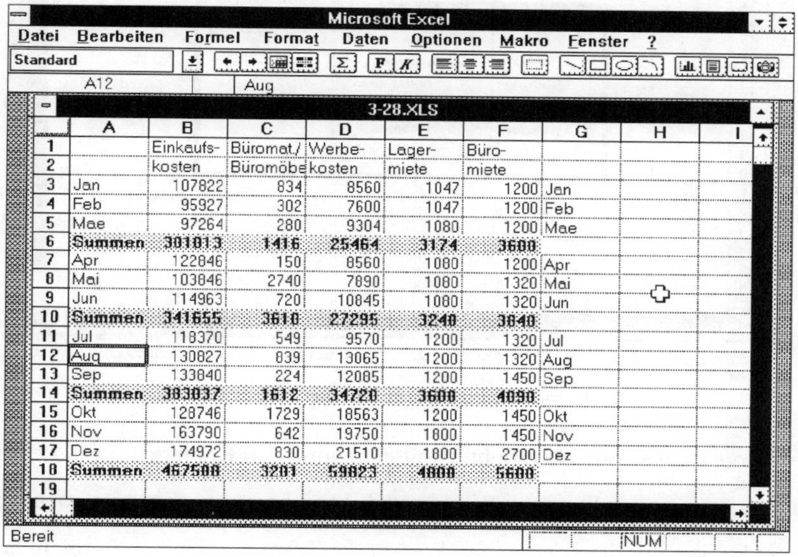

	A	B	C	D	E	F	G	H	I
1		Einkaufs-	Büromat./	Werbe-	Lager-	Büro-			
2		kosten	Büromöbel	kosten	miete	miete			
3	Jan	107822	834	8560	1047	1200	Jan		
4	Feb	95927	302	7600	1047	1200	Feb		
5	Mae	97264	280	9304	1080	1200	Mae		
6	Summen	301013	1416	25464	3174	3600			
7	Apr	122846	150	8560	1080	1200	Apr		
8	Mai	103846	2740	7890	1080	1320	Mai		
9	Jun	114963	720	10845	1080	1320	Jun		
10	Summen	341655	3610	27295	3240	3840			
11	Jul	118370	549	9570	1200	1320	Jul		
12	Aug	130827	839	13065	1200	1320	Aug		
13	Sep	133840	224	12085	1200	1450	Sep		
14	Summen	383037	1612	34720	3600	4090			
15	Okt	128746	1729	18563	1200	1450	Okt		
16	Nov	163790	642	19750	1800	1450	Nov		
17	Dez	174972	830	21510	1800	2700	Dez		
18	Summen	467508	3201	59823	4800	5600			
19									

Bild 3.28: Formatierte Daten

Dieses Kalkulationsblatt können Sie momentan noch nicht selbst erstellen. Begnügen Sie sich vorläufig mit der Abbildung. Es entspricht unserem Demo-Arbeitsblatt, abgesehen von folgenden Unterschieden:

▨ Zusätzlich wird für jedes Quartal getrennt eine Zwischensumme ermittelt.

▨ Alle Zeilen, in denen diese Summen erscheinen, sind schraffiert, und der Text in diesen Zeilen wird fett hervorgehoben.

Vielleicht wollen Sie eine solche Tabelle kopieren, aber ohne diese Formatierungen zu übernehmen. Sie wollen weder die Schraffur noch die speziellen Schriftarten beim Kopieren übernehmen. Dann verwenden Sie den Befehl *Inhalte einfügen...*

Zunächst würden Sie den Bereich A1:G18 selektieren, also die vollständige Tabelle und *Kopieren* wählen. Und wie üblich anschließend die linke obere Ecke des Zielbereichs selektieren, also Zelle A50, und dann *Inhalte einfügen...* wählen. Eine Dialogbox erscheint, in der Sie festlegen können, was kopiert werden soll.

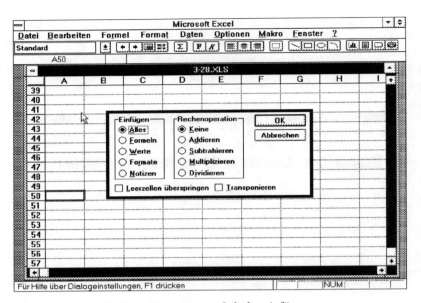

Bild 3.29: Dialogbox zu »Inhalte einfügen...«

■ »Alles«: kopiert alles und entspricht damit dem normalen Kopieren.

■ »Formeln«: kopiert nur Formeln, Werte und Texte, aber weder Formate noch Notizen.

■ »Werte«: kopiert nur die *angezeigten* Werte oder Texte, aber weder Formeln noch Notizen oder Formate. Im Zielbereich werden Formeln daher durch die aktuellen Resultate dieser Formeln ersetzt. Enthält zum Beispiel B6 die Formel =B3+B4+B5, B3 die Zahl 20, B4 die Zahl 30 und B5 eine 40, überträgt diese Option in die zugehörige Zelle B56 des Zielbereichs nur das momentan angezeigte Resultat 90, nicht die Formel selbst.

■ »Formate«: kopiert nur die Formatierungen der einzelnen Zellen, aber nicht deren Inhalte oder zugehörige Notizen.

■ »Notizen«: kopiert nur »Zellnotizen« und weder Formeln noch Werte oder Formate.

Wollen Sie beispielsweise nur die Zellinhalte übernehmen, aber nicht die zugehörigen Formatierungen, aktivieren Sie die Option »Formeln«, die Formeln, Werte und Texte kopiert, aber weder Formatierungen noch Zellnotizen, die wir, da sie uns noch unbekannt sind, ja sowieso noch nie verwendet haben. Das Resultat ist eine nahezu identische Kopie des Ausgangsbereichs, abgesehen davon, daß keine Schraffur mehr verwendet wird und auch die Summen in der Standardschriftart von Excel erscheinen.

Später werden Sie recht häufig mit mehreren Arbeitsblättern arbeiten. Oft stellt sich dann die Aufgabe, die Zahlen in einem bestimmten Bereich des Arbeitsblatts X in ein Arbeitsblatt Y zu übernehmen. Wollen Sie nur die Zahlen selbst, nicht aber die dahinterstehenden Formeln kopieren, benutzen Sie dazu *Inhalte einfügen...* und aktivieren nur die Option

»Werte«. Da »Formeln« deaktiviert ist, werden nur die Werte kopiert, die die Formeln im betreffenden Bereich ergeben, aber nicht diese Formeln selbst.

Interessiert Sie jedoch nur das Ergebnis einer einzelnen Formel, gibt es eine schnellere Methode. Angenommen, A2 enthält die Formel *=2*A1*, und in A1 befindet sich der Wert 20. Sie benötigen diesen Wert auch in B5. Dann können Sie die Formel mit *Inhalte einfügen...* nach B5 kopieren und dabei erneut alle Optionen bis auf »Werte« deaktivieren. B5 enthält anschließend keine Formel, sondern deren aktuellen Wert 20.

Schneller geht es jedoch, wenn Sie die Formel ganz normal mit $\boxed{\text{Strg}}$+$\boxed{\text{Einfg}}$ (Kopieren) und $\boxed{\text{Enter}}$ (Einfügen) nach B5 kopieren, die Eingabezeile anklicken und $\boxed{\text{F9}}$ drücken. $\boxed{\text{F9}}$ ersetzt die angezeigte Formel durch ihren Wert. In der Eingabezeile steht nun der Wert 20, und Sie müssen nur noch $\boxed{\text{Enter}}$ drücken, um ihn als Zellinhalt zu übernehmen.

Nehmen wir ein weiteres Beispiel für die Anwendung dieser Optionen. Bisher hatten wir beim Kopieren immer einen Zielbereich gewählt, der leer war. Das muß jedoch nicht so sein. Enthält der Zielbereich irgendwelche Daten oder Formatierungen, werden diese normalerweise überschrieben. Mit *Inhalte einfügen...* können Sie wählen, welche »Zellattribute« beim Kopieren übertragen werden sollen.

Angenommen, der Zielbereich A50:G70 enthält eine weitere Tabelle. Auch in dieser Tabelle sind verschiedene Zeilen mit einem Rahmen formatiert und in einer anderen Schriftart hervorgehoben. Sie wollen beim Kopieren des Bereichs A1:G20 nach A50:G70 die in diesem Zielbereich vorhandenen Formatierungen keinesfalls verändern. Dann würden Sie wieder die Option »Formeln« wählen, da diese Option keine Formatierungen kopiert. Die Inhalte der Zellen des Zielbereichs werden überschrieben, nicht aber ihre Formatierungen.

Wenn die Zelle A55 des Zielbereichs mit einem Rahmen und fetter Schrift formatiert war, bleibt sie das auch weiter. Nur der in A5 enthaltene Text »MAE« wird übertragen – und erscheint mit einem Rahmen und fett, da ja alle Formatierungen der Zielzelle weiter gültig sind.

Die Option »Leerzellen überspringen« ist recht einfach zu erklären. Normalerweise überträgt Excel beim Kopieren auch leere Felder. Auch in diesem Fall werden die zugehörigen Felder im Zielbereich überschrieben. Enthielten Sie zuvor irgendwelche Werte, sind sie nach dem Kopieren leer – und genau das können Sie mit der Option »Leerzellen überspringen« verhindern.

Schauen Sie sich noch einmal die Abbildung an. Mehrere Zellen des Ausgangsbereichs sind leer, zum Beispiel A1 und A2. Angenommen, Sie kopieren den Bereich A1:G20 mit *Inhalte einfügen...* nach A50:G70, und alle Zellen des Zielbereichs würden irgendwelche Zahlen enthalten. Beim Kopieren mit aktivierter Option »Leerzellen überspringen« werden einige dieser Zahlen unverändert erhalten bleiben. Nämlich alle, bei denen die zugehörigen Zellen des Ausgangsbereichs leer sind. Da unter anderem A1 und A2 leer sind, werden somit auch nach dem Kopieren die bisherigen Inhalte der zugehörigen Zellen A50 und A51 erhalten bleiben.

Die Option »Transponieren« führt dazu, daß Excel die Anordnung der Daten beim Kopieren verändert, so als wären die beiden Achsen des Koordinatensystems vertauscht worden, das ein Kalkulationsblatt ja darstellt.

Zuvor untereinander angeordnete Werte befinden sich anschließend nebeneinander und umgekehrt. Die ursprünglich in der ersten Spalte des Ausgangsbereichs untereinander angeordneten Zahlen werden in der obersten Zeile des Zielbereichs nebeneinander angeordnet, die zweite Spalte von links wird zur zweiten Zeile von oben, die dritte Spalte von links zur dritten Zeile von oben und so weiter. Die folgende Abbildung enthält einen Zahlenbereich B2:G6, der soeben mit aktivierter Option »Transponieren« kopiert wurde, wobei ich als linke obere Ecke des Zielbereichs B10 wählte.

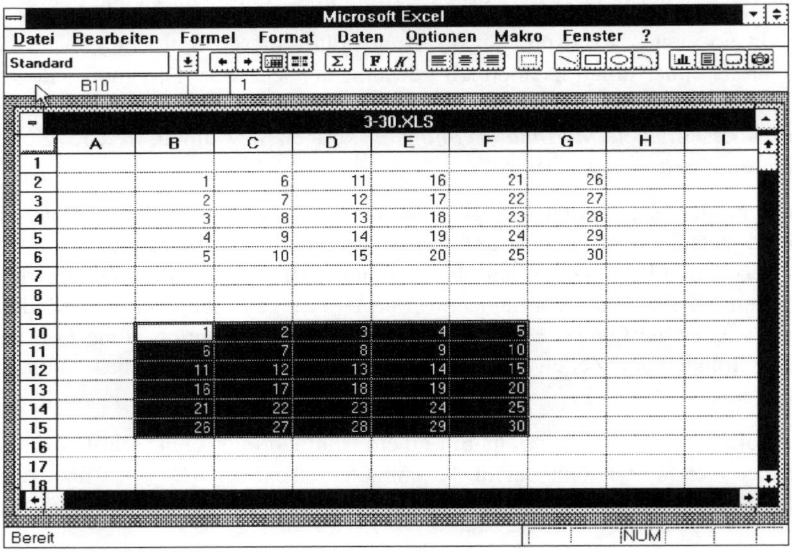

Bild 3.30: Transponieren einer Tabelle

Ich denke, diese Abbildung spricht für sich. »Transponieren« könnten Sie zum Beispiel verwenden, um aus unserem Demo-Arbeitsblatt auf einfachste Art und Weise eine Kopie zu erzeugen, in der nicht die Monate untereinander angeordnet sind, sondern die Kostenarten. Dafür befänden sich die Monate in dieser Kopie nebeneinander.

Das zweite Optionsfeld trägt die Überschrift »Rechenoperation«. Ein passender Name, denn hier können Sie wählen, durch welche Rechenoperationen die Zellinhalte des Ausgangsbereichs mit denen des Zielbereichs verknüpft werden sollen. Angenommen, Sie kopieren den Inhalt der Zelle A1, sagen wir eine 20, nach B1, und in B1 ist momentan die Zahl 50 enthalten. Wenn Sie die Option »Addieren« verwenden, trägt Excel als neuen Inhalt von B1 die Summe von A1 und B1 ein, also 70. Gehen wir von folgender Ausgangssituation aus:

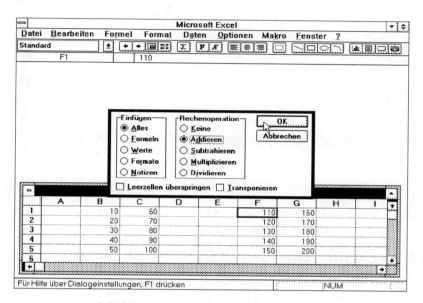

Bild 3.31: Vor der arithmetischen Verknüpfung

In dieser Abbildung enthalten die Bereiche B1:C5 und F1:G5 jeweils zehn Zahlen. Geben Sie diese Zahlen bitte in ein leeres Arbeitsblatt ein. Selektieren Sie anschließend B1:C5, wählen Sie *Kopieren*, gehen Sie zu F1, und geben Sie den Befehl *Inhalte einfügen...* Nun erscheint die auch in der Abbildung sichtbare Dialogbox. Aktivieren Sie gemäß der Abbildung die Optionen »Alles« und »Addieren«. Alle Zellattribute sollen kopiert und die Zellen des Ausgangsbereichs mit denen des Zielbereichs durch eine Addition verknüpft werden.

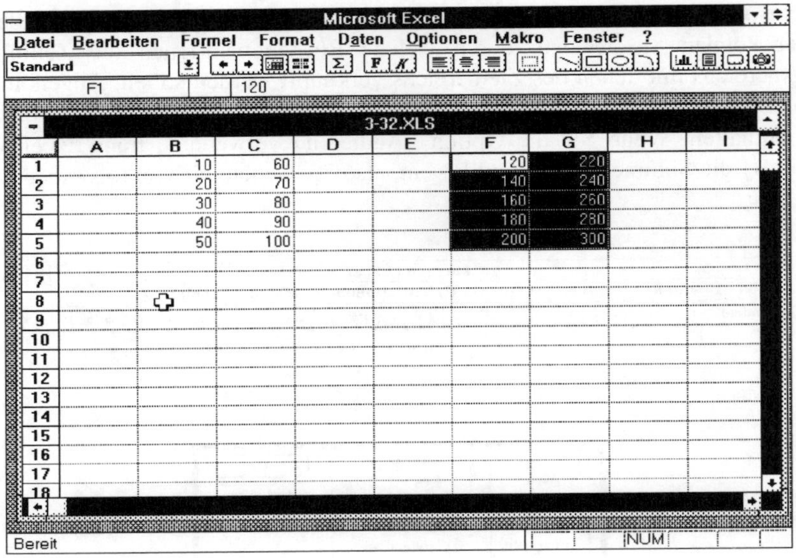

Bild 3.32: Nach dem Verknüpfen beim Kopieren

Das Resultat: B1 und F1 werden addiert, und als neuer Inhalt von F1 ergibt sich 120. B2 und F2 werden addiert, F2 enthält danach den Wert 140 und so weiter.

3|2|13| Ausfüllen eines Bereichs

Die beiden Befehle *Rechts ausfüllen* und *Unten ausfüllen* füllen einen selektierten Bereich mit dem Inhalt einer bestimmten Spalte oder Zeile dieses Bereichs aus. Nehmen wir an, Sie haben ein Arbeitsblatt mit genau einer Zahlenkolonne, die von A1 bis A10 reicht, und Sie wollen diese Zahlenreihe in die benachbarten Spalten B, C und D kopieren. Dann können Sie wie bisher die »Kopieren und Einfügen«-Technik verwenden. Also den Bereich A1:A10 selektieren, *Kopieren* wählen, B1:D10 selektieren und *Einfügen* wählen. Excel erstellt gleich mehrere Kopien der Zahlenreihe in den Spalten B, C und D.

Die Alternative dazu ist der Befehl *Rechts ausfüllen*, der alle Spalten eines selektierten Bereichs mit dem Inhalt der *äußersten linken* Spalte dieses Bereichs ausfüllt, wobei »Ausfüllen« natürlich nichts anderes als »Kopieren« bedeutet. Bei dieser Methode selektieren Sie zunächst A1:D10, also sowohl die Originalspalte als auch den Zielbereich, in den sie kopiert werden soll.

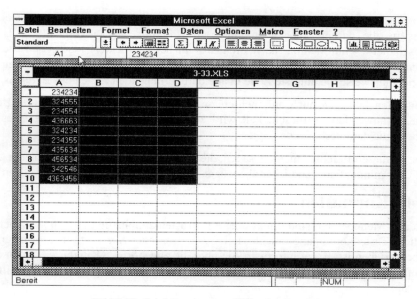

Bild 3.33: Selektion des auszufüllenden Bereichs

Danach geben Sie den Befehl *Rechts ausfüllen*. Excel kopiert den Inhalt der linken Spalte des Bereichs (Spalte A), in die Spalten B, C und D.

Bild 3.34: Rechts ausfüllen des Bereichs

Auf die gleiche Weise können Sie mit *Unten ausfüllen* die oberste Zeile eines selektierten Bereichs in alle darunter liegenden kopieren. Und mit den umgeschalteten Befehlen (»umgeschaltet« = nur sichtbar nach Menüanwahl bei gedrückter [Umschalt]-Taste) *Links ausfüllen* und *Oben ausfüllen* die äußerste rechte Spalte des Bereichs in alle anderen kopieren, beziehungsweise die unterste Zeile in alle darüberliegenden Zeilen des Bereichs.

Das Ausfüllen läßt sich auch auf mehrere im Verlängerungsmodus selektierte Bereiche gleichzeitig anwenden. In diesem Fall wird zum Beispiel die oberste Zeile jedes dieser Bereiche in die darunterliegende kopiert.

Mehr ist zu diesen Befehlen nicht zu sagen, die nicht gerade allzuviel Neues bieten. All das läßt sich nur minimal umständlicher ebensogut mit *Kopieren* und *Einfügen* erreichen.

3|2|14| Kurztasten

Nahezu alle Menübefehle sind direkt über eine Tastenkombination erreichbar. Auch dann, wenn diese Tastenkombination nicht wie bei *Einfügen* oder *Kopieren* im geöffneten Menü selbst beschrieben ist. Excel informiert Sie über die zugehörige »Kurztaste«, wenn Sie das Menü öffnen, mit dem Cursor den betreffenden Befehl selektieren und mit [F1] Hilfe dazu anfordern.

Sich all diese Kurztasten für die verschiedensten Menüs und alle darin enthaltenen Befehle zu merken, ist nahezu unmöglich. Vor allem die Befehle des *BEARBEITEN*-Menüs werden jedoch bei der Gestaltung eines Arbeitsblatts extrem häufig verwendet. Ständig verschiebt oder kopiert man irgendwelche Bereiche, fügt Spalten ein oder löscht Zeilen. Mit ein wenig Übung und Kenntnis der Kurztasten lassen sich diese Manipulationen erheblich beschleunigen. Daher die nachstehende Tabelle, die alle Befehle des Menüs *BEARBEITEN* enthält, die direkt mit einer Tastenkombination angewählt werden können. Bei den noch zu besprechenden anderen Excel-Menüs, die erheblich seltener benutzt werden, verzichte ich auf eine solche Tabelle, da das Erlernen zu vieler Kurztasten in der Praxis nur zu Verwirrung und Verwechslungen führt und man sich auf die am häufigsten benötigten beschränken sollte.

Taste	Funktion
[Alt]+[Rücktaste]	Rückgängig
[Alt]+[Enter]	Wiederholen
[Umschalt]+[Entf]	Ausschneiden
[Strg]+[Einf]	Kopieren
[Umschalt]+[Einf]	Einfügen
[Entf]	Inhalte löschen...
[Strg]+[−]	Löschen...
[Strg]+[+]	Leerzellen...
[Strg]+[>]	Rechts ausfüllen
[Strg]+[<]	Links ausfüllen

Tabelle 3.2: Kurztasten der Editierbefehle

3|2|15| Anwendung auf Eingabefelder

Sie können inzwischen Ihr Arbeitsblatt nach allen »Regeln der Kunst« editieren. Damit sind wir eigentlich am Ende dieses Kapitels angelangt. Bis auf eine Kleinigkeit: Sie sollten die erlernten Techniken auch zum schnelleren Editieren von Eingaben benutzen. Damit meine ich sowohl Eingaben in die Eingabefelder der verschiedensten Dialogboxen als auch Eingaben in der Bearbeitungszeile, vor allem, wenn es sich dabei um längere Texte handelt. Alle diese Eingaben können Sie mit den prinzipiell gleichen Techniken wie Arbeitsblätter editieren, um beliebige Teile der Eingabe zu selektieren und anschließend zu löschen, zu verschieben oder zu kopieren.

Geben Sie in irgendeiner Zelle »Dies ist eine Testeingabe« ein, drücken Sie aber noch nicht `Enter`. Probieren Sie statt dessen in der Bearbeitungszeile die Ihnen bekannten Kurztasten zur schnellen Cursorsteuerung aus. Sie werden feststellen, daß `Strg`+`→` und `Strg`+`←` den Cursor wortweise nach links beziehungsweise rechts bewegt, analog den Sprüngen von Block zu Block im Arbeitsblatt. Und daß `Pos1` den Cursor zum Beginn der Eingabezone bewegt und `Ende` zum letzten Zeichen.

Ebenfalls analog zum Arbeitsblatt verläuft das Selektieren bestimmter Bereiche. Wenn Sie mit der Tastatur arbeiten, halten Sie die `Umschalt`-Taste gedrückt, während Sie den Cursor bewegen. Als Mausbenutzer drücken Sie wie gewohnt die linke Maustaste, während Sie die Maus über die zu selektierenden Zeichen oder Wörter »ziehen«.

Selektierte Zeichen können Sie anschließend mit *Ausschneiden* und *Einfügen* beziehungsweise den entsprechenden Kurztasten verschieben oder mit *Kopieren* und *Einfügen*. Oder mit *Inhalte löschen...* entfernen, wobei die bei diesem Befehl sonst erscheinende Dialogbox entfällt. Verständlicherweise, da die Frage, ob »Formeln«, »Formate« oder anderes gelöscht werden soll, bei Eingaben sinnlos ist – es wird einfach gelöscht, was selektiert ist.

Vielleicht sind Sie der Ansicht, daß die Anwendung dieser Editiertechniken auf Eingaben sinnlos und das Ändern falscher Eingaben »per Hand« schneller ist als das erforderliche Selektieren, Öffnen des *BEARBEITEN*-Menüs und Anwahl des benötigten Editierbefehls.

Nun, wenn Sie die Menüs benutzen, stimme ich Ihnen zu. Schnell und arbeitssparend ist das Editieren von Eingaben nur bei »blinder« Beherrschung der Kurztasten. Dann sieht zum Beispiel das Löschen des Wortes »Testeingabe« so aus: Sie ziehen die Maus bei gedrückter linker Taste über das Wort und drücken `Entf` – das Wort ist gelöscht! Ähnlich schnell verläuft das Verschieben oder Kopieren eines Wortes, wenn Sie die betreffenden Kurztasten »im Schlaf« beherrschen.

4▍ Formatieren

Dieses Kapitel bringt eine Neuerung, die Ihnen vielleicht nicht zusagt – das Tempo wird »verschärft«. Bisher habe ich jeden Schritt äußerst detailliert erläutert, um mögliche Mißverständnisse soweit möglich zu vermeiden. Zusätzlich wurde nahezu jede von Ihnen auszuführende Aktion von einer Bildschirmabbildung begleitet, um Ihnen eine sofortige Kontrolle jedes Ihrer Schritte zu ermöglichen. Mit der Absicht, auch völligen Neulingen auf dem Gebiet »Tabellenkalkulation« einen problemlosen Einstieg zu ermöglichen.

Ich werde nun jedoch ein wenig zügiger vorgehen. Excel bietet dem Benutzer unglaublich viele Features. Würde ich alle Eigenschaften von Excel in diesem Tempo behandeln, hätten Sie zum Schluß einen Wälzer in der Hand, mit dem Sie problemlos jemanden erschlagen könnten – wenn Ihnen ein Buch dieses Umfangs nicht ganz einfach zu teuer wäre!

Kommen wir zum »Formatieren« eines Arbeitsblatts. Im Grunde geht es dabei nur um die optische Verschönerung Ihrer Tabellen. Unnötig, könnten Sie sagen, mir kommt es nur auf die Zahlen selbst an, nicht auf deren Darstellung.

Diese Sichtweise trifft jedoch nicht mehr zu, wenn Sie eine Excel-Tabelle ausdrucken und Ihrem Kollegen oder gar Chef präsentieren müssen. Spätestens dann ernten Sie zumindest skeptische Blicke, wenn Sie nur »Zahlensalat« abliefern. Gut formatierte Tabellen sind zudem übersichtlicher als schlecht oder überhaupt nicht formatierte. Auf die Dauer erspart es viel Zeit, wenn in einer Tabelle wichtige Daten fett, kursiv oder unterstrichen hervorgehoben und auf einen Blick zu finden sind. Abgesehen von diesen und anderen Sachgründen: Sie werden sehen – es macht ganz einfach Spaß, mit Excel eine Tabelle optisch ansprechend zu gestalten.

4▍1▍ Formate zuweisen und löschen

Prägen Sie sich bitte folgendes ein: Formatierungen sind nicht an den Inhalt einer Zelle gebunden, sondern ein Bestandteil der Zelle selbst!

Ein Beispiel: Wenn sich in Zelle A1 der Text »Ein Test« befindet und Sie diesen Text fett formatieren, erscheint zwar der Text fett. Sie haben das Format »fett« jedoch nicht diesem speziellen Text zugewiesen, sondern *der Zelle selbst*. Das Format »fett« ist nun eine Eigenschaft dieser Zelle. Wenn Sie einen anderen Text in A1 eingeben, wird daher auch dieser fett erscheinen. Und das gleiche gilt für jede andere Formatierung. Weisen Sie einer Zelle die Schriftart »System« zu, wird jeder darin eingetragene Text in dieser Schriftart erscheinen. Eine Formatierung ist immer an eine Zelle gebunden und nicht an ihren aktuellen Inhalt, der sich jederzeit ändern kann.

Formate können einer einzelnen Zelle oder einem beliebig großen Bereich zugewiesen werden, nachdem er zuvor mit den bekannten Tastatur- oder Maustechniken selektiert wurde.

Zugewiesene Formate können Sie jederzeit überschreiben, indem Sie der Zelle oder dem Bereich ein anderes Format zuweisen. Oder auch ganz löschen. Mit dem Befehl *Inhalte löschen...* und der Option »Formate«. Diese Option löscht nur Formatierungen. Formeln, Texte oder Zahlen bleiben erhalten. Nach dem Löschen der Formatierungen gelten wieder die Standardeinstellungen von Excel (Texte linksbündig ausrichten, Zahlen rechtsbündig, Schriftart »Helv«, Schriftgröße 10 usw.).

Am Ende dieses Kapitels erfahren Sie, wie Sie mit einem Mausklick einer Zelle oder einem Bereich eine Fülle verschiedener Formate auf einmal zuweisen können. Zum Beispiel bestimmen Sie, daß die in diesem Bereich enthaltenen Zahlen immer mit zwei Nachkommastellen darzustellen sind, Texte und Zahlen in der Schriftart »System« fettgedruckt und linksbündig ausgerichtet werden, und der gesamte Bereich von einem Rahmen umgeben wird.

4.1.1   Über Dialogfelder

Sie formatieren bestimmte Tabellenbereiche, indem Sie sie selektieren und anschließend einen der Befehle im Menü *FORMAT* wählen. Meist erscheint dann eine Dialogbox, in der Sie die gewünschte Formatierung genauer spezifizieren müssen.

Sehr oft enthalten diese Dialogboxen Listenfelder, in denen Sie sich aus den verfügbaren Formatierungen die gewünschte aussuchen können. Wollen Sie zum Beispiel die Schriftart ändern, in der ein Text wie »Hallo« dargestellt wird, gehen Sie zur betreffenden Zelle, die den Text enthält, und wählen den Befehl *FORMAT Schriftart...* Ein Dialogfeld öffnet sich, das ein Listenfeld mit allen verfügbaren Schriftarten enthält, »Courier«, »Helv« (Helvetica), »Modern«, »Roman« usw.

Diese und andere Listenfelder funktionieren immer nach dem gleichen Prinzip: Sie wählen einen Eintrag und erhalten im Dialogfeld an einem Beispiel gezeigt, wie sich die betreffende Formatierung auswirken würde. Sind Sie damit einverstanden, wählen Sie »OK« und der gerade aktiven Zelle beziehungsweise dem gesamten selektierten Bereich wird die betreffende Formatierung zugewiesen.

Allerdings besitzen diese Listenfelder noch eine zweite Aufgabe: Ihnen zu zeigen, welches Format einer bestimmten Zelle oder einem Bereich zugewiesen wurde, wenn Sie sich nicht mehr sicher sind.

A1 war die aktive Zelle bei Anwahl von *FORMAT Schriftart...* Excel öffnet das Dialogfeld mit den Formatierungsoptionen, in dem nun jene Einstellungen selektiert sind, die auf die aktive Zelle A1 zutreffen. Offenbar gelten für A1 die Formatierungen:

■ Schriftart »Helv«

■ Schriftgröße 10

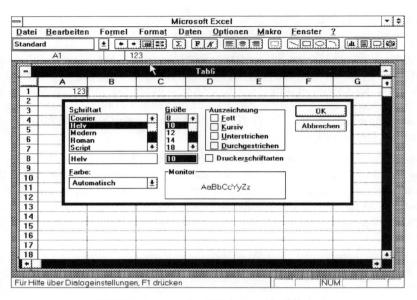

Bild 4.1: Anzeige der gültigen Formatierungen

Auch wenn Sie vor Anwahl dieses Befehls einen Bereich selektieren, zeigt Excel Ihnen, welche Formatierungsoptionen für die einzelnen Zellen dieses Bereichs gelten. Allerdings nur, wenn für jede Zelle des Bereichs die gleichen Optionen zutreffen, was in der folgenden Abbildung nicht der Fall ist!

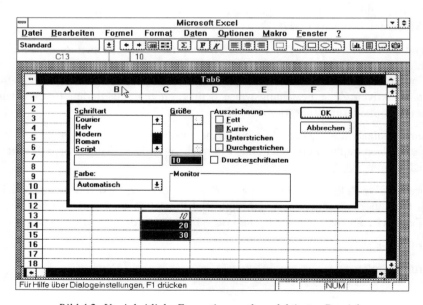

Bild 4.2: Uneinheitliche Formatierung des selektierten Bereichs

In diesem Beispiel wurde der Bereich C13:C15 selektiert. Im Listenfeld »Schriftart« ist kein Element vorselektiert. Kein Wunder, schließlich gibt es keine Schriftart, die für den gesamten Bereich zutrifft. Denn für die Felder C14 und C15 habe ich die Schriftart »System« verwendet, für C13 jedoch »Modern«. Im Eingabefeld des Listenfelds »Schriftgröße« steht eine 10, da immerhin im gesamten Bereich die Schriftgröße 10 übereinstimmt. Unter »Auszeichnung« ist die Option »Kursiv« schraffiert. Diese Schraffur ist eine Art Zwischending zwischen einer aktivierten (Kreuz) und einer deaktivierten (leeres Kästchen) Option. Sie besagt, daß diese Option für den selektierten Bereich teilweise gültig ist. Was laut Abbildung ja auch zutrifft, da die Auszeichnung »Kursiv« offenbar für C13 gültig ist, für C14 und C15 jedoch nicht.

4|1|2| Mit der Werkzeugleiste

Oft gibt es zu den Formatierbefehlen eine schnellere Alternative: die Werkzeugleiste. Damit ist die Zeile unmittelbar unterhalb der Pull-down-Menüs gemeint, die fast ausschließlich aus »Knöpfen« besteht. Jeder Knopf enthält ein Symbol, das seine Funktion kennzeichnet. Der Knopf mit dem fettgedruckten »F« formatiert Zahlen oder Text fettgedruckt, wenn Sie ihn mit der Maus anklicken, gewissermaßen »auf den Knopf drücken«. Er formatiert die gerade aktive Zelle beziehungsweise den gesamten selektierten Bereich.

Sie ersparen sich dadurch die umständliche Anwahl des Befehls *FORMAT Schriftart...* mit anschließender Aktivierung der Option »Fett«. Nach dem Anklicken ist der Knopf »eingedrückt«: Für die betreffende Zelle ist diese Formatierung aktiviert. Erneutes Anklicken löst den Knopf und hebt die Formatierung wieder auf. Der Zustand dieser Knöpfe informiert Sie somit jederzeit über die Formatierung einer Zelle oder eines Bereichs. Ist er eingedrückt, gilt diese Formatierung für die Zelle beziehungsweise den Bereich; ist er gelöst, gilt sie nicht.

Die Werkzeugleiste ersetzt somit bei den meistbenötigten »Werkzeugen« von Excel die Wanderung durch allzu viele Menüs durch einen einfachen Mausknopf. Und wie gesagt, am Ende dieses Kapitels zeige ich Ihnen, wie sogar »Multiformat-Zuweisungen« mit der Werkzeugleiste durchgeführt werden können, was Ihnen die separate Anwahl eines halben Dutzend Menüs nacheinander erspart.

4|2| Eine kleine Haushaltsbuchführung

Ich möchte Ihnen die Formatiermöglichkeiten von Excel an einer kleinen Anwendung vorführen. An einer Haushaltsbuchführung, die Ihnen die Überwachung Ihrer Ausgaben ermöglichen soll. Ausgangspunkt ist folgendes Arbeitsblatt:

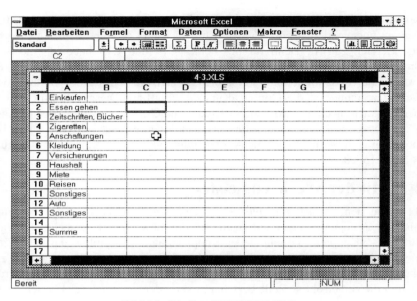

Bild 4.3: Die Datei FORMAT1.XLS

Die Ausgaben werden in 13 verschiedene Sparten unterteilt. Für jede Sparte steht eine Zeile zur Verfügung. Die Aufteilung dieser 13 Zeilen ist jeweils identisch:

■ Die Spalten A und B enthalten die Bezeichnung der Kostenart.

■ Spalte C soll die Summe aller Ausgaben der betreffenden Art in einem Monat enthalten.

■ Die Spalten D, E, F usw. stehen für die einzelnen Eintragungen zur Verfügung.

Für jede Ausgabe machen Sie eine Eintragung in der ersten freien Spalte der betreffenden Zeile. In Spalte C dieser Zeile soll jeweils die Summe aller Eintragungen erscheinen. Sie tragen zum Beispiel in D4 die Zahl 4 ein, wenn Sie sich gerade eine Schachtel Zigaretten für 4 DM gekauft haben. Wenn Sie am übernächsten Tag erneut zwei Schachteln kaufen, tragen Sie entsprechend in E4 eine 8 ein.

Die in C1 bis C13 einzutragenden Summenformeln stellen uns vor ein Problem, das Ihnen noch sehr oft begegnen wird: Die Inhalte der Felder in den Spalten D, E, F usw. sollen addiert werden. Wo endet diese Addition, welche Zelle wird als letzte in der Reihe berücksichtigt?

Da die Größe eines Arbeitsblatts praktisch unbegrenzt ist, hängt die Antwort ausschließlich von praktischen Erwägungen ab. Davon, wieviele Eintragungen voraussichtlich maximal getätigt werden. Es ist sinnvoll, nicht zu viele Eintragungen vorzusehen, da Arbeitsblätter sonst zu unübersichtlich werden. Sinnvoller ist es, mit mehreren Blättern zu arbeiten. Zum Beispiel mit einem Blatt pro Monat. Dann sollte man davon ausgehen können, daß Raum für 20 bis 30 Eintragungen pro Zeile eigentlich ausreichen sollte – öfter werden Sie sich in einem Monat wohl kaum Zigaretten kaufen.

4.3 Summieren – die *SUMME()*-Funktion und der »Summierungs-Knopf«

Sehen wir also zum Beispiel die Spalten D bis Z für Eintragungen vor. Dann lautet die erste Summenformel, die in C1 einzugeben ist:

```
=D1+E1+F1+G1+H1+I1+J1+K1+L1+M1+N1+O1+P1+Q1+R1+S1+T1+U1+V1+W1+X1+Y1+Z1
```

Sicher hätten Sie ebensowenig Lust wie ich, einen derartigen »Bandwurm« einzugeben oder im Zeigemodus Zelle für Zelle zu selektieren. Obwohl es nicht zum Thema »Formatieren« paßt, möchte ich daher kurz erläutern, wie Sie sich diese immer wiederkehrenden Additionsaufgaben erheblich erleichtern können: mit der Funktion *SUMME()*.

Auf Funktionen werde ich noch ausführlich eingehen, hier nur soviel: Einer Funktion werden »Argumente« übergeben. Diese Argumente – meistens Zahlen oder Feldbezüge – müssen von einer runden Klammer umgeben sein. Die Funktion behandelt die Argumente nach einer Vorschrift, die von Funktion zu Funktion verschieden ist, und übergibt als Resultat einen »Funktionswert«. Die Funktion *SUMME()* erwartet als Argument die Angabe eines Bereichs. Und zwar in jener Form, die ich bereits die ganze Zeit verwende:

```
Ecke1:Ecke2
```

Wobei »Ecke1« die obere linke und »Ecke2« die untere rechte Ecke des betreffenden Bereichs ist. *SUMME()* addiert alle in diesem Bereich enthaltenen Zahlen. Enthält jede der Zellen A1, A2 und A3 den Wert 10, ist daher das Resultat – der »Funktionswert« – der Formel

```
=SUMME(A1:A3)
```

die Zahl 30. Diese Formel ist somit äquivalent zu

```
=A1+A2+A3
```

Die extrem umständliche Formel *=D1+E1+...+Y1+Z1* können wir mit Hilfe der *SUMME()*-Funktion verkürzen zu:

```
=SUMME(D1:Z1)
```

Schließen Sie nun bitte Ihr Arbeitsblatt, legen Sie ein neues an, und versuchen Sie, diese Abbildung nachzuvollziehen. Geben Sie zuerst die Zeilenüberschriften ein und anschließend die erläuterte Formel in Zelle C1. Am besten im Zeigemodus:

■ Gehen Sie zu C1, und geben Sie ein »=SUMME(«.

■ »Zeigen« Sie auf D1. Excel fügt den Zellbezug in die Formel ein.

■ Halten Sie den linken Mausknopf weiter gedrückt, und zeigen Sie auf Z1. Excel fügt einen Doppelpunkt und dahinter diesen Zellbezug in die Formel ein. Sie geben nun per Hand das Zeichen »)« ein – die Formel *=SUMME(D1:Z1)* ist vollständig, und Sie drücken Enter.

Zur Eingabe von Bereichen im Zeigemodus gibt es somit zwei Techniken:

1. Mit der Maus auf die eine Bereichsecke zeigen (der Zellbezug wird eingefügt). Per Hand einen Doppelpunkt eingeben und anschließend auf die zweite Bereichsecke zeigen (dieser Zellbezug wird eingefügt).

2. Oder, wie soeben erläutert, in nur einem Schritt: mit der Maus auf die eine Bereichsecke zeigen (der Zellbezug wird eingefügt). Die Maustaste weiter gedrückt halten und die Maus zum anderen Bereichsende ziehen (der Doppelpunkt und der zweite Zellbezug werden eingefügt).

Kopieren Sie nun bitte die eingegebene Formel danach in den Bereich C2:C13 (C1 selektieren, *Kopieren* wählen, C2:C13 selektieren, *Einfügen* wählen). Dank der relativen Bezüge ist das Kopieren unproblematisch und aus der Originalformel *=SUMME(D1:Z1)* wird zum Beispiel in C5 die Formel *=SUMME(D5:Z5)*, die erneut die Felder rechts von der Formelzelle summiert.

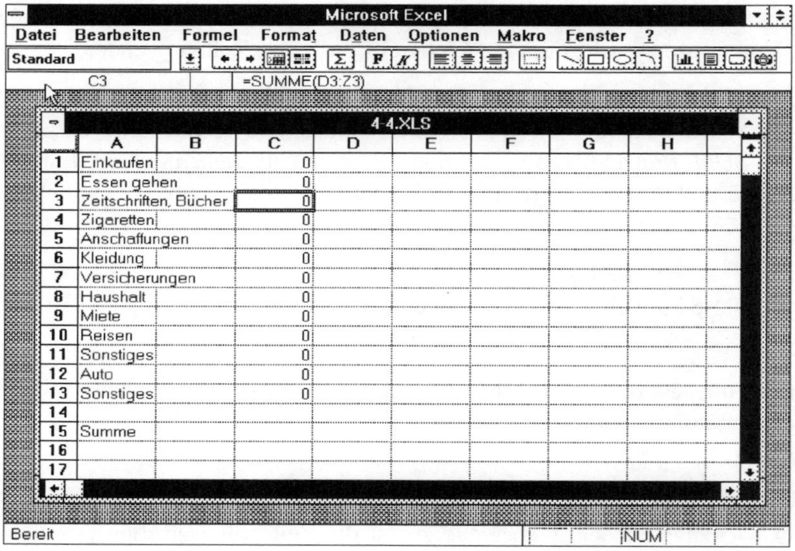

Bild 4.4: Spaltensummen

Außer den einzelnen Spaltensummen wäre zusätzlich eine Gesamtsumme interessant, die die Summen aller Spalten addiert und Ihnen auf einen Blick sagt, wieviel Sie diesen Monat bisher ausgegeben haben. Dazu müssen wir die Summen im Bereich C1:C13 addieren.

Zum Beispiel, indem wir erneut die *SUMME()*-Funktion benutzen und in C15 die Formel eingeben:

```
=SUMME(C1:C13)
```

Wenn Sie keine Maus besitzen, ist das die komfortabelste Möglichkeit. Mit der Maus ist es jedoch einfacher, die Werkzeugleiste zu verwenden, genauer: den Knopf mit dem Summensymbol »Σ«. Die Anwahl dieses Knopfes führt dazu, daß Ihnen Excel eine – nach Ansicht des Programms – geeignete Summenformel vorschlägt.

Gehen Sie zu C15, und »drücken« Sie diesen Knopf, klicken Sie ihn also mit der Maus an. Die Summierungsfunktion schlägt für das Feld C15 folgende Summenformel vor:

=SUMME(C1:C14)

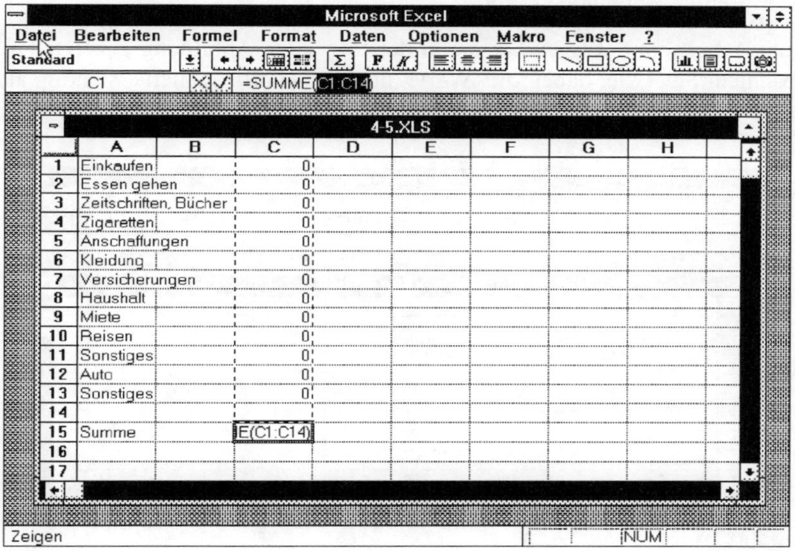

Bild 4.5: Summierungsvorschlag von Excel

Sind Sie damit einverstanden, klicken Sie den Summierungsknopf ein zweites Mal an (oder drücken Enter). Weicht die Formel nur leicht von der Gewünschten ab, editieren Sie den Vorschlag zuvor.

Wieso schlägt Excel ausgerechnet diese Formel vor? Nach der Aktivierung des Summenknopfes sucht Excel die Umgebung der Formelzelle nach angrenzenden nicht-leeren und somit möglicherweise zu summierenden Feldern ab. In unserem Fall »sieht« Excel die Werte oberhalb der Formelzelle und schlägt daher eine Summenformel vor, die all diese Werte addiert.

Wie Sie sehen, ist der Vorschlag nicht absolut perfekt. Denn er enthält auch das leere Feld C14 unmittelbar oberhalb der Formelzelle. Was jedoch keine Katastrophe ist, da eben einfach eine Null addiert wird und die eigentlich interessierende Summe dadurch nicht beeinflußt wird. Im Allgemeinen ist der Summierungsvorschlag von Excel durchaus zuverlässig und erspart eine Menge Arbeit.

Übrigens: Ich erwähnte einmal, daß Sie mit einem Doppelklick auf eine Formelzelle, die Bezüge enthält, direkt zu jener Zelle gelangen, auf die sich der erste Bezug in dieser Formel bezieht. Enthält die Formel keinen einfachen Bezug, sondern eine Bereichsangabe wie =SUMME(C1:C14), wird durch den Doppelklick entsprechend der gesamte Bereich selektiert.

Und noch ein Tip zur SUMME()-Funktion: Sie können die Werte in beliebigen rechteckigen Bereichen damit addieren. Zum Beispiel auch in einem Bereich wie A1:B10, der sich über zwei Spalten mit je zehn Zeilen erstreckt. Die Formel =SUMME(A1:B10) addiert alle 20 in diesem Bereich enthaltenen Werte.

Zurück zum Arbeitsblatt. Tragen Sie die in der folgenden Abbildung gezeigten Werte ein, und beobachten Sie, wie dabei die Werte unserer »Formelzellen« ständig aktualisiert werden:

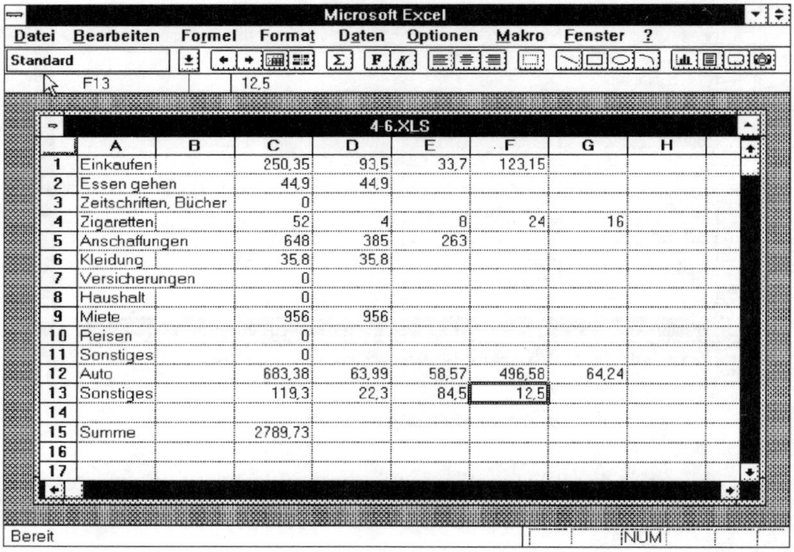

Bild 4.6: Die Datei FORMAT2.XLS

Oder laden Sie einfach die Datei *FORMAT2.XLS*, wenn Ihnen das Eingeben zu aufwendig erscheint.

4|4| Zahlenformate

Mit dem Befehl *FORMAT Zahlenformat...* bestimmen Sie, in welchem Format Excel Zahlen, Uhrzeiten oder ein Datum darstellen soll. Sie weisen der aktuellen Zelle beziehungsweise dem selektierten Bereich ein bestimmtes »Zahlenformat« zu.

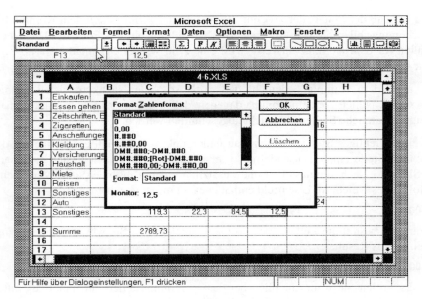

Bild 4.7: Zahlenformate

Kern dieser Dialogbox ist das Listenfeld mit den verfügbaren Formaten. Die Eingabezeile darunter und die Schaltfläche »Löschen« benötigen Sie nur zur Definition eigener Zahlenformate, was ich jedoch noch ein wenig zurückstellen möchte. Ganz unten sehen Sie ein Beispiel, wie eine Zahl im momentan im Listenfeld ausgewählten Format dargestellt würde.

»Standard« kennzeichnet das Standardformat, das Excel automatisch für die Zahlendarstellung benutzt, solange Sie nicht mit *Zahlenformat...* ausdrücklich ein anderes Format zuweisen. Sie kennen dieses Format bereits: Jede Zahl wird darin exakt so dargestellt, wie Sie sie eingegeben haben. Mit Ausnahme zu langer Ziffernfolgen, bei denen Excel das Exponentialformat wählt.

Um die anderen Formate zu verstehen, müssen Sie zunächst das dahintersteckende Prinzip kennen. Ein Format ist praktisch ein »Bild«, in dem die interessanten Stellen einer Zahl durch Platzhalter ersetzt sind. »Interessante Stellen«, damit sind vor allem die Nachkommastellen gemeint, da man ja meist eine feste Zahl von Nachkommastellen wünscht, üblicherweise zwei. Nach der Eingabe einer Zahl wie 25,1 werden Sie sich häufig wünschen, daß Excel diese Zahl mit zwei Nachkommastellen anzeigt, also in der Form 25,10.

Also »malen« Sie ein Bild, das ein Komma enthält, dem zwei Stellvertreterzeichen folgen, um festzulegen, daß das Zahlenformat immer zwei Nachkommastellen enthalten soll. Zur Festlegung der Nachkommastellen verwendet Excel den Platzhalter »0«.

Daher legt das Format »0,00« fest, daß immer zwei Nachkommastellen anzuzeigen sind, auch wenn die Zahl weniger oder mehr Nachkommastellen besitzt. In letzterem Fall wird gerundet. Das heißt, die Zahl 12,3456 wird als 12,35 dargestellt.

Wichtig ist, daß der Platzhalter »0« nur die Anzahl der Ziffern *nach* dem Komma festlegt. Die Vorkommastellen bleiben unverändert erhalten. Obwohl das Format »0,00« nur einen Platzhalter vor dem Komma aufweist, wird eine Zahl wie 2135,1 nicht etwa als 5,10 dargestellt, sondern als 2135,10.

Nullen nach dem Komma bedeuten, daß *exakt* so viele Nachkommastellen angezeigt werden sollen. Nullen vor dem Komma dagegen, daß *mindestens* so viele Vorkommastellen angezeigt, zusätzliche Stellen also nicht abgeschnitten werden.

Ein zweites wichtiges Symbol ist der Tausenderpunkt ».«. Enthält ein Format an der entsprechenden Stelle einen Tausenderpunkt, erscheint er später auch in der Zahlenanzeige. Wenn Sie zwei Nachkommastellen und zusätzlich einen Tausenderpunkt wünschen, wäre daher folgendes – nicht im Listenfeld enthaltenes – Format geeignet:

0.000,00

Wäre für eine bestimmte Zelle dieses Format festgelegt und Sie würden eine 23 eingeben, erhielten Sie als Resultat:

0.023,00

Allerdings wollen Sie wahrscheinlich bei den Vorkommastellen auf unnötige Nullen und Tausenderpunkte verzichten. Das Problem: Der Platzhalter »0« vor dem Komma bedeutet eben, daß mindestens so viele Vorkommastellen angezeigt werden, auch wenn die Zahl selbst weniger Vorkommastellen enthält. Enthält zum Beispiel eine mit »0« formatierte Zelle überhaupt nichts, wird dennoch 0 angezeigt, eben wenigstens eine Vorkommastelle.

Und hier kommt der zweite Platzhalter für Ziffern ins Spiel, das Symbol »#«. Im Gegensatz zu »0« bewirkt dieses Symbol kein Auffüllen mit Nullen, wenn die Zahl weniger Ziffern enthält. Also ist es zur Festlegung der Nachkommastellen ungeeignet, da mit dem Format »#,##« eine 12,6 immer noch mit nur einer Nachkommastelle angezeigt wird. Die einzige Wirkung dieses Symbols nach dem Komma: Bei mehr Nachkommastellen wird wie bei »0« gerundet.

Da keine Nullen aufgefüllt werden, eignet sich dieses Symbol jedoch hervorragend zur optionalen Festlegung der Position von Tausenderpunkten. »Optional« heißt, daß diese Festlegung nur dann zur Geltung kommt, wenn die Zahl groß genug ist. Im Format »#.##0,00« wird daher die Zahl 12345,678 als 12.345,68 angezeigt und die Zahl 21,4 als 21,40.

Nun sind Sie in der Lage, die ersten fünf Formate des Listenfelds zu verstehen. Zur Erinnerung noch einmal die unterschiedliche Wirkung von »0« und »#« vor beziehungsweise nach dem Komma:

- »0« vor dem Komma: Excel zeigt *mindestens* so viele Vorkommastellen an, bei einer niedrigeren Anzahl werden Nullen vor dem Komma ergänzt.

- »#« vor dem Komma: Keinerlei Auswirkung; wird nur als Platzhalter verwendet, um die Position von Tausenderpunkten anzuzeigen.

■ »0« nach dem Komma: Excel zeigt *exakt* so viele Nachkommastellen an, rundet bei mehr Nachkommastellen beziehungsweise füllt bei weniger mit Nullen auf.

■ »#« nach dem Komma: Excel zeigt *höchstens* so viele Nachkommastellen an, rundet bei mehr Nachkommastellen, füllt jedoch bei weniger *nicht* mit Nullen auf.

4.4.1 Standardformate

Kommen wir zu den ersten fünf Formaten, die ausschließlich mit diesen beiden Symbolen und dem Tausenderpunkt operieren:

■ »Standard«: Darstellung entspricht der Eingabe, abgesehen vom eventuell benutzten Exponentialformat.

■ »0«, das »ganzzahlige Format«: zeigt keine Nachkommastellen an. Beispiele: 22,3 wird als 22 dargestellt und 0,556 als 1.

■ »0,00«, das »Festkommaformat«: legt exakt zwei Nachkommastellen und mindestens eine Vorkommastelle fest. Beispiele: ,5 wird zu 0,50 und 123,456 zu 123,45.

■ »#.##0«, das »Punktformat«: entspricht dem Format »0«, abgesehen vom zusätzlich angezeigten Tausenderpunkt bei Zahlen mit mehr als drei Vorkommastellen. Beispiel: 12345,678 wird zu 12.346.

■ »#.##0,00«: entspricht dem Format »0,00«, zeigt jedoch ebenfalls bei mehr als drei Vorkommastellen einen Tausenderpunkt an. Beispiel: 12345,678 wird zu 12.345,68.

Die nächsten vier Formate sind »Währungsformate«. Sie enthalten außer den bekannten Symbolen zusätzlich je ein Minuszeichen, Texte wie »DM« oder »[Rot]« und vor allem je zwei durch ein Semikolon getrennte Abschnitte. Von diesen beiden Abschnitten kennzeichnet der erste immer die Darstellung positiver und der zweite die Anzeige negativer Zahlen, die Sie auf diese Weise getrennt behandeln können.

Bei zwei der vier Währungsformate beginnt der Abschnitt zur Definition negativer Zahlen mit dem Ausdruck »[Rot]«, der festlegt, daß negative Zahlen in der Farbe rot dargestellt werden.

Nehmen wir als Beispiel das Format »#.##0,00 DM;[Rot]–#.##0,00 DM«. Der erste Abschnitt »#.##0,00 DM« entspricht bis auf » DM« dem Format »#.##0,00«, in dem Zahlen mit zwei Nachkommastellen und eventuell mit einem Tausenderpunkt dargestellt werden. Zusätzlich folgt jeder Zahl der Text » DM«. Die Zahl 12345,678 wird in der Form 12.346,00 DM erscheinen.

Der zweite – die Anzeige negativer Zahlen bestimmende – Abschnitt ist mit dem ersten identisch. Abgesehen vom Minuszeichen, das angibt, daß vor jeder negativen Zahl dieses Zeichen stehen soll, was zweifellos sinnvoll ist. Und abgesehen vom Text »[Rot]«, der bewirkt, daß diese Zahlen rot angezeigt werden. Die vier Währungsformate bedeuten somit:

▨ »#.##0 DM;–#.##0 DM«: Ganzzahliges Format mit Anzeige von Tausenderpunkten und dem Text » DM«; negative Zahlen mit Minuszeichen. Beispiel: –12345,678 wird zu –12.346 DM.

▨ »#.##0 DM;–[Rot]#.##0 DM«: Ganzzahliges Format mit Anzeige von Tausenderpunkten und dem Text » DM«; negative Zahlen rot und mit Minuszeichen. Beispiel: –12345,678 wird zu –12.346 DM in roter Darstellung.

▨ »#.##0,00 DM;–#.##0,00 DM«: Anzeige zweier Nachkommastellen und des Tausenderpunkts; negative Zahlen mit Minuszeichen. Beispiel: –12345,678 wird zu –1.2345,68.

▨ »#.##0,00 DM;–[Rot]#.##0,00 DM«: Anzeige zweier Nachkommastellen und des Tausenderpunkts; negative Zahlen rot und mit Minuszeichen. Beispiel: –12345,678 wird zu –1.2345,68 in roter Darstellung.

Die beiden folgenden Formate sind »Prozentformate«. Das Zeichen »%« führt zur Multiplikation mit 100 und dem Anhängen eines Prozentzeichens.

▨ »0%«: stellt Zahlen mit dem Hundertfachen des eingegebenen Wertes ohne Nachkommastellen und mit zusätzlichem Prozentzeichen dar. Beispiel: 12,567 wird zu 1300%.

▨ »0,00%«: stellt Zahlen mit dem Hundertfachen des eingegebenen Wertes, einem Prozentzeichen und zwei Nachkommastellen dar. Beispiel: 12,567 wird zu 1256,70%

Die drei letzten Zahlenformate sind das »Exponentialformat« und zwei Formate für die Darstellung von Brüchen.

▨ »0,00E+00«: Anzeige im Exponentialformat mit zwei Nachkommastellen. Beispiel: 12345,678 wird zu 1,12E+05 (1,12 mal 10 hoch 5).

▨ »# ?/?«: Anzeige der Nachkommastellen einer Zahl als einstelliger Bruch. Beispiel: 5,5 wird zu 5 1/2.

▨ »# ??/??«: Anzeige der Nachkommastellen als zweistelliger Bruch. Beispiel: 5,12 wird zu 5 3/25.

Falls Sie ausschließlich kaufmännische Anwendungen mit Excel erstellen, können Sie sich vorläufig auf die Verwendung einiger weniger Formate beschränken. Das Format »Standard« ist aufgrund der unterschiedlichen Anzahl an Nachkommastellen bei Zahlenkolonnen äußerst unschön. Als neuen »Standard« sollten Sie das Festkommaformat »0,00« vorziehen – wenn Ihnen die Anzeige zweier Nachkommastellen ausreicht, was ja wohl meistens der Fall ist. Beziehungsweise das Ganzzahlformat »0«, wenn es um Zahlen geht, bei denen die Anzeige der Nachkommastellen uninteressant und nur verwirrend wäre. Bedenken Sie, daß Sie mit der Zahlenformatierung nur die *Anzeige* festlegen. Intern – bei Berechnungen – wird Excel immer den exakten Wert verwenden, auch wenn statt 2,4567 im Ganzzahlformat nur 3 angezeigt wird. Das Ganzzahl- oder Festkommaformat ist also *nicht* mit Rechenungenauigkeiten verbunden!

Es gibt gute Gründe, die Tausenderpunkt- und vor allem die Währungsformate mit Nachkommastellen nur sehr gezielt einzusetzen. Beide Formatvarianten verlängern die Darstellung einer Zahl, entweder um einen Punkt oder gar um den Text » DM«. Wenn Sie damit Zellen formatieren, die große Summen enthalten, ist die Wahrscheinlichkeit hoch, daß die betreffende Zahl nicht in voller Länge dargestellt werden kann. Geben Sie zum Beispiel in Zelle B24 die Zahl 123456,78 ein, und formatieren Sie die Zahl im Währungsformat »#,##0,00 DM;–#,##0,00 DM«. Excel wird statt der formatierten Zahl nur eine Reihe der inzwischen bekannten Zahlenplatzhalter »#« anzeigen, um anzuzeigen, daß die Spaltenbreite für die Anzeige nicht ausreicht. Verwenden Sie daher vor allem die Währungsformate nur, wenn Sie genau wissen, daß die betreffende Zelle nur relativ kleine Zahlen enthalten wird.

Selektieren Sie nun bitte in der Datei *FORMAT2.XLS* zunächst den gesamten Bereich A1:Z15, den wir für unsere Tabelle benutzen (oder alternativ durch Anklicken des Kästchens zwischen der Spaltenbezeichnung A und der Zeilennummer 1 beziehungsweise mit der Tastenkombination `Umschalt`+`Strg`+`Leertaste` das gesamte Blatt). Geben Sie danach den Befehl *FORMAT Zahlenformat...*, und wählen Sie als Format »0,00«. Alle eingegebenen Zahlen werden nun mit zwei festen Nachkommastellen dargestellt.

Selektieren Sie anschließend den Bereich C1:C15, der unsere Summen enthält, sowohl die Summen der einzelnen Kostenarten als auch die Gesamtsumme. Weisen Sie diesem Bereich das Format »#.##0,00;–#.##0,00« zu, das ganzzahlige Tausenderpunktformat. Bei den Summen interessieren Nachkommastellen wohl kaum, daher ist ein ganzzahliges Format sicher angebracht.

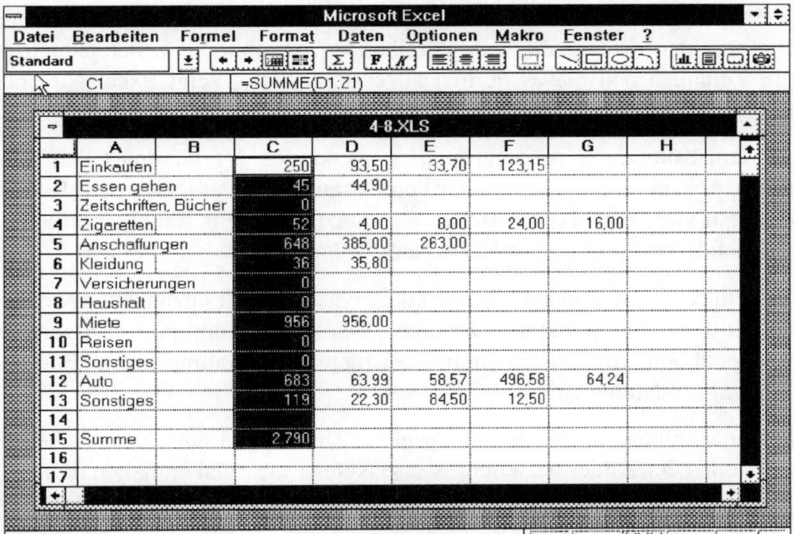

	A	B	C	D	E	F	G	H
1	Einkaufen		250	93,50	33,70	123,15		
2	Essen gehen		45	44,90				
3	Zeitschriften, Bücher		0					
4	Zigaretten		52	4,00	8,00	24,00	16,00	
5	Anschaffungen		648	385,00	263,00			
6	Kleidung		36	35,80				
7	Versicherungen		0					
8	Haushalt		0					
9	Miete		956	956,00				
10	Reisen		0					
11	Sonstiges		0					
12	Auto		683	63,99	58,57	496,58	64,24	
13	Sonstiges		119	22,30	84,50	12,50		
14								
15	Summe		2.790					
16								
17								

Bild 4.8: Die Datei FORMAT3.XLS

4|4|2| Definition eigener Zahlenformate

Die Eingabezeile in der *Zahlenformat...*-Dialogbox erlaubt Ihnen die Eingabe eigener Formate. Entweder übertippen Sie den gerade selektierten Eintrag komplett oder Sie suchen sich jenen aus, der dem gewünschten Format am nächsten kommt und editieren diese »Vorlage«. In jedem Fall wird das als Vorlage benutzte Standardformat nicht gelöscht, sondern Ihre Variation als zusätzliches Format als letztes Element des Listenfelds gespeichert. Mit der Schaltfläche »Löschen« können Sie ein solches eigendefiniertes Format jederzeit wieder aus der Liste entfernen – sinnvollerweise jedoch keines der Standardformate.

Eigendefinierte Formate sind immer untrennbar mit einem einzigen Arbeitsblatt verbunden. Das sehen Sie sofort, wenn Sie mit *DATEI Neu...* ein zweites Arbeitsblatt anlegen. Ist das neue Blatt aktiv, werden nur die Standardformate angezeigt. Ihre eigendefinierten Formate sind nur verfügbar, wenn Sie das Blatt aktivieren, das auch bei der Definition der Formate aktiv war. Wenn Sie dieses Blatt speichern, speichert Excel darin auch Ihre zusätzlichen Formate, so daß sie nach dem Laden der Datei automatisch wieder zur Verfügung stehen.

Die Regeln für die Erstellung eigener Formate: Eine Formatbeschreibung besteht aus wenigstens einem und maximal drei Abschnitten, getrennt durch je ein Semikolon. Der erste Abschnitt spezifiziert die Darstellung positiver, der zweite die Anzeige negativer Zahlen und der dritte die Anzeige der 0. Wird anstelle eines der drei Abschnitte ersatzweise nur ein Semikolon angegeben, zeigt Excel eine dem betreffenden Abschnitt zugeordnete Zahl überhaupt nicht an. Entsprechend verbirgt das Format »;;;« die in einer Zelle enthaltene Zahl vollständig. Es wird nichts angezeigt, egal, ob die Zahl positiv, negativ oder 0 ist.

Sinnvoller ist dagegen das Format »0;–0;«. Für positive und negative Zahlen wird die Ganzzahldarstellung verwendet (mit Minuszeichen für negative Zahlen). Das letzte Semikolon deutet auf den dritten, die 0 beschreibenden Abschnitt hin, der jedoch fehlt. Das Resultat: In Zellen, denen dieses Format zugewiesen wird, zeigt Excel Nullen nicht an. Folgende Zeichen können Sie bei der Definition von Formaten verwenden:

- »0«: vor dem Komma: Excel zeigt *mindestens* so viele Vorkommastellen an, bei einer niedrigeren Anzahl werden Nullen vor dem Komma ergänzt. Nach dem Komma: Excel zeigt *exakt* so viele Nachkommastellen an, rundet bei mehr Nachkommastellen, beziehungsweise füllt bei weniger mit Nullen auf.

- »#«: vor dem Komma: keinerlei Auswirkung; wird nur als Platzhalter verwendet, um die Position von Tausenderpunkten anzuzeigen. Nach dem Komma: Excel zeigt *höchstens* so viele Nachkommastellen an, rundet bei mehr Nachkommastellen, füllt jedoch bei weniger *nicht* mit Nullen auf.

- »?«: Bruchdarstellung für Nachkommastellen. Die Anzahl der Fragezeichen bestimmt, wieviele Stellen der Zähler beziehungsweise Nenner maximal enthalten darf.

- »,«: bestimmt zusammen mit den Platzhaltern »0« und »#« die Anzahl der Vor- beziehungsweise Nachkommastellen.

- ».«: legt einen Tausenderpunkt an der betreffenden Position fest.

■ »%«: Zahl wird mit 100 multipliziert und ein Prozentzeichen eingefügt.

■ »E– E+ e– e+«: Exponentialformat; »E–« und »e–« sind identisch: negative Exponenten werden mit negativem Vorzeichen dargestellt. »E+« oder »e+« stellen negative Exponenten mit negativem und positive Exponenten mit positivem Vorzeichen dar.

■ »: – + ⌈Leerzeichen⌉ DM«: Darstellung des betreffenden Zeichens.

■ »\«: Darstellung des nächsten Zeichens im Format.

■ »*«: Das nächste Zeichen wird wiederholt, bis die Spaltenbreite ausgefüllt ist.

■ »"Text"«: Beliebiger Text, der in Anführungszeichen ausgegeben wird.

■ »@«: Textplatzhalter; enthält die formatierte Zelle einen Text, wird er in jenem Format angezeigt, in dem der Platzhalter »@« formatiert ist.

■ »[Schwarz]«, »[Weiß]«, »[Rot]«, »[Hellgrün]«, »[Blau]«, »[Gelb]«, »[Magenta]«, »[Zyan]«: Darstellung des Zellinhalts in der betreffenden Farbe.

Ich empfehle Ihnen, anhand einer beliebigen Zelle mit diesen Formatsymbolen ein wenig herumzuexperimentieren. Geben Sie zum Beispiel die Zahl 123,456 ein, wählen Sie *Zahlenformat...* und formatieren Sie die Zelle, indem Sie als Format in der Eingabezeile »0,00[Hellgrün]*-« eingeben. Was erhalten Sie? Die Darstellung »123,46----«, und zwar in der Farbe Hellgrün. Denn mit »[Hellgrün]« wird diese Farbe festgelegt und mit »*-«, daß das Zeichen »-« bis zum rechten Rand der Zelle wiederholt werden soll.

Wenn Sie wissen wollen, welches Format Sie irgendwann einmal einer bestimmten Zelle oder einem Bereich zugewiesen haben, gehen Sie zur betreffenden Zelle beziehungsweise selektieren Sie den Bereich, und wählen Sie *Zahlenformat...* Im Listenfeld ist die aktuelle Formatierung der betreffenden Zelle vorselektiert, Sie sehen also sofort, welche Formatierung die Zelle momentan besitzt. Ist der Bereich nicht einheitlich formatiert, ist kein Element des Listenfeldes vorselektiert.

4.5 Text- und Zahlenausrichtung

Wenn Sie *FORMAT Ausrichtung...* wählen, erscheint eine Dialogbox mit einer Gruppe aus fünf runden Optionen und einer zusätzlichen eckigen Option (vgl. Bild 4.9).

Wie bei jeder runden Optionsgruppe können Sie genau eine der Optionen aktivieren. Die Ausrichtung »Standard« kennen Sie: Text wird linksbündig ausgerichtet, Zahlen rechtsbündig.

Bis auf »Ausfüllen« sind die restlichen Optionen selbsterklärend. Natürlich werden all diese Zellformate wieder einmal jenen Zellen zugewiesen, die Sie vor der Anwahl von *Ausrichtung...* selektiert haben. Und umgekehrt: Bei Anwahl des Befehls ist jene Option vorselektiert, die auf die momentan aktive Zelle beziehungsweise den selektierten Bereich zutrifft. Wenn Sie sich die Abbildung genauer anschauen, sehen Sie, daß der Bereich C1:C15 mittig zentriert ist. Entsprechend ist die Option »Zentriert« vorselektiert, wenn wie hier vor Anwahl von *Ausrichtung...* der gleiche Bereich selektiert wurde.

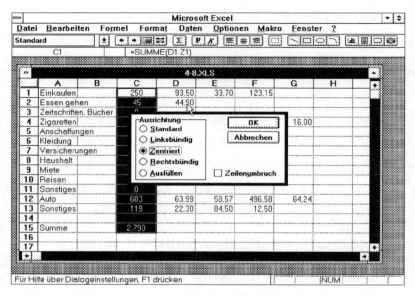

Bild 4.9: Ausrichtungsvarianten

Die Optionen »Linksbündig«, »Zentriert« und »Rechtsbündig« sind übrigens erheblich schneller über die Werkzeugleiste zu erreichen. Drei Knöpfe enthalten jeweils fünf horizontale Linien, die unterschiedlich ausgerichtete Textzeilen darstellen sollen. Drücken eines dieser Knöpfe besitzt die gleiche Wirkung wie die Selektion der Zelle oder des Bereichs, Anwahl von *Ausrichtung...* und Aktivierung der betreffenden Option. Drücken Sie ihn nochmal, wird die betreffende Ausrichtung wieder aufgehoben. Der Knopf »springt heraus«, und die Standardausrichtung gilt wieder. Bewegen Sie den Zellcursor durch ein unterschiedlich formatiertes Arbeitsblatt, ändert sich der Zustand der Knöpfe ständig und Sie sehen sofort, welche Ausrichtung für eine bestimmte Zelle eingestellt ist.

Wenn Sie in der Tabelle aus der letzten Abbildung in A14 ein Minuszeichen »–« eingeben, *FORMAT Ausrichtung...* wählen und »Ausfüllen« aktivieren, wird das einzelne Minuszeichen in A14 durch eine durchgehende Linie ersetzt, die die Zellen A14, B14 und C14 jeweils vollständig ausfüllt.

»Ausfüllen« wiederholt einen Zelleintrag, bis die betreffende Zelle beziehungsweise der selektierte Bereich in der gesamten Breite ausgefüllt ist. Das Ausfüllen endet jedoch, wenn Excel im selektierten Bereich auf nicht-leere Zellen trifft.

Die Option »Zeilenumbruch« kann unabhängig von den restlichen Optionen aktiviert oder deaktiviert werden. Sie ist nützlich, wenn für einen Text nicht ausreichend Platz zur Verfügung steht, wie im folgenden Fall:

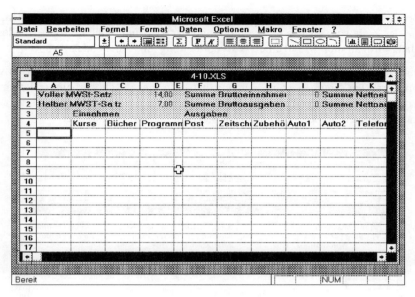

Bild 4.10: Nicht umbrochener Text

Texte wie »Zeitschriften« oder »Zubehör« sind nur zu erahnen. Die Lösung: Der gesamte problematische Textbereich A4 bis P4 wird selektiert, *Ausrichtung...* gewählt und die Option »Zeilenumbruch« aktiviert.

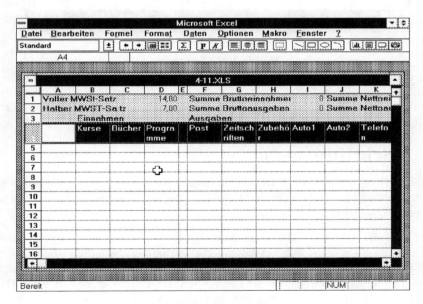

Bild 4.11: Nach dem Umbruch

Excel versucht daraufhin, den Text in jeder einzelnen Zelle vollständig darzustellen, indem die Höhe der Zeile so weit wie nötig erhöht und der Text innerhalb der betreffenden Zelle umbrochen wird, ähnlich wie in einer Textverarbeitung am Zeilenende.

Allerdings zeigt diese Abbildung, daß Excel dabei nicht unbedingt sehr ästhetisch vorgeht und vom korrekten Trennen keine Ahnung hat. Um eine Nachbearbeitung kommen Sie nicht herum. Sie müssen die Texte per Hand trennen. Nach dem Einfügen mehrerer Trennstriche an geeigneten Stellen wirkt der Text bereits erheblich freundlicher.

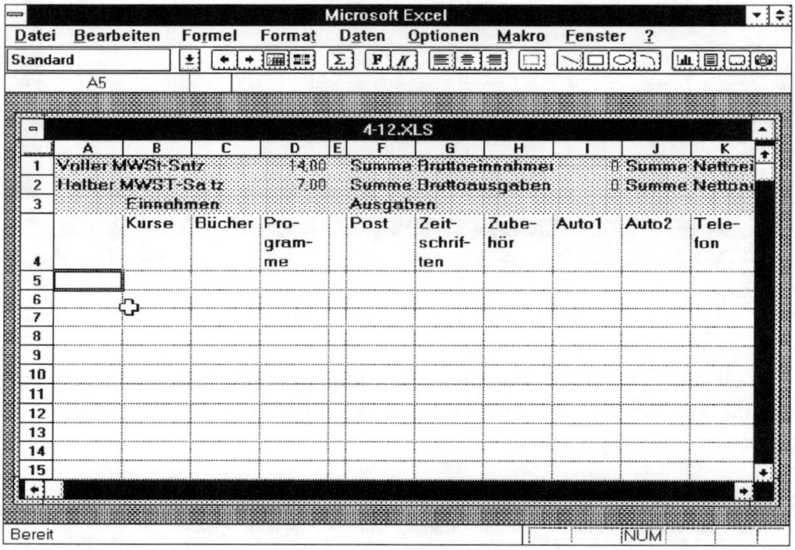

Bild 4.12: Mit Trennungen

Das Einfügen der Trennstriche genügt völlig. Eine Neuformatierung ist überflüssig. In Zellen, die mit aktiver Option »Zeilenumbruch« formatiert wurden, aktualisiert Excel die Textdarstellung nach jeder Änderung automatisch.

4.6 Schriftformate

Zellinhalte (Texte, Zahlen usw.) werden normalerweise immer in der gleichen Schriftart und Schriftgröße in der Farbe Schwarz dargestellt. Diese Standardformatierung können Sie jedoch beliebig ändern.

Excel stellt Ihnen sehr unterschiedliche Schriftarten mit Namen wie »Helv« (Abkürzung für »Helvetica«), »System« oder »Modern« zur Verfügung. Jede dieser Schriftarten existiert in verschiedenen Schriftgrößen, die in »Punkten« gemessen werden. Mit zunehmender Punktzahl steigt die Größe. Eine 12-Punkt-Schrift ist daher größer als eine 10-Punkt-Schrift. Jede Schriftart existiert zusätzlich in verschiedenen Varianten, kursiv, fett, unterstrichen oder durchgestrichen. Darüberhinaus ist Excel in der Lage, die gewählte Schrift in verschiedenen Farben darzustellen.

4|6|1| Schriftarten und-farben

All diese Optionen finden Sie in der Dialogbox des Befehls *FORMAT Schriftart...* Laden Sie bitte die Datei *FORMAT3.XLS*, selektieren Sie den Bereich C1:C15, und wählen Sie diesen Befehl.

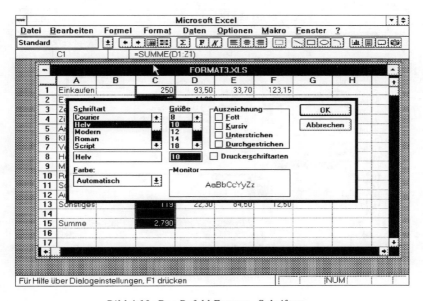

Bild 4.13: Der Befehl Format »Schriftart...«

Die vorselektierten Elemente »Helv« und »10« der beiden Listenfelder »Schriftart« und »Größe« geben an, daß alle Zellen des selektierten Bereichs C1:C15 in der gleichen Schriftart und -größe selektiert sind. Kein Wunder, denn 10-Punkt-Helvetica ist die Standardschrift von Excel, mit der alle Zellen formatiert sind.

Ändern Sie versuchsweise Schriftart und Schriftgröße. Im Kasten »Monitor« zeigt Ihnen Excel an einem Textbeispiel sofort das Resultat der aktuellen Einstellungen.

Aktivieren Sie im Optionsfeld »Auszeichnung« das Attribut »Fett«. Schriftstil und -größe ändern sich nicht. Statt dessen wird die gleiche Schrift nun eben fettgedruckt. Sie können die vier Attribute beliebig miteinander kombinieren, um Text zum Beispiel fett *und* kursiv darzustellen.

Zusätzlich können Sie die Textfarbe bestimmen. Voreingestellt ist »Automatisch«. Mit dieser Einstellung verwendet Excel die Textfarbe, die in der Windows-Applikation »Systemsteuerung« eingestellt ist und die Standardtextfarbe aller Windows-Programme bestimmt. In »Systemsteuerung« ist Schwarz voreingestellt. Rufen Sie »Systemsteuerung« auf und ändern diese Voreinstellung zum Beispiel in Grün, werden sofort alle Felder, die mit »Automatisch« formatiert sind, Grün dargestellt.

Allerdings können Sie die Textfarbe auch unabhängig vom Programm »Systemsteuerung« festlegen. Wenn Sie das Listenfeld mit einem Mausklick auf den abwärts gerichteten Pfeil öffnen, können Sie unter allen verfügbaren Farben wählen:

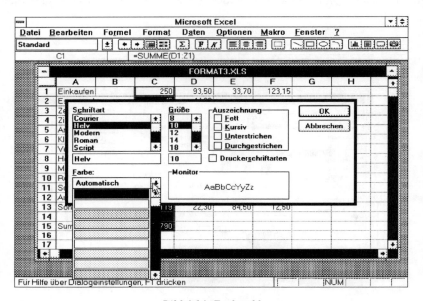

Bild 4.14: Farbwahl

Zum Durchprobieren der einzelnen Farben sind die Cursortasten geeigneter als die Maus. Denn wenn Sie ein Element dieser Liste mit der Maus anklicken, schließt sich das Listenfeld, und Sie müssen es erneut öffnen, um die nächste Farbe am gezeigten Textbeispiel auszuprobieren.

Ich selbst werde die Farboptionen in diesem Buch selten einsetzen, da es ausschließlich Schwarzweißabbildungen enthält und Sie daher die entsprechenden Dateien laden müssen, um die Optik würdigen zu können.

Ihnen empfehle ich jedoch dringend, diese Option nicht zu vernachlässigen. Mit dem Befehl *FORMAT Muster...* können Sie zusätzlich die Farbe des Zellvorder- und -hintergrundes einstellen, womit sich fantastische Möglichkeiten ergeben. Zum Beispiel rote Schrift auf dunkelblauem Untergrund oder ähnliches. Probieren Sie's aus. Ich bin sicher, Sie werden von da an nie wieder auf individuelle Farbgebung in Ihren Arbeitsblättern verzichten – wenn Sie einen Farbmonitor besitzen (sonst sollten Sie sich für Excel schnellstens einen anschaffen).

Zurück zu *Schriftart...* Vor Wahl dieses Befehls selektieren Sie den Bereich C1:C15. Formatieren Sie ihn bitte fett. Lassen Sie Schriftart und -größe unverändert. Selektieren Sie anschließend C15, und formatieren Sie diese Zelle zusätzlich kursiv. Das Resultat sollte der folgenden Abbildung entsprechen.

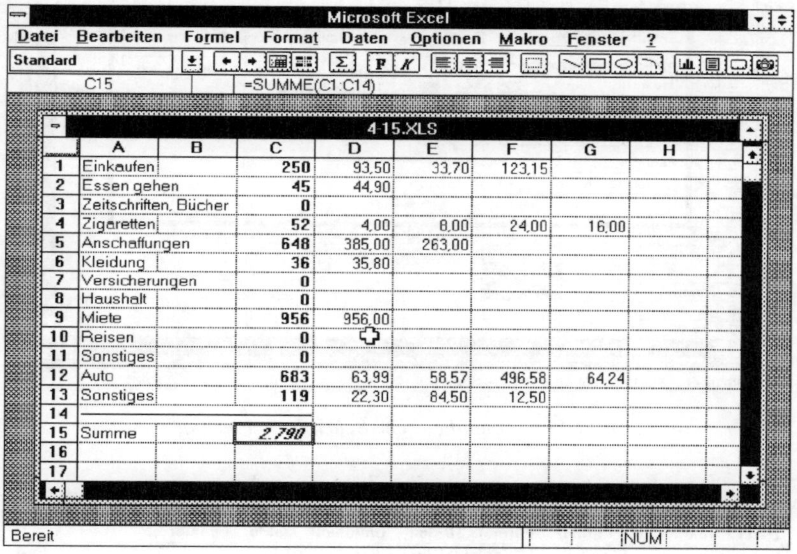

Bild 4.15: Die Datei FORMAT4.XLS

Die Auszeichnungen »Fett« und »Kursiv« können Sie erheblich schneller über die Werkzeugleiste zuweisen. Sie selektieren die Zelle oder den Bereich und drücken einfach den zuständigen Knopf »F« (Fett) beziehungsweise »K« (Kursiv). Oder drücken ihn erneut, wenn Sie diese Auszeichnung rückgängig machen wollen.

Selektieren Sie nun bitte die Felder C13 bis C15, und wählen Sie *Schriftart...*

Diesmal erhalten Sie im unteren Kästchen kein Schriftbeispiel gezeigt. Der Grund: Die Zellen im selektierten Bereich sind nicht einheitlich formatiert. Alle drei besitzen die Auszeichnung »Fett« (Option ist aktiviert), aber nur C15 zusätzlich die Auszeichnung »Kursiv«. Daher ist die entsprechende Option auch schattiert, um anzudeuten, daß diese Einstellung nur für einen Teil des selektierten Bereichs gilt.

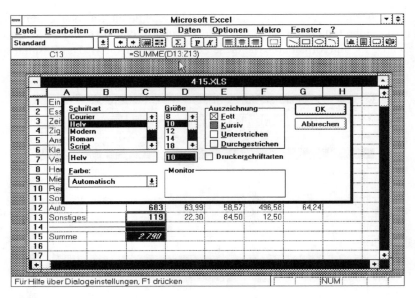

Bild 4.16: Uneinheitliche Schriftformatierung

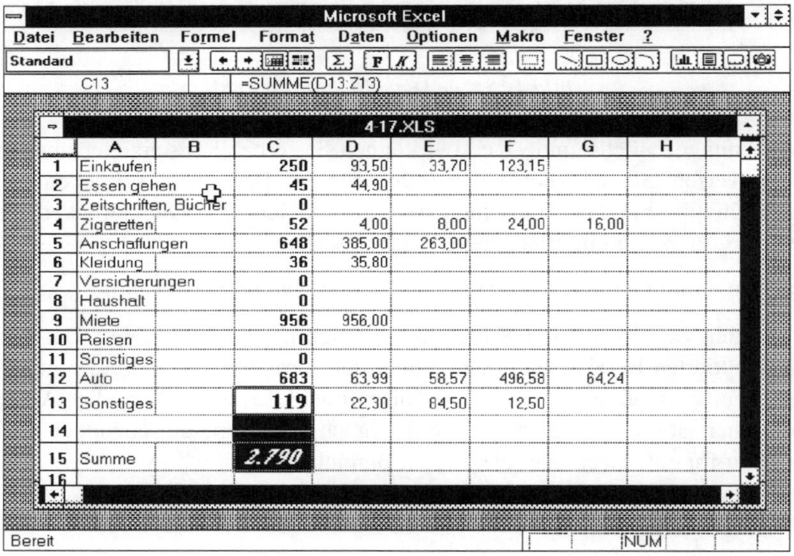

Bild 4.17: Anpassung der Zeilenhöhe

Für Excel ergibt sich nun das Problem, daß es kein Beispiel gibt, das auf diesen Fall zutrifft. Soll das Beispiel nur fett oder – wie Zelle C15 – zusätzlich kursiv dargestellt werden? Die Lösung: Sie erhalten gar kein Schriftbeispiel.

Nehmen Sie daher einfach »blind« die in Abbildung 4.17 gezeigten Einstellungen »Symbol« und »14« vor.

Wie Sie sehen, steigt die Schriftgröße tatsächlich mit zunehmender Punktzahl. Netterweise paßt Excel das Arbeitsblatt der veränderten Schriftgröße an. Die Höhe der Zeilen wird neu bestimmt. Excel orientiert sich dabei an der größten in der betreffenden Zeile vorkommenden Schriftart.

Allerdings betrifft diese Anpassung nur die Zeilenhöhe, nicht die Breite der Spalten. Und da größere Schriften auch in der Breite mehr Platz benötigen, kann es passieren, daß Zellinhalte, die zuvor problemlos in die Zelle paßten, nun nicht mehr vollständig sichtbar sind. Wie dieses Problem zu lösen ist, erfahren Sie im Kapitel 4.7 »Spaltenbreite und Zeilenhöhe«.

Sie können Schriftarten oder Attribute für einen selektierten Bereich problemlos teilweise ändern. Was sehr wichtig ist, wenn Sie zum Beispiel für das gesamte Arbeitsblatt die Schriftart änderten, anschließend mehreren Dutzend verstreuter Felder Attribute wie fett oder kursiv zuwiesen, nun im gesamten Arbeitsblatt wieder die Standardschrift einschalten, diese Attributzuweisungen an einzelne Felder dabei jedoch erhalten wollen.

In unserem Fall soll wieder die Standardschriftart und -größe eingestellt, die Auszeichnungen »Fett« für alle drei Felder und »Kursiv« für C15 jedoch beibehalten werden. Markieren Sie den Bereich, wählen Sie *Schriftart...*, und selektieren Sie die Helvetica in der Größe 10.

Da die Attribute der drei Zellen erhalten bleiben sollen, lassen Sie die aktivierte Option »Fett« und die »teilaktivierte« (schattiertes Kästchen) Option »Kursiv« unverändert. Beide Einstellungen bleiben erhalten, wenn Sie »OK« wählen. Alle drei Zellen sind weiterhin fett und C15 kursiv formatiert.

In der Praxis werden Sie unterschiedliche Schriftgrößen meist nicht nur einzelnen Feldern zuweisen, sondern kompletten Zeilen, zum Beispiel für Überschriften. Ein Beispiel:

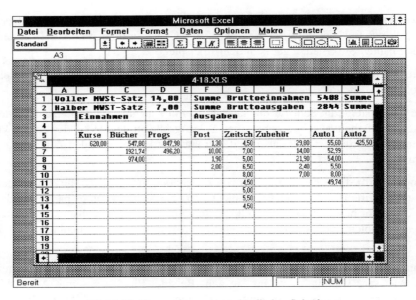

Bild 4.18: Verwendung unterschiedlicher Schriften

In dieser Tabelle sind die Zeilen 1 bis 3 in der Schriftart System mit der Punktgröße 9 formatiert, Zeile 5 in Times mit 9,75 Punkten und die Zeilen darunter ebenfalls in Times, aber mit der Schriftgröße 8. Ich möchte Ihnen nun noch ein paar Praxistips geben:

■ 8-Punkt-Schriften sind für große Tabellen hervorragend geeignet, da die Zahlen kleiner als in der Standardgröße 10 sind und daher wesentlich mehr auf den Bildschirm paßt.

■ Gehen Sie mit extremen Schriftgrößen sparsam um. Sowohl extrem große als auch sehr kleine Schriften verlangsamen den Bildschirmaufbau.

■ Verwenden Sie nicht zu viele unterschiedliche Schriftarten und Schriftgrößen. Ebenso wie bei Textverarbeitungen besteht die Gefahr, daß die Tabelle »überladen« wirkt. Daß die Übersichtlichkeit verloren geht und man ihr anmerkt, daß dem Anwender das Herumspielen mit Excel mehr Spaß bereitete als die Aufbereitung der eigentlichen Tabelle. Beschränken Sie sich auf Ihre Lieblingsschriftart in zwei oder drei leicht unterschiedlichen Größen (zum Beispiel 8, 10 und 12 Punkte) und auf wenige sparsam eingesetzte Attribute.

4.6.2 Druckerschriften

Mein wichtigster Tip lautet allerdings: Probieren Sie erst einmal aus, welche Schriftarten Ihr Drucker vernünftig aufs Papier bringt. Die Bildschirmdarstellung ist keineswegs immer mit dem späteren Ausdruck einer Tabelle identisch!

Excel kann auf dem Bildschirm alle möglichen Schriftarten darstellen. Ob diese Schriftarten genauso ausgedruckt werden, hängt jedoch von Ihrem Drucker ab. Jeder Drucker besitzt eine oder mehrere eingebaute Schriftarten, die er meist in mehreren Varianten wie »Fett« oder »Kursiv« drucken kann.

Wenn Sie eine Schriftart oder Variante einstellen, die Ihr Drucker nicht beherrscht, wird Excel »Einzelnadelsteuerung« verwenden. Dem Drucker wird nicht wie sonst mitgeteilt »drucke ein A in der Schriftart XYZ«, sondern ihm wird gesagt »setze hier einen Punkt, dort einen zweiten Punkt, an dieser Stelle einen dritten« und so weiter. Die Information über das zu druckende Zeichen wird also Punkt für Punkt übermittelt. Ein Vorgang, der extrem langsam ist. Viel langsamer als die Verwendung der serienmäßigen Drucker-schriftarten. Und dies führt vor allem zu ziemlich unbefriedigenden Ergebnissen, da der Ausdruck erheblich unschöner aussieht als mit den im Drucker eingebauten Schriftarten.

Daher ist es sinnvoll, nur die bereits *in Ihrem Drucker eingebauten Schriftarten* zu verwenden. Welche das sind, sehen Sie, wenn Sie die Option »Drucker-Schriftarten« aktivieren. Im Listenfeld erscheinen – mit Ausnahmen – nur noch die eingebauten Schriftarten Ihres Druckers, die schnell und in vernünftiger Qualität ausgegeben werden.

Voraussetzung ist allerdings, daß Sie Ihren Drucker ordnungsgemäß installiert haben, wovon Sie sich mit dem Befehl *DATEI Druckerkonfiguration...* überzeugen können.

Zunächst erscheint ein Listenfeld mit je einem Eintrag pro Drucker, den Sie bei der Pro-gramminstallation angaben. Selektieren Sie den Drucker, den Sie installieren wollen, und aktivieren Sie die Schaltfläche »Einrichtung...«. Ein Dialogfeld erscheint, das je nach Drucker höchst unterschiedliche Optionen enthält. Die folgende Abbildung zeigt, wie dieses Dialogfeld bei einem Epson-24-Nadeldrucker aufgebaut ist.

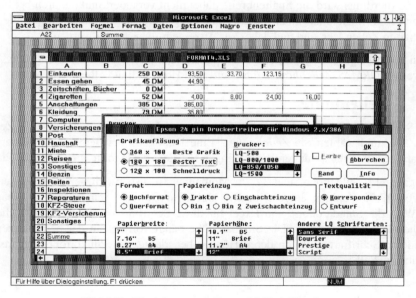

Bild 4.19: Einrichtung von Epson-24-Nadeldruckern

Viele dieser Dialogfelder werden auch bei Ihnen erscheinen. Ob es mehr, weniger oder andere Felder sind, hängt davon ab, über wieviele Möglichkeiten Ihr Drucker im Vergleich zu diesen Epson-Druckern verfügt. Wichtig ist auf alle Fälle die Angabe des korrekten Druckertyps, wenn wie hier ein Listenfeld mit mehreren Druckervarianten vorhanden ist. Und die Angabe der Schriftarten, die Ihr Drucker beherrscht. Nur dann ist Excel in der Lage, Ihnen in der erweiterten Dialogbox des Befehls *FORMAT Schriftart...* die verfüg- baren Druckerschriftarten korrekt anzuzeigen. Auf diese Schriftarten sollten Sie sich beschränken, wenn Sie nicht nur die Standardschriftart verwenden wollen, um wie erläutert beim späteren Ausdruck unangenehme Überraschungen zu vermeiden. Ansonsten bitte ich Sie, sich noch ein wenig zu gedulden. Ich werde die Themen »Druckereinrichtung« und »Drucken« in Kürze ausführlich behandeln.

Übrigens: Perfekt ist die Option »Drucker-Schriftarten« nicht gerade. Zum Beispiel beherrscht mein Laserdrucker nur die Schriftarten Courier, LinePrinter und Times. Den- noch zeigt Excel mit aktivierter Option zusätzlich noch Modern, Roman und Script an. Mit den erläuterten Konsequenzen: Der Ausdruck funktioniert zwar, die Schriftqualität kann mit den wirklich eingebauten Schriften jedoch nicht ganz standhalten. Und das bei einem Laserdrucker. Bei einem Nadeldrucker wären die Qualitätsunterschiede noch wesentlich größer.

4 7 Spaltenbreite und Zeilenhöhe

Daß die Höhe einer Zeile nicht unveränderlich ist, sahen Sie erst vor kurzem. Excel paßt die Zeilenhöhe automatisch an die in der betreffenden Zeile verwendete maximale Schrift- größe an. Allerdings wird die Spaltenbreite dabei nicht verändert und dadurch bei breiterer Schriften Text manchmal nicht mehr vollständig dargestellt (außer, wenn die rechts benachbarten Zellen leer sind und daher zur Anzeige mitverwendet werden).

Allerdings müssen Sie für jede Zeile und Spalte Befehlen *FORMAT Spaltenbreite...* bezie- hungsweise *FORMAT Zeilenhöhe...* die Breite und Höhe individuell einstellen.

4 7 1 Zeilenhöhe

Laden Sie *FORMAT4.XLS*. Gehen Sie in unserem Arbeitsblatt in irgendeine Zelle der ersten Zeile, und wählen Sie *Zeilenhöhe...* Eine Dialogbox erscheint, in der Ihnen Excel Informationen über die aktuellen Einstellungen für diese Zeile mitteilt (vgl. Bild 4.20).

Im Eingabefeld Zeilenhöhe steht 12,75. Momentan ist also für diese spezielle Zeile eine Höhe von 12,75 Punkten eingestellt. Die aktivierte Option »Standardhöhe« besagt, daß dieser Wert die Standardhöhe von Excel für diese Schriftart ist. Wohlgemerkt, die Stan- dardhöhe für *diese* Schriftart. Die Standardhöhe hängt von den in der betreffenden Zeile verwendeten Schriftarten ab, da deren Höhe – bei identischer Punktgröße – etwas unter- schiedlich ausfällt.

Geben Sie nun bitte in der Eingabezeile einen um etwa die Hälfte höheren Wert ein als vorgegeben. Also zum Beispiel 18, wenn die Standardhöhe bei Ihnen ebenso wie bei mir 12,75 ist. Wie zu erwarten war, ist Zeile 1 anschließend erheblich höher als zuvor.

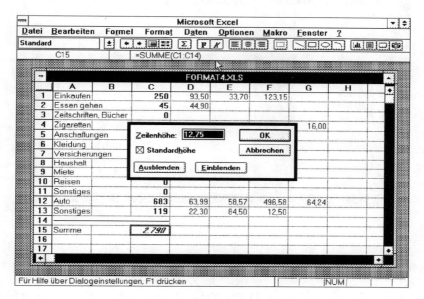

Bild 4.20: Einstellung der Zeilenhöhe

Kommandos wirken sich bei Excel immer auf alle gerade selektierten Objekte aus. Das gilt auch für die Änderung der Zeilenhöhe oder der Spaltenbreite. Sie sollen nun gleichzeitig die Höhe der Zeilen 1 bis 15 verändern. Es ist nicht notwendig, die fünfzehn Zeilen komplett zu selektieren. Markieren Sie in irgendeiner Spalte die ersten fünfzehn Felder, zum Beispiel den Bereich A1:A15 oder B1:B15. Excel ist schlau genug, um zu erkennen, daß in jedem Fall die Zeilen 1 bis 15 gemeint sind. Wählen Sie danach erneut *Zeilenhöhe...* Diesmal ist in der Eingabezeile kein Wert eingetragen, da es für die selektierten Zeilen keinen einheitlichen Wert gibt. Zeile 1 besitzt nach den vorhergehenden Manipulationen die Höhe 18 Punkte, die restlichen Zeilen sind weiterhin 12,75 Punkte hoch. Geben Sie nun 18 ein, um diese Punkthöhe für alle fünfzehn Zeilen einzustellen.

Diese an die verwendete Schriftart schlecht angepaßte Höhe verschwendet enorm viel Platz und verkleinert den sichtbaren Ausschnitt des Arbeitsblatts erheblich. Also machen Sie die Änderungen rückgängig. Selektieren Sie die fünfzehn Zeilen erneut, wählen Sie wieder *Zeilenhöhe...* und aktivieren Sie die Option »Standardhöhe«. Im Eingabefeld erscheint daraufhin die Standardhöhe 12,75, ohne daß Sie diese Höhe per Hand eingeben müßten. Bestätigen Sie die Änderung bitte, um den ursprünglichen Zustand wiederherzustellen.

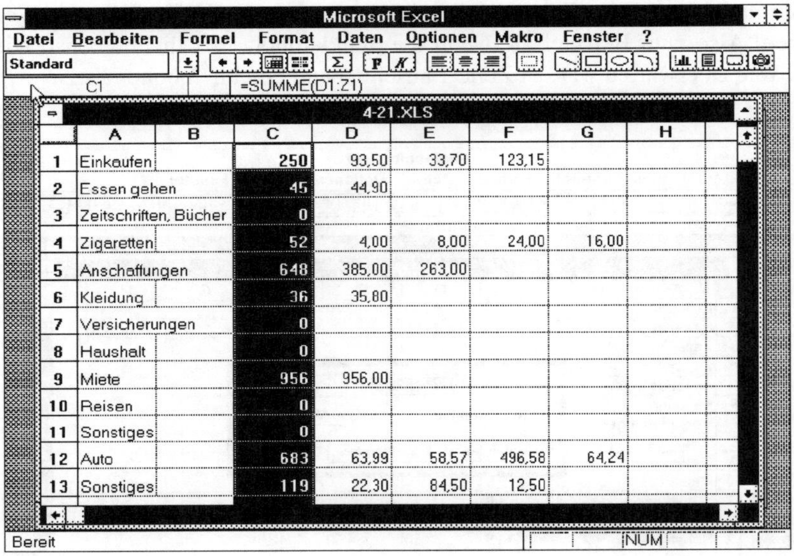

Bild 4.21: Höhe aller selektierten Zeilen ändern

Die Optionen »Ausblenden« und »Einblenden« ändern die Zeilenhöhe in einer sehr speziellen Art und Weise. »Ausblenden« stellt die Zeilenhöhe 0 ein – die Zeile verschwindet. Gehen Sie zum Beispiel auf ein Feld von Zeile 15, und wählen Sie »Ausblenden«, verschwindet unsere Summenzeile.

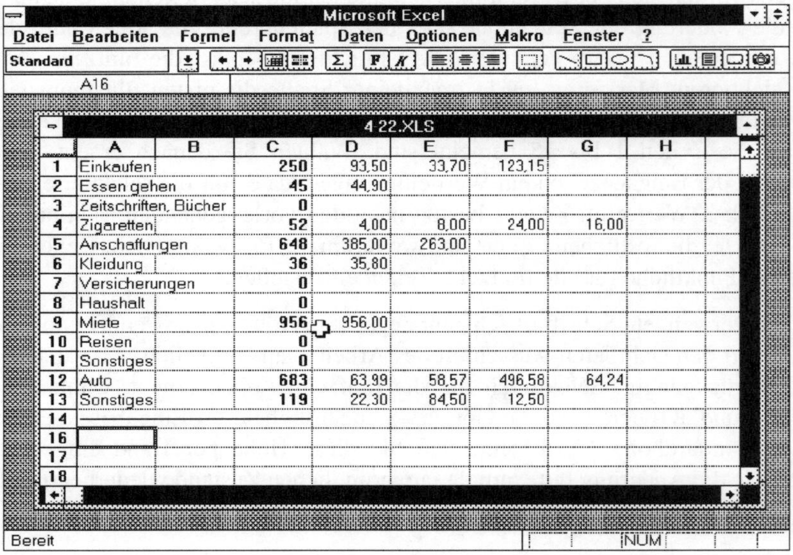

Bild 4.22: Zeilen ausblenden

Eine sinnvolle Einrichtung, wenn Sie zum Beispiel ein Blatt ausdrucken und jemandem zeigen wollen. Aber was ist, wenn mitten im Arbeitsblatt eine Zeile vorkommt, die Auskunft über Ihr Einkommen oder den Gewinn Ihrer Firma enthält und diese Zeile nicht ausgedruckt werden soll. Dann verbergen Sie die Zeile, drucken das Blatt aus und machen sie anschließend wieder sichtbar.

Mit »Einblenden« ist das allerdings nur möglich, wenn Sie inzwischen den Cursor nicht in eine andere Zeile bewegt haben. Schauen Sie sich noch einmal die Abbildung an. Zeile 15 ist verschwunden. Bewegen Sie den Cursor von oben nach unten, gelangen Sie von Zeile 14 direkt zu Zeile 16. Es ist Ihnen nicht mehr möglich, in Zeile 15 zu gelangen und dort irgendein Feld zu selektieren. Leider ist das jedoch Voraussetzung, um die Höhe dieser Zeile zu ändern.

Die einfachste Möglichkeit der Wiederherstellung besteht darin, einen Bereich zu selektieren, der unter anderem auch die unsichtbare Zeile 15 enthält, zum Beispiel A14 bis A16, anschließend *Zeilenhöhe...* zu wählen und für die selektierten Zeilen die Standard- oder eine beliebige andere Höhe einzustellen.

Wollen Sie jedoch keine andere Zeile beeinflussen, kenne ich nur eine Möglichkeit. Wählen Sie *FORMEL Gehe zu...* (Kurztaste F5). Kümmern Sie sich nicht um das Listenfeld in der nun erscheinenden Dialogbox, sondern geben Sie in der Eingabezeile irgendeinen Bezug auf Zeile 15 an, zum Beispiel A15. Sie gelangen direkt zur angegebenen Zelle. Sie sehen die Zelle zwar sowenig wie vorher, ganz links in der Eingabezeile wird jedoch A15 angezeigt. Da Sie sich offenbar tatsächlich auf diesem unsichtbaren Feld von Zeile 15 befinden, können Sie nun mit der Option »Einblenden« auch wieder die alte Höhe dieser Zeile einstellen.

4|7|2| Spaltenbreite

Die Zeilenhöhe zu manipulieren, ist selten sinnvoll, da Excel diesen Wert eigentlich immer optimal an die verwendeten Schriftarten anpaßt. Im Gegensatz zur Spaltenbreite. Dieser Wert muß praktisch in jedem umfangreichen Arbeitsblatt angepaßt werden. Excel kann natürlich nicht wissen, wie groß die Werte sind, die Sie in irgendwelche Zellen eintragen wollen. Also ist – abhängig von der Schriftart – die Standardbreite so gewählt, daß auch sehr große Zahlen meist vollständig in eine Zelle passen.

Was jedoch, wenn Sie in mehreren Spalten mit Sicherheit nur sehr kleine Werte eintragen, wie in unserer Haushaltsbuchführung? Die Spalten D bis Z sind für die einzelnen Werte in den verschiedenen Kostensparten reserviert. Ziemlich sicher wird keiner dieser Werte mehr als vier Vorkommastellen besitzen – oder geben Sie für Zigaretten monatlich mehr als 9999 DM aus?

Abgesehen von der Summenspalte, die möglicherweise sehr große Zahlen enthalten wird, würde es vollkommen ausreichen, wenn alle anderen Spalten erheblich schmaler wären. Also wird mit jeder Spalte nicht benötigter Platz verschwendet. Mit einer optimal angepaßten Spaltenbreite wären dagegen wesentlich mehr Spalten gleichzeitig sichtbar und der Überblick über das Arbeitsblatt erheblich besser.

Daher verringern wir die Breite der Spalten D bis Z. Selektieren Sie einen Bereich, der sich über diese Spalten erstreckt, zum Beispiel D1:Z1. Wählen Sie *Spaltenbreite...*, und verringern Sie den angezeigten aktuellen Wert um gut ein Viertel. Zum Beispiel auf 6, wenn bei Ihnen ebenso wie bei mir als aktuelle Breite 8,46 gemeldet wird.

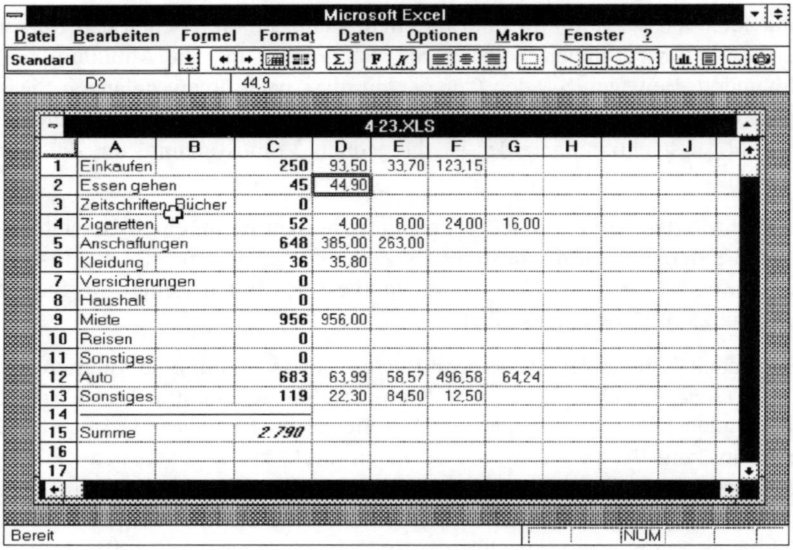

```
Microsoft Excel
Datei  Bearbeiten  Formel  Format  Daten  Optionen  Makro  Fenster  ?
Standard
          D2              44,9

                            4 23.XLS
         A          B       C      D       E       F       G    H    I    J
 1  Einkaufen               250   93,50   33,70  123,15
 2  Essen gehen              45   44,90
 3  Zeitschriften-Bücher      0
 4  Zigaretten               52    4,00    8,00   24,00   16,00
 5  Anschaffungen           648  385,00  263,00
 6  Kleidung                 36   35,80
 7  Versicherungen            0
 8  Haushalt                  0
 9  Miete                   956  956,00
10  Reisen                    0
11  Sonstiges                 0
12  Auto                    683   63,99   58,57  496,58   64,24
13  Sonstiges               119   22,30   84,50   12,50
14
15  Summe                 2.790
16
17

Bereit                                                  NUM
```

Bild 4.23: Die Datei FORMAT5.XLS

Aus der Abbildung geht hervor, daß nun bei der gleichen Arbeitsblattgröße 8 statt wie zuvor 6 Spalten nebeneinander dargestellt werden. Bei Ihnen ist dieser Wert sicher anders, da Sie möglicherweise eine andere Fenstergröße als ich bevorzugen und vielleicht mit einer anderen Grafikauflösung als ich arbeiten (VGA, 800x600 Punkte).

Der Option »Optimale Breite« stehe ich selbst etwas zwiespältig gegenüber. Ihre Aufgabe besteht darin, die Breite einer Spalte so weit wie möglich zu verringern. Soweit, daß der breiteste Zellinhalt in der betreffenden Spalte gerade noch in die Zelle hineinpaßt. Theoretisch erspart uns das die soeben vorgenommene Anpassung per Hand. In der Praxis fällt das Resultat leider nicht in jedem Fall überzeugend aus. Ein Beispiel zeigt Bild 4.24.

In dieser Tabelle selektierte ich das gesamte Arbeitsblatt, wählte anschließend *Spaltenbreite...* und aktivierte »Optimale Breite«. Wie Sie sehen, ist in einigen Spalten, zum Beispiel in B oder C, die Spaltenbreite tatsächlich optimal an die größten darzustellenden Zahlen in der Summenzeile 19 angepaßt. Eine optimalere Anpassung wäre uns selbst auch nicht möglich gewesen.

Leider berücksichtigt Excel bei der Ermittlung der optimalen Breite auch Texte. Und zwar selbst dann, wenn die rechts benachbarten Zellen frei sind und zur Textdarstellung mitverwendet werden könnten.

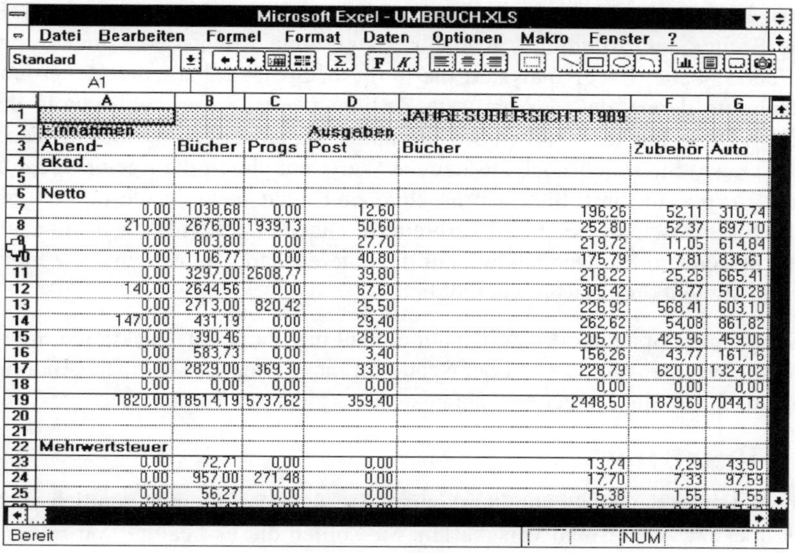

	A	B	C	D	E	F	G
1					JAHRESÜBERSICHT 1989		
2	Einnahmen			Ausgaben			
3	Abend-	Bücher	Progs	Post	Bücher	Zubehör	Auto
4	akad.						
5							
6	Netto						
7	0,00	1038,68	0,00	12,60	196,26	52,11	310,74
8	210,00	2676,00	1939,13	50,60	252,80	52,37	697,10
9	0,00	803,80	0,00	27,70	219,72	11,05	614,84
10	0,00	1106,77	0,00	40,80	175,79	17,81	836,61
11	0,00	3297,00	2608,77	39,80	218,22	25,26	665,41
12	140,00	2644,56	0,00	67,60	305,42	8,77	510,28
13	0,00	2713,00	820,42	25,50	226,92	568,41	603,10
14	1470,00	431,19	0,00	29,40	262,62	54,08	861,82
15	0,00	390,46	0,00	28,20	205,70	425,96	459,06
16	0,00	583,73	0,00	3,40	156,26	43,77	161,16
17	0,00	2829,00	369,30	33,80	228,79	620,00	1324,02
18	0,00	0,00	0,00	0,00	0,00	0,00	0,00
19	1820,00	18514,19	5737,62	359,40	2448,50	1879,60	7044,13
20							
21							
22	Mehrwertsteuer						
23	0,00	72,71	0,00	0,00	13,74	7,29	43,50
24	0,00	957,00	271,48	0,00	17,70	7,33	97,59
25	0,00	56,27	0,00	0,00	15,38	1,55	1,55

Bild 4.24: Die Option »Optimale Breite«

Das Resultat zeigt Spalte E recht eindrucksvoll. Die Spalte ist wegen der darin enthaltenen breiten Überschrift »JAHRESÜBERSICHT 1989« eindeutig überdimensioniert. Daher kommen Sie bei Verwendung dieser Option nicht darum herum, einige Spaltenbreiten nachzubearbeiten.

Die Optionen »Ausblenden« und »Einblenden« wirken analog zum Befehl *Zeilenhöhe...* »Ausblenden« legt die Spaltenbreite 0 fest (die Spalte verschwindet), »Einblenden« stellt die ursprüngliche Spaltenbreite wieder her.

4.7.3 Mit der Maus

Mit der Maus ist die Manipulation von Spaltenbreite und Zeilenhöhe ein Kinderspiel. Bewegen Sie den Mauspfeil zu den Zeilennummern am linken Fensterrand, genauer: zwischen zwei Zeilennummern, zum Beispiel zwischen die Nummern 10 und 11. Der Mauscursor verändert sich und wird zu einer Art »Doppelpfeil«. Drücken Sie die linke Maustaste, und »ziehen« Sie die untere Begrenzung von Zeile 10 nach oben (Zeilehöhe verringern) beziehungsweise nach unten (Zeilenhöhe vergrößern). Sobald Sie die Maustaste loslassen, ist die neue Zeilenhöhe eingestellt. Und zwar für Zeile 10, da sich das »Ziehen« an einer solchen Linie immer auf jene Zeile auswirkt, deren *untere* Begrenzung diese Linie darstellt.

Ebenso einfach ist die Manipulation der Spaltenbreite. Sie bewegen den Mauscursor in die Zeile am oberen Fensterrand, die die Spaltenbezeichnungen enthält, klicken die *rechte* Begrenzung der zu manipulierenden Spalte an und ziehen diese Linie nach rechts (Breite vergrößern) beziehungsweise nach links (Breite verringern).

Mit einem Doppelklick auf die Spaltenbegrenzung lösen Sie übrigens die Funktion »Optimale Breite« aus. Allerdings nicht für das gesamte Arbeitsblatt, sondern gezielt für die betreffende Spalte. Excel analysiert die in dieser Spalte enthaltenen Zellen und ändert die Spaltenbreite derart, daß der breiteste Zellinhalt gerade noch vollständig dargestellt werden kann. Diese Funktion sollten Sie allerdings erst anwenden, wenn Ihre Tabelle vollständig ist. Tragen Sie später noch zusätzliche Werte ein, durch die irgendwelche Summen erhöht werden, passen diese Summen anschließend nicht mehr in die optimal angepaßte Spalte, und Sie müssen sie per Hand verbreitern. Diese Funktion können Sie auch auf die Zeilenhöhe anwenden. Ein Doppelklick auf die untere Begrenzungslinie der Zeilennummer verringert die Zeilenhöhe so weit wie möglich.

Wollen Sie mehrere Spalten oder Zeilen auf einmal manipulieren, selektieren Sie sie zuerst und manipulieren irgendeine Zeile oder Spalte im markierten Bereich. Die Änderung wirkt sich automatisch auf alle Spalten beziehungsweise Zeilen des Bereichs aus.

4|7|4| Praxistips

Mit Manipulationen der Spaltenbreiten können Sie sich häufig einen deutlich verbesserten Überblick über Ihr Arbeitsblatt verschaffen. Sie sollten dieses Feature von Excel daher so oft wie möglich ausnutzen – und dabei Verschiedenes berücksichtigen.

Zum Beispiel, daß Spaltenbreiten nicht durch die Anzahl der in eine Zelle hineinpassenden Zeichen gemessen werden können. Die meisten Schriftarten von Excel sind Proportionalschriften, bei denen die einzelnen Zeichen unterschiedlich breit sind. Ein »M« ist erheblich breiter als ein »I«. Diese Kleinigkeit hat praktische Auswirkungen. Planen Sie eine Spalte, in der mehrere Namen mit maximal neun Buchstaben Länge eingetragen werden, testen Sie die benötigte Breite zum Beispiel, indem Sie den Namen »Maierbach« eingeben und Ihre Spaltenbreite optimal an diesen Namen anpassen, so daß er gerade noch in eine Zelle hineinpaßt. Leider ist dieser Test nicht ausreichend. Aufgrund des ersten Murphy'schen Gesetzes (sinngemäß »was schiefgehen kann, geht auch schief«), müssen Sie garantiert irgendwann einen Herrn eingeben, dessen Name ebenfalls aus neun Buchstaben besteht, allerdings mit mindestens drei extrem breiten Buchstaben wie »m« oder »w«. Ein vernünftiger Test wäre dagegen die Eingabe der Zeichenfolge »MMMMMMMMM«.

Zweitens sollten Sie sich genau überlegen, welche Zahlenformate Sie verwenden. Nur sehr selten benötigen Sie den viel Platz verschlingenden Zusatz » DM« oder Tausenderpunkte. Solche Zusätze sollten Sie möglichst auf eine oder zwei Spalten beschränken, die wichtige Zahlen wie Summen enthalten. Das bedeutet, daß Sie Ihr Arbeitsblatt von vornherein so konzipieren sollten, daß sich die wichtigen und hervorzuhebenden Zahlen in möglichst wenig Spalten konzentrieren. Dann können Sie diese wenigen Zahlen auch problemlos fett oder kursiv formatieren, da sich die benötigte höhere Spaltenbreite ja auf nur wenige Spalten beschränkt.

Und ein letzter Tip: Überlegen Sie sich bei der Wahl des Zahlenformats gut, wie genau die Anzeige sein soll. Fast immer genügt eine ganzzahlige Anzeige. Denn intern rechnet Excel ja weiterhin mit dem exakten Wert. Schauen Sie sich noch einmal unsere Haushaltsbuchführung ein. Für die Effizienz dieser Anwendung spielt es nicht die geringste Rolle, ob die einzelnen Werte, die in den Spalten D bis Z eingetragen werden, wie hier mit zwei oder

ohne Nachkommastellen angezeigt werden. Der Verzicht auf die Anzeige der Nachkommastellen spart zugleich das Komma ein und würde daher nochmal eine deutliche Verringerung der Spaltenbreite ermöglichen.

4 8 Rahmen

Die schwierigsten Themen haben wir hinter uns. Alle weiteren Formatiermöglichkeiten
sind eher spielerisch zu handhaben. Zum Beispiel die »Rahmenformatierung« mit
FORMAT Rahmenart...

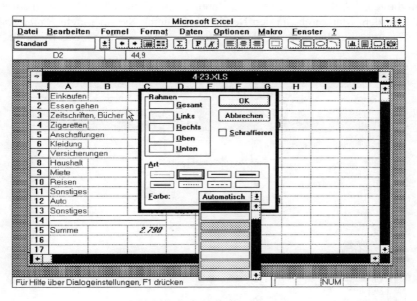

Bild 4.25: Rahmenformatierungen

Jede Zelle kann ihren eigenen Rahmen besitzen, zum Beispiel wie bisher überhaupt keinen,
oder einen Linie am oberen, unteren, linken oder rechten Rand der Zelle. Oder beliebige
Kombinationen dieser vier möglichen Randbegrenzungen, zum Beispiel Linien an allen
vier Rändern, was einen vollständigen Rahmen um die Zelle oder den Bereich herum
ergibt. Zusätzlich können Sie die Strichstärke und die Farbe dieser Linien bestimmen.

Und wenn Sie den Inhalt einer Zelle besonders deutlich hervorheben wollen, können Sie
mit der Option »Schraffieren« die Zelle oder den Bereich mit einem dünnen Linienmuster
überziehen.

Laden Sie bitte *FORMAT5.XLS*. Selektieren Sie A15:C15, und wählen Sie *Rahmenart...*
Aktivieren Sie in der Dialogbox wie in der Abbildung die Optionen »Schraffieren« und
»Unten«, und selektieren Sie unter »Art« die parallelen Doppelstriche.

Löschen Sie anschließend mit Entf den nun überflüssigen Bindestrich in A14. Er verschwindet nicht nur aus dieser, sondern auch aus den rechts benachbarten Zellen, die mit

diesem Zeichen aufgefüllt wurden (mit dem Befehl *FORMAT Ausrichtung...* und der Option *Auffüllen*, Sie erinnern sich?). Jetzt sollte der Bereich A15:C15 exakt der Abbildung entsprechen.

Selektieren Sie bitte die Zeilen 1 und 2 (die *kompletten* Zeilen), und wählen Sie *BEAR-BEITEN Leerzellen...*, um am oberen Bildschirmrand zwei Leerzeilen einzufügen. Alle darunter liegenden Zeilen werden um zwei Zeilen nach unten verschoben. Geben Sie in A1 den Text »Haushaltsbuchführung« ein, markieren Sie anschließend A1:C1, und schraffieren Sie auch diese Zellen.

Und nun die letzte Aufgabe. Der gesamte Bereich von A3 bis C15 soll von einem Rahmen umgeben werden. Markieren Sie den Bereich, selektieren Sie im Befehl *Rahmenart...* die Option »Gesamt« und den dünnsten der drei durchgezogenen Striche. Das Resultat:

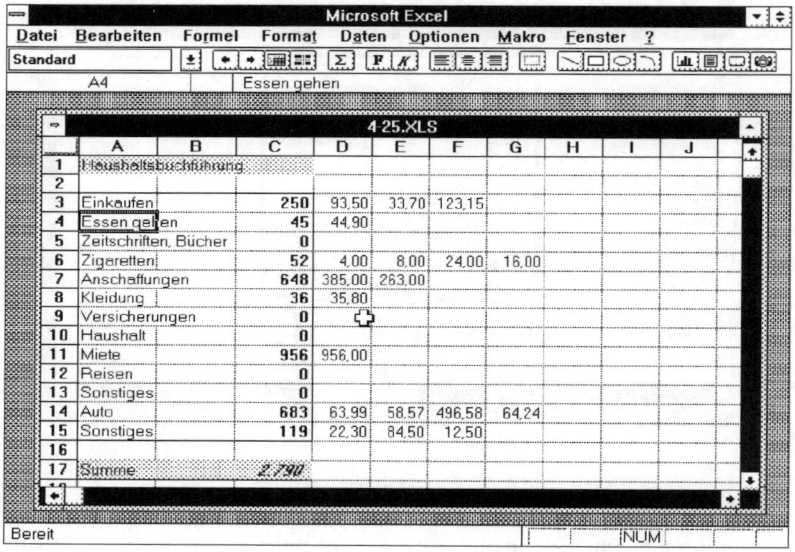

Bild 4.26: Die Datei FORMAT6.XLS

Sieht Ihre Tabelle anders aus, laden Sie einfach die Datei *FORMAT6*, um wieder auf dem aktuellen Stand zu sein. »Gesamt« legt offenbar einen *Rahmen um den gesamten selektierten Bereich* herum. Die Teilrahmenstrich-Optionen wirken sich dagegen auf jede einzelne Zelle aus. Hätten Sie »Unten« selektiert, besäße nun *jede einzelne Zelle* im Bereich A3 bis C15 einen unteren Rahmenstrich.

Wenn Sie erneut den Bereich A3:C15 selektieren und *Rahmenart...* wählen, ist übrigens nicht mehr »Gesamt« aktiviert. Stattdessen sind die Optionen »links«, »rechts«, »oben« und »unten« schraffiert, um anzuzeigen, daß jede dieser Optionen im selektierten Bereich teilweise gültig ist. Zum Beispiel trifft auf die Felder A3, B3 und C3 die Option »oben« zu, aber auf kein anderes Feld des Bereichs. Leider ist Excel nicht schlau genug, um zu erkennen, daß diese Teilaktivierungen letztlich einen Rahmen um den gesamten Bereich herum bilden und daher eigentlich die Option »Gesamt« aktiviert sein müßte.

Dieses Versagen von Excel bei der Analyse der Rahmenattribute eines selektierten Bereichs hat unangenehme Konsequenzen, wenn Sie nachträglich einige Attribute ändern wollen. Zum Beispiel den gleichen Bereich noch einmal selektieren, die Strichstärke oder Rahmenfarbe ändern und alle anderen Optionen unverändert lassen wollen. Es passiert nämlich überhaupt nichts! Bei einem von Excel als uneinheitlich formatiert angesehenen Rahmen müssen Sie stattdessen recht umständlich vorgehen:

- Deaktivieren Sie zunächst alle vier schraffierten Optionen.

- Aktivieren Sie erneut »Gesamt«.

- Wählen Sie nun die gewünschte Strichstärke oder Rahmenfarbe.

4|9| Muster- und Farbwahl

»Schraffieren« legt ein vorgegebenes Muster über eine Zelle. Mit *FORMAT Muster...* können Sie das Muster wählen, mit dem die Zelle überzogen wird, und zusätzlich die Farbe dieses Musters festlegen.

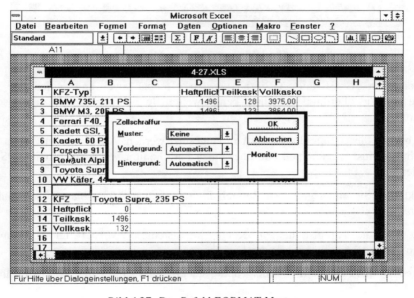

Bild 4.27: Der Befehl FORMAT Muster...

Die Voreinstellung »Keine« bedeutet, daß die Zelle kein Muster enthält. Die restlichen Elemente enthalten Muster unterschiedlichster Art, die jedoch nahezu eine Gemeinsamkeit besitzen: In fast allen Fällen besteht ein Muster aus einer Anzahl von Punkten oder Linien, die über den Zellhintergrund verteilt sind.

Sie können mit den beiden unteren Listenfeldern die Farbe dieser Punkte oder Linien und des Zellhintergrunds getrennt bestimmen. Mit Farben kann ich dank der Schwarzweiß-Abbildungen in diesem Buch leider nur schwer operieren, aber mit schwarzweißen Mustern:

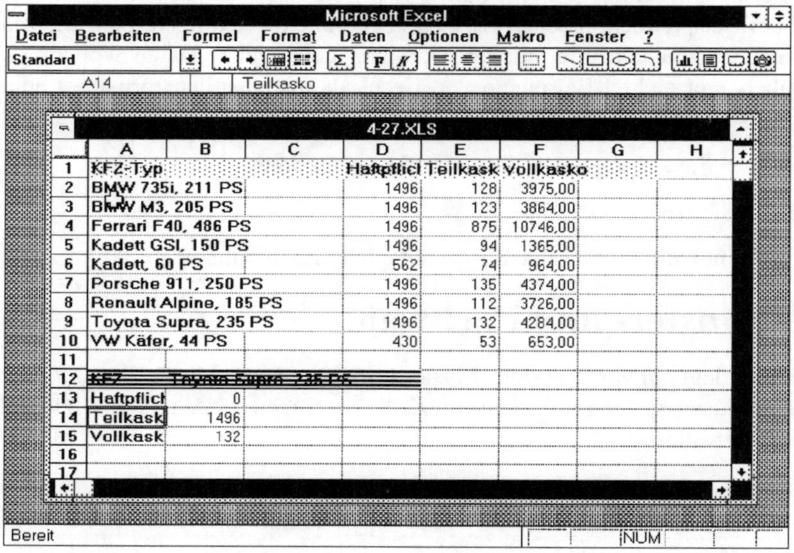

Bild 4.28: Zuweisung von Mustern

Den Bereichen A1:G1 und A12:D12 wurden offenbar zwei unterschiedliche Muster zugewiesen. Was allerdings vor allem beim zweiten Bereich nur zu nahezu unleserlicher Schrift führt.

Dennoch kann dieser Befehl sehr sinnvoll eingesetzt werden. Allerdings nur, wenn Sie auf ein »echtes« Muster verzichten und über einen Farbmonitor verfügen. Probieren Sie bitte folgendes aus:

▓ Selektieren Sie einen größeren Bereich Ihres aktuellen Arbeitsblatts, und wählen Sie *Muster...*

▓ Lassen Sie die Voreinstellungen »Keine« im Listenfeld »Muster« und »Automatisch« im Feld »Hintergrund« unverändert!

▓ Öffnen Sie das Listenfeld »Vordergrund«, selektieren Sie die Farbe Rot, und wählen Sie »OK«.

Das Resultat: Der selektierte Bereich erhält kein Muster. Stattdessen werden alle Zellen einfach rot dargestellt, was optisch recht ansprechend wirkt, finden Sie nicht? Wenn Sie wollen, können Sie mit der Option »Farbe« des Befehls *FORMAT Schriftart...* für den selektierten Bereich noch eine dazu passende Textfarbe wählen.

Zusammengefaßt: Wollen Sie nur die Farbe einer Zelle verändern, darf unter »Muster« kein Muster selektiert sein. Die gewünschte Farbe suchen Sie sich unter »Vordergrund« aus. Gitternetzlinien werden in auf diese Weise formatierten Bereichen übrigens nicht mehr dargestellt.

Wollen Sie dagegen ein echtes Muster benutzen, legt »Vordergrund« die Farbe der darin enthaltenen Punkte oder Linien fest, und »Hintergrund« die Farbe des Zellhintergrunds.

Um einen Eindruck von den optischen Möglichkeiten zu erhalten, sollten Sie die Datei *BUCHFRG1.XLS* laden, in der ich die beschriebene Technik einsetze.

4⎪10⎪ Eingabe und Formatierung von Datums- und Zeitwerten

Die Eingabe und Formatierung eines Datums oder einer Uhrzeit habe ich bisher noch nicht behandelt. Dabei ist es sehr sinnvoll, ein Datum wie den »12.5.1992« so einzugeben, daß Excel es auch als Datum erkennt. Denn Excel besitzt verschiedene Funktionen, die Ihnen den Umgang mit Datumswerten erleichtern. Es kann zum Beispiel – ausgehend vom eingegebenen Datum – den zugehörigen Wochentag bestimmen. Es ist möglich, den zugehörigen Monat, sowohl als Zahl zwischen 1 und 12 als auch als Monatsname (»Januar« bis »Dezember«) oder die Differenz in Tagen zwischen zwei Datumswerten zu bestimmen. Mehr darüber erfahren Sie im Kapitel 8.2.3 »Datums- und Zeitfunktionen«.

4⎪10⎪1⎪ Datumsformate

Ebenso wie Zahlen- besitzt Excel auch einige Standard-Datumsformate. Zur Beschreibung dieser Formate werden wiederum eine Reihe von Symbolen verwendet.

Symbol	Bedeutung
T	Tag als Zahl (1 bis 31)
TT	Tag als Zahl mit führender Null (01 bis 31)
TTT	Tag als Abkürzung mit drei Zeichen (»Son« bis »Sam«)
TTTT	Tag als vollständiger Name (»Sonntag« bis »Samstag«)
M	Monat als Zahl (1 bis 12)
MM	Monat als Zahl mit führender Null (01 bis 12)
MMM	Monat als Abkürzung mit drei Zeichen (»Jan« bis »Dez«)
MMMM	Monat als vollständiger Name (»Januar« bis »Dezember«)
JJ	Jahr als zweistellige Zahl (00 bis 99)
JJJJ	Jahr als vierstellige Zahl (1900 bis 2078)

Tabelle 4.1: Datumssymbole

Das Listenfeld der Dialogbox, die zum Befehl *FORMAT Zahlenformat...* gehört, enthält unterhalb der Zahlenformate vier aus diesen Symbolen und einem Trennzeichen bestehende Datumsformate. Eingegebene Datumswerte können Sie in jedem dieser Formate darstellen lassen.

Format	Beispiel
T.M.JJ	15.4.90
T.MMM JJ	15.Apr 90
T.MMM	15.Apr
MMM JJ	Apr 90

Tabelle 4.2: Datumsformate

Schließen Sie bitte Ihr Arbeitsblatt, und legen Sie ein neues an. Nehmen Sie diesen Hinweis ernst, und verwenden Sie nicht einfach eine leere Zelle im gerade bearbeiteten Blatt, sondern legen Sie wirklich ein neues Blatt an! Warum, erkläre ich weiter unten.

Suchen Sie sich irgendeine Zelle aus, und geben Sie ein: 15.4.1990. Interessanterweise zeigt Excel das Datum ein klein wenig anders an, als Sie es eingaben: »15.4.90«. Dieses Format ist das Standard-Datumsformat von Excel, das automatisch verwendet wird, solange der betreffenden Zelle das Format »Standard« zugewiesen ist, das erste Element des Listenfelds. Es ist das erste der vier Datumsformate im Listenfeld.

Sie können der Zelle allerdings ein beliebiges anderes Datumsformat zuweisen. Selektieren Sie die Zelle, in die Sie gerade Ihr Datum eingegeben haben, und wählen Sie *FORMAT Zahlenformat...* Selektieren Sie das Format »T.MMM JJ«. Nachdem Sie der Zelle dieses Format zugewiesen haben, zeigt Excel das Datum in der Form »15.Apr 90« an, da »MMM« laut Tabelle aussagt: »Monat als Abkürzung mit drei Zeichen anzeigen«. Wenn Sie der Zelle das Format »MMM JJ« zuweisen, ändert sich die Anzeige entsprechend in »Apr 90«.

Zum Trennen zwischen den Tagen, Monaten und Jahren können Sie außer dem Punkt alternativ einen Bindestrich oder einen Bruchstrich verwenden (»15-4-90« und »15/4/90«). Die Jahreszahl können Sie zwei- oder vierstellig eingeben (»1.1.90« oder »1.1.1990«). In allen Fällen erkennt Excel, daß es sich um ein Datum handelt und benutzt zur Anzeige – solange Sie die Zelle nicht anders formatieren – das erste der vier Datumsformate.

Alle drei Trennzeichen können Sie auch bei der Erstellung eigener Datumsformate verwenden. Das Prinzip ist dabei das Gleiche wie bei der Erstellung eigener Zahlenformate: Eigendefinierte Formate kommen ans Ende der Formatliste, werden zusammen mit dem gerade aktiven Arbeitsblatt gespeichert und geladen, und können mit »Löschen« jederzeit wieder entfernt werden. Zum Beispiel könnten Sie als neues Datumsformat »TT-MM-JJJJ« festlegen und Ihrer Zelle dieses Format zuweisen, wenn Sie eine Darstellung wie »15-04-1990« bevorzugen.

4|10|2| Zeitformate

Symbol	Bedeutung
h	Stunde (0 bis 23)
hh	Stunde mit führender Null (00 bis 23)
m	Minute (0 bis 59)
mm	Minute mit führender Null (00 bis 59)
s	Sekunde (0 bis 59)
ss	Sekunde mit führender Null (00 bis 59)
AM/am/A/a	1 bis 12 Uhr wird als »AM«, »am«, »A« oder »a« dargestellt
PM/pm/P/p	13 bis 24 Uhr wird als »PM«, »pm«, »P« oder »p« dargestellt

Tabelle 4.3: Zeitsymbole

Diese Zeitsymbole dürften unproblematisch sein, abgesehen von »AM« und »PM« und deren Varianten. »AM«, »am«, »A« und »a« steht jeweils für »vor Mittag« und »PM« und die zugehörigen Varianten für »nach Mittag«. Die 12-Stunden-Einteilung wird verwendet, bei der auf 12 Uhr vor Mittag nicht wie bei der 24-Stunden-Einteilung 13 Uhr, sondern 1 Uhr nach Mittag folgt. Und der Zusatz »AM« beziehungsweise »PM« zeigt an, ob vor oder nach Mittag gemeint ist. Die vordefinierten Zeitwerte finden Sie am Ende der Liste des Befehls *Zahlenformat...*, unterhalb der Datumsformate. Die folgende Tabelle enthält jeweils das Format und als Beispiel die Darstellung der Uhrzeit »14 Uhr, 22 Minuten, 15 Sekunden« im jeweiligen Format. Das letzte Format ist eine Mischung aus einem Datums- und einem Zeitformat, bei dem von der Eingabe der gleichen Uhrzeit und des Datums 15.4.90 ausgegangen wird.

Format	Beispiel
h:mm AM/PM	2:50 PM
h:mm:ss AM/PM	2:50:15 PM
h:mm	14:50
h:mm:ss	14:50:15
T.M.JJ h:mm	15.4.90 14:50

Tabelle 4.4: Zeitformate

Sicher interessiert Sie, auf welche Weise Sie in einer Zelle eine Mischung aus Datum und Zeit wie die im letzten Beispiel verwendete eingeben können. Indem Sie das Datum in irgendeinem der gültigen Datumsformate eingeben, und dahinter oder davor – aber durch ein Leerzeichen getrennt – auch die Zeit in einem der vordefinierten Zeitformate eingeben.

Sie könnten zum Beispiel die Form »15-4-90 14:50:15« wählen oder auch »Apr 90 3:50:15 PM«. Mit den Zeitsymbolen und dem trennenden Doppelpunkt können Sie beliebige eigene Zeitformate kreieren.

4|10|3| Eine beliebte Fehlerquelle und ein kleiner Trick

Ich habe Sie darauf hingewiesen, für Experimente mit Datums- und Zeiteingaben unbedingt ein neues Arbeitsblatt zu verwenden und nicht die Haushaltsbuchführung, mit der Sie zuletzt arbeiteten.

In dieser Datei haben wir einem großen Teil des Arbeitsblatts das Format »0,00« zugewiesen und damit die Vorgabe »Standard« überschrieben, die nach dem Anlegen eines neuen Blatts zunächst für jede Zelle gilt. Wenn Sie in eine Zelle, der ein Zahlenformat wie »0,00« zugewiesen wurde, ein Datum oder eine Uhrzeit eingeben, geschieht Seltsames. Probieren Sie es mit dem Datum 15.4.1990 aus. Geben Sie dieses Datum ein, und formatieren Sie die Zelle mit »0,00«. Excel zeigt danach statt einem Datum plötzlich 32978,00 an. Formatieren Sie die Zelle nun mit einem Datumsformat wie »T.M.JJ«, wird wieder korrekt »15.4.90« angezeigt.

Die Erklärung dieses seltsamen Verhaltens: Geben Sie ein Datum wie den 15.4.1990 ein, speichert Excel in Wahrheit nicht diese Zeichenfolge, sondern wandelt das Datum in eine »serielle« Zahl um und merkt sich diese Zahl. Diese Umwandlung verläuft nach folgendem Schema: Excels »Zeitrechnung« beginnt beim 1.1.1900. Diesem Datum ist die Zahl 1 zugeordnet, dem Datum 2.1.1900 die Zahl 2 und so weiter. Das letzte Datum, auf dessen Verarbeitung die aktuelle Excel-Version eingerichtet ist, ist der 31.12.2078 – oder, als serielle Zahl, 65380.

Geben Sie nun ein Datum wie den 15.4.1990 ein, errechnet Excel die zugeordnete serielle Zahl – in diesem Fall 32978 – und merkt sie sich. Was in der Zelle angezeigt wird, hängt jedoch davon ab, wie sie formatiert ist. Excel kann sowohl die serielle Zahl selbst als auch das zugehörige Datum anzeigen.

Wurde der Zelle noch kein spezielles Format zugewiesen, verwendet Excel das Standard-Datumsformat »T.M.JJ« und zeigt »15.4.90« an. Wurde ihr ein anderes Datumsformat zugewiesen, ist ebenfalls klar, daß ein Datum und nicht die serielle Zahl selbst darzustellen ist.

Wird der Zelle jedoch ein Zahlenformat wie »0,00« zugewiesen, soll Excel ja offenbar eine echte Zahl darstellen. Also wird nicht das zugehörige Datum 15.4.90, sondern die serielle Zahl selbst angezeigt, in unserem Fall die Zahl 32978.

Entsprechendes gilt auch für Uhrzeiten, die Excel ebenfalls als serielle Zahlen speichert. Und zwar als Zahlen zwischen 0 und 1, wobei 0 dem Tagesbeginn entspricht und 1 dem Tagesende. Zum Beispiel wird 1 Uhr morgens als 1/24 gespeichert oder 14 Uhr als 14/24.

Achten Sie daher immer darauf, Zellen, die ein Datum oder eine Uhrzeit aufnehmen, keinesfalls eines der Zahlenformate zuzuweisen! Es wird Ihnen später außerordentlich schwerfallen, zu erkennen, daß die angezeigte Zahl 32978 mit dem Datum 15.4.90 identisch ist.

Zum Schluß habe ich noch einen kleinen Tip für Sie. Häufig will man in einer Tabelle das aktuelle Datum vermerken. Kein Problem: Geben Sie dort, wo das Datum stehen soll, ein:

=JETZT()

Diese Formel bewirkt die Anzeige des aktuellen Datums und zwar ständig aktualisiert! Heute wird zum Beispiel »1.1.92« angezeigt. Wenn Sie morgen die Tabelle erneut laden: »2.1.92«.

Beachten Sie unbedingt, daß die Zelle mit einem der Datumsformate formatiert werden muß. Sonst wird statt des Datums die zugehörige serielle Zahl angezeigt!

4|11| **Bündig anordnen**

»Bündig anordnen« ist ein Befehl, den ich Ihnen zwar erklären kann, dessen Sinn mir jedoch mangels praktischen Einsatzmöglichkeiten bisher schleierhaft ist. Vor der Anwahl dieses Befehls selektieren Sie einen rechteckigen Bereich, in dem die linke Spalte Texte enthält und die Spalten rechts davon leer sind, der also etwa so aussieht:

Maier	
Müller	
Wittenbach	
Frankenberg	
Bauer	
Merkel	

»Bündig anordnen« verbindet die Texte in der linken Spalte miteinander und verteilt sie dann über die gesamte Breite des selektierten Bereichs, wobei Excel darauf achtet, ein Wort nicht auseinanderzureißen. Das Resultat sieht etwa so aus:

Maier Müller	Wittenbach
Frankenberg Bauer	
Merkel	

Wie gesagt: In welchen Fällen Sie diesen Befehl einsetzen können, müssen Sie selbst herausfinden.

4|12| Feldschutz

Ein manchmal recht brauchbares Zellattribut ist der »Feldschutz«. Mit diesem Attribut können Sie wichtige Felder vor eigenen versehentlichen oder böswilligen Änderungen durch jemand anders schützen. Selektieren Sie das gesamte Arbeitsblatt, und wählen Sie danach *FORMAT Feldschutz...* Eine Dialogbox mit den Optionen »Gesperrt« und »Formel verbergen« erscheint. »Gesperrt« ist vorselektiert. Dies ist der normale Zustand von Zellen.

Was dieses Attribut bewirkt, sehen Sie erst in Verbindung mit dem Befehl *Datei schützen...* im *OPTIONEN*-Menü. Wählen Sie bitte diesen Befehl. Excel fordert Sie auf, ein Kennwort einzugeben. Geben Sie »Test« ein (die Eingabe ist nicht sichtbar), und lassen Sie den Zustand der drei Optionen unverändert. Nach »OK« sollen Sie das Kennwort sicherheitshalber ein zweites Mal eingeben, um Vertippen oder ähnliches auszuschließen.

Öffnen Sie nun bitte nacheinander die einzelnen Menüs. Kaum einer der darin enthaltenen Befehle läßt sich momentan anwählen. Das ist eine der Wirkungen des Befehls *Datei schützen...* Allerdings hat dieser Befehl auch Auswirkungen auf einzelne Zellen. Besitzt eine Zelle das Attribut »Gesperrt«, kann ihr Wert nicht verändert werden, solange der Dateischutz aktiv ist. Versuchen Sie es. Sofort erscheint eine Alarmbox mit dem Hinweis, daß gesperrte Felder nicht verändert werden können.

Den Schutz aufheben können Sie nur, indem Sie erneut *Datei schützen...* anwählen – beziehungsweise *Dateischutz aufheben...*, denn so heißt dieser Befehl inzwischen – und das Kennwort »Test« eingeben. Nun sind wieder alle Zellen manipulierbar und auch alle Menübefehle zugänglich.

Wie gesagt, »Gesperrt« ist das Standardattribut für eine Zelle. Vielleicht wollen Sie jedoch, daß auch nach Vergabe eines Dateischutzes nicht alle Zellen gesperrt sind. Dann selektieren Sie die betreffenden Zellen, wählen *Feldschutz...* und deaktivieren die Option »Gesperrt«. Wenn Sie nun eine Datei schützen, können Sie bei jenen Zellen, für die Sie das Attribut »Gesperrt« aufhoben, auch weiterhin Eingaben vornehmen. Sinnvoll ist das zum Beispiel, wenn eine Anwendung endgültig fertig ist. Im Falle der Haushaltsbuchführung sollte man für die Zellen mit den Texten und den Summenformeln das Attribut »Gesperrt« aufrecht erhalten. Und es für die Zellen rechts neben den Summen, in die täglich Werte eingegeben werden, entfernen. Anschließend schützen Sie die Datei mit einem Paßwort. Das Resultat: In den Zellen rechts von den Summen können Sie ganz normal Ihre Ausgaben eintragen. Es ist Ihnen jedoch unmöglich, die Überschriften oder die Felder mit den Summenformeln versehentlich zu verändern, was ja wohl ganz sinnvoll ist.

Die zweite Option von *Feldschutz...*, »Formel verbergen«, ist weniger interessant. Auch dann, wenn eine Datei geschützt ist, werden die in den Zellen enthaltenen Formeln wie üblich in der Bearbeitungszeile angezeigt, wenn sich der Cursor auf der Zelle befindet. Genau das können Sie verhindern, indem Sie diese Option für zuvor selektierte Zellen aktivieren. Wohlgemerkt, verhindert wird anschließend bei eingeschaltetem Dateischutz nur, daß die Formel in der Bearbeitungszeile angezeigt wird, nicht die Anzeige des Wertes, den die Formel ergibt.

4|13| Formatvorlagen – Kombinationen von Formatmerkmalen

Wir haben nun alle Formatiermöglichkeiten behandelt. Es waren eine ganze Menge. Sie alle zu nutzen, war in der letzten Excel-Version 2.1 noch recht mühsam. Um einem selektierten Bereich eine bestimmte Schriftart, einen Rahmen, ein Zahlenformat und noch eine bestimmte Ausrichtung zuzuweisen, mußten Sie sich entsprechend durch ein halbes Dutzend Menüs wählen. Genau das entfällt mit der 3.0-Version.

Die 3.0-Version ermöglicht Ihnen, beliebige Formatdefinitionen miteinander zu einer »Formatvorlage« zu kombinieren, die Sie mit einem Mausklick jederzeit einer Zelle oder einem Bereich zuweisen können. Die Definition und Zuweisung erfolgt über die Werkzeugleiste oder den Befehl *FORMAT Formatvorlage...* Laden Sie bitte die Datei *FORMAT6.XLS*, und selektieren Sie den Bereich A1:C1. Wählen Sie *FORMAT Formatvorlage...*

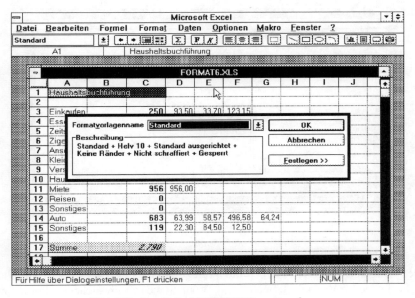

Bild 4.29: Der Befehl FORMAT Formatvorlage...

Das geschlossene Listenfeld, das gleichzeitig ein Eingabefeld ist, enthält die vordefinierten Formatvorlagen von Excel. Jede Vorlage – jede »Formatkombination« – besitzt einen eigenen Namen, der im Eingabefeld »Formatvorlagenname« angezeigt wird. Vorselektiert ist »Standard«. Im Feld »Beschreibung« sehen Sie, welche Formatierungsbestandteile diese Vorlage enthält, unter anderem offenbar das Standard-Zahlenformat und die Schriftart Helvetica in der Größe 10. Eben alle Standardeinstellungen, die nach dem Anlegen eines neuen Arbeitsblatts für alle Zellen gelten.

Mit den Tasten ⬇ und ⬆ können Sie die Liste Element für Element durchgehen und sich die Namen und Eigenschaften der vordefinierten Vorlagen anschauen. Oder sie mit einem Mausklick auf den abwärts gerichteten Pfeil öffnen und mit einem weiteren Mausklick einen der Einträge selektieren. Das Listenfeld wird wieder geschlossen und die vollständige Beschreibung des selektierten Eintrags sichtbar.

4|13|1| Zuweisung

Selektieren Sie nun bitte »Standard«, und schließen Sie die Box mit »OK«. Sie werden gefragt, ob die Vorlage »Standard« auf der Basis der aktuellen Selektion neu definiert werden soll. Antworten Sie mit »Nein«. Sie sollen die Formate dieser Zelle nicht übernehmen, sondern ihr neue zuweisen. Die Frage selbst werde ich in Kürze näher erläutern.

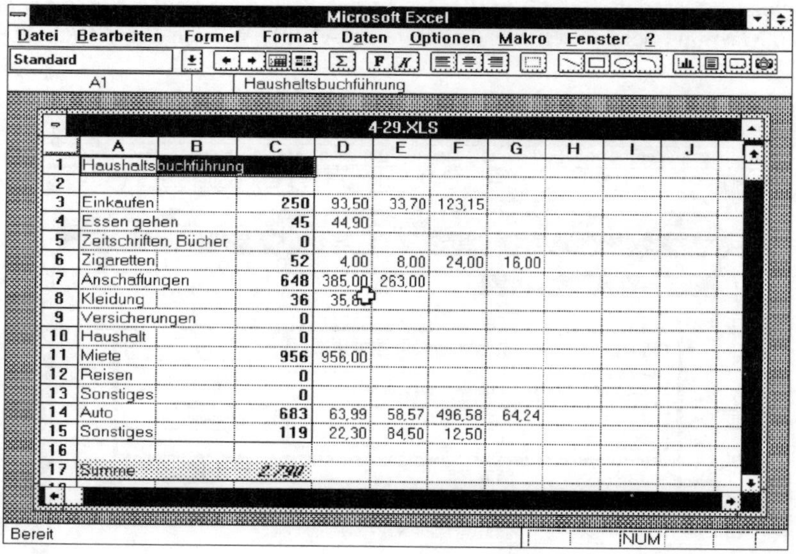

Bild 4.30: Stil »Standard« zuweisen

Sie haben dem Bereich A1:C1 soeben die Vorlage »Standard« zugewiesen. Mit allen Formaten, die in dieser Vorlage definiert sind. Vom Standard abweichende Formatierungen werden durch diese Zuweisung rückgängig gemacht. In unserem Fall also nur die Schattierung des Bereichs.

Die Zuweisung dieser vordefinierten Formatvorlage ist die einfachste Möglichkeit, für einen bestimmten Bereich *alle* vorgenommenen Formatierungen rückgängig zu machen und die Standardeinstellungen wiederherzustellen. Ebenso könnten Sie dem Bereich eine der anderen in der Liste enthalten Vorlagen zuweisen.

Fassen wir zusammen. Einer Zelle oder einem Bereich weisen Sie eine der verfügbaren Vorlagen zu, indem Sie

▪ die Zelle beziehungsweise den Bereich selektieren,

▪ unter *FORMAT Formatvorlage...* die gewünschte Vorlage wählen,

▪ die Box mit »OK« schließen und – falls Sie danach gefragt werden – eine Neudefinition dieser Vorlage verneinen.

4 13 2 Eigendefinierte Vorlagen

Weitaus interessanter als die Zuweisung einer der vorgegebenen ist jedoch die Definition eigener Formatvorlagen.

4 13 2 1 Vorgabe eines Beispiels

Am einfachsten durch Vorgabe eines Beispiels. Vor Anwahl von *FORMAT Format-vorlage...* selektieren Sie eine Zelle, die bereits die gewünschten Formatierungsmerkmale aufweist, eine »Beispielzelle«.

Zum Beispiel eine der Zellen C3 bis C15 in *FORMAT6.XLS*, die die vom Standard abweichenden Merkmale »Fett« und »Ganzzahlige Zahlendarstellung« enthalten. Möglicherweise wollen Sie diese Merkmale noch öfters für die Darstellung von Summen verwenden. »Fett«, um die Summe optisch hervorzuheben, und »Ganzzahlig«, da bei Summen Nachkommastellen oft nicht weiter interessieren. Dann definieren Sie eine entsprechende Vorlage und geben ihr den Namen »Summe«. Sie können diese neue Vorlage später, wie soeben gezeigt, beliebigen Zellen oder Bereichen zuweisen.

Selektieren Sie bitte in *FORMAT6.XLS* eine dieser Summenzellen, zum Beispiel C15. Wählen Sie *FORMAT Formatvorlage...* Die Box erscheint, »Standard« ist vorselektiert, und darunter werden die Merkmale dieser Vorlage beschrieben. Sie geben nun in der Eingabezeile einen neuen Vorlagennamen ein, sagen wir »Summe«. Im gleichen Moment, in dem Sie mit der Eingabe eines neuen Namen beginnen, ändert sich die Vorlagenbeschreibung. Nicht mehr die Vorlage »Standard«, sondern die aktuellen Formatierungen der selektierten Zelle C15 werden beschrieben.

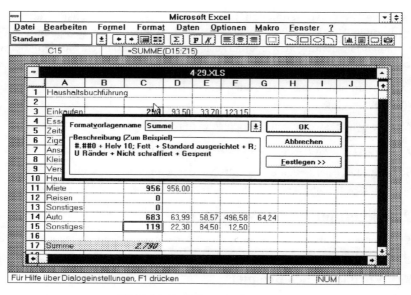

Bild 4.31: Definition durch Beispiel

Wählen Sie »OK«, um die Definition abzuschließen. Die Liste enthält nun einen zusätzlichen Eintrag, den wir auf den Bereich D14:G15 anwenden wollen. Selektieren Sie diesen Bereich D14:G15, und wählen Sie erneut *Formatvorlage...* Selektieren Sie die soeben definierte Vorlage »Summe«, und weisen Sie sie mit »OK« dem Bereich D14:G15 zu.

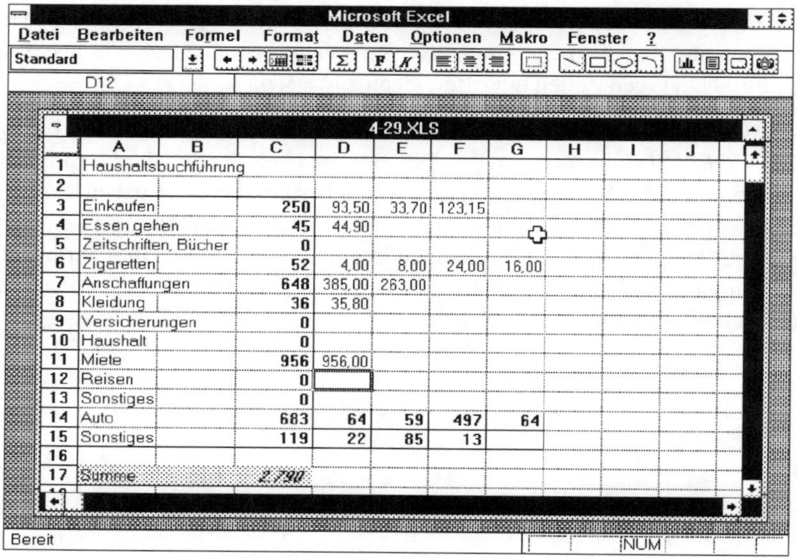

Bild 4.32: Zuweisung der eigendefinierten Vorlage

Wie Sie sehen, wurden den Zellen des selektierten Bereichs alle Formatierungsmerkmale zugewiesen, die die neue Vorlage »Summe« festlegt. Sie werden ganzzahlig und fett dargestellt und besitzen einen rechten und unteren Rand. Letzteres war zweifellos nicht beabsichtigt. Also benötigen wir eine Methode, bei der Definition gezielt festzulegen, welche Formatierungsmerkmale geändert und welche erhalten bleiben sollen.

Merken Sie sich bitte vorläufig: Mit der beschriebenen Methode übernehmen Sie *alle* Formatierungsmerkmale der aktiven Zelle unverändert und legen sie als neue Vorlage fest (wenn Sie einen neuen Formatvorlagennamen eingeben) beziehungsweise definieren eine der bereits vorhandenen Vorlagen um (wenn Sie einen der bereits vorhandenen Namen selektieren). Die Vorgehensweise:

■ Beispielzelle selektieren

■ Unter *FORMAT Formatvorlagen...* den Namen der neuen Vorlage eingeben

■ Box mit »OK« schließen

4|13|2|2| Manuelle Definition

Soviel zur vollständigen Übernahme eines Beispiels. Stellen Sie nun bitte wieder die ursprüngliche Formatierung des Bereichs D1:G15 her. Weisen Sie ihm die Vorlage »Standard« zu, und formatieren Sie ihn anschließend mit dem Zahlenformat »0,00«.

Die Option »Festlegen >>« erlaubt Ihnen darüberhinaus, Vorlagen unabhängig von einem Beispiel zu definieren oder die Vorgaben des Beispiels zu modifizieren. Selektieren Sie bitte C17, wählen Sie erneut *FORMAT Formatvorlage...*, und aktivieren Sie »Festlegen >>«.

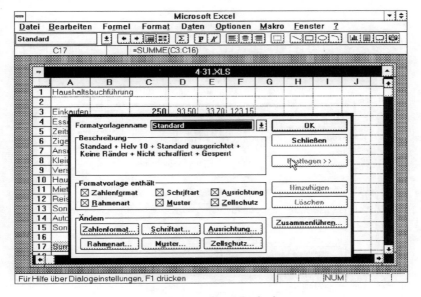

Bild 4.33: Erweiterte Dialogbox

Zunächst legen Sie wieder den Namen der neuen Vorlage fest. Geben Sie ein »Gesamt-summe«. Im gleichen Moment werden unter »Beschreibung« wieder die Formatierungen der Beispielzelle angezeigt.

Würden Sie einen der bereits vorhandenen Namen selektieren, käme dies der Umdefinie-rung der betreffenden Vorlage gleich. Geben Sie jedoch bitte »Gesamtsumme« ein, da wir eine zusätzliche Vorlage definieren wollen.

Und nun schauen Sie sich die zusätzlichen Optionen an. Unter »Formatvorlage enthält« legen Sie fest, welche Komponenten die Vorlage enthalten soll. Normalerweise sind alle Optionen aktiviert. Deaktivieren Sie Optionen, verschwinden die zugehörigen Formatie-rungsmerkmale aus der Formatbeschreibung.

Wir wollen mit der Vorlage »Gesamtsumme« Zellen, die Summen enthalten, die Schrift-merkmale »10-Punkt-Helvetica«, »Fett« und »Kursiv« zuweisen. Das aktuelle Zahlen-format, die Rahmen-, Muster- und alle anderen Formatierungen dieser Zellen sollen jedoch erhalten bleiben. Deaktivieren Sie daher alle Optionen außer »Schriftart«. In der Beschrei-bungsbox verschwinden alle Merkmale außer »Helv 10«, »Fett« und »Kursiv«. Die Vor-lage »Gesamtsumme« enthält nun keinerlei Aussage mehr über die anderen Formatierungs-komponenten, so daß diese unverändert erhalten bleiben, wenn wir diese Vorlage später irgendwelchen Zellen zuweisen.

Unter »Ändern« finden Sie alle aktivierten Merkmale noch einmal, diesmal in Form von Knöpfen. Die Anwahl eines dieser Knöpfe öffnet die »Formatier-Dialogbox« des gleich-namigen Befehls. Wählen Sie zum Beispiel den Knopf »Schriftart...« an, erscheint die bekannte Box zur Formatierung von Schriften.

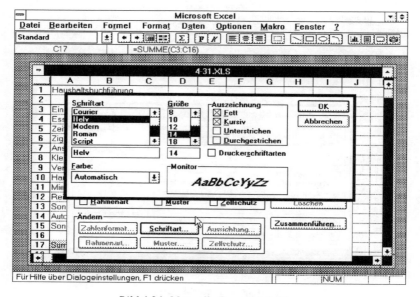

Bild 4.34: Manuelle Formatdefinition

Die Schriftmerkmale der Beispielzelle sind darin vorselektiert. Sie können nun davon abweichende Einstellungen vornehmen und damit die Schriftformatierungsmerkmale des Stils »Gesamtsumme« beliebig verändern. Ändern Sie bitte entsprechend der Abbildung die Schriftgröße in »14«, und schließen Sie die Box von *Schriftart*...

Sie haben nun mehrere Möglichkeiten, die Definition abzuschließen. Mit »OK« oder »Hinzufügen«. »OK« fügt die neue Vorlage in die Liste ein und formatiert damit gleichzeitig die Beispielzelle. C17 würde also 14 Punkte groß dargestellt.

Das möchte ich jedoch vermeiden. Wählen Sie daher bitte »Hinzufügen«. »Hinzufügen« fügt die Definition ebenfalls in die Liste ein, läßt jedoch die Dialogbox offen und die Beispielzelle unbeeinflußt.

Sie könnten nun theoretisch im Eingabefeld den nächsten Vorlagennamen eingeben, definieren und ebenfalls mit »Hinzufügen« in die Liste einfügen. Da diese eine Definition jedoch vorerst ausreicht, schließen Sie die Box bitte mit »Schließen« (nicht mit »OK«, da die Definition sonst auf die Beispielzelle angewendet wird).

Nun wollen wir die neue Vorlage anwenden. Selektieren Sie den Bereich C3:C15, und weisen Sie ihm die Vorlage »Gesamtsumme« zu.

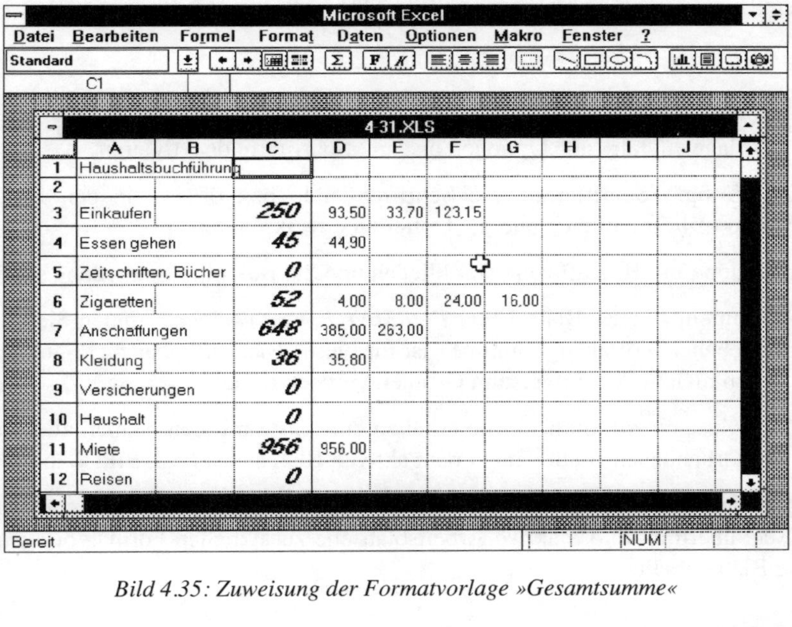

Bild 4.35: Zuweisung der Formatvorlage »Gesamtsumme«

Wie Sie sehen, blieb die Rahmenlinie am rechten Rand der selektierten Zellen erhalten. Die Rahmenformatierung wurde offenbar nicht beeinflußt.

Allgemein: Im selektierten Bereich bleiben alle Formate außer den Schriftformatierungen unverändert erhalten: das Zahlenformat, die Text- und Zellfarbe, ein eventuell vorhandener

Rahmen und so weiter. Die einzige Änderung besteht darin, daß die Schrift in diesem Bereich nun eben fett, kursiv und in 14-Punkt-Helvetica dargestellt wird.

Soviel zur manuellen Definition eigener Vorlagen. Die Option »Löschen« macht das, was ihr Name besagt: Sie löscht den selektierten Eintrag aus der Liste. Sie können alle Vorlagen bis auf »Standard« löschen. Diese Vorlage bleibt immer erhalten. Und solange Sie sie nicht umdefinieren, können Sie durch Zuweisung dieser Vorlage verunglückte Formatierungen jederzeit rückgängig machen und die Standardeinstellungen wiederherstellen.

Definierte Vorlagen sind immer mit dem gerade aktiven Arbeitsblatt verbunden. Definieren Sie eine Vorlage »X«, während gerade das Arbeitsblatt *TEST1.XLS* aktiv ist, ist diese Vorlage nicht mehr verfügbar, wenn *TEST2.XLS* aktiv ist. Entsprechend werden beim Speichern eines Blattes auch alle zugehörigen Formatvorlagen gespeichert und sind somit nach dem Laden wieder verfügbar.

Neu- oder umdefinierte Vorlagen gelten nur für die Arbeitsblätter, die während der Definition aktiv waren. Oft wäre es nützlich, sie von einem Blatt zu einem anderen zu übertragen, um auch dort eine Vorlage wie »Summe« anwenden zu können, ohne sie ein zweites Mal definieren zu müssen. Genau das ist die Aufgabe des Knopfes »Zusammenführen...«.

Schließen Sie bitte Ihr Arbeitsblatt, und legen Sie mit *DATEI Neu...* ein neues Blatt an. Definieren Sie eine zusätzliche Vorlage »Test«. Und zwar, indem Sie

- *FORMAT Formatvorlage...* wählen,

- im Eingabefeld »Summe« eingeben,

- unter »Vorlage enthält« alle Optionen bis auf »Schriftart« deaktivieren,

- mit dem Knopf »Schriftart...« die Schriften-Dialogbox öffnen, in den Listenfeldern »Helv« und »14« selektieren und die Option »Fett« aktivieren,

- die Definition mit »Hinzufügen« abschließen und die Box mit »Schließen« schließen.

Öffnen Sie nun ein zweites Blatt. Unter *FORMAT Formatvorlage...* finden Sie nur die von Excel vorgegebenen Vorlagen. »Summe« ist für dieses Blatt offenbar nicht gültig, sondern nur für das nun nicht mehr aktive, zum Großteil verdeckte Blatt.

Wählen Sie »Zusammenführen...«. Sie erhalten eine Liste mit den Namen aller momentan im Speicher vorhandenen Blätter außer dem aktiven Blatt selbst (vgl. Bild 4.36).

Suchen Sie sich das erste Blatt aus, in dem »Summe« definiert wurde, und wählen Sie »OK«. Excel überträgt in das aktive Arbeitsblatt alle zusätzlichen Formatvorlagen, die das selektierte Blatt enthält.

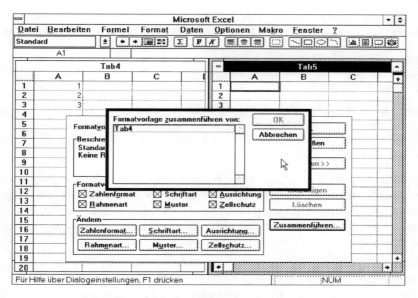

Bild 4.36: Zusammenführen von Formatvorlagen

4|13|2|3| Umdefinition

Ich habe bereits mehrfach angedeutet, wie Sie vorhandene Vorlagen umdefinieren können, Ihre eigenen und die von Excel vorgegebenen.

Sie wählen *FORMAT Formatvorlagen...*, suchen sich die umzudefinierende Vorlage aus der Liste aus, stellen die gewünschten Formatierungen ein, wählen »Hinzufügen« und »Schließen« (oder »OK«, wenn die Vorlage auf die gerade aktive Zelle angewendet werden soll).

Änderungen einer Formatvorlage wirken sich sofort auf alle Zellen des Arbeitsblatts aus, denen die betreffende Vorlage zugewiesen wurde. Die Auswirkungen sind am extremsten, wenn Sie die Vorlage »Standard« umdefinieren, da Excel beim Anlegen des Blattes allen Zellen diese Vorlage zuwies. Ändern Sie »Standard«, ändert sich daher die gesamte Tabelle, für die nun wieder die Standard-Voreinstellung gilt – abgesehen von den wenigen Zellen, denen Sie selbst eine andere Vorlage zugewiesen haben.

Manchmal weiß Excel übrigens nicht genau, ob Sie nun eine Vorlage anhand einer Beispielzelle umdefinieren oder aber der betreffenden Zelle nur diese Vorlage zuweisen wollen. Und zwar immer, wenn

■ einer Zelle wie A1 eine bestimmte Vorlage zugewiesen wurde, zum Beispiel unsere Vorlage »Gesamtsumme«,

■ Sie die Formatierungen dieser Zelle A1 danach mit den normalen Formatierbefehlen verändern, zum Beispiel mit dem Knopf in der Werkzeugleiste die nach der Zuweisung von »Gesamtsumme« eingeschaltete Kursivschrift wieder ausschalten,

■ die Zelle A1 selektieren, die zuvor zugewiesene Vorlage »Gesamtsumme« wählen und die Dialogbox schließen.

In diesem Fall weiß Excel nicht, ob Sie der Zelle A1 wieder das Format »Gesamtsumme« zuweisen wollen oder aber die inzwischen leicht veränderten Formatierungen dieser Zelle (Kursivschrift wurde ausgeschaltet) als neue Definition der Vorlage »Gesamtsumme« übernehmen wollen.

Daher wird Ihnen nach dem Schließen der Box die Frage gestellt, ob die Zelle als Beispiel für die Umdefinition der Vorlage benutzt werden soll. Bejahen Sie die Frage, wird »Gesamtsumme« entsprechend umdefiniert, ohne Kursivschrift. Verneinen Sie, wird der Zelle stattdessen gerade umgekehrt die unveränderte Vorlage »Gesamtsumme« zugewiesen: Sie ist wieder kursiv formatiert.

Das erklärt auch, wieso diese Frage bei unserem allerersten Versuch auftauchte, als wir C17 die Vorlage »Standard« zuwiesen. Diese Vorlage wurde C17 ja bereits einmal zugewiesen: beim Anlegen des Blattes, wie jeder Zelle einer neu angelegten Tabelle. Dann haben wir C17 verändert, fett, kursiv und schattiert formatiert. Bei der folgenden Anwahl von *FORMAT Formatvorlage...* mit selektierter Zelle C17 wußte Excel nicht, ob C17 erneut das Format »Standard« zugewiesen oder aber dieses Format entsprechend den Formatierungen dieser Zelle umdefiniert werden sollte.

4|13|3| Individuelle Formatierungsvoreinstellungen

Es kann sehr nützlich sein, die Vorlage »Standard« umzudefinieren. Wir alle haben unsere Vorlieben – die Excel jedoch bedauerlicherweise unbekannt sind. Vielleicht wollen Sie Zahlen prinzipiell im Format »0,00« darstellen. Oder Sie finden wenig Gefallen an der Standardschrift Helvetica in der Größe 10, oder Sie sind ein Liebhaber farbiger Arbeitsblätter.

Dann ändern Sie einfach die Voreinstellungen von Excel, also die Vorlage »Standard«, die Excel jeder Zelle eines neu angelegten Blattes zuweist. Da sich jede Änderung einer Vorlage automatisch auf alle mit ihr formatierten Zellen auswirkt, wirkt sich die Änderung von »Standard« entsprechend auf das gesamte Blatt aus, solange Sie darin noch keine anderen Vorlagen zugewiesen haben.

Legen Sie ein neues Blatt an, wählen Sie *Formatvorlage...*, und selektieren Sie in der Liste »Standard«. Stellen Sie jene Formatierungen ein, die Sie meistens verwenden. Zum Beispiel die Schriftart Times in der Größe 8 und die Textfarbe Gelb und unter »Muster« die Vordergrundfarbe Dunkelblau. Wählen Sie »Hinzufügen«, und schließen Sie die Box.

Die gewählten Einstellungen wirken sich sofort auf das gesamte Blatt aus. Es besitzt nun einen dunkelblauen Hintergrund, und die Trennlinien entfallen. Tragen Sie irgendwo eine Zahl ein, wird sie sofort im Format »0,00« dargestellt, und zwar in gelber Schrift auf dem blauen Untergrund.

Dieses leere Blatt mit Ihren individuellen Formatierungsvoreinstellungen sollten Sie anschließend unter einem Namen wie *STANDARD.XLS* speichern, und jedesmal laden, wenn Sie eine neue Tabelle anlegen wollen. Achten Sie jedoch darauf, diese Originaldatei nicht zu überschreiben und beim Speichern immer einen anderen Namen zu wählen.

Sie ersparen sich auf diese Weise, nach dem Anlegen eines neuen Blatts immer wieder die gleichen Formatierungen vornehmen zu müssen. Auf eines sollten Sie allerdings achten: Wenn Sie wie in meinem Beispiel in der Vorlage »Standard« ein bestimmtes Zahlenformat wie »0,00« wählen, müssen Sie Zellen, in denen Sie ein Datum oder eine Uhrzeit eintragen, anschließend doch per Hand formatieren. Statt dem Datum beziehungsweise der Uhrzeit wird sonst die zugehörige serielle Zahl im gewählten Format »0,00« dargestellt (siehe »Eingabe und Formatierung von Datums- und Zeitwerten«).

4|13|4| **Formatvorlagen und die Werkzeugleiste**

Nun wissen Sie eigentlich alles über Formatvorlagendefinitionen und -zuweisungen. Bis auf eine Kleinigkeit. Beides kann durch die Werkzeugleiste erheblich beschleunigt werden. Ganz links befindet sich ein kombiniertes Listen- und Eingabefeld.

Um einem Bereich eine bestimmte Vorlage zuzuweisen, markieren Sie den Bereich und klicken im Listenfeld die gewünschte Vorlage an.

Um per Beispiel eine neue Vorlage zu definieren, selektieren Sie die gewünschte Beispiel- zelle, klicken das Eingabefeld an und geben den Namen Ihrer Vorlage ein.

Wenn Sie eine Vorlage per Beispiel umdefinieren wollen, selektieren Sie ebenfalls die Bei- spielzelle, klicken die betreffende Vorlagenbezeichnung an, ändern den Namen jedoch nicht, sondern drücken einfach [Enter].

5 Drucken

Ursprünglich wollte ich das Thema Drucken ans Ende des Kalkulationsteils stellen. Allerdings hoffe ich, daß Sie dieses Buch wie vorgesehen der Reihe nach durcharbeiten. Und dann wäre es unzumutbar, Sie jetzt, nachdem Sie bereits eigene Arbeitsblätter erstellen können, noch Ewigkeiten auf einen Ausdruck Ihrer Blätter warten zu lassen.

5.1 Druckereinrichtung

Wahrscheinlich besitzen Sie nur einen Drucker. Wenn nicht, gestattet Excel Ihnen, beim Ausdruck unter den installierten Druckern jenen auszuwählen, auf dem der Ausdruck erfolgen soll. Voraussetzung ist jedoch, daß Sie all Ihre Drucker korrekt installiert haben.

Die Grundinstallation erfolgte zwar bereits beim Einrichten von Windows. Das Kommando *DATEI Druckerkonfiguration...* erlaubt jedoch zusätzlich eine sehr tiefgehende Festlegung der Art und Weise, in der Ihr Drucker arbeiten soll.

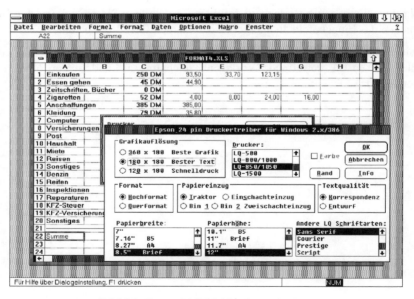

Bild 5.1: Epson-24-Nadeldrucker einrichten

Diese Dialogbox habe ich Ihnen bereits im letzten Kapitel gezeigt. Sie erscheint, wenn Sie den Befehl *DATEI Druckerkonfiguration...* wählen. In der anschließend erscheinenden Dialogbox können Sie festlegen, welcher Drucker welche Schnittstelle benutzen soll.

Haben Sie nur eine parallele Schnittstelle namens »LPT1«, aber zwei Drucker, können Sie somit wählen, welcher der beiden Drucker diese Schnittstelle benutzen soll.

Selektieren Sie jedoch einen der Drucker und aktivieren danach *Einrichtung...*, erscheint die in der Abbildung gezeigte »Konfigurations-Dialogbox«. Umfang und Inhalt dieser Dialogbox hängen ausschließlich von den Fähigkeiten Ihres Druckers ab. Haben Sie bitte Verständnis dafür, daß ich mich stellvertretend für die Unmengen der auf dem Markt erhältlichen Drucker auf zwei beschränke. Zunächst führe ich Ihnen die Druckereinrichtung am Beispiel der Epson-24-Nadeldrucker vor. Diese Erläuterungen gelten prinzipiell für alle Matrix- und ähnlichen Drucker. Anschließend gebe ich Ihnen noch einige spezielle Hinweise, die ausschließlich für Laserdrucker gelten.

5|1|1| Grafikauflösung und Textqualität

Mit »Grafikauflösung« bestimmen Sie, wie fein beziehungsweise grob der Ausdruck wird. Excel stellt alle Auflösungen zur Verfügung, die Ihr Drucker beherrscht. Die erste Zahl gibt die Anzahl der Punkte in horizontaler Richtung an, die zweite die Auflösung in vertikaler Richtung. Je höher die Punktzahl, desto besser ist somit die Auflösung.

Der Haken: Das Ausdrucken eines Arbeitsblattes im Grafikmodus dürfen Sie von der Geschwindigkeit her auf keinen Fall mit dem Ausdruck eines Programms arbeiten, das im Textmodus arbeitet (Word, dBase usw.). Ein Ausdruck mit Excel erfordert Geduld – um so mehr, je höher die Auflösung ist. Daher ist es vor allem beim Entwurf eines Arbeitsblattes, bei dem oft einige Probeausdrucke stattfinden, sinnvoll, zunächst nicht mit der höchsten Auflösung zu arbeiten.

Das Optionsfeld »Textqualität« bewirkt ähnliches. Im »Entwurfsmodus« druckt Excel mit deutlich verminderter Qualität und erheblich schneller als im »Korrespondenzmodus« (siehe auch »Grafikauflösung«). Diese Option bietet die schnellste Möglichkeit, dauerhaft zwischen »langsam und sauber« und »schnell und grob« umzuschalten. »Dauerhaft«, da Sie zusätzlich noch bei jedem einzelnen Ausdruck die Wahl zwischen dem Entwurfs- und dem Korrespondenzmodus haben.

5|1|2| Druckertyp, Farbe und Schriftarten

Mit »Druckertyp« können Sie unter verschiedenen ähnlichen Druckern Ihr spezielles Exemplar auswählen. Sinnvoll, wenn Sie zum Beispiel auf ein prinzipiell gleiches Modell umsteigen, das jedoch breiteres Papier als Ihr alter Drucker verarbeiten kann (zum Beispiel von einem Epson LQ 850 auf die Breitversion LQ 1050).

Verfügen Sie über einen mehrfarbigen Drucker, können Sie die Option »Farbe« wahlweise aktivieren oder deaktivieren. Excel wird bei aktivierter Option »Farbe« Ihr Blatt in den von Ihnen verwendeten Farben drucken. Zum Beispiel hatte ich erklärt, wie Sie bei der Formatierung von Zahlen auch deren Farbe festlegen können, erinnern Sie sich? Um zum Beispiel negative Werte auf dem Bildschirm rot auszugeben. Mit einem geeigneten Farbdrucker werden die betreffenden Werte nun auch rot ausgedruckt.

Viele Drucker, die mehrere eingebaute Schönschriftarten besitzen, können darüber hinaus über spezielle Schriftkassetten mit weiteren Schriftarten nachgerüstet werden. Diese zusätzlichen Schriften müssen Sie Excel anschließend im Listenfeld »Andere LQ Schriftarten« angeben.

5|1|3| Einzug, Papier- und Druckformat

Die Option »Einzug« kennen Sie sicher von anderen Programmen her. Die übliche Wahl ist die zwischen Einzelblatt (»Einschachteinzug«) und Endlospapier (»Traktor«). Im ersten Fall fordert Sie Excel nach dem Bedrucken jeweils auf, ein neues Blatt Papier einzulegen, im zweiten wird fortlaufend weitergedruckt, bis das gesamte Arbeitsblatt ausgegeben ist.

Wie der Name der Optionen »Papierbreite« und »Papierhöhe« sagt: Es geht um die Breite beziehungsweise Höhe Ihres Papiers. Beide Werte sind zweifellos nicht immer identisch, wenn Sie zum Beispiel abwechselnd Briefe oder Formulare drucken. Allerdings wird diese Option für die 3.0-Version nicht mehr benötigt, da Sie das Papierformat nun zusätzlich mit dem Befehl *DATEI Layout...* angeben können. Was vorteilhaft ist, da alle Einstellungen, die Sie mit diesem Befel vornehmen, zusammen mit dem aktuellen Arbeitsblatt gespeichert werden, Sie also für jedes Arbeitsblatt unterschiedliche Einstellungen definieren können.

Das gleiche gilt für die Option »Format«. Im »Hochformat« druckt Excel so viele Spalten wie möglich nebeneinander und die restlichen Spalten auf einem der folgenden Blätter. »Querformat« dreht den Ausdruck um 90 Grad, so daß die auf einem Blatt druckbare Spaltenanzahl von der Papierlänge statt von der Breite abhängt. Entsprechend können oftmals auch recht breite Blätter noch vollständig auf einem Blatt ausgegeben werden. Dafür ist der Ausdruck im Querformat (noch) langsamer und oftmals extrem unsauber. Bedenken Sie, daß die saubersten und am schnellsten auszugebenden Schriftarten die Druckerschriftarten sind, also jene Schriften, die Ihr Drucker von Haus aus beherrscht. Beim Druck im Querformat muß Excel jedoch selbst solche Schriftarten Punkt für Punkt zum Drucker übermitteln, da dieser nicht darauf eingerichtet ist, seine eingebauten Schriftarten um 90 Grad zu drehen.

Wie gesagt: Ob im Hoch- oder im Querformat gedruckt wird, sollten Sie besser mit dem Befehl *DATEI Layout...* festlegen.

5|1|4| Laserdrucker

Für Laserdrucker gibt es einige spezielle Einstellungen, über die Sie Bescheid wissen sollten (vgl. Bild 5.2).

Diese Dialogbox erscheint bei der Einrichtung Hewlett-Packard-kompatibler Laserdrucker. Ich erläutere nun ausschließlich die speziell für Laserdrucker interessanten Optionen.

Zunächst einmal geben Sie wieder den genauen Typ Ihres Druckers an. Unter »Papierzufuhr« geben Sie die »Papierquelle« ein. Zum Beispiel besitzt mein eigener HPIIP einen oberen und einen unteren Papierschacht mit Papier. Ich kann zum Beispiel in den unteren Schacht rein weißes Papier und in den oberen vorgedruckte Briefbögen einlegen. Und Excel mit dieser Einstellung angeben, welcher der beiden Schächte beim Drucken benutzt werden soll.

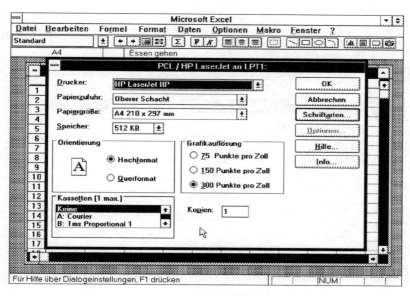

Bild 5.2: Laserdrucker konfigurieren

Das Listenfeld »Speicher« wird vor allem dann wichtig, wenn Sie Ihren Drucker nachträglich erweitern. Zum Beispiel von 512 Kbyte auf 1,5 Mbyte oder ähnlich. Dann sollten Sie nicht vergessen, Excel (und Windows) die neue Speichergröße bekanntzugeben.

Die gewählte »Grafikauflösung« ist vor allem bei Laserdruckern mit sehr wenig Speicher interessant. Weniger bei reinen Tabellen, dafür jedoch bei Grafiken oder noch stärker bei Grafiken, die in Tabellen integriert sind.

Dann erhalten Sie mit 512 Kbyte oder einem ähnlich »mickrigen« Speicher garantiert Probleme, wenn Sie in der höchsten Auflösung drucken. Bei Laserdruckern wird nämlich die gesamte Seite im Druckerspeicher aufbereitet, und 512 Kbyte reichen dazu bei maximaler Auflösung oft nicht aus. Ihre einzige Alternative besteht darin, eine niedrigere Auflösung zu wählen, nach dem Motto: besser eine schlechter als gar kein Ausdruck.

Excel kann außer den serienmäßig eingebauten Schriften auch nachträglich eingesteckte Schriftkassetten verwenden. Aber nur, wenn Sie die Erweiterung unter »Kassetten« bekanntgeben.

Ihr Laser besitzt eine bestimmte Anzahl »hardwaremäßig vorhandener« Schriften, serienmäßig eingebaute und eventuell in einer eingesteckten Schriftkassette vorhandene.

Eine billige Möglichkeit der Erweiterung besteht im Kauf von »ladbaren Schriftarten«, sogenannten »Softfonts«. Dabei handelt es sich um Schriften im sogenannten »HP-PCL-Format«, die als Dateien auf der Festplatte vorhanden sind und in den Speicher Ihres Druckers geladen werden. Diese Softfonts geben Sie unter »Schriftarten...« bekannt.

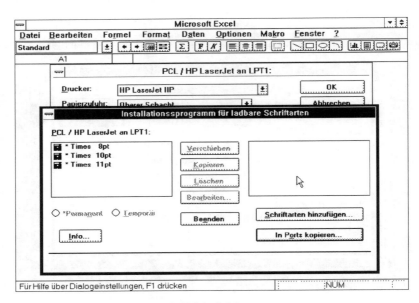

Bild 5.3: Softfonts

Wählen Sie »Schriftarten hinzufügen...«, werden Sie aufgefordert, das Laufwerk und Verzeichnis der Schriftdateien anzugeben. Sie erscheinen in der rechten Box, und Sie können sie mit »Kopieren« in die linke Box befördern, um sie zu installieren.

Jede Schriftart kann »permanent« oder »temporär« sein. Permanent bedeutet, daß sie nach dem Laden in den Druckerspeicher bis zum Ausschalten oder Reset des Druckers erhalten bleibt (und Speicher belegt). Sind Sie mit der Installation der gewünschten Schriften fertig, können Sie noch wählen, ob die temporären Schriften gleich beim Einschalten des Rechners an den Drucker gesendet werden. Wenn ja, fügt dieses Installationsprogramm in Ihre *AUTOXEC.BAT* eine Zeile ein, die ein Programm zum Laden der Softfonts aufruft. Normalerweise ist es am sinnvollsten, bei allen Schriften »permanent« anzugeben und diese Option zu wählen. Vorausgesetzt, Ihr Drucker ist beim Einschalten des Rechners ebenfalls eingeschaltet, verlängert sich zwar die zum Booten benötigte Zeit. Aber dafür sind Ihre Softfonts nun automatisch vorhanden, wenn sie benötigt werden.

Wählen Sie dagegen »Jetzt«, schickt Windows die zusätzlichen Schriften auf diese »manuelle Aufforderung« hin anschließend zum Drucker.

Im Normalfall müssen Sie übrigens Ihre Softfonts nicht selbst installieren, also nicht zwischen »permanent« oder »temporär« und »jetzt laden« oder »beim Rechnerstart« wählen. Es gibt verschiedene Programme zur Verwaltung von ladbaren Schriftarten, die mit Windows zusammenarbeiten. Die besten unter ihnen wie zum Beispiel »Outline« automatisieren den gesamten Vorgang. Mit Outline würden Sie eine »Schriftkassette« erstellen, die die gewünschten Schriften enthält. Outline lädt diese Schriften auf Ihren ausdrücklichen Befehl hin oder wie Windows bereits beim Rechnerstart. Da Outline zusätzlich auch einen

»Druckertreiber« erzeugt, der Windows (und damit auch Excel) alle benötigten Informationen über die Zusatzschriften gibt, wird Ihnen die Arbeit abgenommen, diese Informationen wie gezeigt »per Hand« im Installationsprogramm einzugeben. Sie rufen einfach Excel auf, und bei aktivierter Option »Druckerschriftarten« unter *FORMAT Schriftart...* stehen Ihnen außer den hardwaremäßig eingebauten nun auch die geladenen Schriften zur Verfügung. Und das Beste: Sie können sogar mehrere Kassetten mit unterschiedlichen Schriften anlegen. Abhängig von der gewählten Kassette erzeugt Outline den passenden Druckertreiber für Windows. Ohne ein solches Verwaltungsprogramm müßten Sie dagegen die gesamte Schriften-Installationsprozedur von Windows jedesmal neu durchlaufen.

Übrigens: Wenn Ihr Drucker über wenig Speicher verfügt, sollten Sie sehr sparsam mit Softfonts umgehen. Jede zusätzlich geladene Schrift benötigt Platz im Druckerspeicher. Und verringert somit den für den Druckvorgang selbst benötigten Speicherplatz. Je größer eine Schrift ist, umso mehr Platz verbraucht Sie. Werden fünf oder sechs 14- oder 16-Punkt-Schriften geladen, sind 512 Kbyte schnell weg. Mit dem Resultat, daß entweder überhaupt kein Ausdruck mehr möglich ist, oder zumindest der Druck von Grafiken schiefgeht. Beschränken Sie sich daher mit 512 Kbyte auf wenige ladbare Schriften in gemäßigten Größen.

5|2| Das Seitenlayout

Theoretisch könnten Sie die Datei *FORMAT6.XLS* laden und sofort mit dem Ausdruck beginnen. Zuvor sollten Sie jedoch wissen, welche Möglichkeiten Ihnen zur Beeinflussung der Seitengestaltung zur Verfügung stehen.

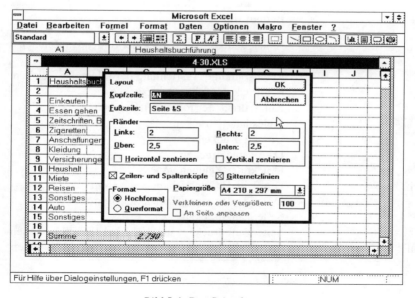

Bild 5.4: Das Seitenlayout

Diese Dialogbox erscheint, wenn Sie den Befehl *DATEI Layout...* geben. Alle hier eingestellten Optionen beziehen sich auf das gerade aktive Arbeitsblatt und werden zusammen
mit ihm gespeichert und wieder geladen.

5|2|1| Randeinstellungen

Die Box »Ränder« erklärt sich von selbst. Normalerweise müssen Sie die Standardeinstellungen nicht ändern. Außer, Sie haben besonders breite oder lange Arbeitsblätter und
möchten, daß diese auf möglichst wenigen Blättern ausgedruckt werden. Dann setzen Sie
alle vier Randeinstellungen auf Null. Ob das nötig ist beziehungsweise wie weit Sie die
Randeinstellungen verringern müssen, zeigt nicht erst ein Probeausdruck, sondern bereits
die in Kürze besprochene »Seitenvorschau«-Funktion von Excel.

Besonders nützlich sind die Optionen »Horizontal zentrieren« und »Vertikal zentrieren«.
Vielleicht wollen Sie ebenso wie ich Tabellen oft in der Blattmitte ausdrucken, mit identischem Abstand vom linken und rechten beziehungsweise oberen und unteren Rand. Wenn
ja, aktivieren Sie einfach diese beiden Optionen, statt langwierig mit den vier Randeinstellungen herumzuexperimentieren.

5|2|2| Kopf- und Fußzeilen

Mit den Eingabefeldern »Kopfzeile« und »Fußzeile« bestimmen Sie, welche Zeichenfolgen
am oberen und unteren Rand jedes Blattes gedruckt werden. Und zwar ebenso wie bei der
Erstellung eigener Zahlen-, Datums- oder Zeitformate mit Hilfe von Symbolen mit festen
Bedeutungen.

Symbol	Bedeutung
&L	Linksbündige Ausrichtung der folgenden Zeichen
&Z	Zentrierte Ausrichtung der folgenden Zeichen
&R	Rechtsbündige Ausrichtung der folgenden Zeichen
&F	Fettdruck der folgenden Zeichen
&K	Kursivdruck der folgenden Zeichen
&D	Tagesdatum drucken
&U	Uhrzeit drucken
&N	Dateiname drucken
&&	Druckt das Zeichen »&«
&"Schrift"	Druck in der angegebenen Schriftart
&nn	Druck in der angegebenen Schriftgröße
&S	Seitenzahl drucken
&S+Zahl	Seitenzahl drucken, statt bei 1 bei 1+Zahl beginnen
&S-Zahl	Seitenzahl drucken, statt bei 1 bei 1–Zahl beginnen

Tabelle 5.1: Kopf- und Fußzeilensymbole

Laut Tabelle steht das vorgegebene Symbol »&N« für den Dateinamen. Belassen Sie diese Einstellung, wird auf jedem Blatt am oberen Rand der Name Ihres Arbeitsblatts gedruckt. Und zwar zentriert, also in der Blattmitte, solange Sie nichts anderes festlegen.

Zum Beispiel gibt die Kopfzeile »&R&N« den Dateinamen am rechten Blattrand aus, da »&R« alle folgenden Zeichen rechtsbündig ausrichtet. Zusätzlich zu diesen Symbolen können Sie beliebige Texte eingeben. Ein Beispiel: Die Kopfzeile »&LTest1&Z&N&RTest2« gibt folgende Überschrift auf jedem Blatt aus:

```
Test1                    FORMAT6.XLS                    Test2
```

»&LTest1« gibt »Test1« linksbündig aus, »&Z&N« den Dateinamen zentriert, und »&RTest2« die Zeichenkette »Test2« am rechten Blattrand.

Soll am linken Blattrand dagegen die Uhrzeit stehen und am rechten das Datum, verwenden Sie »&L&U&Z&N&R&D«:

```
10:16                    FORMAT6.XLS                    12.1.91
```

Soll diese Kopfzeile in der Schriftart Symbol in der Größe 14 gedruckt werden, erweitern Sie die Sequenz ein wenig: »&"Symbol"&14&L&U&Z&N&R&D«.

Die Voreinstellung der Fußzeile »Seite &S« gibt am unteren Blattrand die jeweilige Seitenzahl in der Form »Seite 1«, »Seite 2« usw. aus. Diese fortlaufende Numerierung ist sehr nützlich, wenn ein umfangreiches Arbeitsblatt über viele Seiten verteilt gedruckt wird.

5|2|3| Zusätzliche Optionen

Die Optionen »Zeilen- und Spaltenköpfe« beziehungsweise »Gitternetzlinien« sind ebenfalls selbsterklärend. Sind beide aktiviert, entspricht der Ausdruck weitgehend der Bildschirmdarstellung. Auch die feinen Trennlinien zwischen Spalten und Zeilen werden gedruckt, die »Gitternetzlinien« und die Zeilennummern beziehungsweise die Spaltenbezeichnungen. Zumindest letzteres sieht auf dem Ausdruck allerdings nicht gerade ästhetisch aus, so daß Sie diese Option wohl meistens deaktivieren werden.

Eine sehr nützliche Neuerung gegenüber den früheren Excel-Versionen ist die Wahl zwischen dem Ausdruck im Hoch- beziehungsweise Querformat. Voreingestellt ist immer »Hochformat«. Sie sollten diese Einstellung nur ändern, wenn Sie eine sehr breite Tabelle drucken wollen und nicht alle Spalten auf das Blatt passen. Wählen Sie »Querformat«. Diese Einstellung wird zusammen mit dem Blatt gespeichert. Ist jedoch ein anderes Blatt aktiv, gilt wieder dessen Formateinstellung.

Das gleiche betrifft auch die gewählte Einstellung unter »Papiergröße«, die ebenfalls immer zusammen mit dem gerade aktiven Blatt gespeichert wird.

Die nicht wählbare Option »Verkleinern oder vergrößern« betrifft übrigens nur den Ausdruck von Grafiken. Und »An Seite angepaßt« den Ausdruck auf Postscript-kompatiblen Druckern. Falls notwendig, verkleinert diese Option den gesamten Ausdruck so, daß er auf alle Fälle auf eine einzige Seite paßt.

5|3| Der Ausdruck

Wir werden nun *FORMAT6.XLS* ausdrucken. Schließen Sie Ihr Arbeitsblatt, und laden Sie diese Datei, wenn Sie das nicht sowieso bereits getan haben. Wählen Sie *DATEI Drucken...* (Kurztaste [Strg]+[Umschalt]+[F12] beziehungsweise [Alt]+[Strg]+[Umschalt]+[F2], wenn Ihre Tastatur keine [F12]-Taste enthält).

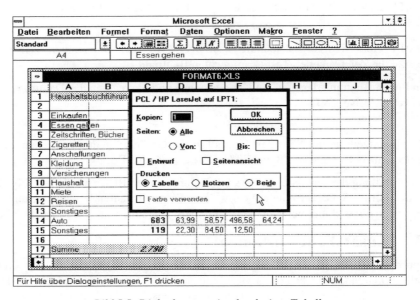

Bild 5.5: Dialogbox zum Ausdruck einer Tabelle

Mit »Kopien« bestimmen Sie, wieviele Ausdrucke Sie wünschen. Wenn Sie »Entwurf« aktivieren, druckt Excel grob, aber schnell. Unter »Drucken« lassen Sie bitte die Option »Tabelle« weiterhin selektiert. Da wir noch nicht wissen, was »Notizen« sind, wollen wir auch keine ausdrucken. Unter »Seiten« ist die Option »Alle« aktiviert. Wollen Sie einmal nur ein bestimmtes Blatt drucken, geben Sie die betreffenden Seitennummern unter »Von« und »Bis« an. Klicken Sie nun »OK« an, um den Ausdruck zun starten.

5|3|1| Die Seitenansicht

Sie haben *FORMAT6.XLS* inzwischen ausgedruckt. Wählen Sie bitte dennoch erneut *Drucken...*, selektieren Sie diesmal jedoch bitte die Option »Seitenansicht«, bevor Sie den Ausdruck starten (vgl. Bild 5.6).

Wenn wie in unserem Fall »Seitenansicht« aktiviert war, beginnt Excel nicht sofort mit dem Ausdruck, sondern zeigt uns zunächst, was dabei herauskommen würde. Ist Ihre Tabelle sehr lang oder breit, so daß sie sich über mehrere Blätter erstreckt, können Sie

»Weiter« oder »Vorher« anklicken, um sich von Seite zu Seite vor- beziehungsweise zurückzutasten. Sind Sie nach dieser Prüfung mit der Seitengestaltung einverstanden, klicken Sie »Drucken« an.

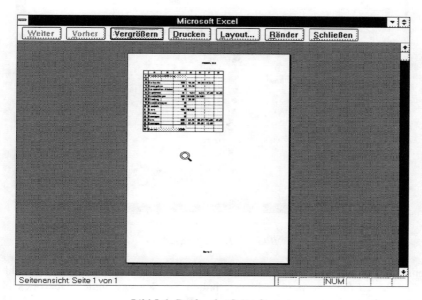

Bild 5.6: Prüfen des Seitenlayouts

Da Sie in diesem Modus sehen, in welche Seiten Excel umfangreiche Tabellen unterteilt, können Sie nun auch die Option »Seiten« des Befehls *Drucken...* sinnvoll einsetzen.

Wenn Sie ganz genau wissen wollen, wie der Ausdruck aussehen wird, benutzen Sie die eingebaute »Lupe«, die den Mauscursor ersetzt hat. Bewegen Sie diese Lupe an irgendeine Stelle der Seite, die Sie näher interessiert, und drücken Sie die linke Maustaste oder ⌨Enter⌨. Excel vergrößert den betreffenden Bereich (vgl. Bild 5.7).

Den in diesem Vergrößerungsmodus gezeigten Ausschnitt können Sie mit den Scrollbalken oder den Cursortasten in alle Richtungen verschieben. Wenn Sie erneut die linke Maustaste oder ⌨Enter⌨ drücken, wird der Vergrößerungsmodus ausgeschaltet und wieder das gesamte Blatt im Kleinformat sichtbar.

Die Seitenansicht kann Ihnen also eine ganze Menge unnötig verschwendetes Papier ersparen. In der Praxis wird man bei der Gestaltung eines Arbeitsblatts vor dem ersten Ausdruck immer wieder die Lupenfunktion benutzen, um sich zum Beispiel die verwendeten Schriftarten genauer anzuschauen, danach »Abbrechen« wählen und das Arbeitsblatt entsprechend ändern, es erneut prüfen und so weiter.

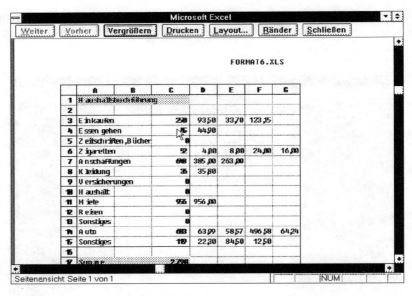

Bild 5.7: Die Lupenfunktion

Übrigens hält Excel im *DATEI*-Menü für die Seitenansicht einen eigenen Befehl bereit. Wenn Sie *DATEI Seitenansicht* wählen, erhalten Sie den gewohnten Überblick über das Layout der Tabelle. Sie können erneut mit dem Befehl »Layout...« die zugehörige Dialogbox öffnen. Wenn Sie den Knopf »Drucken« betätigen, erscheint entsprechend die zugehörige Dialogbox des Befehls *DATEI Drucken...* Letztlich ist es daher vollkommen gleichgültig, ob Sie *DATEI Seitenansicht* oder *DATEI Drucken...* wählen. Über beide Befehle erhalten Sie Zugang zu den gleichen Dialogfeldern und besitzen die gleichen Möglichkeiten.

5|3|2| Interaktives Layouten

Nicht nur zum Prüfen der Wirkung verschiedener Schriftarten und Schriftvarianten unter der Lupe ist die Seitenansicht sehr nützlich, sondern auch zur Layout-Gestaltung.

Häufig werden Sie bereits beim Prüfen ärgerlicherweise feststellen, daß Ihr Arbeitsblatt für die verwendete Papierbreite um genau eine Spalte zu breit ist. In diesem Fall wird Excel diese eine Spalte auf einem zweiten Blatt drucken, was nicht unbedingt sehr schön wirkt – ein fast leeres Blatt mit nur einer Spalte?

Die Lösung besteht in der Verringerung der voreingestellten Werte für den rechten und linken Blattrand. Dazu müssen Sie keineswegs »Schließen« und anschließend *DATEI Layout...* wählen. Der Knopf »Layout...« bewirkt das Gleiche:

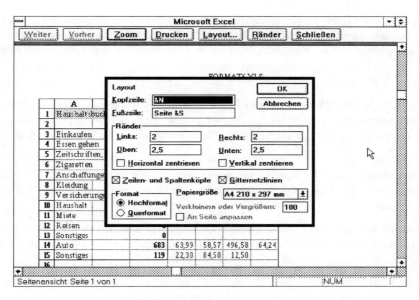

Bild 5.8: Randeinstellungen mit »Layout...«

Die bekannte Dialogbox erscheint. Wenn Sie die Randeinstellungen ändern und die Box schließen, aktualisiert Excel sofort die Seitendarstellung. Allerdings ist selbst diese Methode noch umständlicher als notwendig. Am einfachsten ist die Randfestlegung mit der Maus und dem Knopf »Ränder«.

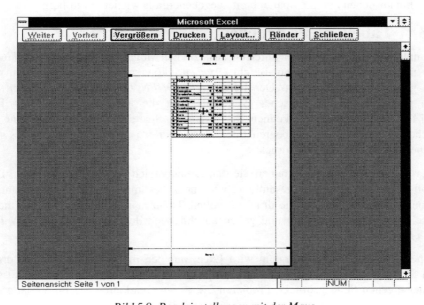

Bild 5.9: Randeinstellungen mit der Maus

Die gepunkteten Linien kennzeichnen die Blattränder. Durch »Ziehen« an diesen Linien können Sie die Tabelle in beliebige Richtungen verschieben, zum Beispiel wie in dieser Abbildung gezeigt in der Blattmitte zentrieren, unterhalb der ebenfalls zentrierten Kopfzeile. Horizontale oder vertikale Zentrierungen sollten Sie jedoch mit den entsprechenden Optionen des Befehls *Layout...* Excel überlassen, da die Resultate wesentlich exakter sind.

Das »Ziehen« an den Rändern mit der Maus funktioniert übrigens sowohl im Normal- als auch im Lupenmodus. Der Normalmodus ist jedoch meist der besseren Übersicht wegen sinnvoller. Vergessen Sie jedoch nicht, daß Sie jederzeit zwischen beiden Modi umschalten können.

Interaktive Änderungen der Randeinstellungen werden von Excel übrigens automatisch in die Box *Layout...* übernommen, die anschließend entsprechend aktualisierte Werte für die Ränder enthält.

Nicht nur die Ränder, sogar die Spaltenbreiten können Sie interaktiv einstellen. Indem Sie die angedeuteten Spaltenlinien am oberen Blattrand nach rechts beziehungsweise nach links ziehen.

Auf diese Weise können Sie bei »überbreiten« Tabellen versuchen, die Spaltenbreiten zu verringern, wenn die Tabelle selbst mit minimal eingestellten rechten und linken Rändern nicht mehr auf das Blatt paßt.

Dabei besteht natürlich die Gefahr, die Spaltenbreite soweit zu verringern, daß einzelne Zahlen nicht mehr dargestellt werden können, und nur das Ersatzzeichen »#« erscheint. In der »Ganzseiten-Darstellung« sehen Sie das wahrscheinlich nicht. Daher sollten Sie nach Verringerungen der Spaltenbreite das gesamte Blatt im Lupenmodus auf solche Ersatzzeichen hin absuchen und die Spaltenbreite gegebenenfalls wieder vergrößern.

5.3.3 Tabellenteile drucken

Verkompliziert wird das Drucken durch die zusätzlichen Möglichkeiten, die das *OPTIONEN*-Menü für Sie bereithält. Mit dem Befehl *Drucken...* können Sie zwar bestimmen, welche Seiten gedruckt werden sollen. Der Befehl *OPTIONEN Druckbereich festlegen* erfüllt jedoch noch speziellere Wünsche. Wenn Sie sich die letzte Abbildung der Tabelle *FORMAT6.XLS* anschauen, erkennen Sie zwischen Spalte J und Spalte K eine grobe gestrichelte Linie. Diese Linie begrenzt den »Druckbereich«, jenen Ausschnitt des gesamten Arbeitsblatts, den Excel ausdruckt.

Statt es Excel zu überlassen, können Sie den Druckbereich auch selbst festlegen. Das ist sinnvoll, wenn Sie weder die gesamte Tabelle, noch bestimmte Seiten, sondern nur einen oder mehrere kleine Ausschnitte drucken wollen. Dann markieren Sie den oder die Ausschnitte (Verlängerungsmodus) und geben anschließend den Befehl *OPTIONEN Druckbereich festlegen*.

Bei einem folgenden Druckvorgang wird Excel nur den markierten Ausschnitt drucken. Haben Sie im Verlängerungsmodus mehrere Ausschnitte markiert, wird jeder Ausschnitt auf einer eigenen Seite gedruckt. Probieren Sie es aus, markieren Sie im Verlängerungsmodus zwei oder drei kleine Ausschnitte, wählen Sie *Druckbereich festlegen*, und prüfen Sie das Resultat in der Seitenansicht.

Die manuelle Festlegung eines Druckbereichs hat einen Nachteil. Sobald Sie einmal einen Druckbereich festgelegt haben, sind Erweiterungen Ihrer Tabelle mit mehr Aufwand verbunden als zuvor. Zuvor hat sich Excel darum gekümmert, wieviele Spalten und Zeilen gedruckt werden müssen und den Druckbereich automatisch angepaßt, wenn die Tabelle vergrößert und zuvor leere Spalten und Zeilen benutzt wurden. Durch die manuelle Festlegung haben Sie diese Automatik ausgeschaltet. Mit unangenehmen Konsequenzen: Angenommen, Sie haben in der Datei *FORMAT6.XLS* den Bereich A1:H17 als Druckbereich festgelegt. Das ist zwar momentan die komplette Tabelle. Wenn Sie die Tabelle jedoch nachträglich außerhalb des Druckbereichs erweitern und zum Beispiel in Zeile 18 irgendeinen Text eintragen, befindet sich dieser Text nicht im Druckbereich und wird daher auch nicht ausgedruckt!

Leider können Sie nicht einfach das gesamte Arbeitsblatt oder zumindest die kompletten Spalten A bis H als neuen Druckbereich festlegen. Dann würde der Ausdruck recht lange dauern, da Excel endlos leere Blätter drucken würde. Bis hin zur letzten Zeile des Riesenblattes, Zeile 16384. Daß all diese Zeilen leer sind, interessiert Excel nicht weiter, wenn Sie den Druckbereich selbst festlegen.

Also passen Sie entweder nach jeder Erweiterung Ihrer Tabelle den Druckbereich exakt an oder Sie gehen eleganter vor: Legen Sie einen Druckbereich fest, der nicht unmittelbar rechts neben der letzten nicht-leeren Spalte endet, sondern eine Spalte freiläßt. Und der auch nicht unmittelbar unter der untersten nicht-leeren Zeile endet, sondern zwei oder besser drei Zeilen freiläßt.

Wenn Sie Ihre Tabelle rechts oder unten erweitern müssen, dann fügen Sie mit *BEARBEITEN Leerzellen...* innerhalb der Druckbereichsbegrenzung neue Spalten beziehungsweise Zeilen ein. Excel verschiebt die Begrenzung automatisch um die entsprechende Spalten- beziehungsweise Zeilenzahl nach rechts beziehungsweise unten, und Sie haben keinerlei Probleme. Der definierte Druckbereich paßt sich Ihren Tabellenerweiterungen automatisch an.

5|3|4| **Manueller Seitenumbruch**

Normalerweise legt Excel nicht nur den auszudruckenden Bereich, sondern auch die Seitenunterteilung selbständig fest. Und zwar in Abhängigkeit von der eingestellten Papierlänge und -breite und den eingestellten Seitenrändern. Bei sehr langen Tabellen bedruckt Excel das erste Blatt vom eingestellten oberen bis zum unteren Rand, setzt den Ausdruck auf dem zweiten Blatt fort und so weiter.

Nehmen wir jedoch an, Ihre Tabelle ist in bestimmte zusammengehörige Blöcke unterteilt, die nicht zerissen werden sollen. Wie zum Beispiel in der folgenden einfachen Buchführung, die einen Block mit zwölf Zeilen für die verschiedenen monatlichen Nettoeinnahmen und -ausgaben enthält. Und dann – durch eine Leerzeile getrennt – einen weiteren (auf der Abbildung nur teilweise sichtbaren) zwölfzeiligen Block mit den zugehörigen Mehrwertsteuereinnahmen/-ausgaben. Und einen dritten Block (auf der Abbildung überhaupt nicht sichtbar) mit den Bruttoeinnahmen/-ausgaben für jeden Monat.

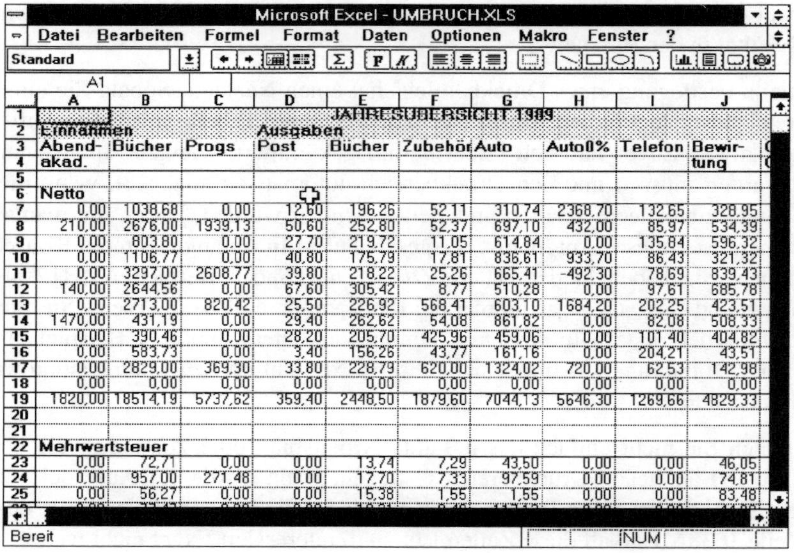

	A	B	C	D	E	F	G	H	I	J
1					JAHRESÜBERSICHT 1989					
2	Einnahmen			Ausgaben						
3	Abend-	Bücher	Progs	Post	Bücher	Zubehör	Auto	Auto0%	Telefon	Bewir-
4	akad.									tung
5										
6	Netto									
7	0,00	1038,68	0,00	12,60	196,26	52,11	310,74	2368,70	132,65	328,95
8	210,00	2676,00	1939,13	50,60	252,80	52,37	697,10	432,00	85,97	534,39
9	0,00	803,80	0,00	27,70	219,72	11,05	614,84	0,00	135,84	596,32
10	0,00	1106,77	0,00	40,80	175,79	17,81	836,61	933,70	86,43	321,32
11	0,00	3297,00	2608,77	39,80	218,22	25,26	665,41	-492,30	78,69	839,43
12	140,00	2644,56	0,00	67,60	305,42	8,77	510,28	0,00	97,61	685,78
13	0,00	2713,00	820,42	25,50	226,92	568,41	603,10	1684,20	202,25	423,51
14	1470,00	431,19	0,00	29,40	262,62	54,08	861,82	0,00	82,08	508,33
15	0,00	390,46	0,00	28,20	205,70	425,96	459,06	0,00	101,40	404,82
16	0,00	583,73	0,00	3,40	156,26	43,77	161,16	0,00	204,21	43,51
17	0,00	2829,00	369,30	33,80	228,79	620,00	1324,02	720,00	62,53	142,98
18	0,00	0,00	0,00	0,00	0,00	0,00	0,00	0,00	0,00	0,00
19	1820,00	18514,19	5737,62	359,40	2448,50	1879,60	7044,13	5646,30	1269,66	4829,33
20										
21										
22	Mehrwertsteuer									
23	0,00	72,71	0,00	0,00	13,74	7,29	43,50	0,00	0,00	46,05
24	0,00	957,00	271,48	0,00	17,70	7,33	97,59	0,00	0,00	74,81
25	0,00	56,27	0,00	0,00	15,38	1,55	1,55	0,00	0,00	83,48

Bereit — NUM

Bild 5.10: Die Datei UMBRUCH.XLS

Diese Abbildung stimmt nicht ganz, sondern soll Ihnen nur den prinzipiellen Aufbau der Tabelle demonstrieren. Tatsächlich ist in *UMBRUCH.XLS* eine wesentlich größere Zeilenhöhe (16 Punkte statt wie in der Abbildung 11 Punkte) eingestellt, um die einzelnen Zeilen deutlicher unterscheiden zu können.

Das Resultat ist jedoch, daß die Tabelle zu lang ist, um auf ein einziges DIN-A4-Blatt zu passen, obwohl für den oberen und unteren Rand jeweils der Wert 0 eingestellt ist. Der Seitenumbruch erfolgt leider mitten im dritten Abschnitt, unmittelbar vor den letzten beiden Zeilen. Wenn Sie *UMBRUCH.XLS* laden, sehen Sie das an der gepunkteten Umbruchslinie zwischen Zeile 49 und Zeile 50 (vgl. Bild 5.11).

Noch deutlicher wird es in der Seitenansicht. Das erste Blatt ist von oben bis unten bedruckt, auf einem zweiten werden ausschließlich die etwas »vereinsamten« beiden letzten Zeilen ausgedruckt.

Besser wäre es, die Tabelle per Hand zu »trennen«. Zum Beispiel am Ende des zweiten Blocks einen Seitenumbruch vorzunehmen.

Wenn Sie es noch nicht getan haben: Schließen Sie bitte Ihr aktuelles Arbeitsblatt, und laden Sie *UMBRUCH.XLS*. Selektieren Sie wie in der Abbildung gezeigt A38, und öffnen Sie das *OPTIONEN*-Menü. Wählen Sie *Seitenwechsel festlegen*. Die gestrichelte Seitenumbruchslinie befindet sich nun zwischen Zeile 37 und Zeile 38. *Seitenwechsel festlegen* führt immer unmittelbar *oberhalb* der aktiven Zelle einen Seitenumbruch aus.

Wenn Sie unter *Layout...* zusätzlich noch die Optionen »Horizontal zentrieren« und »Vertikal zentrieren« aktivieren, zeigt die Seitenansicht nun ein erheblich freundlicheres Resultat (vgl. Bild 5.12).

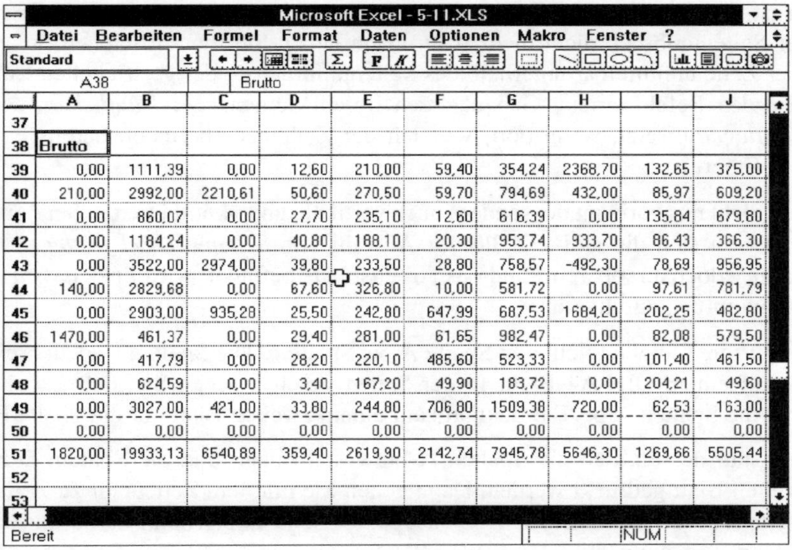

Microsoft Excel - 5-11.XLS
Datei Bearbeiten Formel Format Daten Optionen Makro Fenster ?
Standard
A38 Brutto
A B C D E F G H I J
37
38 Brutto
39 0,00 1111,39 0,00 12,60 210,00 59,40 354,24 2368,70 132,65 375,00
40 210,00 2992,00 2210,61 50,60 270,50 59,70 794,69 432,00 85,97 609,20
41 0,00 860,07 0,00 27,70 235,10 12,60 616,39 0,00 135,84 679,80
42 0,00 1184,24 0,00 40,80 188,10 20,30 953,74 933,70 86,43 366,30
43 0,00 3522,00 2974,00 39,80 233,50 28,80 758,57 -492,30 78,69 956,95
44 140,00 2829,68 0,00 67,60 326,80 10,00 581,72 0,00 97,61 781,79
45 0,00 2903,00 935,28 25,50 242,80 647,99 687,53 1684,20 202,25 482,80
46 1470,00 461,37 0,00 29,40 281,00 61,65 982,47 0,00 82,08 579,50
47 0,00 417,79 0,00 28,20 220,10 485,60 523,33 0,00 101,40 461,50
48 0,00 624,59 0,00 3,40 167,20 49,90 183,72 0,00 204,21 49,60
49 0,00 3027,00 421,00 33,80 244,80 706,80 1509,38 720,00 62,53 163,00
50 0,00 0,00 0,00 0,00 0,00 0,00 0,00 0,00 0,00 0,00
51 1820,00 19933,13 6540,89 359,40 2619,90 2142,74 7945,78 5646,30 1269,66 5505,44
52
53
Bereit
NUM

Bild 5.11: »Ungeschickter« Seitenumbruch

Microsoft Excel - 5-11.XLS
Weiter
Vorher
Vergrößern
Drucken
Layout...
Ränder
Schließen
Seitenansicht Seite 1 von 2
NUM

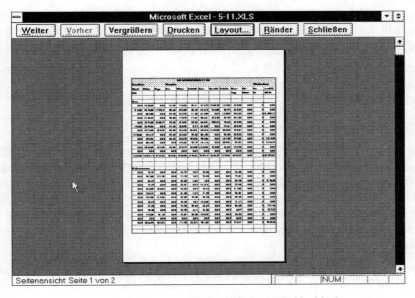

Bild 5.12: Seitenumbruch vor dem dritten Zahlenblock

Die zweite Seite ist entsprechend nicht mehr nahezu leer, sondern enthält den kompletten dritten Zahlenblock.

Natürlich ist es jederzeit möglich, daß Ihnen nach der Veränderung der Tabelle ein zuvor definierter Seitenumbruch nicht mehr paßt. Dann heben Sie ihn auf. Gehen Sie erneut zu irgendeiner Zelle unmittelbar unterhalb des Seitenumbruchs – der gestrichelten Linie – und wählen Sie den Befehl erneut. Genauer: den Befehl *Seitenwechsel aufheben*, der *Seitenwechsel festlegen* ersetzt, wenn dort, wo sich der Zellcursor befindet, bereits ein Seitenumbruch definiert ist.

Sie können nicht nur horizontale, sondern auch vertikale und »kombinierte« Seitenumbrüche festlegen. Wenn sich die aktive Zelle vor Anwahl von *Seitenwechsel festlegen* nicht am linken, dafür jedoch am oberen Rand des Arbeitsblatts befindet, wird links davon ein vertikaler Seitenumbruch durchgeführt.

Ein Beispiel: Ihre Tabelle reicht von Spalte A bis Spalte F. Die Spalten sind zu breit für den Ausdruck auf einem DIN-A4-Blatt. In der Seitenvorschau sehen Sie, daß Excel auf dem ersten Blatt die Spalten A bis E druckt und auf einem zweiten Blatt nur die Spalte F.

Sie wollen statt dessen, daß die Spalten A bis C auf einem und die Spalten D bis E auf einem zweiten Blatt gedruckt werden. Dann gehen Sie mit dem Zellcursor zu Zelle D1 und wählen *Seitenwechsel festlegen*. Zwischen Spalte C und D erscheint daraufhin die gestrichelte Seitenbegrenzungslinie. Auf beiden Blättern werden jeweils drei Spalten gedruckt.

Wenn Sie sich weder am linken noch am oberen Rand befinden, erfolgt ein »kombinierter« Umbruch, ein horizontaler *und* ein vertikaler. Angenommen, D11 ist die momentan aktive Zelle bei Anwahl von *Seitenwechsel festlegen*. Excel nimmt links davon einen vertikalen und oberhalb dieser Zelle einen horizontalen Umbruch vor. Mehr dazu erfahren Sie im nächsten Abschnitt.

Übrigens: Der Befehl *Druckbereich festlegen* löscht alle manuell festgelegten Seitenumbrüche! Bei jeder Neudefinition des Druckbereichs legt Excel die Seitenumbrüche in diesem Bereich selbständig fest.

5|3|5| Überschriften definieren

Mit dem Befehl *DATEI Layout...* können Sie unter »Kopfzeile« eine Überschrift definieren, die auf jedem Blatt erscheint. Es geht allerdings auch wesentlich komfortabler. Bleiben wir bei der Buchführung *UMBRUCH.XLS*. Wenn schon zwei Blätter ausgedruckt werden, wäre es doch nett, wenn sich die ersten vier Zeilen (»Jahresübersicht...«, »Einnahmen...«, »Abend...« usw.) auf jedem dieser Blätter befinden würden, nicht nur auf dem ersten. Damit bei jedem Blatt auf den ersten Blick zu erkennen ist, welche Einnahmen- oder Ausgabenart die einzelnen Spalten enthalten.

Kein Problem. Sie legen einfach die ersten vier Zeilen als »Drucktitel« fest. Besser noch die ersten fünf Zeilen inklusive der leeren Zeile 5, damit auf jedem Blatt ein wenig Abstand zwischen der Überschrift und den folgenden Zahlenkolonnen ist.

Überschriften legen Sie fest, indem Sie zunächst die interessierenden Spalten oder – meistens – Zeilen *komplett* markieren, in unserem Fall also wie in der folgenden Abbildung die Zeilen 1 bis 5.

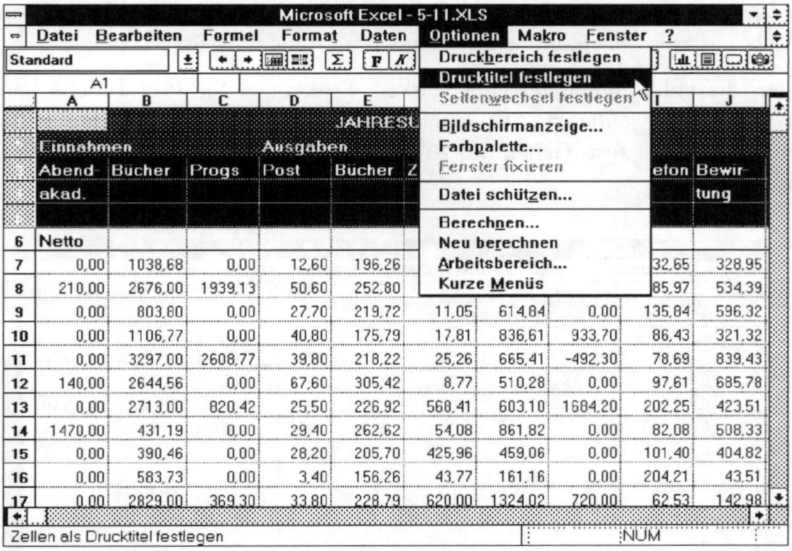

Bild 5.13: Drucktitel definieren

Wählen Sie anschließend *OPTIONEN Drucktitel festlegen*. Der Ausdruck jeder einzelnen Seite wird nun mit diesen identischen fünf Zeilen beginnen. Eines müssen Sie jedoch beachten: Ohne weitere Vorkehrungen werden diese fünf Zeilen auf der ersten Seite doppelt gedruckt! Einmal, da sie zunächst als Titelzeilen aller Seiten gedruckt werden und ein zweites Mal als ganz normaler Seiteninhalt! Bei der Verwendung von Drucktiteln müssen wir daher den Druckbereich festlegen, um die Titelzeilen selbst auszuklammern. Definieren Sie bitte als Druckbereich A6:M51, also den Rest der Tabelle ohne die soeben definierten Drucktitel.

Wenn Sie das getan haben, können Sie sich das Ergebnis in der Seitenansicht anschauen. Beide Seiten beginnen mit den gleichen fünf Zeilen. Allerdings hat die Neufestlegung des Druckbereichs unseren Seitenumbruch vor dem dritten Zahlenblock wieder aufgehoben!

Statt ihn einfach neu zu definieren, möchte ich Ihnen zeigen, was unter einem gleichzeitigen horizontalen und vertikalen Umbruch zu verstehen ist. Dafür besteht an sich keine Notwendigkeit. Das können sie jedoch leicht ändern. Markieren Sie bitte alle 13 Spalten, und geben Sie unter *Spaltenbreite...* den Wert 10 ein. Die Tabelle ist nun zu breit für ein DIN-A4-Blatt.

Da sie sowohl zu lang als auch zu breit ist, werden insgesamt vier Blätter ausgedruckt. Zwischen Spalte L und M sehen Sie eine gestrichelte Linie. Hier nimmt Excel zunächst einmal einen vertikalen Seitenumbruch vor.

Das Resultat ist katastrophal. Der vertikale Umbruch bewirkt, daß auf einem weiteren Blatt eine einzige Spalte gedruckt wird, Spalte M. Der horizontale Umbruch zwischen Zeile 49 und Zeile 50 führt zu zwei Blättern mit zwei vereinsamten Zeilen darauf. Ein Blatt mit den Spalten A bis L dieser Zeilen, und ein weiteres Blatt mit der Spalte M.

Vier Blätter, die vollkommen zerrissen wirken. So können Sie Ihre Tabelle beim besten Willen niemandem präsentieren. Also legen wir sowohl den horizontalen als auch den vertikalen Umbruch selbst fest. Gehen Sie zu G38, und wählen Sie *Seitenumbruch festlegen.* Das Resultat:

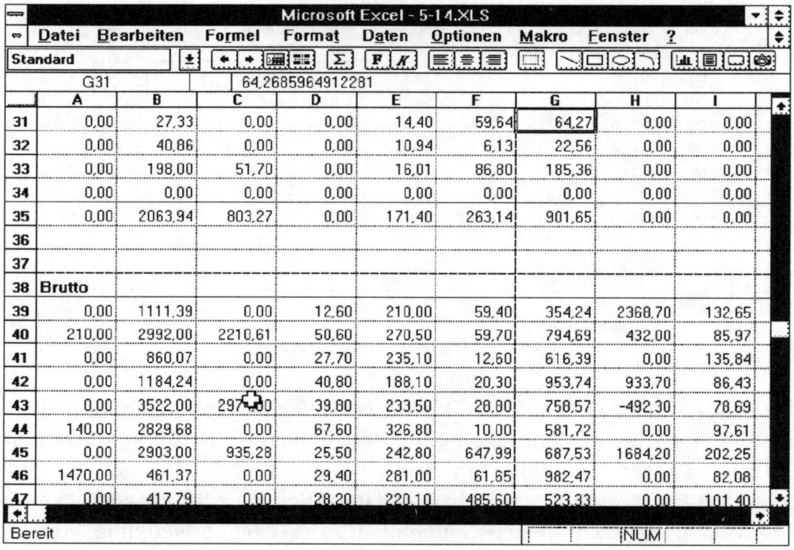

	A	B	C	D	E	F	G	H	I
31	0,00	27,33	0,00	0,00	14,40	59,64	64,27	0,00	0,00
32	0,00	40,86	0,00	0,00	10,94	6,13	22,56	0,00	0,00
33	0,00	198,00	51,70	0,00	16,01	86,80	185,36	0,00	0,00
34	0,00	0,00	0,00	0,00	0,00	0,00	0,00	0,00	0,00
35	0,00	2063,94	803,27	0,00	171,40	263,14	901,65	0,00	0,00
36									
37									
38	Brutto								
39	0,00	1111,39	0,00	12,60	210,00	59,40	354,24	2368,70	132,65
40	210,00	2992,00	2210,61	50,60	270,50	59,70	794,69	432,00	85,97
41	0,00	860,07	0,00	27,70	235,10	12,60	616,39	0,00	135,84
42	0,00	1184,24	0,00	40,80	188,10	20,30	953,74	933,70	86,43
43	0,00	3522,00	297[illegible]	39,80	233,50	28,80	758,57	-492,30	78,69
44	140,00	2829,68	0,00	67,60	326,80	10,00	581,72	0,00	97,61
45	0,00	2903,00	935,28	25,50	242,80	647,99	687,53	1684,20	202,25
46	1470,00	461,37	0,00	29,40	281,00	61,65	982,47	0,00	82,08
47	0,00	417,79	0,00	28,20	220,10	485,60	523,33	0,00	101,40

Bild 5.14: Gleichzeitiger horizontaler und vertikaler Umbruch

Wenn Sie genau hinschauen, erkennen Sie in dieser Abbildung zwischen den Spalten F und G und zwischen den Zeilen 37 und 38 je eine dünne Umbruchslinie.

Wenn Sie sich nun in der Seitenansicht den voraussichtlichen Ausdruck anschauen, werden Sie feststellen, daß er in gleichmäßigen »Häppchen« über insgesamt vier Blätter verteilt ist, von denen jedes die definierten Druckzeilen als Überschrift enthält.

Sie können übrigens beliebig viele vertikale, horizontale oder kombinierte Umbrüche in Ihrem Blatt festlegen.

5.3.6 Der Druckerspooler

Für den Ausdruck ist der sogenannte »Druckerspooler« zuständig, ein eigenes Programm, das den Druck »im Hintergrund« ermöglicht. Gemeint ist, daß sich dieses Programm die auszudruckenden Daten merkt und dann eigenständig – ohne Mitwirkung von Excel – Zeile für Zeile an den Drucker schickt. Excel ist während des Ausdrucks also unbeschäftigt, und Sie können an der aktuellen oder einer anderen Tabelle weiterarbeiten, während Ihr Drucker beschäftigt ist.

Eine sehr praktische Sache, da der Ausdruck mit Excel doch eine recht langwierige Angelegenheit ist. Sie können sogar mehrere »Druckaufträge« nacheinander erteilen, die der Spooler »einsammelt« und der Reihe nach erledigt – immer noch ohne Blockierung des Rechners während des Druckvorgangs.

Da ihr Rechner jedoch nicht wirklich zwei Dinge gleichzeitig erledigen kann – Ausdruck von Daten und gleichzeitiges Weiterarbeiten von Excel – gibt es einen Haken: Der Ausdruck wird immer dann kurzzeitig unterbrochen, wenn Sie Excel intensiv beschäftigen, zum Beispiel mit dem Neuberechnen einer Tabelle, dem Laden oder dem Speichern einer Datei. Der Druck wird sofort wieder aufgenommen, wenn Sie für einen Moment untätig vor dem Bildschirm sitzen und Excel nicht anderes tut, als auf Ihre nächste Eingabe zu warten. Diese »beschäftigungslose« Zeit des Rechners nutzt der Spooler sofort, um wieder einige Zeilen an den Drucker zu senden.

Im Zweifelsfall wird also immer Excel vorgezogen und der Druckvorgang für einen Moment unterbrochen. Sie können diese Prioritäten jedoch ändern. Drucken Sie bitte irgendetwas aus. Wenn die Hinweise »Druckt Seite 1 von...« verschwunden ist, drücken Sie die [Alt]-Taste. Drücken Sie *gleichzeitig* mehrmals [Tab], bis am unteren Bildschirmrand der Hinweis »Druck-Manager« erscheint, und lassen Sie dann beide Tasten los. Der Druckerspooler – ein eigenständiges Programm – erscheint in voller Größe mit den Menüs OPTIONEN, ANZEIGE und HILFE. Zusätzlich sehen Sie eine Liste aller momentan »vorgemerkten« Druckaufträge, wobei die Datei, die gerade gedruckt wird, hervorgehoben ist.

Im Menü OPTIONEN können Sie die Priorität der Druckaufträge einstellen. »Hohe Priorität« sorgt dafür, daß der Druckvorgang nicht so oft unterbrochen wird – dafür wird die Arbeit mit Excel erheblich »zähflüssiger«. Diese Option ist nur zu empfehlen, wenn Sie über einen sehr schnellen Rechner verfügen.

Umgekehrt sorgt »Niedrige Priorität« für eine niedrige Priorität des Spoolers und ermöglicht damit ein flüssiges Weiterarbeiten mit Excel auch auf langsameren Rechnern.

Den gerade laufenden Druckauftrag können sie mit dem Knopf »Anhalten« jederzeit anhalten und mit »Fortsetzen« später fortsetzen. »Löschen« entfernt den selektierten Druckauftrag aus der »Warteschlange«.

Wenn Sie die gewünschten Einstellungen getroffen haben, halten Sie die [Alt]-Taste gedrückt und drücken zusätzlich mehrfach [Tab], bis Sie wieder in Excel sind. Die allgemeinen Einstellungen wie die Priorität speichert Windows übrigens dauerhaft.

Um Mißverständnisse zu vermeiden: Es ist nicht notwendig, das Spulprogramm anzuwählen, um etwas auszudrucken. Es ist nur eine zusätzliche Option, um zum Beispiel die vorgegebenen Prioritäten zu verändern oder einen eindeutig fehlgeschlagenen Druckversuch vorzeitig abzubrechen.

6 Arbeitserleichterungen

Sie beherrschen inzwischen alle Grundlagen, die zum Umgang mit Tabellen notwendig sind. Sie können Tabellen erstellen, editieren, formatieren, speichern, laden und ausdrucken – was wollen Sie mehr?

Nun, sich zum Beispiel die mehr oder weniger tägliche Arbeit erleichtern. Excel ist wesentlich komfortabler zu benutzen, wenn Sie erst einmal den Umgang mit mehreren Fenstern oder Unterfenstern, mit Matrizen, Namen und Notizen beherrschen.

6.1 Verwendung von Namen

Allen möglichen Objekten, die Sie in Ihrem Arbeitsblatt verwenden, können Sie Namen geben. Konstanten, Formeln, Zellen oder kompletten Bereichen. Dadurch werden Arbeitsblätter erheblich verständlicher und vor allem wartungsfreundlicher. Am einfachsten ist die Benennung von Konstanten und Formeln.

6.1.1 Konstanten und Formeln benennen

Angenommen, Sie berechnen die Renditen von Wertpapieren oder die Kosten von Hypothekendarlehen. In all diesen Fällen enthalten Ihre Tabellen Unmengen an Formeln, in denen bestimmte Zinssätze vorkommen. Diesen Zinssatz können Sie in eine Zelle des Arbeitsblatts eintragen und sich in den Formeln auf diese Zelle beziehen.

Es geht aber auch ohne den Umweg über eine Zelle. Legen Sie bitte ein neues Arbeitsblatt an, und wählen Sie *FORMEL Namen festlegen...* (vgl. Bild 6.1).

Das Listenfeld enthält alle für das aktive Arbeitsblatt definierten »Namen« und ist momentan leer. Geben Sie bitte unter »Name« ein: »Zins«. Überschreiben Sie die unter »Zugeordnet zu« angezeigte Zellreferenz entsprechend der Abbildung durch »8%«. Die Definition wird gültig, wenn Sie »Hinzufügen« oder »OK« wählen – oder einfach [Enter] drücken. Bei »Hinzufügen« müssen Sie allerdings die Box noch schließen, was bei »OK« oder [Enter] automatisch erfolgt. Für Excel ist nun der Name »Zins« gleichbedeutend mit 8%. Tragen Sie bitte in A1 die Formel =*10000*Zins* ein (vgl. Bild 6.2).

Die Abbildung zeigt, daß die Berechnung der Formel genauso erfolgt, als hätten Sie statt »Zins« den zugeordneten Wert 8% eingetragen. Sie können sogar Formeln benennen.

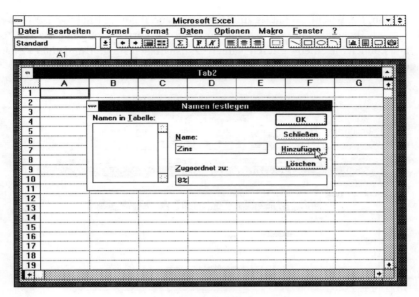

Bild 6.1: Konstanten benennen

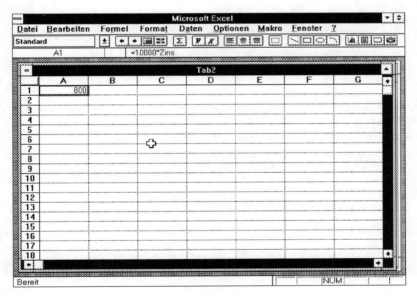

Bild 6.2: Namen anwenden

Nehmen wir an, Sie benötigen häufig die Hälfte des von Ihnen normalerweise verwendeten Zinssatzes, zum Beispiel weil von den Zinsen nach der Versteuerung nur die Hälfte übrigbleibt. Dann können Sie einen weiteren Namen »Zinshalbe« festlegen, und unter »Zugeordnet zu« eingeben:

```
=Zins/2
```

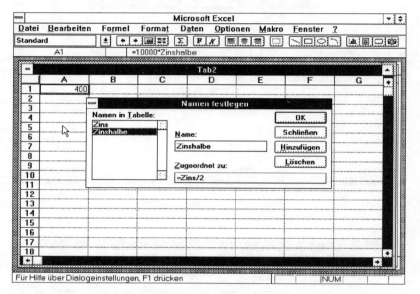

Bild 6.3: Formeln benennen

Denken Sie jedoch bitte wie immer bei der Eingabe von Formeln an das Gleichheitszeichen! Sie können diese Formel jederzeit über ihren Namen ansprechen. In A1 habe ich die Formel *=10000*Zinshalbe* eingetragen. Da »Zinshalbe« der Formel *=Zins/2* entspricht, ermittelt Excel zuerst den Wert dieser Formel, der wiederum vom Wert des Namens »Zins« abhängt, und dividiert ihn anschließend durch 2. Für die Namensgebung gelten folgende Regeln:

▨ Ein Name darf aus bis zu 255 Zeichen bestehen.

▨ Zulässige Zeichen sind Buchstaben, Ziffern, Punkte und der Unterstrich »_«. Das erste Zeichen muß ein Buchstabe sein.

▨ Da weder Leerzeichen noch Bindestriche erlaubte Zeichen sind, sollten Sie zum Trennen mehrerer Wörter den Unterstrich oder einen Punkt verwenden (»Zins_halbe« oder »Zins.halbe«).

▨ Zwischen Groß- und Kleinschreibung wird nicht unterschieden. Für Excel ist »Test«, »test« und »TEST« ein und derselbe Name.

▨ Ein Name darf nicht mit einer Zellreferenz verwechselt werden können. Namen wie A1 oder Z(2)S(3) sind daher nicht zulässig.

6.1.2 Benennen von Feldern und Bereichen

Weitaus wichtiger ist die Benennung von Zellen und Bereichen. Je größer und komplexer ein Arbeitsblatt wird, um so größer wird die Rolle von »Zellnamen« und »Bereichsnamen«. Normalerweise sprechen Sie eine Zelle über ihre absoluten oder relativen Koordinaten an. Statt dessen können Sie jedoch jeder Zelle und jedem Bereich einen eigenen Namen wie »MWSt« oder »Kosten« geben und diese Namen anschließend in Formeln der Art

```
=3*Kosten+MWSt
```

verwenden. Diese Formel ist zweifellos erheblich verständlicher als etwa

```
=3*A5+D8
```

Wie man mit benannten Zellen und Bereichen umgeht, zeige ich Ihnen wieder anhand eines Demo-Arbeitsblattes, und zwar einer kleinen Buchführung. Jedoch nicht wieder einer Haushaltsbuchführung, sondern der einfachen – für das Finanzamt jedoch ausreichenden – Buchführung eines Selbständigen oder Freiberuflers, der monatlich Lizenzgebühren aus von ihm geschriebenen und durch andere Firmen vertriebenen Büchern und Programmen bezieht (Ähnlichkeiten mit lebenden Personen sind nicht zufällig).

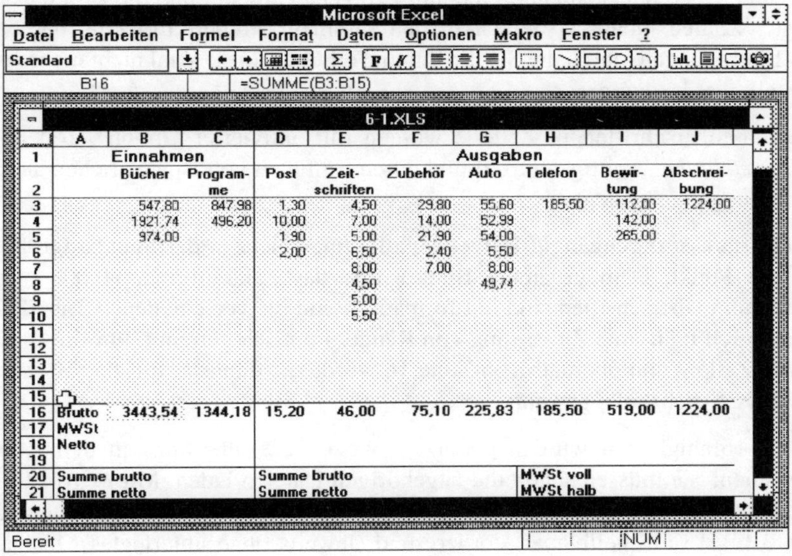

	A	B	C	D	E	F	G	H	I	J
1		Einnahmen				Ausgaben				
2		Bücher	Programme	Post	Zeitschriften	Zubehör	Auto	Telefon	Bewirtung	Abschreibung
3		547,80	847,98	1,30	4,50	29,80	55,60	185,50	112,00	1224,00
4		1921,74	496,20	10,00	7,00	14,00	52,99		142,00	
5		974,00		1,90	5,00	21,90	54,00		265,00	
6				2,00	6,50	2,40	5,50			
7					8,00	7,00	8,00			
8					4,50		49,74			
9					5,00					
10					5,50					
11										
12										
13										
14										
15										
16	Brutto	3443,54	1344,18	15,20	46,00	75,10	225,83	185,50	519,00	1224,00
17	MWSt									
18	Netto									
19										
20	Summe brutto			Summe brutto				MWSt voll		
21	Summe netto			Summe netto				MWSt halb		

Bild 6.4: Die Datei BUCHFRG1.XLS

Dieses Blatt stellt die Buchführung für einen Monat dar. Zum Eintragen der einzelnen Einnahmen und Ausgaben steht der Bereich B3:J15 zur Verfügung, in dem ich zu Demonstrationszwecken einige fiktive Werte eingegeben habe.

In den Spalten B und C werden Einnahmen eingetragen, unterteilt in die Einnahmearten »Bücher« und »Programme«, und in die Spalten D bis J die Ausgaben, unterteilt nach der Ausgabeart.

In den Zeilen 16 bis 18 soll Excel für jede Sparte die eingegebenen Bruttoeinnahmen/ Bruttoausgaben addieren (Zeile 16), die darin jeweils enthaltene Mehrwertsteuer errechnen (Zeile 17), und die sich ergebenden Nettobeträge (Zeile 18). Die zur Ermittlung der Brutto- beträge benötigten Formeln habe ich bereits eingegeben. Zum Beispiel die Formel

=SUMME(B3:B15)

für die Summe aller Einnahmen aus Büchern in Zelle B16 (siehe Eingabezeile in der Abbildung). Die entsprechenden Formeln in C16, D16 usw. entstanden durch Kopieren dieser Formel (kein Problem, da sie ausschließlich relative Bezüge enthält).

In den Zeilen 20 und 21 sollen die Summen dieser einzelnen Sparten addiert werden. Hinter dem Text »Summe brutto« (A20) soll die Summe aller Bruttoeinnahmen beziehungsweise (D20) aller Bruttoausgaben der drei Einnahmesparten erscheinen. Entsprechendes gilt für die restlichen drei Summen. Den Sinn der Texte »MWSt voll« und »MWSt halb« erkläre ich gleich. Zuvor noch ein Wort zu den Formatierungen:

■ Die Spaltenbreite wurde individuell an die einzelnen Spalten (genauer: die Überschriften »Bücher« usw.) angepaßt, um soviele Spalten wie möglich nebeneinander darstellen zu können. Und zwar per Hand, da die Optimierungsfunktion von Excel (Doppelklick auf den rechten Rand der Spaltenbezeichnung) zu genau arbeitet und die Breite exakt an die breitesten Zahlen anpaßt, also die aktuellen Summen. Mit dem Ergebnis, daß bei zusätz- lichen Eintragungen, durch die Sie die Summe erhöhen, diese Zahl nicht mehr vollständig dargestellt werden kann.

■ Die Spaltenüberschriften in Zeile 2 wurden mit aktivierter Option »Zeilenumbruch« unter *Ausrichtung...* mittig zentriert und durch Einfügen von Bindestrichen anschließend die Trennungen festgelegt.

■ Die Schriftart ist durchgängig Helvetica, allerdings nicht in der Standardgröße 10, son- dern in 8 Punkt. Dem gesamten Blatt wurde das Zahlenformat »0,00« zugewiesen. Summen und Überschriften sind fett formatiert, und die verschiedenen Tabellenbereiche wurden durch mühsame Zuweisung von Rändern optisch getrennt. Für die Linien unter- halb von Zeile 2 und oberhalb von Zeile 16 wurde die dünnste, für die restlichen Linien die mittlere Strichstärke gewählt.

■ Excels Farbfähigkeiten wurden genutzt – wovon Sie allerdings in den Abbildungen wenig sehen; Sie müssen schon die zugehörigen Dateien laden. Mit *FORMAT Muster...* wurde den Zeilen 1 und 2 und 16 bis 21 ein gelber Zellvordergrund zugewiesen und den Zeilen 3 bis 15 ein hellblauer Vordergrund. Jeweils ohne unterlegtes Muster (nur die Einstellung »Vordergrund« wurde geändert). Dadurch entfallen zugleich die sonst dar- gestellten Gitternetzlinien.

In der Demo-Buchführung fehlen noch einige Formeln. Die Datei *BUCHFRG1.XLS* enthält nur die Formeln für die Ermittlung der einzelnen Bruttosummen. Die Frage ist, wie die Ermittlung der darin enthaltenen Mehrwertsteuerbeträge abläuft. Wenn in einer Summe überhaupt keine Mehrwertsteuer enthalten ist, äußerst einfach. Im Beispiel also bei den Ausgaben unter »Post« und unter »Telefon«. Daher wird in D17 und H17 keine Formel eingetragen, sondern einfach der Wert 0.

Ganz so einfach ist es bei den restlichen Feldern leider nicht. Wenn in einem Betrag 7% Mehrwertsteuer enthalten sind, ermitteln wir diese Mehrwertsteuer, indem wir den Betrag durch 107 teilen und anschließend mit 7 multiplizieren. Angewandt auf das Feld B17 (Lizenzeinnahmen durch Bücher), das sich direkt unter dem Feld mit der zugehörigen Bruttosumme befindet:

`=B16/107*7`

Auf Bücher wird der halbe (»ermäßigte«) Mehrwertsteuersatz von 7% angewandt. Auf Programme dagegen der volle Satz von 14%. Daher muß in C17 die Formel

`=C16/114*14`

eingegeben werden. Analog werden die Formeln für die übrigen Felder gebildet. Für Zeitschriften gilt der halbe, für die restlichen Sparten der volle Mehrwertsteuersatz. Also könnten wir die in B17 enthaltene Formel *=B16/107*7* nach E17, und die in C17 enthaltene Formel *=C16/114*14* nach F17, G17, I17 und J17 kopieren.

Theoretisch! In der Praxis ist es keinesfalls sinnvoll, in alle diese Formeln direkt die Zahlen 7 oder 14 einzusetzen. Der volle Mehrwertsteuersatz beträgt zwar zur Zeit 14% und der halbe Satz 7%. Erhöhungen der Mehrwertsteuer, zum Beispiel auf 18%, sind jedoch bereits im Gespräch. Werden diese Pläne Realität, müssen Sie in allen Formeln 14 durch 18 und 7 durch 9 ersetzen – in komplexen Anwendungen ein völlig unzumutbarer Aufwand!

Sinnnvoller ist es, beide Zahlen in zwei Feldern zu speichern, zum Beispiel in J20 die Zahl 14 und in J21 die 7 und statt der Formel

`=C16/114*14`

besser die gleichwertige Formel

`=C16/(100+J20)*J20`

zu verwenden. Später genügt es, die beiden in J20 und J21 enthaltenen Zahlen zu ändern, um die gesamte Anwendung an eine Umstellung der Mehrwertsteuersätze anzupassen. Sie müssen keine einzige Formel verändern!

Geben Sie die Formeln bitte noch nicht ein. Statt nun in jeder Formel die Zellkoordinaten D1 beziehungsweise D2 einzutragen und dabei womöglich ab und zu beide zu verwechseln, ist es sicherer und komfortabler, diesen Zellen eindeutige Namen zu geben und in allen Formeln diese Namen zu benutzen.

Die Namensgebung erfolgt wieder mit *FORMEL Namen festlegen...* Zuvor müssen Sie die zu benennende Zelle oder den Bereich selektieren. In unserem Fall also zunächst J20. Wählen Sie anschließend *Namen festlegen...*

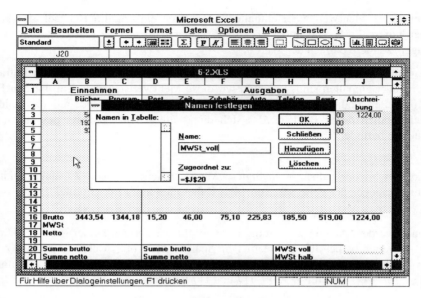

Bild 6.5: Felder benennen

Das Listenfeld enthält alle bereits für dieses Blatt definierten Namen und ist leer, da wir noch keine Namen festlegten.

Das Eingabefeld »Zugeordnet zu« zeigt die Zelle an, der der Name zugeordnet wird, also die gerade selektierte Zelle (hier J20) beziehungsweise den selektierten Bereich. Haben Sie jedoch diese Selektion vor Anwahl von *Namen festlegen...* vergessen, korrigieren Sie einfach die Vorgabe und geben den tatsächlich gewünschten Bereich an. Die Zuordnung des Namens nimmt Excel mit absoluten Koordinaten vor. Selbstverständlich können Sie die beiden Dollarzeichen entfernen, um relative Bezüge zu verwenden.

Das würde ich Ihnen jedoch nicht empfehlen! Wenn Sie sich in einer Formel auf einen Namen beziehen, meinen Sie immer *eine ganz bestimmte Zelle* und nicht eine Zelle, die »so und so viele Zeilen und so und so viele Spalten entfernt« ist. Die Verwendung absoluter Koordinaten ist daher zweifellos die »natürlichere« Festlegung für benannte Zellen.

Im Eingabefeld »Name« geben Sie den Namen ein, den Sie der Zelle/dem Bereich geben wollen. Tragen Sie entsprechend der Abbildung den Namen »MWSt_voll« ein. Wählen sie »OK«. Die Definition wird abgeschlossen und die Box geschlossen.

Bewegen Sie nun bitte den Zellcursor zu irgendeiner anderen Zelle, und öffnen Sie die Box erneut. Im Listenfeld befindet sich der neue Name »MWSt_voll«. Wenn Sie ihn anklicken, erscheint als zugehörige Zellreferenz korrekt $J$20. Offenbar hat die Benennung von Zelle J20 geklappt. Geben Sie nun bitte in C17 folgende Formel ein:

```
=C16/(100+MWSt_voll)*MWSt_voll
```

In C17 wird der Wert 0 angezeigt, da unsere Zelle »MWSt_voll« leer ist. Tragen Sie in J20 den Wert 14 ein. Das Resultat: In C17 erscheint der Wert 175,07. Tragen Sie anschließend in J21 den Wert 7 ein, benennen Sie diese Zelle mit »MWSt_halb«, und tragen Sie in B17 die Formel

`=B16/(100+MWSt_halb)*MWSt_halb`

ein. Einige Formeln fehlen noch, um das Blatt zu vervollständigen:

▧ Kopieren Sie die in B17 (Bücher) enthaltene Formel nach E17 (Zeitschriften), da dort ebenfalls mit dem halben Mehrwertsteuersatz gerechnet wird.

▧ Kopieren Sie die in C17 (Programme) enthaltene Formel, die mit dem vollen Mehrwertsteuersatz rechnet, nach F17, G17, I17 und J17. Aber bitte nicht mit *Einfügen*, sondern mit *Inhalte einfügen...* und aktivierter Option »Formeln«! Sonst werden auch die Formatierungen kopiert, also die Rahmenlinie am rechten Zellrand.

▧ Tragen Sie in B18 die Nettosummenformel *=B16-B17* ein, und kopieren Sie diese Formel nach C18 bis J18.

▧ Nun fehlen nur noch die Gesamtsummen. In C20 die Formel *=B16+C16*, die die Nettoeinnahmen aus Büchern und Programmen addiert, in C21 die Formel *=B18+C18*, die das gleiche mit den zugehörigen Bruttoeinnahmen ausführt. Und in F20 die Formel *=SUMME(D16:J16)*, die alle Nettoausgaben addiert, und in F21 entsprechend *=SUMME(D18:J18)*, um die Bruttoausgaben zu summieren.

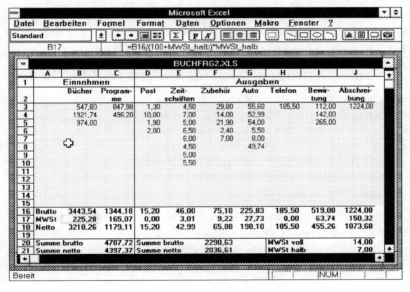

Bild 6.6: Die Datei BUCHFRG2.XLS

Wenn sich irgendwann einmal die Mehrwertsteuersätze ändern, geben Sie einfach in D1 und D2 – »MWSt_voll« beziehungsweise »MWSt_halb« – die neuen Sätze ein. Die von diesen Sätzen abhängigen Mehrwertsteuersummen werden sofort entsprechend aktualisiert.

Übrigens: Bei *Namen festlegen...* schlägt Excel im Eingabefeld als Namen den Text über beziehungsweise links von der aktiven Zelle vor. Sehr praktisch, da es dadurch häufig genügt, ⌜Enter⌝ zu drücken. Wenn Sie C3 selektieren und *Namen festlegen...* wählen, schlägt Excel als Zellbezeichnung »Program_me« vor, den Text der unmittelbar darüberliegenden Zelle C2. Und ersetzt intelligenterweise sogar den nicht zulässigen Bindestrich im Originaltext »Program-me« durch den zulässigen Unterstrich.

Daß bei den Mehrwertsteuerzellen J20 und J21 kein Text vorgeschlagen wurde, liegt daran, daß sich die Texte »MWSt voll« und »MWSt halb« zwar links von J20 und J21 befinden, aber durch je ein Leerfeld davon getrennt sind. Excel schlägt nur den Textinhalt *unmittelbar* benachbarter Zellen vor. Allerdings könnten Sie diese Texte sowieso nicht einfach übernehmen, da beide ein Leerzeichen enthalten, also in Namen unzulässige Zeichen. Da Excel bei Leerzeichen weniger clever ist, werden die Leerzeichen nicht einfach wie Bindestriche durch zulässige Zeichen ersetzt, sondern der Namensvorschlag entfällt völlig. Namen besitzen einige wichtige Eigenschaften:

- ▨ *Beim Verschieben benannter Zellen paßt Excel den Bezug des Namens an!* Wenn Sie zum Beispiel C2 ausschneiden und nach C3 verschieben, trägt anschließend C3 den Namen »MWSt_halb«!

- ▨ Namen sind ebenso wie Formatvorlagen immer an das aktive Blatt gebunden. Arbeiten Sie mit mehreren Fenstern, sehen Sie unter *Namen festlegen...* die Namen, die im aktiven Blatt definiert sind. Speichern Sie es, werden auch die darin definierten Namen gespeichert und sind somit nach dem Laden wieder verfügbar.

6│1│3│ Namen einfügen, suchen, ändern und löschen

Der Befehl *Namen einfügen...* ist recht »harmlos«. Er erleichtert Ihnen das Einfügen bereits definierter Namen in eine Formel. Laden Sie bitte *BUCHFRG2.XLS*, gehen Sie zu A25, geben Sie ein Gleichheitszeichen ein, und wählen Sie *Namen einfügen...* Selektieren Sie im Listenfeld den Namen »MWSt_halb«, und drücken Sie ⌜Enter⌝; Excel fügt den Namen in Ihre Formel ein. Sie können die Formel anschließend manuell fortsetzen. Sie sehen, *Namen einfügen...* ist im Grunde nur eine Spielerei und im Normalfall erheblich langsamer als das Eintippen des interessierenden Namens.

Schauen Sie sich bitte noch einmal die Dialogbox des Befehls *Namen festlegen...* an. Das Listenfeld enthält immer alle Namen, die momentan definiert sind. Bei vielen Namen verliert man leicht die Übersicht darüber, welcher Name welcher Zelle oder welchem Bereich zugeordnet ist. Die Dialogbox bietet Ihnen jedoch eine einfache Möglichkeit, die zugehörige Selektion zu suchen. Klicken Sie einfach den gewünschten Namen an beziehungsweise wählen Sie ihn mit den Cursortasten aus. Er erscheint im Eingabefeld »Name«, und im darunterliegenden Eingabefeld sehen Sie die zugeordneten Koordinaten.

Nach der Selektion eines Eintrags der Liste können Sie den Namen mit der Schaltfläche »Löschen« löschen. Die betreffende Zelle ist anschließend wieder »namenlos«. Sie können den Namen aber auch ändern, indem Sie einfach den Inhalt des Eingabefelds »Name« entsprechend editieren.

Übrigens kann es vorkommen, daß nach dem Ändern oder Löschen eines Namens in einer oder mehreren Formelzellen »#NAME#?« angezeigt wird. Diese Fehlermeldung weist Sie darauf hin, daß in der betreffenden Formel ein nicht (mehr) existierender Name verwendet wird. Löschen Sie zum Beispiel den Namen »MWSt_voll«, wird diese Fehlermeldung in allen möglichen Zellen angezeigt, die zum Beispiel Formeln wie =C16/(100+MWSt_voll)*MWSt_voll enthalten.

6|1|4| Namen übernehmen

Da die Verwendung von Namen den Überblick über eine Tabelle erheblich vereinfacht, sollten Sie diese Technik so oft wie möglich einsetzen. Allerdings ist es mit hohem Aufwand verbunden, viele separate Bereiche einer Tabelle zu benennen. Zum Beispiel wäre es im Falle der Buchführung sinnvoll, den Bereich B3 bis B15 »Bücher« zu nennen, den Bereich C3:C15 »Programme« und so weiter. Und die in B16 enthaltene Formel

```
=SUMME(B3:B15)
```

anschließend entsprechend in

```
=SUMME(Kurse)
```

zu ändern. Aber wie gesagt, all diese Benennungen einzeln durchzuführen, ist ein erheblicher Arbeitsaufwand – den uns Excel jedoch abnehmen kann! Mit dem Befehl *Namen übernehmen...* können Sie Excel passende Namen für eine beliebig große Anzahl an Bereichen automatisch vergeben lassen. Voraussetzung ist, daß an jeden dieser Bereiche passende Texte angrenzen, die als Bereichsname verwendet werden können. Wo diese Texte angrenzen, rechts, links, oben oder unten, ist gleichgültig. Im Beispiel haben wir »spaltenorientierte« Bereiche, an die jeweils am oberen Bereichsende passende Namen angrenzen, eben die Spaltenüberschrift »Bücher« über dem Bereich B3:B15 oder die Überschrift »Programme« über dem Bereich C3:C15. Die erste Voraussetzung, daß die Überschriften an die zu benennenden Bereiche angrenzen, ist daher erfüllt.

Und auch die zweite Voraussetzung, daß alle zu verwendenden Texte den Regeln für gültige Namen entsprechen, ist erfüllt. Keine der Überschriften enthält das in Namen ungültige Leerzeichen. Der Bindestrich ist zwar ebenfalls nicht zulässig, wird aber von Excel selbständig durch einen Unterstrich ersetzt, wie wir sahen.

Die zu benennenden Bereiche selektieren Sie einzeln im Verlängerungsmodus, wenn es sich um getrennte oder unterschiedlich große Bereiche handelt. Unser Fall ist einfacher, da alle Bereiche gleich groß sind und sich nebeneinander befinden. Wir können daher alle Bereiche auf einmal auswählen. Selektieren Sie bitte B2:J15, also nicht nur die Bereiche selbst, sondern auch die zu verwenden Bereichsnamen, die Überschriften! Wählen Sie danach *FORMEL Namen übernehmen...*

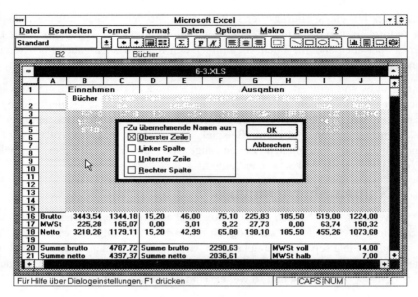

Bild 6.7: Übernahme von Bereichsnamen

Sie müssen angeben, ob die Bereichsnamen aus der obersten Zeile der selektierten Bereiche zu übernehmen sind, oder aus der linken Spalte, der untersten Zeile oder der rechten Spalte. Excel ist hier ausnahmsweise einmal nicht so clever, wie es theoretisch möglich wäre und erkennt nicht, daß sich im Beispiel nur in der obersten Zeile Texte befinden, die in Frage kommen. Also aktivieren Sie wie in der Abbildung die Option »Oberster Zeile« und drücken Sie (Enter).

Schauen Sie sich anschließend alle momentan definierten Namen im Listenfeld des Befehls *Namen festlegen...* an. Neu hinzugekommen sind wie gewünscht »Bücher«, »Program_me« und so weiter. Und zwar jeweils korrekt den betreffenden Bereichen zugeordnet. Wenn Sie zum Beispiel »Telefon« anklicken, erscheinen als zugehörige Koordinaten $H$3:$H$15. Der Bereich $B$3:$B$15 erhielt den Namen der zugehörigen Spaltenüberschrift »Bücher«.

Noch ein Beispiel: Die folgende Abbildung zeigt eine Tabelle mit dem *zeilen- und spaltenorientierten* Bereich B2:C13. »Zeilen- und spaltenorientiert« bedeutet, daß man den Bereich in mehrere Spalten mit je einer Überschrift oberhalb der Spalten unterteilen kann, aber ebensogut in mehrere Zeilen mit ebenfalls je einer Überschrift am jeweils linken Zeilenrand.

Zum Beispiel enthält der Bereich B2:B13 die Spaltenüberschrift »Einnahmen« und der Bereich C2:C13 die Spaltenüberschrift »Ausgaben«. Zusätzlich zu diesen beiden spaltenorientierten Bereichen gibt es zwölf zeilenorientierte Bereiche mit je einer Zeilenüberschrift, den Bereich B2:C2 mit der Überschrift »JAN«, den Bereich B3:C3 mit der Überschrift »FEB« und so weiter, bis zum Bereich B13:C13 mit der Überschrift »DEZ«.

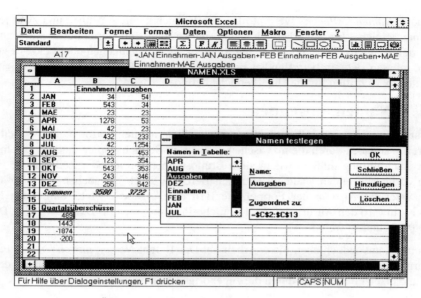

Bild 6.8: Übernahme aus spalten- und zeilenorientiertem Bereich

Wird der Bereich A1:C13 selektiert, *Namen festlegen...* gewählt und in der Dialogbox *sowohl »Oberster Zeile« als auch »Linker Spalte«* aktiviert, definiert Excel genau 14 Namen, einen pro Spalten- beziehungsweise Zeilenüberschrift:

Name	Zugehöriger Bereich
Einnahmen	$B$2:$B$13
Ausgaben	$C$2:$C$13
JAN	$B$2:$C$2
FEB	$B$3:$C$3
MAE	$B$4:$C$4
APR	$B$5:$C$5
MAI	$B$6:$C$6
JUN	$B$7:$C$7
JUL	$B$8:$C$8
AUG	$B$9:$C$9
SEP	$B$10:$C$10
OKT	$B$11:$C$11
NOV	$B$12:$C$13
DEZ	$B$13:$C$13

Tabelle 6.1: Spalten- und zeilenorientierte Bereichsbenennung

Allgemein: *Namen festlegen...* vergibt für einen Bereich mehrere Namen und zwar je einen pro »Unterbereich«. Ein Unterbereich ist ein spalten- oder zeilenorientierter Ausschnitt des selektierten Bereichs. Je nachdem, ob nur Spalten- oder Zeilennamen oder beide gewünscht werden, müssen sich am betreffenden Bereichsrand (rechts, links, oben, unten) als Namen geeignete Überschriften für die Unterbereiche befinden.

6⎸1⎸5⎸   Namen anwenden

Nun wäre es immer noch außerordentlich umständlich, in allen Formeln eines Arbeitsblatts die Bereichsangaben durch die inzwischen definierten Bereichsnamen zu ersetzen. Im Falle unserer Buchführung müßten wir in allen Bruttosummenformeln der Zeile 16 die Bezüge auf die darüberliegenden spaltenorientierten Bereiche durch die soeben dafür definierten Namen ersetzen. Also in der Formelzelle B16 die Angabe B3:B15 durch den Namen »Bücher«, in C16 den Ausdruck C3:C15 durch »Program_me«, in D16 den Bezug D3:D15 durch »Post« und so weiter.

Excel nimmt uns jedoch auch diese Arbeit ab. Der Befehl *Namen anwenden...* durchsucht alle Formeln eines zuvor selektierten Bereichs nach Bezügen, für die ein Name definiert wurde und ersetzt die Bezüge durch die zugehörigen Namen.

Wurde zuvor kein Bereich selektiert (nur eine einzelne Zelle ist aktiv), ersetzt Namen anwenden... in der gesamten Tabelle Bezüge durch zugeordnete Namen!

Da das normalerweise am sinnvollsten ist, selektieren Sie nun bitte überhaupt nichts und wählen Sie *Namen anwenden...*

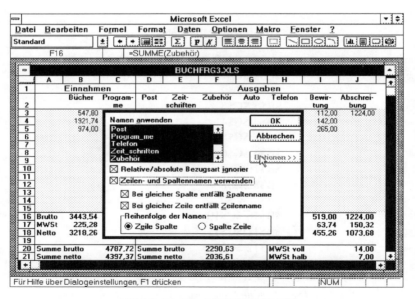

Bild 6.9: Die Datei BUCHFRG3.XLS

Drücken Sie [Enter], ohne die verschiedenen Optionen der Dialogbox zu beachten. Schauen Sie sich die in der Tabelle enthaltenen Formeln anschließend der Reihe nach an. Überall, wo die Möglichkeit bestand, ersetzte Excel Bezüge durch die zugehörigen Bereichsnamen. Mit dem Resultat, daß die in Zeile 16 enthaltenen Formeln nun *=SUMME(Kurse)*, *=SUMME(Bücher)*, *=SUMME(Progs)* usw. lauten.

Alte Formel	Neue Formel
=SUMME(B3:B15)	=SUMME(Bücher)
=SUMME(C3:C15)	=SUMME(Program_me)
=SUMME(D3:D15)	=SUMME(Post)
=SUMME(E3:F15)	=SUMME(Zeit_schriften)
=SUMME(F3:G15)	=SUMME(Zubehör)
=SUMME(G3:H15)	=SUMME(Auto)
=SUMME(H3:I15)	=SUMME(Telefon)
=SUMME(I3:J15)	=SUMME(Bewir_tung)
=SUMME(J3:J15)	=SUMME(Abschrei_bung)

Tabelle 6.2: Bereichsbezüge nach »Namen anwenden...«

Mit minimalem Aufwand haben wir unsere Tabelle erheblich übersichtlicher und verständlicher gestaltet. Nun zu den einzelnen Optionen von *Namen anwenden...*, genauer: zu den Optionen der *erweiterten* Dialogbox.

6.1.5.1 Mehrfachselektionen in Listenfeldern

Sicher ist Ihnen aufgefallen, daß nach dem Erscheinen der Dialogbox *alle* Einträge im Listenfeld ausgewählt waren, was wir noch nie zuvor erlebten. Excel ersetzt im selektierten Bereich Bezüge durch die in diesem Feld ausgewählten Namen. Normalerweise will man alle definierten Namen auch anwenden, so daß die Vorselektion aller Einträge sehr komfortabel ist. Um genau zu sein: Nicht alle Einträge sind vorselektiert. Excel durchsucht zunächst den ausgewählten Bereich und prüft, für welche der darin vorkommenden Bezüge Namen definiert sind. Alle diese Namen sind im Listenfeld vorselektiert.

Wenn Sie darauf bestehen, können Sie diese Vorgabe verwerfen und mit den Cursortasten oder einem Mausklick einen einzigen Namen wählen, zum Beispiel »Telefon«. Dann wird Excel im selektierten Bereich nur jenen Bezug ersetzen, dem der Name »Telefon« zugeordnet ist (also H3:H15). Sie können auch mehrere Einträge gleichzeitig auswählen. Probieren Sie das bitte unbedingt aus, da Sie diese Technik nicht nur in diesem, sondern auch in einigen anderen Dialogfeldern anwenden können!

Selektieren Sie zunächst einen Eintrag, welchen auch immer. Drücken Sie [Umschalt]+[↑], um zusätzlich den darüberliegenden Eintrag auszuwählen, beziehungsweise [Umschalt]+[↓] für den nächstunteren Eintrag. Auf diese Weise können Sie natürlich nur benachbarte Einträge selektieren.

Die zweite Variante: Drücken Sie die ⌈Strg⌉-Taste, und halten Sie sie während aller folgenden Aktionen gedrückt. Bewegen Sie sich mit ⌈↓⌉ oder ⌈↑⌉ zum jeweils nächsten gewünschten Eintrag und wählen Sie diesen mit der ⌈Leertaste⌉ zusätzlich aus. Die ständig gedrückte ⌈Strg⌉-Taste sorgt dafür, daß die bisherige Auswahl auch während des Umherwanderns mit den Cursortasten erhalten bleibt.

Mit der Maus funktioniert die erste Methode ebenfalls. Das heißt, Sie können zusammenhängende Bereiche selektieren, indem Sie die Maus bei gedrückter ⌈Umschalt⌉-Taste über den betreffenden Bereich ziehen. Die zweite Technik zur Auswahl unzusammenhängender Einträge versagt zwar, dafür ist diese Aufgabe mit der Maus weit einfacher zu lösen. Sie durchwandern die Liste wie üblich durch Bewegen der Maus und Anklicken der Rollbalken. Wollen Sie einen weiteren Eintrag auswählen, drücken Sie beim Anklicken einfach gleichzeitig die ⌈Umschalt⌉-Taste.

6|1|5|2| Relative/absolute Bezüge ignorieren

Beim Erscheinen der Dialogbox sind alle Optionen aktiviert. Im Falle von »Relative/absolute Bezüge ignorieren« bedeutet das: Excel wird alle Bezüge durch zugehörige Namen ersetzen, soweit welche vorhanden sind, unabhängig vom verwendeten Bezugsformat. Deaktivieren Sie diese Option, beachtet Excel beim Ersetzen die Bezugsart in folgender Art und Weise: Wenn ein Bezug absolut ist, wird er nur dann durch den zugehörigen Namen ersetzt, wenn auch dieser mit absolutem Bezug festgelegt wurde. Das gleiche gilt für relative Bezüge. Ein Beispiel: Angenommen, A5 haben Sie mit *Namen festlegen...* den Namen »Test« zugeordnet und dabei die von Excel unter »Zugeordnet zu« vorgegebenen absoluten Koordinaten übernommen, also $A$5. »Test« wurde also mit absolutem Bezug definiert.

Befindet sich in Zelle A10 die Formel =*$A$5*, wird *Namen anwenden...* diese Formel in jedem Fall durch =*Test* ersetzen. Befindet sich in A10 jedoch die Formel =*A5*, wird dieser relative Bezug nur dann durch »Test« ersetzt, wenn die Option »Relative/absolute Bezüge ignorieren« aktiviert war.

6|1|5|3| Zeilen- und Spaltennamen verwenden

Diese und die beiden folgenden Optionen verfolgen den gleichen Zweck: auch Bezügen auf *einzelne Felder von Bereichen* Namen zu geben, obwohl nur für die kompletten Bereiche Namen festgelegt wurden, aber nicht für jedes einzelne Feld darin. Diese Möglichkeit setzt jedoch voraus, daß der betreffende Bereich zeilen- und spaltenorientiert ist.

Schauen Sie sich bitte noch einmal die vorletzte Abbildung an. Wie erläutert, definiert *Namen übernehmen...* für den Bereich B2:C13 genau 14 Namen, zwei Namen für die spaltenorientierten Bereiche B2:B13 und C2:C13 und zwölf Namen für die restlichen zeilenorientierten Bereiche.

Am unteren Ende der Tabelle werden einige Zahlen daraus zu »Quartalsüberschüssen« addiert. Zum Beispiel enthält A17 die Formel

```
=(B2–C2)+(B3–C3)+(B4–C4)
```

Das heißt, von den Einnahmen im Januar werden die Ausgaben in diesem Monat subtrahiert, auf die gleiche Weise der Überschuß der Monate Februar und März ermittelt und durch Addition aller drei Zahlen der Gesamtüberschuß im ersten Quartal berechnet. Die drei anderen Quartalsüberschüsse entstehen analog.

Obwohl in diesen Formeln kein einziger Bezug enthalten ist, für den ein Name definiert wurde, ermöglicht Excel trotzdem eine sehr empfehlenswerte Anwendung der bereits vorhandenen Bereichsnamen. Wenn A17:A20 selektiert, *Namen anwenden...* gewählt und die vorgegebenen Optionen übernommen werden, enthält zum Beispiel A17 anschließend statt

`=(B2–C2)+(B3–C3)+(B4–C4)`

die erheblich aussagekräftigere Formel:

`=JAN Einnahmen–JAN Ausgaben+FEB Einnahmen–FEB Ausgaben+MAE Einnahmen–MAE Ausgaben`

Zum Beispiel wurde der Bezug B2 durch den Namen »JAN Einnahmen« ersetzt. Den fehlenden Namen für diesen Bezug ersetzt Excel einfach durch die Kombination zweier Namen, eines Zeilen- und eines Spaltennamens, die zusammen die betreffende Zelle B2 eindeutig identifizieren!

Das gleiche gilt für alle anderen Bezüge und natürlich auch für die drei anderen Formeln zur Ermittlung der Quartalsüberschüsse. Überzeugen Sie sich selbst davon, wie clever Excel ist. Schließen Sie Ihr aktuelles Arbeitsblatt, laden Sie *NAMEN.XLS*, und sehen Sie sich die einzelnen Formeln an. Erweitern Sie die Tabelle anschließend gemäß der folgenden Abbildung.

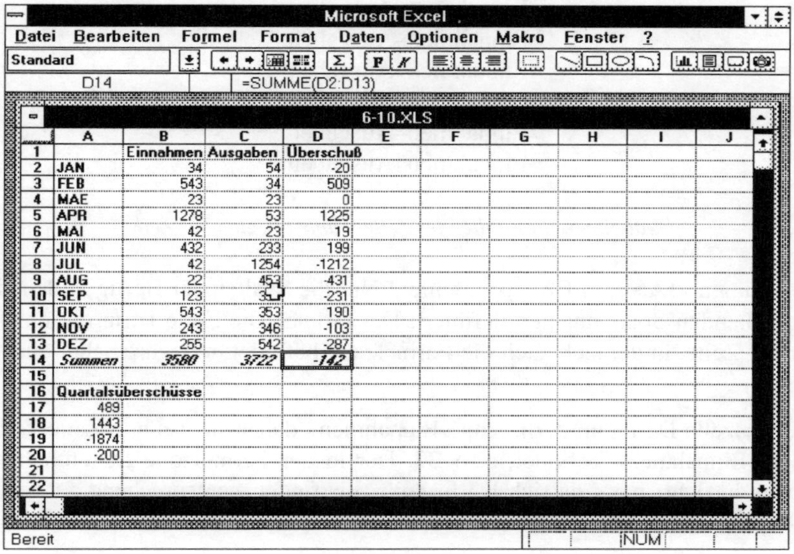

Bild 6.10: NAMEN.XLS mit zusätzlicher Überschuß-Spalte

Geben Sie in D1 die Spaltenüberschrift »Überschuß« ein. Danach in D2 die Formel =B1–C1, und kopieren Sie diese Formel nach D3:D13. Geben Sie in D14 ein:

`=SUMME(D2:D13)`

Oder gehen Sie einfach zu D14, und lassen Sie diese Formel durch einen Doppelklick auf den Summierungsknopf von Excel einfügen. *NAMEN.XLS* zeigt nun auch die jeweiligen Monatsüberschüsse und den Jahresüberschuß an. Unschön ist jedoch, daß keine einzige der neuen Formeln mit aussagekräftigeren Namen arbeitet. Denn die Formel

`=B2–C2`

in D2 könnte Excel natürlich ebenfalls durch eine Kombination eines Spalten- und eines Zeilennamens ersetzen:

`=JAN Einnahmen–JAN Ausgaben`

Also selektieren Sie D2:D13, wählen *Namen anwenden...* und drücken ⟨Enter⟩. Das Resultat ist erstaunlich:

Alte Formel	Neue Formel
=B2–C2	=Einnahmen–Ausgaben
=B3–C3	=Einnahmen–Ausgaben
=B4–C4	=Einnahmen–Ausgaben
=B5–C5	=Einnahmen–Ausgaben
=B6–C6	=Einnahmen–Ausgaben
=B7–C7	=Einnahmen–Ausgaben
=B8–C8	=Einnahmen–Ausgaben
=B9–C9	=Einnahmen–Ausgaben
=B10–C10	=Einnahmen–Ausgaben
=B11–C11	=Einnahmen–Ausgaben
=B12–C12	=Einnahmen–Ausgaben

Tabelle 6.3: Entfallender Zeilenname bei gleicher Zeile

Die Zeilennamen »JAN«, »FEB« usw. fehlen! Nur die Spalten der Bezugszellen sind durch die entsprechenden Spaltennamen definiert. Der Grund: Die Zeile ist in diesem Fall identisch mit der Zeile, in der sich auch die Formelzelle befindet und wäre daher eine überflüssige Angabe.

In der Formelzelle D2 meint der Bezug »Einnahmen« daher die Zelle in Zeile 2, die sich in der Spalte »Einnahmen« befindet, also B2. Der in der Formelzelle D3 enthaltene Bezug »Ausgaben« bezieht sich – da sich D3 in Zeile 3 befindet – entsprechend auf jene Zelle in Zeile 3, die sich in der Spalte »Ausgaben« befindet, also auf C3.

Dieses Entfallen überflüssiger Angaben wird durch einen Vergleich mit dem relativen Bezugsformat verdeutlicht. In diesem Format meint der Bezug S(2)Z(3) jene Zelle, die sich zwei Spalten rechts und drei Zeilen unterhalb der Zelle befindet, die diesen Bezug enthält. In diesem Fall sind beide Angaben notwendig. Der Bezug S(2)Z(0) ist jedoch absolut äquivalent mit der vereinfachten Form S(2) ohne Zeilenangabe, wenn die Zeilendifferenz wie hier gleich 0 ist.

Nichts anderes bedeutet ein entfallender Zeilen- oder Spaltenname: Die Zelle, auf die der Bezug weist, befindet sich eben in der gleichen Zeile oder der gleiche Spalte wie jene, die den Bezug enthält.

Dieses Entfallen überflüssiger Namen können Sie nach Belieben beeinflussen. Wenn Sie die Option »Bei gleicher Spalte entfällt Spaltenname« deaktivieren, wendet Excel den Spaltennamen auf alle Fälle an, auch dann, wenn es eigentlich überflüssig wäre. Entsprechendes gilt für die Option »Bei gleicher Zeile entfällt Zeilenname« und die Angabe überflüssiger Zeilennamen.

Als letztes können Sie bestimmen, in welcher Reihenfolge sich Spalten- und Zeilennamen befinden. Ist die Option »Zeile Spalte« aktiviert, nennt Excel zuerst den Zeilen- und dann den Spaltennamen, zum Beispiel »JAN Einnahmen«. Bei Aktivierung von »Spalte Zeile« würde Excel den Bezug statt dessen »Einnahmen JAN« nennen.

6|1|6 Praxistips

Solange Ihre Tabellen noch klein sind, sehen Sie bestimmt keine große Notwendigkeit für »Namensgebungen«. Aber auch kleine Arbeitsblätter werden mit der Zeit größer. Irgendwann verlieren Sie den Überblick und sind nicht mehr in der Lage, Ihre ach so »aussagekräftigen« Formeln wie

```
=(D20–E20–F20)+(D40–E40–F40)
```

zu verstehen, ohne ständig im Arbeitsblatt umherzublättern und erst einmal nachzuschauen, welche Bedeutungen die einzelnen Bezüge besitzen. Mit Namen wäre Ihnen das nicht so leicht passiert:

```
=(Brutto90–MWSt90–Steuer90)+(Brutto91–MWSt91–Steuer91)
```

Die Konsequenz: Benutzen Sie zumindest für häufiger verwendete Bezüge von Anfang an Namen. Spätestens jedoch, wenn Sie merken, daß Ihr Arbeitsblatt doch größer und komplexer wird als ursprünglich geplant. Excel macht Ihnen eine nachträgliche Umstellung so einfach wie nur möglich:

■ Benennen Sie ständig vorkommende Felder mit Namen *festlegen...*, indem Sie einfach den Vorschlag übernehmen, den Excel gibt, falls ein Text an das betreffende Feld angrenzt. Selektieren Sie bei Bereichen auch angrenzende Spalten- und Zeilenüberschriften, um diese mit *Namen übernehmen...* als Bereichsnamen zu übernehmen.

■ Selektieren Sie nach diesen Benennungen bitte keinen Bereich, sondern nur eine einzelne Zelle, bevor Sie *Namen anwenden...* wählen und alle vorgegebenen Optionseinstellungen akzeptieren! Excel wird daraufhin im gesamten Arbeitsblatt Bezüge durch zugehörige Namen ersetzen, so daß Sie mit geringstmöglichem Arbeitsaufwand Ihr gesamtes Blatt auf benannte Bezüge umgestellt haben.

Um nachträgliche Benennungen möglichst unproblematisch durchführen zu können, sollten Sie auf eines achten: Alle von Ihnen verwendeten Texte sollten den Regeln für zulässige Namen entsprechen, um eine spätere Übernahme als Name zu ermöglichen – auch dann, wenn Sie momentan überhaupt nicht planen, diesen Text jemals als Namen zu verwenden! Sie sollten vor allem auf die beliebten Leerzeichen verzichten. Also bitte nicht:

Summe gesamt:	123,45

sondern:

Summe_gesamt	123,45

damit »Summe_gesamt« später als Name für das numerische Feld rechts davon übernommen werden kann!

6|2| Mit mehreren Fenstern gleichzeitig arbeiten

Vor dem Laden eines neuen Arbeitsblatts habe ich Sie bisher immer aufgefordert, das gerade aktive Blatt zuvor zu schließen. Ich wollte vermeiden, Sie durch das plötzliche Auftauchen eines *zusätzlichen* Fensters in unnötige Verwirrung zu stürzen. Allerdings würde ich wetten, daß Sie dieses Schließen bestimmt schon einmal vergessen haben und dann bestimmt den interessanten Anblick zweier sich mehr oder weniger überlappender Fenster vor sich hatten.

Diesen Anblick wollen wir nun bewußt erzeugen. Laden Sie – wenn nicht bereits geschehen – *BUCHFRG4.XLS*. Klicken Sie den Fenstertitel »BUCHFRG3.XLS« an, und ziehen Sie das Fenster bei gedrückter Maustaste ein wenig nach links und nach unten (Tastatur: mit [Strg]+[F7] den Befehl *Bewegen* im Systemmenü wählen und Fenster mit den Cursortasten verschieben). Schließen Sie dieses Fenster bitte nicht, bevor Sie nun *NAMEN.XLS* laden. *NAMEN.XLS* ersetzt das vorhandene Arbeitsblatt nicht. Statt dessen öffnet Excel ein zusätzliches Fenster mit dieser Datei, das das bereits vorhandene Fenster zum größten Teil verdeckt. Was Sie allerdings ändern können, indem Sie die Überschrift dieses Fensters anklicken – also »NAMEN.XLS« – und es nach rechts ziehen (vgl. Bild 6.11).

Prinzipiell können Sie unendlich viele Arbeitsblätter nacheinander laden. Die einzige Grenze bietet die verfügbare Speicherkapazität – über die Sie sich übrigens jederzeit mit dem Befehl *Excel-Info...* im »Fragezeichen«-Menü informieren können.

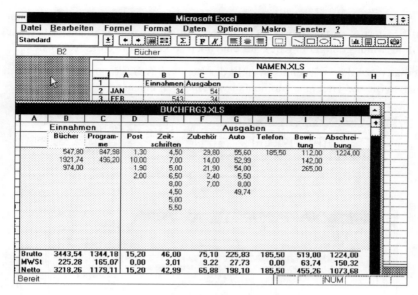

Bild 6.11: Zwei überlappende Fenster

6|2|1| Wechsel des aktiven Fensters

Normalerweise werden alle Fenster entsprechend dieser Abbildung als eine Art »Stapel« angezeigt. Ganz oben auf dem Stapel liegt das zuletzt geladene Arbeitsblatt, die zuvor geladenen befinden sich weiter unten. Das oberste Blatt ist immer das »aktive« Arbeitsblatt. Nur in dieses Blatt können Sie Werte oder Formeln eingeben, es vergrößern, verkleinern, schließen, speichern, editieren oder formatieren.

Allerdings können Sie jederzeit ein beliebiges darunterliegendes Blatt auf die »Stapelspitze« holen und zum aktiven Blatt machen. Die einzige Voraussetzung dafür ist, daß wenigstens eine winzige Ecke des betreffenden Blatts sichtbar ist. Denn ein Mausklick auf irgendeinen Teil eines inaktiven Fensters genügt, um es zu aktivieren und an die Spitze des Stapels zu holen. Im gleichen Moment wird das gerade noch aktive Fenster inaktiviert und anschließend zum Großteil vom aktiven Fenster überdeckt.

Das heißt, mit der Maus können Sie extrem einfach durch Anklicken von Fenster zu Fenster springen. Mit der Tastatur erreichen Sie das Gleiche mit ⟨Strg⟩+⟨F6⟩. Diese Tastenkombination aktiviert das jeweils nächste Fenster, in unserem Fall also abwechselnd die

Fenster *BUCHFRG3.XLS* und *NAMEN.XLS*. Leider müssen Sie bei dieser Tastaturtechnik und fünf Fenstern viermal `Strg`+`F6` drücken, um an das unterste Fenster heranzukommmen. Mit der Maus genügt ein Klick auf eine noch so kleine Ecke dieses Fensters.

Die Alternative zu diesen Techniken stellt das Menü *FENSTER* dar. Im unteren Teil dieses Menüs sehen Sie die Titel aller momentan vorhandenen Fenster.

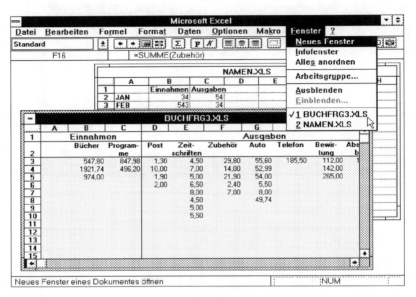

Bild 6.12: Wahl des aktiven Fensters im Fenster-Menü

Das gerade aktive Fenster – hier *BUCHFRG3.XLS* – ist mit einem Häkchen markiert. Wenn Sie einen der anderen Fenstertitel selektieren oder die zugehörige Zifferntaste drücken, wird das betreffende Fenster aktiviert.

Da ein Menü natürlich nicht beliebig lang sein kann, kann das *FENSTER*-Menü auf diese Weise nicht die Namen von 50 oder 100 Fenstern anzeigen. Bei mehr als neun Fenstern wird eine andere Methode gewählt. Die ersten acht Fenstertitel werden wie in dieser Abbildung angezeigt. Darunter befindet sich dann der Befehl *Fenster...* Dieser Befehl öffnet ein Listenfeld, dessen Einträge aus den noch fehlenden Fenstertiteln bestehen.

6|2|2| Fenster arrangieren

Sie wissen nicht nur, wie Sie ein Fenster bewegen, sondern auch, wie Sie die Größe eines Fensters ändern können. Durch Anklicken einer der vier Ecken und Ziehen des Fensters in die gedrückte Richtung – bei gedrückter Maustaste! Beziehungsweise durch `Strg`+`F8` (Kurztaste des Befehls *Größe ändern* im Systemmenü des Fensters), Ziehen mit den Cursortasten und Bestätigung mit `Enter`.

Das Einstellen der Fenstergröße erlaubt Ihnen zusammen mit dem Ändern der Fensterposition zwar eine recht umständliche Anordnung mehrerer Fenster nebeneinander, ohne die geringste Überlappung. Aber mit welchem Aufwand! Erheblich einfacher geht das mit dem Befehl *Alles anordnen* im *FENSTER*-Menü.

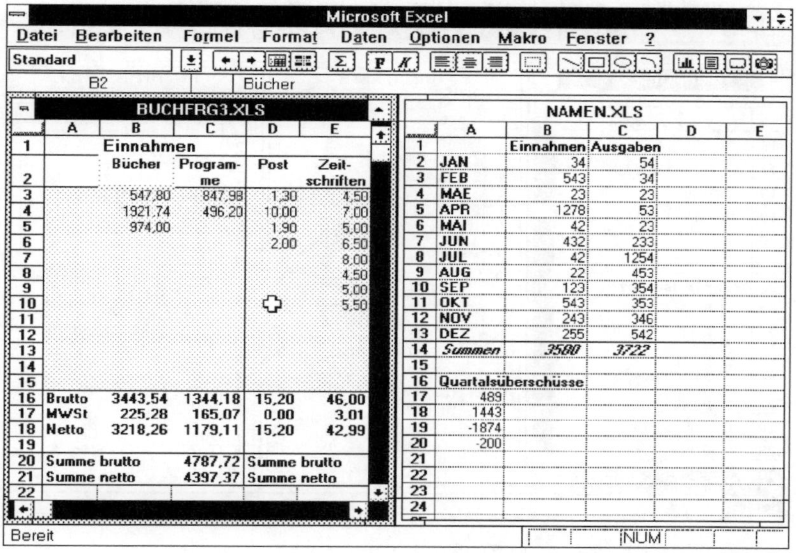

Bild 6.13: Automatische Fensteranordnung durch Excel

Excel ordnet alle momentan vorhandenen Fenster so auf dem Bildschirm an, daß kein Fenster ein anderes auch nur im Geringsten überlappt. Und das nicht nur bei zwei, sondern auch bei sieben, acht oder noch mehr Fenstern – die dafür zwangsläufig immer kleiner werden und deren »Mini-Ausschnitte« bei mehr als zwei Fenstern meist nicht mehr zu einem vernünftigen Arbeiten zu gebrauchen sind. Die gleichzeitige Anordnung mehrerer Fenster ist zwar eine hübsche Spielerei, mehr als zwei davon schaffen jedoch eher Verwirrung als praktischen Nutzen.

6|2|3| Fenster verbergen und anzeigen

Oft hat man aber tatsächlich für einige Zeit wesentlich mehr als zwei Fenster im Speicher. Man arbeitet zum Beispiel längere Zeit mit den Fenstern A und B, danach längere Zeit mit C und D, anschließend mit E und F und anschließend wieder mit den beiden ersten Fenstern A und B.

In diesem Fall sollten Sie mit dem Befehl *FENSTER Ausblenden* die Anzeige aller voraussichtlich für längere Zeit nicht benötigten Fenster unterbinden, bevor Sie *Alles anordnen* wählen. Zum Ausprobieren laden Sie bitte von der beiliegenden Diskette der Reihe nach die Dateien *EDIT1.XLS*, *FORMAT1.XLS* und *UMBRUCH.XLS*, zusätzlich zu den bereits vorhandenen Fenstern *BUCHFRG3.XLS* und *NAMEN.XLS*. Wählen Sie danach *Alles anordnen*.

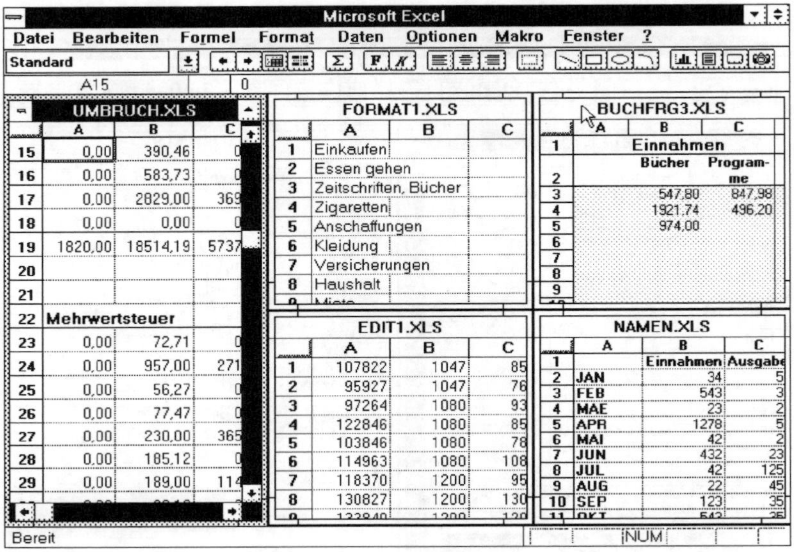

Bild 6.14: Fünf nicht überlappende Fenster

Nehmen wir an, in den nächsten Stunden benötigen Sie zwar abwechselnd alle fünf Dateien, so daß es ganz praktisch ist, statt ständigem Schließen und Laden einfach auf Tastendruck zwischen den fünf Arbeitsblättern hin- und herwechseln zu können. In der nächsten halben Stunde müssen Sie jedoch nur mit *FORMAT1.XLS* und *BUCHFRG3.XLS* arbeiten und wollen den gesamten Bildschirm ausschließlich für diese beiden Blätter reservieren.

Dann aktivieren Sie der Reihe nach die drei Blätter, die vorerst verschwinden sollen, und geben jedesmal den Befehl *FENSTER Ausblenden*. Dieser Befehl schließt zwar kein Fenster, es bleibt im Arbeitsspeicher. Er unterbindet jedoch bis auf weiteres die Anzeige des Fensters. Wählen Sie anschließend *Alles anordnen*. Excel wird nur die beiden nicht verborgenen Fenster *FORMAT1.XLS* und *BUCHFRG3.XLS* zeigen, und zwar jeweils in etwa halber Bildschirmgröße, mit der sich vernünftig arbeiten läßt.

Mit *FENSTER Einblenden...* können Sie verborgene Fenster jederzeit wieder »aus der Versenkung holen«. Dieser Befehl öffnet eine Dialogbox mit einem Listenfeld mit den Namen aller verborgenen Felder, aus dem Sie sich das wieder anzuzeigende aussuchen können.

6|2|4| Fenster und Arbeitsbereiche speichern

Es gibt verschiedene Methoden, mehrere Fenster ohne großen Aufwand zu speichern. Die einfachste besteht darin, Excel zu verlassen. Excel wird für jedes einzelne Fenster, dessen Inhalt verändert wurde, nachfragen, ob dieses Fenster gespeichert werden soll.

Allerdings ist diese Methode zum Speichern zweifellos weniger geeignet, wenn Sie eigentlich mit Excel weiterarbeiten und nur sicherheitshalber alle paar Stunden die aktuellen Inhalte aller Fenster speichern wollen – was übrigens sehr empfehlenswert ist, denn auch bei Ihnen kann mal die Sicherung rausfliegen!

Eine andere Methode besteht darin, im Datei-Menü den umgeschalteten Befehl *Alles schließen* zu wählen. Er schließt alle Fenster und führt damit zu den gleichen Aktionen wie das Verlassen von Excel. Nur daß Excel eben nicht verlassen wird und Sie alle Dateien unmittelbar darauf wieder laden können.

Allerdings ist auch das ein unzumutbarer Aufwand. Ebenso wie die Technik, nacheinander jedes der Fenster zu aktivieren und einzeln mit *DATEI Speichern* zu speichern. Die einzig vernünftige Methode stellt der bereits früher behandelte Befehl *DATEI Arbeitsbereich speichern...* dar. Er speichert nicht nur alle editierten Fenster, sondern – unter einem von Ihnen zu wählenden Dateinamen – auch alle Informationen über die aktuell geladenen Fenster, ihre Größen und Positionen.

Morgen oder übermorgen genügt das Laden dieser Arbeitsbereichsdatei, um zu veranlassen, daß Excel automatisch alle Fenster wieder lädt, auf die zuletzt eingestellte Größe bringt und sie wieder an den alten Positionen anordnet.

Und vor allem: *Arbeitsbereich speichern...* speichert zwar mit einem Schlag alle Fenster, an denen Sie inzwischen irgendwelche Änderungen vornahmen – Excel wird dabei jedoch nicht verlassen und auch kein einziges Fenster geschlosssen!

6|2|5| Unterfenster einrichten

Mit mehreren Fenstern gleichzeitig zu arbeiten, ermöglicht ein schnelles Wechseln zwischen verschiedenen Arbeitsblättern. Geht es nur um ein Blatt, das jedoch sehr umfangreich ist, helfen »Unterfenster« weiter.

Durch »Unterfenster« wird ein Arbeitsblatt horizontal oder vertikal geteilt. Sie können in beiden Teilen verschiedene Ausschnitte der gleichen Tabelle anzeigen und diese Ausschnitte unabhängig voneinander über die Tabelle verschieben.

Entfernen Sie alle geladenen Fenster mit *Alles schließen*, laden Sie *BUCHFRG3.XLS*, und verkleinern Sie das Fenster, bis nur noch ein Teil der gesamten Tabelle sichtbar ist, um ein sehr großes Arbeitsblatt zu simulieren, bei dem ja ebenfalls immer nur ein Teil sichtbar ist.

Ein Unterfenster richten Sie ein, indem Sie das Systemmenü des betreffenden Fensters öffnen und den Befehl *Teilen* wählen. Ein Pfeil mit vier Spitzen erscheint. Wenn Sie diesen Pfeil mit der Maus oder den Cursortasten nach unten bewegen, wird ein davon ausgehender waagrechter Trennstrich über das Arbeitsblatt bewegt. Bewegen Sie den Pfeil so weit nach unten, daß das obere Fenster etwa drei Viertel der Fenstergröße einnimmt und das untere Fenster etwa ein Viertel. Bewegen Sie den Pfeil anschließend nach rechts, um über die daraufhin erscheinende senkrechte Linie das Arbeitsfenster auch vertikal zu teilen. Wenn der waagrechte Strich in der Fenstermitte ist, bestätigen Sie diese Einteilung mit (Enter) oder der linken Maustaste.

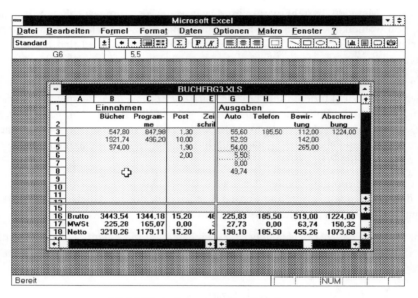

Bild 6.15: Aufteilung in vier Unterfenster

Das Arbeitsfenster ist nun in vier Unterfenster geteilt, die fast, aber nicht völlig unabhängig voneinander sind. Sie befinden sich momentan im oberen linken Unterfenster. Um in ein anderes Unterfenster zu gelangen, klicken Sie es einfach mit der Maus an. Probieren Sie aus, was bei einem Bildlauf in einem der Fenster passiert:

■ Bildlauf nach oben und unten: Der Ausschnitt des aktuellen und des rechts beziehungsweise links benachbarten Unterfensters rollt auf oder ab; alle anderen Unterfenster bleiben unverändert.

■ Bildlauf nach rechts und links: Der Ausschnitt des aktuellen und des darüber- bzw. darunterliegenden Unterfensters rollt nach rechts oder links; Unterfenster rechts oder links davon bleiben unverändert.

Wenn Sie diese Eigenschaften des Bildlaufs in Unterfenstern ausnutzen, können Sie das gesamte Arbeitsfenster so wie in der Abbildung gezeigt einrichten. Also so, daß das obere linke Unterfenster auch den oberen linken Tabellenteil enthält, das darunterliegende Unterfenster die normalerweise im Arbeitsfenster nicht mehr sichtbaren unteren Zeilen der Tabelle und die beiden rechten Unterfenster entsprechend den rechten oberen beziehungsweise den rechten unteren Tabellenteil.

Sie sehen trotz des recht kleinen Arbeitsfensters vier sehr weit auseinanderliegende Tabellenteile gleichzeitig. Wobei die Aufteilung in vier Unterfenster sicher extrem ist. In der Praxis wird man meist nur zwei Teile benötigen, zum Beispiel ein oberes für den oberen Tabellenteil und ein darunterliegendes für irgendwelche Summen, die sich in den allerletzten Zeilen der Tabelle befinden. In diesem Fall ziehen Sie die Teilungslinien nach unten zur interessierenden Zeile und nur ein klein wenig nach rechts bis ans Ende des Zeilennummer-Kästchens.

Eine solche Unterteilung heben Sie auf, indem Sie erneut den Befehl *Teilen* geben und die Trennstriche anschließend gerade umgekehrt zur obersten Zeile und zur ersten Spalte führen, bevor Sie ⌷Enter⌷ drücken.

6̣2̣6̣   Fenster fixieren

Sollen in einem Unterfenster auf Dauer bestimmte Zeilen oder Spalten erscheinen, ist es eigentlich gar nicht sinnvoll, daß der in einem Unterfenster sichtbare Tabellenausschnitt beliebig verschoben werden kann. Denn genau das kann ja sehr leicht versehentlich passieren. Was zwar sofort wieder rückgängig gemacht werden kann, aber doch ärgerlich ist. In solchen Fällen verwendet man den Befehl *OPTIONEN Fenster fixieren*, um einen Bildlauf im betreffenden Unterfenster zu verhindern.

Ich gehe davon aus, daß Sie die Einrichtung der vier Unterfenster inzwischen wieder aufgehoben haben. Richten Sie ein neues Unterfenster ein, das die Zeilen 1 und 2 aufnehmen kann. Scrollen Sie das Fenster so, daß diese Zeilen am oberen Rand sichtbar sind. Wählen Sie anschließend *Teilen*, und ziehen Sie den Pfeil nach unten, bis er sich zwischen Zeile 2 und Zeile 3 befindet, und ein klein wenig nach rechts in die Tabelle hinein. Drücken Sie ⌷Enter⌷.

Das Fenster enthält nun die Zeilen 1 und 2. Wenn nicht, scrollen Sie das Fenster, bis dieser Zustand erreicht ist. Wählen Sie anschließend *OPTIONEN Fenster fixieren*. Die Linie, die die Unterfenster normalerweise trennt, wird durch einen dünnen Trennstrich ersetzt. Und tatsächlich gibt es keine »echten« Unterfenster mehr. Sie können sich mit dem Cursor ungehindert im gesamten Arbeitsfenster bewegen. Aber wenn Sie nun einen Bildlauf durchführen, bleiben am oberen Bildschirmrand die Zeilen 1 und 2 erhalten. Der Bildlauf bezieht sich also nicht mehr auf die beiden obersten Zeilen des Arbeitsblatts, deren Inhalt nun fixiert ist.

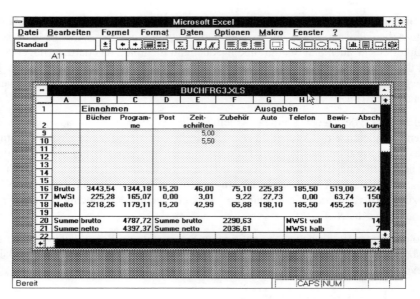

Bild 6.16: Fixierung von Überschriften

Diese Abbildung zeigt, was nach einem Bildlauf passiert. Im Hauptteil unterhalb der beiden obersten Zeilen ist das Ende der Tabelle bis zu den letzten Zeilen, den Summen, zu sehen. Dennoch zeigen die beiden obersten Zeilen des Arbeitsfensters unverändert die fixierten Überschriften an.

Eine sehr praktische Sache, nicht wahr? Im Grund nichts anderes als die Unterteilung eines Blattes in zwei Unterfenster, wobei man ohne Fixierung des Fensters mit den Überschriften jedoch ständig aufpassen muß, nicht versehentlich darin einen Bildlauf durchzuführen. Und außerdem entfällt der häßliche Trennstrich zwischen Unterfenstern.

Die Fixierung können Sie natürlich jederzeit wieder aufheben. Mit dem Befehl *OPTIONEN Fensterfixierung aufheben*, der *Fenster fixieren* inzwischen ersetzt hat. Danach haben Sie wieder normale Unterfenster vor sich, in denen sich ein voneinander unabhängiger Bildlauf durchführen läßt.

Sind Sie nicht an der Fixierung von Spalten- sondern von Zeilenüberschriften interessiert, ziehen Sie die Teilungslinie so weit nach rechts, bis genug Platz für die darzustellenden Zeilenüberschriften vorhanden ist, bevor Sie das Fenster fixieren. Anschließend wirkt sich ein Bildlauf nach rechts oder links nur noch auf das nicht fixierte rechte Fenster aus, nicht dagegen auf das linke mit den Zeilenüberschriften.

Sie können auch Spalten- und Zeilenüberschriften fixieren, indem Sie die Trennlinie entsprechend weit nach rechts und nach unten ziehen und danach den Befehl *Fenster fixieren* geben.

6|2|7| Mehrere Fenster für eine Tabelle

Sie können für eine Tabelle auch mehrere Fenster anlegen. Der Befehl *FENSTER Neues Fenster* öffnet ein weiteres Fenster, in dem ebenfalls die gerade aktive Tabelle sichtbar ist. In beiden Fenstern können Sie unabhängig voneinander einen Bildlauf durchführen.

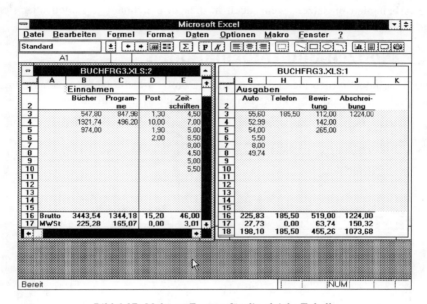

Bild 6.17: Mehrere Fenster für die gleiche Tabelle

In den beiden Fenstern dieser Abbildung sind unterschiedliche Ausschnitte von *BUCHFRG3.XLS* zu sehen. Die Fenster sind voneinander abhängig. Tragen Sie in einem Fenster eine Zahl ein, wird sie auch im zweiten Fenster eingetragen. Im Grunde handelt es sich also nicht um echte Fenster, sondern eher um eine Abart der Unterfenster.

6|2|8| Editieren über mehrere Fenster hinweg

Ebenso wie Sie den Inhalt eines Arbeitsblattes editieren, können Sie auch »über mehrere Fenster hinweg« editieren. Laden Sie zwei verschiedene Dateien, und wählen Sie *Alles anordnen*. Markieren Sie anschließend in einem der beiden Fenster irgendeinen Ausschnitt, wählen Sie *Ausschneiden*, aktivieren Sie das zweite Fenster, und übertragen Sie den ausgeschnittenenen Bereich in dieses zweite Arbeitsblatt. Excel entfernt ihn aus dem ersten Blatt und fügt ihn in das zweite ein. Ebenso können Sie beliebige Tabellenbereiche in einem Arbeitsblatt in beliebige andere Blätter kopieren.

Allgemein: Alle Editierfunktionen können nicht nur auf ein Blatt, sondern auf beliebig viele angewandt werden. Der Hauteinsatzzweck ist das »Verknüpfen von Tabellen«. Verknüpfen bedeutet, in einem Blatt eine Formel zu erzeugen, die sich auf Zellen eines anderen Blattes bezieht, etwa in der Art »Zelle A1 von Blatt A soll die Summe der Inhalte der Zellen B20 und D15 des Blattes B enthalten«. Auf diese Verknüpfungen werde ich in einem eigenen Kapitel eingehen. Beschränken Sie sich solange bitte darauf, Bereiche auszuschneiden und in andere zu übertragen oder zu kopieren. Dabei müssen Sie jedoch ein Problem beachten: Enthält der betreffende Ausschnitt Formeln, die sich auf Namen beziehen (=*Brutto-MWSt*), dann können Sie diesen Bereich nur dann sinnvoll in einem anderen Arbeitsblatt einsetzen, wenn auch in diesem gleichnamige Zellen oder Bereiche definiert sind!

6|3| Notizen und Informationen

Zu jeder Zelle können Sie eine praktisch beliebig umfangreiche Notiz speichern, um darin zum Beispiel Informationen über eine Formel oder einen Wert zu notieren.

6|3|1| Das Notizfenster

Laden Sie *BUCHFRG3.XLS*. Selektieren Sie G2, und wählen Sie *FORMEL Notiz...* Das »Notizfenster« erscheint:

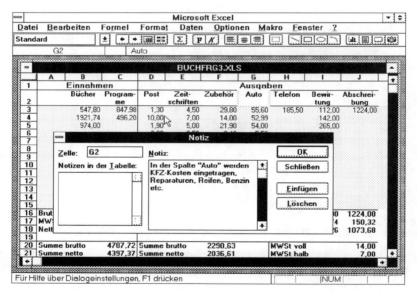

Bild 6.18: Das Notizfenster

Das Eingabefeld »Zelle« enthält einen Bezug auf die gerade aktive Zelle, in unserem Fall also auf G2. Geben Sie bitte im Eingabefeld »Notiz:« den Text aus der Abbildung ein – und zwar als Fließtext, ohne dabei Enter zu drücken:

```
In der Spalte "Auto" werden KFZ-Kosten eingetragen, Reparaturen, Reifen, Benzin
etc.
```

Excel nimmt den Zeilenumbruch während der Eingabe selbständig vor. Drücken Sie bitte auch anschließend nicht `Enter`. `Enter` beendet die Eingabe von Notizen und schließt das Dialogfeld. Sie sollen jedoch zwei weitere Notizen eingeben, zu D2 und E2.

»Notiz« enthält zwar immer noch die Zellreferenz G2. Sie sind jedoch nicht gezwungen, immer vor Erscheinen des Notizfensters jene Zelle zu selektieren, der Sie eine Notiz zuordnen wollen. Die Wahl der Zelle kann auch bei geöffnetem Notizfenster erfolgen. Dazu selektieren Sie das Eingabefeld »Zelle«. Entweder mit der `Tab`-Taste, mit der Sie bekanntlich in einem Dialogfeld von Element zu Element hüpfen. Oder durch Anklicken mit der Maus. Danach löschen Sie die Vorgabe und geben die gewünschte Zellreferenz per Hand ein oder »zeigen« einfach mit dem Zellcursor auf das betreffende Feld. Zeigen Sie bitte nach Löschen der Vorgabe auf D2. Sollte das Notizfenster dabei im Weg sein und den Blick auf das Arbeitsfenster verdecken, können Sie es wie jedes andere Fenster auch verschieben (Fenstertitel »Notiz« anklicken und Fenster bei gedrückter Maustaste in die gewünschte Richtung ziehen; Tastatur: mit `Alt`+`F7` den Befehl *Bewegen* im Systemmenü des Fensters wählen und Fenster mit den Cursortasten verschieben). Im Eingabefeld erscheinen die Koordinaten dieser Zelle – und zwar mit absolutem Bezug.

Aktivieren Sie das Eingabefeld »Notiz« (`Tab`-Taste bzw. Anklicken). Markieren Sie den zuvor eingegebenen Text, und löschen Sie ihn mit `Entf`. Geben Sie folgenden neuen Text ein:

```
In der Spalte "Post" werden Ausgaben für Postwertzeichen, Pakete, Einschreiben
und ähnliches eingetragen.
```

Aktivieren Sie wieder »Einfügen«. Excel übernimmt die Notiz und zeigt sie im Listenfeld an, genauer: den Bezug D2 und die ersten Buchstaben der zugehörigen Notiz.

Danach ist wieder »Feld« aktiviert. Löschen Sie wie zuvor die vorgegebene Zellreferenz, und zeigen Sie auf E2. Löschen Sie auch den vorgegebenen Notiztext, und geben Sie ein:

```
In der Spalte "Zeitschriften" werden Ausgaben für Fachbücher und
Fachzeitschriften eingetragen.
```

Fügen Sie auch diese Notiz ein. Im Listenfeld erscheinen nun alle drei Notizen. Um sich eine bestimmte Notiz anzusehen oder nachträglich zu verändern, selektieren Sie sie einfach im Listenfeld. Das Eingabefeld zeigt den zugehörigen Bezug an und das Feld »Notiz« den vollständigen Text, den Sie jederzeit editieren und danach mit »Einfügen« wieder übernehmen können. Mit »Löschen« können Sie die gerade angezeigte Notiz komplett entfernen.

Auch ohne den Befehl *FORMEL Notiz...* können Sie das Notizfenster jederzeit mit einem Doppelklick auf ein bestimmtes Feld der Tabelle öffnen, um sich die zu dieser Zelle gespeicherten Bemerkungen anzusehen. Welche Zellen Notizen enthalten, erkennen Sie an einem kleinen roten Viereck in der rechten oberen Ecke der Zelle.

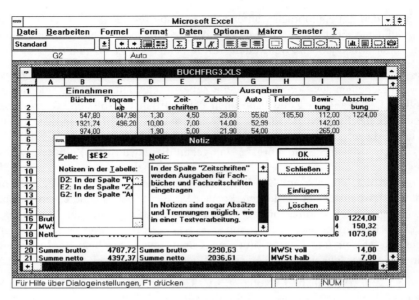

Bild 6.19: Markierung von Notizzellen

In dieser Abbildung habe ich die zuletzt von Ihnen eingegebene Notiz ein wenig erweitert. Wie Sie sehen, müssen Sie in Ihren Texten keineswegs auf Leerzeilen oder ein Absatzende verzichten, obwohl (Enter) die Eingabe einer Notiz beendet. Statt (Enter) wie in einer Textverarbeitung müssen Sie jedoch (Strg)+(Enter) verwenden. Außerdem zeigt die Abbildung, daß Sie durch das Einfügen von Bindestrichen manuell trennen können, wenn Ihnen der von Excel vorgenommene Zeilenumbruch nicht paßt. Der Notizblock ist also eine echte kleine Textverarbeitung.

Sie können Notizen allein oder zusammen mit der Tabelle ausdrucken, indem Sie im Dialogfeld des Befehls *DATEI Drucken...* entweder die Option »Notiz« wählen oder »Beide« (Tabelle und zugehörige Notizen). Zuerst wird die Tabelle selbst gedruckt, anschließend auf einem eigenen Blatt die zugehörigen Notizen. Haben Sie einen bestimmten Druckbereich für Ihre Tabelle definiert, werden auch nur die in diesem Bereich enthaltenen Notizen gedruckt.

6.3.2 Das Infofenster

Das Notizfenster ermöglicht Ihnen, Bemerkungen zu ausgewählten Zellen zu speichern. Mit dem »Infofenster« können Sie sich alle Informationen zur aktiven Zelle anzeigen lassen.

Selektieren Sie D2 und öffnen Sie es mit dem Befehl *FENSTER Infofenster*. Schließen können Sie es wie jedes eigenständige Fenster mit einem Doppelklick auf das System-menü-Symbol (Tastatur: [Alt]+[–]).

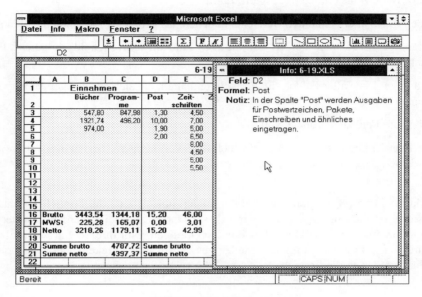

Bild 6.20: Das Infofenster

Das Infofenster zeigt an, welches Feld gerade aktiv ist, welche Formel oder welcher Wert darin enthalten ist und ob – und wenn ja, welche – eine zugehörige Notiz existiert.

Wenn Sie diese Informationen nicht nur für ein, sondern für mehrere Felder benötigen, sollten Sie zunächst *Alles anordnen* wählen, um Arbeits- und Infofenster nebeneinander anzuordnen. Wenn Sie den Cursor im Tabellenfenster umherbewegen, werden im Info-fenster daneben ständig die Informationen zur gerade aktiven Zelle angezeigt. Auf diese Weise können Sie diese Informationen ohne großen Aufwand »durchblättern«.

Sie haben vielleicht bemerkt, daß sich die Menüleiste verändert, wenn das Infofenster aktiv ist. Sie enthält deutlich weniger Menünamen als zuvor – und einen zusätzlichen: *INFO*. Dieses Menü erlaubt Ihnen, die anzuzeigenden Informationen näher zu bestimmen. Nor-malerweise werden die Koordinaten der aktiven Zelle/des aktiven Bereichs, die darin ent-haltene Formel und eine zugehörige Notiz angezeigt. Das Menü *INFO* bietet folgende Anzeigeoptionen:

- Zelle: Der Name des aktiven Feldes

- Formel: darin enthaltene Formel

- Wert: darin enthaltener Wert

- Format: Formateinstellungen des aktiven Feldes (Zahlenformat usw.)

- Schutz: Schutzeinstellungen (gesperrt, Formel verborgen)

- Namen: Liste aller benannten Bereiche, in denen das gerade aktive Feld enthalten ist

- Vorrangige: Liste aller Felder, auf die sich eine im aktiven Feld enthaltene Formel bezieht

- Abhängige: Liste aller Felder, die Formeln enthalten, die sich auf das gerade aktive Feld beziehen

- Notiz: dem Feld zugeordnete Notiz

Die einzigen Unklarheiten bereiten eventuell die »vorrangigen« beziehungsweise »abhängigen« Felder. Angenommen, das gerade aktive Feld, sagen wir C3, enthält die Formel

=A4+F8

Dann sind A4 und F8 »vorrangige« Felder. Felder, auf die sich die Formel bezieht – von denen sie also abhängig ist – und die mit dieser Option angezeigt werden. Bei der Wahl dieser Option erscheint eine Dialogbox mit den Optionen »Nur direkt« und »Alle Ebenen«. »Nur direkt« zeigt nur Felder mit unmittelbar gegebenen Abhängigkeiten an. Angenommen, A4 enthält wiederum die Formel

=2*F10

Dann ist C3 indirekt über die Abhängigkeit von A4 natürlich auch von F10 abhängig. Dieser Bezug wird jedoch nur angezeigt, wenn Sie die Option »Alle Ebenen« wählen. Dann wird jeder Bezug angezeigt, von dem die aktive Zelle möglicherweise noch so indirekt, über den Umweg mehrerer anderer Zellen, abhängig ist.

Das gleiche gilt für die Anzeige »abhängiger« Felder, also von Feldern, die gerade umgekehrt von der aktiven Zelle abhängig sind. Im Beispiel ist von der Zelle F10 direkt nur A4 abhängig. Selektieren Sie F10, wird mit dem Befehl *Vorrangige Felder* und der Option »Nur direkt« daher nur der Bezug A4 angezeigt. Mit der Option »Alle Ebenen« dagegen auch C3, da diese Zelle wiederum von A4 abhängt und somit indirekt ebenfalls von F10.

Ebenso wie Notizen können Sie natürlich auch die Inhalte des Infofensters ausdrucken. Markieren Sie einfach den Sie interessierenden Tabellenbereich, aktivieren Sie das Infofenster, und wählen Sie *DATEI Drucken...*

Abbildung 6.21 zeigt mit Hilfe der Prüfoption, wie ein Ausdruck von Informationen über einen bestimmten Tabellenbereich aussieht.

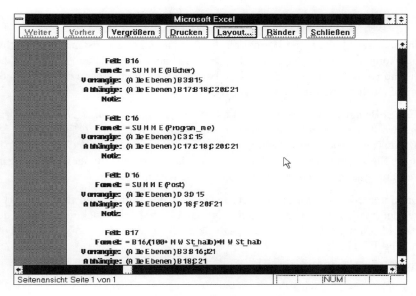

Bild 6.21: Ausdruck des Infofensters

6.4 Sonstiges

Es gibt noch eine Reihe von Kleinigkeiten, die das Leben mit Excel angenehmer gestalten, die sich jedoch schlecht unter einem gemeinsamem Oberbegriff zusammenfassen lassen. Daher der vielsagende Name »Sonstiges« dieses Kapitels.

6.4.1 Automatisches Öffnen von Dateien

Alle Dateien, die sich im Verzeichnis XLSTART befinden, öffnet Excel nach dem Aufruf automatisch. Eine sehr nützliche Sache, wenn Sie immer wieder mit den gleichen Dateien arbeiten. Dann speichern Sie diese Dateien einfach im Verzeichnis XLSTART und können sicher sein, daß sie am nächsten Tag automatisch geladen werden, wenn Sie Excel starten.

Wesentlicher nützlicher als bei Tabellen kann diese Eigenschaft bei sogenannten »Add-In's« verwendet werden, Zusätzen, die Excel um neue Funktionen erweitern. Zum Beispiel beim »Solver«, dem »Problemlöser«, den ich in Kürze beschreiben. Um ihn zu benutzen, müssen Sie die Datei *SOLVER.XLA* öffnen, die sich im Verzeichnis SOLVER befindet.

Benutzen Sie den Solver jedoch ständig, empfiehlt es sich, diese Datei – zum Beispiel mit dem Dateimanager von Windows – in das Verzeichnis XLSTART zu verlegen, damit sie beim Aufruf von Excel automatisch geöffnet wird.

6|4|2| Formeln testen

Steckt in einer sehr komplexen Formel ein Fehler, ist es· unter Umständen sehr schwierig, herauszubekommen, was genau den Fehler verursacht. In solchen Fällen ist es sehr hilfreich, daß Excel Formeln auch *teilweise* berechnen kann und Ihnen dadurch ermöglicht, die Formel Schritt für Schritt zu untersuchen.

Ein einfaches Beispiel: Sie geben in A1 die Formel =*2*B2+SUMME(C1:C10)+3*4,25* ein. Eigentlich wollten Sie jedoch den gesamten Ausdruck *B2+SUMME(C1:C10)+3*4,25* mit 2 multiplizieren und benötigen daher die Formel =*2*(B2+SUMME(C1:C10)+3*4,25)*. Nehmen wir an, Sie sehen vorerst nur, daß das Ergebnis Ihren Vorstellungen nicht so ganz entspricht, erkennen jedoch nicht auf Anhieb, daß eine Klammer fehlt.

Dann markieren Sie in der Eingabezeile einen Teil der Formel und drücken [F9]. Excel berechnet den markierten Ausdruck und zeigt das Ergebnis an. Selektieren Sie in der Formel =*2*B2+SUMME(C1:C10)+3*4,25* zum Beispiel den Ausdruck »3*4,25«, und drücken Sie [F9], zeigt Excel an:

```
=2*B2+SUMME(C1:C10)+12,75
```

Der Ausdruck »3*4,25« wird durch seinen Wert 12,75 ersetzt. Wenn Sie [Esc] drücken, wird die Teilauswertung rückgängig gemacht und die ursprüngliche Formel angezeigt. Anschließend können Sie auf die gleiche Weise beliebige andere Teile der Formel berechnen und überprüfen, bis Sie den Fehler gefunden haben.

6|4|3| Reihen berechnen

Der Befehl *DATEN Reihe berechnen...* ist außerordentlich nützlich. Sehr häufig benötigt man eine bestimmte Zahlen- oder Datumsfolge, vor allem wohl letzteres. Wenn Sie zum Beispiel eine Buchführung erstellen, in der jede Buchung unter dem entsprechenden Datum vorgenommen wird. Dann benötigen Sie eine Datumsspalte, in der die einzelnen Tage eines Monats untereinander angeordnet sind, in A1 steht »1.1.90«, in A2 »2.1.90«, in A3 »3.1.90« und so weiter. Natürlich können Sie diese 31 Daten per Hand eingeben. Es dürfte allerdings einfacher sein, diese Aufgabe Excel zu überlassen. Sie tragen in das erste Feld das »Startdatum« ein, zum Beispiel den 1.1.90, selektieren dieses und die Felder darunter oder daneben – je nachdem, wo die Folgedaten angeordnet werden sollen – und wählen *Reihe berechnen...* (vgl. Bild 6.22).

Excel erkennt, daß Sie einen spaltenweise angeordneten Bereich selektierten. Daher ist unter »Reihe in« die entsprechende Option vorselektiert. Da auch der Inhalt der ersten Zelle eindeutig ein Datum ist, ist unter »Reihentyp« entsprechend »Datum« vorselektiert – Sie wollen ganz offensichtlich eine Datumsreihe erzeugen. Mit »OK« erhalten Sie ein Resultat wie in Bild 6.23.

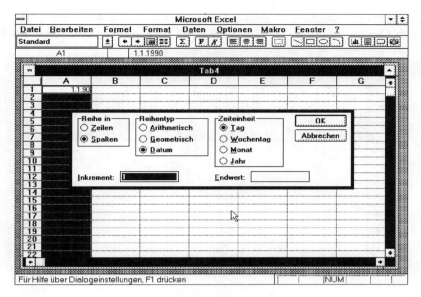

Bild 6.22: Datumsreihe berechnen

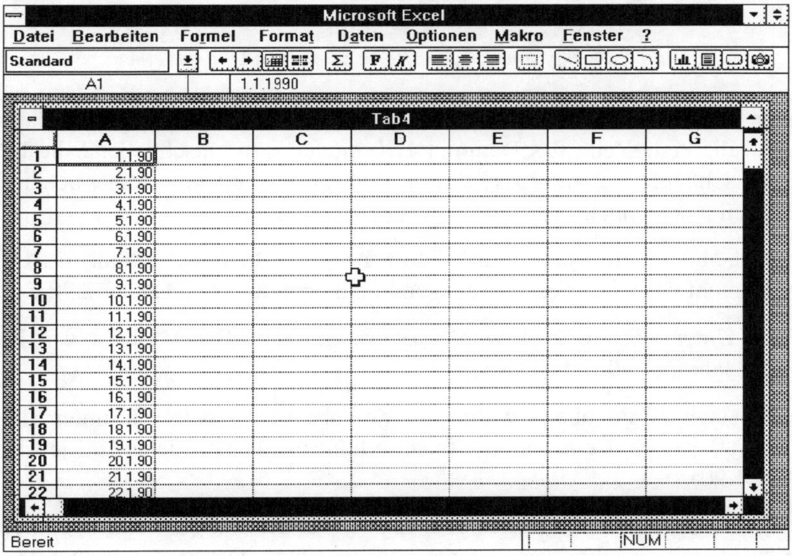

Bild 6.23: Automatische Ergänzung der Reihe

Wie nicht anders zu erwarten war, ergänzt Excel die Datumsreihe und weist jedem Feld des selektierten Bereichs das jeweilige Folgedatum zu. Um die einzelnen Optionen zu verstehen, sollten Sie sich die folgende Abbildung anschauen.

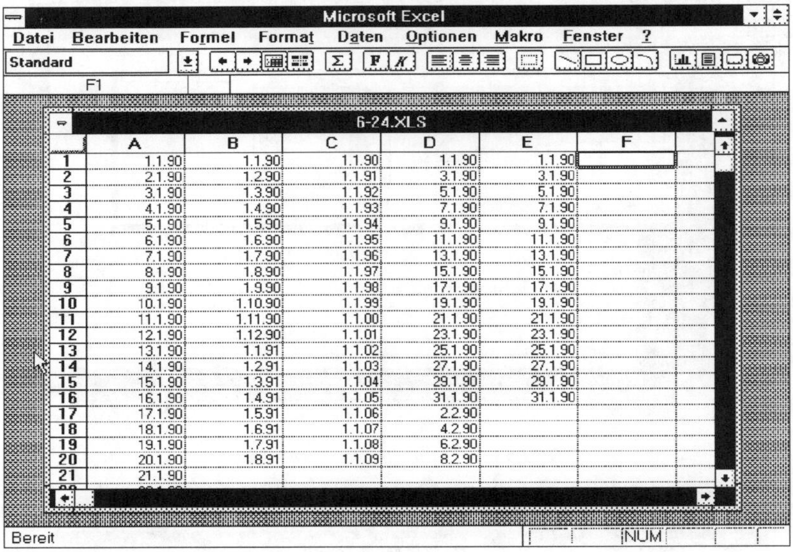

	A	B	C	D	E	F
1	1.1.90	1.1.90	1.1.90	1.1.90	1.1.90	
2	2.1.90	1.2.90	1.1.91	3.1.90	3.1.90	
3	3.1.90	1.3.90	1.1.92	5.1.90	5.1.90	
4	4.1.90	1.4.90	1.1.93	7.1.90	7.1.90	
5	5.1.90	1.5.90	1.1.94	9.1.90	9.1.90	
6	6.1.90	1.6.90	1.1.95	11.1.90	11.1.90	
7	7.1.90	1.7.90	1.1.96	13.1.90	13.1.90	
8	8.1.90	1.8.90	1.1.97	15.1.90	15.1.90	
9	9.1.90	1.9.90	1.1.98	17.1.90	17.1.90	
10	10.1.90	1.10.90	1.1.99	19.1.90	19.1.90	
11	11.1.90	1.11.90	1.1.00	21.1.90	21.1.90	
12	12.1.90	1.12.90	1.1.01	23.1.90	23.1.90	
13	13.1.90	1.1.91	1.1.02	25.1.90	25.1.90	
14	14.1.90	1.2.91	1.1.03	27.1.90	27.1.90	
15	15.1.90	1.3.91	1.1.04	29.1.90	29.1.90	
16	16.1.90	1.4.91	1.1.05	31.1.90	31.1.90	
17	17.1.90	1.5.91	1.1.06	2.2.90		
18	18.1.90	1.6.91	1.1.07	4.2.90		
19	19.1.90	1.7.91	1.1.08	6.2.90		
20	20.1.90	1.8.91	1.1.09	8.2.90		
21	21.1.90					

Bild 6.24: Optionen bei der Berechnung von Datumsreihen

Alle Spalten entstanden mit der Reihenberechnungsfunktion von Excel. In allen Fällen wurde nur in die erste Zeile das Datum 1.1.90 eingetragen, anschließend die betreffende Spalte bis einschließlich Zeile 20 selektiert, und danach mit unterschiedlichen Optionen eine Datumsreihe berechnet.

- Spalte B: Unter »Zeiteinheit« wurde »Monat« gewählt. Excel erhöht das Datum entsprechend nicht um jeweils einen Tag, sondern monatsweise (1.1.90, 1.2.90 usw.).
- Spalte C: Unter »Zeiteinheit« wurde »Jahr« gewählt. Excel erhöht das Datum um jeweils ein Jahr (1.1.90, 1.1.91 usw.).
- Spalte D: Unter »Zeiteinheit« wurde die Vorgabe »Tag« belassen, unter »Inkrement« (Schrittweite) jedoch 2 eingegeben. Excel erhöht das Datum daher um jeweils 2 Tage (1.1.90, 3.1.90).
- Spalte E: Wieder wurde die Zeiteinheit Tag verwendet und die Schrittweite 2. Diesmal jedoch zusätzlich ein »Endwert« angegeben, das letzte Datum der Reihe: 31.1.90. Mit dem Resultat, daß Excel den bis Zeile 20 markierten Bereich nicht vollständig ausfüllt, sondern bei Erreichen des Enddatums aufhört.

In jedem Fall beachtet Excel korrekt die kalendarische Reihenfolge. Bei der Erhöhung in Zweitagesschritten in Spalte D folgt auf den 31.1.90 nicht etwa der 33.1.90, sondern der 2.2.90.

Die Einheiten »Arithmetisch« und »Geometrisch« beziehen sich nicht auf Tages- sondern Zahlenfolgen. »Arithmetisch« meint Zahlenfolgen, bei denen die nächste Zahl durch Addition der Schrittweite »Inkrement« zur jeweils letzten Zahl gebildet wird:

```
Arithmetische Folgen: N+1 = N + Schrittweite
```

Mit der Schrittweite 2 und dem Anfangswert 10 ergibt sich damit zum Beispiel die Folge: 10, 12, 14, 16 usw.

Bei geometrischen Reihen wird die Schrittweite dagegen nicht zur jeweils letzten Zahl addiert, sondern mit ihr multipliziert:

```
Geometrische Folgen: N+1 = N * Schrittweite
```

Mit der gleichen Schrittweite 2 und dem selben Anfangswert 10 ergibt sich diesmal die Folge: 10, 20, 40, 60 usw.

Die folgende Abbildung zeigt Ihnen einige Beispiele für beide Arten von Folgen.

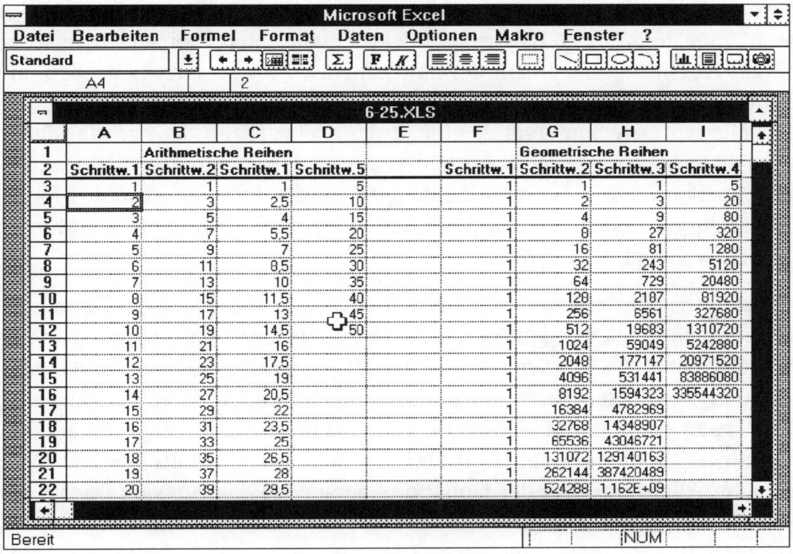

	A	B	C	D	E	F	G	H	I
1		Arithmetische Reihen					Geometrische Reihen		
2	Schrittw.1	Schrittw.2	Schrittw.1	Schrittw.5		Schrittw.1	Schrittw.2	Schrittw.3	Schrittw.4
3	1	1	1	5		1	1	1	5
4	2	3	2.5	10		1	2	3	20
5	3	5	4	15		1	4	9	80
6	4	7	5.5	20		1	8	27	320
7	5	9	7	25		1	16	81	1280
8	6	11	8.5	30		1	32	243	5120
9	7	13	10	35		1	64	729	20480
10	8	15	11.5	40		1	128	2187	81920
11	9	17	13	45		1	256	6561	327680
12	10	19	14.5	50		1	512	19683	1310720
13	11	21	16			1	1024	59049	5242880
14	12	23	17.5			1	2048	177147	20971520
15	13	25	19			1	4096	531441	83886080
16	14	27	20.5			1	8192	1594323	335544320
17	15	29	22			1	16384	4782969	
18	16	31	23.5			1	32768	14348907	
19	17	33	25			1	65536	43046721	
20	18	35	26.5			1	131072	129140163	
21	19	37	28			1	262144	387420489	
22	20	39	29.5			1	524288	1,162E+09	

Bild 6.25: Optionen bei der Berechnung von Zahlenreihen

■ Spalte A: arithmetische Reihe mit Schrittweite 1. Excel erhöht die Zahl fortlaufend um 1.

■ Spalte B: dasselbe mit der Schrittweite 2.

■ Spalte C: Wie Sie sehen, können auch »krumme« Schrittweiten verwendet werden, keineswegs nur ganzzahlige. Die Schrittweite 1,5 mit der Basiszahl 1 führt entsprechend zur Folge 1, 2.5, 4, 5.5 usw.

■ Spalte D: Schrittweite 5 und Angabe von 50 als Endwert.

■ Spalte F: geometrische Reihe mit dem Startwert 1 und der Schrittweite 1.

■ Spalte G: dasselbe mit der Schrittweite 2.

■ Spalte H: mit der Schrittweite 3.

■ Spalte I: mit der Schrittweite 4, dem Startwert 5, und dem Endwert 1.000.000.000. Die unterste Zahl 335.544.320 ist die letzte Zahl der Folge, die diesen Endwert noch nicht überschreitet. Die nächste Zahl wäre bereits erheblich größer, daher beendet Excel die Berechnung.

6|4|4   Zielwertsuche

Die »Zielwertsuche« von Excel kann Ihnen einiges an Herumprobieren ersparen, wenn Sie ein bestimmtes Ziel vor Augen haben und herausfinden wollen, welche Voraussetzungen zur Erreichung dieses Ziels erfüllt sein müssen.

Das Ziel ist ein bestimmter Wert in einer angegebenen Zelle. Zusätzlich müssen Sie eine Zelle angeben, deren Inhalt Excel verändern darf, um dieses Ziel zu erreichen. Die Zielwertsuche arbeitet iterativ. Sie nähert sich dem gewünschten Ziel schrittweise, indem der zu variierende Parameter (der Inhalt der angegebenen Zelle) zuerst in großen und dann in immer kleiner werdenden Schritten verändert wird. Nach jeder Veränderung wird die gesamte Tabelle neu berechnet und der Inhalt der Zielzelle mit dem gewünschten Resultat verglichen. Abhängig vom Ergebnis erfolgt die nächste Variation des Parameters. Bei komplexen Tabellen kann diese iterative Annäherung recht lange dauern. Möglicherweise führt sie sogar zu gar keiner Lösung, weil das angegebene Ziel durch Variation der angegebenen Zelle überhaupt nicht erreichbar ist.

Wirklich nützlich ist die Zielwertsuche vor allem bei sehr komplexen Tabellen. Ein Beispiel dafür zeige ich Ihnen auf den folgenden Seiten. Im Interesse einer möglichst verständlichen Erklärung benutze ich zuvor jedoch ein höchst triviales Beispiel, für das ein Taschenrechner an sich geeigneter ist: Sie kaufen einen amerikanischen Personalcomputer. In Deutschland kostet er 6000 DM. Beim Direktimport aus Amerika dagegen 4000 US$. Ausgehend von einem Dollarkurs von 1,50 DM ergeben sich ebenfalls 6000 DM, der Import lohnt also nicht. Allerdings fällt der Dollarkurs gerade, so daß Sie sich fragen, wie tief der Dollar fallen muß, bis der Rechner höchstens 5000 DM kostet. Eine triviale Aufgabe für einen Taschenrechner, aber auch für Excel. Die Ausgangstabelle sehen Sie in Bild 6.26.

D9 enthält die Formel =D7*D8, multipliziert also den Kaufpreis in US$ mit dem aktuellen Dollarkurs. Der Befehl *FORMEL Zielwertsuche...* öffnet die abgebildete Dialogbox. Die aktive Zelle ist als »Zielzelle« vorselektiert, als Zelle, die eine Formel enthält, für die Sie ein bestimmtes Ergebnis wünschen. Darunter geben Sie den gewünschten Wert an. Geben Sie in unserem Fall also 5000 ein. Und unter »Zu ändernde Zelle« jene Zelle, deren Inhalt variiert werden soll, bis das gewünschte Ergebnis eintritt. Also Zelle D8 mit dem Dollarkurs. Die Zellreferenzen im ersten und letzten Eingabefeld geben Sie am einfachsten per Zeigen mit der Maus ein. Aktivieren Sie das Eingabefeld, und klicken Sie D8 an. Wählen Sie anschließend »OK«, um die Zielwertsuche zu starten.

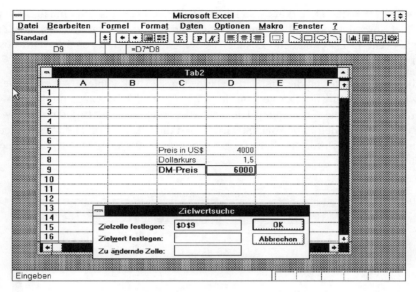

Bild 6.26: Einfaches Beispiel für die Zielwertsuche

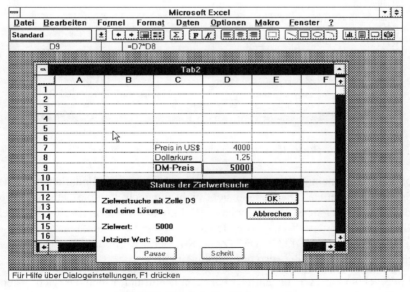

Bild 6.27: Ergebnis der Zielwertsuche

Excel variiert D8 – den Dollarkurs – so lange, bis D9 den gewünschten Inhalt 5000 besitzt. Und meldet anschließend, daß es eine Lösung fand, die exakt den gewünschten Zielwert 5000 ergibt. Die in D8 enthaltene Lösung: Bei einem Dollarkurs von 1,25 DM kostet der Rechner wie gewünscht 5000 DM.

Wesentlich interessanter ist die Zielwertsuche, wenn sie auf komplexe Arbeitsblätter angewandt wird. Das wichtigste: Der gewünschte Zielwert muß keineswegs direkt vom variierten Wert abhängen, die Verbindung kann beliebig indirekt sein! In jedem Fall wird der Wert in der zu ändernden Zelle solange variiert und die gesamte Tabelle immer wieder neu durchgerechnet, bis sich für die Zielzelle der gewünschte Wert ergibt. Nehmen Sie das folgende Beispiel:

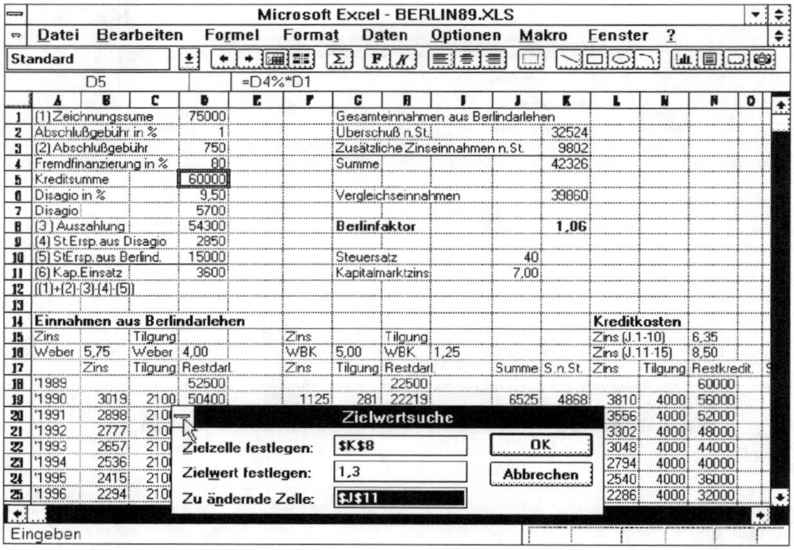

Bild 6.28: Zielwertsuche in komplexen Tabellen

Die Abbildung zeigt meinen bereits erläuterten Vergleich von Berlindarlehen mit normalen festverzinslichen Anleihen. Die Tabelle sieht nicht nur recht komplex aus, sie ist es auch. Das Endresultat ist der in K8 ausgegebene »Berlinfaktor«, der angibt, um wieviel besser das Berlindarlehen rentiert als eine normale Anleihe. Wie Sie sehen, kommt in diesem Beispiel das 1,06fache heraus, 42326 DM (Zelle K4) beim Berlindarlehen gegenüber 39860 DM (Zelle K6) bei der Anleihe, also nur minimal mehr.

Dieses Endergebnis wird von unzähligen Faktoren beeinflußt. Einen der wichtigsten enthält J11: den aktuellen Kapitalmarktzins, zu dem jetzt eine Anleihe gekauft werden kann, mit einer Laufzeit von 25 Jahren, entsprechend der Laufzeit des Berlindarlehens.

Dieser Zinssatz schlägt sich in vielfältiger Weise direkt und indirekt in der Tabelle nieder. Allgemein ausgedrückt: Er beeinflußt Zelle X, die von ihm abhängt. Zelle X beeinflußt wiederum Zelle Y und so weiter.

Wie die Abhängigkeiten aussehen, muß Sie überhaupt nicht weiter interessieren. Sie starten einfach entsprechend der Abbildung eine Zielwertsuche für Zelle K8, den Berlinfaktor, mit dem Ziel 1,3. Als zu variierende Zelle geben Sie J11 an, den Zinssatz. Die erste Iteration beginnt. Excel ändert den vorgegebenen Zinssatz von 7%, setzt zum Beispiel 10% ein, und rechnet die Tabelle neu durch. Anschließend wird geprüft, ob der resultierende Berlin-Faktor näher am gewünschten Ziel ist oder sich davon entfernt hat. Ist letzteres der Fall, wird in der folgenden Iteration zum Beispiel 4% eingesetzt. Die Tabelle wird wieder neu durchgerechnet, und abhängig vom Ergebnis J11 erneut variiert. Und so weiter, bis das Ergebnis erreicht ist. Was bei dieser komplexen Tabelle auf einem langsamen Rechner eine ganze Weile dauern kann. Wie die Abbildung zeigt, wird das Ziel, ein Berlinfaktor von 1,3, bei einem Zinssatz von 4,7% erreicht.

Bei komplexen Tabellen dauert die Zielwertsuche eine Weile, so daß Sie die schrittweisen Veränderungen in der Dialogbox sehen können. Excel zeigt ständig die Nummer der gerade vorgenommenen Iteration und deren Ergebnis an. Mit den Knöpfen »Pause« und »Schritt« können Sie die Berechnung jederzeit oder nach jeder weiteren Iteration anhalten lassen (und dann mit »Fortsetzen« fortsetzen), um in Ruhe zu prüfen, ob die aktuellen Annäherungsschritte überhaupt noch wesentliche Verbesserungen bringen oder es vernünftiger ist, die Berechnung abzubrechen.

6|4|5| Der »Solver«

Die Zielwertsuche ist auf eine einzige »unabhängige Variable« beschränkt. Sie variiert iterativ den Inhalt einer einzigen Zelle und rechnet die davon abhängigen Formeln neu durch, bis – vielleicht – die Zielzelle das gewünschte Ergebnis enthält.

In komplexen Anwendungen müssen jedoch oft mehrere Parameter gleichzeitig verändert werden, um ein bestimmtes Resultat zu erreichen. Das ermöglicht der »Solver«, ein eigenständiges Programm mit dem Namen *SOLVER.EXE*. Sie können es entweder wie andere Programme auch vom Windows-Programmanager aus aufrufen.

Oder aber von Excel aus, indem Sie die Datei *SOLVER.XLA* öffnen, die sich im Unterverzeichnis SOLVER des Verzeichnisses XLSTART befindet.

Sie können sogar dafür sorgen, daß der Solver nach dem Start von Excel automatisch zur Verfügung steht. Dazu müssen Sie die Datei *SOLVER.XLA* in das übergeordnete Verzeichnis XLSTART kopieren. Alle Dateien, die sich in diesem Verzeichnis befinden, werden beim Laden von Excel automatisch geöffnet, also auch der Solver.

Nach der automatischen oder nachträglichen Einbindung des Solvers enthält das *FORMEL*-Menü einen zusätzlichen Befehl, *Solver*... Leider liegt mir nur eine englische Version des Solvers vor. Daher bitte ich Sie für die englischsprachigen Bezeichnungen in den folgenden Abbildungen und im Text um Verständnis.

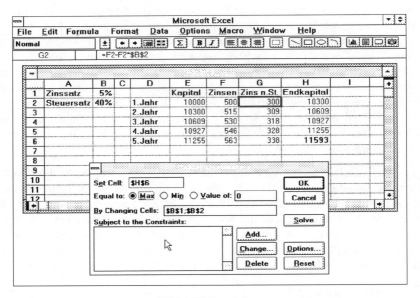

Bild 6.29: Der Solver

Diese Abbildung zeigt eine Tabelle, in der das Endkapital einer Anleihe mit einer Laufzeit von fünf Jahren bei Wiederanlage der jährlich ausgeschütteten Zinsen ermittelt wird. Und zwar abhängig von zwei Faktoren, dem Zinssatz und dem persönlichen Spitzensteuersatz, mit dem Sie Ihre Zinseinnahmen versteuern müssen.

F2 enthält die Formel *=E2*$B$1*, multipliziert das Startkapital von 10 000 DM also mit dem in *$B$2* eingetragenen Zinssatz von 5%, und ermittelt somit die Zinsen für das erste Jahr. G2 enthält die Formel *=F2–F2*$B$2*, die die Zinseinnahmen nach Steuern berechnet, indem vom ausgeschütteten Zinsbetrag (F2) der »Finanzamtanteil« abgezogen wird (Zinsbetrag mal persönlichem Spitzensteuersatz). H2 enthält die Formel *=G2+E2*, die Startkapital und Zinseinnahmen nach Steuern addiert und somit das Endkapital nach einem Jahr ermittelt. Dieser Betrag stellt zugleich das Startkapital für das zweite Anlagejahr dar, daher enthält E3 die Formel *=H2*. Alle diese Formeln wurden mehrfach kopiert, um die Resultate der folgenden vier Anlagejahre zu ermitteln. Dieses Kopieren machte übrigens die Verwendung absoluter Bezüge für die Zellen B1 mit dem Zinssatz und B2 dem Spitzensteuersatz notwendig, da diese Bezüge beim Kopieren keinesfalls angepaßt werden dürfen!

Und nun kommt der Solver ins Spiel. Ihr Spitzensteuersatz ist variabel, da Ihr Einkommen während der nächsten Jahre wohl kaum absolut konstant bleiben wird. Wahrscheinlich wird er sich irgendwo zwischen 30% und 50% bewegen.

Nehmen wir zusätzlich an, daß die Anleihe nicht mit einem festen, sondern mit einem variablen Zinssatz ausgestattet ist, der sich am aktuellen Kapitalmarktzins orientiert. Der wird sich Ihrer Ansicht nach in den nächsten Jahren zwischen 4% und 6% bewegen.

Aufgrund dieser beiden variablen Faktoren ist es keineswegs sicher, daß sich wie in der Abbildung nach fünf Jahren ein Endkapital von 11 593 DM ergibt. Stattdessen ist nur eine Aussage folgender Art zulässig: »Das Endkapital wird zwischen X DM und Y DM liegen«.

X und Y können Sie bestimmen, indem Sie für B1 und B2 einmal die niedrigsten möglichen Werte (Zinssatz 4%, Spitzensteuersatz 30%) einsetzen, und ein zweites Mal die höchsten vorstellbaren Werte (Zinssatz 6%, Spitzensteuersatz 50%).

In diesem Beispiel wird mit Sicherheit kein komplexes Problemlösungsmittel wie der Solver benötigt. Allerdings eignet es sich hervorragend, um seine Anwendung möglichst anschaulich zu demonstrieren.

Wie die Abbildung zeigt, wird im ersten Eingabefeld der Box die Zielzelle angegeben, die das interessierende Resultat enthält, im Beispiel H6 mit dem Endkapital nach fünf Jahren.

Darunter geben Sie an, ob der maximale, der minimale, oder aber ein ganz bestimmter Wert dieser Zelle das zu erreichende Ziel ist. In unserem Fall interessieren die Extremwerte, die die Zelle annehmen kann. Daher habe ich zunächst »Max« aktiviert.

Anschließend geben Sie die Zellen an, deren Wert Excel verändern soll, um das gewünschte Ziel zu erreichen. Im Gegensatz zur Zielwertsuche dürfen das beliebig viele sein. Die einzelnen Bezüge werden durch je ein Semikolon voneinander getrennt. Die Angaben $B$1 und $B$2 legen fest, daß Excel die Zellen mit dem Zinssatz und dem Spitzensteuersatz variieren soll.

Das Listenfeld darunter dient der Festlegung von »Randbedingungen«, die Excel einhalten muß. Sie können zum Beispiel festlegen, daß der Inhalt von Zelle G7 nicht größer als 20 000 werden darf oder Zelle E3 nicht kleiner als 10 000 werden darf.

Excel achtet bei der Variation der unabhängigen Parameter ständig darauf, daß diese Bedingungen eingehalten werden. Auch in unserem Beispiel werden derartige Randbedingungen benötigt. Zum Beispiel wäre ein Zinssatz von 0% oder 43% realitätsfern, ebenso wie ein Spitzensteuersatz von 70%. Also geben Sie Excel bekannt, innerhalb welcher Grenzen die beiden Parameter variiert werden dürfen. Zunächst wählen Sie »Add...« – beziehungsweise in der wohl kommenden deutschen Version des Solvers »Hinzufügen...«.

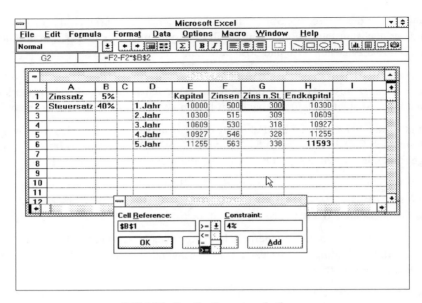

Bild 6.30: Randbedingungen festlegen

Links geben Sie einen Bezug auf jene Zelle ein, für die Sie einen bestimmten Grenzwert festlegen wollen. Rechts den Grenzwert selbst, und in der Mitte suchen Sie sich eine von drei alternativen Bedingungen aus. Wie die Abbildung zeigt, habe ich als Bezug B1 angegeben, den Zinssatz. Die Bedingung »>=« zusammen mit dem Wert 4% besagt: »Der Inhalt von B1 muß größer oder gleich 4% sein«. Anders formuliert: Er darf niemals kleiner als 4% werden.

Sie können im rechten Teil der Box nicht nur Konstanten, sondern auch Zellbezüge angeben. Ersetzen Sie den Wert 4% zum Beispiel durch den Bezug $A$10, lautet die Bedingung: »Der Inhalt von B1 muß größer oder gleich dem in A10 enthaltenen Wert sein«.

»Add« beziehungsweise (kommende deutsche Version) »Hinzufügen« übernimmt diese Bedingung und löscht die Eingabefelder. Sie können anschließend eine weitere Randbedingung eingeben. Ich habe auf die gleiche Weise drei weitere Bedingungen eingegeben.

Bild 6.31 zeigt den Ausgangszustand vor dem Start der Iterationen. Die vier Randbedingungen besagen, daß B1 kleiner gleich 6% (0,06) und größer gleich 4% (0,04) sein muß. B2 muß kleiner gleich 50% (0,5) und größer gleich 30% (0,3) sein.

Somit ist sichergestellt, daß Excel den Zinssatz nur innerhalb der Grenzen 4% bis 6%, und den Spitzensteuersatz in den Grenzen 30% bis 50% variiert. »Solve« startet die iterative Variation der beiden Zellen. Anschließend teilt Ihnen das Programm mit, daß es entweder keine Lösung fand, mit der sich für die Zielzelle das gewünschte Resultat ergibt oder aber wie hier, daß eine Lösung gefunden wurde und Sie nun verschiedene Möglichkeiten besitzen (vgl. Bild 6.32).

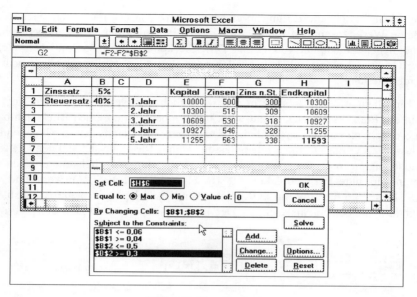

Bild 6.31: Vor dem Start

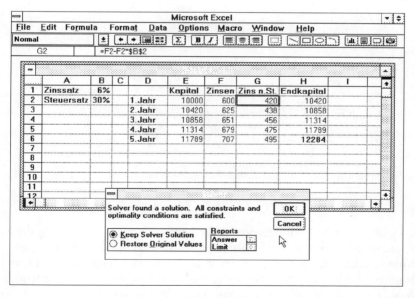

Bild 6.32: Nach der Lösung des Problems

Wie Sie sehen, besteht die Lösung in einem Zinssatz von 6% und einem Steuersatz von 30%. Beide Werte zusammen führen zum – bei Einhaltung der vier Randbedingungen – höchstmöglichen Endkapital von 12 284 DM. Sie können die ursprünglichen Werte mit »Restore Original Values« wiederherstellen oder aber die gefundene Lösung beibehalten (Standardeinstellung).

Da die Einzelheiten dieser Lösung in den wesentlich komplexeren Tabellen, auf die der Solver in der Praxis meist angewandt wird, nicht unbedingt auf einen Blick sichtbar sind, können Sie sich mit einem Doppelklick auf »Answer« die Details der angebotenen Lösung zeigen lassen. Oder mit »Limits« zeigen lassen, welche Resultate sich bei den Grenzwerten der Randbedingungen ergeben. Wenn Sie beide Auswertungsmöglichkeiten nutzen wollen, selektieren Sie bitte bei gedrückter ⟨Umschalt⟩-Taste zunächst »Answer« und danach »Limits«, bevor Sie die Box mit »OK« schließen. Excel legt zwei neue Arbeitsblätter an und trägt darin die beiden Analysen ein. Der »Answer-Report« sieht zum Beispiel so aus:

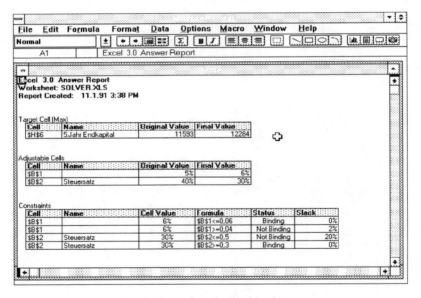

Bild 6.33: Analyse der Problemlösung

Er enthält alle relevanten Informationen zur gefundenen Lösung. Den Bezug der Zielzelle, ihren ursprünglichen und den resultierenden Inhalt und ihren Namen, soweit in den benachbarten Zellen eine als Name verwendbare Zeichenkette enthalten ist. Ebenso detaillierte Informationen erhalten Sie über die variierten Zellen. Zu den Randbedingungen gibt Excel an, auf welche Zellen sie sich beziehen, welche Werte diese Zellen momentan besitzen, und ob die angegebene Grenze erreicht ist (»Binding« beziehungsweise »Not binding«).

Der »Limits-Report« erläutert, welche Resultate sich bei den angegebenen Grenzwerten ergeben. Das zugehörige Arbeitsblatt:

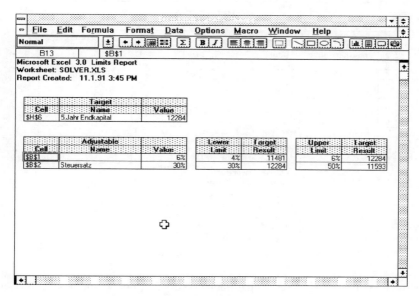

Bild 6.34: Ergebnisse mit den Grenzwerten

Außer den aktuellen Werten von B1 und B2 erfahren Sie in den Kästchen rechts daneben, welche Grenzwerte für diese Zellen gelten, und welche Inhalte sich mit diesen Grenzwerten für die Zielzelle H6 ergeben.

Kommen wir zu den restlichen Optionen der ursprünglichen Solver-Dialogbox. »Change...« (in der deutschen Option wohl »Editieren...«) erlaubt Ihnen, bereits eingegebene Randbedingungen zu ändern. »Delete« (»Löschen«) löscht einen im Listenfeld selektierten Eintrag mit einer Randbedingung. »Reset« (»Zurücksetzen«) löscht alle Einstellungen, die Sie in dieser Dialogbox trafen, also alle angegebenen Zellbezüge und Randbedingungen. »Options...« (»Optionen...«) öffnet eine weitere Dialogbox.

Hier können Sie angeben, auf wieviele Iterationen maximal die Problemlösung beschränkt werden soll, wie genau das Resultat ausfallen muß, wie lange höchstens nach einer Lösung gesucht wird, und so weiter.

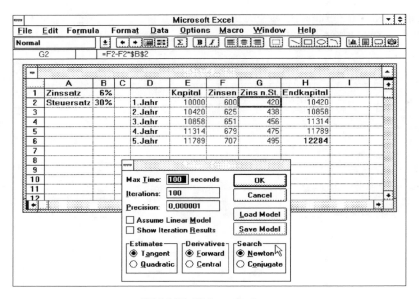

Bild 6.35: Weitere Optionen

Mit am interessantesten sind die Schaltflächen »Load Model« und »Save Model«. Sie ermöglichen es Ihnen, verschiedene »Problemlösungsmodelle« im Arbeitsblatt zu speichern und nach Belieben wieder zu laden. Mit »Modell« sind dabei Ihre Angaben gemeint, die Sie in der Ausgangsdialogbox trafen, die Angabe der Zielzelle, der zu variierenden Zellen, und der Randbedingungen.

Vor Anwahl von »Save Model« müssen Sie einen – leeren – Tabellenbereich selektieren, der diese Angaben aufnehmen soll. »Save Model« füllt diesen Bereich wie in Bild 6.36 aus.

In diesem Beispiel werden offenbar sechs Zellen benötigt, um alle Angaben zu speichern. Ihre Inhalte:

- A8: =MAX($H$6)
- B8: =COUNT($B$1;$B$2)
- C8: =$B$1>=0,04
- D8: =$B$1<=0,06
- E8: =$B$2>=0,3
- F8: =$B$2<=0,5

Diese Formeln enthalten alle Informationen über die von Ihnen getroffenen Problem-
lösungsangaben. »Load Model« lädt diese Informationen wieder in die Dialogbox. Um das
auszuprobieren, sollten Sie zuvor mit »Reset« die Standardeinstellungen wiederherstellen.

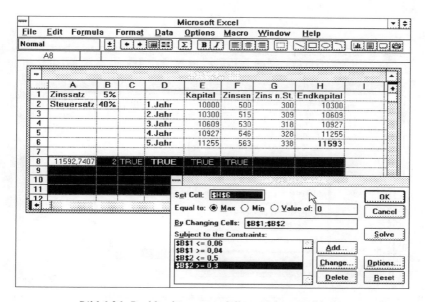

Bild 6.36: Problemlösungsmodelle speichern und laden

Wenn Sie anschließend den Bereich A8:F8 selektieren und unter »Options...« die Schaltfläche »Load Model« aktivieren, werden folgende in diesem Bereich abgelegte Einstellungen übernommen:

▓ Zielzelle: $H$6

▓ Zu variierende Zellen: $B$1 und $B$2

▓ Randbedingungen: $B$1>=0,04, $B$1<=0,06, $B$2>=0,3 und $B$2<=0,5

Beide Schaltflächen zusammen ermöglichen Ihnen daher, in Ihrer Tabelle beliebig viele
unterschiedliche »Lösungsmodelle« zu speichern und nach Bedarf zu benutzen, ohne ständig alle Angaben per Hand in der Dialogbox eingeben zu müssen.

6|4|6   Bildschirmanzeige steuern

Mit *OPTIONEN Bildschirmanzeige...* können Sie die Bildschirmdarstellung beeinflussen. Alle Optionen beziehen sich auf das gerade aktive Arbeitsblatt und werden zusammen mit ihm gespeichert und geladen.

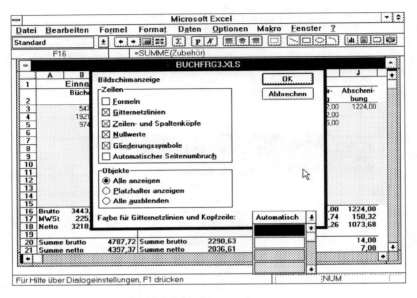

Bild 6.37: Bildschirmanzeige steuern

Die Dialogbox zeigt die voreingestellten Standardoptionen. Die meisten sind auf Anhieb verständlich. »Gitternetzlinien« und »Zeilen- und Spaltenköpfe« entsprechen den gleichnamigen Druckoptionen. Sie können beide Anzeigen also auch auf dem Bildschirm unterdrücken (ist in Zellen, die mit einem Muster versehen werden, automatisch der Fall).

Deaktivieren Sie »Nullwerte«, werden alle Zellen leer dargestellt, die den Wert 0 enthalten. »Gliederungssymbole« bezieht sich auf die uns noch unbekannte Gliederungsfunktion von Excel. Wird sie benutzt, erscheinen am Rand des Arbeitsblatts verschiedene Symbole, Knöpfe und Linien, deren Anzeige mit dieser Option ein- oder ausgeschaltet werden kann.

Mit am interessantesten ist »Formeln«. Ist die Option aktiviert, werden in Zellen, die Formeln enthalten, nicht mehr deren Resultate, sondern die Formeln selbst angezeigt (vgl. Bild 6.38).

Zusätzlich wird die Spaltenbreite verdoppelt, da Formeln wesentlich mehr Platz einnehmen als Zahlen. Diese Anzeigeform wird auch in den Ausdruck übernommen. Bei komplexeren Tabellen ist es daher sinnvoll, diese Option zu aktivieren, das Blatt mit den darin enthaltenen Formeln auszudrucken, und die Option anschließend wieder zu deaktivieren. Danach können Sie sich jederzeit die Formelzusammenhänge auf dem Ausdruck in Ruhe anschauen.

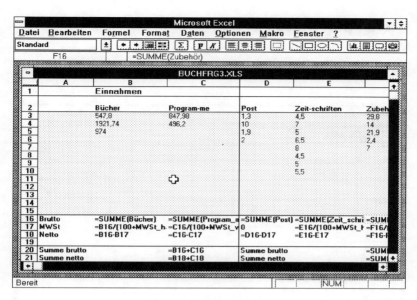

Bild 6.38: Formeln anzeigen

Die Aktivierung von »Automatischer Seitenumbruch« führt zur Anzeige von »Seiten-umbruchslinien«, entsprechend den Umbruchslinien, die die Grenzen eines mit *OPTIONEN Druckbereich festlegen* definierten Druckbereichs anzeigen.

Nützlich ist diese Option vor allem bei umfangreichen Tabellen, die unweigerlich über mehrere Blätter verteilt werden, wobei Excel den Seitenumbruch selbständig vornimmt, abhängig davon, wieviele Zeilen und Spalten auf ein Blatt passen (was wiederum von den Einstellungen abhängt, die Sie für die Ränder und die Blattlänge getroffen haben, und von der Zeilenhöhe und Spaltenbreite). Mit aktivierter Option sehen Sie anhand der gestrichel-ten Umbruchslinien bereits in der Tabelle selbst und nicht erst in der Seitenvorschau, wo ein Umbruch stattfindet und können ihn gegebenenfalls mit *OPTIONEN Seitenwechsel festlegen* korrigieren, indem Sie bereits darüber beziehungsweise links davon einen Umbruch festlegen (siehe »Manueller Seitenumbruch«).

Unter »Objekte« geht es ausschließlich um »grafische« Objekte, Linien, Kreise und Charts, die Sie in die Tabelle eingebaut haben. »Alle anzeigen« zeigt diese Objekte an, »Platzhalter anzeigen« ersetzt sie an der betreffenden Position durch graue Rechtecke. Und »Alle aus-blenden« unterdrückt die Anzeige dieser Objekte völlig. Eine sinnvolle Option bei lang-samen Rechnern, da das Scrollen durch ein Arbeitsblatt erheblich verlangsamt wird, wenn darin Grafiken enthalten sind.

»Farbe für Gitternetzlinien und Kopfzeilen« ist wieder eine selbsterklärende Option, die Sie anwenden können, wenn Sie zum Beispiel Wert auf rote Gitternetzlinien legen.

6|4|7| Farbpalette editieren

OPTIONEN Farbpalette... ermöglicht Ihnen, die 16 Standardfarben von Excel ganz oder teilweise durch eigene Farbkompositionen zu ersetzen.

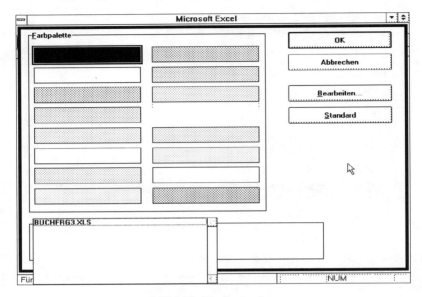

Bild 6.39: Die Farbpalette

Das Listenfeld zeigt alle Tabellen außer der gerade aktiven an, die sich momentan im Speicher befinden. Klicken Sie eine davon aus, werden die im betreffenden Blatt definierten 16 Farben in das aktive Blatt übernommen. »Standard« macht Ihre Änderungen der Farbpalette rückgängig und stellt wieder die 16 Standardfarben ein. Um eine bestimmte Farbe zu ändern, selektieren Sie sie zunächst und wählen anschließend »Bearbeiten...« (vgl. Bild 6.40).

In dieser Box können Sie alle möglichen Parameter beeinflussen, die die selektierte Farbe definieren. Am einfachsten mit der Maus, indem Sie den Schieber ganz rechts nach oben oder unten ziehen und mit dem Fadenkreuz in der großen Box, das Sie ebenfalls zur gewünschten Farbe ziehen. Unten links wird Ihnen jeweils ein Beispiel zur aktuellen Farbeinstellung angezeigt. Sind Sie damit einverstanden, klicken Sie »OK« an, und die zuvor selektierte Farbe wird umdefiniert.

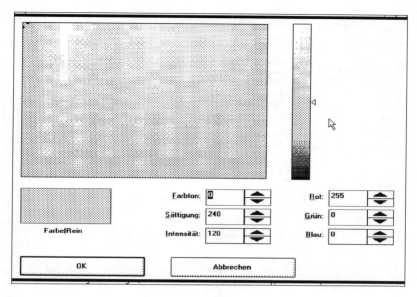

Bild 6.40: Palette editieren

6|4|8| Berechnungsmöglichkeiten

Wir sahen mehrfach, daß Excel ein recht cleveres Programm ist. Das zeigt sich unter anderem bei der Neukalkulation eines Arbeitsblatts. Jeder geänderte Feldinhalt erfordert eine solche Neukalkulation, da sich ja möglicherweise Formeln in anderen Feldern auf dieses Feld beziehen.

Excel rechnet jedoch nicht einfach die gesamte Tabelle neu durch, sondern nur jene Formeln, die tatsächlich vom editierten Feld direkt oder indirekt abhängig sind (indirekt = eine Formel A enthält einen Bezug auf das Feld, und eine weitere Formel B einen Bezug auf Formel A; Formel B ist somit indirekt vom editierten Feld abhängig). Dadurch wird gegenüber einer kompletten Neukalkulation enorm viel Zeit eingespart.

Selbst diese Methode kann unter Umständen noch »nervenbelastende« Wartezeiten verursachen. Wenn Sie sehr große Tabellen verwenden, in denen praktisch alles mit allem verknüpft ist, so daß von jeder Feldeditierung ein Großteil der Tabelle betroffen ist und neu kalkuliert werden muß. Oder aber Ihr Rechner ist sehr langsam. Wenn gar beides zusammentrifft, dann (große Tabellen und »kleiner« Rechner) ist es jedoch sowieso an der Zeit, »aufzurüsten«. Bereits ein mathematischer Coprozessor kann einen langsamen PC unter Excel in ein Rennpferd verwandeln. Bei begrenztem Geldbeutel bietet der Befehl *OPTIONEN Berechnen...* einen Ausweg.

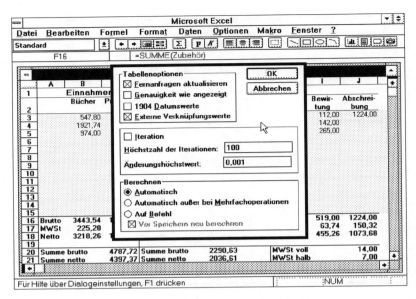

Bild 6.41: Der Befehl Optionen Berechnen...

»Automatisch« heißt, daß nach jeder Änderung alle abhängigen Felder neu berechnet werden. »Automatisch außer bei Mehrfachoperationen«, daß Mehrfachoperationen nicht neu kalkuliert werden. Mehrfachoperationen erläutere ich im nächsten Kapitel. Merken Sie sich bis dahin, daß diese Option sinnvoll ist, wenn Sie riesige sogenannte »Mehrfachoperationsbereiche« verwenden, deren ständige Neuberechnung viel Zeit in Anspruch nimmt. »Auf Befehl« heißt, daß Excel überhaupt nichts selbständig neu kalkuliert.

Diese Optionen ermöglichen Ihnen also die Auswahl zwischen dem sofortigen Aktualisieren aller abhängigen Felder, aller außer Mehrfachoperationsbereichen und gar keiner Neukalkulation. Die beiden letzten Optionen bedeuten, daß nach dem Editieren eines Feldes Excel sofort wieder bereit ist, aber zumindest Teile Ihrer Tabelle nicht auf dem neuesten Stand sind und noch alte Werte enthalten.

In der Praxis gehen Sie bei der Eingabe größerer Datenmengen so vor: Sie aktivieren »Auf Befehl«. Anschließend geben Sie Ihre Zahlen ein, wobei keinerlei Verzögerung zwischen den Eingaben in Kauf zu nehmen ist. Sind Sie damit fertig, lassen Sie Excel die Tabelle *einmal* neu durchkalkulieren. Mit dem Befehl *OPTIONEN Neu berechnen*, der alle geladenen Tabellen neu durchkalkuliert und auf den neuesten Stand bringt. Oder mit dem entsprechenden umgeschalteten Befehl *OPTIONEN Datei berechnen*, der diesen Befehl bei Anwahl des Menüs *OPTIONEN* mit gedrückter [Umschalt]-Taste ersetzt – allerdings nur, wenn momentan mehrere Dateien geladen sind. Dieser Befehl aktualisiert nur die gerade aktive Tabelle.

Nachdem die »Datengroßeingabe« und die nachträgliche Aktualisierung der Tabelle(n) hinter Ihnen liegt, sollten Sie wieder die Option »Automatisch« einschalten, um wieder wie gewohnt – und natürlich auch mit den üblichen kleinen Verzögerungen – zu arbeiten.

Übrigens: Nur wenn »Auf Befehl« aktiviert ist, läßt sich der Zustand der Option »Vor Speichern neu berechnen« ändern. Diese Option ist standardmäßig selektiert. So wird gewährleistet, daß bei ausgeschalteter automatischer Neuberechnung die Tabelle zumindest vor dem Speichern noch einmal aktualisiert wird.

Die restlichen Optionen des Menüs beziehen sich zunächst auf »Iterationen«. Ebenso wie die wenige Seiten vorher erläuterte Zielwertsuche verwenden auch einige der noch zu besprechenden Excel-Funktionen als Rechenmethode die Iteration.

Dabei nähert sich die betreffende Funktion dem echten Ergebnis in einer Vielzahl von Rechenschritten und erreicht es in ungünstigen Fällen niemals exakt. Die gewünschte Genauigkeit können Sie bestimmen. Aktivieren Sie »Iteration«, und geben Sie »Höchstzahl der Iterationen« an. Je höher der Wert, desto exakter sind die Ergebnisse, desto länger ist aber auch die benötigte Rechenzeit. Oft bringen Iterationen am Anfang eine schnelle Annäherung an das »echte« Ergebnis, dann jedoch immer weniger Fortschritte. Daher können Sie mit »Änderungshöchstwert« zusätzlich festlegen, wie groß die sich nach jedem weiteren Rechenschritt ergebende Änderung des Resultats sein muß, damit die Iteration weiter fortgeführt wird. Auf diese Weise können Sie zum Beispiel vermeiden, daß sich eine Funktion in weiteren 50 langwierigen Rechenschritten dem Ergebnis um Beträge nähert, die so winzig sind, daß Sie sie schon nicht mehr interessieren.

Die vier »Tabellenoptionen« behandeln sehr unterschiedliche Themen. Ist »Fernanfragen aktualisieren« aktiviert (Standardeinstellung), aktualisiert Excel ständig alle Formeln, die Bezüge auf andere Anwendungen enthalten (Dynamischer Datenaustausch), so daß diese ständig die aktuellen Werte dieser »Fernbezüge« verwenden. Bei deaktivierter Option werden statt dessen die zuletzt benutzten Werte weiterverwendet, auch wenn sich diese in der betreffenden Anwendung inzwischen geändert haben.

»Genauigkeit wie angezeigt« entscheidet darüber, ob Excel intern immer mit der vollen Genauigkeit von 15 Stellen rechnen soll oder aber – wenn Sie diese Option aktivieren – nur mit der angezeigten Genauigkeit. Angenommen, Sie geben in A1 die Zahl 1,2345 ein und formatieren A1 mit dem Zahlenformat »0,00«. Dann wird 1,23 angezeigt, Excel rechnet intern jedoch mit 1,2345, wenn dieser Bezug in einer Formel auftaucht. Bei aktivierter Option wird jedoch tatsächlich nur mit 1,23 gerechnet, eben nur mit der angezeigten Genauigkeit.

»1904 Datumswerte« ist nur für den Datenaustausch mit dem Apple Macintosh interessant. Die auf diesem Rechner laufende Excel-Version verwendet für Datumswerte zwar ebenfalls serielle Zahlen, diese beginnen jedoch ab dem Datum 1.Jan 1904. Dieses Datum entspricht auf dem Macintosh der intern gespeicherten seriellen Zahl 0. Im Gegensatz zur PC-Version, die das Ausgangsdatum 1.Jan 1900 verwendet. Wollen Sie Excel-PC-Dateien mit Excel für den Macintosh weiterbearbeiten (oder umgekehrt), müssen Sie daher unbedingt diese Option aktivieren. Sonst passiert Interessantes: Das auf dem PC eingegebene Datum 1.1.1990 wird auf dem Macintosh als 2.1.1994 interpretiert, entsprechend dem unterschiedlichen Ausgangsdatum.

7 Fortgeschrittene Anwendungen

Alle Grundzüge der Tabellenkalkulation beherrschen Sie nun. Im folgenden Kapitel beschreibe ich einige fortgeschrittene Möglichkeiten von Excel, die Sie wahrscheinlich nicht ständig benötigen werden.

Vor allem die Kapitel über »Matrixformeln« (7.5) und »Datenexport/Datenimport« (7.7) sind äußerst speziell und werden garantiert nur von Spezialisten benötigt, die ständig mit Excel arbeiten. Diese beiden Kapitel sollten Sie als Einsteiger unbedingt übergehen, um – was vor allem »Matrixformeln« betrifft – unnötige Verwirrung zu vermeiden.

Übergehen Sie jedoch bitte auf keinen Fall den nun folgenden Teil über das Verknüpfen von Dateien, eine Möglichkeit, die Sie sicher noch sehr oft verwenden werden! Ebensowenig den daran anschließenden Teil über Mehrfachoperationen, die sogenannte »was wäre, wenn...«-Analysen enorm vereinfachen, und das Kapitel über Funktionen! Alle drei Kapitel sind enorm wichtig für die Lösung von Problemen, die sich bei auch nur etwas intensiverer Beschäftigung mit Excel stellen.

Kurzgefaßt könnte man sagen: Lesen Sie als Einsteiger das Kapitel 7.5 »Matrixformeln« (noch) nicht, das Kapitel 7.7 »Datenexport/Datenimport« bei Bedarf und die restlichen Abschnitte bei Lust und Laune. Das Überblättern der selten benötigten Themen erleichtere ich Ihnen dadurch, daß sie in sich abgeschlossen sind. Im Rest des Buches werde ich sie praktisch nicht mehr erwähnen.

7.1 Tabellen verknüpfen

Erst das Verknüpfen (»Linken«) mehrerer Dateien ermöglicht es, eine Tabellenkalkulation wirklich sinnvoll anzuwenden. Nehmen wir als Beispiel die kleine Buchführung. Das Arbeitsblatt erlaubt uns, alle Ein- und Ausgaben eines Monats aufzuführen und die Summen zu ermitteln.

In der Praxis benötigt man natürlich nicht nur eine Monats-, sondern auch eine Jahresübersicht. Theoretisch könnte man die gesamte Monatsübersicht ab Zeile 1 bis zur untersten Zeile 21 einfach weiter nach unten kopieren. Also den gesamten Bereich A1:J21 zum Beispiel nach A31 kopieren. Schon hätten Sie ein Arbeitsblatt mit zwei identischen Bereichen, A1:J21 für den Monat Januar und einen weiteren Bereich A31:J51 für den Februar. In letzter Konsequenz führt das zu einem Arbeitsblatt mit zwölf separaten Bereichen und etwa 350 Zeilen!

In diesem Arbeitsblatt den Überblick zu behalten, ist vielleicht möglich, aber sicher nicht einfach. Wahrscheinlich werden Sie vorwiegend mit dem Durchblättern dieses »unendlich« langen Blatts beschäftigt sein. Wesentlich sinnvoller ist es, für jeden Monat ein eigenes Arbeitsblatt anzulegen, ein Blatt mit einem Namen wie *JAN.XLS*, ein zweites *FEB.XLS* und so weiter, bis *DEZ.XLS*.

Und vor allem: ein dreizehntes Blatt zu entwerfen, das die einzelnen Monatssummen aller zwölf Blätter addiert und somit eine Jahresübersicht aller Einnahmen und Ausgaben ergibt. Genau das versteht man unter dem »Verknüpfen« von Dateien: daß nicht wie bisher jede Datei »stand-alone« ist, also unabhängig von allen anderen, sondern daß eine »abhängige« Datei Formeln mit Bezügen auf Felder oder Bereiche in einer anderen, einer »unabhängigen« Datei enthält. Die Tabelle in der abhängigen Datei wird sofort aktualisiert, wenn sich der Inhalt einer der Bezugszellen in der unabhängigen Datei ändert.

Bevor wir diese Technik auf die Buchführung anwenden, erläutere ich das Prinzip an einem wesentlich einfacheren Beispiel. Schließen Sie bitte alle momentan geöffneten Fenster, laden Sie von der Diskette zum Buch die beiden Dateien *HAUPT.XLS* und *NEBEN.XLS*, und wählen Sie *FENSTER Alles anordnen*.

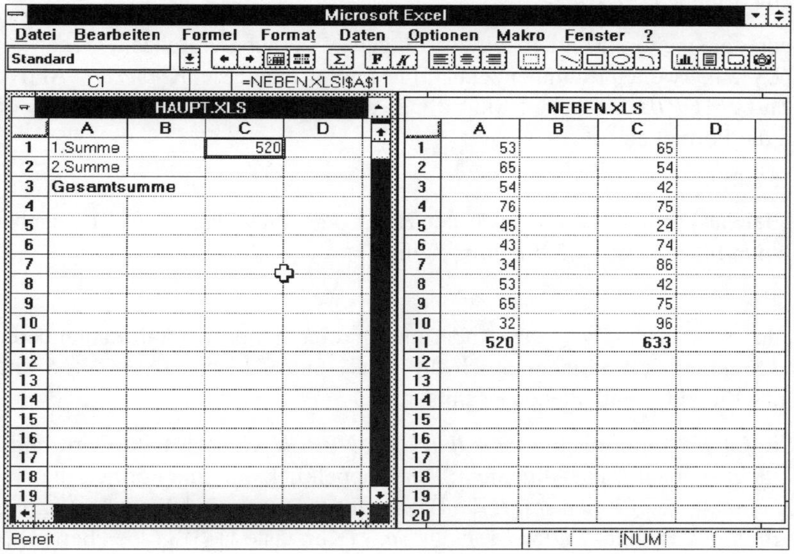

Bild 7.1: Verknüpfen zweier Dateien

NEBEN.XLS enthält zwei Bereiche A1:A10 und C1:C10 mit je zehn Zahlen, die in A11 und C11 addiert werden. Im zweiten Blatt *HAUPT.XLS* sollen diese beiden Summen erscheinen und zusätzlich die Gesamtsumme.

Das zu erreichen, ist sehr einfach. Aktivieren Sie *HAUPT.XLS*, gehen Sie zu Zelle C1, und geben Sie ein:

```
=NEBEN.XLS!A11
```

Geben Sie also außer dem eigentlichen Bezug auch den Namen der »Bezugstabelle« ein, gefolgt von einem Ausrufezeichen. Entweder per Hand oder einfacher mit dem Zeigemodus: Geben Sie das Gleichheitszeichen ein, »zeigen« Sie mit Maus oder Tastatur auf das Feld A11 von *NEBEN.XLS*, und drücken Sie [Enter], nachdem Excel den gewünschten »externen« Bezug (Bezug auf eine andere Tabelle) eingefügt hat. Im Zeigemodus fügt Excel übrigens einen absoluten Bezug ein: *=NEBEN.XLS!$A$11*.

In C1 erscheint sofort die Zahl 520. Wenn Sie nun irgendeine der Zahlen im addierten Bereich A1:A10 ändern, ändert sich nicht nur die im Feld A11 von *NEBEN.XLS* angezeigte Summe entsprechend, sondern auch der Inhalt von C1 in *HAUPT.XLS*. Die beiden Tabellen sind miteinander verbunden. *NEBEN.XLS* ist die »Bezugstabelle« der darauf »bezugnehmenden« Tabelle *HAUPT.XLS*.

Es gibt noch eine weitere Möglichkeit zur Eingabe externer Referenzen. Gehen Sie bitte in *NEBEN.XLS* zur zweiten Summenzelle C11, und wählen Sie *Kopieren*. Aktivieren Sie anschließend *HAUPT.XLS*, gehen Sie zu C2, und wählen Sie *Einfügen und Verknüpfen*. Excel fügt die Formel ein:

```
=NEBEN.XLS!$C$11
```

Also die gleiche Formel, die Sie auch per Hand oder im Zeigemodus eingegeben hätten. Geben Sie nun bitte noch in C3 die Formel ein:

```
=C1+C2
```

Die Tabelle ist vollständig. Jede Änderung in einem der beiden Zahlenbereiche von *NEBEN.XLS* aktualisiert augenblicklich die in C1 und C2 von *HAUPT.XLS* angezeigten Summen und die in C3 enthaltene Gesamtsumme.

Klicken Sie C1 bitte mit einem *Doppelklick* an: *NEBEN.XLS* wird aktiviert, und der Zellcursor befindet sich auf C11. Allgemein: Der Doppelklick auf eine Formel, die einen externen Bezug enthält, zeigt Ihnen sofort die Bezugszelle. Dabei wird die zuletzt aktive Zelle in der Dialogbox des Befehls *FORMEL Gehe zu...* (Kurztaste [F5]) gespeichert. Die Anwahl dieses Befehls ermöglicht Ihnen somit die problemlose Rückkehr zur Formelzelle. Enthält die betreffende Zelle jedoch externe Referenzen und Notizen, bewirkt der Doppelklick die Anzeige der Notiz und nicht den Sprung zur Bezugszelle.

7.1.1 Eigenschaften externer Bezüge

Schließen Sie bitte *NEBEN.XLS*, und schauen Sie sich noch einmal die Formeln in *HAUPT.XLS* an.

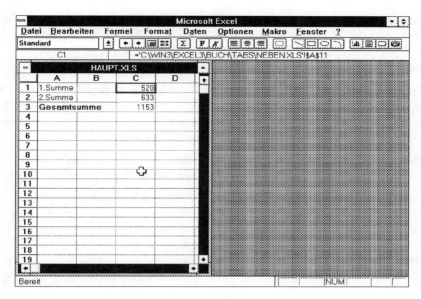

Bild 7.2: Dateiname inklusive Pfadangabe

Aus der in C1 enthaltenen Formel =*NEBEN.XLS!$A$11* wurde ein »Bandwurm«:

`='C:\WIN3\EXCEL3\BUCH\TABS\NEBEN.XLS'!$A$11`

Die Pfadangabe lautet bei Ihnen sicherlich anders als bei mir, was jedoch nichts am Prinzip ändert: Ist die betreffende Bezugstabelle geöffnet (befindet sie sich im Speicher), zeigt Excel in einem externen Bezug auf diese Tabelle nur den Dateinamen selbst an. Ist die Bezugstabelle jedoch nicht geöffnet, wird außer dem Dateinamen zusätzlich – in einfachen Anführungszeichen – der komplette Zugriffspfad angezeigt, das Laufwerk und das Verzeichnis, in dem sie gespeichert ist.

Übrigens: Obwohl *NEBEN.XLS* geschlossen ist, funktioniert der Doppelklick auf C11 zum Zeigen der Bezugszelle immer noch! Probieren Sie es aus. Das Resultat: *NEBEN.XLS* wird geladen, aktiviert, und der Zellcursor befindet sich auf der Bezugszelle A11.

Schließen Sie nun bitte auch *HAUPT.XLS*. Laden Sie die Datei anschließend wieder. Beim Laden werden Sie gefragt, ob die »Bezüge auf nicht geöffnete Dateien« aktualisiert werden sollen. Diese Frage sollten Sie immer mit »Ja« beantworten, wenn Sie nicht sowieso vorhaben, die betreffende Datei gleich anschließend zu öffnen. Möglicherweise haben Sie die Bezugstabelle *NEBEN.XLS* irgendwann einmal geladen und einige der darin enthaltenen Zahlen verändert. Dann müssen auch die Summen in *HAUPT.XLS* entsprechend aktualisiert werden.

Wenn Sie mit »Ja« antworten, geht Excel beim Laden von *HAUPT.XLS* alle darin enthaltenen externen Bezüge durch, sieht sich auf der Festplatte die zugehörigen Bezugstabellen an und setzt die aktuellen Werte der Bezugszellen ein. *HAUPT.XLS* ist nun wieder auf dem neuesten Stand. Haben Sie jedoch sowieso vor, auch die Bezugstabelle zu öffnen, können Sie mit »Nein« antworten, da Excel nach dem Laden von *NEBEN.XLS* die in *HAUPT.XLS* enthaltenen externen Referenzen automatisch aktualisiert. Allgemein:

▦ Nach dem Öffnen einer Tabelle mit externen Referenzen werden Sie gefragt, ob diese Bezüge aktualisiert werden sollen. Antworten Sie mit »Ja«, liest Excel mit einigen Festplattenzugriffen aus den Bezugstabellen die momentan in deren Bezugszellen enthaltenen Werte ein und aktualisiert auf diese Weise die bezugnehmende Tabelle.

▦ Wird eine Bezugstabelle geladen, aktualisiert Excel automatisch die externen Referenzen aller geöffneten Tabellen, die externe Referenzen auf die Bezugstabelle enthalten.

Daß externe Bezüge auch den Namen der betreffenden Datei enthalten müssen, eröffnet Fehlerquellen bei der manuellen Bezugseingabe. Das Problem ist die Namenserweiterung der Datei. Wie erläutert besteht ein externer Bezug aus dem Dateinamen, einem Ausrufezeichen, und der Zellreferenz. *Dabei muß der Dateiname exakt dem Inhalt der Titelleiste des betreffenden Fensters entsprechen!*

Wenn Sie ein neues Tabellenfenster öffnen, enthält der in der Titelleiste angezeigte Dateiname zunächst noch keine Erweiterung und lautet zum Beispiel *TAB1*. Nehmen Sie in einem anderen Fenster auf das Feld A1 von *TAB1* Bezug, müssen Sie als Bezug entsprechend TAB1!$A$1 eingeben – ebenfalls ohne Erweiterung. Geben Sie jedoch versehentlich TAB1.XLS!$A$1 ein, erhalten Sie eine Meldung, daß *TAB1.XLS* nicht gefunden wurde. Kein Wunder, denn die Datei heißt nun 'mal *TAB1* und nicht *TAB1.XLS*. Ein Dateiselektionsfenster erscheint, in dem Sie Excel zeigen sollen, wo sich die betreffende Datei auf Ihrer Festplatte befindet. Sind Sie dazu nicht in der Lage, erscheint anschließend in der Formelzelle die Fehlermeldung »#BEZUG!« – Excel kann mit dem externen Bezug nichts anfangen, weiß nicht, auf welche Tabelle er sich bezieht. Und umgekehrt, wenn Sie die Tabelle speichern und in der Titelleiste nun der vollständige Dateiname *TAB1.XLS* inklusive Erweiterung erscheint, müssen Sie das natürlich ebenfalls bei der manuellen Eingabe weiterer Bezüge berücksichtigen und dürfen die Erweiterung nicht vergessen.

Um derartige Probleme von vornherein auszuschließen, sollten Sie externe Bezüge immer im Zeigemodus oder mit *Kopieren* und *Einfügen und Verknüpfen* eingeben. Excel wird in jedem Fall den aktuellen Dateinamen korrekt einfügen. Merken Sie sich bitte:

▦ Externe Bezüge auf eine Datei X bestehen aus dem Dateinamen, gefolgt von einem Ausrufezeichen und dem Feld- oder Bereichsbezug. Um Fehleingaben des Dateinamens zu vermeiden, sollten Sie externe Bezüge immer im Zeigemodus eingeben.

▦ Ist die Datei, auf die Bezug genommen wird, nicht geöffnet, wird in Bezügen darauf außer dem Dateinamen selbst auch der komplette Zugriffspfad dargestellt.

Excel kümmert sich in vorbildlicher Weise um die manchmal notwendige Aktualisierung externer Bezüge. Bleiben wir bei einer neuangelegten Tabelle *TAB1*, die noch nicht gespeichert wurde und daher noch keine Erweiterung besitzt. Eine zweite geöffnete Tabelle *HAUPT* enthält den externen Bezug TAB1!$A$1. Angenommen, Sie speichern die Tabelle nun unter dem Namen *TESTTAB*. In der Titelleiste wird danach der vollständige Name *TESTTAB.XLS* angezeigt. Excel ersetzt automatisch in all Ihren Bezügen auf diese Tabelle den alten Dateinamen *TAB1* durch den neuen Namen *TESTTAB.XLS*. Und ändert zum Beispiel in *HAUPT* den Bezug TAB1!$A$1 korrekt in TESTTAB.XLS!$A$1.

Sogar, wenn Sie die Bezugstabelle beim Speichern nicht einfach überschreiben, sondern mit *Speichern unter...* einen neuen Namen wählen oder sogar ein anderes Verzeichnis, führt Excel automatisch die benötigten Aktualisierungen durch, wenn die bezugnehmende Tabelle geöffnet ist. Angenommen, Sie laden unsere Dateien *HAUPT.XLS* und *NEBEN.XLS*. Und speichern *NEBEN.XLS* mit *Speichern unter...* in einem anderen Verzeichnis, sagen wir in C:\NEU, und zusätzlich unter einem anderen Namen, unter *BEGLEIT.XLS*. Danach löschen Sie mit *Datei löschen...* im alten Verzeichnis die dort noch vorhandene alte Version der Datei. Excel bekommt die mit *Speichern unter...* vorgenommene Umbenennung mit und aktualisiert automatisch die in *HAUPT.XLS* enthaltenen externen Bezüge, ersetzt zum Beispiel die Formel =*NEBEN.XLS!$A$11* durch =*BEGLEIT.XLS!$A$11*.

Probleme mit der Aktualisierung von Dateinamen in externen Bezügen gibt es eigentlich nur in drei Fällen:

▨ Wenn Sie eine Tabelle X und eine Tabelle Y neu anlegen, X Bezüge auf Y enthält, und Sie X schließen, *bevor* Sie die Bezugstabelle Y speichern, weiß Excel nicht, wo und unter welchem Namen die Bezugstabelle Y gespeichert wird und kann diesen Dateinamen daher auch nicht in die externen Bezüge in der bereits geschlossenen Datei X einsetzen. *Sie sollten daher prinzipiell Tabellen, die externe Bezüge enthalten, immer nach den zugehörigen Bezugstabellen speichern, wenn diese neu angelegt wurden!*

▨ Wenn Sie eine Bezugstabelle mit *Speichern unter...* Verlegen oder Umbenennen und die bezugnehmende Tabelle nicht geöffnet ist, werden die darin enthaltenen Bezüge auch nicht aktualisiert. Mehr dazu erfahren Sie in einem der folgenden Kapitel.

▨ Wenn Sie Bezugstabellen außerhalb von Excel umbenennen oder verschieben, zum Beispiel mit dem Windows-Dateimanager. Wenn diese Aktionen nicht von Excel durchgeführt werden, bekommt Excel auch nichts davon mit und kann daher die externen Bezüge auch nicht entsprechend aktualisieren.

Davon abgesehen, geht Excel 3.0 mit externen Bezügen wesentlich raffinierter um als die Vorgängerversion 2.1. Sie können sich selbst überzeugen. Schließen Sie bitte alle Dateien. Beantworten Sie die Frage nach dem Speichern von Änderungen mit »Ja«. Öffnen Sie nun *NEBEN.XLS*. Fügen Sie vor Zeile 11 eine Leerzeile ein.

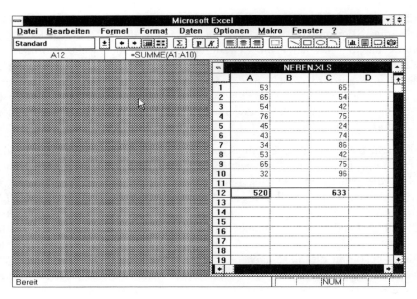

Bild 7.3: Editieren der Bezugstabelle

Schließen Sie die Datei wieder, und lassen Sie die Änderungen wieder von Excel speichern. Und nun öffnen Sie bitte *HAUPT.XLS*. In C1 wird die Formel angezeigt:

```
='C:\WIN3\EXCEL3\BUCH\TABS\NEBEN.XLS'!$A$11
```

Diese Formel ist falsch! Denn in *NEBEN.XLS* ist die Summenzelle für den ersten Bereich nach dem Einfügen der Leerzeile nicht mehr A11, sondern A12. Allerdings bietet Ihnen Excel an, die Bezüge auf nicht geöffnete Dateien zu aktualisieren. Nehmen Sie das Angebot an.

Die Formel wird geändert (vgl. Bild 7.4):

```
='C:\WIN3\EXCEL3\BUCH\TABS\NEBEN.XLS'!$A$12
```

Offenbar erkennt Excel, daß in *NEBEN.XLS* eine Leerzeile eingefügt wurde und aktualisiert den in *HAUPT.XLS* vorhandenen Bezug entsprechend. In der 2.1-Version war das noch nicht der Fall. Bezüge wurden nur dann an eine editierte Bezugstabelle angepaßt, wenn sich beide Tabellen gleichzeitig im Speicher befanden, die Bezugstabelle und die darauf »bezugnehmende« Tabelle.

Daher war es in Excel 2.1 äußerst empfehlenswert, den interessierenden Bereichen der Bezugstabelle Namen zu geben und in externen Bezügen diese Namen statt der eigentlichen Zellreferenz einzusetzen, zum Beispiel in der Form

```
=NEBEN.XLS!Summe1
```

Denn wie wir wissen, paßt Excel Namensfestlegungen beim Editieren automatisch an. Wird aus der mit »Summe1« benannten Zelle A11 durch Einfügen einer Leerzeile A12, bezieht sich der Name »Summe1« anschließend ebenfalls auf A12. Der externe Bezug *=NEBEN.XLS!Summe1* ist daher immer noch korrekt.

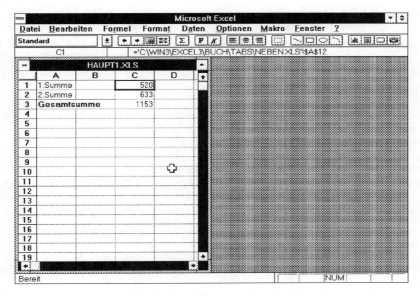

Bild 7.4: Aktualisieren externer Bezüge

Nun, wie gesagt, dieses Problem entfällt in Excel 3.0. Dennoch sollten Sie in externen Bezügen *immer* Namen verwenden. Befindet sich in einer Tabelle ein Bezug wie NEBEN.XLS!$A$12, können Sie damit oft überhaupt nichts anfangen. Namen wie »Summe«, »Umsatz« oder »MWSt« sagen Ihnen sofort, welche Informationen aus der Bezugstabelle gemeint sind.

In unserem Beispiel sollten Sie daher A11 von *NEBEN.XLS* den Namen »Summe1« geben und C11 den Namen »Summe2« und die externen Bezüge in *HAUPT.XLS* entsprechend in =NEBEN.XLS!Summe1 und =NEBEN.XLS!Summe2 ändern.

Für die Praxis habe ich noch einen Tip. Externe Bezüge dürfen prinzipiell ebenso komplex sein wie normale Bezüge. Zum Beispiel könnten Sie mit der Formel *=SUMME(NEBEN.XLS!$A$1:NEBEN.XLS!$A$200)* in der Datei *HAUPT.XLS* 200 untereinander angeordnete Werte der Bezugsdatei *NEBEN.XLS* summieren. Dagegen spricht allerdings, daß Excel meiner Erfahrung nach externe komplexe Bezüge wie diesen nicht immer richtig aktualisiert, wenn die Bezugsdatei nicht geöffnet ist.

Außerdem ist diese Technik recht langsam. Bei geschlossener Bezugsdatei benötigt Excel nach dem Laden von *HAUPT.XLS* mindestens 200 Plattenzugriffe, um all diese in *NEBEN.XLS* enthaltenen Werte einzulesen. Wesentlich schneller ist es, in *NEBEN.XLS* selbst zum Beispiel unterhalb der zu addierenden Werte in Zelle A201 die Formel einzugeben: *=SUMME(A1:A200)*, und in *HAUPT.XLS* mit der Formel *=NEBEN.XLS!$A$201* nur auf diese eine Zelle Bezug zu nehmen. Dann genügt ein Plattenzugriff, um den in *HAUPT.XLS* enthaltenen externen Bezug nach dem Laden zu aktualisieren.

7|1|2| MustervorlagenundArbeitsgruppen

Soviel zum Prinzip, mehrere Dateien miteinander zu verknüpfen. In der Praxis werden für Sie die Befehle *FENSTER Arbeitsgruppe...* und *FORMEL Ersetzen...* beim Umgang mit verknüpften Tabellen sehr nützlich sein. Beide Befehle erläutere ich anhand unserer kleinen Buchführung.

Wie bereits angedeutet, soll sie aus insgesamt dreizehn Blättern bestehen, eines für jeden Monat, und ein weiteres für die Jahresübersicht. Zunächst benötigen wir also zwölf identische Tabellen, die alle genauso wie *BUCHFRG3.XLS* aufgebaut sein sollen.

Wir könnten dieses Problem bereits mit den bisherigen Mitteln recht einfach lösen. Sie würden *BUCHFRG3.XLS* laden, den Bereich B3:BJ15 löschen, genauer: die darin enthaltenen Werte. Und dann die Tabelle zwölfmal nacheinander speichern. Unter dem Namen *1992JAN.XLS*, *1992FEB.XLS*, *1992MAE.XLS* und so weiter. Das Resultat wären zwölf absolut identische Tabellen, in denen Sie Ihre Einnahmen/Ausgaben im betreffenden Monat eintragen könnten.

Sehr ähnlich funktioniert die Erzeugung identischer Arbeitsblätter mit sogenannten »Mustervorlagen«. Gemeint ist ein Blatt, das Überschriften, Formatierungen usw. enthält, die auch auf andere Blätter angewendet werden sollen. Die Technik: Sie erstellen ein Arbeitsblatt, das als Vorlage dienen soll. Sie geben Spalten- und Zeilenüberschriften ein, formatieren das Blatt und speichern es mit *Speichern unter...* und der Option »Mustervorlage«, zum Beispiel unter dem Namen *VORLAGE*. Die Datei erhält die Erweiterung *.XLT*, heißt in diesem Fall also *VORLAGE.XLT*.

Wenn Sie dieses Blatt später öffnen, wird nicht etwa *VORLAGE.XLT* geladen, sondern *eine neue Tabelle angelegt*, die den Namen *VORLAGE1.XLS* besitzt und identisch aufgebaut ist. In diese Tabelle können Sie nun beliebige Werte eintragen, zum Beispiel Einnahmen und Ausgaben im Januar, ohne die Mustervorlage selbst zu beeinflussen. Wenn Sie ein solches Blatt für den Februar benötigen, öffnen Sie erneut *VORLAGE.XLT* – wieder legt Excel eine neue Tabelle mit identischem Inhalt und Formatierungen an.

Wie gesagt, beim Öffnen einer Mustervorlage wird die Datei nicht geladen, sondern statt dessen eine gleichartig aufgebaute und formatierte neue Tabelle angelegt. Wollen Sie die Vorlage selbst editieren, müssen Sie beim Öffnen die [Umschalt]-Taste gedrückt halten. Danach wird die Vorlage wie eine ganz normale Tabelle geladen und kann editiert werden.

Allerdings möchte ich nun eine andere Methode zur Erzeugung identischer Tabellen verwenden, um Ihnen daran den Umgang mit Arbeitsgruppen vorzuführen. Laden Sie bitte *BUCHFRG3.XLS*. Drücken Sie anschließend elfmal [Umschalt]+[F11], um 11 neue Arbeitsblätter zu erzeugen. Wählen Sie *Alles anordnen*.

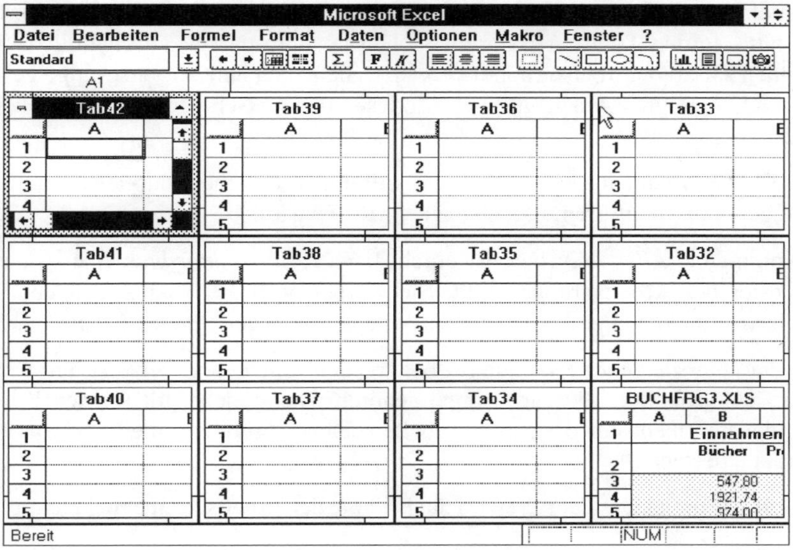

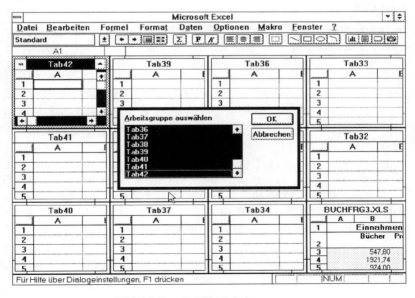

Bild 7.5: Elf leere Arbeitsblätter und BUCHFRG3.XLS

Sie wollen erreichen, daß alle zwölf Tabellen den gleichen Inhalt wie die Vorlage
BUCHFRG3.XLS besitzen. Zuerst müssen Sie eine »Arbeitsgruppe« bilden. Aktivieren Sie
das Fenster, das als Vorlage dienen soll, *BUCHFRG3.XLS*, und wählen Sie danach *FENSTER
Arbeitsgruppe...*

Bild 7.6: Der Befehl »Arbeitsgruppe...«

Im Listenfeld sind alle momentan geöffneten Tabellen vorselektiert. Bestätigen Sie diese Vorgabe bitte. In den Titelleisten der zwölf Fenster wird darauf der eigentliche Tabellenname um den Zusatz »[Arbeitsgruppe]« ergänzt. Sie haben eine Arbeitsgruppe gebildet und befinden sich nun im »Arbeitsgruppen-Modus«, den verschiedene Besonderheiten auszeichnen:

▪ Im *FENSTER*-Menü sind alle Fenstertitel mit einem Häkchen markiert, die zur Arbeitsgruppe gehören. In unserem Fall also alle zwölf Fenster.

▪ Das Kommando *Alles anordnen* ist durch *Arbeitsgruppe anordnen* ersetzt, das nur auf die Fenster der Arbeitsgruppe wirkt. Sie würden nach dem Anordnen den gesamten Bildschirm einnehmen und die nicht zur Arbeitsgruppe gehörenden Fenster verdecken.

▪ *Arbeitsbereich speichern...* ist durch *Arbeitsgruppe speichern...* ersetzt und bezieht sich nur auf jene Tabellen, die zur Gruppe gehören. Das gleiche gilt für den Befehl *Speichern*, der nun nicht nur die aktive Tabelle speichert, sondern alle Tabellen, aus denen die Gruppe besteht.

▪ Wechseln Sie das aktive Fenster, wird die Bildung der Arbeitsgruppe rückgängig gemacht.

▪ Editierungen wirken sich nun auf die gesamte Arbeitsgruppe aus. Zum Beispiel kopiert der Befehl *BEARBEITEN Arbeitsgruppe ausfüllen...* einen selektierten Bereich in alle Tabellen der Arbeitsgruppe gleichzeitig.

Die letzte Eigenschaft ist es, die Arbeitsgruppen interessant macht. Selektieren Sie bitte die Spalten A bis J, die unsere Tabelle enthalten. Wählen Sie *BEARBEITEN Arbeitsgruppe ausfüllen...* Bestätigen Sie in der nun erscheinenden Dialogbox die Option »Alles«, da wir weder ausschließlich Formeln noch Werte, sondern eben alles kopieren wollen. Das Resultat zeigt Bild 7.7.

Die selektierten Spalten wurden komplett mit den Formatierungen in alle Blätter kopiert. Möglicherweise meldet Ihnen Excel statt dessen, daß nicht ausreichend Speicher zur Verfügung steht. Wenn ja, müssen Sie die zwölf Monatsblätter leider auf die zuvor beschriebene Art und Weise erzeugen (oder einfach die fertigen Tabellen von der Diskette zum Buch laden). In diesem Fall verabschiede ich mich von Ihnen bis zum folgenden Abschnitt, da Ihr Rechner offenbar zu wenig Speicher besitzt, um Arbeitsgruppen vernünftig einsetzen zu können. Zumindest, wenn nicht nur kleine Bereiche, sondern wie hier gleich komplette Zeilen kopiert werden sollen.

Gehen wir davon aus, es hat geklappt. Dann dürfen Sie weiterlesen und noch ein wenig mehr über Arbeitsgruppen erfahren. Die zwölf Tabellen enthalten noch die in *BUCHFRG3.XLS* eingetragenen Zahlen. Kein Problem: auch der Befehl *Inhalte löschen...* wirkt auf die gesamte Gruppe. Selektieren Sie A3:J15, und drücken Sie ⎣Strg⎦+⎣Entf⎦, die Kurztaste für *Inhalte löschen...* mit Selektion der Option »Formeln« (vgl. Bild 7.8).

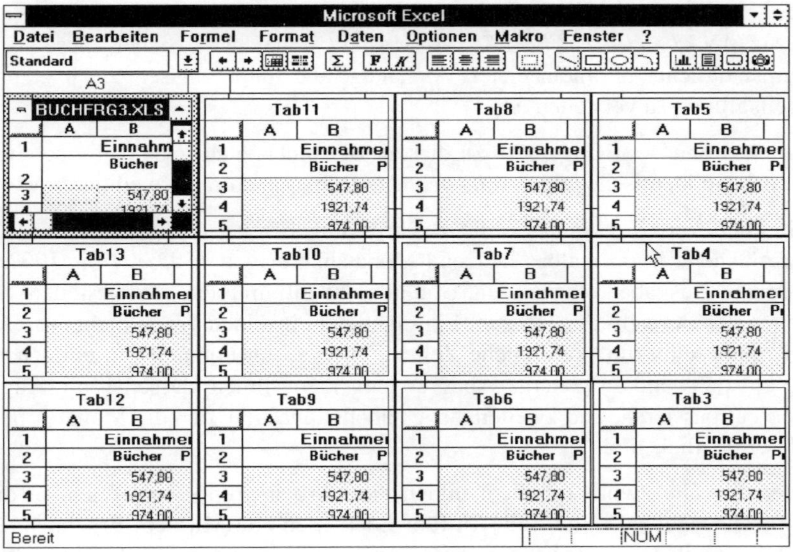

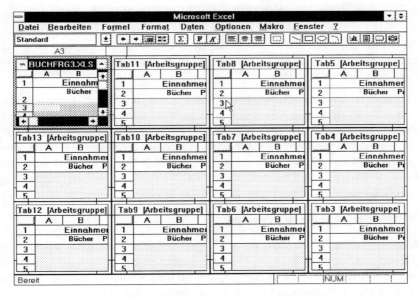

Bild 7.7: Der Befehl »Arbeitsgruppe ausfüllen«

Bild 7.8: »Inhalte löschen...«, angewandt auf eine Arbeitsgruppe

Wir haben erreicht, was wir wollten. Nun können Sie die einzelnen Blätter unter den Namen *1992JAN.XLS, 1992FEB.XLS, 1992MAE.XLS* speichern. Sicher, diese Methode ist weitaus umständlicher als mein erster Vorschlag, aber dafür wissen Sie jetzt, was unter einer Arbeitsgruppe zu verstehen ist.

Die Frage ist, wann – im Gegensatz zu diesem Beispiel – eine Arbeitsgruppe sinnvoll ist. Wenn Sie nahezu identische und *bereits benutzte* Blätter nachträglich editieren wollen.

Stellen Sie sich vor, Sie benutzen die Buchführung bereits seit einem halben Jahr und haben entsprechend in ein halbes Dutzend Monatsblätter von *1992JAN* bis *1992JUN* Ihre Einnahmen und Ausgaben eingetragen. Und nun, im Juli, müssen Sie feststellen, daß Ihnen die 13 Zeilen des Bereichs A3:J15 zum Eintragen der einzelnen Werte nicht ausreichen. Sie benötigen mindestens fünf zusätzliche Zeilen. Theoretisch könnten Sie einfach das Blatt *1992JUL* entsprechend erweitern. Aber erstens kann Ihnen dasselbe im August oder Oktober erneut passieren, und zweitens ist es höchst unschön, daß die Monatsarbeitsblätter nicht mehr einheitlich sind.

Also öffnen Sie alle zwölf Tabellen, bilden eine Arbeitsgruppe und fügen in die aktive Tabelle zwischen Zeile 15 und Zeile 16 fünf Leerzeilen ein. Mit dem Ergebnis, daß Excel diese fünf Leerzeilen in identischer Weise auch in alle anderen Tabellen einfügt. Und natürlich auch die Bereichsnamen in allen Tabellen anpaßt. Der Name »Bücher« bezieht sich nicht mehr auf den Bereich B3:B15, sondern auf B3:B20. Diesmal haben Sie mit der Arbeitsgruppe im Gegensatz zu unserem Beispiel wirklich eine ganze Menge Arbeit gespart!

Vielleicht wollen Sie statt dessen die Breite einer oder mehrerer Spalten erhöhen. Auch kein Problem. Führen Sie die Aktion im aktiven Blatt durch. Excel dehnt die Änderungen automatisch auf die gesamte Gruppe aus.

Für eines eignen sich Arbeitsgruppen jedoch nicht: zur täglichen Arbeit mit irgendwelchen Arbeitsblättern. Geben Sie zum Beispiel in unserer Buchführung in irgendeiner Tabelle einen Wert ein, eine Einnahme oder Ausgabe, stört sich Excel nicht im Geringsten daran, daß dieser Wert nur für den einen Monat gelten soll. Und kopiert ihn »hemmungslos« auch in alle anderen Blätter, die mit dem gerade aktiven eine Gruppe bilden! Arbeitsgruppen sind daher ausschließlich für Sonderfälle geeignet, für gemeinsame Strukturänderungen an identischen Blättern.

7ı1ı3ı   Suchen und Ersetzen

Nun benötigen wir eine Tabelle, die alle wichtigen monatlichen Summen aufführt. Also die Brutto-, Netto- und MWSt-Summen für die einzelnen Sparten, und die Gesamt-Brutto-, Netto- und MWSt-Beträge jedes Monats, separat für die Einnahmen und die Ausgaben. Der erste Schritt ist die Erstellung einer neuen Tabelle mit folgendem Inhalt:

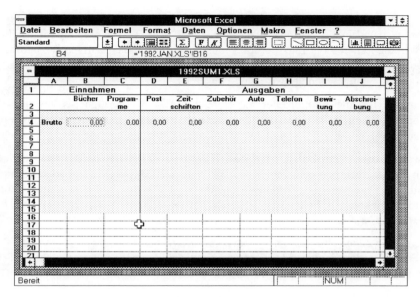

Bild 7.9: Die Datei 1992SUM1.XLS

Natürlich könnten Sie die Datei einfach laden. Viel lehrreicher ist es jedoch, sie selbst zu erstellen. Schließen Sie alle Arbeitsfenster. Laden Sie das Monatsblatt *1992JAN.XLS*. Legen Sie eine neue Tabelle an. Sorgen Sie mit *Alles anordnen* dafür, daß *1992JAN.XLS* und die neue Tabelle nebeneinander angeordnet sind. Kopieren Sie die Zeilen 1 bis 15 der Monatstabelle in die neu angelegte Tabelle. Ergänzen Sie in A4 den Text »Brutto« und formatieren Sie ihn fett.

Nun kommen wir zu den externen Verknüpfungen. Gehen Sie in der zukünftigen Jahrestabelle zu B4, geben Sie ein »=«, und zeigen Sie im Monatsblatt auf B16. B4 enthält nun die Formel

```
='1992JAN.XLS'!$B$16
```

In dieser Zelle wird die Bruttosumme der Einnahmen aus Büchern vom Januar 1992 angezeigt. Daneben sollen die entsprechenden Bruttoeinnahmen aus Programmen und die verschiedenen Bruttoausgaben erscheinen. In C4 bis J4 müssen Sie daher ebenfalls die zugehörigen externen Bezüge eingeben. Am einfachsten durch Kopieren der Formel. Allerdings müssen Sie zuvor den absoluten Bezug $B$16 in den relativen Bezug B16 umwandeln. Selektieren Sie B4 und in der Eingabezeile irgendein Zeichen des umzuwandelnden Bezugs, und drücken Sie mehrmals F4, die Kurztaste für *FORMEL Bezugsart ändern*, bis sowohl die Zeilen- als auch die Spaltenkomponente im relativen Format erscheinen. Kopieren Sie die Formel anschließend bitte mit *Kopieren* und *Inhalte einfügen...* bei aktivierter Option »Formeln«. Dadurch vermeiden Sie, auch die Zellformatierung von B4 zu kopieren und auf diese Weise die rechte Randlinie von Zelle C4 zunichte zu machen. Anschließend sollte Ihre Tabelle der Abbildung entsprechen.

In Zeile 5 benötigen wir prinzipiell die gleichen Formeln, allerdings mit Bezügen auf *1992FEB.XLS* und in Zeile 6 mit Bezügen auf *1992MAE.XLS*. Kopieren wir die Formeln zunächst in die Zeilen 5 bis 15. Allerdings müssen Sie zuvor die relativen Bezüge wieder in absolute umwandeln. Sonst wird zum Beispiel beim Kopieren von B4 nach B5 der Bezug $B$16 in $B$17 umgewandelt, was jedoch falsch ist.

Nachdem Sie für alle Formelzellen im Bereich B4:J4 die Bezüge ins absolute Format umgewandelt haben, selektieren Sie den Bereich, wählen Sie *Kopieren*, selektieren Sie B5:J15, und wählen Sie *Einfügen*. Alle zwölf Zeilen enthalten nun identische Formeln.

Nun passen wir mit dem Befehl *FORMEL Ersetzen...* in jeder Zeile die darin enthaltenen Formeln an das eigentlich gemeinte Monatsblatt an. Zum Beispiel soll in allen Formeln von Zeile 5 die im Dateinamen enthaltene Zeichenkette »JAN« durch »FEB« ersetzt werden. Ist ein Bereich selektiert, bezieht sich der Befehl auf jenen Bereich. *Ist dagegen kein Bereich selektiert, wird im gesamten Blatt gesucht und ersetzt!*

Selektieren Sie daher bitte B5 bis J5, bevor Sie *FORMEL Ersetzen...* wählen. Ein Dialogfenster erscheint, das Sie wie jedes Fenster verschieben können, sollte es wichtige Teile des Arbeitsblattes verdecken:

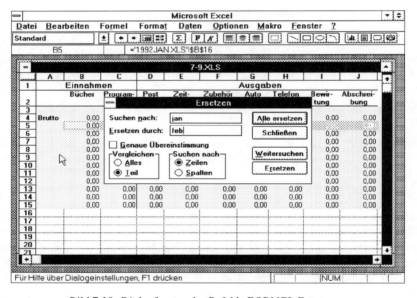

Bild 7.10: Dialogfenster des Befehls FORMEL Ersetzen...

Unter »Ersetzen:« geben Sie die zu ersetzende Zeichenkette ein, in unserem Fall also »JAN«. Und unter »Durch:« die Zeichenkette, die die erste ersetzen soll, also »FEB«. Ob Sie Groß- oder Kleinschreibung verwenden, spielt keine Rolle. Nur wenn Sie »Genaue Übereinstimmung« aktivieren, unterscheidet Excel zwischen Groß- und Kleinschreibung.

Die Option »Alles« ersetzt »JAN« nur dann durch »FEB«, wenn eine Zelle exakt mit dem Suchbegriff übereinstimmt, also nur »JAN« enthält und nicht etwa »1992JAN«. Diese Option ist für unsere Zwecke untauglich; wir bleiben bei der vorselektierten Option »Teil«.

»Zeilen« und »Spalten« bestimmen, ob der ausgewählte Bereich Zeile für Zeile oder Spalte für Spalte durchsucht wird, was meist auf das gleiche hinausläuft.

Mit den Schaltflächen »Alle ersetzen«, »Weitersuchen« und »Ersetzen« bestimmen Sie, ob Excel den Austausch automatisch im gesamten selektierten Bereich vornimmt oder jeweils bei Ihnen nachfragt. Excel setzt den Zellcursor auf die erste Zelle des selektierten Bereichs, die den Suchbegriff enthält.

»Ersetzen« führt dazu, daß er in dieser einen Zelle ersetzt wird und Excel Ihnen die nächste ihn enthaltende Zelle zeigt. Wählen Sie erneut »Ersetzen«, wird er auch in dieser ersetzt und so weiter.

»Weitersuchen« ersetzt den Suchbegriff nicht, sondern übergeht die Zelle ohne Aktion und zeigt die nächste ihn enthaltende Zelle an. Wählen Sie »Weitersuchen«, und drücken Sie dabei die [Umschalt]-Taste, wird der Suchbegriff in der aktuellen Zelle ebenfalls nicht ersetzt. Anschließend zeigt Ihnen Excel jedoch nicht die nächste, sondern die vorhergehende Zelle des Bereichs, die den Suchbegriff enthält.

Mit »Ersetzen« und »Weitersuchen« können Sie den ausgewählten Bereich somit in Richtung zum Bereichsende oder Bereichsanfang nach dem Suchbegriff absuchen und jedes einzelne Vorkommen dieses Begriffs ignorieren oder ihn gezielt in der betreffenden Zelle ersetzen.

In der Praxis wird man wie in unserem Fall meist die vorselektierte Schaltfläche »Alle ersetzen« wählen, die ohne Nachfragen im gesamten selektierten Bereich in allen Zellen, in denen der Suchbegriff »JAN« vorkommt, diesen durch »FEB« ersetzt. Wählen Sie also nun »Alle ersetzen«, und schauen Sie sich das Resultat an. Prinzipiell können wir damit einverstanden sein. Alle Formeln in Zeile 5 enthalten nun Bezüge auf *1992FEB.XLS*. Allerdings zeigt Excel im Gegensatz zu Zeile 4 nicht nur den eigentlichen Dateinamen an, sondern den kompletten Pfad, also auch das Laufwerk und das Verzeichnis, in dem sich die Datei *1992FEB.XLS* befindet. Da sich alle Dateien für dieses Buch auf meinem Rechner auf der Festplatte C im Verzeichnis *WIN3\EXCEL3\BUCH\TABS* befinden, lautet bei mir zum Beispiel die Formel in B5

```
='C:\WIN3\EXCEL3\BUCH\TABS\1992FEB.XLS'!$B$16
```

Den Grund dieser Anzeigeform kennen Sie bereits: Ist die Bezugsdatei geladen, zeigt Excel bei externen Bezügen nur den Dateinamen selbst an. Ist die Datei jedoch wie in unserem Fall nicht geladen (nur das Blatt *1992JAN.XLS* ist geladen), zeigt Excel auch das Laufwerk und das Verzeichnis an, in dem sie sich befindet.

Führen Sie die Austauschaktion bitte in entsprechender Weise für die Zeilen 6 bis 15 durch. Ersetzen Sie also in Zeile 6 die Zeichenkette »JAN« durch »MAE«, in Zeile 7 »JAN« durch »APR« und so weiter.

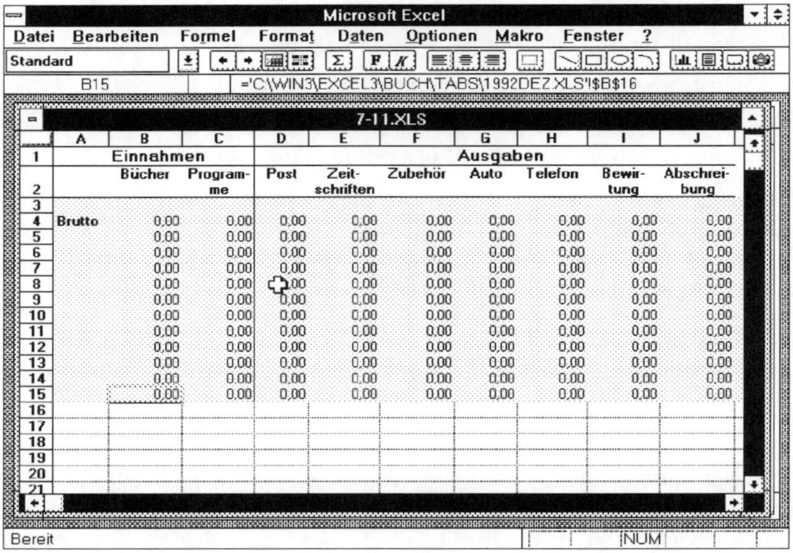

Bild 7.11: Anpassung der Dateinamen an die zwölf Monatsblätter

Der Block B4:J15 enthält nun für alle Monate die jeweiligen Bruttosummen der einzelnen Sparten. Nun benötigen wir einen weiteren Block mit den entsprechenden Mehrwertsteuersummen. Alles, war wir zu tun haben, ist, den vorhandenen Block zu kopieren und in allen Formeln die Zeilennummer 16 durch 17 zu ersetzen, jene Zeile, die in unseren zwölf Monatsblättern die Mehrwertsteuersummen enthält.

Kopieren Sie bitte die Zeilen 3 bis 15 (also auch die Leerzeile) nach 16 bis 28. Selektieren Sie die kompletten Zeilen, wählen Sie *Kopieren*, selektieren Sie Zelle A16, und wählen Sie *Einfügen*.

Ersetzen Sie anschließend in A17 »Brutto« durch »MWSt«. Selektieren Sie B17:J280, und lassen Sie Excel im gesamten Bereich »26« durch »27« ersetzen. Als Resultat wird zum Beispiel aus der zuvor in B17 enthaltenen Formel

`=1992JAN.XLS!$B$16`

die Formel

`=1992JAN.XLS!$B$17`

Statt auf das Feld $B$16 von *1992JAN.XLS* (Summe der Einnahmen aus Büchern im Januar) bezieht sich die Formel nun auf Zelle $B$17 der gleichen Datei (zugehörige Mehrwertsteuer). Das gleiche gilt für alle anderen Formeln im Bereich B17:J28. Sie alle beziehen sich weiterhin auf die gleichen Dateien, aber jeweils statt auf Zeile 16 mit den Bruttosummen nun auf Zeile 17 mit den zugehörigen Mehrwertsteuersummen.

Wenden Sie die gleiche Methode an, um den Jahresbericht um die Nettosummen zu ergänzen. Kopieren Sie die Zeilen 16 (inklusive der Leerzeile) bis 28 nach A29:J41, ersetzen in A30 »MWSt« durch »Netto« (per Hand) und im Bereich B30:J41 »27« durch »28« (das überlassen

Sie besser Excel). Soviel zur praktischen Anwendung des Befehls *Ersetzen... FORMEL Suchen...* erläutere ich gar nicht erst, da dieser Befehl praktisch eine »Teilmenge« des Befehls *Ersetzen...* darstellt und Sie mit ihm daher nun auch ohne Erläuterung umgehen können. Der einzige Unterschied besteht in den Zusatzoptionen »Formeln«, »Werte« und »Notizen«, mit denen Sie bestimmen können, welche der drei Datenarten durchsucht werden soll.

Ergänzen Sie noch eine letzte Kleinigkeit: die Summen der monatlichen Einnahmen und Ausgaben in den Spalten K und L. Dafür benötigen wir jedoch keine externen Bezüge. Tragen Sie in K4 die Formel

```
=SUMME(B4:C4)
```

ein, um die Bruttosummen der Einnahmen aus Büchern und Programmen im Januar 1992 zu addieren. Und in L4 die Formel

```
=SUMME(D4:J4)
```

um die Bruttosummen der verschiedenen Ausgabearten für diesen Monat ebenfalls zu addieren. Kopieren Sie anschließend diese beiden Formeln in die Bereiche K5:L15, K17:L28 und K30:L41.

Wenn Sie danach noch die Überschriften »Summe Einnahmen« und »Summe Ausgaben« ergänzen, einige Rahmenlinien hinzufügen und die Spaltenbreiten verkleinern, erhalten Sie die Datei *1992SUM2.XLS*, die auch die folgende Abbildung zeigt.

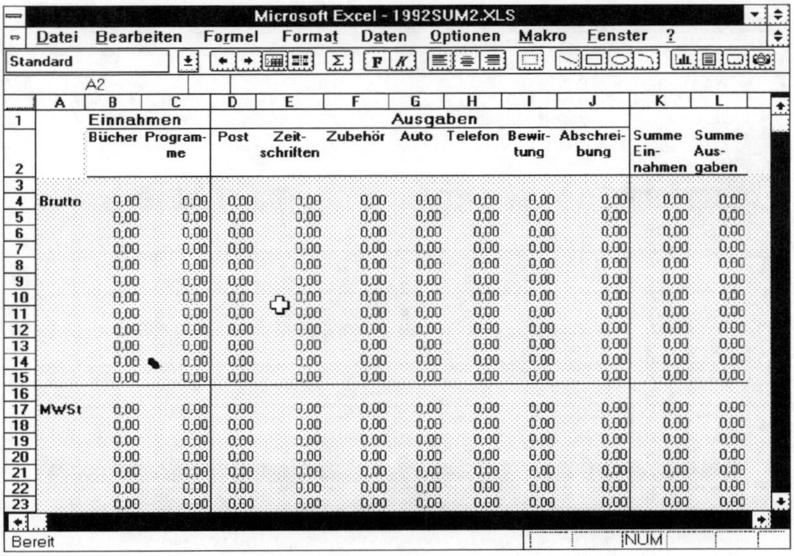

	A	B	C	D	E	F	G	H	I	J	K	L
1		Einnahmen		Ausgaben								
2		Bücher	Programme	Post	Zeitschriften	Zubehör	Auto	Telefon	Bewirtung	Abschreibung	Summe Einnahmen	Summe Ausgaben
3												
4	Brutto	0,00	0,00	0,00	0,00	0,00	0,00	0,00	0,00	0,00	0,00	0,00
5		0,00	0,00	0,00	0,00	0,00	0,00	0,00	0,00	0,00	0,00	0,00
6		0,00	0,00	0,00	0,00	0,00	0,00	0,00	0,00	0,00	0,00	0,00
7		0,00	0,00	0,00	0,00	0,00	0,00	0,00	0,00	0,00	0,00	0,00
8		0,00	0,00	0,00	0,00	0,00	0,00	0,00	0,00	0,00	0,00	0,00
9		0,00	0,00	0,00	0,00	0,00	0,00	0,00	0,00	0,00	0,00	0,00
10		0,00	0,00	0,00	0,00	0,00	0,00	0,00	0,00	0,00	0,00	0,00
11		0,00	0,00	0,00	0,00	0,00	0,00	0,00	0,00	0,00	0,00	0,00
12		0,00	0,00	0,00	0,00	0,00	0,00	0,00	0,00	0,00	0,00	0,00
13		0,00	0,00	0,00	0,00	0,00	0,00	0,00	0,00	0,00	0,00	0,00
14		0,00	0,00	0,00	0,00	0,00	0,00	0,00	0,00	0,00	0,00	0,00
15		0,00	0,00	0,00	0,00	0,00	0,00	0,00	0,00	0,00	0,00	0,00
16												
17	MWSt	0,00	0,00	0,00	0,00	0,00	0,00	0,00	0,00	0,00	0,00	0,00
18		0,00	0,00	0,00	0,00	0,00	0,00	0,00	0,00	0,00	0,00	0,00
19		0,00	0,00	0,00	0,00	0,00	0,00	0,00	0,00	0,00	0,00	0,00
20		0,00	0,00	0,00	0,00	0,00	0,00	0,00	0,00	0,00	0,00	0,00
21		0,00	0,00	0,00	0,00	0,00	0,00	0,00	0,00	0,00	0,00	0,00
22		0,00	0,00	0,00	0,00	0,00	0,00	0,00	0,00	0,00	0,00	0,00
23		0,00	0,00	0,00	0,00	0,00	0,00	0,00	0,00	0,00	0,00	0,00

Bild 7.12: Die Datei 1992SUM2.XLS

Zum Ersetzen von Dateinamen in externen Bezügen durch die Namen anderer Dateien habe ich noch einen Tip für Sie: Nach dem Ersetzen rechnet Excel die betroffenen Formeln neu durch. Da nun unter anderem der Bezug 1992JAN.XLS!$B$16 durch 1992FEB.XLS!$B$16 ersetzt wurde, greift Excel dabei statt auf *1992JAN.XLS* auf die Datei *1992FEB.XLS* zu. Befindet sie sich nicht im aktuellen Verzeichnis (also im gleichen wie die alte Datei), findet Excel sie nicht. Sie erhalten außer einer entsprechenden Meldung eine Box mit einem Laufwerks- und Verzeichnisfeld und sollen nun angeben, wo sich diese Datei befindet. Prinzipiell kein Problem. Allerdings wiederholt sich dieser Vorgang bei jeder Formel, in der ein Dateiname ersetzt wurde, was schnell sehr lästig wird. Abhilfe: Sorgen Sie dafür, daß sich die Dateien, auf die nun zugegriffen wird, im gleichen Verzeichnis wie die alten Dateien befinden, damit Excel sie problemlos findet. Oder noch besser: Öffnen Sie zuvor jene Dateien, deren Namen eingesetzt werden! Speichern können Sie sie anschließend, wo Sie wollen. Excel wird die Dateiangaben in der abhängigen Tabelle um die entsprechenden Laufwerks- und Pfadangaben ergänzen.

Die folgende Abbildung zeigt, wie sich die Jahresübersicht verhält, wenn in einem der Monatsblätter Werte eingegeben werden. Oben sehen Sie das Blatt *1992FEB.XLS*, darunter *1992SUM2.XLS*.

In das Februarblatt gab ich zur Demonstration einige Zahlen ein. Die Jahresübersicht zeigt sofort die zugehörigen Spartensummen an, die jweils in der zweiten, der »Februar«-Spalte der drei Blöcke, erscheinen. Und am rechten Tabellenrand die Gesamtsummen der Einnahmen und Ausgaben für die zwölf Monate.

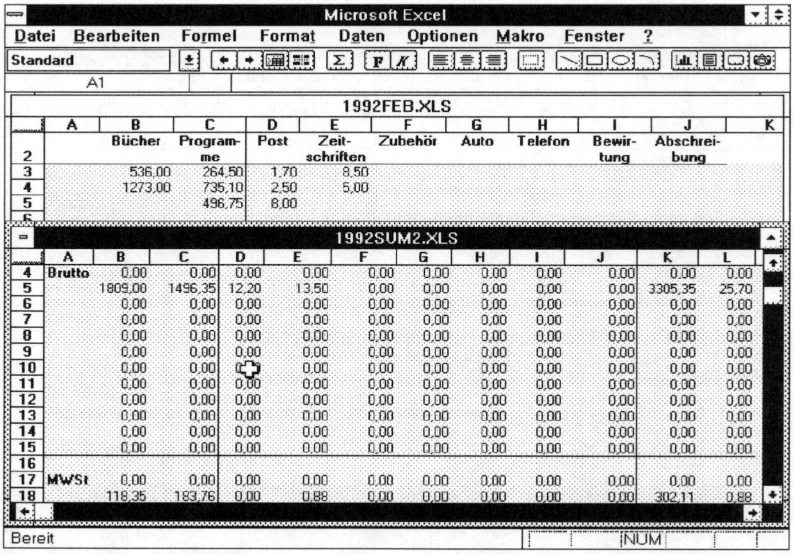

Bild 7.13: Die Dateien 1992JAN.XLS und 1992SUM2.XLS

Nehmen Sie diese kleine Buchführung ruhig als Ausgangspunkt für eigene Anwendungen – obwohl sie sicher nicht perfekt ist. Dazu wäre es nötig, unterhalb der drei Blöcke jeweils die Gesamtjahressummen der einzelnen Sparten zu ermitteln.

Außerdem sollten in den Monatsblättern mehr Zeilen zum Eintragen der Einnahmen und Ausgaben zur Verfügung stehen. Jedes Monatsblatt enthält genau 13 freie Zeilen zum Eintragen der Werte. Was aber, wenn Sie im Januar mehr als dreizehnmal eine Zeitschrift gekauft haben oder Portogebühren entrichtet haben?

Ihre Antwort lautet bestimmt: »dann füge ich im Januar-Blatt einige Leerzeilen vor den Summenzeilen ein«. Wenn Sie das tun, paßt Excel die Benennungen in diesem Bereich automatisch an. Fügen Sie zum Beispiel fünf Zeilen ein, bezieht sich der Name »Bücher« anschließend auf den Bereich B3:B20 statt wie zuvor auf B3:B15. Die Summenformeln darunter, die ja Bereichsnamen verwenden (Beispiel: B16 enthält die Formel =SUMME(Bücher)), sind nach der automatischen Anpassung dieser Namen an die erweiterten Bereiche immer noch korrekt.

Ob die Jahresübersicht noch stimmt, ist jedoch eine andere Frage. Ist die Datei *1992SUM2.XLS* während der Erweiterung der Monatsblätter geöffnet, ist alles in Ordnung. Excel bekommt mit, daß sich die Formel =SUMME(Bücher) nicht mehr in B16, sondern in B21 befindet, und paßt externe Bezüge darauf automatisch an. Ist die Jahresübersicht jedoch nicht geöffnet, also nicht im Speicher, kann auch keine Anpassung stattfinden. Statt auf die Zeilen 21 bis 23 beziehen sich die externen Bezüge auf die Brutto-, MWST- und Nettosummen weiter auf die Zeilen 16 bis 28 des Januar-Blattes! Natürlich können Sie die jeweils erste Zeile (Januar) der drei Blöcke der Jahresübersicht selektieren und Excel darin folgende Ersetzungen vornehmen lassen:

- ■ »16« durch »21«

- ■ »17« durch »22«

- ■ »18« durch »23«

Die Jahresübersicht ist wieder korrekt. Allerdings wird Ihnen früher oder später das gleiche in einem anderen Monatsblatt passieren. Daß auch dieses »zu eng« wird, Sie Leerzeilen einfügen und danach die externen Bezüge der Jahresübersicht anpassen müssen, wenn Sie vergaßen, vor dem Einfügen der Leerzeilen die Jahresübersicht zu öffnen, so daß sich Excel um die benötigte Anpassung kümmert. All das wäre vermeidbar gewesen, *wären für alle externen Bezüge Namen verwendet worden!*

Ich habe bewußt darauf verzichtet, um Ihnen zu demonstrieren, wie katastrophal die Auswirkungen sein können, wenn einem so etwas im Nachhinein einfällt. Jetzt noch Namen zu definieren, wäre ein unglaublich großer Aufwand. Sie müßten dem Feld B16 von *1992JAN.XLS* zum Beispiel den Namen »brutto_bücher« geben, dem Feld C16 den Namen »brutto_programme« und so weiter. Und auch allen Feldern der beiden darunterliegenden Zeilen Namen geben.

Das allein wäre noch nicht besonders tragisch. Aber genau diesen Vorgang müssen Sie ja bei allen zwölf Arbeitsblättern wiederholen, bevor Sie die absoluten externen Bezüge der Jahresübersicht durch Bezüge ersetzen können, in denen diese Namen verwendet werden! Zum Glück enthalten die zwölf Blätter ja noch keine Werte. Gehen Sie in solchen Fällen so vor:

■ Laden Sie genau ein Blatt, und geben Sie allen darin enthaltenen Feldern Namen, die in irgendwelchen externen Bezügen auftauchen.

■ Speichern Sie dieses Blatt unter den zwölf von Ihnen verwendeten Monatsnamen (hier also *1992JAN.XLS, 1992JAN.XLS* usw.), und überschreiben Sie auf diese Weise die alten, »namenlosen« Blätter.

■ Nun selektieren Sie die gesamte Jahresübersicht und lassen Excel der Reihe nach »$B$16« durch »brutto_bücher« ersetzen, »$B$17« durch »brutto_programme« und so weiter.

Diese Methode können Sie leider nur anwenden, wenn alle Blätter noch leer sind. Haben Sie dagegen in den Monatsübersichten bereits Zahlen eingetragen, können Sie diese Tabellen natürlich nicht so einfach überschreiben. In dem Fall wird es noch komplizierter: Speichern Sie die Tabelle mit den inzwischen benannten Feldern unter zwölf »ähnlichen« Namen, zum Beispiel *1992JAN1.XLS, 1992FEB1.XLS* usw. Laden Sie die zwölf Originaldateien und kopieren Sie die in *1992JAN.XLS* eingetragenen Werte in *1992JAN1.XLS*, die in *1992FEB.XLS* eingetragenen in *1992FEB1.XLS* und so weiter. Nachdem Sie auf diese Weise die bereits eingetragenen Werte in die neuen Tabellen übernommen haben, können sie diese unter den Originalnamen speichern und die alten Tabellen damit überschreiben.

All das läuft natürlich unter der Rubrik »Tricks« – die allesamt zu vermeiden sind, wenn man vorausplant und von vornherein alle Felder benennt, die jemals für externe Bezüge in Frage kommen!

7.1.4 Verknüpfungen aktualisieren

Wenn Sie eine Tabelle laden, die externe Bezüge enthält, sind diese möglicherweise veraltet. Vielleicht haben Sie ja irgendwann die Bezugstabelle geladen, darin einige Werte verändert und sie wieder gespeichert. Befand sich die abhängige Tabelle währenddessen nicht im Speicher, konnte Excel den Wert darin enthaltener externer Bezüge natürlich auch nicht aktualisieren.

Daher werden Sie von Excel nach dem Laden einer Tabelle, die externe Bezüge auf nicht geladene Tabellen enthält, gefragt, ob diese Bezüge aktualisiert werden sollen. Bestätigen Sie das, liest Excel aus den Bezugstabellen auf der Platte die Werte, die die betreffenden Bezugsfelder enthalten, und die abhängige Tabelle ist nun garantiert auf dem neuesten Stand. Verneinen Sie die Frage, bleiben die alten Werte der externen Bezüge unverändert, ob sie noch stimmen oder nicht.

Soviel zum Laden verknüpfter Dateien. Das Speichern ist unproblematisch, solange Sie eine Grundregel beachten: *Speichern Sie immer zuerst die Bezugstabellen und erst nach diesen eine davon abhängige Tabelle!* Öffnen Sie unbedingt die abhängige Tabelle, wenn Sie die Bezugstabelle mit *Speichern unter...* umbenennen oder verlegen!

Nur so ist gewährleistet, daß Excel jederzeit weiß, wo sich die Dateien befinden, auf die sich externe Verweise beziehen. Die Ursache für dieses Problem ist, daß Sie eine Tabelle bekanntlich nicht nur unter einem beliebigen Namen, sondern in einem beliebigen Verzeichnis speichern können. Und dieses Speichern in verschiedenen – und vor allem in wechselnden – Verzeichnissen kann Excel beim Auffinden externer Bezüge erhebliche Probleme bereiten!

Das kann am Besten mit einem kleinen Experiment demonstriert werden. Laden Sie zwei Tabellen, die miteinander verknüpft sind, am einfachsten die auf der Begleitdiskette enthaltenen Tabellen *HAUPT.XLS* und *NEBEN.XLS*. Beide befinden sich nach dem Kopieren auf Ihre Festplatte im gleichen Verzeichnis, sagen wir in C:\WIN3\EXCEL3\BUCH\TABS. *HAUPT.XLS* enthält in C1 einen externen Bezug auf die Zelle A11 von *NEBEN.XLS*. Solange beide Tabellen im Speicher sind, stellt Excel diesen Bezug so dar:

```
=NEBEN.XLS!$A$11
```

Nur der Dateiname *NEBEN.XLS* erscheint, nicht aber das Laufwerk und das Verzeichnis, in dem sich die Bezugstabelle befindet. Diese Angaben erscheinen nur, wenn sich die Bezugstabelle nicht im Speicher befindet. Dann zeigt Excel den vollständigen Namen dieser Tabelle an, im Beispiel also

```
='C:\WIN3\EXCEL3\BUCH\TABS\NEBEN.XLS'!$A$11
```

Angenommen, beide Tabellen befinden sich im Speicher. Sie kommen plötzlich auf die Idee, die Bezugstabelle *NEBEN.XLS* in einem anderen Verzeichnis zu speichern als bisher, sagen wir im Verzeichnis *WIN3*. Sie aktivieren also *NEBEN.XLS*, wählen *Speichern unter...* und geben als Dateiname *C:\WIN3\NEBEN.XLS* ein – beziehungsweise den Namen irgend eines anderen auf Ihrer Platte vorhandenen Verzeichnisses. Anschließend wählen Sie *Löschen...* und entfernen *NEBEN.XLS* aus dem alten Verzeichnis C:\WIN3\EXCEL3\BUCH\TABS, da die Datei dort ja nun überflüssig ist. *NEBEN.XLS* befindet sich also nur noch im Verzeichnis C:\WIN3.

Wenn Sie *NEBEN.XLS* nun schließen, zeigt Excel im externen Bezug der abhängigen Tabelle *HAUPT.XLS* korrekt den vollständigen Dateinamen an: 'C:\WIN3\NEBEN.XLS'!$A$11. Excel ist nicht verborgen geblieben ist, in welchem Verzeichnis Sie diese Tabelle speicherten, und die externen Bezüge in der geöffneten bezugnehmenden Tabelle wurden entsprechend angepaßt.

Ein zweites Experiment: Öffnen Sie diesmal nur die Tabelle *NEBEN.XLS*, die sich inzwischen in C:\WIN3 befindet. Speichern Sie die Bezugstabelle im Stammverzeichnis C:\, und löschen Sie sie im alten Verzeichnis. Excel ist diesmal nicht in der Lage, den neuen Verzeichnisnamen in der abhängigen Tabelle *HAUPT.XLS* zu vermerken, denn die ist ja nicht geöffnet.

Das Ergebnis bekommen Sie spätestens am nächsten Tag zu spüren, wenn Sie Excel aufrufen und die abhängige Tabelle *HAUPT.XLS* laden. Wenn Sie die Frage nach dem Aktualisieren der externen Bezüge bestätigen, erhalten Sie eine Fehlermeldung:

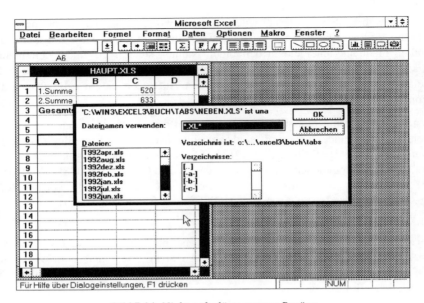

Bild 7.14: Nicht aufgelöste externe Bezüge

Excel teilt Ihnen mit, daß es die Bezugsdatei nicht findet. Kein Wunder, da in der soeben geladenen abhängigen Datei immer noch der Verzeichnisname C:\WIN3 gespeichert ist, also das falsche Verzeichnis, da sich die Datei ja inzwischen in C:\ befindet.

Sie können zwar in der Dialogbox das neue Laufwerk und/oder Verzeichnis dieser Datei angeben, und Excel wird die externen Bezüge korrekt aktualisieren. Das ändert jedoch nichts daran, daß Ihnen am nächsten Tag das gleiche wieder passieren wird!

Eine endgültige Lösung stellt der Befehl *DATEI Verknüpfte Dateien öffnen...* dar, der es Ihnen ermöglicht, Verknüpfungen für umbenannte oder in ein anderes Verzeichnis verlegte Dateien zu ändern.

Laden Sie zunächst die abhängige Tabelle, also *HAUPT.XLS*. Wählen Sie *Verknüpfte Dateien öffnen...* Selektieren Sie im Listenfeld der Dialogbox den nicht mehr stimmenden Eintrag »C:\WIN3\NEBEN.XLS«, und aktivieren Sie die Schaltfläche »Wechseln...«. Eine weitere Dialogbox erscheint, die mit jener des Befehls *DATEI Öffnen...* identisch ist.

Selektieren Sie darin die Datei *NEBEN.XLS*, die sich inzwischen im Stammverzeichnis C:\ befindet. Damit haben Sie Excel angewiesen, die alte externe Referenz C:\WIN3\NEBEN.XLS durch die neue Verknüpfung C:\NEBEN.XLS zu ersetzen. Excel kennt jetzt das neue Verzeichnis der Bezugsdatei und kann von nun an wieder problemlos auf diese Datei zugreifen. Diese Methode können Sie auch anwenden, wenn Sie eine Bezugsdatei nicht in ein anderes Verzeichnis verlagert, sondern nur umbenannt haben. Sie wählen aus dem Listenfeld aller verknüpften Dateien den gewünschten Eintrag, wählen »Wechseln...« und geben Excel den neuen Dateinamen bekannt.

Die zweite Anwendung dieses Befehls ermöglicht Ihnen, mehrere verknüpfte Dateien auf einmal zu laden. Im Falle der Buchführung haben wir zwölf Monatsblätter, *1992JAN.XLS*, *1992FEB.XLS* und so weiter, bis *1992DEZ.XLS*.

Wenn Sie sich alle Blätter gemeinsam ansehen wollen, laden Sie zunächst die davon abhängige Datei *1992SUM2.XLS*, die Jahresübersicht. Danach wählen Sie *Verknüpfte Dateien öffnen...* Nicht um Verknüpfungen zu ändern, sondern um das zu tun, was der Befehlsname verspricht: alle Dateien zu laden, von der die gerade geladene Tabelle abhängig ist.

Im Listenfeld erscheinen alle zwölf Monatsblätter, eben alle Bezugsdateien. Selektieren Sie die zu ladenden Dateien. Zur Erinnerung: Für die Mehrfachselektion in Listenfeldern drücken Sie bei Benutzung der Maus die ganze Zeit die ⌈Umschalt⌉-Taste und klicken die gewünschten Einträge an beziehungsweise ziehen die Maus bei gedrückter Maustaste über die Einträge, um größere Bereiche auszuwählen.

Bei Verwendung der Tastatur halten Sie die ⌈Strg⌉-Taste gedrückt, bewegen sich mit den Cursortasten und selektieren die Einträge mit der ⌈Leertaste⌉. Nach beendeter Auswahl aktivieren Sie »Öffnen«. Excel lädt nacheinander all diese Dateien in den Speicher, wovon Sie sich anschließend mit *FENSTER Alles anordnen* überzeugen können.

7|2| **Datenkonsolidierung**

Der Befehl *DATEN Konsolidieren...* erleichtert den Umgang mit verknüpften Dateien erheblich. In der Praxis kommt es sehr häufig vor, daß separate Tabellen mit oft identischem Aufbau existieren, zum Beispiel wie in unserer Buchführung zwölf Tabellen, eine für die Buchführung jedes Monats. Um den Überblick zu behalten, benötigen Sie in solchen Fällen eine »Zusammenfassung«, eine Tabelle mit einer Gesamtübersicht, in der die monatlichen Einnahmen und Ausgaben addiert werden.

Im Kapitel über das Verknüpfen von Dateien war das *1992SUM2.XLS*. Wir erzeugten diese Tabelle, indem wir externe Verknüpfungen zu den Summenformeln aller zwölf Monatsblätter einfügten. In *1992SUM2.XLS* erschienen nun die monatlichen Summen der verschiedenen Rubriken »Post«, »Zeitschriften« usw. und konnten beliebig weiterbearbeitet werden. Zum Beispiel addiert werden, um die Jahressummen zu erhalten.

Gegen diese Methode ist prinzipiell nichts einzuwenden. Allerdings kann Excel diesen Vorgang erheblich vereinfachen und flexibler gestalten. Nehmen wir an, Sie interessiert in der Gesamtübersicht weniger die Gesamtsumme der monatlichen Ausgaben für Bücher, sondern die durchschnittliche Ausgabe pro Monat. Oder die »Standardabweichung«, die durchschnittliche Abweichung der zwölf Werte vom Mittelwert. Oder irgendeine andere statistische Auswertung. All das ist mit dem Befehl *DATEN Konsolidieren...* kein Problem. Er ermöglicht Ihnen, bestimmte Werte in verschiedenen Tabellen durch eine von Ihnen auszuwählende Funktion zu verknüpfen, im einfachsten Fall zu addieren, um die Summe zu erhalten.

7|2|1| Statische Verknüpfungen

Wie es geht, möchte ich Ihnen an zwei der Monatsblätter vorführen, *1992JAN.XLS* und *1992FEB.XLS*. Da ich gerne mit einfacheren Beispielen beginne, um dann allmählich zu schwierigeren überzugehen, zeige ich Ihnen zunächst, wie Sie »statische Verknüpfungen« erzeugen, bei denen keine Aktualisierung erfolgt, wenn sich die Monatsdaten ändern.

Laden Sie bitte *1992JAN.XLS* und *1992FEB.XLS*, und tragen Sie in beiden Tabellen in den Spalten »Bücher«, »Programme«, »Post« und »Zeitschriften« ein paar Werte ein. Legen Sie zusätzlich eine neue Tabelle an. Wählen Sie *Alles anordnen*, geben Sie in A1 die Überschrift »Jahresübersicht« ein, gehen Sie zu Zelle A3, und wählen Sie *DATEN Konsolidieren...*

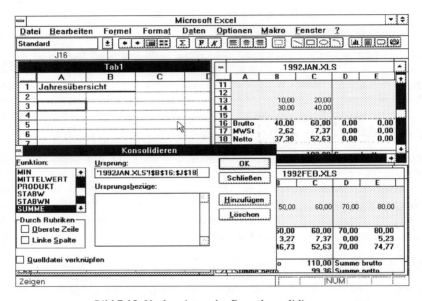

Bild 7.15: Vorbereitung der Datenkonsolidierung

In dieser Dialogbox spezifizieren Sie die gewünschte Übersicht. Sie geben an, welche Bereiche welcher Tabellen Sie zusammenfassen wollen. Die Dialogbox können Sie durch Anklicken des Fenstertitels »Konsolidieren« und Ziehen mit der Maus auf dem Bildschirm verschieben, was in der Praxis auch recht oft notwendig ist.

Sie geben nun die Felder oder Bereiche der beiden Tabellen an, die Sie interessieren. Und zwar unter »Ursprung«. Aktivieren Sie dieses Feld, und geben Sie den ersten Bereichsbezug durch Zeigen mit der Maus ein: Aktivieren Sie entsprechend der Abbildung *1992JAN.XLS*. Selektieren Sie den Bereich B16:J18, also die Summen der Einnahmen und Ausgaben dieses Monats. Im Eingabefeld wird der externe Bezug *'1992JAN.XLS'!$B$16:$J$18* angezeigt. Aktivieren Sie den Knopf »Hinzufügen«. Der Bezug wird in das Listenfeld »Ursprungsbezüge« eingefügt.

Selektieren Sie anschließend auf die gleiche Weise den Bereich B16:J18 in *1992FEB.XLS*, und fügen Sie ihn ebenfalls in die Liste ein. Haben Sie sich bei einem Bezug vertan, selektieren Sie ihn in der Liste und löschen ihn mit »Löschen«. Aktivieren Sie danach das Eingabefeld, und geben Sie ihn neu ein.

Excel akzeptiert die eingegebenen Bezüge nur, wenn die betreffenden Dateien bereits gespeichert wurden. Da das bei *1992JAN.XLS* und *1992FEB.XLS* der Fall ist, gibt es keine Probleme. In der Praxis müssen Sie neu angelegte Tabellen erst speichern, bevor Sie sie für eine Datenkonsolidierung verwenden. Starten Sie nun bitte die Konsolidierung mit »OK«, wenn beide Bezüge stimmen.

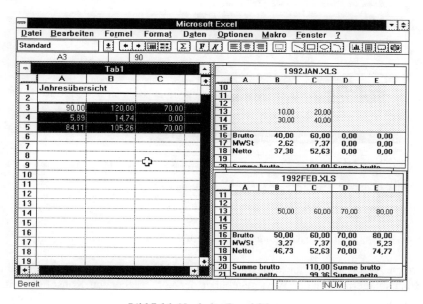

Bild 7.16: Nach der Durchführung

Der Bereich A3:J5 des neuangelegten Blattes enthält die gewünschte Übersicht. Jedes Feld dieses Bereichs enthält die Summe der entsprechenden Felder von *1992JAN.XLS* und *1992FEB.XLS*. In A3 summierte Excel das jeweils erste Feld der selektierten Bereiche. In unserem Fall die moantlichen Bruttosummen »Bücher«. A4 enthält die entsprechende Gesamtsumme für das zweite Feld der Bereiche, die monatlichen Bruttoeinnahmen aus »Programme« und so weiter.

Excel kann die Werte in den Monatstabellen jedoch nicht nur addieren, sondern beliebige statistische Funktionen auf sie anwenden. Zum Beispiel ihren Mittelwert bilden oder die »Standardabweichung« berechnen, die durchschnittliche Abweichung vom Mittelwert.

Gehen Sie bitte in der Übersichtstabelle zu A7, und wählen Sie erneut *DATEN Konsolidieren...* Die Liste »Ursprungsbezüge« enthält immer noch die beiden zuvor eingegebenen externen Bezüge. Sie müssen nur noch unter »Funktion« statt der vorselektierten Funktion *SUMME( )* die Funktion *MITTELWERT( )* selektieren und die Box mit »OK« schließen, um die gewünschte Statistik zu erhalten.

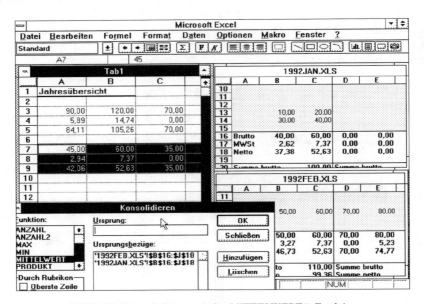

Bild 7.17: Konsolidieren mit der MITTELWERT( )-Funktion

Der Bereich A7:J9 enthält nun die Mittelwerte der Monatssummen. In unserem Fall, bei zwei Monatsblättern, ist jeder Wert gegenüber der vorhergehenden Konsolidierung genau halb so groß.

Auf die gleiche Weise könnten Sie weitere statistische Auswertungen vornehmen. Die eingegebenen Bezüge sind immer noch in der Liste enthalten. Sie müssen nur noch die gewünschte Funktion wählen. Ihre Wirkungsweise können Sie unter »Statistische Funktionen« oder im Anhang nachlesen.

Zur Dialogbox »Konsolidieren« sind noch einige Fragen offen. Zum Beispiel nach der Bedeutung des Optionsfeldes »Durch Rubriken«, eine nicht gerade vielsagende Bezeichnung. Beide Optionen, »Oberste Zeile« und »Linke Spalte«, benötigen Sie, wenn Sie Tabellen konsolidieren wollen, deren Aufbau sich unterscheidet. Ein Beispiel:

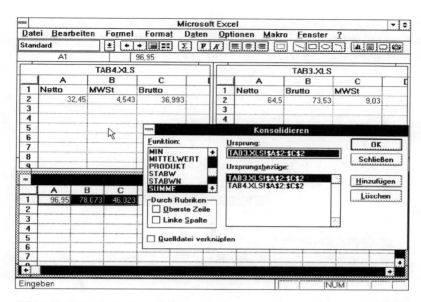

Bild 7.18: Fehlerhafte Konsolidierung bei Dateien mit unterschiedlichem Aufbau

Die beiden oberen Tabellen enthalten jeweils im Bereich A2:C2 einen Nettobetrag, die zugehörige Mehrwertsteuer und den resultierenden Bruttobetrag. Die Anordnung der Rubriken »MWSt« und »Brutto« in diesen Bereichen ist jedoch unterschiedlich. In *TAB4.XLS* enthält B2 die Mehrwertsteuer und C2 den Bruttobetrag, in *TAB3.XLS* ist es genau umgekehrt.

Aus der Abbildung geht hervor, daß ich in der Dialogbox in beiden Tabellen den gleichen Bereich A2:C2 angab, um ihn in der unteren Tabelle zu konsolidieren. Excel führte den Befehl aus und verknüpfte die Zellen dieser Bereiche durch die *SUMME()*-Funktion. Addierte also A2 von *TAB3.XLS* und A2 von *TAB4.XLS* und speicherte die Summe im Feld A1 der »Konsolidierungs-Tabelle«. Dort wird völlig korrekt die Summe der beiden Nettobeträge angezeigt, 96,95.

Daneben befindet sich die Summe der Zellen B2. Die Summe selbst ist zwar ebenfalls korrekt – aber unsinnig. Nicht die beiden Mehrwertsteuerbeträge, sondern ein Mehrwertsteuerbetrag (B2 in *TAB4.XLS*) und ein Bruttobetrag (B2 in *TAB3.XLS*) werden addiert. Kein Wunder, da sich Excel bei der Konsolidierung nur für die relativen Positionen der Felder im angegebenen Bereich interessiert und nicht weiß, daß in diesem Fall Felder, die sich an identischen Positionen befinden, unterschiedliche Bedeutungen besitzen.

Sie können das Problem umständlich lösen, indem Sie Excel die zu konsolidierenden Werte getrennt angeben. Indem Sie nicht in einem einzigen Schritt die gesamten interessierenden Bereiche konsolidieren, sondern die Konsolidierung Zelle für Zelle vornehmen.

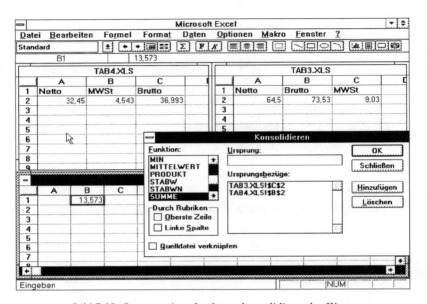

Bild 7.19: Separate Angabe der zu konsolidierenden Werte

In der unteren Tabelle enthält B2 wie gewünscht die Summe 13,573 der beiden Mehrwertsteuerbeträge (4,543 und 9,03). Wie das Listenfeld »Ursprungsbezüge« zeigt, habe ich diesmal keine zu konsolidierenden Bereiche, sondern einzelne Zellen angegeben. Das Resultat entsteht durch Addition von B2 in *TAB4.XLS* und C2 in *TAB3.XLS*.

7|2|2| **Orientierung an Rubrikennamen**

Dieser Lösungsweg ist allerdings nicht sehr elegant. Denn auf die gleiche Weise müßte in der unteren Tabelle noch der Inhalt von A1 und von C1 gebildet werden. Sinnvoller ist es, Excel mit dem Optionsfeld »Durch Rubriken« beizubringen, wie die Werte in den zu konsolidierenden Bereichen angeordnet sind. Voraussetzung ist, daß diese Bereiche nicht nur Werte, sondern auch zugehörige »Rubrikenbeschriftungen« enthalten. Entweder oberhalb der Werte oder links daneben. Im Beispiel ist das der Fall. Zu jedem Wert existiert eine zugehörige Beschriftung, »Netto«, »MWSt« beziehungsweise »Brutto«. Excel ist in der Lage, sich bei der Datenkonsolidierung an diesen Beschriftungen zu orientieren statt an den Positionen der Felder im angegebenen Bereich.

Die Beschriftungen müssen im angegebenen Bereich enthalten sein, und wir müssen daher statt wie zuvor B2 bis C2 die Bereiche A1 bis C2 der beiden Tabellen als »Ursprungsbezüge« angeben. Da sich die Beschriftungen nicht links, sondern oberhalb der Werte befinden, ist die Option »Oberste Zeile« zu aktivieren. Excel entnimmt die Rubrikennamen anschließend der jeweils obersten Zeile der selektierten Bereiche.

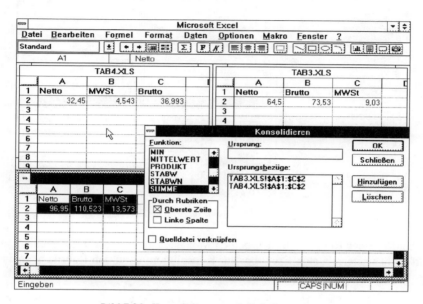

Bild 7.20: Konsolidierung mit Rubrikennamen

Excel übernimmt bei der Konsolidierung auch die Rubrikenüberschriften. Und addiert unter »MWSt« wie geplant die in B2 beziehungsweise C2 enthaltenen Mehrwertsteuerbeträge. Ebenso »intelligent« verhält sich Excel bei den Bruttobeträgen und addiert auch hier nicht einfach Felder mit identischen Positionen, sondern jeweils die Felder mit dem Rubrikennamen »Brutto«.

Die Option »Linke Spalte« bewirkt das gleiche, wenn sich die Rubrikennamen links von den zu konsolidierenden Werten befinden. Erinnern Sie sich an unsere Haushaltsbuchführung im Kapitel 4 »Formatieren« mit zeilenweise angeordneten Rubriken?

Spalte A enthält Rubrikennamen wie »Einkaufen« oder »Essen gehen«, die Spalten D bis Z die einzelnen unter diesen Rubriken verbuchten Ausgaben, und Spalte C die Summen dieser Ausgaben. In der Praxis wird man wohl für jeden Monat eine eigene Tabelle anlegen und zusätzlich eine Gesamtübersicht erstellen.

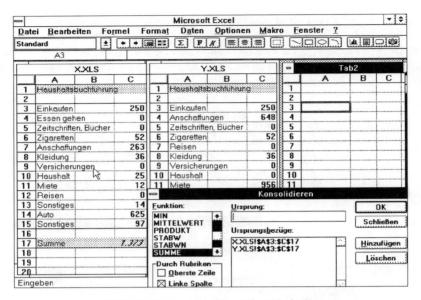

Bild 7.21: Zeilenweise angeordnete Rubriken

Die Reihenfolge der Rubriken in den beiden Monatsblättern ist zwar unterschiedlich, aber das stört nicht weiter, da sich Excel bei der Konsolidierung an den Rubrikennamen orientieren soll.

In der Übersichtstabelle *TAB3.XLS* wird ein einzelnes Feld selektiert, hier A3, und unter *DATEN Konsolidieren...* angegeben, daß die Bereiche A3:C17 der beiden Monatstabellen *X.XLS* und *Y.XLS* zu konsolidieren sind. Also die Spaltensummen und die Rubrikennamen links davon. Es wird die Option »Linke Spalte« aktiviert. Excel orientiert sich daher bei der Konsolidierung nicht an den relativen Feldpositionen im angegebenen Bereich, sondern an den zugehörigen Rubrikenbezeichnungen (vgl. Bild 7.22).

Das Ergebnis ist überzeugend. Zum Beispiel wird neben »Auto« korrekt die Summe der beiden Werte 625 und 683 angezeigt, obwohl sich diese Rubrik in *X.XLS* in Zeile 14, in *Y.XLS* jedoch in Zeile 12 befindet.

Übrigens zeigt dieses Beispiel zusätzlich, daß Excel Leerzeilen bei der Konsolidierung ignoriert. Die Leerzeile zwischen Zeile 15 und Zeile 17 ist in der Konsolidierung nicht vorhanden.

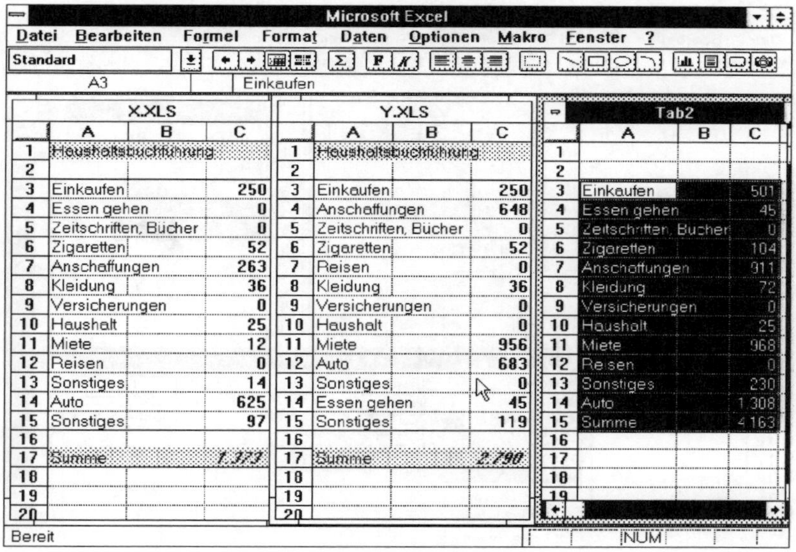

Bild 7.22: Orientierung an den Rubrikennamen in der linken Spalte der zu konsolidierenden Bereiche

Eine weitere interessante Eigenschaft der Orientierung an den Rubrikennamen bei der Konsolidierung zeigt die Rubrik »Sonstiges«. Diese Rubrik ist sowohl in *X.XLS* als auch in *Y.XLS* doppelt vorhanden, in Zeile 13 und in Zeile 15. Bei der Konsolidierung faßt Excel die beiden gleichnamigen Rubriken zu einer einzigen Rubrik »Sonstiges« zusammen (Zeile 13 von *TAB2.XLS*), in der alle vier Werte summiert sind.

Wenn die Reihenfolge der Rubriken in allen Bezugsdateien identisch ist, ist es nicht notwendig, daß sich Excel an den Rubrikennamen orientiert. Dennoch sollten Sie auch in diesem Fall bei der Bereichsselektion die Rubrikennamen integrieren und die Option »Oberste Zeile« beziehungsweise »Linke Spalte« aktivieren. Denn zweifellos ist es recht nützlich, daß Excel dann nicht nur Zahlen, sondern auch die zugehörigen Bezeichnungen in den Konsolidierungsbereich einsetzt.

Noch eine Kleinigkeit zum Schluß: Wie Sie sahen, ist die vor Anwahl von *DATEN Konsolidieren...* aktive Zelle die linke obere Ecke des Bereichs, in dem die Konsolidierung stattfindet. Alternativ können Sie zuvor einen Bereich selektieren. Dann erstreckt sich die Konsolidierung nur auf diesen Bereich.

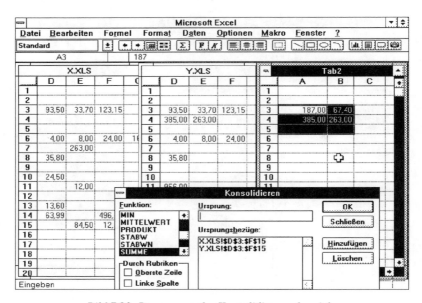

Bild 7.23: Begrenzung des Konsolidierungsbereichs

In diesem Beispiel wurde der Bereich, der Excel zum Eintragen der konsolidierten Daten zur Verfügung steht, auf den vor Anwahl von *Konsolidieren...* selektierten Bereich A3:B5 begrenzt. Obwohl als Ursprungsbezüge jeweils die wesentlich größeren Bereiche D3:F15 von *X.XLS* und *Y.XLS* angegebenen wurden, werden nur die ersten drei Spalten der ersten drei Zeilen dieser Bereiche konsolidiert. Fassen wir zusammen:

▨ Die Konsolidierungsfunktion von Excel ermöglicht Zusammenfassungen gleichartiger Datenarten, die über mehrere Tabellen verstreut sind.

▨ Die vor Anwahl von *DATEN Konsolidieren...* aktive Zelle bildet die linke obere Ecke des Konsolidierungsbereichs, in den Excel die Auswertungen einträgt. Selektieren Sie einen Bereich, wird die Konsolidierung entsprechend begrenzt.

▨ Unter »Ursprung« geben Sie der Reihe nach die zu konsolidierenden Bereiche an. Am einfachsten, indem Sie mit der Maus in den betreffenden Tabellen auf diese Bereiche zeigen. Nach jeder Selektion fügen Sie den Bezug mit »Hinzufügen« in die Liste der »Ursprungsbezüge« ein.

▨ Bevor Sie die Konsolidierung mit »OK« starten, selektieren Sie unter Funktion die statistische Funktion, mit der die Daten aufbereitet werden. Mit der Vorgabe *SUMME()* werden die Daten addiert und beispielsweise aus zwölf in separaten Blättern enthaltenen Monatssummen die Jahressumme gebildet.

▓ Normalerweise orientiert sich Excel bei der Konsolidierung an den relativen Positionen der Felder in den selektierten Bereichen. Und bildet beispielsweise eine Gesamtsumme, indem in allen Tabellen das jeweils erste Feld des selektierten Bereichs addiert wird. Die zweite Konsolidierungssumme wird durch Summierung des jeweils zweiten Felds gebildet. Diese Methode führt zu falschen Ergebnissen, wenn die Reihenfolge der Werte in den einzelnen Bereichen unterschiedlich ist. Beziehen Sie in diesem Fall bei der Bereichsselektion Rubrikennamen mit ein, und aktivieren Sie »Oberste Zeile«, wenn sich diese Bezeichnungen in der obersten Zeile des Bereichs befinden beziehungsweise »Linke Spalte«, wenn sie in der linken Spalte sind. Excel orientiert sich nun nicht mehr an den relativen Feldpositionen in den Bereichen, sondern faßt jene Daten als gemeinsam zusammen, denen der gleiche Rubrikenname zugeordnet ist.

7|2|3| Dynamische Verknüpfungen

Einen Nachteil besitzen alle bisher als Beispiel verwendeten Konsolidierungen: Sie sind statisch, nicht dynamisch. Die Daten werden konsolidiert, und das Ergebnis steht unveränderlich fest. Ändert sich eine der Bezugstabellen, müssen Sie die Konsolidierung erneut durchführen, um aktuelle Ergebnisse zu erhalten.

Nach der Erläuterung externer Bezüge wissen Sie jedoch, welche Vorteile dynamische Verknüpfungen zwischen Tabellen besitzen: Bei jeder Änderung der abhängigen Tabellen wird die bezugnehmende Tabelle automatisch aktualisiert.

Daher wäre es sinnvoll, wenn Excel bei der Konsolidierung keine konstanten Werte, sondern externe Bezüge in den Konsolidierungsbereich eintragen würde. Genau das ist die Aufgabe der Option »Quelldatei verknüpfen«. Ich möchte Ihnen diese Technik an unserer Buchführung vorführen, an den Monatsblättern *1992JAN.XLS* bis *1992DEZ.XLS*.

Abbildung 7.24 zeigt im Hintergrund die 12 Monatsblätter, verdeckt durch die neu angelegte Tabelle *1992SUM3.XLS*, die die Konsolidierungsdaten enthält.

Prinzipiell ging ich bei dieser dynamischen genauso vor wie bei den vorangegangenen statischen Konsolidierungen. Das Feld A1 der neu angelegten Tabelle wurde als obere linke Ecke des Konsolidierungsbereichs selektiert und danach *DATEN Konsolidieren...* gewählt.

Anschließend gab ich unter »Ursprung« der Reihe nach in allen zwölf Monatsblättern den Bereich A16:J18 an, der jeweils die Brutto-, MWSt- und Nettosummen der einzelnen Rubriken für den betreffenden Monat enthält. Nach Angabe dieser zwölf »Ursprungsbezüge« wurde »Linke Spalte« selektiert, da die Rubrikennamen in der linken Spalte der Bereiche enthalten sind. Und vor allem: die Option »Quelldatei verknüpfen« aktiviert!

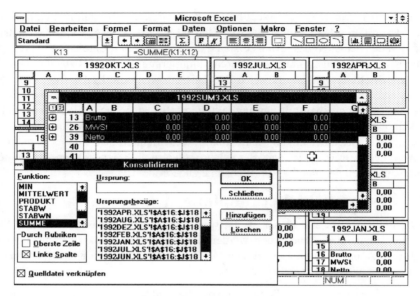

Bild 7.24: Dynamische Konsolidierung

Als Resultat werden diesmal keine konstanten Werte, sondern externe Bezüge in den Konsolidierungsbereich eingefügt. Überzeugen Sie sich bitte davon. Öffnen Sie *1992SUM3.XLS* und die zugehörigen Monatsblätter (am einfachsten mit *Verknüpfte Dateien öffnen...*).

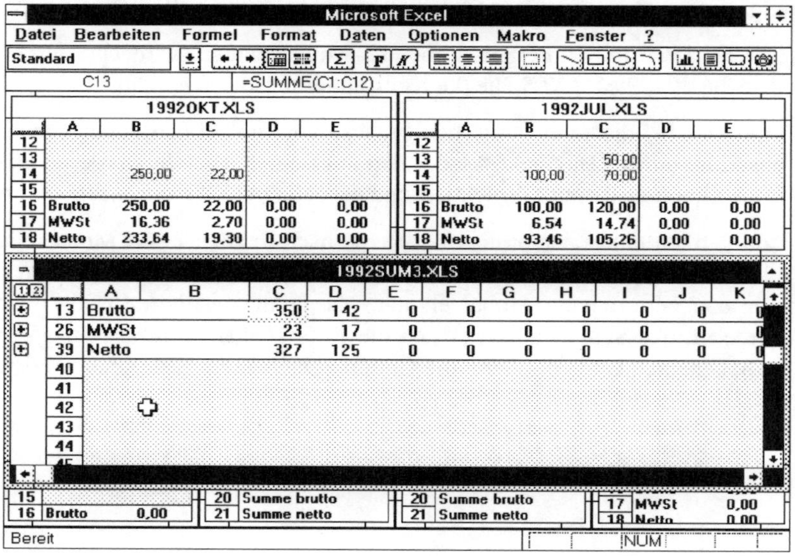

Bild 7.25: Die Datei 1992SUM3.XLS

Diese Abbildung zeigt die gleiche Konsolidierungstabelle wie zuvor, *1992SUM3.XLS*, so wie sie sich auf der Begleitdiskette befindet, nämlich ein wenig ansprechender formatiert als in der letzten Abbildung (gelber und blauer Zellvordergrund, Rubrikenüberschriften und Rahmenlinien, fettgedruckte Darstellung, Zahlenformat »0«).

Ich habe zum Testen in *1992OKT.XLS* und *1992JUL.XLS* unter »Bücher« und »Programme« mehrere Werte eingegeben. Geben Sie bitte ebenfalls die Werte aus der Abbildung ein. Die konsolidierten Summen in *1992SUM3.XLS* werden sofort entsprechend aktualisiert. Offenbar werden in diesem Konsolidierungsbereich externe Bezüge auf die abhängigen zwölf Monatsblätter verwendet, ebenso wie in unserer Datei *1992SUM2.XLS* aus dem letzten Kapitel. Seltsamerweise befindet sich jedoch laut Abbildung (siehe Eingabezeile) beispielsweise in C13 die Formel

`=SUMME(C1:C12)`

Das ist zweifellos kein externer Bezug. Noch merkwürdiger wird das Ganze dadurch, daß offenbar eine ganze Anzahl an Zeilen versteckt sind. Auf Zeile 13 folgt Zeile 26 und unmittelbar darunter befindet sich Zeile 39. Wie dieses Verstecken funktioniert, habe ich im Kapitel über das Formatieren von Tabellen erläutert: indem Sie für die betreffenden Zeilen die Zeilenhöhe 0 einstellen oder unter *FORMAT Zeilenhöhe...* »Ausblenden« wählen.

Genau diese Einstellung hat Excel offenbar für die betreffenden Zeilen vorgenommen. Sie haben es hier mit der »Gliederungsfunktion« zu tun, mit der Sie in Ihrer Tabelle Wichtiges von Unwichtigem unterscheiden und letzteres verbergen können.

Daß die Gliederungsfunktion und Teile des Arbeitsblattes verborgen sind, zeigt Excel durch die winzigen Knöpfe »+«, »1« und »2« am linken Tabellenrand an. Drücken Sie den Knopf mit der höchsten Nummer, in unserem Fall »2«, wird die gesamte Tabelle sichtbar. Sie befinden sich dann auf der höchsten Gliederungsebene, die alles zeigt, Wichtiges und weniger Wichtiges. Drücken Sie diesen Knopf nun bitte (vgl. Bild 7.26).

Nun sehen Sie auch die zuvor verborgenen Zeilen. Zum Beispiel die Zeilen 1 bis 12 oberhalb der Gesamtbruttosummen. Laut Abbildung enthält C1 die Formel

`='1992APR.XLS'!$B$16`

Also einen externen Bezug auf Zelle B16 von Tabelle *1992APR.XLS*, die Bruttosumme der Rubrik »Bücher« im April. Daher wird in C1 der Wert 0 angezeigt, der gleiche Wert wie in Zelle B16 von *1992APR.XLS*. Die Zelle rechts daneben, D1, enthält die Formel

`='1992APR.XLS'!$C$16`

Enthält also die Bruttosumme der Rubrik »Programme« im April. Und so weiter. K1, die letzte Zelle in dieser Zeile, enthält die Formel

`='1992APR.XLS'!$J$16`

die auf die Bruttosumme in *1992APR.XLS* verweist, auf »Abschreibung«. Jede Zelle dieser Zeile enthält einen externen Bezug auf eine der Bruttosummen von *1992APR.XLS*. Worauf Excel Sie auch durch den Text »1992APR.XLS« in B1 hinweist.

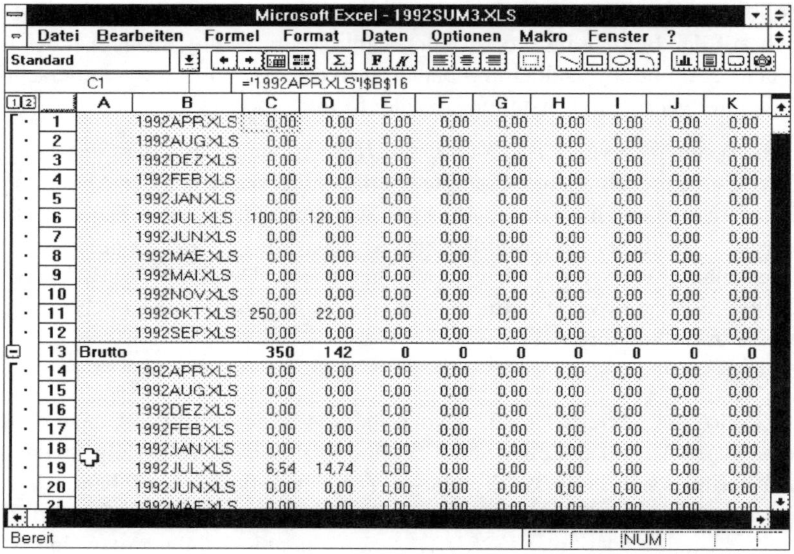

	Microsoft Excel - 1992SUM3.XLS										▼	≑

| ▭ Datei | Bearbeiten | Formel | Format | Daten | Optionen | Makro | Fenster | ? | | | | ≑ |

Standard [±] [←] [→] [▦][▦] [Σ] [F][K] [▤▤▤▤] [▭] [▭▭▭▭] [▦▦▦▦]

C1		='1992APR.XLS'!$B$16								

⓵⓶		A	B	C	D	E	F	G	H	I	J	K	◆
·	1		1992APR.XLS	0,00	0,00	0,00	0,00	0,00	0,00	0,00	0,00	0,00	
·	2		1992AUG.XLS	0,00	0,00	0,00	0,00	0,00	0,00	0,00	0,00	0,00	
·	3		1992DEZ.XLS	0,00	0,00	0,00	0,00	0,00	0,00	0,00	0,00	0,00	
·	4		1992FEB.XLS	0,00	0,00	0,00	0,00	0,00	0,00	0,00	0,00	0,00	
·	5		1992JAN.XLS	0,00	0,00	0,00	0,00	0,00	0,00	0,00	0,00	0,00	
·	6		1992JUL.XLS	100,00	120,00	0,00	0,00	0,00	0,00	0,00	0,00	0,00	
·	7		1992JUN.XLS	0,00	0,00	0,00	0,00	0,00	0,00	0,00	0,00	0,00	
·	8		1992MAE.XLS	0,00	0,00	0,00	0,00	0,00	0,00	0,00	0,00	0,00	
·	9		1992MAI.XLS	0,00	0,00	0,00	0,00	0,00	0,00	0,00	0,00	0,00	
·	10		1992NOV.XLS	0,00	0,00	0,00	0,00	0,00	0,00	0,00	0,00	0,00	
·	11		1992OKT.XLS	250,00	22,00	0,00	0,00	0,00	0,00	0,00	0,00	0,00	
·	12		1992SEP.XLS	0,00	0,00	0,00	0,00	0,00	0,00	0,00	0,00	0,00	
⊟	13	Brutto		350	142	0	0	0	0	0	0	0	
·	14		1992APR.XLS	0,00	0,00	0,00	0,00	0,00	0,00	0,00	0,00	0,00	
·	15		1992AUG.XLS	0,00	0,00	0,00	0,00	0,00	0,00	0,00	0,00	0,00	
·	16		1992DEZ.XLS	0,00	0,00	0,00	0,00	0,00	0,00	0,00	0,00	0,00	
·	17		1992FEB.XLS	0,00	0,00	0,00	0,00	0,00	0,00	0,00	0,00	0,00	
·	18	✥	1992JAN.XLS	0,00	0,00	0,00	0,00	0,00	0,00	0,00	0,00	0,00	
·	19		1992JUL.XLS	6,54	14,74	0,00	0,00	0,00	0,00	0,00	0,00	0,00	
·	20		1992JUN.XLS	0,00	0,00	0,00	0,00	0,00	0,00	0,00	0,00	0,00	
·	21		1992MAE.XLS	0,00	0,00	0,00	0,00	0,00	0,00	0,00	0,00	0,00	

Bereit |NUM|

Bild 7.26: Sichtbarmachen der externen Verknüpfungen

Zeile 1 enthält somit für jedes Feld der ersten Zeile des Bezugsbereichs B16:J16 der Monatstabelle *1992APR.XLS* einen entsprechenden externen Bezug. Zeile 2 enthält entsprechende externe Bezüge auf die Bruttosummen von *1992AUG.XLS*, Zeile 3 auf die Bruttosummen von *1992DEZ.XLS* und so weiter. Von alphabetischer Ordnung hält Excel offenbar nicht viel, was jedoch nicht weiter tragisch ist.

Dafür verstehen Sie nun den Sinn der Formel =*SUMME(C1:C12)* in C13. Sie summiert die Bruttosummen der Rubrik »Bücher« für alle zwölf Monate. Entsprechend summiert die in D13 enthaltene Formel =*SUMME(D1:D12)* die monatlichen Bruttosummen »Programme« usw.

Diese Konsolidierungstabelle ähnelt unserer im letzten Kapitel angelegten Datei *1992SUM2.XLS* in geradezu verblüffender Weise. Der Aufbau ist praktisch identisch: Der Bezugsbereich in den zwölf Monatsblättern umfaßte drei Zeilen. Die erste Zeile enthielt die Nettosummen der einzelnen Rubriken »Bücher«, »Programme« usw. Die zweite Zeile die Mehrwertsteuersummen, und die dritte Zeile die Bruttosummen.

Excel legt in der Konsolidierungstabelle entsprechend drei Blöcke mit jeweils dreizehn Zeilen an. Die ersten zwölf Zeilen enthalten Einträge auf die jeweils erste Zeile des Bezugsbereichs der zwölf Dateien. In der Zeile darunter werden die resultierenden Werte addiert.

Dann folgt ein weiterer Block mit externen Bezügen auf die jeweils zweite Zeile des Bezugsbereichs der zwölf Dateien, die in unserem Fall die Mehrwertsteuersummen des betreffenden Monats enthält. Am Ende des Blocks werden wieder die Gesamtsummen berechnet. Der dritte Block konsolidiert auf die gleiche Art und Weise die Nettosummen.

Eigentlich gibt es nur einen Unterschied zu unserer mit viel Mühe »per Hand« angelegten Konsolidierungstabelle *1992SUM2.XLS*: den zusätzlichen Einsatz der Gliederungsfunktion, mit dem die im Grunde uninteressanten Monatssummen verborgen und nur die Gesamtsummen gezeigt werden. Drücken Sie einfach auf den Knopf »1«, um diesen Ausgangszustand wiederherzustellen.

7|3| Gliederungen

Gliederungen verbessern den Überblick über umfangreiche Tabellen. Sie ermöglichen Ihnen, sich auf das Wesentliche zu konzentrieren und nebensächliche Details nach Belieben aus- oder einzublenden. Dieses Aus- und Einblenden bezieht sich immer auf vollständige Zeilen oder Spalten, die versteckt werden (denen die Zeilenhöhe beziehungsweise Spaltenbreite 0 zugewiesen wird).

Wesentlich ist das Veständnis für die verschiedenen Gliederungsebenen. Excel ermöglicht bis zu acht solcher Ebenen. Das Prinzip ist immer gleich: Sie stufen die verschiedenen Bereiche Ihrer Tabelle gemäß Ihrer Wichtigkeit ein – oder überlassen diese Einstufung der automatischen Gliederungsfunktion von Excel. Teilen Excel also mit: »Der Bereich X ist wichtiger als der Bereich Y, und dieser ist wiederum wichtiger als der Bereich Z«.

Anschließend können Sie die Tabelle auf verschiedenen Gliederungsebenen betrachten. Nur auf der höchsten Ebene sehen Sie die vollständige Tabelle mit allen noch so unwichtigen Details.

Eine Ebene tiefer werden jene Bereiche nicht mehr angezeigt, denen Sie die niedrigste Priorität gaben, die für Sie also die unwichtigsten sind. Noch eine Ebene tiefer werden zusätzlich die Bereiche mit der zweitniedrigsten Priorität verborgen. Und so weiter: Die Tabelle wird mit jeder tiefergelegenen Ebene weiter reduziert, bis Sie auf der untersten Ebene nur noch jene Teile sehen, die für Sie absolut unverzichtbar sind. In unserer Buchführung zum Beispiel die Zeile mit den Gesamtausgaben und Gesamteinnahmen. Zwischen diesen verschiedenen Sichtweisen ein und derselben Tabelle können Sie mit einem einfachem Mausklick jederzeit hin- und herschalten.

7|3|1| Automatische Gliederungserstellung

In den meisten Tabellen ist die Priorität der einzelnen Bereiche offensichtlich. Oben befinden sich einzelne Werte, weiter unten werden diese Werte addiert oder sonstige Zwischenergebnisse berechnet. Noch weiter unten wird aus diesen Zwischenergebnissen das interessierende Endresultat ermittelt. Oder die Tabelle ist in entsprechender Weise von links nach rechts orientiert.

Wie auch immer: Wenn eine durchgehende Ordnung vorhanden ist, kann Excel automatisch vernünftige Gliederungen erstellen. »Durchgehende Ordnung« heißt, daß dies nicht möglich ist, wenn sich zum Beispiel in den Zeilen 5 bis 10 einzelne Werte befinden, in Zeile 15 daraus ein Zwischenergebnis berechnet und inkonsequenterweise am oberen Tabellenrand in Zeile 1 daraus wiederum das Endergebnis ermittelt wird.

Eine auch nur halbwegs durchdachte Tabelle weist jedenfalls Ordnung auf, um Excel eine vollautomatische Gliederung zu ermöglichen. Probieren wir das zunächst mit einer sehr einfachen Tabelle aus. Laden Sie bitte die Datei *OUTLINE.XLS* von der Begleitdiskette. Wenn bei Anwahl von *FORMEL Gliederung...* kein Bereich selektiert ist, erstellt Excel die Gliederung für die gesamte Tabelle. Ist jedoch ein Bereich (komplette Zeilen oder Spalten) selektiert, beschränkt sich die Gliederung auf diesen Bereich. Da nun eine Gesamtgliederung durchgeführt werden soll, achten Sie bitte darauf, daß *kein* Bereich selektiert ist und wählen Sie *FORMEL Gliederung...*

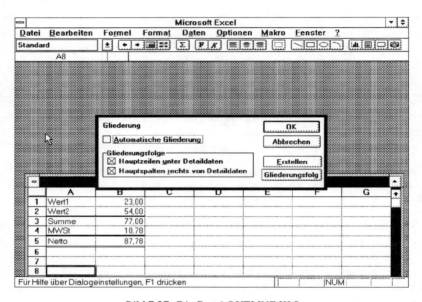

Bild 7.27: Die Datei OUTLINE.XLS

Diese Tabelle ist recht unkompliziert. Die beiden in B1 und B2 enthaltenen Werte werden in B3 addiert (*=B1+B2*), in B4 die zugehörige Mehrwertsteuer (*=B3*14%*) und in B5 der resultierende Nettobetrag ermittelt (*=B3+B4*).

Ziel der Excel-Gliederungsfunktion ist es, entsprechend der Dialogbox wichtige »Hauptzeilen« hervorzuheben und unwichtigen »Detaildaten« eine niedrigere Priorität zuzuordnen, sie also auf tieferen Gliederungsebenen zu verbergen.

In der Tabelle ist Zeile 3 eine solche Hauptzeile. Sie enthält Bezüge auf B1 und B2, ermittelt aus den darin enthaltenen Werten ein Resultat und ist somit wichtiger als diese »Detaildaten«, denen eine niedrigere Priorität zugeordnet werden sollte.

Im Vergleich zu Zeile 5 enthält Zeile 3 jedoch ebenfalls nur Detaildaten. In B5 werden die Inhalte von B3 und B4 addiert. Beide Zeilen, 3 und 4, enthalten nur Zwischenergebnisse, die in Zeile 5 zur Ermittlung des Endergebnisses benutzt werden, des Nettobetrags. Also ist

Zeile 5 eine noch gewichtigere Hauptzeile, die eine noch höhere Priorität erhalten sollte als die Zeilen 3 und 4.

Daß Excel der gleichen Ansicht ist, sehen Sie, wenn Sie in der Dialogbox die Option »Automatische Gliederung« aktivieren und den Knopf »Erstellen« drücken.

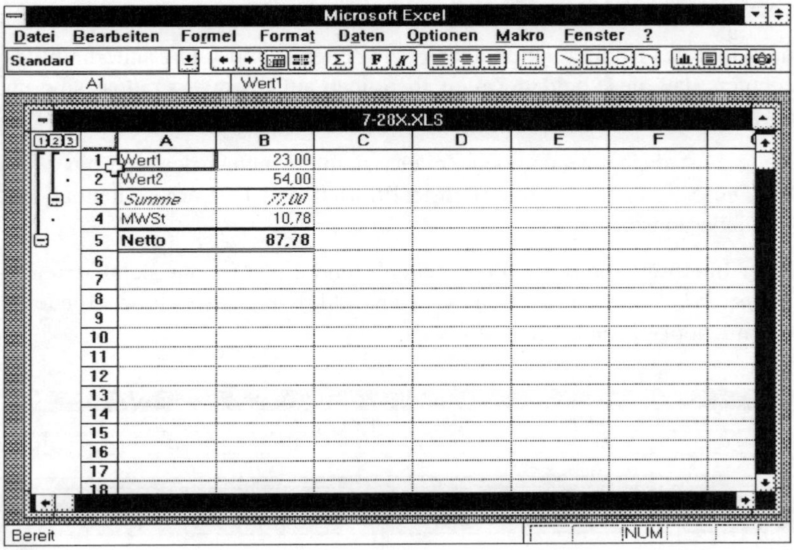

Bild 7.28: Gliederungsfolge

Interessant ist zunächst, daß Excel Hauptzeilen formatierte. Zeile 3 ist kursiv und Zeile 5 fett hervorgehoben. Diese automatische Formatierung nimmt Excel vor, wenn die Option »Automatische Gliederung« beim Erstellen der Gliederung aktiviert war. Kommen wir zur Interpretation der Anzeigen am linken Tabellenrand.

Die Knöpfe »1«, »2« und »3« stellen die verschiedenen Gliederungsebenen dar (maximal acht). Je größer die Zahl, desto höher die Ebene. Der Knopf ganz rechts symbolisiert immer die höchste Gliederungsebene, auf der die gesamte Tabelle sichtbar ist. In unserem Fall ist das Ebene 3. Nur auf dieser Ebene sind jene Bereiche sichtbar, die die niedrigste Priorität besitzen. Eine Ebene tiefer, auf Ebene 2, sind diese Daten bereits nicht mehr sichtbar. Und auf Ebene 1 werden auch die Daten mit der zweitniedrigsten Priorität nicht mehr gezeigt, sondern nur noch die Daten mit der höchsten Priorität.

Die Zeichen unter diesen Ebenennummern zeigen an, auf welcher Ebene welche Tabellenbereiche verborgen werden. Gliederungsbereiche, die auf irgendeiner Ebene verborgen werden, sind von Linien umgeben. Die Zeichen ».«, »+« und »–« geben Auskunft über die tiefste Ebene, auf der diese Zeilen noch sichtbar sind. Auf allen tieferen Gliederungsebenen sind sie verborgen. Das in der Abbildung gezeigte Gliederungsschema ist folgendermaßen zu interpretieren:

▓ Die Punkte neben den Zeilennummern 1 und 2 und unterhalb des Ebenenknopfes »3« informieren Sie darüber, daß diese Zeilen auf der Ebene 3 noch sichtbar sind, auf der höchsten Ebene, aber auf allen darunterliegenden Ebenen verborgen werden. Diese Zeilen besitzen die niedrigste Einstufung.

▓ Der Punkt und das Minuszeichen neben den Zeilen 3 und 4 und unterhalb des Knopfes »2« bedeuten, daß diese beiden Zeilen auch noch auf Ebene 2 sichtbar sind und nur auf Ebene 1 verborgen werden. Sie besitzen eine höhere Priorität als die Zeilen 1 und 2.

▓ Auf Ebene 3 ist dagegen nur noch Zeile 5 sichtbar, neben der sich ein Minuszeichen befindet. Diese Zeile besitzt die höchste Priorität und ist immer sichtbar, auch in der tiefsten Gliederungsebene.

Gemäß dieser Interpretation dürften die Zeilen 1 und 2 nicht mehr sichtbar sein, wenn wir uns auf Ebene 2 befinden. Probieren wir's aus. Aktivieren Sie diese Gliederungsebene, indem Sie den Knopf »2« anklicken.

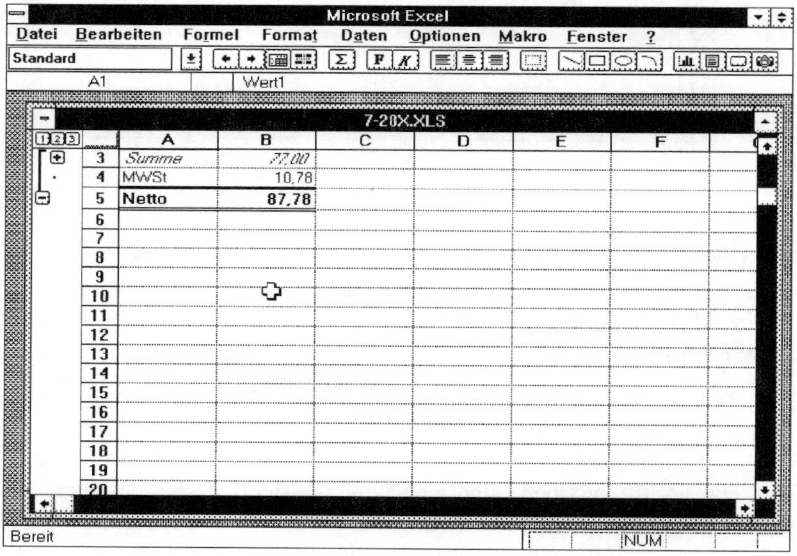

Bild 7.29: Eine Ebene tiefer

Die Zeilen 1 und 2 mit den nebensächlichsten Detaildaten sind verschwunden. Die Hauptzeile 3 mit der Summe der beiden nun verborgenen Werte ist auch auf dieser Ebene sichtbar. Noch höher als die Zeilen 3 und 4 ist jedoch Zeile 5 eingestuft, die die Nettosumme enthält. Aus dem Gliederungsschema geht hervor, daß sie im Gegensatz zu den Zeilen 3 und 4 auch noch auf Ebene 1 sichtbar ist. Drücken Sie bitte den Knopf »1«.

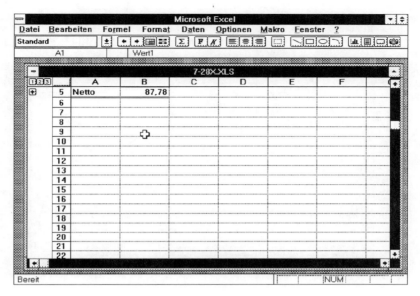

Bild 7.30: Die tiefste Gliederungsebene

Auf dieser tiefsten Ebene ist nur noch Zeile 5 zu sehen, die Hauptzeile mit der höchsten Priorität, neben deren Inhalt alle anderen Zeilen mehr oder weniger nebensächlich sind. Der ausgeblendete Bereich reicht nun von Zeile 1 bis Zeile 4. Er umfaßt den eine Ebene höher ausgeblendeten Bereich von Zeile 1 bis Zeile 2 als »Untermenge« und blendet darüberhinaus noch weitere Tabellenteile aus. Wenn Sie den Knopf »3« drücken, befinden Sie sich wieder auf der höchsten Gliederungsebene, auf der Sie die gesamte Tabelle sehen.

Merken Sie sich bitte das Prinzip der Gliederungsebenen: Auf jeder tieferen Ebene werden zusätzliche Bereiche ausgeblendet, bis auf der tiefsten Ebene nur noch die Bereiche mit der höchsten Prioritätseinstufung sichtbar ist. Bewegen Sie sich in umgekehrter Richtung durch die Gliederungsebenen, werden auch die Bereiche mit niedrigerer Priorität wieder sichtbar.

7|3|2| Manuelle Gliederungen

Die von Excel vorgenommene automatische Gliederung wird nicht immer Ihren Vorstellungen entsprechen. Dann haben Sie die Möglichkeit, die Gliederung vollständig manuell zu erstellen oder die automatisch erzeugte Gliederung gezielt nachzubearbeiten. In jedem Fall läuft es darauf hinaus, daß Sie Bereiche selektieren und nach ihrer Priorität einstufen.

Laden Sie nun bitte von der Begleitdiskette die Tabelle *BUCHFRG3.XLS*. Achten Sie wieder darauf, daß kein Bereich selektiert ist, da die Gliederung für die gesamte Tabelle erstellt werden soll, und wählen Sie *FORMEL Gliederung...* Deaktivieren Sie »Automatische Gliederung«, damit die Formatierungen unverändert erhalten bleiben. Aktivieren Sie »Erstellen«. Das Resultat:

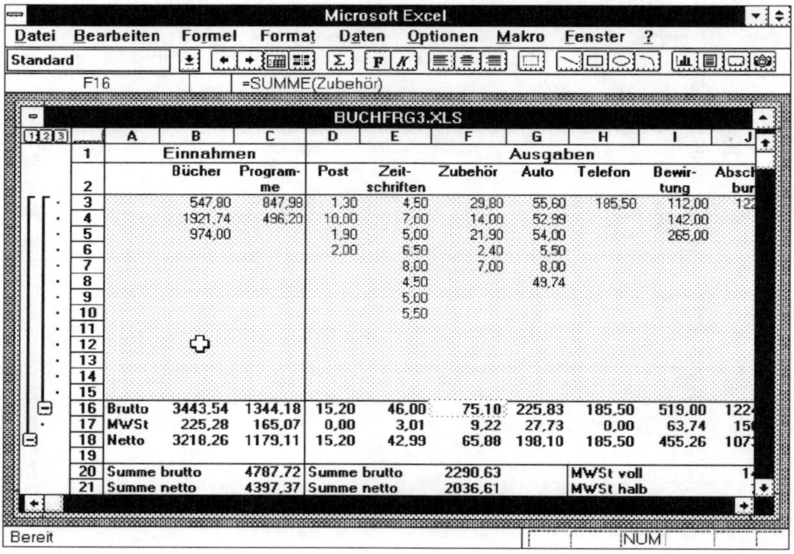

	A	B	C	D	E	F	G	H	I	J
1		Einnahmen				Ausgaben				
2		Bücher	Program-me	Post	Zeit-schriften	Zubehör	Auto	Telefon	Bewir-tung	Abschbu
3		547,80	847,98	1,30	4,50	29,80	55,60	185,50	112,00	122
4		1921,74	496,20	10,00	7,00	14,00	52,99		142,00	
5		974,00		1,90	5,00	21,90	54,00		265,00	
6				2,00	6,50	2,40	5,50			
7					8,00	7,00	8,00			
8					4,50		49,74			
9					5,00					
10					5,50					
11										
12										
13										
14										
15										
16	Brutto	3443,54	1344,18	15,20	46,00	75,10	225,83	185,50	519,00	122
17	MWSt	225,28	165,07	0,00	3,01	9,22	27,73	0,00	63,74	15
18	Netto	3218,26	1179,11	15,20	42,99	65,88	198,10	185,50	455,26	107
19										
20	Summe brutto		4787,72	Summe brutto		2290,63		MWSt voll		1
21	Summe netto		4397,37	Summe netto		2036,61		MWSt halb		

Zelle F16: =SUMME(Zubehör)

Bild 7.31: Automatische Gliederung in der Buchführungsdatei

Excel erzeugt unterhalb der Hauptebene zwei weitere Gliederungsebenen. Die Punkte zeigen an, daß die Zeilen 3 bis 15 nur auf der höchsten Ebene sichtbar sind und bereits auf Ebene 2 ausgeblendet werden. Diese Zeilen besitzen für Excel offenbar die niedrigste Priorität. Was auch sinnvoll ist, da diese Zeilen zweifellos die uninteressantesten Detaildaten enthalten.

Das Minuszeichen und der Punkt neben den Zeilen 16 und 17 und unterhalb der Ebenennummer »2« informieren darüber, daß diese Zeilen nur noch auf dieser Ebene sichtbar sind, aber nicht mehr auf Ebene 3, auf der nur noch die allerwichtigsten Tabellenteile gezeigt werden. Offenbar verleiht Excel diesen Zeilen eine etwas höhere Priorität als den Zeilen 3 bis 15, die nur auf der obersten Ebene sichtbar sind, stuft sie allerdings nicht gerade als die wichtigsten Zeilen der Tabelle ein.

Was verständlich ist. Denn Zeile 18 enthält Formeln wie =B16–B17, benutzt den Inhalt der Zeilen 16 und 17 somit als Zwischenergebnisse, mit denen weitergerechnet wird. Woraus Excel den Schluß zieht, daß – im Vergleich zu Zeile 18 – die Zeilen 16 und 17 nicht ganz so wichtig sind und ihnen eine etwas niedrigere Priorität zugeordnet werden sollte. Überzeugen Sie sich selbst davon, indem Sie den Knopf »1« drücken.

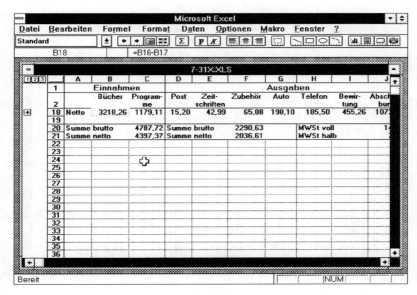

Bild 7.32: Tiefste Gliederungsebene in der Buchführung

Nun sind auch die Zeilen 16 und 17 verschwunden, die die zweithöchste Priorität besitzen. Diese Gliederung sollen Sie nun ein wenig »nachbearbeiten«.

Führen Sie selbst einige Prioritätseinstufungen durch. Das Prinzip: Selektieren Sie die einzustufenen Zeilen, und drücken Sie danach in der Werkzeugleiste den Knopf mit dem Pfeil nach rechts (Tastatur: Alt + Umschalt + →), wenn Sie die Priorität dieser Zeilen herabsetzen wollen. Beziehunsweise den Knopf mit dem Pfeil nach links (Tastatur: Alt + Umschalt + ←), wenn Sie ihre Priorität wieder heraufsetzen wollen.

Versuchen Sie zunächst, Zeile 1 eine niedrigere Priorität zu geben. Aktivieren Sie bitte Ebene 3, damit die gesamte Tabelle sichtbar ist. Selektieren Sie Zeile 1, und klicken Sie in der Werkzeugleiste den Pfeil nach rechts an beziehungsweise drücken Sie die erwähnte Tastenkombination (vgl. Bild 7.33).

Die Linie links neben der Zeilennummer zeigt an, daß nun auch Zeile 1 irgendwann ausgeblendet wird. Ab welcher Ebene das der Fall ist, sagt Ihnen der zugehörige Punkt. Da er sich unter dem Knopf »2« befindet, ist Zeile 1 auf dieser Ebene offenbar noch vorhanden und wird erst auf Ebene 1 ausgeblendet, der tiefsten Ebene. Aktivieren Sie bitte diese Ebene, drücken Sie den Knopf »1« (vgl. Bild 7.34).

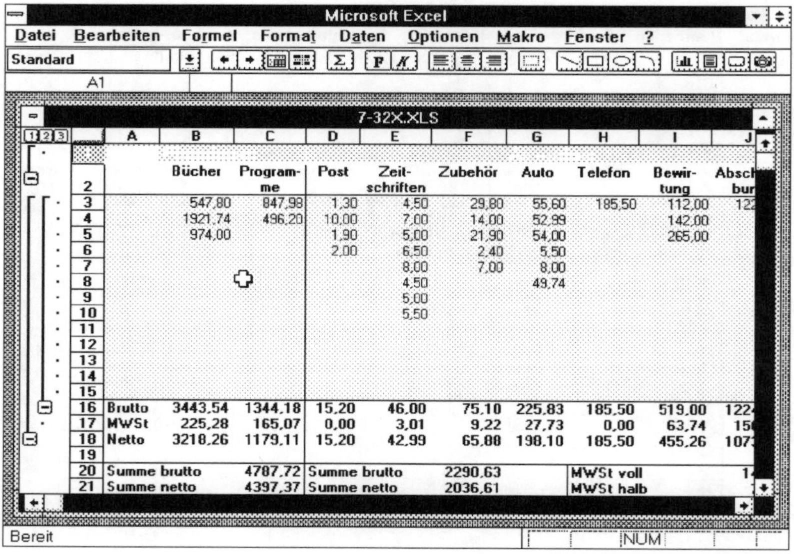

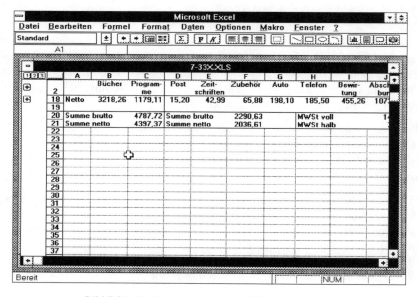

Bild 7.33: Manuelle Ergänzung der Gliederung

Bild 7.34: Ergänzung der tiefsten Gliederungsebene

Die Zeile 1 ist nicht mehr zu sehen, wenn die Ebene 1 aktiviert ist, auf der nur noch die Bereiche mit der höchsten Priorität angezeigt werden. Gemäß Ihrer Einstufung ist Zeile 1 immerhin noch wichtig genug, um auf Ebene 2 zu erscheinen. Sie können diese Zeile jedoch weiter herabstufen. Drücken Sie – bei weiterhin selektierter Zeile 1 – erneut den »Herabstufungsknopf« mit dem Pfeil nach rechts. Begeben Sie sich auf Ebene 3, um wieder die gesamte Tabelle zu sehen.

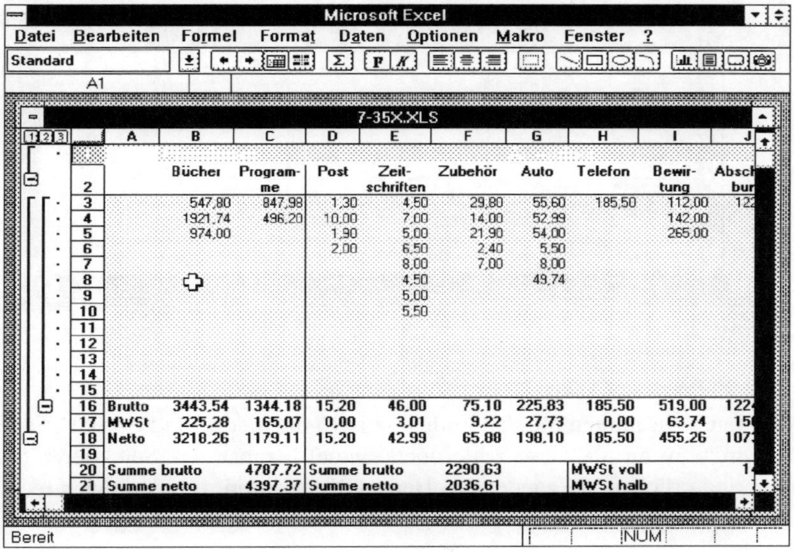

Bild 7.35: Priorität der ausgeblendeten Zeile verändern

Der Punkt neben der Zeilennummer ist nach rechts gerutscht, zur Ebenennummer »3«. Zeile 1 besitzt nun eine noch niedrigere Priorität als zuvor und wird nur noch auf Ebene 3 angezeigt, der obersten Gliederungsebene. Bereits auf Ebene 2 ist sie nicht mehr sichtbar.

Abbildung 7.36 zeigt Ebene 2. Außer den Zeilen 3 bis 15 wird auf dieser Ebene nun auch Zeile 1 ausgeblendet. Daß die Abbildung tatsächlich Ebene 2 und nicht 1 zeigt, erkennen Sie an den Brutto- und Mehrwertsteuersummen, die ja erst auf Ebene 1 ausgeblendet werden und in dieser Abbildung sichtbar sind.

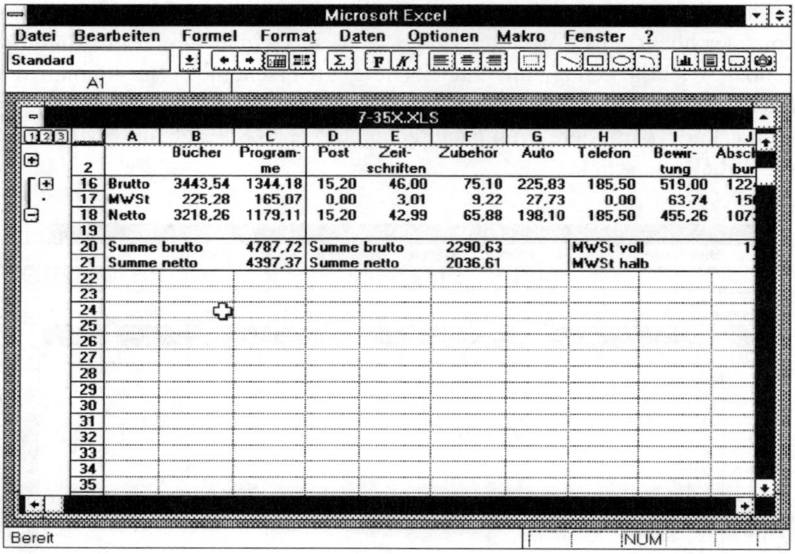

Bild 7.36: Priorität der ausgeblendeten Zeile verändern

Zeile 1 besitzt nun zusammen mit den Zeilen 3 bis 15 die niedrigste Priorität aller Bereiche. Interessant wird's, wenn Sie diese Zeile noch einmal herabstufen. Selektieren Sie Zeile 1 noch einmal, und drücken Sie wieder den Herabstufungsknopf mit dem nach rechts gerichteten Pfeil.

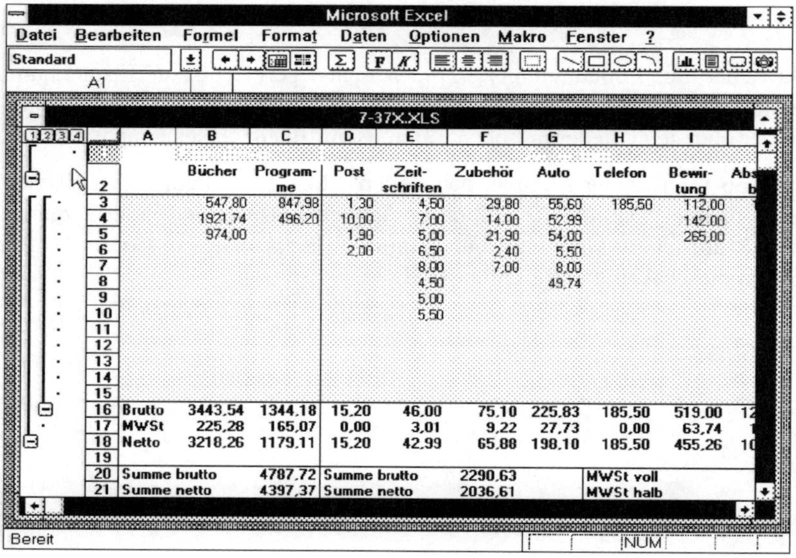

Bild 7.37 Neue Gliederungsebene anlegen

Zeile 1 besaß bereits die niedrigste überhaupt vorhandene Prioritätsstufe, also mußte Excel eine neue Gliederungsebene anlegen, um sie erneut herabstufen zu können. Nun sind sogar die Zeilen 3 bis 15 höher eingestuft als die Zeile 1. Diese Zeilen werden immerhin noch auf der zweitobersten Ebene Nummer 3 angezeigt, Zeile 3 jedoch nicht mehr. Ihre Priorität ist nun niedriger als die aller anderen Tabellenteile. Überzeugen Sie sich selbst davon. Aktivieren Sie die Gliederungsebene 3.

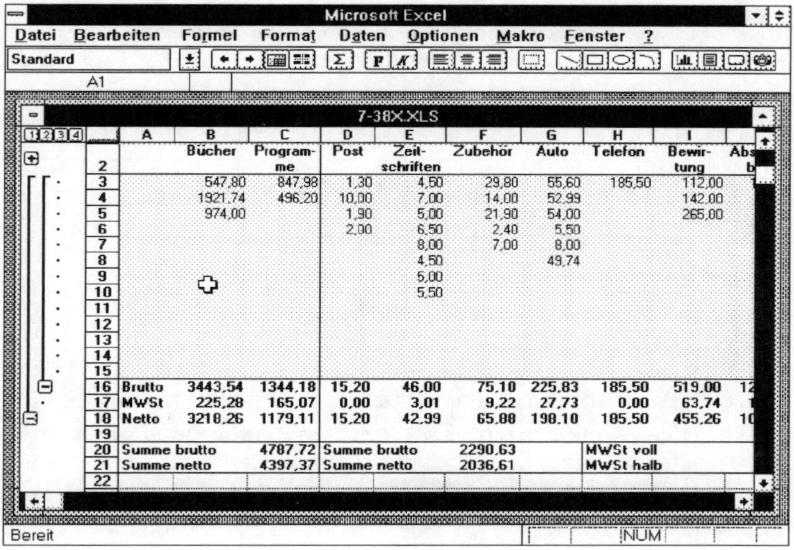

Bild 7.38: Zeile 1 vorrangig ausblenden

Sie können die Einstufung von Zeile 1 wieder schrittweise erhöhen, indem Sie in der Werkzeugleiste den Knopf mit dem nach links gerichteten Pfeil mehrfach drücken, den »Heraufstufungsknopf«, beziehungsweise die Tastenkombination $\boxed{\text{Alt}}$+$\boxed{\text{Umschalt}}$+$\boxed{\leftarrow}$ benutzen. Wenn dann Ebene 1, die unterste Ebene, erreicht ist, und Sie die Priorität noch einmal erhöhen, verschwindet die »Ausblendungslinie« völlig aus dem Gliederungsschema. Zeile 1 besitzt wieder die höchstmögliche Priorität und wird in allen Gliederungsebenen angezeigt.

Und nun ein etwas praxisgerechteres Beispiel. Die von Excel selbständig durchgeführte Gliederung von *BUCHFRG3.XLS* könnte man noch ein wenig überarbeiten. Auf der tiefsten Ebene werden momentan noch Zeile 18 mit den separaten Nettosummen aller Rubriken und die Zeilen 20 und 21 mit den Gesamtbrutto- und Nettosummen angezeigt, die durch Addition der Rubrikensummen entstehen.

Möglicherweise kommt es Ihnen nur auf diese Gesamtsummen an, die zweifellos die gewichtigsten Auswertungen in dieser Tabelle darstellen. Verglichen mit diesen Zeilen enthält sogar Zeile 18 nur Detaildaten – wenn auch bereits Daten mit recht hoher Priorität.

Also erzeugen wir nun eine zusätzliche Gliederungsebene, in der der gesamte Bereich von Zeile 2 bis 19 ausgeblendet ist. Also gegenüber der momentan tiefsten Ebene zusätzlich noch Zeile 2, die die Rubrikenüberschrift enthält, Zeile 18 mit den Nettosummen der einzelnen Rubriken, und die ziemlich uninteressante Leerzeile darunter. Selektieren Sie bitte den auszublendenden Bereich, die Zeilen 2 bis 19. Drücken Sie den Knopf mit dem Pfeil nach rechts.

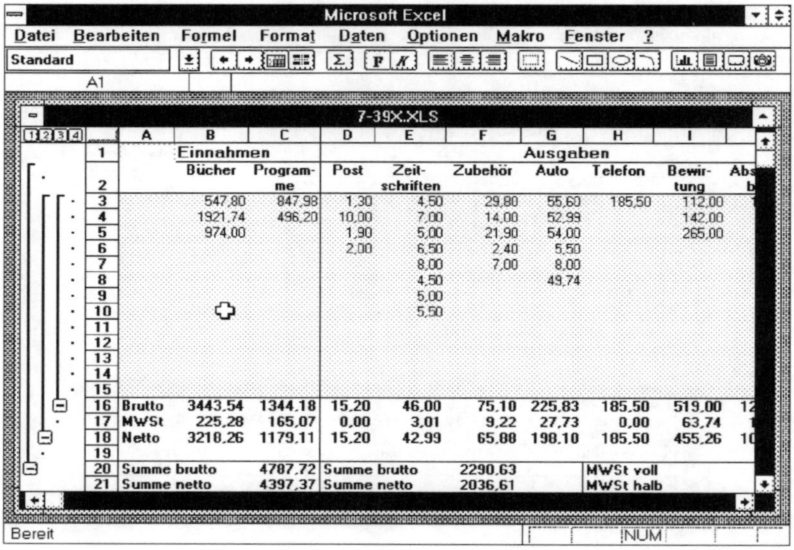

Bild 7.39: Zeilen 1 und 3 bis 19 auf zusätzlicher Gliederungsebene ausblenden

Der selektierte Bereich enthält den Bereich von Zeile 2 bis Zeile 15 als Untermenge. Diesem soll gegenüber dem ihn umschließenden Bereich, der von Zeile 2 bis Zeile 19 reicht, eine niedrigere Priorität zugewiesen werden. Da er jedoch bereits die niedrigstmögliche Priorität besitzt (er ist nur auf der obersten Ebene sichtbar), muß Excel eine zusätzliche Gliederungsebene anlegen, um ihn noch weiter herabstufen zu können.

Wenn Sie sich nun in Ebene 1 begeben, sind die Zeilen 1 bis 19 wie gewünscht ausgeblendet. Allzuviel sehen Sie nicht mehr von der Tabelle. Nur noch die Zeilen 1 und 20 bis 21, die einzigen Zeilen, die jetzt noch höchste Priorität besitzen (vgl. Bild 7.40).

Noch etwas extremer: Erzeugen Sie eine weitere Gliederungsebene, auf der auch die Nettogesamtsumme ausgeblendet ist, also Zeile 21. Selektieren Sie zunächst die Zeilen 2 bis 19, und stufen Sie sie herab, da es nun ihnen gegenüber eine noch höhere Prioritätsstufe geben soll. Eine fünfte Ebene wird angelegt, und die Zeilen 2 bis 19 sind auf der tiefsten Ebene nicht mehr sichtbar. Selektieren Sie anschließend Zeile 21, und stufen Sie sie ebenfalls herab (vgl. Bild 7.41).

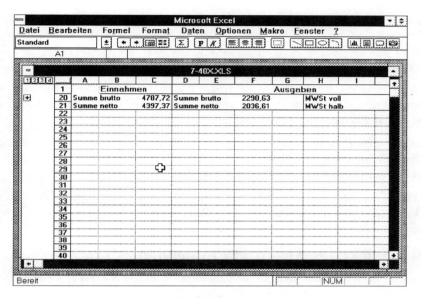

Bild 7.40: Neu angelegte Ebene selektieren

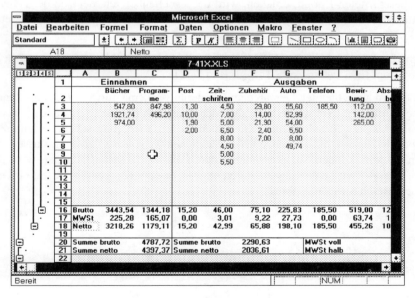

Bild 7.41: Die Datei BUCHFRG4.XLS

Wir haben nun fünf Gliederungsebenen. Auf der zweittiefsten sind außer der Überschriftszeile nur noch die Gesamtsummenzeilen 20 und 21 sichtbar. Auf der tiefsten nur noch die Überschrift und die Gesamtnettosumme aller Einnahmen und Ausgaben in Zeile 20. Das war's bereits. Drei Regeln genügen für die Erstellung individueller Gliederungen:

■ Sie selektieren die herabzustufenden Zeilen und aktivieren in der Werkzeugleiste den Knopf mit dem nach rechts gerichteten Pfeil. Auf der tiefsten Gliederungsebenen werden diese Zeilen nun nicht mehr angezeigt.

■ Sollen die Zeilen auch auf höheren Ebenen nicht mehr angezeigt werden, wiederholen Sie die Herabstufung. Jede Herabstufung führt dazu, daß die betreffenden Zeilen erst ab einer tieferen Gliederungsebene als zuvor angezeigt werden.

■ Mit dem Knopf, der den nach links gerichteten Pfeil enthält, können Sie die Priorität der selektierten Zeilen gerade umgekehrt erhöhen. Also dafür sorgen, daß sie bereits auf höheren Gliederungsebenen sichtbar sind.

7.3.3   Selektives Aus- und Einblenden

Der Wechsel der Gliederungsebenen verändert die Sicht auf die Tabelle erheblich. Excel besitzt jedoch noch feinere Methoden, unwichtige Details ein- oder auszublenden.

Und zwar mit Hilfe der Knöpfe »+« und »–« am linken Tabellenrand. Wenn Sie einen der mit »–« beschrifteten Knöpfe drücken, wird der Tabellenbereich, der von der zugehörigen Linie umschlossen wird, ausgeblendet. Und zwar unabhängig von der Gliederungsebene, in der Sie sich befinden!

Laden Sie bitte die Datei *BUCHFRG4.XLS*, die die letzte Abbildung zeigt, und drücken Sie den »–«-Knopf links neben Zeile 21 (vgl. Bild 7.42).

Die Zeile wird ausgeblendet. Gemäß dem Gliederungsschema dürfte dieses Ausblenden nur in Ebene 1 erfolgen. Dort würde zusätzlich der Bereich von Zeile 2 bis Zeile 19 ausgeblendet. Genau das passiert jedoch nicht. Sie haben die im Gliederungsschema erfaßte Zeile 21 selektiv ausgeblendet, ohne irgendeinen zusätzlichen Tabellenteil zu beeinflussen. Mit der gleichen Technik können Sie alle anderen durch ein »–« gekennzeichneten Bereiche ausblenden. Das »–« wird dabei jeweils durch ein »+« ersetzt. Klicken Sie es an, wird der ausgeblendete Bereich wieder sichtbar.

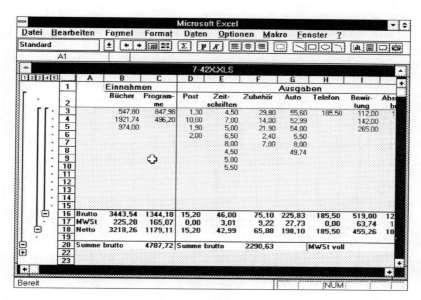

Bild 7.42: Selektives Ausblenden

Wenn wir schon beim Aus- und Einblenden sind: Das Gliederungsschema können Sie ebenfalls verschwinden lassen, indem Sie in der Werkzeugleiste den eingedrückten Knopf rechts neben den Prioritätspfeilen wieder lösen, also anklicken. Das Gliederungsschema verschwindet, und der gesamte Platz im Arbeitsfenster steht wieder Ihrer Tabelle zur Verfügung. Das Schema ist jedoch immer noch vorhanden und kann durch einen Klick auf diesen Knopf jederzeit wieder eingeblendet werden.

7|3|4| Spaltenorientierte Gliederungen

Gliederungen müssen keineswegs zeilenorientiert sein. Sie können auch spaltenorientiert sein. Oder spalten- *und* zeilenorientiert. Öffnen Sie bitte *BUCHFRG4.XLS*, selektieren Sie die kompletten Spalten D bis J, die die Ausgaben enthalten, und stufen Sie sie in der Anzeigepriorität herab.

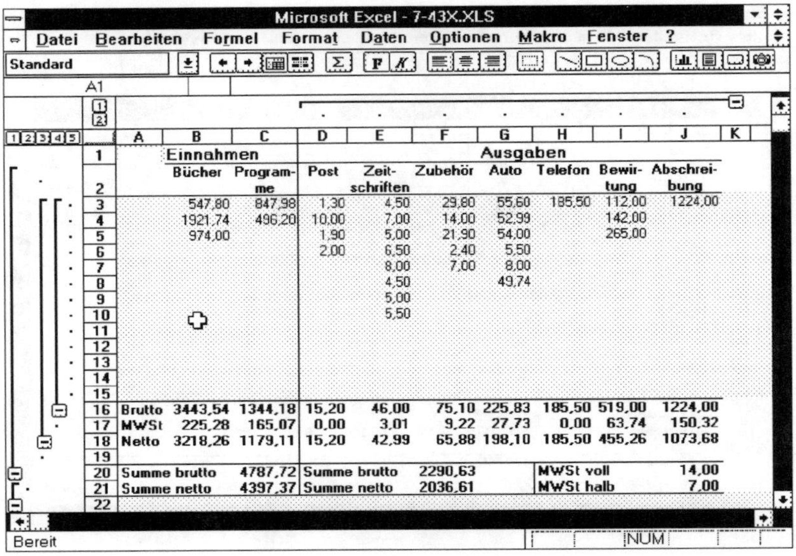

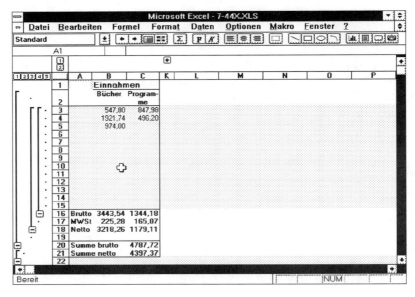

Bild 7.43: Spalten- und zeilenorientierte Gliederung

Die Gliederung ist nun spalten- und zeilenorientiert. Auch die Darstellung der Spalten ist in zwei Ebenen unterteilt. Auf Ebene 2 werden alle Spalten dargestellt, auf der tieferen Ebene 1 dagegen nur die Spalten A bis C. Drücken Sie bitte im Spaltengliederungsschema oberhalb der Tabelle den Knopf »1«.

Bild 7.44: Spalten verbergen

Sie können Tabellen offensichtlich völlig frei gliedern, sowohl spalten- als auch zeilenorientiert. Entsprechend benutzt auch Excel die Spaltengliederung ab und zu. Immer dann, wenn Sie die automatische Gliederungsfunktion verwenden und eine Spalte eine Hauptspalte darstellt, gegenüber der eine oder mehrere andere Spalten als Detailspalten interpretiert werden können.

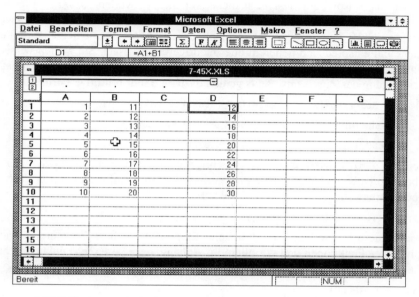

Bild 7.45: Automatische Erzeugung einer spaltenorientierten Gliederung

Diese Tabelle enthält zwei Spalten A und B mit Werten. Spalte D enthält Formeln, die sich auf diese beiden Spalten beziehen. D1 enthält die Formel *=A1+B1*, D2 die Formel *=A2+B2* und so weiter. D ist somit die Hauptspalte. Die Spalten A und B enthalten nur Detaildaten. Excel erzeugt bei der automatischen Gliederung entsprechend zwei spaltenorientierte Gliederungsebenen. In der tieferen Ebene werden die Spalten A, B und C ausgeblendet, und nur die Summenspalte D erscheint.

7|4| Mehrfachoperationen

Tabellenkalkulationen eignen sich hervorragend für Analysen der Art »Was wäre, wenn...«. Zum Beispiel »Wie teuer wäre mein Darlehen, wenn ich den veranschlagten Zinssatz von 10% um ein viertel oder gar ein halbes Prozent herunterhandeln könnte?«. Oder: »Wie würde sich eine Erhöhung des Spitzensteuersatzes um 3, 4 oder 5 Prozent auf mein Einkommen nach Steuern auswirken?«. All diese Analysen erfordern normalerweise, einen Parameter (Zinssatz, Spitzensteuersatz) Schritt für Schritt zu ändern und sich jeweils die Auswirkungen auf die interessierenden Zahlen anzuschauen.

Solche Analysen werden durch die »Mehrfachoperationen« von Excel vereinfacht. Eine Mehrfachoperation variiert einen Parameter in den von Ihnen angegebenen Schritten und speichert im Arbeitsblatt die Auswirkungen auf die interessierenden abhängigen Felder. Excel führt die stufenweise Parameteränderung aus, und Sie sehen danach auf einen Blick, wie teuer Ihr Darlehen bei einem Zinssatz von 10%, 9,75% und 9,5% wäre.

7|4|1| Mit einem Eingabefeld

Nehmen wir als Beispiel eine festverzinsliche Anleihe. Sie wollen 10 000 DM festverzinslich anlegen und haben die Auswahl unter sieben verschiedenen Anleihen mit einer Laufzeit von jeweils 10 Jahren, aber unterschiedlichem Risiko (unterschiedliche Bonität der Schuldner) und entsprechend höherem oder niedrigerem Zinssatz. Sie wollen wissen, welches Kapital sich nach 10 Jahren bei den verschiedenen Zinssätzen angesammelt hat. Ohne Berücksichtigung des Zinseszinseffekts genügt dazu eine sehr primitive Formel:

```
Endkapital = Startkapital + Laufzeit * (Startkapital * Zins)
```

Bei einer Anleihe mit einem Zinssatz von 8,5% ergäbe sich:

```
Endkap. = 10000 + 10 * (10000 * 8,5%) = 18500
```

Um auch den Zinzeszinseffekt zu berücksichtigen, sollte man den Taschenrechner jedoch besser beiseite legen und auf Excel zurückgreifen. Genauer: auf die Funktion *ZW()*. Etwas vereinfacht dargestellt lautet der Aufruf dieser Funktion:

```
ZW(Zins;Jahre;0;-Startkapital)
```

Wie gesagt, diese Darstellung ist vereinfacht. Eine ausführlichere Erläuterung finden Sie im Kapitel über Funktionen und vor allem im Anhang, der alle Excel-Funktionen ausführlich beschreibt. Jedenfalls würde die Formel

```
=ZW(8,5%;10;0;-10000)
```

das Endkapital (22 609,83 DM) ermitteln, das sich aus einem Startkapital von 10 000 DM nach 10 Jahren bei jährlichen Zinszahlungen von 8,5% ergibt. Angewandt auf unser Problem ergibt sich ein Arbeitsblatt wie in Bild 7.46, das noch auf herkömmliche Art und Weise arbeitet, ohne Mehrfachoperation.

C4 enthält die Formel

```
=ZW(C3;C2;0;-C1)
```

Sie errechnet das Endkapital, das bei dem in C3 enthaltenen Zinssatz und einer Laufzeit von C2 Jahren aus einem Startkapital C1 resultiert, wenn die jährlich ausgezahlten Zinsen mit dem gleichen Zinssatz wieder angelegt werden. Um das Ganze mit verschiedenen Zinssätzen durchzuspielen, bleibt Ihnen mit diesem einfachen Blatt nichts anderes übrig, also in C3 immer wieder einen anderen Zinssatz einzutragen und sich anzuschauen, welches Endkapital daraus in C4 resultiert.

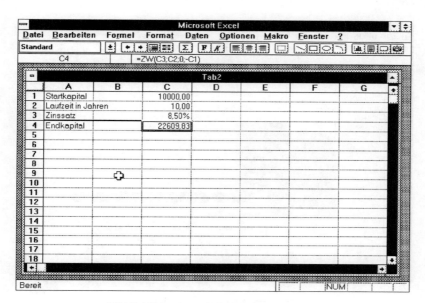

Bild 7.46: Analyse ohne Mehrfachoperation

Zum Glück ist es recht einfach, dieses Blatt auf eine Mehrfachoperation umzustellen, die dieses Durchtesten selbständig übernimmt. Getestet werden soll der Wert, den die Formel in D4 bei verschiedenen Zinssätzen ergibt.

Beginnen Sie mit der Eingabe dieser Werte bitte eine Zeile unterhalb der Formel, also in Zeile 5 und eine Spalte links neben der Formel, also in Spalte B. Der erste Testwert kommt somit in B5. Die Testwerte werden untereinander angeordnet, der zweite Testwert kommt in Zelle B6, der dritte in B7 und so weiter. Geben Sie auf diese Weise in B5 bis B13 der Reihe nach in 0,25%-Schritten Testwerte von 8% bis 10% ein. Oder lassen Sie Excel diese Datenreihe mit dem Befehl *DATEN Reihe berechnen...* und der Schrittweite 0,25% selbst berechnen und eintragen.

Selektieren Sie anschließend den Bereich B4:C13, der die Testwerte (in B5:B13), den momentanen Formelwert (in C4) und die von Excel zu ermittelnden Resultate bei anderen Zinssätzen (Bereich C5:C13) enthält. Wählen Sie *DATEN Mehrfachoperation...*

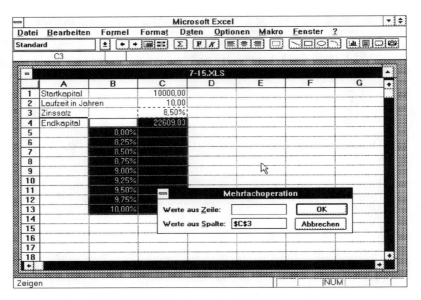

Bild 7.47: Vorbereitung der Mehrfachoperation

In der Dialogbox müssen Sie angeben, wo sich der Wert befindet, der Schritt für Schritt durch Ihre Testwerte ersetzt werden soll, und ob diese Testwerte in der linken Spalte oder der obersten Zeile des selektierten Bereichs angeordnet sind.

Der zu ersetzende Wert, der Prozentsatz, befindet sich in C3. Geben Sie diesen Bezug unter »Werte aus Spalte« durch Zeigen mit der Maus oder den Cursortasten ein. Lassen Sie Excel anschließend die Mehrfachoperation ausführen (vgl. Bild 7.48).

Auf einen Blick sehen Sie, welches Endkapital sich bei einem bestimmten Zinssatz ergibt. Folgendes ist passiert: Excel geht davon aus, daß sich die Formel, um die es geht, in der oberen rechten Ecke des markierten Bereichs befindet, in C4.

Sie gaben an, daß der in dieser Formel enthaltene Bezug C3 durch die Testwerte ersetzt werden soll. Und – weil Sie das Eingabefeld »Werte aus Spalte« wählten – daß sich diese Werte in der linken Spalte des markierten Bereichs befinden.

Diese Angaben führen dazu, daß Excel Schritt für Schritt die einzelnen Werte aus der linken Spalte des markierten Bereichs nimmt, statt des Bezugs C3 in die Formel einsetzt, die Formel durchrechnet und die Resultate in die rechte Spalte des markierten Bereichs schreibt.

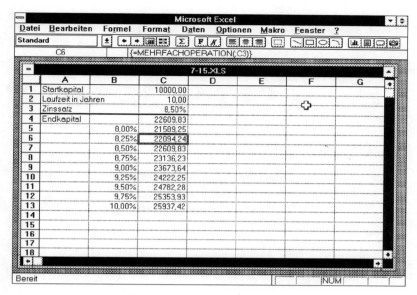

Bild 7.48: Nach Durchführung der Mehrfachoperation

Wichtig – und fehlerträchtig – ist bei einer Mehrfachoperation die Anordnung der benötigten Werte. Bei der spaltenweisen Anordnung gilt:

- Die linke Spalte enthält die Testwerte.

- Eine Zeile darüber und eine Spalte rechts davon befindet sich die Formelzelle.

- Die rechte Spalte nimmt die Resultate dieser Formel mit den verschiedenen Testwerten auf.

Für die zeilenweise Anordnung gilt:

- Die obere Zeile enthält die Testwerte.

- Eine Zeile darunter und eine Spalte weiter links befindet sich die Formel.

- Die untere Zeile nimmt die Resultate dieser Formel mit den verschiedenen Testwerten auf.

Angewandt auf das Beispiel bedeutet das, daß Sie die neun Zinssätze im Bereich D3 bis L3 eingeben müßten. Vor der Anwahl von *Mehrfachoperation...* wäre der Bereich C3 bis L4 zu selektieren, der die Testwerte, die Resultatzellen und die Formel selbst enthält. In der Dialogbox müßten Sie die Bezugszelle C3 diesmal unter »Werte aus Zeile:« angeben, um Excel klarzumachen, daß die Testwerte zeilenweise angeordnet sind.

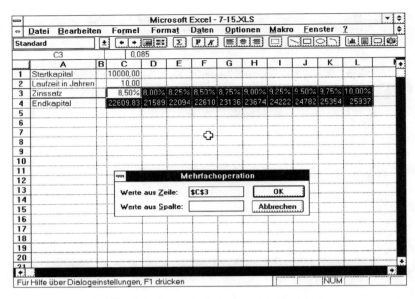

Bild 7.49: Zeilenweise Anordnung der Testwerte

7.4.2 Testen mehrerer Formeln

Welche Anordnung der Testwerte Sie wählen, bleibt bei nur einer zu testenden Formel Ihnen überlassen. Allerdings kann Excel die Auswirkungen auf beliebig viele Formeln gleichzeitig testen. Sind die Testwerte in einer Spalte enthalten, müssen Sie die Testformeln nebeneinander anordnen, so daß jeweils eine Spalte die Resultate einer Formel aufnimmt.

Ein Beispiel: Sie erweitern Ihre Anleihen-Analyse um eine Rubrik »Gewinn (absolut)«, die die Differenz zwischen End- und Startkapital enthalten soll, wozu Sie die Formel

`=C4-C1`

verwenden. Und um eine Rubrik »Gewinn (prozentual)«, die den Gewinn in Prozent (vom Startkapital) ausweist, und zwar mit der Formel

`=100*C4/C1`

Die Testwerte, die Zinssätze von 8% bis 10%, ordnen Sie wie im ersten Beispiel in Spalte B untereinander an und die drei Formeln in der obersten Zeile nebeneinander.

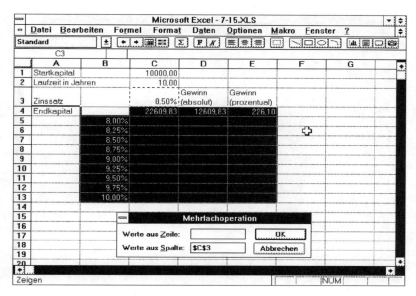

Bild 7.50: Mehrere zu testende Formeln nebeneinander

Die drei Formeln befinden sich in C4, D4 und E4. Die zugehörigen Spalten verwendet Excel für die Anzeige der resultierenden Werte, wenn in diesen Formeln der Bezug C3 der Reihe nach durch die Testwerte ersetzt wird. Vor Anwahl von *Mehrfachoperation...* muß der gesamte Bereich B4:E13 mit den Testwerten, den Formeln, und dem Leerraum für die Resultate selektiert werden. Als Bezugsfeld wird wieder C3 angegeben. Das Resultat zeigt Bild 7.51.

Nach Durchführung der Mehrfachoperation sehen Sie, daß sich zum Beispiel bei einem Zinssatz von 10% ein Endkapital von 25 937,42 DM, ein absoluter Gewinn von 15 937,37 DM und eine Erhöhung des Startkapitals auf 259,37% vom Ausgangswert ergibt.

Sie können die Anordnung der Formeln und Testwerte auch umkehren. Die Testwerte in der obersten Zeile und die Formeln in der linken Spalte des »Mehrfachoperationsbereichs« anordnen. Den durch die Testwerte zu ersetzenden Bezug geben Sie dann unter »Werte aus Zeile« an (vgl. Bild 7.52).

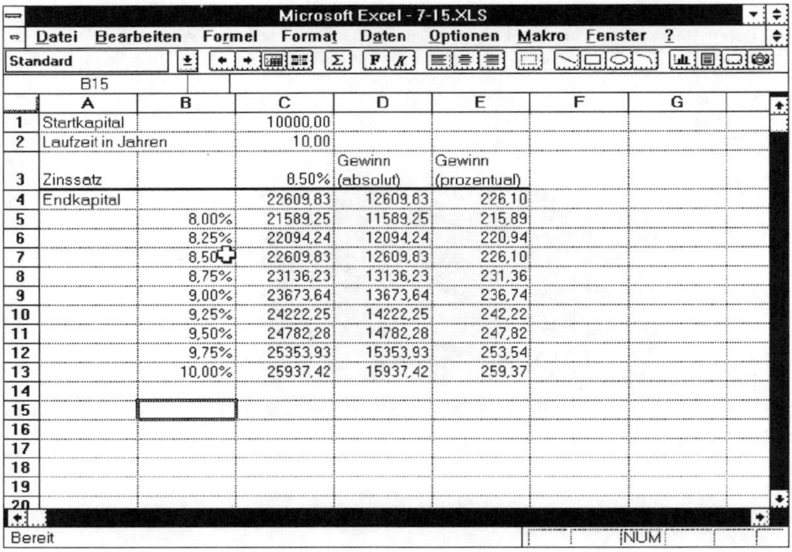

```
┌─────────────────────────────────────────────────────────────────────────┐
│ ═                   Microsoft Excel - 7-15.XLS                    ▼ ♦    │
│ ⇨  Datei  Bearbeiten  Formel  Format  Daten  Optionen  Makro  Fenster  ? │
│ Standard      │ ± │ ← │ → │▦▦│ Σ │ F K │≡≡≡│ ⬚ │◻◯◯│ ⊞▤◻☺ │           │
│        B15                                                                 │
│       A          B          C          D          E       F       G       │
│ 1  Startkapital           10000,00                                        │
│ 2  Laufzeit in Jahren       10,00                                         │
│                                       Gewinn    Gewinn                     │
│ 3  Zinssatz                 8,50% (absolut) (prozentual)                  │
│ 4  Endkapital             22609,83   12609,83    226,10                    │
│ 5              8,00%      21589,25   11589,25    215,89                    │
│ 6              8,25%      22094,24   12094,24    220,94                    │
│ 7              8,50%      22609,83   12609,83    226,10                    │
│ 8              8,75%      23136,23   13136,23    231,36                    │
│ 9              9,00%      23673,64   13673,64    236,74                    │
│ 10             9,25%      24222,25   14222,25    242,22                    │
│ 11             9,50%      24782,28   14782,28    247,82                    │
│ 12             9,75%      25353,93   15353,93    253,54                    │
│ 13            10,00%      25937,42   15937,42    259,37                    │
│ 14                                                                         │
│ 15                                                                         │
│ 16                                                                         │
│ 17                                                                         │
│ 18                                                                         │
│ 19                                                                         │
│ 20                                                                         │
│ Bereit                                              NUM                    │
└─────────────────────────────────────────────────────────────────────────┘
```

Bild 7.51: Spaltenweise Anordnung der Ergebnisse

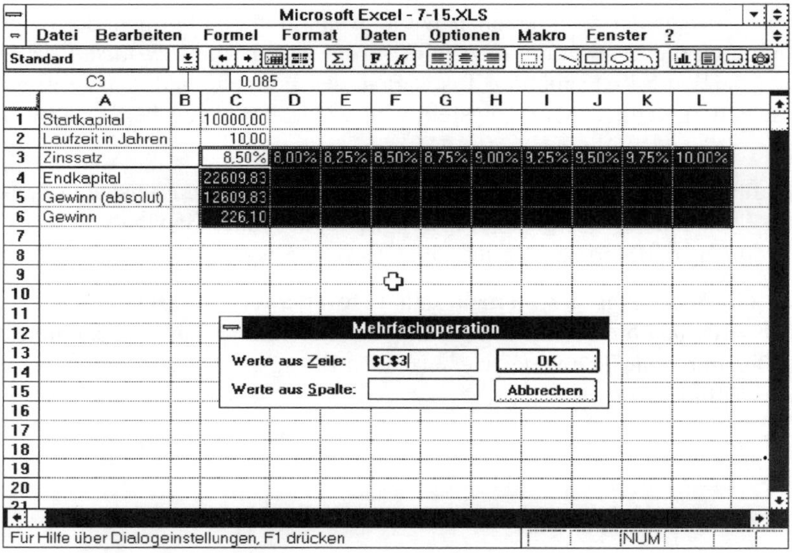

```
┌─────────────────────────────────────────────────────────────────────────┐
│ ═                   Microsoft Excel - 7-15.XLS                    ▼ ♦    │
│ ⇨  Datei  Bearbeiten  Formel  Format  Daten  Optionen  Makro  Fenster  ? │
│ Standard      │ ± │ ← │ → │▦▦│ Σ │ F K │≡≡≡│ ⬚ │◻◯◯│ ⊞▤◻☺ │           │
│        C3              0,085                                               │
│      A         B    C    D    E    F    G    H    I    J    K    L         │
│ 1  Startkapital   10000,00                                                 │
│ 2  Laufzeit in Jahren 10,00                                               │
│ 3  Zinssatz         8,50% 8,00% 8,25% 8,50% 8,75% 9,00% 9,25% 9,50% 9,75% 10,00% │
│ 4  Endkapital     22609,83                                                 │
│ 5  Gewinn (absolut) 12609,83                                              │
│ 6  Gewinn           226,10                                                 │
│ 7                                                                          │
│ 8                                                                          │
│ 9                              ✛                                           │
│ 10                                                                         │
│ 11                                                                         │
│ 12          ┌──────── Mehrfachoperation ─────────┐                        │
│ 13          │                                     │                        │
│ 14          │ Werte aus Zeile:  │$C$3│   │  OK  │ │                        │
│ 15          │ Werte aus Spalte: │    │   │Abbrechen│                       │
│ 16          └─────────────────────────────────────┘                        │
│ 17                                                                         │
│ 18                                                                         │
│ 19                                                                         │
│ 20                                                                         │
│ 21                                                                         │
│ Für Hilfe über Dialogeinstellungen, F1 drücken      NUM                    │
└─────────────────────────────────────────────────────────────────────────┘
```

Bild 7.52: Mehrere zu testende Formeln untereinander

In der Spalte D, unter »8%« wird Excel die Resultate der drei Formeln bei diesem Zinssatz
anzeigen. Rechts daneben, in Spalte D, die Ergebnisse bei 8,25% und so weiter.

7|4|3| Mehrfachoperationsbereiche editieren

Der Bereich, in den Excel die Resultate der Formeln einträgt, ist ein sogenannter »Mehrfachoperationsbereich«. Dieser Bereich bildet für Excel eine Einheit. Es ist nicht gestattet (und Excel verhindert derartige Versuche), ein einzelnes Feld des Bereichs zu editieren, es zum Beispiel zu löschen oder einen anderen Wert einzugeben. Sie können einen Mehrfachoperationsbereich nur »am Stück« editieren. Also alle von Excel durch die Mehrfachoperation mit Inhalten gefüllten Felder gleichzeitig löschen, kopieren oder verschieben.

Vor den beabsichtigten Editierungen müssen Sie daher entweder den Mehrfachoperationsbereich selektieren, oder aber einen größeren Bereich, in dem er vollständig enthalten ist.

Daß alle Resultatfelder eine Einheit bilden, sehen Sie an der Bearbeitungszeile. Egal in welchem Resultatfeld Sie sich befinden, immer wird als Inhalt etwa folgende Formel angezeigt:

```
={MEHRFACHOPERATION(C3;)}
```

Die geschweiften Klammern sollen anzeigen, daß dieser Bereich für Excel eine zusammengehörende Einheit darstellt, eine sogenannte »Matrix«, die nur als Einheit manipuliert werden kann.

Wenn Sie nicht mehr genau wissen, welche Felder der Mehrfachoperationsbereich umfaßt, oder in welchem Bereich sich die Testwerte befinden, drücken Sie einfach [Strg]+[Umschalt]+[/] (identisch mit der Option »Aktuelle Matrix« des Befehls *FORMEL Inhalte auswählen...*). Excel markiert daraufhin jenen Bereich, den Sie vor Anwahl von *Mehrfachoperation...* selektierten und der all diese Daten umfaßt.

7|4|4| Mit zwei Eingabefeldern

Was, wenn sich Ihre Wertpapiere außer im Zinssatz auch in der Laufzeit unterscheiden? Dann müßten Sie ja schon wieder Zahlen ständig per Hand ändern, um das jeweils resultierende Endkapital zu ermitteln. Zuerst geben Sie eine Laufzeit von 5 Jahren ein, dann eine von 6 Jahren, 7 Jahren und so weiter. Oder aber Sie verwenden Mehrfachoperationen mit zwei Eingabefeldern! Die in C4 enthaltene Formel

```
=ZW(C3;C2;0;-C1)
```

ist von zwei Feldern abhängig, von C3 (Zinssatz) und C2 (Laufzeit). Excel ist in der Lage, Mehrfachoperationen mit bis zu zwei Eingabefeldern durchzuführen, deren Werte variieren. Entsprechend benötigen Sie nun zwei Gruppen von Testwerten, einmal die verschiedenen Zinssätze, die für den Bezug C3 in die Formel einzusetzen sind. Und die unterschiedlichen Laufzeiten, die den Bezug C2 ersetzen sollen. Die Anordnung der Werte:

- Die zu testende Formel befindet sich in der linken oberen Ecke eines rechteckigen Bereichs.

- Die eine Gruppe der Testwerte befindet sich rechts neben dieser Formel, also in der obersten Zeile des Bereichs.

■ Die zweite Gruppe an Testwerten befindet sich darunter, also in der linken Spalte des Bereichs.

Der in der folgenden Abbildung selektierte Bereich C4:L15 entspricht diesen Anforderungen:

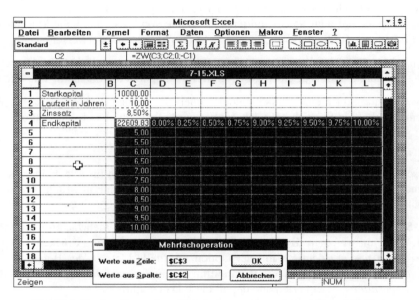

Bild 7.53: Vorbereitung einer Mehrfachoperation mit zwei Eingabefeldern

Die Formel befindet sich in C4, der linken oberen Ecke. Die eine Gruppe von Testwerten sind die Zinssätze von 8% bis 10%, die daneben angeordnet sind. Unterhalb der Formel befinden sich als zweite Testgruppe die verschiedenen Laufzeiten von 5 bis 10 Jahren in Halbjahresschritten.

Die beiden Wertegruppen bilden somit einen rechteckigen Bereich aus N (Anzahl der Zins-Testwerte) mal M (Anzahl der Laufzeit-Testwerte) Feldern. Jedes Feld dieser »Matrix« wird nach der Mehrfachoperation genau einen aus der Formel bei einer bestimmten Laufzeit und einem bestimmten Zinssatz resultierenden Wert enthalten.

In der Dialogbox sind nun beide Eingabefelder auszufüllen. Zwei Bezüge der zu testenden Formeln sollen durch Testwerte ersetzt werden. Der Bezug C3 (Zinssatz) soll durch die zeilenweise angeordneten Laufzeiten ersetzt werden und muß daher unter »Werte aus Zeile« angegeben werden. Der Bezug C2 (Laufzeit in Jahren) wird durch die spaltenweise angeordneten Zinssätze ersetzt und daher unter »Werte aus Spalte« angegeben.

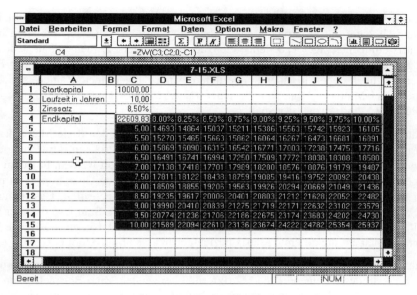

Bild 7.54: Nach Ausführung der Mehrfachoperation

So sieht das Resultat aus. Zur Interpretation: I15 enthält die Zahl 24 222. Eine Anleihe, die mit einem Zins von 9,25% und einer Laufzeit von 10 Jahren ausgestattet ist, wird zu einem Endkapital von 24 222 DM führen, da Spalte I den Testwert 9,25% und Zeile 14 den Testwert 10 Jahre enthält.

7|5| Matrixformeln

Mit den »Matrixformeln« besitzt Excel ein Feature, das etwas zwiespältig ist. Eine einzige Matrixformel kann Ihnen oft die wiederholte Eingabe mehrerer identischer Formeln ersparen (beziehungsweise das Kopieren). Da eine solche Formel mehrere »normale« Formeln ersetzt, wird auch Speicherplatz gespart. Dafür ist das Verständnis dieser Formelart nicht ganz einfach, ebensowenig wie das spätere Editieren einer Matrixformel.

Ich sehe daher zwei Möglichkeiten: Entweder wollen Sie mit diesem Buch *alles* über Excel lernen. Dann gehören Matrixformeln selbstverständlich dazu. Oder Sie beschränken sich vorläufig auf die wirklich wesentlichen Themen. Dann sollten Sie wie bereits empfohlen dieses Kapitel vorläufig übergehen und bei Bedarf darauf zurückkommen.

Nun zu den Matrixformeln. Sie beruhen auf einem Teilgebiet der linearen Algebra, in dem es um den Umgang mit »Matrizen« geht. Abgebildet auf ein Tabellenkalkulationsblatt ist eine Matrix ein rechteckiger Tabellenbereich, der irgendwelche Zahlen enthält. Jede Matrix besteht aus einer bestimmten Anzahl von Spalten und Zeilen. Erstreckt sich der Bereich zum Beispiel über sieben in einer Spalte untereinander angeordnete Zahlen, spricht man von einer »7x1-Matrix«. Allgemein: In einer »NxM-Matrix« kennzeichnet N die Anzahl der Zeilen und M die Anzahl der Spalten.

Mit Matrizen können verschiedene Operationen ausgeführt werden. Eine Matrix kann mit einer Zahl verknüpft werden (Beispiel: Multiplikation der Matrix mit der Zahl) oder mit einer anderen Matrix. Zum Beispiel können zwei Matrizen addiert werden. In jedem Fall ist das Ergebnis erneut eine Matrix. Und vor allem: Die betreffende Operation wirkt niemals nur auf einen Teil der Matrix. Jede einzelne Zelle ist davon betroffen. Das ist auch der Grund, warum eine Matrixformel viele einfache Formeln ersetzt: Statt jeweils einer Formel pro Zelle des Bereichs wird bei Behandlung des Bereichs als Matrix nur noch eine Formel benötigt, die sich auf die gesamte Matrix bezieht, eben eine »Matrixformel«.

Beinahe immer, wenn Sie eine Formel mehrfach nach unten oder nach rechts kopieren, können Sie statt dessen eine einzige Matrixformel verwenden. Zum Beispiel, wenn sich in Spalte A sechs Nettobeträge untereinander befinden und Sie zu jedem der Werte die anfallende Mehrwertsteuer berechnen wollen. Befinden sich die Beträge in A2:A7, würden Sie in B2 die Formel

```
=A2*14%
```

eingeben. In B3 die Formel

```
=A3*14%
```

Und so weiter. In der Praxis würden Sie nur die erste Formel eingeben und sie dann in die fünf darunterliegenden Felder kopieren.

7│5│1│ Eingabe und Anwendung

Obwohl die Eingabe mit dieser Methode recht einfach ist, benötigen sechs einzelne Formeln dennoch mehr Speicherplatz als eine einzige Matrixformel, durch die Sie die sechs Formeln ersetzen könnten. Und zwar so: Selektieren Sie B2:B7, geben Sie ein:

```
=A2:A7*14%
```

und *drücken Sie bitte nicht* [Enter], *sondern* [Strg] + [Umschalt] + [Enter].

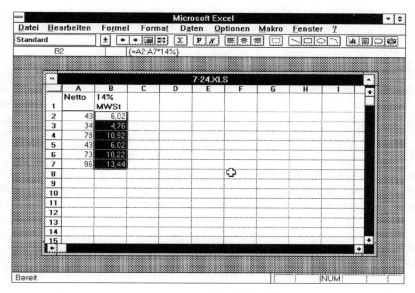

Bild 7.55: Die Datei MATRIX1.XLS

Als Formel zeigt Excel in der Eingabezeile nicht genau das an, was Sie eingaben, sondern

`{=A2:A7*14%}`

Egal, welche Zelle des Bereichs B2:B7 Sie selektieren: Immer wird diese von geschweiften Klammern umschlossene Formel angezeigt, die Matrixformeln von einfachen Formeln unterscheiden. Das ist allerdings nur eine Äußerlichkeit. »Innerlich« unterscheidet sich eine Matrixformeln deutlich von einer einfachen Formel.

■ Eine normale Formel besitzt genau einen Wert, ist »einwertig«, eine Matrixformel kann mehrere Werte besitzen, »vielwertig« sein und als Ergebnis statt einer einzelnen Zahl einen rechteckiger Wertebereich liefern, eine »Wertematrix«. Sie kennen das bereits von den Mehrfachoperationen, die als Ergebnis ebenfalls einen rechteckigen Wertebereich liefern, eben eine Wertematrix.

■ Dort, wo Sie in einer einfachen Formel ein einzelnes Feld angeben, geben Sie in einer Matrixformel immer einen Bereich an. Eine Matrixformel liefert genau so viele Ergebnisse, wie der angegebene Bereich Felder enthält.

■ Und zwar, weil Excel die gewünschte Verknüpfung der Matrix mit der Konstanten mehrfach ausführt. Zunächst mit dem ersten Feld des Bereichs, dann wird die gleiche Operation mit dem zweiten Feld des angegebenen Bereichs durchgeführt. Und so weiter, bis die Operation auch auf das letzte Feld angewendet wurde.

Diese abstrakten Regeln der Eigenschaften von Matrixformeln werden veständlicher, wenn wir sie auf das in der Abbildung gezeigte Beispiel anwenden. Die Matrixformel

`{=A2:A7*14%}`

verknüpft die Konstante 14% mit der Matrix A2:A7, das heißt mit jeder einzelnen Zelle dieses Bereichs. Daher besitzt diese Formel sechs Ergebnisse. Das Resultat, die »Wertematrix«, ist ebenfalls ein Bereich, der sich über eine Spalte und sechs Zeilen erstreckt. Jede Zelle dieses Bereichs enthält genau ein Resultat. Im ersten Feld B2 wird das Ergebnis der Operation *A2*14%* gespeichert. Im zweiten Feld B3 das Resultat der zweiten Operation *A3*14%* und so weiter.

Nehmen wir ein weiteres Beispiel, in dem eine Matrix nicht mit einer Konstanten, sondern mit einer weiteren Matrix verknüpft wird. Sie benötigen in Spalte C die Summen aus Nettobetrag und Mehrwertsteuer. Normalerweise geben Sie in Zelle C2 die Formel ein:

`=A2+B2`

Sie kopieren diese Formel in die fünf darunter liegenden Felder. Jedes der Felder im Bereich A2:A7 wird zum jeweils rechts benachbarten Feld des Bereichs B2:B7 addiert. Aus der »Matrixsicht« heraus bilden beide Bereiche jeweils eine 6x1-Matrix, und die beiden Matrizen werden miteinander addiert. Eine Operation, die mit einer Matrixformel erledigt werden kann. Sie müssen zunächst den Bereich C2:C7 selektieren, in dem das Ergebnis dieser Verknüpfung, die resultierende Wertematrix, gespeichert werden soll. Und danach folgende Matrixformel eingeben:

`=A2:A7+B2:B7`

Beenden Sie die Eingabe erneut mit [Strg]+[Umschalt]+[Enter]. Wird eine Matrix mit einer Konstanten verknüpft, wird die Operation der Reihe nach mit jeder einzelnen Zelle der Matrix ausgeführt.

Wird die Matrix wie hier mit einer weiteren Matrix verknüpft, verknüpft Excel zunächst die beiden ersten Zellen der Matrix miteinander, dann die beiden zweiten Zellen und so weiter. Also werden A2 und B2 addiert, das Ergebnis in C2 gespeichert, der ersten Zelle der Ergebnismatrix. Dann werden A3 und B3 addiert, das Ergebnis in C3 gespeichert und so weiter.

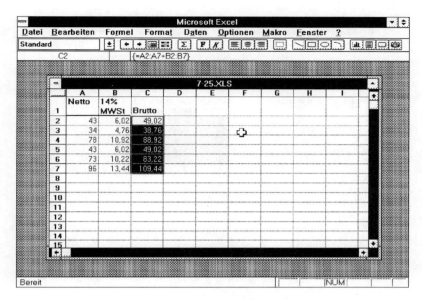

Bild 7.56: Matrix mit zweiter Matrix verknüpfen

In diesem Beispiel wurden zwei 6x1-Matrizen miteinander verknüpft. Das Ergebnis ist ebenfalls eine 6x1-Matrix, also eine Matrix, die aus sechs Spalten und einer Zeile besteht.

Matrizen können jedoch ebensogut größere Bereiche umfassen, also mehrere Zeilen *und gleichzeitig* mehrere Spalten. Nehmen wir an, Ihre Tabelle enthält in drei Spalten nebeneinander jeweils sechs Nettobeträge, zum Beispiel im Bereich A2:C7. Diese drei Spalten könnte man als 6x3-Matrix ansehen. Sie benötigen zu jedem dieser Beträge die aufzuschlagende Mehrwertsteuer, also 14% davon. Die Mehrwertsteuerbeträge sollen ebenfalls in drei Spalten mit je sechs Feldern gespeichert werden, also ebenfalls in einer 6x3-Matrix, zum Beispiel im Bereich E2:G7. Dann selektieren Sie zunächst den Bereich, der die Ergebnismatrix enthalten soll, also E2:G7 und geben in diesem Bereich die Formel ein:

`=A2:C7*14%`

Beenden Sie die Eingabe wieder mit ⌈Strg⌉+⌈Umschalt⌉+⌈Enter⌉, da es sich um eine Matrixformel handelt, die Excel anschließend als *{=A2:C7*14%}* darstellt.

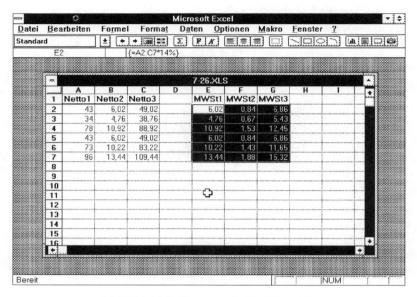

Bild 7.57: Mehrdimensionale Matrixbereiche

Die Matrixformel besitzt 18 Ergebnisse. Die Operation »*14%« wird der Reihe nach mit allen Feldern des Bereichs A2:C7 durchgeführt, 18mal. 18 einfache Formeln wurden durch eine einzige Matrixformel ersetzt.

Wir hatten inzwischen Beispiele für das Verknüpfen von ein- und mehrdimensionalen Matrizen mit Konstanten. Ebenso können Sie nicht nur ein-, sondern auch mehrdimensionale Matrizen miteinander verknüpfen. Zum Beispiel könnten wir die beiden 6x3-Matrizen der Bereiche A2:C7 und E2:G7 addieren und die resultierende 6x3-Ergebnismatrix im Bereich I2:K7 speichern. Indem wir zunächst den Bereich I2:K7 selektieren und folgende Matrixformel eingeben, die für diesen Bereich gültig sein soll:

{=A2:C7+E2:G7}

Die einzelnen Schritte bei der Auswertung dieser Formel:

■ Das erste Feld A2 des ersten Matrixbereichs A2:C7 und das erste Feld E2 des zweiten Matrixbereichs E2:G7 werden addiert, also der erste Nettobetrag und die zugehörige Mehrwertsteuer.

■ Das erste Feld I2 der Ergebnismatrix nimmt die resultierende Summe auf, den Bruttobetrag.

■ Die gleiche Operation wird auf das jeweils zweite Feld der beiden Matrizen angewandt, auf A3 und E3, den zweiten Nettobetrag und die zugehörige Mehrwertsteuer.

■ Beide werden addiert und der resultierende Bruttobetrag im zweiten Feld I2 der Ergebnismatrix gespeichert.

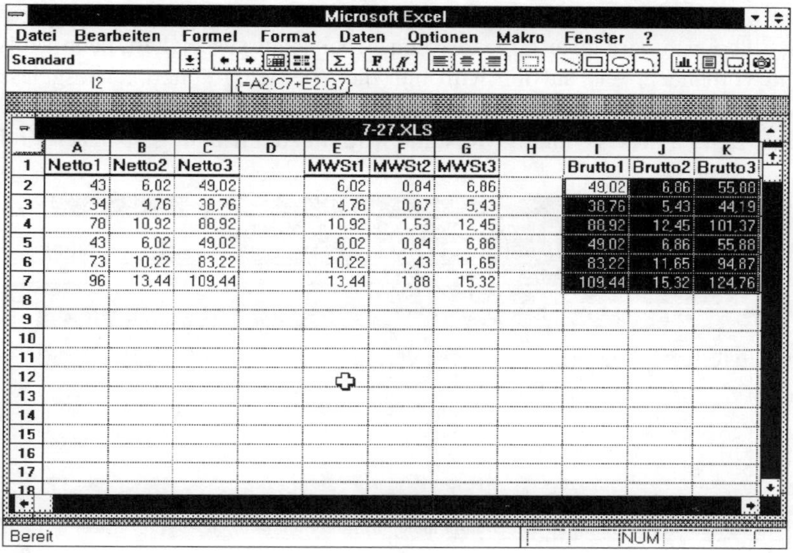

	A	B	C	D	E	F	G	H	I	J	K
1	Netto1	Netto2	Netto3		MWSt1	MWSt2	MWSt3		Brutto1	Brutto2	Brutto3
2	43	6,02	49,02		6,02	0,84	6,86		49,02	6,86	55,88
3	34	4,76	38,76		4,76	0,67	5,43		38,76	5,43	44,19
4	78	10,92	88,92		10,92	1,53	12,45		88,92	12,45	101,37
5	43	6,02	49,02		6,02	0,84	6,86		49,02	6,86	55,88
6	73	10,22	83,22		10,22	1,43	11,65		83,22	11,65	94,87
7	96	13,44	109,44		13,44	1,88	15,32		109,44	15,32	124,76

Bild 7.58: Verknüpfung mehrdimensionaler Matrizen

Matrixformeln erstrecken sich normalerweise über mehrere Felder, besitzen also mehrere Ergebnisse. Größe und Form der Ergebnismatrix sind mit der Größe und Form der »Bezugsmatrizen« identisch. Es gibt allerdings auch Ausnahmen. Matrixformeln können, müssen jedoch nicht unbedingt mehrere Ergebnisse besitzen. Eine Matrixformel kann auch für eine 1x1-Ergebnismatrix gültig sein, also für ein einzelnes Feld.

Nehmen wir an, Sie wollen aus irgendeinem Grund die drei Bruttowerte in Zeile 2 miteinander multiplizieren, also I2, J2 und K2. Anschließend wollen Sie die entsprechenden drei Bruttowerte in Zeile 3 miteinander multiplizieren, dann die in Zeile 4 und zuletzt die drei Werte in I7, J7 und K7. Danach addieren Sie alle sechs Ergebnisse und zeigen die Summe in I10 an. Ohne Matrixformeln benötigen Sie in H10 folgenden »Bandwurm«:

```
=I2*J2*K2+I3*J3*K3+I4*J4*K4+I5*J5*K5+I6*J6*K6+I7*J7*K7
```

Den Sie jedoch durch eine einzige Matrixformel ersetzen können, die Sie in I10 eingeben (vgl. Bild 7.59):

```
{=SUMME(I2:I7*J2:J7*K2:K7)}
```

Diese Matrixformel ist wesentlich schwieriger zu verstehen als die vorhergehenden. »Vergessen« Sie bitte zunächst die *SUMME()*-Funktion. Dann sehen Sie nur eine Matrixformel, die drei 6x1-Matrizen multipliziert. Die Matrix I2:I7, die Matrix J2:J7 und die Matrix K2:K7. Das Ergebnis ist wieder eine 6x1-Matrix. Zunächst werden die ersten Felder der drei Matrizen miteinander multiplizert, I2, J2 und K2. Das Resultat wird im ersten Feld der Ergebnismatrix gespeichert. Diese Operation wird anschließend auf die anderen fünf

Zeilen der Matrizen angewandt. Wie gesagt, das Resultat ist eine 6x1-Ergebnismatrix. Dieser Matrixbereich wird zwar nirgendwo im Arbeitsblatt gespeichert, dennoch ist er vorübergehend vorhanden, und auf ihn wird nun die *SUMME()*-Funktion »losgelassen«. Sie addiert wie üblich alle Werte des angegebenen Bereichs, hier also die sechs Werte der Ergebnismatrix. Erst dieses endültige Resultat wird im Arbeitsblatt gespeichert, in I10.

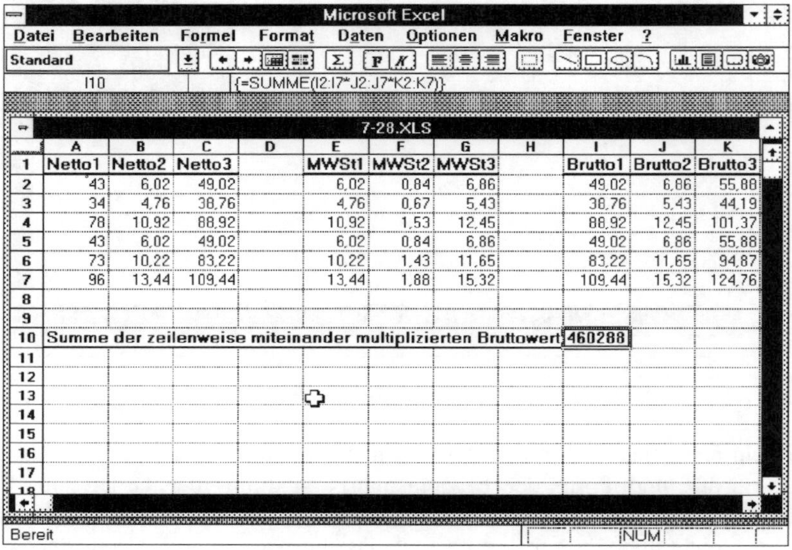

Bild 7.59: Die Datei MATRIX2.XLS

7|5|2| Editieren

Wie ein Mehrfachoperationsbereich kann auch ein Matrixbereich nur als Einheit editiert werden. Es ist nicht möglich, in ein einzelnes Feld eines solchen Bereichs plötzlich eine ganz normale Formel einzugeben. Würden Sie es versuchen, meldet Excel: »Kann Teil der Matrix nicht ändern«.

Sie können die für den gesamten Bereich gültige Matrixformel aber dennoch problemlos editieren. Sie müssen nur irgendein Feld dieses Bereichs selektieren, die Matrixformel in der Eingabezeile ändern und Ihre Änderungen statt mit [Enter] mit [Strg]+[Umschalt]+[Enter] abschließen. Diese Tastenkombination erkennt Excel als Versuch, nicht eine einzelne Formel in dieses Feld einzugeben, sondern die für den gesamten Bereich gültige Matrixformel zu editieren.

Ebensowenig wie es möglich ist, eine einfache Formel in einen Matrixbereich einzufügen, können Sie den Inhalt eines einzelnen solchen Feldes löschen oder ein Feld in einen

Matrixbereich einfügen. Beim Formatieren können Sie jedoch weiterhin jedes Feld eines Matrixbereichs als unabhängig von allen anderen Feldern betrachten und ihm beliebige Zahlen-, Schrift- oder Ränderformate zuweisen, ohne die restlichen Felder des Matrixbereichs zu beeinflussen.

Sehr oft werden Sie nicht mehr genau wissen, über welchen Bereich sich eine Matrixformel erstreckt. Selektieren Sie in diesem Fall irgendein Feld des Bereichs, und drücken Sie ⸤Strg⸥+⸤Umschalt⸥+⸤/⸥ (identisch mit der Option »Aktuelle Matrix« des Befehls *FORMEL Inhalte auswählen...*): Excel markiert den gesamten Matrixbereich.

Wenn Sie wollen, können Sie den gesamten Bereich nun wie gewohnt mit ⸤Entf⸥ löschen. Oder ihn in konstante Werte umwandeln. Also die Matrixformel löschen und dafür in jedem Feld den resultierenden Wert selbst speichern. Um diese Umwandlung vorzunehmen, müssen Sie zunächst den Matrixbereich mit ⸤Strg⸥+⸤Umschalt⸥+⸤/⸥ selektieren, dann *Kopieren* wählen und anschließend – bei unveränderter Selektion des Matrixbereichs – *Inhalte einfügen...* In der Dialogbox wählen Sie die Option »Werte«, damit in den Matrixbereich nur die momentan darin vorhandenen Werte eingefügt werden, nicht jedoch die Matrixformel selbst. Da nun keine Matrixformel mehr existiert, gibt es auch keinen Matrixbereich mehr, der beim Editieren Einschränkungen unterliegt, sondern nur noch eine Ansammlung einzelner Felder mit darin enthaltenen Zahlen.

Übrigens können Sie diese Methode auch auf einfache Formeln anwenden, um auch diese gegebenenfalls durch den zugehörigen aktuellen Wert zu ersetzen.

7⸤5⸥⸤3⸥   **Matrixkonstanten und Matrixexpansion**

Matrixbereiche sind ganz normale Bereiche Ihres Arbeitsblatts, die irgendwelche Werte oder eben eine Matrixformel enthalten. Analog zu normalen Bereichen, die im Arbeitsblatt gespeichert sind. Außer mit Bereichen können Sie in Formeln bekanntlich auch mit Konstanten arbeiten, festen Werte, die nur in der Formel selbst, aber nicht im Arbeitsblatt vorhanden sind. Zum Beispiel ist in der Formel *=2*A1* die Konstante 2 nicht im Arbeitsblatt, sondern nur in der Formel vorhanden.

Analog gibt es außer Matrixbereichen auch »Matrixkonstanten«, Konstanten, die mehrere feste Werte umfassen, die Sie durch ein Semikolon getrennt auflisten, umgeben von einer geschweiften Klammer. Ein Beispiel: {1;2;3;4;5} ist eine 5x1-Matrixkonstante, also eine Matrix, die Sie ebensogut in irgendeinem fünf Zeilen langen und eine Spalte breiten Bereich des Arbeitsblatts unterbringen könnten, zum Beispiel in A1:A5. Wird ein Punkt als Trennzeichen verwendet ({1.2.3.4.5}), so handelt es sich um eine 1x5-Matrix, also eine Matrix mit einer Zeile und fünf Spalten, entsprechend einem Bereich wie A1:E1.

Am Anfang dieses Kapitels haben wir zum Beispiel zu sechs Nettobeträgen in A2:A7 jeweils 14% Mehrwertsteuer mit folgender Matrixformel berechnet:

```
{=A2:A7*14%}
```

Alternativ könnten Sie 14% durch eine Matrixkonstante ersetzen. Allerdings dürfen Matrixkonstanten nur echte Konstanten enthalten, keine Ausdrücke wie »14%«, die erst noch berechnet werden müssen. Also wäre folgende Formel äquivalent:

`{=A2:A7*{0,14;0,14;0,14;0,14;0,14;0,14}}`

Der erste Wert im Matrixbereich wird mit dem ersten Wert der Matrixkonstanten multipliziert. Danach der zweite Wert im Matrixbereich mit dem zweiten Wert der Matrixkonstanten und so weiter. Das Ergebnis ist eine 6x1-Matrix, die im zuvor selektierten Bereich gespeichert wird, in dem Sie diese Matrixformel eingaben, zum Beispiel in B2:B7.

Sie können in Formeln auch mit mehreren Matrixkonstanten gleichzeitig operieren:

`=SUMME({1;2;3}+{4;5;6})`

Als Argumente dieser einfachen Formel (Achtung: Hier wird keine Matrixformel benötigt) werden zwei Matrixkonstanten verwendet, zwei 3x1-Matrizen mit konstanten Werten. Die beiden Matrizen werden zeilenweise addiert. Zuerst 1 und 4, dann 2 und 5 und zuletzt 3 und 6. Das Ergebnis ist wieder eine 3x1-Matrixkonstante: {5;7;9}. Die *SUMME()*-Funktion behandelt diese Matrixkonstante als Bereich und addiert die darin enthaltenen Zahlen, mit dem Resultat 21. Sie können auch Matrixbereiche mit Matrixkonstanten verknüpfen:

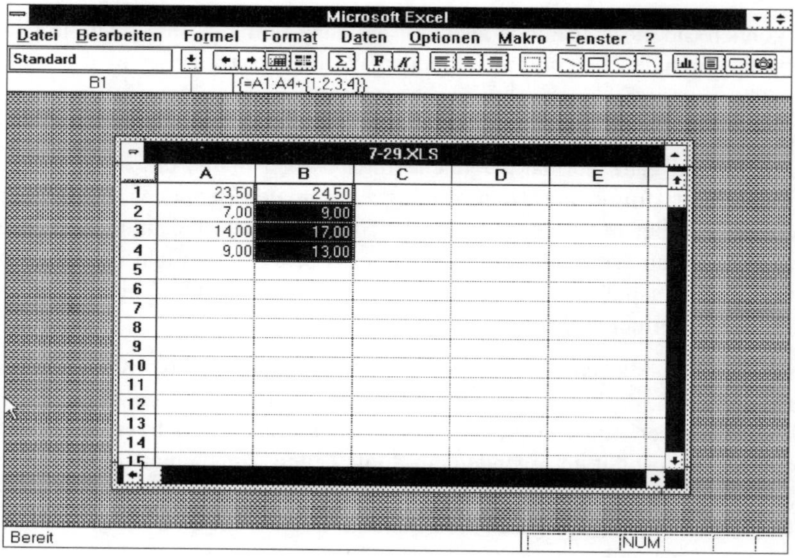

Bild 7.60: Verknüpfung von Matrixbereichen und Matrixkonstanten

In diesem aus der Luft gegriffenen Beispiel soll zur in A1 enthaltenen Zahl eine 1 addiert werden, zur in A2 enthaltenen eine 2, zu A3 eine 3 und zu A4 eine 4. Die vier Ergebnisse werden im Bereich B1:B4 gespeichert, der folgende Matrixformel enthält:

`{=A1:A4+{1;2;3;4}}`

Diese Formel addiert die erste Zelle des Bereichs A1:A4 und die erste Zahl der Matrixkonstanten {1;2;3;4}. Das Ergebnis kommt in die erste Zelle der Ergebnismatrix. Analog werden die restlichen drei Zeilen des Matrixbereichs und der Matrixkonstanten behandelt.

Bei der gemischten Verwendung von Matrixbereichen und Matrixkonstanten müssen Sie aufpassen. Matrixbereiche können sich über beliebig viele Spalten und Zeilen erstrecken. Das gleiche gilt auch für Matrixkonstanten. Das Semikolon als Trennzeichen gibt den Beginn einer neuen Zeile an. Befinden sich jedoch in einer Zeile der Matrixkonstanten mehrere Werte, müssen diese durch Punkte getrennt werden. Die Matrixkonstante {1.2.3;4.5.6} entspricht daher folgender Werteanordnung:

```
1 2 3
4 5 6
```

Also einer 2x3-Matrix. Ein Beispiel:

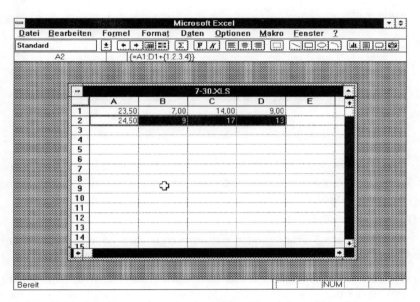

Bild 7.61: Verknüpfung spaltenorientierter Matrixbereiche und Matrixkonstanten

Der Matrixbereich A1:D1 wird mit der Matrixkonstanten {1.2.3.4} verknüpft, die die gleiche Form und Ausdehnung besitzt. In beiden Fällen handelt es sich um eine 1x4-Matrix. Noch einmal: {1;2;3;4} entspricht folgender Matrixform:

```
1
2
3
4
```

Und {1.2.3.4} der Matrix:

```
1 2 3 4
```

Nur bei gleicher Form der Matrixkonstante und des Matrixbereichs ist gewährleistet, daß jeder Zahl des Bereichs eine entsprechende Konstante zugeordnet ist. Ein letztes Beispiel:

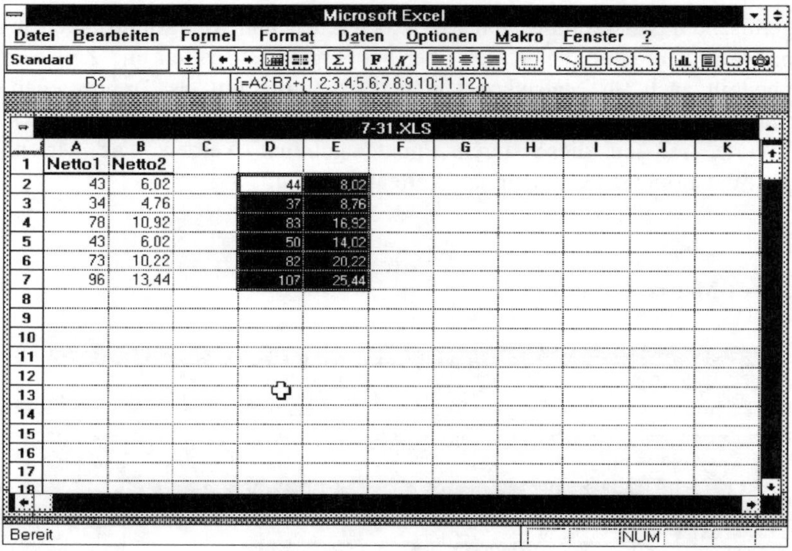

Bild 7.62: Verknüpfung eines 6x2-Matrixbereichs mit einer Matrixkonstanten

Zu jeder Zahl im Bereich A2:B7 soll eine Konstante addiert werden. Zu A2 der Wert 1, zu B2 der Wert 2, zu A3 eine 3 und so weiter. Also benutzen wir eine Matrixkonstante der gleichen Form und Ausdehnung:

`{=A2:B7+{1.2;3.4;5.6;7.8;9.10;11.12}}`

Durch Punkte getrennte Werte befinden sich in der gleichen Zeile der Matrixkonstanten. Nach jedem Semikolon folgen die Werte der darunterliegenden Zeile.

Übrigens: Wenn Sie Matrixkonstanten als Operanden verwenden und die Größe dieser Matrix nicht zu der der anderen benutzten Matrizen paßt, »expandiert« Excel die Matrixkonstante selbständig. Was damit gemeint ist, zeigt ein Beispiel:

`=SUMME(C2:E4+{4.8,3})`

Der Matrixbereich C2:E4 und die Matrixkonstante {4.8,3} werden addiert. Die Matrixkonstante enthält jedoch nur zwei Werte, ist also kleiner als der Matrixbereich!

Kein Problem: Excel »expandiert« die Matrixkonstante selbständig und verhält sich so, als enthielte sie außer der 4 und der 8,3 zusätzlich eine 0. So, als hätten Sie folgende Formel eingegeben:

`=SUMME(C2:E4+{4.8,3.0})`

7|6| Tabelle durchsuchen

Vor allem bei größeren Tabellen ist es häufig schwer, einen Fehler zu entdecken. Die gesamte Tabelle enthält ein Gemisch von Zahlen, Texten, Formeln und Matrizen, und Sie sollen nun eine bestimmte fehlerhafte Formel finden. Obwohl das erste Problem doch zunächst darin besteht, überhaupt einmal herauszufinden, welche Zellen eigentlich Formeln enthalten. Genau das nimmt Ihnen der Befehl *FORMEL Inhalte auswählen...* ab.

Er führt eine Mehrfachauswahl durch. Welche Art von Daten dabei selektiert wird, bestimmen Sie. Angenommen, Sie wollen alle in *MATRIX2.XLS* enthaltenen Formeln finden.

7|6|1| Wahl der zu suchenden Datenart

Sie laden dieses Blatt und selektieren genau eine Zelle. Denn *Inhalte auswählen...* durchsucht die gesamte Tabelle, wenn vor der Anwahl des Befehls eine Zelle (oder das ganze Blatt) selektiert war, oder aber einen zuvor ausgewählten Bereich. Nach der Anwahl des Befehls erscheint eine umfangreiche Dialogbox:

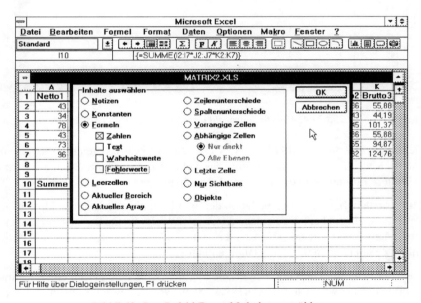

Bild 7.63: Der Befehl Formel Inhalte auswählen...

Selektieren Sie zunächst die auszuwählende Datenart. In unserem Fall sind das weder Notizen, Konstanten oder leere Felder, sondern »Formeln«. Und zwar Formeln, die als Resultate Zahlen liefern, da eine Formel auch andere Resultate ergeben kann. Deaktivieren Sie unter »Formeln« daher alle Optionen außer »Zahlen«. (Enter) führt zu folgender Mehrfachauswahl:

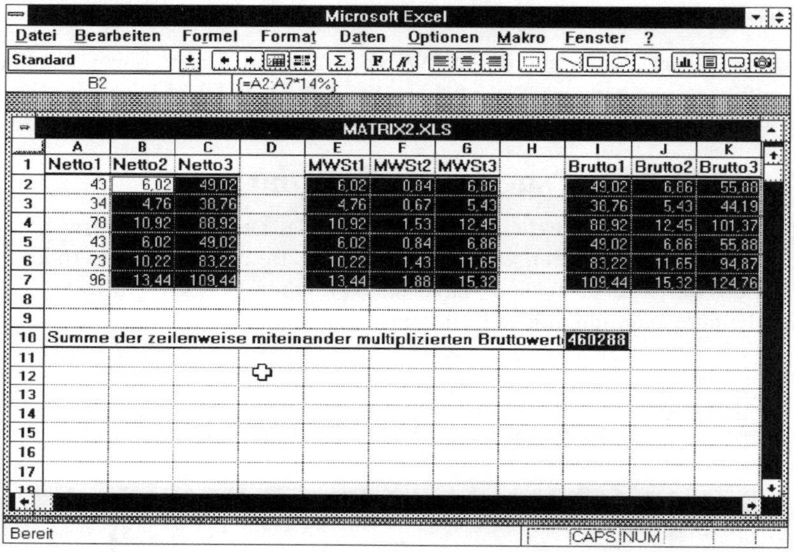

Bild 7.64: Mehrfachauswahl der selektierten Datenarten

Excel selektiert die drei in *MATRIX2.XLS* enthaltenen Matrixbereiche, die jeweils eine gemeinsame Matrixformel enthalten, und das Feld I10, das ebenfalls eine Matrixformel enthält. Weitere Formeln gibt es in diesem Arbeitsblatt nicht.

Alternativ könnten Sie zum Beispiel mit der in »Formeln« aktivierten Option »Fehlerwerte« alle Formeln suchen, die Fehlerwerte wie »#WERT?« liefern, also aus irgendeinem Grund fehlerhaft sind. Oder mit »Konstanten« alle Felder selektieren lassen, die ausschließlich Zahlen, Zeichenketten oder ein Datum enthalten.

»Aktueller Bereich« selektiert alle Felder, die um das aktive Feld herum einen rechteckigen Bereich bilden. Angewandt auf *MATRIX2.XLS*: Ist vor der Befehlsanwahl F3 die aktive Zelle und aktivieren Sie die Option »Aktueller Bereich«, selektiert Excel den Bereich E1:G7, in dem sich das aktive Feld F3 befindet und der ringsherum von leeren Feldern umgeben ist.

Entsprechend selektiert »Aktuelle Matrix« die gesamte Matrix, zu der das aktive Feld gehört, analog zur Tastenkombination [Strg]+[Umschalt]+[/]. Also ebenfalls den Bereich E1:G7, wenn F3 die aktive Zelle ist.

7.6.2 Zeilen- und Spaltendifferenzen

Vor der Benutzung der Optionen »Zeilendifferenzen« und »Spaltendifferenzen« müssen Sie zunächst den Bereich der Tabelle auswählen, der Sie interessiert. Und zwar auch dann, wenn das die gesamte Tabelle ist. In diesem Fall genügt es nicht, daß eine einzelne Zelle aktiv ist. Sie müssen explizit die komplette Tabelle auswählen!

Als Beispiel verwende ich die Tabelle *EDIT7.XLS*, in der ich den Bereich B3:F17 markiert habe. Steuern Sie den Zellcursor innerhalb dieses Bereichs entsprechend der Abbildung zu E9.

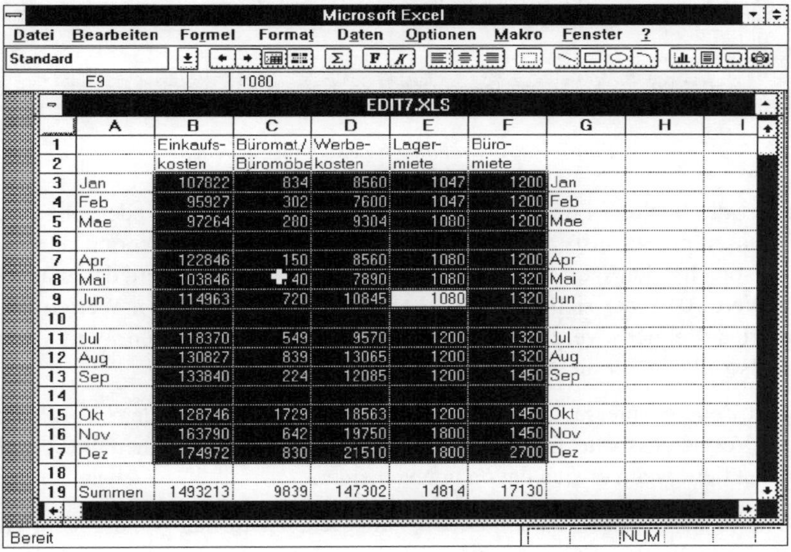

Bild 7.65: Vorbereitung einer Auswahl nach Zeilen- oder Spaltendifferenzen

Ohne dabei die Auswahl zu löschen! Bewegen Sie sich nicht mit den Cursortasten, sondern mit [Tab] und [Enter]. Wählen Sie anschließend *Inhalte auswählen...*, und aktivieren Sie die Option »Zeilenunterschiede«.

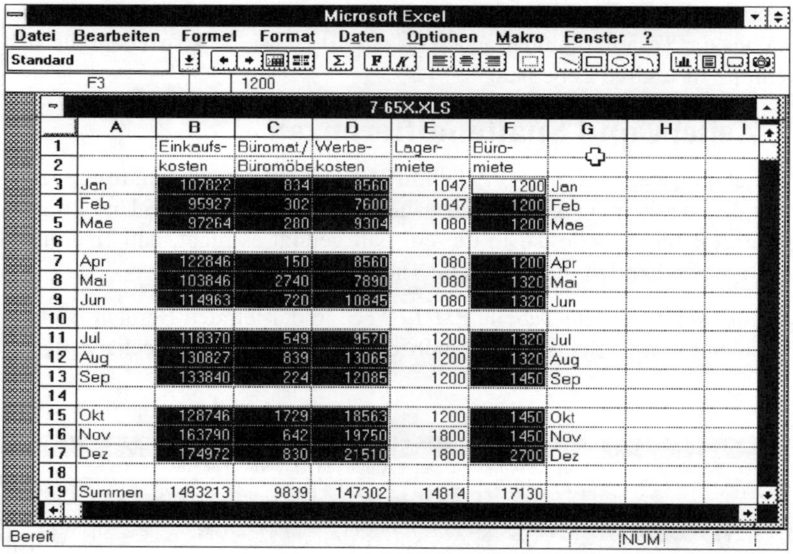

	A	B	C	D	E	F	G	H	I
1		Einkaufs-	Büromat./	Werbe-	Lager-	Büro-	⬚		
2		kosten	Büromöbe	kosten	miete	miete			
3	Jan	107822	834	8560	1047	1200	Jan		
4	Feb	95927	302	7600	1047	1200	Feb		
5	Mae	97264	280	9304	1080	1200	Mae		
6									
7	Apr	122846	150	8560	1080	1200	Apr		
8	Mai	103846	2740	7890	1080	1320	Mai		
9	Jun	114963	720	10845	1080	1320	Jun		
10									
11	Jul	118370	549	9570	1200	1320	Jul		
12	Aug	130827	839	13065	1200	1320	Aug		
13	Sep	133840	224	12085	1200	1450	Sep		
14									
15	Okt	128746	1729	18563	1200	1450	Okt		
16	Nov	163790	642	19750	1800	1450	Nov		
17	Dez	174972	830	21510	1800	2700	Dez		
18									
19	Summen	1493213	9839	147302	14814	17130			

Bild 7.66: Auswahl nach Zeilenunterschieden

Excel benutzt die Spalte, in der sich das momentan aktive Feld befindet, als »Vergleichsspalte«. In unserem Fall also Spalte E. Alle Zeilen werden nach Werten durchsucht, die sich vom entsprechenden Wert in Spalte E unterscheiden. Zunächst wird der erste in Spalte E enthaltene Wert 1047, der sich in Zeile 3 befindet, mit allen anderen Werten von Zeile 3 des selektierten Bereichs verglichen. Jedes Feld, das einen anderen Wert enthält, wird selektiert. Also alle Felder dieser Zeile, B3, C3, D3 und F3.

Danach wird Zeile 4 untersucht. Jeder Wert dieser Zeile wird mit dem Vergleichswert in Zeile 4 der Vergleichsspalte E verglichen, mit dem in E4 enthaltenen Wert 1047 – und ebenfalls selektiert, wenn er sich davon unterscheidet.

Und so weiter. Das Resultat: In allen Zeilen – abgesehen natürlich von der Vergleichsspalte selbst – sind alle Werte selektiert, mit Ausnahme der Zeilen 6, 10 und 14. Warum ausgerechnet in diesen Zeilen kein einziger Wert selektiert ist, ist leicht zu erklären. Nehmen wir als Beispiel Zeile 6. Der Vergleichswert in Spalte E dieser Zeile ist ein leeres Feld. Und damit sind natürlich alle anderen Felder der gleichen Zeile identisch, die ja ebenfalls leer sind. In dieser Zeile gibt es daher keine Felder, die sich vom Vergleichsfeld unterscheiden – und das gleiche gilt für die Zeilen 10 und 14.

Interessanter wird es, wenn wir erneut den Bereich B3:F17 selektieren, wieder E9 als aktives Feld wählen und den Bereich diesmal nach »Spaltenunterschieden« durchsuchen lassen.

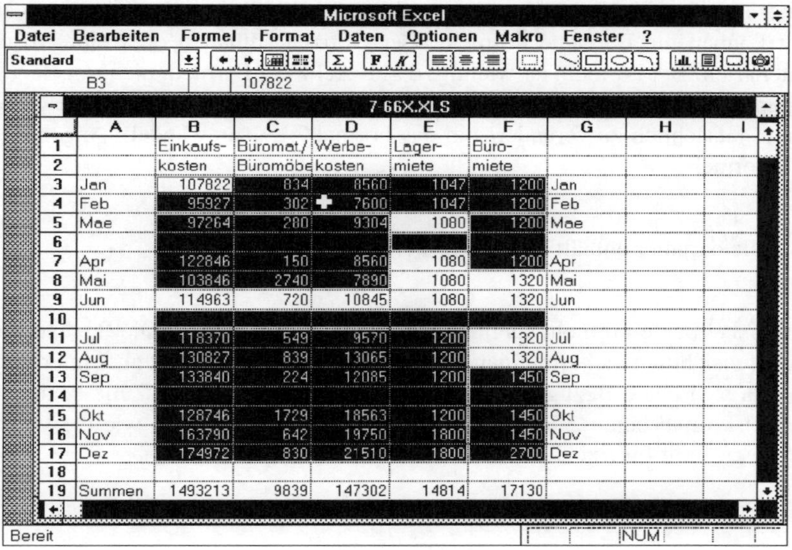
Microsoft Excel
Datei Bearbeiten Formel Format Daten Optionen Makro Fenster ?
Standard
B3 107822
7-66X.XLS
A B C D E F G H I
1 Einkaufs- Büromat./ Werbe- Lager- Büro-
2 kosten Büromöbe kosten miete miete
3 Jan 107822 834 8560 1047 1200 Jan
4 Feb 95927 302 7600 1047 1200 Feb
5 Mae 97264 280 9304 1080 1200 Mae
6
7 Apr 122846 150 8560 1080 1200 Apr
8 Mai 103846 2740 7890 1080 1320 Mai
9 Jun 114963 720 10845 1080 1320 Jun
10
11 Jul 118370 549 9570 1200 1320 Jul
12 Aug 130827 839 13065 1200 1320 Aug
13 Sep 133840 224 12085 1200 1450 Sep
14
15 Okt 128746 1729 18563 1200 1450 Okt
16 Nov 163790 642 19750 1800 1450 Nov
17 Dez 174972 830 21510 1800 2700 Dez
18
19 Summen 1493213 9839 147302 14814 17130
Bereit NUM

Bild 7.67: Auswahl nach Spaltenunterschieden

Bei der Option »Spaltenunterschiede« verwendet Excel statt einer Vergleichsspalte eine »Vergleichszeile«. Und zwar die Zeile, in der sich die aktive Zelle befindet, in unserem Fall also Zeile 9. Jedes Feld dieser Zeile, B9, C9, D9, E9 und F9 wird mit den entsprechenden Werten der jeweils gleichen Spalte verglichen. Diesmal sind mehrere Felder nicht selektiert. B1 ist übrigens sehr wohl selektiert, auch wenn es auf der Abbildung anders aussieht. B1 ist nach dem Durchsuchen jedoch das neue aktive Feld, wodurch die Markierung kaum sichtbar ist.

Nicht selektiert sind in Spalte E die Felder E5, E7 und E8. Kein Wunder, da ihr Inhalt mit dem des Vergleichsfeldes E9 identisch ist. Wie dieses enthalten sie die Konstante 1080. In Spalte F sind entsprechend die Felder F8, F11 und F12 nicht selektiert, da diese ebenso wie das Vergleichsfeld F9 dieser Spalte die Konstante 1320 enthalten.

Soviel zu den Zeilen- und Spaltendifferenzen. Noch zwei Tips: Die aktive Zelle, die die Vergleichsspalte beziehungsweise Vergleichszeile definiert, muß sich keineswegs im selektierten und zu durchsuchenden Bereich befinden! Es kann ebensogut irgendeine Zelle außerhalb des Bereichs sein, auch wenn sich die Vergleichszeile/-spalte dann möglicherweise ebenfalls außerhalb dieses Bereichs befindet.

Der zweite Tip: Sie können nicht nur Bereiche durchsuchen, die Konstanten enthalten. Ebensogut können die Bereiche Formeln oder Notizen enthalten oder eine Mischung all dieser Datenarten. Bei Formeln ist wichtig, daß Excel zwei Formeln nicht im Bezugsformat A1 miteinander vergleicht, sondern sie vor dem Vergleich intern (also ohne die eingetragene Formel tatsächlich zu verändern) in das Format Z1S1 umwandelt. Angenommen, A3 enthält die Formel

```
=2*B3
```

Und eine Zeile darunter enthält B4 die Formel

```
=2*B4
```

Dann wird Excel beide Formeln als miteinander identisch ansehen. Die Bezüge B3 und B4 sind zwar offensichtlich nicht miteinander identisch. Excel vergleicht aber intern im Format Z1S1, und da sich beide Bezüge auf die jeweils rechts benachbarte Zelle beziehen, lauten sie in diesem Format beide ZS(1) und sind somit identisch. Ebenso wie die vollständigen Formeln, die ja somit für Excel

```
=2*ZS(1)
```

und

```
=2*ZS(1)
```

lauten.

7|6|3| Vorrangige und abhängige Felder

Mit »Vorrangige Felder« durchsucht Excel die gesamte Tabelle nach Feldern, auf die sich die Bezüge der Formeln beziehen, die ein zuvor selektierter Bereich enthält. Angewendet auf *EDIT7.XLS*: Wenn Sie C19:B19 selektieren und bei *Inhalte auswählen...* »Vorrangige Felder« aktivieren, selektiert Excel acht Bereiche: B3:B5, B7:B9, B11:B13, B15:B17, A3:A5, A7:A9, A11:A13, A15:A17. Alle diese Bereiche enthalten Felder, auf die sich die in C19 und B19 enthaltenen Formeln beziehen, da diese Formeln die Werte in den ausgewählten Bereichen addieren. Die Formel in B19 addiert die Werte in Spalte B, und die Formel in C19 die Werte in Spalte C.

Entsprechend selektiert »Abhängige Felder« genau umgekehrt alle Felder einer Tabelle, die Formeln enthalten, die von den ausgewählten Feldern abhängig sind.

Mit den Optionen »Nur direkt« und »Alle Ebenen« entscheiden Sie in beiden Fällen, ob Excel beim Selektieren nur direkte oder auch indirekte Abhängigkeiten berücksichtigt. Angenommen, in A1 befindet sich der Wert 10. A2 enthält die Formel

```
=2*A1
```

Und A3 die Formel

`=A2+100`

Dann ist A2 direkt und A3 indirekt von A1 abhängig. Selektieren Sie A1 und wählen »Abhängige Felder« mit der Option »Nur direkt«, wird Excel nur A2 auswählen, mit »Alle Ebenen« dagegen auch das indirekt (über A2) von A1 abhängige Feld A3.

Selektieren Sie A3 und wollen mit »Vorrangige Felder« wissen, auf welche Felder sich die darin enthaltene Formel bezieht, wird auf alle Fälle A2 selektiert, da A3 einen direkten Bezug auf dieses Feld enthält. Nur mit der Option »Alle Ebenen« wird jedoch zusätzlich A1 selektiert werden, eine Zelle, auf die A3 keinen direkten Bezug enthält, sondern nur einen indirekten Bezug über das Feld A2, das wiederum einen direkten Bezug auf A1 enthält.

7I7I **Datenexport/Datenimport**

Excel stellt verschiedene Möglichkeiten zum Ex- oder Importieren von Daten zur Verfügung. Beispiele für eine solche Anwendung ist das Exportieren einer Excel-Tabelle in einem Format, das eine Textverarbeitung wie Word lesen kann, so daß Sie die Tabelle ohne Abtippen eines Ausdrucks direkt in einen Text einbinden können. Oder umgekehrt die Importierung einer Tabelle aus einer Textverarbeitung, zum Beispiel aus WinWord. Oder die Importierung von Datensätzen, die mit einer Datenbank wie zum Beispiel dBase erzeugt wurden, in eine Excel-Tabelle.

Zwischen Excel und vielen anderen Windows-Anwendungen können Sie mit dem »dynamischen Datenaustausch« (DDE = Dynamic Data Exchange) sogar Verknüpfungen erzeugen, bei denen die Daten automatisch aktualisiert werden, wenn sie sich in einer der beiden Anwendungen ändern, ähnlich externen Bezügen auf ein weiteres Arbeitsblatt.

Ein Beispiel: Sie benutzen ein Datenfernübertragungsprogramm, um aus irgendeiner Börsen-Datenbank die aktuellen Kurse verschiedener Aktien zu erfahren. Mit Excel wollen Sie diese Kurse anschließend aufbereiten, Charts oder andere Analysen erstellen. Sie stellen eine Verbindung zwischen den Kursen her, die in einer Datei des DFÜ-Programms gespeichert sind, und verschiedenen Feldern einer Excel-Tabelle. Laden Sie am nächsten Tag die Excel-Tabelle, wird Excel die aktuellen Kurse aus der DFÜ-Datei in die Tabelle einbinden. Ihre Tabelle ist daher ständig auf dem neuesten Stand, ebenso, als wäre die zweite Anwendung einfach eine mit Ihrer Excel-Tabelle verknüpfte weitere Excel-Tabelle.

7|7|1| Dateiformate

Grundlage zum Speichern von Excel-Tabellen in Formaten, die für andere Programme lesbar sind, sind die Optionen der erweiterten Dialogbox des Befehls *Speichern unter...*

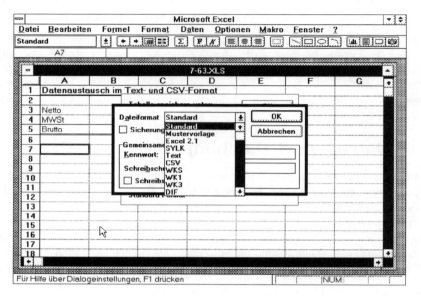

Bild 7.68: Speicheroptionen

Das Format »SYLK« erlaubt den Datenaustausch mit vielen Microsoft-Produkten, da zum Beispiel Multiplan und Chart dieses Format ebenfalls beherrschen. Beide Programme können Dateien im SYLK-Format sowohl lesen als auch erzeugen. WKS, WK1 und WK3 sind für Lotus 1-2-3 und Symphony gedacht, DIF für Visicalc, DBF2, DBF3 und DBF4 für die verschiedenen dBase-Versionen. Die Textformate gibt es zusätzlich noch in speziellen Versionen für den Macintosh und für OS/2. Die verschiedenen Formate werde ich jeweils an einem Programm erläutern, stellvertretend für alle anderen Programme, die ebenfalls das betreffende Format benutzen.

Beim Speichern in einem dieser Formate müssen Sie das gewünschte Format wählen. Das Einlesen ist einfacher, da Excel selbständig das Format erkennt, in dem die Datei gespeichert ist. Beachten Sie jedoch, daß Sie beim Laden die Dateimaske »*.*« eingeben sollten, um auch wirklich alle Dateien angezeigt zu bekommen, unabhängig von der oft formatspezifischen Erweiterung. Also auch Dateien wie *TEST.TXT*, *TEST.ASC* oder *TEST.SLK*.

7|7|1|1| Allgemeine Formate

Die »unverbindlichste« Form des Datenaustauschs ist die Verwendung des Text- oder »ASCII-Formats« in seinen beiden Versionen »Text« und »CSV«. Beide Formate werden – mehr oder weniger perfekt – praktisch von jedem Programm verstanden. Dafür berücksichtigt keines dieser Formate irgendwelche Besonderheiten des »Zielprogramms«. In beiden Fällen werden ausschließlich Texte und Zahlen gespeichert, aber keine Formeln!

Diese Formate stellen einen Kompromiß dar, der einen nicht unbedingt perfekten Datenaustausch ermöglicht, diesen dafür jedoch mit jedem Programm. Findet der Datenaustausch mit einem anderen Kalkulationsprogramm statt, sollte unbedingt eines der entsprechenden Spezialformate verwendet werden, um, wenn auch nicht alle, so doch zumindest einen Großteil der in der Tabelle enthaltenen Formeln mit zu übertragen und sich ein nachträgliches Eingeben per Hand zu ersparen.

Wie gesagt, im Text- und im CSV-Format speichert Excel ausschließlich Texte und Zahlen. In beiden Fällen wird jede Zeile der Tabelle in genau einer Zeile der erzeugten Datei gespeichert. Jeder Tabellenzeile folgt somit ein »Zeilenvorschub«.

Die beiden Formate unterscheiden sich durch die Art und Weise, in der die in einer Zeile enthaltenen Werte voneinander getrennt sind. Im Textformat wird der Inhalt jeder Zelle durch je ein Tabulatorzeichen vom Inhalt der Nachbarzellen getrennt. Nach dem Einlesen in eine Textverarbeitung bleiben diese Tabulatoren meist erhalten. Einfachere Editoren wandeln Tabulatoren dagegen häufig in eine Folge von Leerzeichen um. Im CSV-Format erfolgt die Trennung der Zellinhalte durch je ein Semikolon. Welches Format Ihr spezielles Programm besser versteht, müssen Sie ausprobieren.

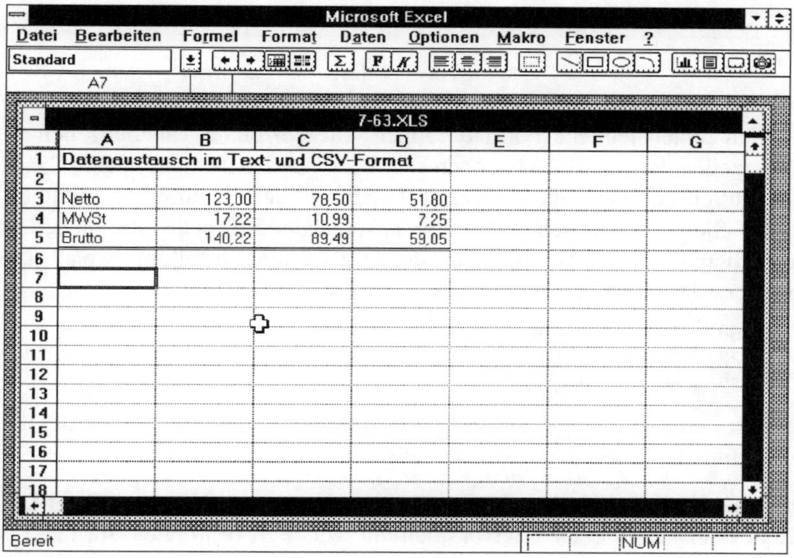

Bild 7.69: Zu übertragende Tabelle

Dieses Beispiel zeigt eine kleine Tabelle, die alle möglichen Datenarten enthält, Texte, Zahlen und Formeln. Zusätzlich weist sie verschiedene Formatierungen auf.

Nehmen wir an, Sie wollen diese Tabelle mit einer Textverarbeitung wie Microsoft Word einlesen, um Sie in einen Text zu integrieren. Sie speichern die Tabelle also entweder im Text- oder im CSV-Format. Das Resultat nach dem Einlesen in Word:

```
-    ■. TEXT-FORMAT
     ------------------

     Datenaustausch im Text- und CSV-Format

     Netto   123,00     78,50     51,80
     MWSt 17,22    10,99      7,25
     Brutto   140,22     89,49     59,05


     2. CSV-FORMAT
     ------------------

↑    Datenaustausch im Text- und CSV-Format;;;
     ;;;
     Netto;123,00;78,50;51,80
     MWSt;17,22;10,99;7,25
     Brutto;140,22;89,49;59,05
     ;;;


     3. EXCEL 2.1-FORMAT
     ------------------

     .K.STANDARD.XLS,
     Datenaustausch        im        Text-        und        CSV-Format

     Netto   123,00     78,50     51,80
     MWSt 17,22    10,99      7,25
     Brutto   140,22     89,49     59,05.K.
     ◆
Microsoft Word Version 5.0
```

Bild 7.70: Nach dem Einlesen der Tabellen

In allen Fällen fehlen jegliche Formatierungen. Die einzelnen Tabellenzeilen werden als separate Textzeilen dargestellt. Ganz oben sehen Sie das Textformat, in dem die Zellinhalte durch Tabulatoren getrennt wurden. Die Tabulatoren bleiben in Word erhalten. Mit dem Resultat, daß Sie diese optisch nicht sehr ansprechende Tabelle blitzschnell ordnungsgemäß formatieren können. Sie müssen nur die Tabulatoreinstellungen nach Ihren Wünschen verändern. Das Resultat sieht etwa so aus:

```
Netto    123,00   78,50   51,80
MWSt      17,22   10,99   7,25
Brutto   140,22   89,49   59,05
```

Nahezu perfekt, oder? Im Gegensatz zum CSV-Format, in dem die Zellinhalte durch je ein Semikolon getrennt wurden und das noch einige Nacharbeit erfordert.

Normalerweise werden Sie diese Speicheroptionen verwenden, um Excel-Dateien mit einem Editor oder gleich einer Textverarbeitung weiter zu bearbeiten. Im Falle von Word ab Version 5.0 sollten Sie beachten, daß dieses Programm mit dem Befehl *BIBLIOTHEK VERKNÜPFEN Kalkulationstabelle* sogar Tabellen lesen kann, die im ganz normalen Excel-

Standardformat gespeichert sind. Genauer gesagt: Word 5.0 kann Dateien der Excel-Version 2.1 lesen. Ganz unten in der Abbildung sehen Sie das Resultat nach dem Einlesen einer in diesem Format gespeicherten Datei. Das Ergebnis unterscheidet sich nur unwesentlich vom Einlesen einer im Textformat gespeicherten Tabelle.

Abgesehen von Unschönheiten wie dem Fehlen von Zahlen im Exponentialformat, möglicherweise fehlenden Umlauten und vor allem dem Fehlen jeglicher Formatierungen (fett, kursiv, Schriftart, Rahmen usw.) sollte Ihre im Text- oder CSV-Format gespeicherte Tabelle einigermaßen korrekt in der Textverarbeitung erscheinen.

Der umgekehrte Weg ist erheblich problematischer. Selbstverständlich können Sie Dateien, die im gleichen Format wie das Excel-Text- oder CSV-Format gespeichert sind, problemlos in Excel einlesen. Was Sie jederzeit ausprobieren können, indem Sie eine Excel-Tabelle in diesen beiden Formaten speichern und anschließend wieder laden. Sie können im Befehl *DATEI Öffnen...* unter »Optionen« sogar angeben, ob in der Datei Tabulatoren oder Semikoli als Trennzeichen verwendet werden und woher sie kommt (Macintosh, Windows, DOS, OS/2).

In der Praxis gibt es jedoch zwei »Fallen« beim Erstellen solcher Dateien mit Fremdprogrammen. Die erste betrifft das Trennzeichen zwischen Vor- und Nachkommastellen. Excel gibt es in einer voll eingedeutschten Version, und die besitzen Sie wahrscheinlich. Diese Version verwendet natürlich ein Dezimalkomma und nicht wie die englische Version einen Dezimalpunkt – im Gegensatz zu allen möglichen anderen Programmen!

Alle möglichen englischen Versionen von Kalkulationsprogrammen, Textverarbeitungen, Statistikprogrammen usw. benutzen den Dezimalpunkt. Und auch viele deutsche Programme, da der Dezimalpunkt fast schon ein internationaler Standard ist. Speichern Sie mit solchen Programmen eine Datei, in der die einzelnen Werte mit Tabulatoren (Textformat) oder Semikoli (CSV-Format) voneinander getrennt sind, ist das Format der Datei zwar prinzipiell für Excel geeignet, und sie kann eingelesen werden. Darin enthaltene Zahlen werden jedoch fehlerhaft verarbeitet. Angenommen, die mit der Textverarbeitung erstellte Datei enthält die Zeile

```
1.2;2.3;3.4
```

Diese Datei entspricht offenbar dem ASCII-Format von Excel; die einzelnen Zahlen sind mit Semikoli getrennt. Nach dem Laden der Datei sieht die zugehörige Zeile der Tabelle jedoch so aus:

```
1.Jan    2.Feb    3.Mär
```

Excel erkennt nicht, daß es sich bei »1.2« um eine Zahl handelt, sondern »sieht« statt dessen ein Datum, das im Datumsformat »T.MMM« gespeichert ist. Ich empfinde dieses Verhalten bei einem so ausgereiften Produkt wie Excel als reichlich »dumm«. Zumindest könnte es beim Laden eine Option geben, mit der angegeben werden kann, ob in der zu ladenden

Datei Dezimalpunkte oder Dezimalkommas verwendet werden. Diese Option, die so nützlich wäre, haben die Entwickler von Excel jedoch schlicht vergessen. Also sind Sie gezwungen, in der Textverarbeitung oder dem Editor vor dem Speichern mit »Suchen und Ersetzen« alle Punkte durch Kommata zu ersetzen!

Ein ähnliches Problem bildete noch in der Version 2.1 von Excel ein tatsächlich in der betreffenden Datei vorhandenes Datum wie »1/5/91«. Mit dem doch recht häufigen Bruchstrich zwischen der Tages-, Monats- und Jahresangabe war diese Excel-Version überhaupt nicht einverstanden. Sie bestand auf einem Punkt als Trennzeichen: »1.5.91«. Glücklicherweise ist zumindest dieses Problem in der 3.0-Version gelöst worden.

Die zweite Falle, in die man wesentlich leichter hineintappt, ist die Behandlung von Tabulatoren. Im Textformat trennt Excel Daten, die sich in einer Zeile befinden, mit Tabulatoren voneinander. Also gehen Sie beim Erstellen einer Zahlentabelle in Ihrem Editor oder Ihrer Textverarbeitung ebenso vor. Nach jeder Zahl drücken Sie die [Tab]-Taste, was eine wunderschön formatierte spaltengerechte Anordnung der Zahlen ergibt, etwa so:

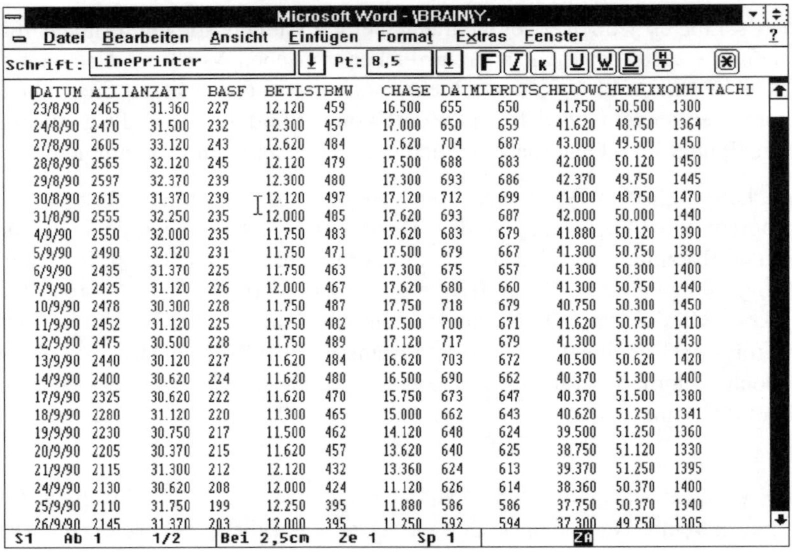

Bild 7.71: Die Datei AKTIEN.TXT

Diese Datei mit täglichen Aktienkursen und dem zugehörigen Datum entspricht nicht dem von Excel geforderten Textformat: Die Zahlen enthalten Dezimalpunkte statt der benötigten Dezimalkommas. Die verschiedenen Datumskomponenten sind jeweils durch Bruchstrich statt durch den von Excel geforderten Punkt getrennt.

Gehen wir davon aus, daß der Benutzer so schlau ist und die Datei erneut speichert – nachdem er den verwendeten Editor alle Punkte durch Kommas und danach alle Bruchstriche durch Punkte ersetzen ließ! Wenn Sie Pech haben, geht das Laden der Datei dennoch schief. Möglicherweise sieht die von Excel erzeugte Tabelle anschließend so aus:

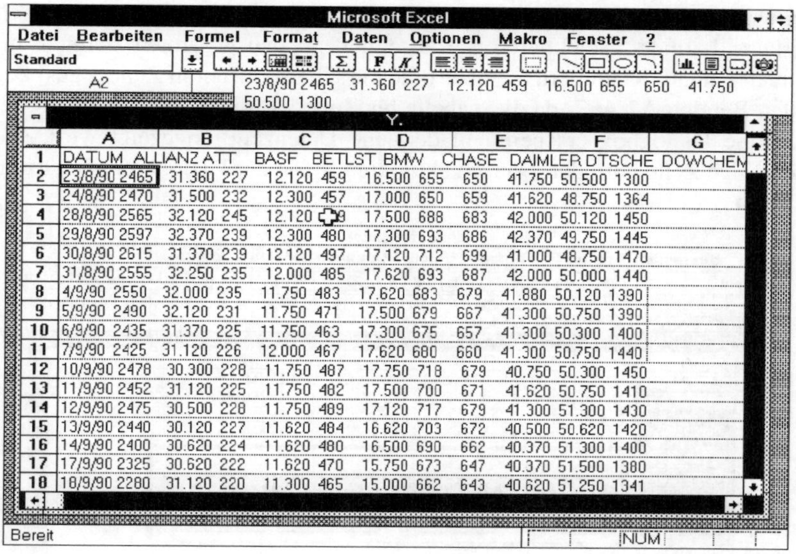

```
=                          Microsoft Excel                        ▼ ÷
Datei  Bearbeiten  Formel  Format  Daten  Optionen  Makro  Fenster  ?
Standard        ± ← → ▦▦ Σ F K ▤▤▤ □ ◯□◯ ▥▤◯▧
     A2              23/8/90 2465  31.360 227  12.120 459  16.500 655  650  41.750
                     50.500 1300
═                              Y.                                    ▲
       A        B        C      D       E       F         G          ▲
 1  DATUM ALLIANZ ATT  BASF  BETLST BMW  CHASE  DAIMLER DTSCHE DOWCHEM
 2  23/8/90 2465  31.360 227  12.120 459  16.500 655  650  41.750 50.500 1300
 3  24/8/90 2470  31.500 232  12.300 457  17.000 650  659  41.620 48.750 1364
 4  28/8/90 2565  32.120 245  12.120 🖐8  17.500 688  683  42.000 50.120 1450
 5  29/8/90 2597  32.370 239  12.300 480  17.300 693  686  42.370 49.750 1445
 6  30/8/90 2615  31.370 239  12.120 497  17.120 712  699  41.000 48.750 1470
 7  31/8/90 2555  32.250 235  12.000 485  17.620 693  687  42.000 50.000 1440
 8  4/9/90 2550   32.000 235  11.750 483  17.620 683  679  41.880 50.120 1390
 9  5/9/90 2490   32.120 231  11.750 471  17.500 679  667  41.300 50.750 1390
10  6/9/90 2435   31.370 225  11.750 463  17.300 675  657  41.300 50.300 1400
11  7/9/90 2425   31.120 226  12.000 467  17.620 680  660  41.300 50.750 1440
12  10/9/90 2478  30.300 228  11.750 487  17.750 718  679  40.750 50.300 1450
13  11/9/90 2452  31.120 225  11.750 482  17.500 700  671  41.620 50.750 1410
14  12/9/90 2475  30.500 228  11.750 489  17.120 717  679  41.300 51.300 1430
15  13/9/90 2440  30.120 227  11.620 484  16.620 703  672  40.500 50.620 1420
16  14/9/90 2400  30.620 224  11.620 480  16.500 690  662  40.370 50.300 1400
17  17/9/90 2325  30.620 222  11.620 470  15.750 673  647  40.370 51.500 1380
18  18/9/90 2280  31.120 220  11.300 465  15.000 662  643  40.620 51.250 1341
Bereit                                              │    │NUM│
```

Bild 7.72: Fehlerhaftes Lesen einer Text-Datei mit Leerzeichen statt Tabulatoren

Auf den ersten Blick scheint eigentlich alles in Ordnung zu sein. Schauen Sie bitte genauer hin. Dann erkennen Sie, daß sich alle Zahlen, die sich in Zeile 2 der Textdatei befanden, *gemeinsam* in Zelle A2 befinden! Die Zellen rechts davon sind leer, werden also nur zur Anzeige des Inhalts von A1 mitbenutzt. Deutlich zu erkennen ist das in der Eingabezeile. Zelle A2 ist gerade aktiv. Als ihr Inhalt wird angezeigt:

23/8/90 2465   31.360 227   12.120 459   15.500 655   650   41.750 50.500 1300

Das gleiche gilt für A3, A4 und so weiter. Jede dieser Zellen enthält nicht nur einen Wert, sondern jeweils eine komplette Dateizeile! Offenbar hat Excel die Trennung der einzelnen Zahlen und Texte (siehe Spaltenüberschriften in A1) nicht »kapiert«. Statt dessen wurde jede Zeile als ein zusammenhängender *Text* interpretiert und genau einer Zelle zugewiesen!

Genau das passiert, wenn Ihr Editor die von Ihnen verwendeten Tabulatoren nicht als Tabulatorzeichen mit dem ASCII-Code 9 speichert, sondern in eine Folge von Leerzeichen »übersetzt«. In diesem Fall drücken Sie zwar die Tab -Taste, in Wirklichkeit erzeugen Sie jedoch kein Tabulatorzeichen, sondern mehrere Leerzeichen. Mit denen ist Excel leider nicht einverstanden, sondern besteht auf seinem Tabulator als Trennzeichen mehrerer Zahlen. Nun gibt es zwei Möglichkeiten, das Problem zu lösen:

■ Ihr Editor besitzt eine Option (möglicherweise im Installationsprogramm), die Ihnen die Wahl zwischen Leerzeichen als Tabulatorersatz und echten Tabulatoren erlaubt.

■ Sie bringen Excel nachträglich mit dem *DATEN Analyse...*-Befehl dazu, die Datenzeilen in mehrere Werte aufzuteilen.

Probieren wir die dritte Methode aus. Öffnen Sie die Datei *AKTIEN.TXT*, die sich auf der Begleitdiskette befindet. Selektieren Sie anschließend den gesamten Bereich, der eingelesene Zahlen enthält. Klammern Sie aber bitte die Überschriften in Zeile 1 aus! Selektieren Sie also den Bereich A2:A97, da die Tabelle bis Zeile 97 reicht. Dann wählen Sie *DATEN Analyse...* Eine Dialogbox erscheint, in der jene Datenzeile angezeigt wird, in der sich gerade die aktive Zelle befindet. Danach aktivieren Sie in der Dialogbox »Schätzen«.

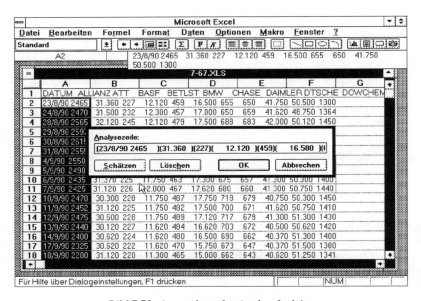

Bild 7.73: Anwendung der Analysefunktion

Excel trennt die in dieser Zeile enthaltenen Daten mit je einem Klammerpaar voneinander. Ist die Schätzung wie in diesem Fall teilweise falsch, können Sie sie von Hand korrigieren. Sie können die Klammersetzung mit →, ←, Entf und den beiden Klammertasten editieren – oder auch mit »Löschen« alle Klammern entfernen und komplett neu setzen. Sind alle Zahlen einwandfrei voneinander unterschieden, drücken Sie Enter. Excel splittet die Analysezeile entsprechend der Klammersetzung auf und verteilt die einzelnen Werte über die betreffende Tabellenzeile. Außerdem werden die nun festgelegten Unterteilungen in identischer Weise auf alle anderen zuvor von Ihnen selektierten Datenzeilen angewendet.

Anschließend selektieren Sie Zeile 1 mit den Spaltenüberschriften und wenden die Analyse nun separat auf diese eine Zeile an. Gehen Sie einfach zum Feld A1, das die gesamte Textzeile enthält, wählen Sie wieder *DATEN Analyse...*, und lassen Sie die Aufteilung erneut schätzen. Nach dem Schätzen ist eine ganze Menge Nachbearbeitung erforderlich, da Excel mit den Texten sehr schlecht zurechtkommt und zum Beispiel »DAIMLER« als »DAI)(MLER« schätzt, also unbedingt in »DAI« und »MLER« auftrennen will.

Übrigens dürfen Sie auf keinen Fall gleich im ersten Schritt den gesamten Bereich inklusive der Überschriften selektieren und von Excel analysieren lassen. Für die Analyse wird immer die erste markierte Zeile verwendet, in diesem Fall also die Überschriften. Und das Ergebnis der Analyse anschließend auf alle Zeilen darunter nur angewendet. Diese Zeilen werden nicht mehr analysiert.

Das Format von Texten wie hier den Überschriften paßt jedoch nicht zum Format der Zahlen in den Zeilen darunter. Die Breite der einzelnen Daten ist unterschiedlich. Excel würde daher zwar die Textzeile korrekt analysieren und in einzelne Wörter auftrennen, die Anwendung der aus der Textzeile resultierenden Klammersetzung auf die folgenden Zeilen mit den darin enthaltenen Zahlen jedoch eventuell falsche Ergebnisse bringen.

Gehen Sie dagegen wie beschrieben in zwei Schritten vor, und analysieren Sie die Text- und Zahlenreihen separat, haben Sie nun eine recht ordentliche Tabelle vor sich.

DATUM	ALLIANZ	ATT	BASF	BETLST	BMW	CHASE	DAIMLER	DTSCHE	DOWCHEM	EXXON	HITACHI
23.8.90	2465	31360	227	12120	459	16500	655	650	41750	50500	1300
24.8.90	2470	31500	232	12300	457	17000	650	659	41620	48750	1364
28.8.90	2565	32120	245	12120	479	17500	688	683	42000	50120	1450
29.8.90	2597	32370	239	12300	480	17300	693	686	42370	49750	1445
30.8.90	2615	31370	239	12120	497	17120	712	699	41000	48750	1470
31.8.90	2555	32250	235	12000	485	17620	693	687	42000	50000	1440
4.9.90	2550	32000	235	11750	483	17620	683	679	41880	50120	1390
5.9.90	2490	32120	231	11750	471	17500	679	667	41300	50750	1390
6.9.90	2435	31370	225	11750	463	17300	675	657	41300	50300	1400
7.9.90	2425	31120	226	12000	467	17620	680	660	41300	50750	1440
10.9.90	2478	30300	228	11750	487	17750	718	679	40750	50300	1450
11.9.90	2452	31120	225	11750	482	17500	700	671	41620	50750	1410
12.9.90	2475	30500	228	11750	489	17120	717	679	41300	51300	1430
13.9.90	2440	30120	227	11620	484	16620	703	672	40500	50620	1420
14.9.90	2400	30620	224	11620	480	16500	690	662	40370	51300	1400
17.9.90	2325	30620	222	11620	470	15750	673	647	40370	51500	1380
18.9.90	2280	31120	220	11300	465	15000	662	643	40620	51250	1341
19.9.90	2230	30750	217	11500	462	14120	648	624	39500	51250	1380
20.9.90	2205	30370	215	11620	457	13620	640	625	38750	51120	1330
21.9.90	2115	31300	212	12120	432	13360	624	613	39370	51250	1395
24.9.90	2130	30620	208	12000	424	11120	626	614	38360	50370	1400

Bild 7.74: Resultat der Datenanalyse

Ohne die in der Textdatei enthaltenen Dezimalpunkte statt der von Excel erwarteten Dezimalkommas könnten Sie mit dieser Tabelle sogar etwas anfangen. So wurden die Zahlen jedoch vollkommen falsch interpretiert. Die Dezimalpunkte hat Excel einfach entfernt. Mit dem Resultat, daß zum Beispiel C2 die Zahl 31 360 enthält. In der Textdatei stand dagegen »31.360«. Alle anderen Zahlen mit Nachkommastellen wurden ebenso falsch behandelt. In E2 befindet sich statt 12.120 der Wert 12 120, in G2 statt 16.500 die Zahl 16 500 und so weiter.

Die Lösung: Sie müssen die Datei *AKTIEN.TXT* erneut in Ihre Textverarbeitung laden und alle Dezimalpunkte durch Dezimalkommas ersetzen lassen, die Datei anschließend speichern, Excel aufrufen, die Datei öffnen und erneut mit der Analysefunktion bearbeiten. Viel Spaß dabei.

7|7|1|2| Zwei nützliche Utilities

Die Benutzung der Analysefunktion ist offenbar nicht gerade spaßig. Ein Fehler im Format der bearbeiteten Datei, und alle Mühe ist umsonst. Sie müssen in Ihrer Textverarbeitung den Fehler korrigieren und den gesamten Übertragungsvorgang wiederholen.

Darüberhinaus ist es noch nicht einmal immer möglich, diese Funktion zu benutzen. Bei eigenen Anwendungen stieß ich beim Einlesen umfangreicher Textdateien mit Aktienkursen auf eine sehr unangenehme Begrenzung dieses Befehls: Er funktioniert nur bei Tabellen mit maximal 25 Spalten. Enthält die eingelesene Tabelle mehr Spalten, erhalten Sie die Fehlermeldung »Fehler in Analysezeile«.

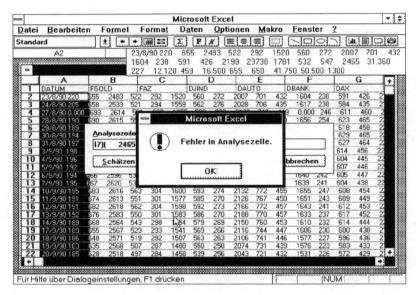

Bild 7.75: Die Analysefunktion und »breite« Tabellen

Diese Abbildung zeigt den Versuch, eine Textdatei mit 45 Aktienkursen zu analysieren. Es geht einfach nicht! Mir blieb nichts anderes übrig, als mir in der Sprache C zwei kleine Hilfsprogramme (»Utilities«) READFILE.EXE und TAB_REPL.EXE zu schreiben, die die Analysefunktion in den beschriebenen Fällen ganz einfach überflüssig machen. Sicher können auch Sie diese beiden Programme irgendwann einmal zum Datenaustausch zwischen Excel und Fremdprogrammen gebrauchen. Beide befinden sich als ganz normal unter DOS (nicht unter Windows) ausführbare Programme auf der Begleitdiskette.

READFILE ist das »harmlosere« der beiden Utilities. Es liest eine Datei Zeichen für Zeichen ein und gibt die zugehörigen ASCII-Codes auf dem Bildschirm aus. Anhand dieser Codes können Sie erkennen, ob in einer von Ihrem Editor/Ihrer Textverarbeitung gespeicherten Datei zwischen den einzelnen Daten Leerzeichen oder Tabulatoren enthalten sind.

Interessant ist dieses Prögrämmchen für alle jene unter Ihnen, die keine Utility-Pakete wie die »Norton Utilities« oder »PC-Tools« besitzen, die das gleiche wesentlich perfekter und vielseitiger ermöglichen. *READFILE* besitzt folgende Syntax:

```
READFILE FILEIN
```

»FILEIN« ist die zu untersuchende »Eingabedatei«. Ein Beispiel: Der Aufruf

```
READFILE TEXT.DOC
```

zeigt die in der Datei *TEXT.DOC* enthaltenen ASCII-Codes an.

READFILE wartet vor der Ausgabe eines Zeichens immer erst auf eine – beliebige – Tastenbetätigung. Halten Sie nach dem Aufruf einfach solange zum Beispiel die Leertaste gedrückt, bis auf dem Bildschirm eine interessante Stelle angezeigt wird. Dann lassen Sie die Leertaste los. Die Code-Ausgabe wird angehalten, und Sie können sich den Bildschirminhalt in Ruhe anschauen. Eventuell sehen Sie etwa folgende Zahlenreihe:

```
49 57 55 52 53 32 32 32 55 46 55 51 32 32 32 32 49 53 53 48 46 52 48
```

Ohne ASCII-Tabelle können Sie diese Codefolge natürlich nicht interpretieren und nicht erkennen, daß sich dahinter folgende Zahlenreihe verbirgt:

```
19744    7.73    1550.40
```

Das ist zum Glück auch nicht nötig. Wichtig ist nur der mehrfach auftauchende Code 32, der für das Leerzeichen steht. Die Codefolge »32 32 32« entspricht den drei Leerzeichen zwischen 19744 und 7.73. Und die Folge »32 32 32 32« den vier Leerzeichen zwischen 7.73 und 1550.40.

Offensichtlich sind in dieser Datei die einzelnen Zahlen durch Folgen von Leerzeichen getrennt, was Excel wie erläutert nicht paßt. Die Datei wäre für Excel brauchbar, wenn sich darin statt dessen zwischen zwei Zahlen jeweils der Code 9 befinden würde, das Tabulatorzeichen:

```
49 57 55 52 53 9 55 46 55 51 9 49 53 53 48 46 52 48
```

Mit *READFILE* sehen Sie also auf einen Blick, welche Trennmethode Ihr Editor verwendet. Sind es Leerzeichen, rufen Sie im nächsten Schritt *TAB_REPL* auf.

TAB_REPL ist erheblich nützlicher als *READFILE*. Dieses Programm ersetzt beliebig lange Leerzeichen-Sequenzen durch je ein Tabulatorzeichen und ersetzt zusätzlich ein anzugebendes Zeichen in der gesamten Datei durch ein zweites anzugebendes Zeichen. *TAB_REPL* besitzt die Syntax:

```
TAB_REPL FILEIN FILEOUT CHARALT CHARNEU
```

»FILEIN« ist die zu behandelnde Datei, die *TAB_REPL* einlesen soll. Und »FILEOUT« die zu erzeugende Ausgabedatei. Die Originaldatei bleibt unverändert erhalten. Angenommen, Sie rufen *TAB_REPL* mit

```
TAB_REPL TEST.DOC KOPIE.DOC . ,
```

auf. Dann liest das Programm die Datei *TEST.DOC* ein und erzeugt die neue Datei *KOPIE.DOC*, die eine Kopie von *TEST.DOC* ist, in der jedoch Leerzeichenfolgen durch je

ein Tabulatorzeichen ersetzt werden. Zusätzlich sind in *KOPIE.DOC* alle in der Originaldatei enthaltenen Punkte durch Kommas ersetzt worden. Dort, wo sich in *TEST.DOC* die
Codefolge

```
49 57 55 52 53 32 32 32 55 46 55 51 32 32 32 32 49 53 53 48 46 52 48
```

befindet, befindet sich nun in der erzeugten Datei *KOPIE.DOC* die Folge:

```
49 57 55 52 53 9 55 44 55 51 9 49 53 53 48 44 52 48
```

Beachten Sie bitte, daß nicht nur beiden Leerzeichensequenzen »32 32 32« und »32 32 32
32« durch je eine Tabulatorzeichen mit dem Code 9 ersetzt wurden. Sondern zusätzlich der
ASCII-Code 46 durch den Code 44 ersetzt wurde. Also das Zeichen ».« in den beiden
Zahlen durch das Zeichen »,«. Die Trennung der Nachkommastellen erfolgt nun so, wie es
Excel erwartet. Die Analysefunktion wird nicht mehr benötigt. Die behandelte Datei
KOPIE.DOC wird absolut korrekt eingelesen.

Wenn Sie *TAB_REPL* nur zum Ersetzen von Leerzeichenfolgen durch Tabulatoren verwenden, aber kein Zeichen durch ein anderes ersetzen wollen, geben Sie für die Argumente
»CHARALT« und »CHARNEU« einfach das gleiche Zeichen an.

```
TAB_REPL TEST.DOC KOPIE.DOC X X
```

Dieser Aufruf erzeugt aus *TEST.DOC* die Datei *KOPIE.DOC*, in der Leerzeichen durch
Tabulatoren ersetzt wurden. Und ersetzt zusätzlich das Zeichen »X« durch »X« – was
natürlich nichts am Dateiinhalt ändert.

TAB_REPL kann übrigens nicht nur eine, sondern beliebig viele Dateien auf einmal behandeln. Um das zu erklären, muß ich ein wenig ausholen. Stellen Sie sich vor, Sie haben ein
Verzeichnis mit 500 Aktienkursen, die im Textformat gespeichert sind. Für jede Aktie existiert eine eigene Datei. Das Verzeichnis enthält also 500 Dateien. *BASF.ASC* enthält die
Kursdaten von BASF, *DAIMLER.ASC* die Kurse von Mercedes und so weiter. Alle diese
Dateien enthalten Leerzeichensequenzen statt Tabulatoren, und die Nachkommastellen sind
durch Dezimalpunkte von den Vorkommastellen getrennt. Also rufen Sie *TAB_REPL* auf,
um die erste Datei für Excel zu »präparieren«:

```
TAB_REPL BASF.ASC BASF.EXC . ,
```

BASF.EXC kann nun von Excel problemlos eingelesen werden. Die zweite Datei behandeln
Sie genauso:

```
TAB_REPL DAIMLER.ASC DAIMLER.EXC . ,
```

Und so weiter. Bei 500 Kursdateien müssen Sie *TAB_REPL* fünfhundertmal aufrufen! Da
ich selbst vor genau diesem Problem stand, habe ich *TAB_REPL* flexibel genug gestaltet,
um mit nur einem Aufruf alle 500 Dateien zu behandeln. Das funktioniert so:

▪ Sie übergeben als Argument »FILEIN« eine Dateimaske, die alle zu behandelnden
Dateien erfaßt, zum Beispiel »*.ASC«.

▪ Sie übergeben als Argument »FILEOUT« eine Dateimaske, in der der Dateiname ebenfalls »ausmaskiert« und nur die Namenserweiterung der erzeugten Dateien definiert ist, zum Beispiel »*.EXC«.

▪ *TAB_REPL* behandelt alle Dateien im aktuellen Verzeichnis, auf die die angegebene Dateimaske zutrifft. Die neu erzeugten Dateien besitzen den gleichen Namen wie die Originale und die von Ihnen festgelegte Erweiterung (beziehungsweise keine Erweiterung, wenn Sie keine angaben. Beispiel: *TAB_REPL *.ASC * . ,)*

Wollen Sie zum Beispiel alle Dateien im aktuellen Verzeichnis behandeln, die die Endung *.ASC* besitzen, verwenden Sie folgenden Aufruf:

```
TAB_REPL *.ASC *.EXC . ,
```

TAB_REPL sucht die erste Datei, die mit *.ASC* endet. Und findet zum Beispiel *BASF.ASC*. Die Datei wird behandelt und das Ergebnis in einer Datei mit dem gleichen Namen und der von Ihnen angegebenen Erweiterung gespeichert, also in *BASF.EXC*. Danach sucht *TAB_REPL* die zweite Datei, auf die die Maske »*.ASC« zutrifft. Und findet zum Beispiel *DAIMLER.ASC*. Also wird auch diese Datei behandelt und das Ergebnis in *DAIMLER.EXC* gespeichert. Und so weiter, bis alle Dateien behandelt sind, auf die die Dateimaske zutrifft. Zum Beispiel findet der Aufruf

```
TAB_REPL *.* *.EXC . ,
```

alle Dateien, die im aktuellen Verzeichnis enthalten sind. Die behandelten Kopien besitzen identische Namen und die Erweiterung *.EXC*.

7.7.1.3 Multiplan, Lotus, Symphony und dBase

Für den Datenaustausch mit Multiplan wird das Microsoft-eigene SYLK-Format benutzt. Sie müssen Ihre Excel-Dateien im SYLK-Format speichern, wenn Sie diese Dateien mit Multiplan weiterverarbeiten wollen. Und umgekehrt Multiplan-Dateien im SYLK-Format speichern, wenn Sie Excel auf diese Dateien loslassen. Der letztere Fall ist sicher häufiger, da Sie wahrscheinlich von Multiplan auf Excel umsteigen und nicht umgekehrt. Und dann wollen Sie sicher bereits bestehende Multiplan-Dateien unter Excel weiterverwenden.

Prinzipiell ist das nach dem erneuten Speichern einer alten Datei unter Multiplan im SYLK-Format auch kein Problem. Zahlen, Operatoren und numerische Formate werden korrekt gelesen und in entsprechende Excel-eigene Formate übersetzt. Probleme kann es allerdings geben, wenn Sie eine englische Multiplan-Version benutzen. Darauf war es zurückzuführen, daß ich beim Einlesen einer im SYLK-Format gespeicherten Multiplan-Tabelle in Excel Schwierigkeiten bekam. Excel wollte zum Beispiel den Aufruf der Multiplan-Funktion *LOOKUP()* nicht akzeptieren – kein Wunder, schließlich heißt die entsprechende eingedeutschte Excel-Funktion *VERWEIS()*. Ebenfalls problematisch sind die bisher noch nicht behandelten »Makros«. Bei der Umwandlung von Multiplan- in Excel-Makros hilft Ihnen ein separates Hilfsprogramm zu Excel, der »Macro Translator«. Sie öffnen unter Excel die Multiplan-Makro-Datei, starten den Macro Translator und wählen den

Befehl *Multiplan*. Der Translator fordert Sie nun auf, die zu übersetzenden Makros zu selektieren. Anschließend wandelt er sie in Excel-Makros um und speichert sie auf einem neuen Makro-Arbeitsblatt. Das Resultat ist mehr oder weniger perfekt, da Excel nicht für alle Multiplan-Makros geeignete Entsprechungen besitzt.

Kommen wir zum Übertragen von Excel-Tabellen in Multiplan. Multiplan liest von Excel im SYLK-Format gespeicherte Tabellen zwar ein, versteht jedoch bei weitem nicht alles, da Excel ungleich mehr Features besitzt als Multiplan. Verschiedene Formate (Schriftarten, Ausrichtung usw.) werden von Multiplan einfach ignoriert, was nicht weiter tragisch ist. Unangenehmer ist, daß Multiplan einige Excel-Funktionen nicht kennt, was zu einer entsprechenden Fehleranzeige führt und bei verknüpften Dateien nur einfache externe Bezüge erlaubt. Die in Excel möglichen komplexen Bezüge werden nicht unterstützt! In der Praxis heißt das, daß nach dem Einlesen einer Excel-Tabelle in Multiplan oft noch eine größere Überarbeitung der Tabelle ansteht.

Ähnliches wie für Multiplan gilt auch für Lotus- und Symphony-Tabellen. Nach dem Einlesen werden darin enthaltene Werte, Formatierungen, Namen und Formeln in Excel korrekt wiedergegeben. Bei nicht standardmäßig von Excel unterstützten Zahlenformaten erzeugt das Programm ein entsprechendes neu definiertes Format. Excel unterstützt Lotus- und Symphony-Funktionen, auch wenn sich die Funktionsbezeichnungen und die Arbeitsweise teilweise unterscheiden. So heißt zum Beispiel die Lotus-Funktion *F()* bei Excel *T()* und *@EIGENNAME()* bei Excel *GROSS2()*. Die Übersetzung in Excel-Funktionsnamen und die Anpassung der Funktionsparameter nimmt Excel jedoch automatisch vor. Ein wichtiger Unterschied, der nicht angepaßt wird, betrifft die *GANZZAHL()*-Funktion, wenn sie auf negative Zahlen angewandt wird. Bei Lotus ist das Resultat dieser Funktion immer der ganzzahlige Anteil einer Zahl, wobei die Nachkommastellen einfach entfernt werden. Daher liefert die Formel *@GANZZAHL(–10,5)* in Lotus das Resultat –10. Da Excels *GANZZAHL()*-Funktion jedoch immer die nächstkleinere ganze Zahl ermittelt, liefert in Excel *GANZZAHL(–10,5)* als Resultat –11 – eine Abweichung, die Sie selbst korrigieren müssen!

Excel ist wunderbar auf das Einlesen und Konvertieren von Lotus-Tabellen eingerichtet, um Umsteigern von Lotus auf Excel die Übernahme Ihrer Tabellen zu ermöglichen. Bei der Umwandlung von Lotus- in Excel-Makros hilft Ihnen ebenfalls der »Macro Translator«. Sie öffnen unter Excel die Lotus-Makro-Datei, starten den Macro Translator und wählen den Befehl *Lotus 1-2-3*. Der Translator fordert Sie auf, die zu übersetzenden Makros zu selektieren, wandelt sie in Excel-Makros um und speichert sie auf einem neuen Makro-Arbeitsblatt. Das Resultat ist wie bei Multiplan nicht immer perfekt, da Excel nicht für alle Lotus-Makros geeignete Entsprechungen besitzt.

Der umgekehrte Weg ist problematischer. Lotus kann weder mit von Excel erstellten Grafiken noch mit Excel-Makros etwas anfangen. Außerdem besitzt Excel viele Funktionen, zu denen es in Lotus kein Äquivalent gibt. Ebensowenig wie zu verschiedenen Formatierungen.

Das heißt, auch hier ist wie fast immer beim Exportieren von Excel-Tabellen in andere Kalkulationsprogramme ein Menge an Nacharbeit erforderlich.

Der Datenaustausch mit dBase ist außerordentlich unproblematisch, da wie bei Lotus sogar unterschiedliche Versionen unterstützt werden. Allerdings werden dabei weder Formate noch Formeln ex- oder importiert, sondern ausschließlich Texte und Zahlen. Grundlage ist das Excel-Feature der Verwaltung von »Datenbanken«. Ein etwas hochgestochener Ausdruck im Vergleich zu einem echten Datenbankprogramm. Doch wie wir noch sehen werden, beherrscht auch Excel die Grundzüge der Datenverwaltung und kann zum Beispiel Datensätze sortieren oder suchen.

Bevor eine Datei im dBase-Format exportiert wird, muß eine »Datenbasis« definiert sein, ein Teil einer Excel-Tabelle, der datenbankartig angeordnete Datensätze enthält, Adressen, Telefonnnummern oder ähnliches. Excel exportiert beim Speichern ausschließlich diese Datenbasis und erzeugt daraus eine echte dBase-Datei, die ohne Probleme mit dBase oder Clipper weiterbearbeitet werden kann. Sie können anschließend Indexdateien erzeugen, Such- oder Sortierläufe starten und so weiter.

Umgekehrt kann Excel eine dBase-Datei direkt importieren und daraus eine Datenbasis erstellen. Auf die möglicherweise unter dBase erzeugten Indexdateien müssen Sie allerdings verzichten, da Excel keine vollwertige Datenbank ist und nichts Vergleichbares kennt.

7|7|2| Datenaustausch mit Windows-Applikationen

Der Datenaustausch zwischen Excel und anderen Windows-Applikationen erfolgt entweder über die »Zwischenablage«, das »Clipboard«, oder mit Hilfe des dynamischen Datenaustauschs, den leider bei weitem nicht jedes Windows-Programm unterstützt.

7|7|2|1| Die Zwischenablage

Die Zwischenablage funktioniert dagegen mit praktisch jeder Windows-Applikation. Ich demonstriere diese Möglichkeit an Windows-Write, da darüber jeder Besitzer einer Windows-Vollversion verfügt, es also sicher eines der verbreitetsten Windows-Programme überhaupt ist.

Nehmen wir an, Sie wollen einen Ausschnitt einer Excel-Tabelle in einen mit Write erstellten Text integrieren. Zum Beispiel einen Teil der Tabelle *AKTIEN.TXT* (bitte vor dem Öffnen mit *TAB_REPL* behandeln!). Dann markieren Sie diesen Ausschnitt und wählen anschließend *Kopieren*. Zu kopierende Ausschnitte werden immer in die Zwischenablage befördert, deren Inhalt jeder anderen Windows-Applikation zugänglich ist.

Nun rufen Sie Write auf. Sollte das am verfügbaren Speicherplatz scheitern, schließen Sie zuvor das Excel-Fenster; der Inhalt der Zwischenablage bleibt dabei erhalten. In Write bewegen Sie den Cursor zu der Stelle im Text, an der die Tabelle eingefügt werden soll und wählen *BEARBEITEN Einfügen*.

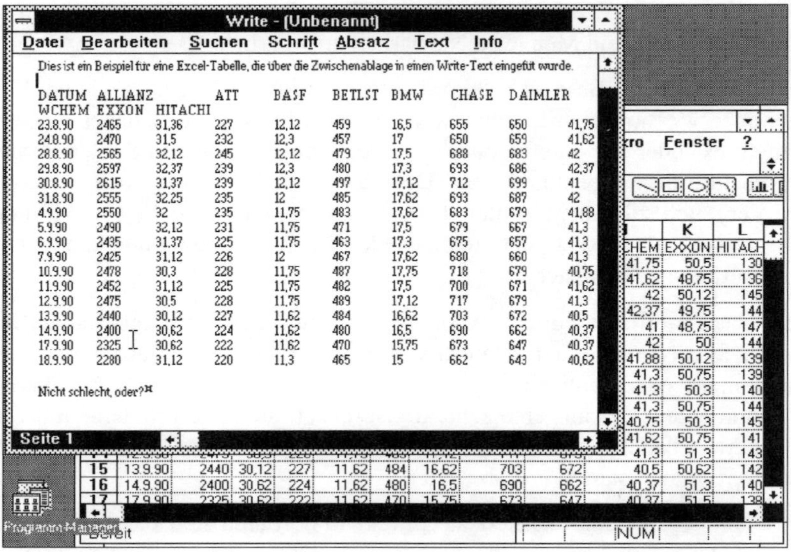

Bild 7.76: Einfügen einer Tabelle über die Zwischenablage

Diese Abbildung zeigt einen Write-Text, in den die im letzten Abschnitt als Beispiel verwendete Excel-Tabelle eingefügt wurde. Wie Sie sehen, wäre es übrigens vorteilhaft gewesen, diesen Ausschnitt zuvor mit dem Zahlenformat »0,00« zu formatieren, also einer festen Anzahl an Nachkommastellen. Denn durch die unterschiedliche Anzahl der Nachkommastellen im Standard-Zahlenformat ist nach dem Einfügen in Write die spaltengerechte Ausrichtung der Zahlen nicht mehr gegeben. Zahlen mit weniger Nachkommastellen werden weiter links, Zahlen mit mehr Nachkommastellen weiter rechts im Text angeordnet. Im Hintergrund können Sie übrigens noch das Excel-Fenster mit der Originaltabelle erkennen.

Vielleicht wollen Sie in Ihren Text zusätzlich eine Grafik integrieren, um das Zahlenmaterial etwas anschaulicher zu präsentieren. Kein Problem, auch wenn Sie noch nicht mit Excel-Diagrammen umgehen können. Ich gehe davon aus, daß der interessierende Tabellenbereich immer noch selektiert ist. Wählen Sie *DATEI Neu...*, aktivieren Sie die Option »Diagramm«, drücken Sie [Enter] – schon haben Sie ein Diagramm auf dem Bildschirm, auch wenn Sie die Darstellung vielleicht noch nicht richtig interpretieren können.

Drücken Sie einmal [→]. Mehrere »Klötze« erscheinen und umrahmen das Diagramm. Sie haben soeben das gesamte Diagramm selektiert. Wählen Sie nun *BEARBEITEN Kopieren*, um die Grafik in die Zwischenablage zu befördern.

Rufen Sie Write auf, bewegen Sie den Cursor zur gewünschten Position, und fügen Sie die Grafik dort mit *BEARBEITEN Einfügen* ein. Angewandt auf den zuletzt verwendeten Write-Text, der bereits die Tabelle enthielt, ergibt sich als Resultat:

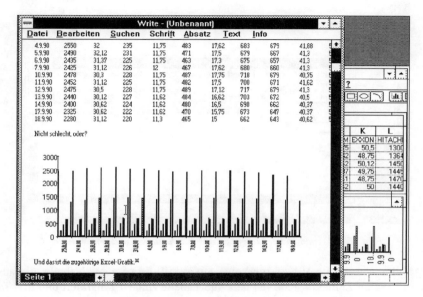

Bild 7.77: Einbindung einer Grafik über die Zwischenablage

Perfekt, oder? Tabelle und zugehörige Grafik in einem Text integriert. Die Grafik wurde übrigens noch mit den Befehlen *BEARBEITEN Bild verkleinern* und *BEARBEITEN Bild verschieben* von Write verkleinert und in die Mitte des Bildschirms geschoben.

Der Datenaustausch über die Zwischenablage funktioniert auch in umgekehrter Richtung. Sie können beliebige Zahlen oder Zeichenketten eines Textes markieren, mit *Kopieren* in die Zwischenablage befördern und in einer Excel-Tabelle mit *Einfügen* dort einfügen, wo sich gerade der Zellcursor befindet. Die betreffende Zelle entspricht der linken oberen Ecke des Einfügebereichs.

7.7.2.2 Dynamischer Datenaustausch

Beim dynamischen Datenaustausch zwischen zwei Windows-Programmen werden Verbindungen ähnlich den externen Verknüpfungen zwischen zwei Excel-Tabellen aufgebaut. Mit dem Ergebnis, daß nach jeder Änderung der Daten im einen Programm automatisch die entsprechenden Daten im zweiten Programm aktualisiert werden. Ich führe Ihnen das nun stellvertretend für andere Windows-Applikationen an WinWord vor.

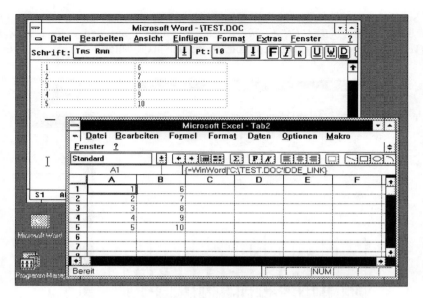

Bild 7.78: Dynamischer Datenaustausch zwischen Excel und WinWord

Diese Abbildung zeigt im Hintergrund eine mit WinWord erzeugte Tabelle, die aus zwei Spalten mit je fünf Zeilen besteht. Ich habe die Tabelle zunächst markiert und in WinWord *Kopieren* gewählt. Dann aktivierte ich Excel und selektierte einen Bereich, der *ebenfalls zwei Spalten und fünf Zeilen groß ist*. Der Befehl *Verknüpfen und einfügen* baut nun eine dynamische Verbindung zwischen den beiden Tabellen auf. In der Eingabezeile sehen Sie die dafür verantwortliche Matrixformel. Jede Änderung der Tabelle in WinWord wirkt sich augenblicklich auf die Excel-Tabelle aus. Wird zum Beispiel in WinWord der Wert 1 in eine 10 geändert, befindet sich im gleichen Moment auch in der Excel-Tabelle im Feld A1 statt einer 1 der neue Wert 10.

Die Verknüpfung ist immer »richtungsorientiert«, verläuft immer von der Ursprungstabelle zur Kopie. Das heißt, Änderungen in WinWord wirken auf die Excel-Tabelle, es ist jedoch nicht möglich, in Excel den Inhalt des verknüpften Bereichs zu ändern, um damit Auswirkungen auf die Winword-Tabelle zu erzielen. Verbindungen von einem anderen Programm zu Excel werden immer auf die gleiche Weise erzeugt:

▪ Sie selektieren im Fremdprogramm den interessierenden Tabellenausschnitt und wählen *Kopieren.*

▪ Danach selektieren Sie in Excel einen Bereich, der die gleiche Form und Ausdehnung besitzt, und wählen *Verknüpfen und einfügen.*

Wie der Vorgang in der umgekehrten Richtung abläuft, kann ich leider nicht erläutern, da er von Programm zu Programm unterschiedlich ist. In Excel selektieren Sie auf jeden Fall den interessierenden Tabellenbereich und wählen *Kopieren*. Wie Sie im Fremdprogramm eine dynamische Verbindung zu diesem Bereich aufbauen, müssen Sie jedoch im zugehörigen Handbuch nachlesen, da es dabei keine einheitliche Vorgehensweise gibt.

8 Funktionen

Funktionen sind ein außerordentlich wichtiger Bestandteil jeder Tabellenkalkulation. Eine davon kennen Sie bereits: die *SUMME()*-Funktion, die alle Zahlen addiert, die die Felder eines ausgewählten Bereichs enthalten.

Excel kennt weit über 100 Tabellenfunktionen. Alle diese Funktionen mitten in diesem Buch zu erläutern, wäre recht unübersichtlich. Diese Erläuterung verlegte ich daher an das Ende des Buches, in den Anhang. Dort erfahren Sie die »Funktion der Funktion«, ihre Syntax, die anzugebenden Parameter und deren Bedeutung. Zusätzlich enthalten viele dieser Beschreibungen ein kleines Beispiel, das bei Unklarheiten weiterhilft.

8.1 Grundlagen

Bevor Ihnen dieser Nachschlageteil nützt, müssen Sie jedoch wissen, was eine Funktion eigentlich ist und wie sie angewendet wird. Das zu vermitteln, ist die Aufgabe des vorliegenden Kapitels. Zuerst werde ich die grundlegenden Begriffe erläutern. Anschließend werde ich den praktischen Umgang mit Funktionen anhand ausgewählter Beispiele demonstrieren, unterteilt in Funktionsgruppen. Ich werde Ihnen Beispiele für die Anwendung logischer Funktionen, finanzmathematischer Funktionen, Stringfunktionen und anderer geben. Und empfehle Ihnen für die Weiterbildung den erwähnten Anhang.

8.1.1 Was ist eine Funktion?

Eine Funktion ist eine Rechenvorschrift. Sie bestimmt, welche Operation mit einem oder mehreren Werten ausgeführt wird, den »Funktionsargumenten«. Das Ergebnis dieser Operation ist der »Funktionswert«.

Zum Beispiel erwartet die *SUMME()*-Funktion als Argument die Angabe eines Bereichs. Argumente werden einer Funktion immer in Klammern übergeben, so daß der Aufruf der *SUMME()*-Funktion lautet:

```
SUMME(Bereich)
```

Oft können oder müssen einer Funktion mehrere Argumente übergeben werden. Das beste Beispiel dafür ist wieder *SUMME()*. Bisher waren Sie gewohnt, *SUMME()* einen Bereich anzugeben. *SUMME()* können bis zu 14 Argumente übergeben werden. Jedes Argument kann eine Konstante, ein Feld oder ein Bereich sein. Und jedes muß vom vorhergehenden durch ein Semikolon getrennt werden. Die exakte Syntax lautet:

```
SUMME(Zahl1;Zahl2;...)
```

Die Pünktchen bedeuten, daß das letzte Argument noch mehrfach wiederholt werden kann. Ein möglicher Aufruf von *SUMME()* wäre daher:

```
SUMME(1;2;3)
```

Dieser Aufruf übergibt *SUMME()* drei Konstanten als Argumente. *SUMME()* addiert die drei Zahlen und übergibt als Funktionswert das Ergebnis 6. Funktionswerte können Sie wie jeden anderen Wert auch weiterverwenden. Zum Beispiel in einer Formel:

```
=2*SUMME(1;2;3)
```

Diese Formel ruft *SUMME()* auf, um die drei Zahlen 1, 2 und 3 zu addieren. Anschließend wird der resultierende Funktionswert 6 mit 2 multipliziert und das Ergebnis 6 als Wert der Formel angezeigt.

Sie könnten auch eine Formel verwenden, in der *SUMME()* die Felder zweier Bereiche summiert und die Inhalte zweier separater Felder und einer Konstanten addiert:

```
=SUMME(A1:A5;B1:B10;C25;X4;100)
```

SUMME() addiert die Inhalte der Felder A1 bis A5, B1 bis B10, C25 und X4, und die Konstante 100. Vergessen Sie auch bei komplexeren Argumenten wie in diesem Beispiel auf keinen Fall das trennende Komma!

Sie haben übrigens zwei Möglichkeiten, um Funktionen einzugeben. Die erste ist kaum erwähnenswert: Sie geben die Funktionsbezeichnung und danach die Argumente per Hand in Ihre Formel ein. »Mausfreaks« werden möglicherweise die zweite Variante vorziehen, die ich persönlich weitaus umständlicher finde: Sie geben Ihre Formel zunächst bis zu dem Punkt ein, an dem die Funktion folgt, zum Beispiel so:

```
=2*
```

Die Eingabe des Funktionsnamens *SUMME()* ersparen Sie sich jedoch. Statt dessen wählen Sie *FORMEL Funktion einfügen...* Eine Dialogbox mit einem Listenfeld erscheint, das alle Funktionsnamen enthält. Sie müssen zunächst die Option »Argumente einfügen« deaktivieren. Danach suchen Sie sich die gewünschte Funktionsbezeichnung *SUMME()* aus und klicken »OK« an. Das Resultat: Excel fügt an der aktuellen Editierstelle »SUMME()« in die Eingabezeile ein, die nun so aussieht:

```
=2*SUMME()
```

Der Cursor befindet sich zwischen den beiden runden Klammern, so daß Sie nun mit der Eingabe der Argumente beginnen können. Anschließend bewegen Sie ihn hinter die schließende Klammer und setzen die Formeleingabe fort. Eventuell, indem Sie wieder auf die beschriebene Art und Weise einen Funktionsnamen einfügen. Die Suche nach dem gewünschten Funktionsnamen im umfangreichen alphabetisch geordneten Listenfeld können Sie beschleunigen, indem Sie die Taste mit dem Anfangsbuchstaben der Funktion drücken, zum Beispiel ⑤. Die erste Funktion, deren Name mit »S« beginnt, wird selektiert, und Sie können sich problemlos von dieser Funktion aus weitertasten. Wenn Sie die Option »Argumente einfügen« aktivieren, fügt Excel in Ihre Formel übrigens nicht nur den Funktionsnamen ein, sondern auch die erwarteten Argumente. Im Fall von *SUMME()* zum Beispiel:

```
=2*SUMME(Zahl1;Zahl2;...)
```

Sie müssen nun nur noch diese Argumente durch diejenigen ersetzen, die in Ihrem speziellen Fall verwendet werden.

8.1.2 Argumente, Datentypen und verschachtelte Funktionsaufrufe

Am Beispiel der *SUMME()*-Funktion haben Sie gerade erfahren, daß Argumente äußerst unterschiedlich sein können. Ein Argument kann eine Konstante, ein Feldbezug oder ein Bereich sein. In allen Fällen kann selbstverständlich auch ein Name verwendet werden, wenn die Konstante, der Feldbezug oder der Bereich benannt wurde. Auch eine Matrix kann ein Argument sein, zum Beispiel die Matrixkonstante {12;15;18}. Welche Argumente Sie verwenden können, hängt von der betreffenden Funktion ab. Nicht jede Funktion akzeptiert jede Argumentart. Einige Funktionen erwarten sogar überhaupt keine Argumente.

Vor allem aber akzeptiert nicht jede Funktion jeden »Datentyp«! Sie kennen bereits mehrere Datentypen: Zahlen, Texte (sogenannte »Strings«), Matrizen und Bezüge. Was Sie noch nicht kennen, sind die Datentypen »Fehlerwerte« und »Wahrheitswerte«. Fehlerwerte sind Ausdrücke wie »#ZAHL!« oder »#DIV/0«, mit denen Excel signalisiert, daß ein Fehler auftrat. Zum Beispiel zeigt »#DIV/0« an, daß die Formel im betreffenden Feld eine Division durch Null durchführt, die bekanntlich nicht definiert ist. Wahrheitswerte gibt es genau zwei: *WAHR* und *FALSCH*. Beide Datentypen spielen vor allem bei den noch zu besprechenden logischen Funktionen eine große Rolle.

Wichtig an diesen Datentypen ist, daß Sie in einer Funktion als Argument jeden beliebigen Ausdruck verwenden können, solange er dem verlangten Argumenttyp entspricht!

Zum Beispiel erwartet die Funktion *SUMME()* als Argumente Zahlen. Sie können jeden Ausdruck als Argument verwenden, der eine Zahl ergibt. Ein Beispiel:

```
=SUMME(12+5;100*2-10;A1)
```

Die Auswertung dieser Formel erfolgt in vier Schritten:

- Excel wertet den Ausdruck 12+5 aus; das Ergebnis ist die Zahl 17.

- Anschließend wird der Ausdruck 100*2-10 mit 190 als Resultat ausgewertet.

- Der dritte Ausdruck ist ein Bezug. Er wird beim Aufruf von *SUMME()* durch die in A1 enthaltene Zahl ersetzt, sagen wir durch 20.

- Zum Schluß addiert *SUMME()* die vier Argumente und übergibt als Funktionswert 227.

Das einzige problematische Argument ist der Bezug A1. Bei diesem Argument ist nicht offensichtlich, ob es eine Zahl ist oder nicht. Enthält A1 zum Beispiel den Text »Ein Test«, erhalten Sie garantiert eine Fehlermeldung. Denn in diesem Fall ist das *SUMME()* übergebene Argument nicht vom Typ Zahl, den diese Funktion fordert, sondern vom Typ String.

Hochinteressant ist die Möglichkeit, Funktionsaufrufe ineinander zu verschachteln. Sie können beim Aufruf einer Funktion als Argument einen anderen Funktionsaufruf verwenden. Zum Beispiel so:

```
SUMME(A1:C1;SUMME(A5:D5))
```

Bei der Auswertung des Ausdrucks geht Excel so vor:

▓ Das erste Argument ist ein Bereich, also eine Folge einzelner Felder (die hoffentlich alle Zahlen und keine anderen Datentypen enthalten), über die wir uns nicht weiter unterhalten müssen.

▓ Das zweite Argument ist selbst ein Funktionsaufruf. Dieser Aufruf wird nun ausgeführt. *SUMME()* wird aufgerufen und als Argument der Bereich A5:D5 übergeben. Nehmen wir an, dieser Bereich enthält die Zahlen 1, 2, 3 und 4. Dann übergibt der »innere« Aufruf von *SUMME()* als Funktionswert die Zahl 10.

▓ Dem »äußeren« Aufruf von *SUMME()* werden nun zwei Argumente übergeben: der Bereich A1:C1 beziehungsweise die Inhalte der darin enthaltenen Felder. Und die Zahl 10, also der Funktionswert des inneren Aufrufs von *SUMME()*.

Eine solche Verschachtelung von Funktionsaufrufen, bei der ein Funktionsaufruf als Argument für eine andere Funktion benutzt wird, ist völlig korrekt und unproblematisch – vorausgesetzt, der resultierende Funktionswert entspricht dem Datentyp, der von der äußeren Funktion als Argument gefordert wird!

Nicht immer ist ein Funktionswert eine Zahl. Es gibt alle möglichen Arten von Funktionswerten. Zum Beispiel wandelt die Funktion *GROSS()* alle Zeichen eines übergebenen Textes in Großbuchstaben um. Der Funktionswert ist also keine Zahl, sondern eine Zeichenkette, ein »String«. Ein Beispiel:

```
=GROSS("Test")
```

In dieser Formel wird *GROSS()* die Zeichenkette »Test« übergeben. Beachten Sie bitte, daß als Argumente übergebene Zeichenketten immer in Anführungszeichen eingeschlossen werden! Die Formel bewirkt, daß als Inhalt des Feldes, in dem sie sich befindet, der String »TEST« angezeigt wird. Die *GROSS()*-Funktion erwartet somit als Argument einen String und übergibt als Funktionswert selbst wieder einen String.

Ein weiteres Beispiel. Da *SUMME()* als Argumente Zahlen enthält, wäre ein Aufruf wie

```
SUMME(3; 6; GROSS("Test"))
```

offensichtlich fehlerhaft. Denn das dritte Argument *GROSS("Test")* ist ja eine Zeichenkette, eben die von *GROSS()* übergebene Zeichenkette »TEST«. Dagegen ist der Aufruf

```
SUMME(3; 6; LÄNGE("Test"))
```

völlig korrekt. Die Funktion *LÄNGE()* erwartet als Argument eine Zeichenkette und liefert als Funktionswert eine Zahl, nämlich die Länge der Zeichenkette, in diesem Fall also 4. Und diese Zahl ist selbstverständlich ein völlig korrektes Argument für *SUMME()*, so daß dieser Aufruf die Zahlen 3, 6 und 4 addiert und als Ergebnis den resultierenden Funktionswert 13 als Feldinhalt anzeigt.

Übrigens könnten Sie der *LÄNGE()*-Funktion als Argument auch einen Bezug angeben, etwa in der Art *2*LÄNGE(A1)*. Vorausgesetzt, A1 enthält eine Zeichenkette! Denn dann ist ja die Bedingung, daß das an *LÄNGE()* übergebene Argument ein String ist, erfüllt. Enthält A1 zum Beispiel den Text »Dies ist ein Test«, wird *LÄNGE()* als Funktionswert 17 liefern.

Bei manchen Funktionen sind Argumente teilweise »optional«. Solche Argumente können, müssen Sie aber nicht angeben. Ein Beispiel dafür ist die *SUMME()*-Funktion, der Sie mindestens ein Argument übergeben müssen, bei der jedoch auch die Angabe mehrerer Argumente möglich ist. Ein weiteres Beispiel ist die Funktion *FINDEN()*:

```
FINDEN(Suchtext;Text;Beginn)
```

Sie prüft, ob in einer Zeichenkette »Text« eine zweite Zeichenkette »Suchtext« enthalten ist. Das optionale Argument »Beginn« bestimmt, ab dem wievielten Zeichen die Suche in »Text« beginnt. Zum Beispiel durchsucht

```
FINDEN("u", "Bauer", 1)
```

die Zeichenkette »Bauer« ab dem ersten Zeichen, ab dem »B«, nach der gesuchten Zeichenkette (hier nur ein Zeichen) »u«. Als Funktionswert liefert *FINDEN()* die Zahl 3, also die Position, an der die gesuchte Zeichenkette gefunden wurde (beziehungsweise den Fehlerwert »#WERT!«, wenn sie nicht darin vorhanden ist). Der Aufruf

```
FINDEN("a", "Hans Maier", 6)
```

liefert den Funktionswert 7. Da für das Argument »Beginn« der Wert 6 übergeben wurde, beginnt Excel das Absuchen von »Hans Maier« nach einem »a« erst ab dem sechsten Zeichen. Von da an gibt es erst ab Zeichen Nummer 7 wieder ein »a«.

Ein Argument, das wie hier »Beginn« in der Syntaxangabe kursiv ausgezeichnet ist, ist »optional«. Sie müssen es nicht angeben. Excel wird in diesem Fall den meistverwendeten »Standardwert« einsetzen, bei *FINDEN()* natürlich eine 1 (= Durchsuchen des Textes ab dem ersten Zeichen). Das heißt, die Funktionsaufrufe

```
FINDEN("a", "Hans Maier", 1)
```

und

```
FINDEN("a", "Hans Maier")
```

sind absolut äquivalent. Beide suchen in der Zeichenkette »Hans Maier« ab dem ersten Zeichen nach einem »a«. Eine Funktion kennzeichnen somit genau drei Merkmale:

- die Funktion der Funktion

- Anzahl und Art der übergebenen Funktionswerte

- Anzahl und Art des resultierenden Funktionswerts (der Funktionswerte)

Die Bemerkung »der Funktionswerte« deutet darauf hin, daß es Funktionen gibt, die im Unterschied zu *SUMME()* oder *GROSS()* mehrere Funktionswerte besitzen. Die gibt es tatsächlich, und zwar handelt es sich dabei um die »Matrixfunktionen«, die gesondert besprochen werden. Davon abgesehen liefert jedoch jede Funktion genau einen Funktionswert, unabhängig davon, wieviele Argumente ihr übergeben werden.

8|2| Funktionsgruppen

Bei der folgenden Einteilung in Funktionsgruppen verwende ich folgende Unterscheidung:

- Datenbankfunktionen

- Datums- und Zeitfunktionen

- Finanzmathematische Funktionen

- Informationsfunktionen

- Logische Funktionen

- Mathematische Funktionen

- Matrixfunktionen

- Statistische Funktionen

- Suchfunktionen

- Textfunktionen

- Trigonometrische Funktionen

Alle diese Funktionsgruppen werden anhand ausgewählter Beispiele kurz erläutert. Abgesehen von den Datenbankfunktionen. Da Sie noch nicht wissen, was eine Excel-Datenbank ist, wäre es sinnlos, Datenbankfunktionen zu erläutern. Das geschieht im nächsten Teil dieses Buches.

Einige der nun folgenden Themen wie die »logischen Funktionen« erscheinen Ihnen vielleicht für Sie persönlich uninteressant. Dieser erste Eindruck kann jedoch gewaltig täuschen! Gerade die erwähnten logischen Funktionen sind hochinteressant, und zwar für jeden! Der Einstieg in dieses Thema ist zwar für alle Nicht-Programmierer nicht ganz einfach. Dafür erweitert diese Funktionsgruppe die Anwendungsmöglichkeiten und die Flexibilität von Excel enorm.

Die Erläuterung der Funktionsgruppen erfolgt übrigens nicht in alphabetischer Reihenfolge. Sie ist so gewählt, daß einmal soweit wie möglich das in diesem Buch verwendete Prinzip eingehalten wird, von einfacheren allmählich zu komplexeren Themen überzugehen.

Gleichzeitig werden – soweit damit vereinbar – zunächst Funktionsgruppen besprochen, die für jede Anwendung interessant sind. Und danach allmählich die etwas spezielleren Gruppen wie die finanzmathematischen, trigonometrischen oder die Matrixfunktionen, die sicher jeweils nur bestimmte Lesergruppen interessieren. Daher dürfte es für Sie sinnvoll sein, sich an die von mir gewählte Reihenfolge zu halten.

8|2|1| Mathematische Funktionen

Die mathematischen Funktionen von Excel sind sehr problemlos und bereiten – im Gegensatz zum Beispiel zu den finanzmathematischen – keinerlei Verständnisprobleme.

Ein einfaches Beispiel dafür ist *PRODUKT()*. Diese Funktion erwartet wie *SUMME()* als Argumente (maximal 14) die Angabe von Zahlen (Konstanten, Bereiche, Bezüge auf Felder, die Zahlen enthalten usw.). Im Unterschied zu *SUMME()* werden diese Zahlen jedoch nicht addiert, sondern miteinander multipliziert. Ein Beispiel:

`PRODUKT(A1;15;B10:B15)`

Interessante mathematische Funktionen sind zum Beispiel *ABS()*, *GANZZAHL()* und *WURZEL()*. Alle drei erwarten als Argumente jeweils eine Zahl und liefern als Funktionswert ebenfalls eine Zahl. *ABS()* ermittelt den absoluten Wert einer Zahl, unabhängig von ihrem Vorzeichen. *ABS(20)* liefert den Funktionswert 20 und *ABS(–20)* ebenfalls das Ergebnis 20. *ABS()* ersetzt somit einfach ein eventuell vorhandenes negatives Vorzeichen durch ein positives.

Die Funktion *GANZZAHL()* kennt jeder Programmierer unter dem zugehörigen englischen Namen *INT()*. Sie liefert den »ganzzahligen Anteil« einer Zahl. Oft, indem einfach alle Nachkommastellen entfernt werden. Excel geht jedoch etwas anders vor. Bei positiven Zahlen werden die Nachkommastellen entfernt, bei negativen Zahlen jedoch auf die nächstkleinere Zahl aufgerundet. Allgemein: *GANZZAHL()* liefert die größte ganze Zahl, die kleiner oder gleich dem Argument ist. Beispiele:

- *GANZZAHL(10,34)* ergibt 10
- *GANZZAHL(5)* ergibt 5
- *GANZZAHL(–7,28)* ergibt –8.

WURZEL() liefert die Quadratwurzel einer Zahl. Das heißt, *WURZEL(16)* ergibt 4 und *WURZEL(2)* ergibt 1,41.

Sehr interessant ist auch *ZUFALLSZAHL()*. Dieser Funktion werden keinerlei Argumente übergeben, sie liefert einfach irgendeine Zufallszahl (genauer: »Pseudozufallszahl«) zwischen 0 und 1, genauer: die größer oder gleich 0 und kleiner als 1 ist. 1 wird also niemals ganz erreicht. Bei jeder Neuberechnung der Tabelle wird eine neue Zufallszahl generiert. Mit dieser Funktion können Sie zum Beispiel Lotto spielen. Obwohl ich selbst nicht Lotto spiele, benötigen Sie dafür soweit ich weiß sechs Zahlen zwischen 1 und 49. Mit *ZUFALLSZAHL()* ist es kein Problem, ein Arbeitsblatt zu erstellen, das Ihnen diese Zahlen zufällig ermittelt.

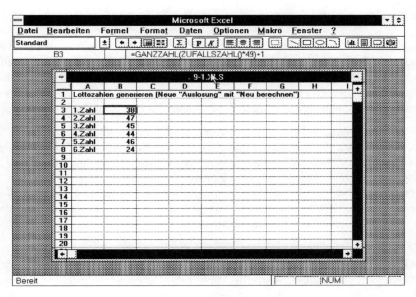

Bild 8.1: Die Datei LOTTO.XLS

Die Felder B3 bis B8 enthalten alle die Formel

`=GANZZAHL(ZUFALLSZAHL()*49)+1`

Sie multipliziert den von *ZUFALLSZAHL()* gelieferten Wert mit 50, schneidet anschließend mit *GANZZAHL()* alle Nachkommastellen ab und addiert zum Schluß eine 1. *ZUFALLS-ZAHL()* liefert als kleinste Zahl 0. Multipliziert mit 49 bleibt das immer noch 0 und auch nach Abschneiden der Nachkommastellen. Nach Addition der 1 ergibt sich daher als kleinstmögliches Resultat die kleinste Lottozahl 1. Umgekehrt liefert *GANZZAHL()* höchstens eine Zahl, die minimal kleiner als 1 ist, zum Beispiel 0,9999. Multipliziert mit 49 wird daraus 48,9999. *GANZZAHL()* macht daraus eine glatte 48 und nach Addition der 1 ergibt sich die größtmögliche Zufallszahl von 49. Allgemein: Um eine ganzzahlige Zufalls-zahl in einem Bereich von MIN bis einschließlich MAX zu erzeugen, verwenden Sie die Formel

`=GANZZAHL(ZUFALLSZAHL()*MAX)+MIN`

Übrigens erhalten Sie mit *OPTIONEN Neu berechnen* eine neue »Auslosung«, da *ZUFALLSZAHL()* bei jeder Neukalkulation des Arbeitsblatts neue Zufallszahlen liefert.

8|2|2| Textfunktionen

Textfunktionen (»Stringfunktionen«) operieren offensichtlich mit Texten, nicht mit Zahlen. Zwei Beispiele dafür habe ich Ihnen bereits genannt: *GROSS()* erwartet als Argument einen Text (oder einen Bezug auf ein Feld, das Text enthält), und wandelt alle darin enthaltenen Klein- in Großbuchstaben um. *LÄNGE()* ermittelt die Länge eines Textargumentes in Zeichen, erwartet also einen Text als Argument und übergibt eine Zahl als Funktionswert.

Sie werden einwenden, daß Sie eine Funktion wie *LÄNGE()* nicht benötigen, da Sie die Zeichen, die irgendein Feld enthält, problemlos selbst zählen können. Noch benötigen Sie Textfunktionen tatsächlich nicht, aber später, bei der Makroprogrammierung, der Erstellung einer »programmgesteuerten« Excel-Anwendung. Dann wissen Sie nämlich nicht immer genau, welcher Text in welcher Zelle enthalten ist. In solchen Fällen bewähren sich Funktionen wie *FINDEN()*, die ich bereits einige Seiten zuvor kurz erläuterte. Oder wie die Funktion *LINKS()*, die aus einer Zeichenkette einen Teil heraustrennt:

`LINKS(Text;`*Anzahl_Zeichen*`)`

Der Funktionswert von *LINKS()* ist eine Zeichenkette, die die ersten »Anzahl_Zeichen« Zeichen von »Text« enthält. Wird der optionale Parameter »Anzahl_Zeichen« nicht angegeben, übergibt *LINKS()* die komplette Zeichenkette. Nehmen wir an, A1 enthält irgendeinen Text, den Sie gar nicht näher kennen wollen. Sie wissen nur, daß Sie im Feld A2 eine Kopie dieses Textes benötigen. Allerdings nicht in der vollen Länge, sondern um fünf Zeichen gekürzt. Also geben Sie in A2 folgende Formel ein:

`=LINKS(A1;LÄNGE(A1)-5)`

LÄNGE() ermittelt die Länge der in A1 enthaltenen Zeichenkette, die – um fünf vermindert – der *LINKS()*-Funktion als Anzahl der zu übergebenden Zeichen angegeben wird. Das Resultat: Enthält A1 zum Beispiel den Text »Dies ist ein Test«, enthält A2 anschließend »Dies ist ein«.

Auf nur eine Zelle angewandt, erscheint das noch nicht unbedingt sinnvoll. Aber stellen Sie sich eine Tabelle vor, die A1 bis A12 Monatsnamen enthält, »Januar«, »Februar«, bis »Dezember«. Nehmen wir weiter an, ganz rechts ist als letzte Spalte J im Arbeitsfenster zu sehen. Sie benötigen auch in dieser Spalte die Monatsnamen, allerdings nur die jeweils ersten drei Buchstaben, da Sie die Breite dieser Spalte stark verringert haben und die Namen sonst nicht vollständig sichtbar wären. Also geben Sie in J1 die Formel

`=LINKS(A1;3)`

ein, die als Inhalt von J1 die ersten drei Buchstaben des in A1 enthaltenen Textes »Januar« definiert. Und kopieren diese Formel nach J2 bis J12 – einfacher als die erneute Eingabe per Hand, nicht wahr?

Wenn Sie die ersten drei Buchstaben groß darstellen wollen (»JAN«, »FEB«, »MÄR« usw.) verwenden Sie in J1:J12 statt dessen die Formel

`=GROSS(LINKS(A1;3))`

Die nicht nur die jeweils ersten drei Zeichen übergibt, sondern sie zusätzlich in Großbuchstaben umwandelt.

8|2|3| Datums- und Zeitfunktionen

Sowohl ein Datum als auch eine Uhrzeit speichert Excel als »serielle Zahl«, als Zahl, für die als Ausgangsbasis 0 benutzt wird und die ganzzahlig weitergezählt wird. Der Ausgangsbasis 0 entspricht das Datum 1.1.1900. Entsprechend speichert Excel das Datum 2.1.1900 intern als eine 2, den 3.1.1990 als 3 und so weiter. Davon können Sie sich sehr leicht überzeugen, indem Sie diese Daten in ein Feld eingeben und es danach mit einem »echten« Zahlenformat wie »0,00« formatieren. Statt dem Datum im Klartext wird Excel die zugehörige serielle Zahl anzeigen. Als Datum wird diese Zahl nur dargestellt, wenn Sie die betreffende Zelle mit einem Datumsformat wie »TT.MM.JJ« formatieren.

Das letzte von Excel verarbeitbare Datum ist übrigens der 31.12.2078, der der seriellen Zahl 65 380 entspricht. Programmierer sehen sofort, warum: Ein weiteres Jahr könnte nicht mehr vollständig mit dem Datentyp *unsigned int* dargestellt werden. Wie auch immer: danach ist erstmal Schluß, was uns momentan Lebende jedoch nicht weiter zu stören braucht.

Ähnliches gilt für die Uhrzeit, für das ich im Folgenden das Format »hh:mm:ss« verwende. Für Excel ist eine Uhrzeit intern eine serielle Zahl im Bereich 0 bis 0,999. Dieser Bereich entspricht dem Zeitbereich von 00:00:00 Uhr bis 23:59:59 Uhr. Zum Beispiel wird 01:00:00 als serielle Zahl 0,0416 dargestellt, eben als 1/24. Und 12:00:00 als 1/2, also 0,5. Allgemein: Die Uhrzeit X entspricht der seriellen Zahl *1/(24/X)*. Die Eingabe einer Zeit mit den Zusätzen »AM« oder »PM« ändert übrigens nichts an der zugehörigen seriellen Zahl. Die Eingabe »13:00:00« wird als serielle Zahl 0,5416 gespeichert. Und »1:00:00 PM« (Nachmittag) ebenfalls, da Excel die 1 gemäß der Formel umwandelt und dank des Zusatzes »PM« einen halben Tag dazu addiert, also die serielle Zahl 0,5.

Beispiele für Datumsfunktionen sind die Funktionen *DATUM()*, die ein Datum in die zugehörige serielle Zahl umwandelt, *DATWERT()*, die einen »Datumstext« in eine serielle Zahl wandelt, und *WOCHENTAG()*, die aus einer seriellen Zahl, die ein Datum darstellt, den zugehörigen Wochentag ermittelt.

Nehmen wir an, Sie interessieren sich dafür, wie viele Tage zwischen dem 1.3.1990 und dem 21.6.1991 liegen. Jeder zusätzliche Tag erhöht eine serielle Datumszahl um 1. Also wandeln Sie beide Daten mit *DATUM()* in serielle Zahlen um und subtrahieren sie voneinander. *DATUM()* besitzt die Syntax

```
DATUM(Jahr;Monat;Tag)
```

Die Funktion erwartet drei Argumente, wobei zuerst das Jahr, dann der Monat und zuletzt der Tag übergeben werden. Für das Datum dürfen Sie wahlweise die Eingabe »1991« oder einfach »91« verwenden. Kommen Sie jedoch keinesfalls auf die Idee, den Monat im Klartext anzugeben (»Jun«). Die Funktion erwartet keinen »Datumstext«, sondern eine echte Zahl! »Monat« und »Tag« können Sie bei überflüssigen Nullen einstellig eingeben, also »6« statt »06«.

```
=DATUM(1991;6;21)-DATUM(1990;3;1)
```

Diese Formel wird zur Anzeige 477 führen. Die Differenz zwischen beiden seriellen Zahlen ist 477 und damit auch die Differenz in Tagen.

Häufiger als *DATUM()* werden Sie wahrscheinlich *DATWERT()* einsetzen. Diese Funktion besitzt zwar die gleiche Aufgabe wie *DATUM()*, die zugehörige serielle Zahl zu einem Datum zu ermitteln. Allerdings müssen Sie für das Datum nicht drei einzelne Argumente in recht ungewohnter Reihenfolge übergeben, sondern nur ein Argument. Einen »Datumstext« in der üblicheren Form »TT.MM.JJ«. Zum Beispiel ergibt der Aufruf

`DATWERT("1.1.1990")`

die Zahl 32 874, dieses Datum entspricht somit dem 32874ten Tag ab dem Beginn der »Excel-Zeitrechnung«, dem 1.1.1900. Diese Funktion können Sie hervorragend verwenden, um die Differenz zwischen zwei Datumsangaben zu ermitteln, die sich als *Datumstexte* in irgendwelchen Feldern befinden. So ermittelt

`DATWERT(A2)-DATWERT(A1)`

die Differenz in Tagen zwischen den Datumsangaben in A2 und A1. Enthält A2 zum Beispiel »21.1.1990« und A1 den Text »1.1.1990«, ist das Resultat dieser Formel der Wert 20.

DATWERT() kann auschließlich auf »Datumstexte« angewendet werden! Wenn Sie ein Datum in der Form »1.1.1990« eingeben, speichert Excel intern keinen Text, sondern die zugehörige serielle Zahl!

Excel speichert dieses Datum nur dann als echten Text und nicht als Datum, wenn Sie es in der folgenden Form eingeben:

`="1.1.1990"`

Das heißt für die Praxis: Auf ein echtes Datum wird *DATUM()* angewendet, auf ein Datum, das als Text eingegeben wurde und somit für Excel eigentlich gar kein Datum, sondern ein Text ist wie »Hallo« oder »Test«, *DATWERT()*, das in der Lage ist, diesen Text als Datum zu interpretieren.

Wurde das Datum nicht als Text, sondern ganz normal eingegeben, müssen Sie also *DATUM()* verwenden, um die Differenz zwischen den Datumsangaben in zwei Feldern zu ermitteln. Und vor dem Aufruf dieser Funktion mit den Funktionen *JAHR()*, *MONAT()* und *TAG()* die von *DATUM()* benötigten drei Argumente ermitteln, zum Beispiel mit der Formel:

`=DATUM(JAHR(A2);MONAT(A2);TAG(A2))-DATUM(JAHR(A1);MONAT(A1);TAG(A1))`

WOCHENTAG() verwenden Sie am besten gemeinsam mit *DATUM()* oder *DATWERT()*. Ausgangspunkt für die Ermittlung eines Wochentags ist normalerweise ein bestimmtes Datum, zum Beispiel der 21.6.1991. *WOCHENTAG()* erwartet als Argument jedoch kein Datum, sondern die zugehörige serielle Zahl. Also übergeben Sie das Datum zunächst der Funktion *DATUM()* als Argument, die als Funktionswert die entsprechende serielle Zahl liefert, und das Ergebnis dieser Funktion übergeben Sie wiederum *WOCHENTAG()* als Argument:

`=WOCHENTAG(DATUM(91;6;21))`

Diese Formel ergibt als Resultat 6. Da Excel die Tage von 1 bis 7 durchnumeriert, wobei 1 der Sonntag und 7 der Samstag entspricht, ist der 21.3.1991 offenbar ein Freitag.

Bei Datumstexten verwenden Sie *DATWERT()*, um das Argument für *WOCHENTAG()* zu ermitteln:

```
WOCHENTAG(DATWERT("21.6.91")
```

Noch einmal, da man an diesem Punkt leicht scheitern kann: Bei Datumsangaben in Feldern können Sie wirklich nur dann *DATWERT()* benutzen, wenn die Eingabe nicht als Datum, sondern mit

```
="Datum"
```

als echter Text eingegeben wurde. Bei jeder »normalen« Eingabe eines Datums müssen Sie statt dessen *DATUM()* verwenden, um die zugehörige serielle Zahl zu ermitteln – und *JAHR()*, *MONAT()*, *TAG()*, um das Datum in die drei von *DATUM()* erwarteten Argumente aufzutrennen!

Ein schönes Beispiel für die Anwendung der Zeitfunktionen liefert *ZEIT()*. Diese Funktion erwartet als Argument eine Uhrzeit, zum Beispiel 14:42:00. Die Syntax:

```
ZEIT(Stunde;Minute;Sekunde)
```

Als Funktionswert liefert *ZEIT()* die zugehörige serielle Zahl. Die Angabe »Sekunde« ist optional. Entfällt sie, verwendet Excel dafür 0. Um die Differenz zwischen zwei Uhrzeiten herauszubekommen, wandeln Sie beide mit *ZEIT()* in serielle Zahlen um und subtrahieren sie voneinander. Multiplizieren Sie das Ergebnis mit 24, erhalten Sie die Differenz in Stunden. Zum Beispiel ergibt

```
24*(ZEIT(14;12;00)-ZEIT(13;10;00)
```

als Resultat 1,03. Zwischen den beiden Uhrzeiten liegen also 1,03 Stunden. Befände sich die Uhrzeit 14:12:00 in A1 und die Zeit 13:10:00 in A2, könnten Sie die Differenz noch einfacher ermitteln. Mit *24*(A1–A2)* subtrahieren Sie einfach die beiden seriellen Zahlen und multiplizieren die Differenz wieder mit 24.

Nebenbei bemerkt: Es gibt nicht nur ganze, sondern auch »ungerade« serielle Zahlen. Im Listenfeld des Befehls *FORMAT Zahlenformat...* ist zum Beispiel ein Format enthalten, das eine Kombination aus einem Datum und einer Uhrzeit darstellt. Entsprechend speichert Excel beide Informationen in einer »kombinierten« seriellen Zahl der Art 12 345,678. Dabei entspricht der Teil vor dem Komma dem Datum und der Nachkommateil der seriellen Zahl der Uhrzeit. Um diese interne Speicherung müssen Sie sich jedoch nicht kümmern, da uns die entsprechenden Datums- und Zeitfunktionen die »Auftrennung« dieser Informationen abnehmen.

8|2|4| Statistische Funktionen

Statistische Funktionen sind keineswegs nur für professionelle Statistiker interessant, sondern auch für Laien. Zumindest die einfacheren Funktionen wie *ANZAHL()*, *MAX()*, *MIN()* oder *MITTELWERT()*.

```
ANZAHL(Wert1;Wert2;...)
```

Diese Funktion liefert die Anzahl der angegebenen Werte. Zum Beispiel ergibt

`ANZAHL(A1:A10;B1:B5)`

das Resultat 15.

`MAX(Zahl1;`*Zahl2*`;...)`

MAX() ermittelt die größte in der Werteliste enthaltene Zahl (*MIN()* entsprechend die kleinste). *MITTELWERT()* kennen Sie alle. Diese Funktion liefert den arithmetischen Mittelwert der aufgeführten Zahlen:

`MITTELWERT(Zahl1;`*Zahl2*`;...)`

Zum Beispiel liefert der Ausdruck *MITTELWERT(A1:A5)* den Funktionswert 3, wenn A1 bis A5 der Reihe nach die Zahlen 1 bis 5 enthalten.

Für Profis interessanter sind Grundfunktionen der deskriptiven Statistik zur Ermittlung der Standardabweichung oder der Varianz. »Höhere« statistische Funktionen, die Testverfahren wie den t-Test für abhängige oder unabhängige Stichproben, eine Varianz- oder Faktorenanalyse implementieren, fehlen in Excel leider völlig. Theoretisch können Sie sich diese Verfahren auf Basis der Grundfunktionen natürlich selbst »zusammenbasteln«. Der Aufwand lohnt jedoch nicht, da es für PCs genug vollwertige Statistikpakete wie SPSS oder SAS gibt.

Für wissenschaftlich betriebene Statistik unzulänglich, in der Praxis aber oft nützlich ist die mehrfaktorielle lineare »Mini-Regressionsanalyse«, die *TREND()* durchführt.

`TREND(Bekannte_y_Werte;`*Bekannte_x_Werte*`;`*Neue_x_Werte*`)`

Eine Regression ermittelt bekanntlich durch Interpolation die Beziehung zwischen einer unabhängigen und einer abhängigen Variablen. Ein einfaches Beispiel: Sie kennen Ihr Einkommen in den ersten sechs Monaten dieses Jahres. Die unabhängige Variable ist in diesem Fall der Monat, Januar, Februar, bis Juni. Davon abhängig ist die Variable »Einkommen«. *TREND()* versucht die Beziehung zwischen beiden Variablen durch eine lineare Funktion zu beschreiben. Mit dem Resultat, daß Sie dieser Funktion anschließend neue Werte der unabhängigen Variablen übergeben können, zum Beispiel den Monat Juli, und als Funktionswert das voraussichtliche Einkommen in diesem Monat erhalten. Oder die Monate Juli, August und September, wenn Sie für alle drei Monate Prognosen Ihres voraussichtlichen Einkommens wünschen. Einigermaßen zuverlässig sind diese Prognosen jedoch nur, wenn dem Problem eine lineare Regression auch tatsächlich angemessen ist, wenn Ihr Einkommen also wirklich von Monat zu Monat um einen halbwegs konstanten Betrag steigt (oder etwa fällt?). Besteht zwischen den Monaten und dem zugehörigen Einkommen kein linearer Zusammenhang, müßten Sie andere Regressionsarten verwenden, die Excel jedoch nicht kennt.

Alle Argumente sind Matrizen. Als »Bekannte_y_Werte« können Sie *TREND()* wahlweise eine Matrixkonstante mit den Einkommenswerten während der sechs Monate eingeben (zum Beispiel {5386;5800;5974;5864;6012;6753}) oder einen Bereich, der diese Werte enthält (A3:F3).

Für »Bekannte_y_Werte«, also die unabhängige Variable, können Sie natürlich keine Texte wie »Januar« oder »Februar« verwenden – es muß sich schon um Zahlen handeln. In Fällen wie diesem bietet es sich an, die Monatsnamen »umzucodieren« und durch die Zahlen 1 bis 6 zu ersetzen, also die Matrixkonstante {1;2;3;4;5;6} anzugeben, oder einen Bereich, der diese Zahlen enthält. »Neue_x_Werte« sind die Werte der unabhängigen Variablen, für die Sie eine Prognose wünschen, in unserem Fall also die Monate Juli, August und September. Beziehungsweise – in einer »*TREND()*-gerechten« Form – die Matrixkonstante {7;8;9}. In der Praxis sieht die Vorbereitung dieser Regression so aus:

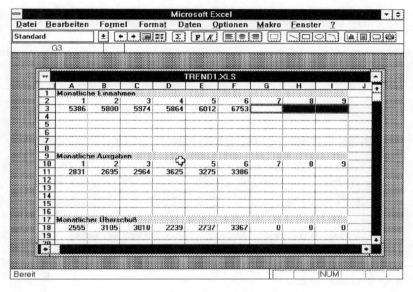

Bild 8.2: Die Datei TREND1.XLS

Geben Sie diese Tabelle bitte exakt so oder aber mit anderen Zahlen ein, die mehr auf Sie selbst zugeschnitten sind. In Zeile 3 ist das bekannte Einkommen in den Monaten Januar bis Juni angeordnet, also die bekannten Werte der abhängigen Variablen. Zeile 2 enthält die zugehörigen Monatsnummern, also sowohl die bekannten Werte der unabhängigen Variablen (A2:F2) als auch die neuen Werte (G2:I2), für die darunter die zugehörigen Werte der abhängigen Variablen »Einkommen« ermittelt werden sollen.

TREND() liefert als Funktionswert eine Matrix! Sie besitzt den gleichen Umfang wie die Matrix »Neue_x_Werte« und ist in unserem Fall somit eine 3x1-Matrix (drei Werte sollen prognostiziert werden). Entsprechend müssen Sie den Aufruf von Trend als Matrixformel in jenen Bereich eingeben, der die Resultate aufnehmen soll, in G3:I3. Geben Sie bitte folgende Formel ein, nachdem Sie G3:I3 markiert haben:

```
=TREND(A3:F3;A2:F2;G2:I2)
```

Die Matrix A3:F3 enthält die bekannten Werte der abhängigen Variablen »Einkommen«, A2:F2 die zugehörigen Werte der unabhängigen Variablen »Monat«, G2:I2 die interessierenden Werte dieser Variablen, und im markierten Bereich G3:I3 soll *TREND( )* die zugehörigen prognostizierten Werte der abhängigen Variablen anzeigen.

Vergessen Sie auf keinen Fall, die Eingabe mit [Strg]+[Umschalt]+[Enter] *zu beenden, wie es bei jeder Matrixformel notwendig ist!*

Damit es etwas interessanter wird, erstellt die Tabelle zusätzlich eine Prognose für die Ausgaben in den drei Monaten Juli bis September, basierend auf den bekannten Werten von Januar bis Juni. Die entsprechende Matrixformel:

`=TREND(A11:F11:A11:F11;G11:I11)`

Weiter unten werden die Differenzen zwischen dem jeweiligen Einkommen und den zugehörigen Ausgaben ermittelt. Geben Sie entsprechend in A18 die Formel

`=A3–A11`

ein, und kopieren Sie diese Formel nach B18:I18. Die resultierende Trendanalyse:

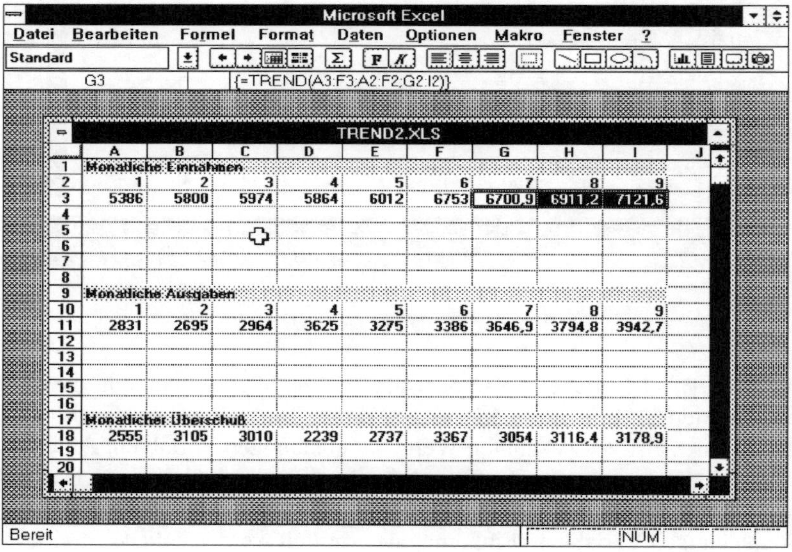

Bild 8.3: Die Datei TREND2.XLS

Soviel zu *TREND( )*, abgesehen von einigen Erläuterungen bezüglich der optionalen Angaben »Bekannte_x_Werte« und »Neue_x_Werte«. Geben Sie »Neue_x_Werte« nicht an, berechnet Excel den Trend für die bekannten Werte. Sie erhalten keine Prognose, sondern eine »Glättung« der bereits bekannten Werte, entsprechend der erstellten Trendgeraden. Entfernen Sie zum Beispiel in *TREND2.XLS* aus der ersten Matrixformel die letzte Angabe

G2:I2, wird G3 statt wie zuvor 6700 nun den Wert 5439 enthalten, H3 den Wert 5649 und I3 den Wert 5859. Zur Interpretation: Regression bedeutet, daß Excel die von Ihnen angegebenen Werte in einem gedachten Koordinatensystem einträgt. Dabei entspricht die Monatsnummer der X- und die Einkommenshöhe der Y-Achse. Die sechs Monats-/Einkommenspaare entsprechen in diesem Koordinatensystem sechs X-/Y-Wertepaaren, also sechs einzelnen Punkten. Bei der Regression versucht Excel eine Gerade so durch diese Punkte zu legen, daß der Abstand der Geraden von jedem Punkt möglichst klein ist.

Tatsächlich ist bei der linearen Regression jedoch praktisch immer eine Abweichung der Geraden von den Punkten gegeben, die Punkte »streuen« um die Gerade – außer, Ihr Einkommen würde tatsächlich Monat für Monat um einen konstanten Betrag steigen oder fallen, was wohl kaum der Fall ist.

Mit den »rückwirkenden Prognosen« für die bereits bekannten Werte hat Ihnen Excel soeben gezeigt, wo die Punkte für die Monate Januar bis Juli auf der Geraden tatsächlich liegen würden, wenn das der Fall wäre. Zum Beispiel hätte Ihr Einkommen im Januar eben nicht 6700 DM betragen, sondern nur 5439 DM. Wie stark diese rückwirkend prognostizierten Werte von den tatsächlichen abweichen, ermöglicht Ihnen eine Rückschluß auf die Güte der Regression, darauf, wie gut oder schlecht sich Ihre Daten überhaupt durch eine lineare Regression vorhersagen lassen. Sind die Abweichungen groß, ist der Zusammenhang zwischen der unabhängigen Variablen »Monat« und der abhängigen Variablen »Einkommen« eben nicht linear und kann daher auch nicht zuverlässig durch eine lineare Regression erfaßt werden. Sie müßten sich nun überlegen, wie denn der Zusammenhang tatsächlich ist und entsprechend zum Beispiel eine quadratische oder logarithmische Regression auf die Daten loslassen.

Übrigens könnte für die rückwirkende Prognose auch das Argument »Bekannte_x_Werte« entfallen, da Excel dann als Standardwert eine Matrixkonstante der Form {1;2;3;...} verwenden würde, die ja exakt unseren Monatsnummern entspricht.

Zwei Tips zum Schluß: Excel kann auch eine mehrfaktorielle lineare Regression durchführen, die benötigt wird, wenn eine abhängige Variable wie »Einkommen« nicht nur von einer unabhängigen Variablen abhängt, sondern von mehreren, zum Beispiel von der aktuellen Monatsnummer und der Betriebszugehörigkeit. In diesem Fall ordnen Sie einfach die verschiedenen unabhängigen Variablen parallel neben- oder untereinander an und geben als Argument »Bekannte_x_Werte«, eben statt einer eindimensionalen eine mehrdimensionale Matrix an.

Und zweitens: Die verwandten Funktionen *RGP()* und *RKP()* führen ebenfalls Regressionen durch, die den Zusammenhang zwischen einer abhängigen und unabhängigen Variablen untersuchen. Es werden zwar keine Prognosen für »Neue_x_Werte« erstellt. Dafür verwendet das zugrundeliegende Regressionsmodell jedoch statt einer einfachen linearen eine logarithmische Funktion. Vor allem erhalten Sie jedoch auf Wunsch verschiedene weitere Statistiken. Beide Funktionen können den Regressionskoeffizienten ermitteln, die Anzahl der Freiheitsgrade und vieles mehr und genügen damit auch höheren Ansprüchen an Regressionsmodelle.

8|2|5| Suchfunktionen

Daß Suchfunktionen bestimmte Daten in Ihrer Tabelle suchen, wird Sie kaum überraschen. Fast alle diese Funktionen wie *VERGLEICH()*, *VERWEIS()* oder *INDEX()* durchsuchen einen bestimmten Bereich nach einem Wert, der einem angegebenen Suchkriterium entspricht. Durchsucht wird praktisch immer eine Matrix, also ein rechteckiger Bereich aus einer oder mehreren Spalten und/oder Zeilen.

Diese Funktionen sind hervorragend geeignet, um Tabellen mit zusammengehörigen Werten zu durchsuchen. Zum Beispiel eine Tabelle, in deren erster Spalte sich PS-Zahlen befinden und rechts daneben – in Spalte 2 der Tabelle – jeweils die zugehörigen Haftpflichtprämien.

Oder eine Steuertabelle mit dem zu versteuernden Einkommen und der jeweiligen Steuerschuld. Eine solche Tabelle könnte zweispaltig aufgebaut sein. In der linken Spalte befinden sich verschiedene Einkommensbeträge und in der Spalte rechts daneben die Höhe der zugehörigen Steuerschuld, etwa so:

```
Einkommen   Steuerschuld
10000,00    2200,00
12500,00    2700,00
15000,00    3300,00
...
...
```

Mit einer solchen Tabelle können Sie Excel die Höhe der Steuerschuld bei einem bestimmten Einkommen selbständig ermitteln lassen. Zum Beispiel mit der Funktion *VERGLEICH()*:

```
VERGLEICH(Suchkriterium;Suchmatrix;Vergleichstyp)
```

»Suchkriterium« ist der Wert, nach dem die Tabelle »Suchmatrix« durchsucht wird. In unserem Fall ist »Suchmatrix« die eindimensionale Tabelle »Einkommen« und »Suchkriterium« der interessierende Einkommensbetrag, zum Beispiel 12 500,00 DM. Findet *VERGLEICH()* in der Tabelle den gesuchten Betrag, gibt die Funktion als Resultat die Position – den »Index« – des Wertes innerhalb der Matrix zurück. Im Beispiel wäre das eine 2, da sich 12 500 an zweiter Stelle der durchsuchten Matrix befindet. Sie können anschließend nachschauen, welcher Betrag sich an der entsprechenden Position 2 in der Tabelle »Steuerschuld« befindet, beziehungsweise mit Hilfe einer weiteren Suchfunktion *INDEX()* Excel selbständig nachschauen lassen.

In der Einkommenstabelle sind natürlich nicht alle möglichen Einkommensbeträge enthalten, sondern zum Beispiel nur eine grobe Abstufung in 2500-DM-Schritten (10 000 DM, 12 500 DM, 15 000 DM usw.). Daher wird *VERGLEICH()* einen von Ihnen angegebenen »krummen« Einkommensbetrag wie 13 417,74 DM mit Sicherheit nicht finden, sondern nur einen Wert, der leicht darunter, und einen zweiten, der ein wenig darüber liegt. Was dann passiert, darüber entscheidet »Vergleichstyp«. Dieses Argument ist entweder 1, –1 oder 0:

1: Excel nimmt den größten Wert der Tabelle, der noch kleiner oder gleich dem Suchkriterium ist; die Tabelle muß in aufsteigender Reihenfolge geordnet sein.

−1: Excel nimmt den kleinsten Wert der Tabelle, der größer oder gleich dem Suchkriterium ist; die Tabelle muß in absteigender Reihenfolge geordnet sein.

0: Excel nimmt nur Werte, die dem Suchkriterium exakt entsprechen.

Standard ist der Wert 1, wenn Sie »Vergleichstyp« nicht angeben. Enthält die Tabelle zum Beispiel als nächsten Betrag nach 12 500 DM die Zahl 15 000 DM, und Sie suchen 13 417,74 DM, übergibt *VERGLEICH()* als Resultat die Position des Betrags 12 500 DM, eben der größten Zahl, die noch kleiner oder gleich 13 417,74 DM ist. Im Beispiel wird die relative Positionsangabe 2 übergeben, da sich 12 500 an zweiter Stelle in der Matrix befindet.

Diese relative Positionsangabe, diesen »Index«, können Sie anschließend benutzen, um mit der Funktion *INDEX()* den zugehörigen Betrag in der Steuerschuldtabelle zu suchen.

INDEX(Matrix;Zeile;Spalte)

INDEX() übergibt den Wert, der sich an der Position »Zeile«/»Spalte« in »Matrix« befindet, einem rechteckigen Bereich. »Zeile« und »Spalte« beziehen sich nicht auf das Arbeitsblatt selbst, sondern sind immer relativ zur angegebenen Matrix gemeint, die sich über beliebig viele Zeilen und Spalten erstrecken kann.

Im Beispiel ist die Matrix jedoch eindimensional und erstreckt sich nur über mehrere Zeilen einer einzigen Spalte. Daher muß als Argument »Spalte« auf jeden Fall eine 1 angegeben werden – die erste (und einzige) Spalte der Matrix soll durchsucht werden. »Zeile«, die relative Zeilenposition innerhalb der Matrix, übergab uns *VERGLEICH()*. Damit ergibt sich folgende Kombination beider Funktionen:

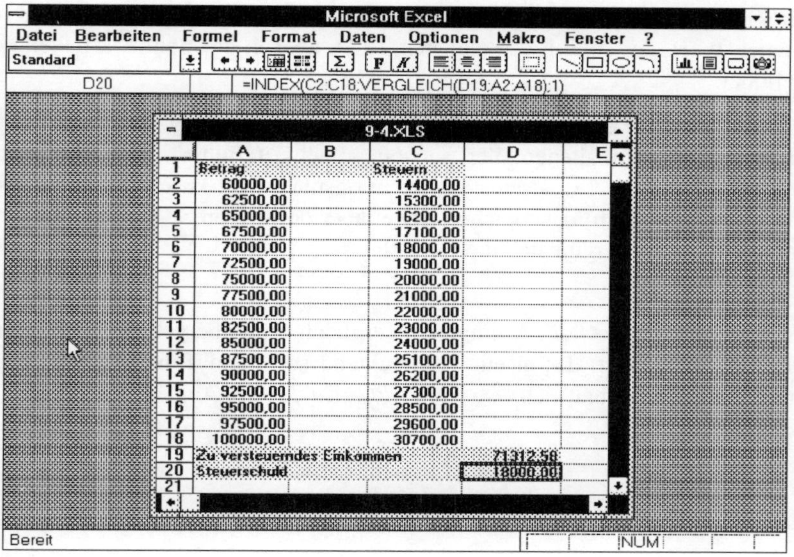

Bild 8.4: Die Datei INDVERGL.XLS

Diese Abbildung zeigt die beiden Tabellen »Betrag« und »Steuern«. In D19 befindet sich das im Beispiel gewählte Einkommen von 71 312,50 DM und in D20 eine relativ komplizierte Formel, die die zugehörige Steuerschuld ermittelt:

`=INDEX(C2:C18;VERGLEICH(D19;A2:A18);1)`

Werten Sie die Formel bitte ebenso wie Excel von innen nach außen aus. Zunächst wird *VERGLEICH()* aufgerufen, um den Bereich A2:A18 (»Suchmatrix«) nach dem kleinsten Betrag zu durchsuchen, der größer oder gleich jenem in D19 ist (»Suchkriterium«). *VERGLEICH()* findet 72 500 DM und liefert als relative Position dieses Betrags in der durchsuchten Matrix den Index 6, da 72 500 DM der sechste Wert im Bereich A2:A18 ist.

Nun wird *INDEX()* aufgerufen, um den Wert zu übergeben, der sich in der sechsten Zeile (Argument »Zeile«) der ersten Spalte (Argument »Spalte«) des Bereichs C2:C18 (»Matrix«) befindet. Das Resultat sehen Sie in D20: die zugehörige Steuerschuld von 18 000,00 DM bei einem zu versteuernden Einkommen von 71 312,58 DM.

Ich möchte Ihnen noch eine weitere Suchfunktion vorstellen, die derartige Aufgaben erheblich vereinfacht, da sie eine Art Kombination aus *VERGLEICH()* und *INDEX()* darstellt.

`SVERWEIS(Suchkriterium;Mehrfachoperationsbereich;Spaltenindex)`

Lassen Sie sich nicht durch den Begriff »Mehrfachoperationsbereich« verwirren. Es muß sich keineswegs um einen Bereich handeln, der durch den Befehl *DATEN Mehrfachoperation...* entstand. Jede mehrdimensionale Matrix ist geeignet. Das Argument »Mehrfachoperationsbereich« ist einfach ein rechteckiger Bereich mit allen Tabellen, die beim betreffenden Problem interessieren, in unserem Beispiel also A2:C18.

SVERWEIS() sucht das »Suchkriterium« in der ersten Spalte dieses Bereichs und liefert als Resultat jenen Wert, der sich in der gleichen Zeile, aber in der Spalte »Spaltenindex« der Matrix befindet.

Abbildung 8.5 zeigt, wie einfach unser Problem mit *SVERWEIS()* gelöst wird. Die Funktion soll nach dem in D19 enthaltenen Wert suchen (»Suchkriterium«). Und zwar in der ersten Spalte des Bereichs A2:C18 (»Mehrfachoperationsmatrix«). Anschließend soll sie jenen Wert übergeben, der sich in der gleichen Zeile, aber der dritten Spalte der Matrix befindet (»Spaltenindex«). Damit ergibt sich die Formel:

`=SVERWEIS(D19;A2:C18;3)`

SVERWEIS() wird übrigens kein Argument »Vergleichstyp« übergeben. Die Funktion sucht immer den kleinsten Wert, der in einer aufsteigend sortierten Tabelle größer oder gleich dem Suchkriterium ist, verhält sich also wie *VERGLEICH()* bei Angabe des Vergleichstyps 1.

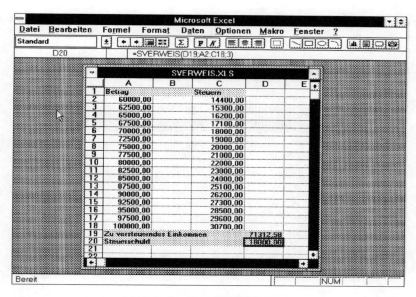

Bild 8.5: Die Datei SVERWEIS.XLS

Übrigens können sowohl *INDEX()* als auch *SVERWEIS()* Tabellen mit wesentlich mehr Spalten durchsuchen. Zum Beispiel könnte sich rechts neben der Spalte C, »Steuern«, in Spalte D eine weitere Tabelle »Spitzensteuersatz« befinden, die die zugehörigen Spitzensteuersätze enthält, also jenen Prozentsatz, mit dem praktisch die letzte verdiente Mark versteuert wird. Nehmen wir weiter an, D20 soll, ausgehend von einem bestimmten Einkommensbetrag in D19, nicht die zugehörige Steuerschuld, sondern den zugehörigen Spitzensteuersatz anzeigen. Dann verwenden Sie die Formel:

`=SVERWEIS(D19;A2:D18;4)`

Die gesamte Matrix mit allen Tabellen reicht nun von A2:D18. A2:A18 enthält die Tabelle »Betrag«, C2:C18 die zugehörigen »Steuern« und D2:D18 die entsprechenden Spitzensteuersätze. Gesucht wird in der ersten Matrixspalte nach dem Betrag, der sich in D19 befindet. Ausgegeben wird der zugehörige Betrag in der vierten Spalte der Matrix, der Tabelle mit den Spitzensteuersätzen.

Übrigens: Die Funktion *WVERWEIS()* verhält sich analog zu *SVERWEIS()*, geht allerdings von einer zeilen- statt spaltenweisen Anordnung der Tabellen aus. Durchsucht wird die erste Matrix*zeile* und geliefert wird der zugehörige Wert in der angegebenen Matrix*zeile*.
Übrigens: *Alle Suchfunktionen suchen und liefern nicht nur Zahlenwerte, sondern können auch mit anderen Datentypen verwendet werden!*

Zum Beispiel mit Texten: Die folgende Abbildung zeigt ein Arbeitsblatt, das, ausgehend von einem bestimmten KFZ-Typ, die zugehörigen Versicherungsprämien ermittelt.

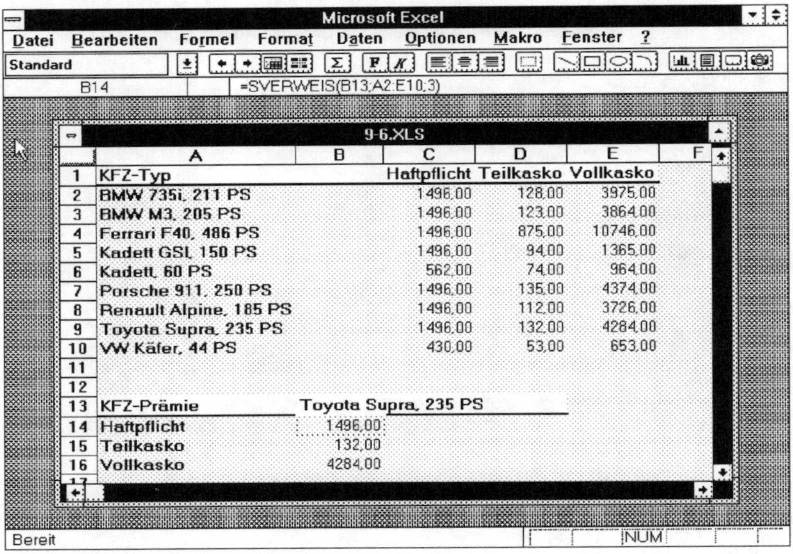

	Microsoft Excel	
Datei Bearbeiten Formel Format Daten Optionen Makro Fenster ?		

Standard

B14   =SVERWEIS(B13;A2:E10;3)

9-6.XLS

	A	B	C	D	E	F
1	KFZ-Typ		Haftpflicht	Teilkasko	Vollkasko	
2	BMW 735i, 211 PS		1496,00	128,00	3975,00	
3	BMW M3, 205 PS		1496,00	123,00	3864,00	
4	Ferrari F40, 486 PS		1496,00	875,00	10746,00	
5	Kadett GSI, 150 PS		1496,00	94,00	1365,00	
6	Kadett, 60 PS		562,00	74,00	964,00	
7	Porsche 911, 250 PS		1496,00	135,00	4374,00	
8	Renault Alpine, 185 PS		1496,00	112,00	3726,00	
9	Toyota Supra, 235 PS		1496,00	132,00	4284,00	
10	VW Käfer, 44 PS		430,00	53,00	653,00	
11						
12						
13	KFZ-Prämie	Toyota Supra, 235 PS				
14	Haftpflicht	1496,00				
15	Teilkasko	132,00				
16	Vollkasko	4284,00				
17						

Bereit   NUM

Bild 8.6: Die Datei KFZ-PRÄM.XLS

Die Matrix A2:E10 enthält alle vier benötigten Tabellen, den KFZ-Typ und die zugehörigen – ziemlich frei erfundenen – Prämiensätze in drei Versicherungssparten.

Die Anwendung dieses Blattes ist sehr einfach: Sie tragen in B13 den Namen eines der 9 Fahrzeuge *exakt* ein. Daraufhin erscheinen in den drei Feldern darunter die zugehörigen Prämiensätze. Alle drei Felder enthalten prinzipiell die gleiche Formel, die *SVERWEIS()* aufruft, als Suchkriterium den in B13 enthaltenen Text und als Matrix A2:E10 angibt. Nur daß einmal die Resultate der dritten, einmal der vierten, und beim letztenmal (Ermittlung der Vollkaskoprämie) der fünften Spalte dieser Matrix entnommen werden. Entsprechend lautet die Formel zur Ermittlung der Vollkaskoprämie:

```
=SVERWEIS(B13;A2:E10;5)
```

Diese Formel entnimmt den gewünschten Wert der fünften Bereichsspalte, ermittelt also die Vollkasko-Prämie.

Achten Sie bitte beim Suchen nach Texten mit *SVERWEIS()* darauf, daß diese alphabetisch aufsteigend sortiert sind! Statt Zahlen können Sie sich als Resultate natürlich ebenfalls Texte liefern lassen, die in den Spalten 3, 4 und 5 der Matrix abgelegt sind.

Beim Suchen nach Texten können Sie zusätzlich eine sehr nette Eigenschaft von Excel benutzen: das »ungenaue« Suchen. Wissen Sie nicht mehr, ob der gesuchte Name »Maier« oder »Meier« lautet, verwenden Sie als Suchkriterium einfach »M*«. Angenommen, Sie durchsuchen eine Tabelle mit *SVERWEIS()*. Dann verwenden Sie nicht eine Formel wie:

```
=SVERWEIS("Maier";A2:E10;3)
```

Sondern besser:

```
=SVERWEIS("M*";A2:E10;3)
```

Excel akzeptiert daraufhin den ersten Namen, der mit »M« beginnt, egal, wie er weitergeht. Allerdings wird auf diese Weise eventuell ein »Müller« statt dem gewünschten »Maier« oder »Meier« gefunden. Daher ist in diesem Fall eher das »Ausmaskieren« einzelner Zeichen mit »?« angebracht. Taucht in einem Suchstring das Zeichen »?« auf, akzeptiert Excel im untersuchten Text an dieser Position beliebige Zeichen. Die Formel

```
=SVERWEIS("M?ier";A2:E10;3)
```

findet den ersten in der Tabelle enthaltenen »Maier« oder »Meier«, aber auf keinen Fall einen »Müller«. Beide Methoden, das Abkürzen und das Maskieren, können Sie miteinander kombinieren. So akzeptiert die Formel

```
=SVERWEIS("M?ier*";A2:E10;3)
```

nicht nur »Meier« und »Maier«, sondern auch einen »Meierbach« oder »Maiersdorf«.

8.2.6 Logische Funktionen

Logische Funktionen sind in jeder Anwendung interessant. Lesen Sie daher auch dann weiter, wenn Ihnen meine ersten Sätze zunächst abstrakt und unverständlich erscheinen. Das ändert sich spätestens nach den ersten Beispielen!

Alle logischen Funktionen basieren auf der Prüfung von Aussagen. Eine solche Aussage kann entweder wahr oder falsch sein. Entsprechend verwendet Excel die Wahrheitswerte *WAHR* und *FALSCH*, um das Ergebnis einer Aussagenprüfung zu kennzeichnen.

Sie fragen sich bestimmt, was mit »Aussage« und »Wahrheitswert« gemeint ist. »Aussage« ist ein Vergleich zweier Daten vom gleichen Typ, zum Beispiel zweier Zahlen oder zweier Texte, die mit Hilfe eines »Vergleichsoperators« durchgeführt werden. Ein Vergleich besitzt immer die Form

```
[Datum1] [Vergleichsoperator] [Datum2]
```

Excel kennt folgende Vergleichsoperatoren:

Operator	Funktion
=	prüft, ob »Datum1« mit »Datum2« identisch ist
>	prüft, ob »Datum1« größer als »Datum2« ist
<	prüft, ob »Datum1« kleiner als »Datum2« ist
>=	prüft, ob »Datum1« größer oder gleich »Datum2« ist
<=	prüft, ob »Datum1« kleiner oder gleich »Datum2« ist
<>	prüft, ob »Datum1« ungleich »Datum2« ist

Tabelle 8.1: Vergleichsoperatoren

»Datum1« und »Datum2« müssen wie gesagt vom gleichen Datentyp sein. Die Wahrheitswerte sind eigentlich nur zwei Zahlen, die Excel intern – ohne daß Sie etwas davon mitbekommen – verwendet, um eine Aussage zu kennzeichnen, zum Beispiel eine 1 für *WAHR* und eine 0 für *FALSCH*. Wobei Excel statt dieser Zahlen, mit denen Sie wenig anfangen könnten, Ihnen gegenüber jedoch die aussagekräftigeren Bezeichnungen *WAHR* und *FALSCH* benutzt. Einige Beispiele für Vergleiche von Zahlen und Texten:

1. »1=5«: liefert den Wahrheitswert *FALSCH*, da die Aussage nicht zutrifft, 1 ist zweifellos nicht gleich 5.

2. »2*10=100/5«: liefert *WAHR*, da 2*10 (20) gleich 100/5 (auch 20) ist.

3. »30>40/2«: ergibt *WAHR*, da 30 größer als 40/2 ist.

4. »"Hallo"<=10«: ist ein »blödsinniger« Vergleich, da man keinen Text mit einer Zahl vergleichen kann.

5. »"Maier">"Bauer"«: ergibt *WAHR*, da »Maier« – alphabetisch gesehen, da es sich um Zeichenketten handelt – tatsächlich größer ist als »Bauer«.

An den numerischen Vergleichen ist interessant, daß die verglichenen Daten beliebig komplex sein können. Sie können eine einzige numerische Konstante in den Vergleich einsetzen, eine Berechnung wie 2*10 mit mehreren Konstanten oder auch eine Mischung aus Konstanten und Bezügen wie im Vergleich »2*10>=5*A1«, der prüft, ob 20 größer oder gleich dem Fünffachen des in A1 enthaltenen Werts ist.

Das letzte Beispiel zeigt, daß Sie auch Zeichenketten miteinander vergleichen können. Ein solcher Vergleich verläuft alphabetisch. Excel prüft, welche der beiden Zeichenketten alphabetisch größer und welche kleiner ist.

Sie fragen sich bestimmt, was Sie denn eigentlich mit solchen Vergleichen anfangen können. Nun, eingesetzt wird eine Aussagenprüfung immer als Teil der wichtigsten logischen Funktion, der *WENN()*-Funktion. Mit dieser Funktion ermöglicht Ihnen Excel, eine »Entscheidung« zu treffen. Sie können in einem Feld einen bestimmten Wert ermitteln, wenn eine angegebene Bedingung erfüllt ist. Und einen anderen Wert, wenn diese Bedingung nicht erfüllt ist.

WENN(Wahrheitsprüfung;Dann_Wert;*Sonst_Wert*)

WENN() prüft, ob die Aussage »Wahrheitsprüfung« wahr oder falsch ist. Intern – davon bekommen Sie nichts mit – ordnet Excel der Aussage entsprechend einen der beiden Wahrheitswerte *WAHR* oder *FALSCH* zu. Ist die Aussage wahr, übergibt *WENN()* als Funktionswert »Dann_Wert«. Ist sie falsch, übergibt *WENN()* »Sonst_Wert«. *WENN()* könnte man »übersetzen« mit: »Wenn die Aussage wahr ist, dann tue dies, sonst jenes«.

Beide Werte können jeden beliebigen Typ besitzen, es kann sich zum Beispiel um Zahlen oder Texte handeln (und natürlich um Bezüge auf Felder oder Bereiche, die Zahlen oder Texte enthalten). Nehmen wir an, Sie geben in A1 folgende Formel ein:

```
=WENN(10>5;"Hallo";"Noch mal Hallo")
```

»Wahrheitsprüfung« ist die Aussage »10>5«. »Dann_Wert« ist die Zeichenkette »Hallo« und »Sonst_Wert« die Zeichenkette »Noch mal Hallo«. Was wird Excel wohl in A1 anzeigen? Natürlich »Noch mal Hallo«. Denn die getestete Aussage ist falsch. 10 ist wohl kaum größer als 5. Daher übergibt diese Funktion »Sonst_Wert« als Resultat, also die Zeichenkette »Noch mal Hallo«. Ändern Sie die Aussage dagegen so ab, daß sie wahr ist, zum Beispiel in »10<5« oder in »10<>5«, wird in A1 »Hallo« angezeigt, der »Dann_Wert«.

Nehmen wir nun ein praktisches, aber noch sehr einfaches Beispiel. Eine Tabelle, die Ihre Einnahmen und Ausgaben während der vergangenen zwölf Monate addiert. In dieser Tabelle könnten Sie rein theoretisch wie in jeder anderen versehentlich eine Null zuviel eintippen und aus der Ausgabe 1363 DM auf diese Weise 13 630 DM machen.

Nun wird jedoch die *WENN()*-Funktion benutzt, um Sie auf offensichtlich unsinnige Eingaben hinzuweisen. »Unsinnig« heißt in diesem Beispiel, daß die Summe aller Einnahmen 100 000 DM übersteigt oder die Summe aller Ausgaben 80 000 DM.

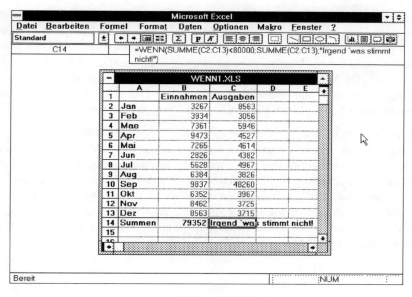

Bild 8.7: Die Datei WENN1.XLS

Summiert werden die Zahlen in den Bereichen B2:B13 und C2:C13 wie üblich mit der *SUMME()*-Funktion. Während in B14 jedoch ganz normal die Summe aller Zahlen der Tabelle darüber ausgegeben wird, zeigt Excel in C14 »Irgend 'was stimmt nicht!« an. C14 enthält die Formel

```
=WENN(SUMME(C2:C13)<80000;SUMME(C2:C13);"Irgend 'was stimmt nicht!")
```

Diese Formel ruft *WENN()* auf. Zunächst mit *SUMME(C2:C13)<80000* als Argument »Wahrheitsprüfung«. Excel prüft, ob die Summe der Zahlen im Bereich C2:C13 kleiner als 80 000 ist. Wenn ja (Prüfung ergibt *WAHR*), übergibt *WENN()* »Dann_Wert«, also das Resultat des Aufrufs *SUMME(C2:C13)* – in C14 erscheint die Summe der addierten Zahlen. War die Aussage dagegen falsch, wird »Sonst_Wert« übergeben – der Wert der Formel ist die Zeichenkette »Irgend 'was stimmt nicht!«. Genau das passiert im Beispiel, da die Summe tatsächlich größer ist als 80000. Und zwar, weil in C10 versehentlich statt 4826 eine Null zuviel und somit 48260 eingetippt wurde. Diesen Eingabefehler hätten Sie normalerweise sicher nicht sofort entdeckt – dank der *WENN()*-Funktion werden Sie jedoch unmißverständlich darauf hingewiesen. Übrigens befindet sich in B14 die Formel

```
=WENN(SUMME(B2:B13)<100000;SUMME(B2:B13);"Irgend 'was stimmt nicht!")
```

Die zu addierenden Einnahmen werden nur akzeptiert, wenn die Summe kleiner als 100 000 ist. Ist das nicht der Fall, erhalten Sie auch in diesem Fall eine entsprechende Warnung.

Sehr häufig wird die *WENN()*-Funktion eingesetzt, wenn – abhängig von einer Bedingung – der Wert eines Feldes entweder durch Formel A oder aber durch Formel B gebildet wird. Nehmen wir an, Sie wollen abschätzen, welchen Betrag Sie nächstes Jahr jeden Monat längerfristig anlegen können. Immer, wenn in einem Monat mehr als 500 DM übrigbleiben, wollen Sie die Hälfte davon nicht einfach auf dem Girokonto liegenlassen, sondern längerfristig investieren, zum Beispiel in Aktien. Die Hälfte, damit auf dem Giro- oder Sparkonto jederzeit liquide Mittel für Notfälle zur Verfügung stehen.

Sie sind Angestellter und beziehen ein festes Gehalt, sagen wir 3200 DM netto. Sie wissen, daß Sie jeden Monat feste Ausgaben in Höhe von etwa 1800 DM haben, für Miete, Einkaufen, Kleidung, Essen gehen und so weiter. Dazu kommen unregelmäßige Ausgaben wie jährlich fällige Versicherungsprämien, der bereits für den Juli gebuchte Jahresurlaub, die im März geplante Anschaffung eines neuen Autos und ähnliches. Wenn all das bereits halbwegs feststeht, können Sie auch Ihre monatlichen Ausgaben grob schätzen. Und Excel für jeden Monat prüfen lassen, ob wahrscheinlich mehr als 500 DM übrigbleiben, und wenn ja, wieviel die Hälfte dieses Betrags ist, den Sie ja langfristig anlegen wollen.

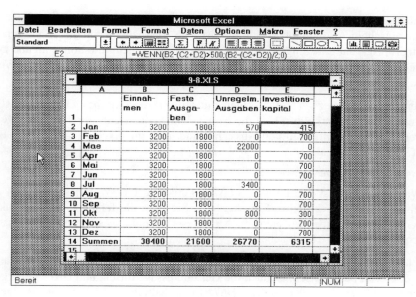

Bild 8.8: Die Datei WENN2.XLS

Die Spalte B enthält die monatlichen Einnahmen, also Ihr Gehalt, das jeweils 3200 DM netto beträgt. Eventuell ist die Dezemberzahl wegen des hinzukommenden Weihnachtsgelds zu ändern. Spalte C enthält die konstanten Ausgaben und D die außergewöhnlichen, die meist auch eine außergewöhnliche Höhe besitzen. Spalte E soll für jeden Monat das für längerfristige Investitionen verfügbare Kapital ausweisen. E2 enthält die Formel

`=WENN(B2-(C2+D2)>500;(B2-(C2+D2))/2;0)`

B2–(C2+D2) entspricht den Einnahmen minus den Ausgaben (konstante und unregelmäßige), also dem monatlichen Überschuß. Ist dieser Überschuß größer als 500 DM, ergibt sich der Wert der Formel durch den Ausdruck *(B2–(C2+C2))/2*, der die Hälfte dieses Betrags ermittelt. Sonst ist der Formelwert gleich 0 – in diesem Monat steht kein Investitionskapital zur Verfügung. Diese Formel wurde nach E3 bis E13 kopiert, in E14 die Summe gebildet, und Sie sehen, daß Ihnen übers Jahr immerhin gut 6000 DM für Aktien oder ähnliches zur Verfügung stehen.

Übrigens habe ich Ihnen gleich die komplizierte Form der *WENN()*-Funktion gezeigt. Das Argument »Sonst_Wert« ist nämlich optional. Geben Sie es nicht an, liefert *WENN()* einfach den Funktionswert *FALSCH*, wenn die Aussage nicht wahr ist. Entfernen Sie im Beispiel aus den Formeln in E2:E13 das letzte Argument 0, gibt Excel statt einer 0 im betreffenden Feld den Text *FALSCH* aus, wenn die Aussage nicht wahr ist – was allerdings nicht sehr schön aussieht.

Oft genügt es für eine Entscheidung nicht, nur eine Bedingung zu prüfen. Zum Beispiel, wenn Sie entscheiden sollen, ob es Sommer ist. Die Aussage »Wenn die Sonne scheint, ist es Sommer«, ist nicht unbedingt richtig. Auch im Winter scheint die Sonne ab und zu. Besser wäre eine Aussage, die zwei miteinander verknüpfte Bedingungen enthält: »Wenn die Sonne scheint und es warm ist, ist es Winter«.

In diesem Fall werden zwei Teilaussagen mit Hilfe des »logischen Operators« UND zu einer Gesamtaussage verknüpft. Und die ist nur dann wahr, wenn beide Teilaussagen wahr sind. Derartige Verknüpfungen von Aussagen sind auch mit Excel möglich. Zum Beispiel mit Hilfe der *UND()*-Funktion.

`UND(Wahrheitswert1;`*Wahrheitswert2*`;...)`

Mit »Wahrheitswert« ist wie bei der *WENN()*-Funktion mit »Wahrheitsprüfung« einfach eine beliebige Aussage gemeint. Entschuldigen Sie bitte die fehlende Einheitlichkeit der Argumentbenennung, aber ich halte mich in dieser Beziehung strikt an die – manchmal inkonsequenten – Excel-Handbücher.

UND() übergibt genau dann den Wahrheitswert *WAHR*, wenn beide Aussagen wahr sind. Ist eine oder sind beide falsch, ist auch die Gesamtaussage falsch, und *UND()* übergibt entsprechend *FALSCH*. Angewendet wird *UND()* innerhalb der *WENN()*-Funktion, zum Beispiel so:

`WENN(UND(A1<100;A2<100);"Beide kleiner 100";"Nicht beide kleiner 100")`

Sind beide Aussagen wahr, ist sowohl der Inhalt von A1 als auch der von A2 kleiner als 100, liefert *UND()* den Funktionswert *WAHR*. Die in der *WENN()*-Funktion geprüfte Aussage ist wahr, und der Funktionswert ist »Beide kleiner 100«. Enthält dagegen auch nur eins der beiden Felder eine Zahl, die größer ist als 100, übergibt *UND()* den Funktionswert *FALSCH* und die *WENN()*-Funktion entsprechend »Nicht beide kleiner 100«.

In der Praxis könnten Sie zum Beispiel bei einer Versuchsreihe prüfen, wie viele Testergebnisse größer als 40 und gleichzeitig kleiner als 60 sind. Nehmen wir an, die Testwerte sind spaltenweise in A1, A2, A3 und so fort untereinander angeordnet. Dann verwenden Sie in B1 die Formel

`=WENN(UND(A1>40;A1<60);1;0)`

Ist der Wert in A1 größer als 40 und kleiner als 60, wird in B1 eine 1 als Ergebnis dieser Formel eingetragen, sonst eine 0. Die Formel kopieren Sie nach B2, B3 usw. Jedesmal erscheint eine 1, wenn der Wert links daneben die beiden Bedingungen erfüllt, sonst eine 0. Nun müssen Sie nur noch mit *SUMME()* die Einsen addieren und wissen, wie viele Testwerte sich im Bereich zwischen 40 und 60 bewegen.

UND() können Sie bis zu 14 Aussagen übergeben. Nur wenn alle wahr sind, liefert *UND()* für die Gesamtaussage *WAHR*. Die Funktion *ODER()* übergibt entsprechend *WAHR*, wenn wenigstens eine von ebenfalls bis zu 14 Aussagen wahr ist. Weitere logische Funktionen finden Sie im Anhang.

8|2|7| Informationsfunktionen

Nun, da Sie logische Funktionen und vor allem Wahrheitswerte kennen, können wir die Informationsfunktionen besprechen, die nahezu alle Wahrheitswerte liefern. Jedenfalls alle Funktionen, deren Namen mit *IST...* beginnt. Diese Funktionen prüfen, ob ein Feld einen bestimmten Datentyp enthält. Wenn ja, liefern sie den Funktionswert *WAHR*, sonst *FALSCH*.

`ISTTEXT(Wert)`

ISTTEXT() liefert *WAHR*, wenn »Wert« ein Text ist. *ISTTEXT("Hallo")* liefert demnach *WAHR*, *ISTTEXT(A1)* ergibt *WAHR*, wenn A1 einen Text enthält. Entsprechend prüft *ISTZAHL()*, ob der angegebene Wert oder Bezug eine Zahl ist, und *ISTLEER()*, ob es sich um ein leeres Feld handelt.

Andere Informationsfunktionen wie *SPALTE()* liefern als Ergebnis die Anzahl der Spalten, die ein angegebener Bereich besitzt oder wie *ZEILE()* die Zeilenanzahl.

Auf praktische Beispiele müssen Sie leider verzichten, da mir hierzu so schnell keine einfallen, die nicht bereits mit der noch zu erläuternden Makro-Programmierung zu tun haben.

8|2|8| Finanzmathematische Funktionen

Um die finanzmathematischen Funktionen von Excel vollständig zu nutzen, muß man tatsächlich Finanzmathematiker sein. So kommt es mir zumindest vor, der ich auf diesem Gebiet leider völlig ahnungslos bin. Ich hoffe, Sie nehmen mir das nicht übel, aber ich ziehe es vor, meine diesbezügliche Ahnungslosigkeit lieber offenzulegen, als Ihnen hier den Spezialisten vorzutäuschen.

Entsprechend knapp fallen nun leider auch meine Erläuterungen aus. Praktisch alle finanzmathematischen Funktionen drehen sich um die Finanzierung von Darlehen oder Hypotheken, um den Ertrag einer Anleihe, eines Sparvertrags und Ähnliches. Zunächst zu den Argumenten dieser Funktionen, die Ihnen immer wieder begegnen werden.

■ Bw (Barwert): Angenommen, Sie leisten oder erhalten eine Reihe von monatlichen Zahlungen. Dann ist der Barwert die Summe dieser Zahlungen zum Beispiel der Darlehensbetrag, den Sie monatlich in kleinen Raten tilgen.

■ F (Fälligkeit): F kennzeichnet, ob Zahlungen am Anfang (0) oder am Ende (1) einer Periode fällig sind. Beispiel: Sie erhalten jährlich Zinsen aus einem Sparvertrag, und zwar am Ende eines jeden Jahres (jeder Periode). Dann müssen Sie für F entsprechend 0 angeben. Oder gar nichts, da F optional ist und Excel als Standardwert 0 verwendet.

■ Rmz (Regelmäßige Zahlung): Regelmäßig zu leistende oder erhaltene Zahlungen. Zum Beispiel die monatlichen Raten zur Tilgung eines Kredits und der Kreditzinsen. Oder umgekehrt die regelmäßigen Zinszahlungen, die Sie aus einem Sparvertrag erhalten.

■ Zins (Zinssatz): Zinssatz pro Zahlungsperiode.

▪ Zw (Zukünftiger Wert): Optionales Argument, für das Excel den Standardwert 0 verwendet. Wird bei Aufgaben der Art »wieviel muß ich monatlich zurücklegen, um in X Jahren Y DM anzusparen?« als Y angegeben, als Sparziel.

▪ Zzr (Zahlungszeiträume): Gesamtzahl der Zahlungszeiträume bei Jahreszahlungen. Zum Beispiel gibt es bei einem Darlehen mit einer Laufzeit von 10 Jahren und *monatlicher* Ratenzahlung insgesamt 10*12=120 Zahlungszeiträume. Oder bei den *jährlichen* Zinszahlungen aus einer fünf Jahre laufenden Anleihe fünf Zahlungszeiträume.

Praktisch alle finanzmathematischen Funktionen basieren auf einer Grundformel mit den angegebenen Variablen, die, nach den verschiedenen Variablen aufgelöst, den unterschiedlichen Funktionen entsprechen. Zum Beispiel ermittelt *ZINS()* den gleichnamigen Parameter, in Abhängigkeit von den restlichen. Oder *ZW()* ebenfalls den gleichnamigen Parameter, wiederum in Abhängigkeit von allen anderen Variablen.

Gerade *ZW()* ist für finanzmathematische Laien interessant, da sich diese Funktion eignet, um zum Beispiel das Endkapital zu ermitteln, das sich bei einmaliger Investition in eine Anlage und daraus resultierenden regelmäßigen Zinszahlungen ergibt. Zum Beispiel aus dem Kauf einer Anleihe mit einem Zinssatz von 6,4% und einer Laufzeit von 8 Jahren für insgesamt 15 000 DM.

`ZM(Zins;Zzr;Rmz;Bw;F)`

In diesem Beispiel benötigen Sie nur die Angaben »Zins«, »Zzr« und »Bw«. »Zins« ist bei jährlichen Zinszahlungen genau ein Jahreszinssatz von 6,4%. »Zzr«, Zahlungszeiträume, gibt es bei einer Laufzeit von 8 Jahren und jährlichen Zinszahlungen genau 8. »Bw« ist Ihr Investitionskapital von 15 000 DM, genauer: −15 000, da sonst ein negativer Endbetrag resultiert. Für »Rmz« geben Sie 0 an, da Sie im Gegensatz zu einem Darlehen keinerlei regelmäßige Zahlungen leisten, und »F« lassen Sie weg, da die Zinszahlungen am Ende eines jeden Jahres erfolgen und Excel sowieso standardmäßig davon ausgeht. Damit ergibt sich die Formel

`=ZW(6,4%;8;0;-15000)`

Diese Formel ergibt 24 639 DM als Endkapital nach Fälligkeit der Anleihe inklusive der Zinsen und Zinseszinsen.

8▪2▪9   Trigonometrische Funktionen

Die trigonometrischen Funktionen sind harmlos und kaum erläuterungsbedürftig – jedenfalls für den, der zumindest grundlegende Trigonometriekenntnisse besitzt. Wenn nicht, kann ich sie Ihnen auf die Schnelle leider auch nicht beibringen. Das beste Beispiel für die trigonometrischen Funktionen ist die allseits bekannte Sinus-Funktion:

`SIN(Winkel)`

SIN() liefert den Sinus des im Bogenmaß angegebenen Winkels. Wohlgemerkt, der Winkel wird im Bogenmaß angegeben! Eine Winkelangabe in Grad wird durch Multiplikation mit der Kreiszahl Pi (3,14...) und anschließender Division durch 180 ins Bogenmaß konvertiert. Den ungefähren Wert von Pi müssen Sie nicht per Hand eingeben. Die Funktion PI(), der keinerlei Argumente übergeben werden, liefert eine Annäherung an Pi. Zum Beispiel liefert der Ausdruck

```
SIN(30*PI()/180)
```

das Resultat 0,5, den Sinus von 30 Grad.

8.2.10 Matrixfunktionen

Matrixfunktionen sind wohl ausschließlich für Anhänger und/oder Anwender der linearen Algebra interessant. Mit ihnen können Sie zwei Matrizen miteinander multiplizieren, die Determinante oder Inverse einer Matrix bestimmen, oder eine Matrix transponieren. Als Beispiel verwende ich die Funktion *MMULT()*, die zwei Matrizen miteinander multipliziert.

```
MMULT(Matrix1;Matrix2)
```

»Matrix2« muß genau so viele Zeilen enthalten, wie »Matrix1« Spalten enthält und so viele Spalten, wie »Matrix1« Zeilen enthält. Zum Beispiel können Sie eine 2*5-Matrix mit einer 5*2-Matrix multiplizieren, was als Resultat eine 5*5-Matrix ergibt.

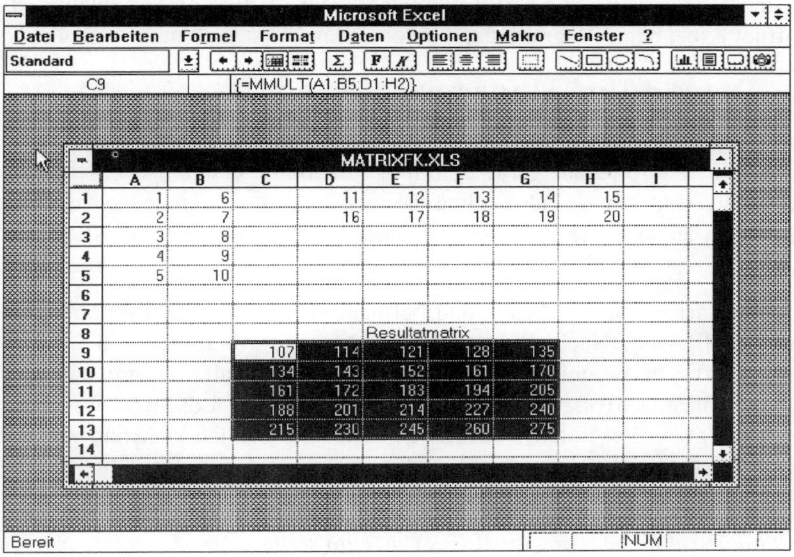

	A	B	C	D	E	F	G	H	I
1	1	6		11	12	13	14	15	
2	2	7		16	17	18	19	20	
3	3	8							
4	4	9							
5	5	10							
6									
7									
8					Resultatmatrix				
9			107	114	121	128	135		
10			134	143	152	161	170		
11			161	172	183	194	205		
12			188	201	214	227	240		
13			215	230	245	260	275		
14									

Bild 8.9: Die Datei MATRIXFK.XLS

8.3   Add-in's

Außer den eingebauten gibt es zusätzlich Funktionen, um die Excel nachträglich erweitert werden kann, sogenannte »Add-in's« oder »Zusätze«. Diese Zusatzfunktionen können Sie mit der Makroprogrammierung selbst erstellen. Eine ganze Menge befinden sich bereits auf den Excel-Disketten. In Zukunft dürften von allen möglichen Softwarefirmen spezielle Funktionspakete für die unterschiedlichsten Anwendungen auf den Markt kommen.

8.3.1   Anwendung

Die Anwendung von Add-in's ist in jedem Fall gleich. Auf einer Diskette wird eine Datei mit der Erweiterung *.XLA* geliefert. Sie öffnen diese Datei. Zunächst sehen Sie nicht den geringsten Unterschied, es öffnet sich kein weiteres Fenster. Dennoch haben Sie Excel soeben um neue Funktionen erweitert, die nun zum Beispiel im Listenfeld des Befehls *FORMEL Funktion einfügen...* erscheinen. Sie können diese Funktionen genauso wie die eingebauten anwenden. Allerdings sind Sie zur Benutzung natürlich auf die Dokumentation der betreffenden Softwarefirma zu Ihrem Funktionspaket angewiesen.

Nach dem Laden einer Datei mit Zusatzfunktionen bleiben diese übrigens erhalten, bis Sie Excel verlassen. Sogar, wenn Sie mit dem umgeschalteten Befehl *Alles schließen...* alle Fenster schließen.

Wenn Sie bestimmte Add-In's ständig verwenden, sollten Sie sie mit dem Dateimanager von Windows ins Verzeichnis XLSTART verlegen. Alle in diesem Verzeichnis enthaltenen Dateien öffnet Excel beim Programmstart automatisch. Also auch darin enthaltene Add-In's.

8.3.2   Der Add-in-Manager

Eine alternative Möglichkeit zum komfortablen Umgang mit mehreren Add-In's gleichzeitig bietet der »Add-in-Manager«. Er ermöglicht Ihnen ebenfalls, beliebig viele dieser Zusatzpakete automatisch zu laden, ohne sie jedesmal einzeln angeben zu müssen – und ohne gezwungen zu sein, die betreffenden Dateien in das Verzeichnis XLSTART zu verlegen!

Dieser Manager ist selbst ein Zusatz und befindet sich in der Datei *ADDINMGR.XLA* im Verzeichnis LIBRARY. Nach dem Laden des Managers befindet sich im *OPTIONEN*-Menü ein zusätzlicher Befehl, *Add-in's...* Er öffnet eine Dialogbox mit einem Listenfeld und den Schaltflächen »Hinzufügen...«, »Editieren...« und »Löschen...«. »Hinzufügen...« öffnet die Dialogbox des Befehls *DATEI Öffnen...* Sie suchen sich nun die erste der zu kombinierenden Add-in-Dateien aus. Die »Nur lesen«-Option sorgt dafür, daß das Add-in schneller geladen wird und weniger Speicher benötigt.

Nach Bestätigung der Selektion wird die Datei im Listenfeld angezeigt. Auf die gleiche Weise suchen Sie sich die restlichen Add-in's aus. Mit »Löschen...« können Sie jederzeit ein Add-in aus der Liste entfernen, und mit »Editieren...« angeben, ob es sich im selben Verzeichnis wie der Manager befindet, beziehungsweise wenn nicht, in welchem Verzeichnis.

Der Manager speichert Ihre Liste der zu öffnenden Add-in's. Am nächsten Tag genügt es, die Datei *ADDINMGR.XLA* zu öffnen. Der Manager öffnet anschließend automatisch alle Add-in's, die in Ihrer Liste enthalten sind. Alle Sie interessierenden Zusatzpakete sind nun verfügbar.

Noch komfortabler wird das Laden von Zusatzpaketen, wenn Sie den Add-in-Manager ins Verzeichnis XLSTART verlegen. Dann wird er beim nächsten Aufruf von Excel automatisch geladen – und lädt seinerseits wiederum die angegebenen Zusatzpakete. Sie müssen also nur noch Excel aufrufen, damit Ihnen die gewünschten Zusatzfunktionen zur Verfügung stehen.

Datenbanken

ABCDE

9 Datenbanken und Datenmasken

Excel als echte »Datenbank« zu bezeichnen, ist sicher eine Übertreibung. Denn einige wichtige Anforderungen an echte Datenbanken erfüllt Excel nicht:

1. Verknüpfungen verschiedener Dateien nach einem Datenbankmodell, zum Beispiel dem relationalen oder dem Netzwerkmodell, gibt es nicht.

2. Die verarbeitbaren Datenmengen sind auf die Hauptspeicherkapazität beschränkt, genauer: auf die maximale Größe eines Arbeitsblatts. Echte Datenbanken können jedoch die gesamte Festplatte ausnutzen.

3. Eine echte Abfragesprache fehlt und kann nur auf Umwegen über Makros realisiert werden.

Excel ist demnach kein Datenbankprogramm wie dBase oder Paradox. Eher eine einfache Dateiverwaltung, die auf den bereits vorhandenen Fähigkeiten zur Tabellenverarbeitung aufgebaut ist und diese nutzt. Was allerdings für viele Anwendungen vollkommen ausreicht. Vor allem für den Heim- oder halbprofessionellen Bereich, wenn es darum geht, nur geringe Datenmengen zu verwalten (Adressen, Kunden, Schallplatten usw.).

Der große Vorteil von Excel gegenüber einer echten Datenbank liegt darin, daß Sie mit diesem Programm bereits umgehen können und für diese neue Anwendung nur wenig hinzulernen müssen. Was Sie bereits am Umfang dieses Kapitels erkennen können, der im Vergleich zum vorhergehenden Teil über die eigentliche Tabellenkalkulation recht gering ist.

Denn die verwaltete »Datenbank« ist einfach ein Bereich eines Arbeitsblatts, der mit den bereits bekannten Mitteln editiert und manipuliert wird, wobei jedoch zusätzliche Möglichkeiten zur Suche oder zum Sortieren zur Verfügung stehen.

9.1 Datenbank definieren

Bevor Sie die speziellen Datenbankfunktionen von Excel nutzen können, muß zuvor die »Datenbank« definiert werden. Ich finde diesen Ausdruck reichlich übertrieben, halte mich aber an die im Excel-Handbuch verwendete Ausdrucksweise, damit Sie nicht umlernen müssen. Eine Datenbank oder ein »Datenbankbereich« ist demnach ein rechteckiger Ausschnitt einer Tabelle, der selektiert und danach mit dem Befehl *DATEN Datenbank festlegen* als Datenbank gekennzeichnet wird.

9|1|1| Struktur einer Datenbank

Der Bereich enthält »Datensätze«. Ein Datensatz ist eine zusammengehörende Menge von Einzelinformationen unterschiedlicher Art. Zum Beispiel eine Adresse, die aus den Informationen »Name«, »Vorname«, »Strasse«, »Plz«, »Ort« und »Telefon« bestehen kann. Demnach wären

```
Maier/Otto/Aalweg 5/8000/München/089-83624
```

und

```
Müller/Bernd/Fußweg 12/6800/Mannheim/0621-836195
```

zwei Datensätze, die aus jeweils sechs unterschiedlichen Daten gebildet werden. Man sagt, ein Datensatz besteht bei dieser Art der Datenstrukturierung aus sechs »Feldern«. Jedes Feld besitzt einen Namen, das erste Feld den Namen »Name«, das zweite Feld heißt »Vorname« und so weiter.

Jede Datenbank besitzt eine festgelegte Struktur. Die darin enthaltenen Datensätze müssen alle gleich aufgebaut sein, also aus gleichen Feldern mit identischer Reihenfolge bestehen. Jeder Datensatz wird in einer eigenen Zeile des Datenbankbereichs gespeichert, jedes Feld in einer eigenen Zelle. Ein Datenbankbereich, der Adressen enthält, könnte so aussehen:

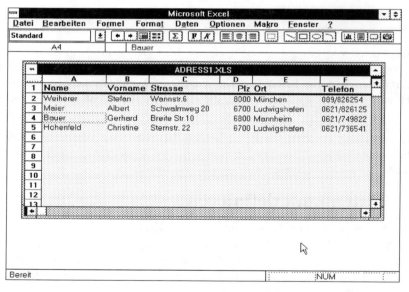

Bild 9.1: Die Datei ADRESS1.XLS

Die abgebildete Tabelle *ADRESS1.XLS* befindet sich auf der Begleitdiskette und wird von mir bei den folgenden Erläuterungen immer wieder benutzt werden. Wie die Abbildung zeigt, beginnt die Erstellung einer Datenbank offenbar einfach mit der Eingabe einiger Datensätze in mehrere Zeilen eines Arbeitsblatts. Und – was später noch sehr wichtig wird – mit der Festlegung der zugehörigen Feldnamen in der Zeile oberhalb der Datensätze!

Außer Feldern, in die Sie die Daten selbst eintragen müssen, kennt Excel zusätzlich »berechnete Felder«. Diese Felder nehmen Informationen auf, die Excel selbständig aus dem Inhalt anderer Felder ermitteln kann. Zum Beispiel könnten Sie bei einer kleinen Lagerverwaltung unter anderem die Felder »Preis«, »Menge« und »Wert« verwenden. Das heißt, bei jedem Artikel geben Sie unter anderem ein, was ein Stück davon kostet, wieviele vorhanden sind und was der gesamte Posten wert ist. Der Inhalt des Feldes »Wert« ergibt sich durch Multiplizieren der Felder »Preis« und »Menge«. Genau diese Aufgabe kann Excel selbständig übernehmen, so daß Sie nur noch in die Felder »Preis« und »Menge« die betreffenden Informationen eintragen müssen, und daraufhin der resultierende Wert von Excel ausgerechnet und angezeigt wird.

Berechnete Felder erstellen Sie, indem Sie in eine Spalte eine Formel eingeben. Nehmen wir an, in einer Datenbank existieren die Spalten A, »Preis«, und B, »Menge«. Sie legen nun eine weitere Spalte C an, »Wert«. Zeile 1 enthält die Feldnamen, ab Zeile 2 folgen die Datensätze. Sie geben entsprechend in C2 – das Feld »Wert« des ersten Datensatzes – die Formel ein:

```
=A2*B2
```

In C2 wird das Produkt der beiden anderen Felder angezeigt. Damit haben Sie ein »berechnetes Feld« geschaffen. Allerdings müssen Sie diese Formel auch in C3, C4 und so weiter kopieren – eben in das Feld »Wert« jedes einzelnen Datensatzes.

Bei den gewählten Formatierungen sind Sie übrigens völlig frei. Sie können wie ich in diesem Blatt namens *ADRESS1.XLS* die Feldnamen fett formatieren, die Spaltenbreiten den darin gespeicherten Informationen anpassen und den Zellen die Farbe Hellblau zuweisen. Kurz: Eine Datenbank wird wie jede andere Tabelle auch editiert, formatiert und manipuliert.

9|1|2| Definition des Datenbankbereichs

Der erste Unterschied zeigt sich, nachdem Sie auf diese Weise mit einigen wenigen Datensätzen die Grundstruktur festgelegt haben: Der Datenbankbereich wird definiert. Jener Bereich, der die bereits eingetragenen und alle noch folgenden Datensätze aufnimmt. Denn nur für die Daten in diesem Bereich können die speziellen Datenbankbefehle von Excel benutzt werden.

Laden Sie bitte *ADRESS1.XLS*. Markieren Sie zusätzlich zu jenem Bereich, der die Feldnamen und darunter die bisher eingetragenen Datensätze enthält, noch eine weitere Zeile. Also nicht den Bereich A1:F5, sondern den größeren Bereich A1:F6. Wählen Sie anschließend *DATEN Datenbank festlegen*.

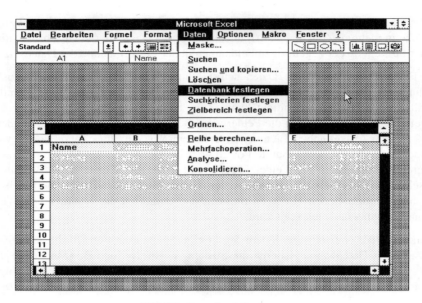

Bild 9.2: Datenbank festlegen

Die Aufgabe dieses Kommandos ist trivial: Es weist dem markierten Bereich den Namen »Datenbank« zu. Ebenso gut könnten Sie diese Zuweisung wie gewohnt mit *FORMEL Namen festlegen...* ausführen. Dieses Kommando ist notwendig, damit Excel weiß, mit welchem Bereich die speziellen Datenbankfunktionen arbeiten sollen. Das heißt natürlich auch, daß Sie sich mit *Namen festlegen...* und Selektion des Namens »Datenbank« im Listenfeld darüber informieren können, von wo bis wo die momentan definierte Datenbank reicht. Eine sehr nützliche Sache, da sich der von Ihnen definierte Datenbankbereich ständig ändert, wie wir gleich sehen werden.

Eine Tabelle darf beliebig viele Datenbanken enthalten, also Bereiche, die Datensätze enthalten. Allerdings »sieht« Excel immer nur jenen Bereich, der momentan den Namen »Datenbank« besitzt. Nur mit diesem Bereich sind Auswertungen, Suchläufe oder ähnliches möglich. Wollen Sie in einer Tabelle abwechselnd mal mit dem einen, mal mit dem anderen Datenbankbereich arbeiten, müssen Sie zuvor jedesmal mit *DATEN Datenbank festlegen* dem entsprechenden Bereich den Namen »Datenbank« zuweisen. Sinnvoller ist es, für jede Datenbank eine eigene Tabelle zu verwenden. Excel merkt sich beim Speichern auch die aktuelle Festlegung des Datenbankbereichs. Eine Neudefinition des Bereichs nach dem Laden ist daher überflüssig.

9.2   Datenbank editieren

Vielleicht fragen Sie sich, warum der definierte Datenbankbereich außer den eigentlichen Datensätzen zusätzlich eine weitere Zeile und Spalte umfassen sollte. Der Grund liegt in der späteren Vergrößerung des Bereichs, der ja mit Sicherheit noch weitere Datensätze auf nehmen soll. Nehmen wir an, Sie hätten als Datenbankbereich A1:F5 definiert, also nur die Feldnamen und die tatsächlich vorhandenen vier Datensätze. Und Sie würden nun in *ADRESS1.XLS* zu Zeile 6 gehen und in dieser leeren Zeile einen neuen Satz eingeben. Dann gehört dieser Satz nicht zum Datenbankbereich, und Sie können ihn auch nicht zusammen mit Excel's speziellen Datenbankbefehlen benutzen. Außer, Sie selektieren den gewünschten Bereich, diesmal also A1:F6, und legen ihn mit *Datenbank festlegen* neu fest, damit er nun auch Zeile 6 mit dem gerade eingetragenen Datensatz umfaßt.

9|2|1| **Datensätze eintragen**

Diese Methode wäre jedoch sehr umständlich. Eine Datenbank ist prinzipiell nichts anderes als ein Bereich mit dem Namen »Datenbank«. Bereichsnamen besitzen die Eigenschaft, daß sie bei verschiedenen Editieraktionen aktualisiert werden. Zum Beispiel, wenn in dem Bereich eine Leerzeile oder -spalte eingefügt wird.

In unserem Fall reicht der Bereich »Datenbank« von A1 bis F6. Fügen Sie darin mit *BEARBEITEN Leerzellen...* zum Beispiel bei Zeile 3 eine komplette Zeile ein, wird der Name »Datenbank« automatisch aktualisiert und reicht nun von A1:F7.

Im Normalfall wollen Sie zusätzliche Sätze wahrscheinlich unterhalb des momentan letzten Satzes eintragen. In der Abbildung wäre das in Zeile 6. Also gehen Sie zu Zeile 6 und fügen vor dieser Zeile mit *Leerzellen...* eine komplette neue Zeile ein. Da Zeile 6 noch zum definierten Datenbankbereich gehört, wird die Zeile im benannten Bereich eingefügt und der Name »Datenbank« entsprechend aktualisiert. Das wäre jedoch nicht der Fall, wenn Sie mit *Datenbank festlegen* nur den Bereich A1:F5 als Datenbankbereich definiert hätten. Dann wäre das Einfügen einer Leerzeile bei Zeile 6 außerhalb des benannten Bereichs geschehen, und der zugehörige Bereichsname würde nicht verändert werden. Der anschließend in Zeile 6 eingetragene Satz würde nicht zum Datenbankbereich gehören!

Das Einfügen kompletter Zeilen ist somit die einfachste Möglichkeit, einen bereits definierten Datenbankbereich zu erweitern und zusätzliche Datzensätze oder Felder einzutragen. Vorausgesetzt, der Bereich umfaßt außer den tatsächlich vorhandenen Daten auch die Leerzeile darunter und die Spalte rechts davon. Dann wird bei diesen Editieraktionen der Bereichsname »Datenbank« automatisch entsprechend aktualisiert.

Allerdings wird durch das Einfügen kompletter Zeilen der Rest der Tabelle außerhalb der Datenbank stark beeinflußt und nicht dazugehörende Felder verschoben. Wenn das ein Problem ist, selektieren Sie bitte exakt den einzufügenden Bereich, bevor Sie *Leerzellen...* wählen. Zum Beispiel A6:F6, wenn Sie in Zeile 6 einen neuen Satz eingeben wollen. Dabei werden nur die gewünschten 6 Felder eingefügt und nur die Felder darunter um jeweils eine Zeile nach unten verschoben. Die Felder rechts von der Datenbank bleiben unbeeinflußt. Die Auswirkungen des Einfügens von Leerzellen auf den Rest der Tabelle sind also geringer. Dafür wird der Name »Datenbank« jedoch nicht angepaßt, und Sie müssen die nun größere Datenbank mit *DATEN Datenbank festlegen* neu definieren.

9|2|2| Sonstige Editierungen

Da eine Datenbank ein ganz normaler Tabellenbereich ist, können Sie die darin enthaltenen Datensätze beliebig editieren. Sie können wie erläutert neue Sätze einfügen, mit *Löschen...* komplette Zeilen und damit Datensätze löschen, Zeilen verschieben, kopieren oder Datensätze ändern. Sie können sogar zusätzliche Spalten einfügen. Vielleicht wollen Sie die Datenbank nachträglich um eine zusätzliche Spalte mit dem Feld »Beruf« erweitern. Wenn Sie im selektierten Bereich eine Leerspalte einfügen, wird der Name »Datenbank« entsprechend angepaßt. Befindet sich die zusätzliche Spalte jedoch rechts außerhalb des Datenbankbereichs, müssen Sie die Datenbank mit *Datenbank festlegen* erneut festlegen.

9|3| Datenmasken

Datenmasken erleichtern den Umgang mit einer Datenbank erheblich. Sie entsprechen den »Eingabemasken«, die Sie vielleicht von herkömmlichen Datenbankprogrammen kennen. Eine Datenmaske erlaubt Ihnen auf einfachste Art und Weise, Datensätze einzugeben, zu ändern, zu löschen, zu suchen oder Ihre Datei einfach zu durchblättern. Laden Sie bitte *MAHNUNG.XLS*, und wählen Sie danach *DATEN Maske...*

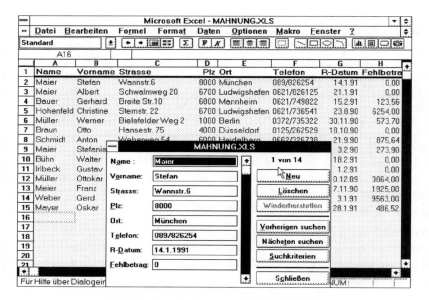

Bild 9.3: Standardmaske zu MAHNUNG.XLS

Sie sehen eine von Excel vorgegebene »Standardmaske«, passend zum momentan definierten Datenbankbereich. Darin ist der erste Datensatz zu sehen, der sich in Zeile 2 befindet. Zusätzlich wird Ihnen mitgeteilt, daß dies Satz Nummer »1 von 14« ist, der Datenbankbereich also 14 Sätze enthält.

Nach dem Erscheinen der Maske wird darin immer der erste Satz der Datenbank angezeigt. Sie können sich die restlichen Sätze ansehen, indem Sie mit »Vorherigen suchen« und »Nächsten suchen« die Datenbank Satz für Satz durchblättern. Beziehungsweise mit der Maus die Rollbalken anklicken. Größere Sprünge sind mit den Tastenkombinationen `Bild↓` (10 Sätze weiter) beziehungsweise `Bild↑` (10 Sätze zurück) möglich. Oder mit `Strg`+`Bild↓` (zum letzten Satz) beziehungsweise `Strg`+`Bild↑` (zum ersten Satz).

Sie können den aktuellen Satz ändern, indem Sie einfach den entsprechenden Feldeintrag editieren (bei berechneten Feldern – sinnvollerweise – nicht möglich). Und – solange dieser Satz noch in der Maske enthalten ist – die Änderungen mit »Wiederherstellen« wieder rückgängig machen.

»Löschen« löscht den angezeigten Satz, und »Neu« fügt am Ende der Datenbank einen neuen Satz ein. Das heißt, die Maske wird gelöscht, und Sie können den gewünschten Satz in die nun leeren Felder eingeben. In beiden Fällen aktualisiert Excel den Bezug des Namens »Datenbank« entsprechend.

»Suchkriterien« löscht die angezeigten Felder ebenfalls. So daß Sie anschließend die gewünschten Suchkriterien eingeben können, wobei sie alle möglichen speziellen Such-möglichkeiten nutzen können, die ich im nächsten Kapitel behandle. Im einfachsten Fall geben Sie in einem Feld wie »Name« ein Suchkriterium wie »Maier« ein. »Vorherigen suchen« und »Nächsten suchen« zeigt nun nicht wie zuvor den nächsten beziehungsweise vorhergehenden Satz an, sondern den nächsten oder vorhergehenden, der *Ihren Suchkriterien entspricht*. Wenn Sie erneut »Suchkriterien« wählen und die eingegebenen Kriterien löschen, arbeiten »Vorherigen suchen« und »Nächsten suchen« wieder wie ursprünglich und zeigen Ihnen jeden Satz der Datenbank.

Im Gegensatz zu den »Datenbankbefehlen«, die ich im nächsten Kapitel erläutere, sind ver-schiedene Auswertungen mit Datenmasken nicht möglich. Mit dem Resultat, daß komplexe Abfragen der Art »suche alle Datensätze, bei denen im Feld >Name< entweder >Maier< oder >Müller< steht« über Masken leider nicht zu realisieren sind. Immerhin können Sie jedoch Suchkriterien in beliebig viele Felder eintragen. Geben Sie in das Feld »Name« den Text »Maier« und unter »Vorname« »Otto« ein, werden nur Sätze gefunden, die beiden Kriterien *gleichzeitig* entsprechen.

Sie sehen, es ist recht einfach, mit Datenmasken umzugehen. Allerdings können Sie über eine Datenmaske weder Sortierläufe durchführen noch komplexe Auswertungen vor-nehmen. Dafür benötigen Sie die »Datenbankbefehle«, die ich nun bespreche. Einige der auf den folgenden Seiten erläuterten Techniken wie das »Abkürzen« (»M*« findet »Maier« und »Meier«, aber nicht »Bauer«) und das »Ausmaskieren« (»Ma?er« findet »Maier« und »Mayer«, aber nicht »Meier«) können Sie auch in Datenmasken anwenden.

10 Datenbankbefehle und Datenbankfunktionen

Datenmasken ermöglichen einen problemlosen Umgang mit einem Datenbankbereich. Allerdings sind mit den »Datenbankbefehlen« wesentlich komplexere Auswertungen möglich. Deshalb werde ich auf diese Befehle intensiver eingehen als auf die »harmlosen« Datenmasken. Die unter »Suchmöglichkeiten« erläuterten Techniken können Sie, wie bereits erwähnt, zum Großteil auch in Datenmasken anwenden.

10.1 Auswertungen

Die wichtigste Anwendung einer Datenbank ist zweifellos die Suche anhand bestimmter »Suchkriterien«. Weil Sie zum Beispiel die Telefonnummer von Herrn Müller in Mannheim wissen müssen, oder die neue Adresse von Frau Maier.

Mit den Datenbankbefehlen können Sie bestimmte Kriterien angeben, nach denen Excel den Datenbankbereich durchsucht. Erfüllt ein Datensatz die Kriterien, wird er invers markiert und dadurch hervorgehoben. Anschließend können Sie den nächsten Satz suchen lassen, der die Kriterien erfüllt oder auch den zuletzt gefundenen. Kriterien werden entweder direkt oder mit einem vorangehenden Vergleichsoperator eingegeben. Zum Beispiel sucht das Kriterium

5

Datensätze, die im entsprechenden Feld die Zahl 5 enthalten. Ebensogut könnten Sie

=5

eingeben, das die gleiche Bedeutung besitzt. Bei der Suche nach Text findet

Müller

dagegen nicht nur alle Datensätze, die den Eintrag »Müller« aufweisen, sondern auch »Müllerfeld« oder »Müllerbach«. Die Suche erfolgt nicht wirklich exakt. Statt dessen wird jeder Text gefunden, der wie das Suchkriterium *beginnt*, auch wenn irgendwelche weitere Zeichen folgen. Mehr über Suchkriterien erfahren Sie gleich. Bei den nun folgenden Erläuterungen gehe ich von der Datei *ADRESS2.XLS* aus, die sich auf der Begleitdiskette befindet.

Sie enthält mit 14 Datensätzen eine vernünftige »Datenbasis«, mit der wir einige Auswertungen durchführen können. Zum Beispiel den Herrn Müller suchen. Oder Herrn Braun. Oder gleich beide.

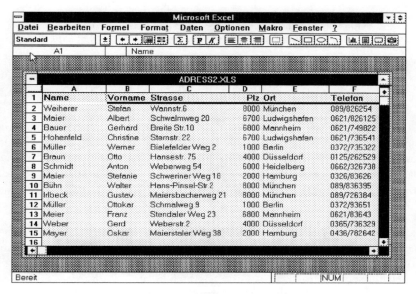

Bild 10.1: Die Datei ADRESS2.XLS

10.1.1 Kriterienbereiche

Um Excel die Suchkriterien bekanntzugeben, müssen wir zunächst einen »Kriterienbereich«
einrichten. Ein solcher Bereich befindet sich irgendwo außerhalb des Datenbankbereichs
und enthält in der ersten Zeile die Feldnamen, und in den darunterliegenden Zeilen die
Suchkriterien.

Der Kriterienbereich in *ADRESS3.XLS* wurde unterhalb des Datenbankbereichs eingerichtet
(vgl. Bild 10.2). Er besteht aus einer Zeile mit den Feldnamen (die einfach kopiert wurden),
und darunter zwei Zeilen mit den gesuchten Namen Müller und Braun im Feld »Name«.
Excel soll Datensätze finden, die im Feld »Name« den Eintrag »Müller« oder »Braun«
aufweisen.

Markieren Sie bitte diesen Bereich A18 bis F20, und wählen Sie *DATEN Suchkriterien
festlegen*. Excel gibt dem Bereich daraufhin den Namen »Suchkriterien« (könnte man
ebensogut wie die Benennung des Datenbankbereichs als »Datenbank« mit *Name festlegen*... selbst durchführen).

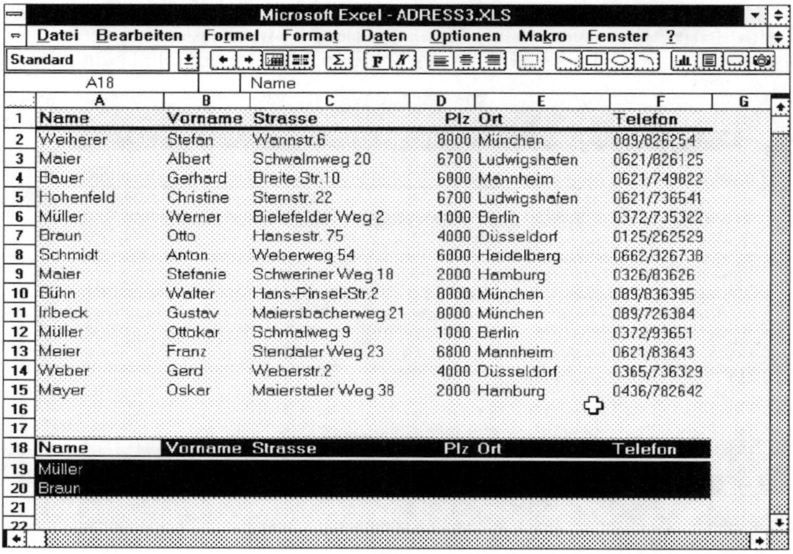

Bild 10.2: Die Datei ADRESS3.XLS

Nun kann die Suche beginnen. Gestartet wird sie mit dem Befehl *Suchen*. Dabei ist die aktuelle Position des Zellcursors wichtig. Befindet er sich außerhalb des Datenbankbereichs, beginnt die Suche immer beim ersten Datensatz. Befindet er sich in diesem Bereich, beginnt die Suche ab der Cursorposition. Datensätze, die sich darüber befinden, werden übergangen, selbst wenn sie den Suchkriterien entsprechen. Da wir ab dem ersten Datensatz suchen wollen, bewegen Sie den Cursor bitte zu irgendeiner Position außerhalb der Datenbank oder aber zum ersten Satz, und wählen Sie danach *DATEN Suchen*. Das Resultat sehen Sie in Bild 10.3.

Der erste Satz, der den Suchkriterien entspricht, wird hervorgehoben, Herr Müller in Berlin. Den nächsten oder vorhergehenden zu suchen, ist extrem einfach. Sie benötigen nur die Cursortasten. ⬇ sucht den nächsten Satz, ⬆ den vorhergehenden. Drücken Sie bitte einmal ⬇. Herr Braun aus Düsseldorf wird hervorgehoben, da auch er einem der beiden Suchkriterien entspricht. Mit ⬆ kommen sie wieder zu Herrn Müller zurück. Drücken Sie dagegen ⬇, kommen sie zum zweiten Müller, der wie der erste in Berlin wohnt, aber nicht Werner, sondern Ottokar heißt.

Mit ⬇ und ⬆ können Sie die gesamte Datenbank gezielt nach den Datensätzen absuchen, die Sie interessieren. Oder mit `Bild⬇` und `Bild⬆` die aktuelle Bildschirmseite übergehen und erst auf der nächsten beziehungsweise vorhergehenden Seite weitersuchen. Nützlich bei großen Datenbanken, wenn Sie mit einem Blick sehen, daß der gerade sichtbare Ausschnitt zwar mehrere Müller enthält, der gesuchte jedoch nicht darunter ist. Dann übergehen Sie mit `Bild⬇` die restlichen Müller dieses Ausschnitts und lassen auf der nächsten Seite weitersuchen.

Mit ➡ und ⬅ können Sie einen Bildlauf nach rechts beziehungsweise links ausführen, falls Ihre Datensätze zu breit sind, um komplett in das Arbeitsfenster zu passen.

	A	B	C	D	E	F	G
1	Name	Vorname	Strasse	Plz	Ort	Telefon	
2	Weiherer	Stefan	Wannstr.6	8000	München	089/826254	
3	Maier	Albert	Schwalmweg 20	6700	Ludwigshafen	0621/826125	
4	Bauer	Gerhard	Breite Str.10	6800	Mannheim	0621/749822	
5	Hohenfeld	Christine	Sternstr. 22	6700	Ludwigshafen	0621/736541	
6	Müller	Werner	Bielefelder Weg 2	1000	Berlin	0372/735322	
7	Braun	Otto	Hansestr. 75	4000	Düsseldorf	0125/262529	
8	Schmidt	Anton	Weberweg 54	6000	Heidelberg	0662/326738	
9	Maier	Stefanie	Schweriner Weg 18	2000	Hamburg	0326/83626	
10	Bühn	Walter	Hans-Pinsel-Str.2	8000	München	089/836395	
11	Irlbeck	Gustav	Maiersbacherweg 21	8000	München	089/726384	
12	Müller	Ottokar	Schmalweg 9	1000	Berlin	0372/93651	
13	Meier	Franz	Stendaler Weg 23	6800	Mannheim	0621/83643	
14	Weber	Gerd	Weberstr.2	4000	Düsseldorf	0365/736329	
15	Mayer	Oskar	Maierstaler Weg 38	2000	Hamburg	0436/782642	
16							
17							
18	Name	Vorname	Strasse	Plz	Ort	Telefon	
19	Müller						
20	Braun						
21							
22							

Bild 10.3: Hervorhebung eines gefundenen Datensatzes

Während der ganzen Zeit informiert Sie Excel in der Statusleiste darüber, daß der »Suchmodus« aktiv ist. Sie sehen es zusätzlich an der veränderten Schraffur der Rollbalken am Fensterrand. Wenn Sie die Suche nicht mehr interessiert, können Sie den Suchmodus jederzeit mit (Esc) oder durch Betätigung der linken Maustaste verlassen. Oder – wenn Sie es umständlich lieben – mit dem Befehl *DATEN Suche abbrechen.*

Mit der Maus suchen Sie den nächsten Satz, indem Sie am Fensterrand den Pfeil für den Bildlauf nach unten anklicken. Und entsprechend den vorhergehenden über den Pfeil nach oben. Größere »Sprünge« beim Suchen sind möglich, indem Sie das Kästchen für den vertikalen Bildlauf am rechten Fensterrand entsprechend nach oben oder unten ziehen. Mit den Pfeilen nach rechts und links können Sie bei »überbreiten« Datensätzen einen horizontalen Bildlauf durchführen.

Die Suche verläuft übrigens in umgekehrter Richtung, beginnt also beim letzten Datensatz, wenn Sie bei der Anwahl von *DATEN Suchen* die (Umschalt)-Taste drücken.

Nun ein Beispiel für die Verknüpfung von Suchkriterien: Sie interessieren sich für einen Herrn Müller. Ihre Datenbank ist jedoch sehr groß und enthält mehrere hundert Müller, die Sie sich nicht alle einzeln anschauen wollen. Dann geben Sie am besten zusätzliche Suchkriterien ein, die die Suche einengen. Vielleicht wissen Sie ja, daß der gesuchte Müller in Berlin wohnt und Ottokar heißt. Tragen Sie alle diese zusätzlichen Suchkriterien in den Kriterienbereich ein, in jene Zeile, die bisher nur »Müller« enthielt. Natürlich jeweils unter dem zugehörigen Feldnamen. Wenn Sie die Suche erneut mit *Suchen* starten, wird als erster gefundener Datensatz Herr Braun hervorgehoben. Werner Müller direkt darüber ignorierte Excel offenbar, da er zwar einem Teil, aber nicht allen Suchkriterien entsprach, nämlich nicht Ottokar heißt. Als zweiten gefundenen Satz – nach ⌄ – zeigt Excel den gesuchten Ottokar Müller aus Berlin an, der allen Kriterien entspricht.

	A	B	C	D	E	F	G
			Müller				
1	**Name**	**Vorname**	**Strasse**		**Plz Ort**	**Telefon**	
2	Weiherer	Stefan	Wannstr.6		8000 München	089/826254	
3	Maier	Albert	Schwalmweg 20		6700 Ludwigshafen	0621/826125	
4	Bauer	Gerhard	Breite Str.10		6900 Mannheim	0621/749822	
5	Hohenfeld	Christine	Sternstr. 22		6700 Ludwigshafen	0621/736541	
6	Müller	Werner	Bielefelder Weg 2		1000 Berlin	0372/735322	
7	Braun	Otto	Hansestr. 75		4000 Düsseldorf	0125/262529	
8	Schmidt	Anton	Weberweg 54		6000 Heidelberg	0662/326738	
9	Maier	Stefanie	Schweriner Weg 18		2000 Hamburg	0326/83626	
10	Bühn	Walter	Hans-Pinsel-Str.2		8000 München	089/836395	
11	Irlbeck	Gustav	Maiersbacherweg 21		8000 München	089/726384	
12	Müller	Ottokar	Schmalweg 9		1000 Berlin	0372/93651	
13	Meier	Franz	Stendaler Weg 23		6800 Mannheim	0621/83643	
14	Weber	Gerd	Weberstr.2		4000 Düsseldorf	0365/736329	
15	Mayer	Oskar	Maierstaler Weg 38		2000 Hamburg	0436/782642	
16							
17							
18	**Name**	**Vorname**	**Strasse**		**Plz Ort**	**Telefon**	
19	Müller	Ottokar			Berlin		
20	Braun						
21							
22							

Bild 10.4: Mit UND verknüpfte Suchkriterien

Übrigens: Wenn der Suchkriterienbereich eine Leerzeile enthält, ist Excel der Ansicht, daß jeder Datensatz diesem »Kriterium« genügt, egal was er enthält. Eine Leerzeile ist also ein ziemlich ungeeignetes »Suchkriterium« und sollte auf keinen Fall im Kriterienbereich vorkommen.

Genau das kann jedoch sehr leicht passieren. Im Moment enthält dieser Bereich drei Zeilen: eine mit den Feldnamen und zwei Zeilen mit Suchkriterien. Vielleicht interessiert Sie Herr Braun jedoch nicht mehr, und Sie löschen diesen Eintrag in A20. Dann enthält der Kriterienbereich, der ja weiterhin von A18 bis F20 reicht, jedoch eine Leerzeile. Excel wird nicht nur wie gewünscht alle Ottokar Müller aus Berlin finden, sondern jeden einzelnen Satz des Datenbankbereichs! Passiert Ihnen das, müssen Sie den Kriterienbereich neu definieren – so, daß er nur noch »echte« Suchkriterien enthält und keine Leerzeilen mehr und im Beispiel nur noch von A18 bis F19 reicht.

Die flexibelste Methode besteht darin, Excel selbst den Kriterienbereich anpassen zu lassen, ebenso wie es beim Datenbankbereich und dem Einfügen von Leerzeilen oder dem Löschen von Zeilen der Fall ist. Wenn Sie eine Zeile mit einem Suchkriterium nicht mehr benötigen, löschen Sie einfach die komplette Zeile. Excel wird den Suchkriterienbereich entsprechend anpassen (genauer: den Bereichsnamen »Suchkriterien«). Das gleiche gilt für die Erweiterung des Kriterienbereichs. Benötigen Sie eine zusätzliche Zeile, fügen Sie *innerhalb* des Bereichs eine Leerzeile ein. Auf das Beispiel angewandt: Markieren Sie

Zeile 19 und wählen Sie *Leerzellen...* Excel dehnt den Kriterienbereich um eine Zeile nach unten aus.

Eine Tabelle kann beliebig viele Bereiche mit Suchkriterien enthalten. Allerdings ist immer nur einer davon der gerade aktive Suchkriterienbereich. Benötigen Sie zur Abfrage einer Tabelle unterschiedliche »Sätze« von Suchkriterien, tragen Sie diese in verschiedene Bereiche der Tabelle ein und definieren jeweils den für die nächste Suche verwendeten Bereich als den aktuellen Suchkriterienbereich.

10.1.2 Suchmöglichkeiten

Bei der Verwendung von Suchkriterien haben Sie große Freiheiten. Der Kriterienbereich muß keineswegs alle Feldnamen enthalten. Ein Feldname genügt, wenn Sie genau wissen, daß Sie auch nur in dieses eine Feld ein Suchkriterium eingeben wollen. Oder zwei Suchkriterien. Zum Beispiel könnten Sie einen Kriterienbereich definieren, der so aussieht:

```
Name    Ort
Maier   Berlin
```

Dieser Bereich enthält nur zwei Feldnamen und zwei zugehörige Suchkriterien. Es bleibt Ihnen überlassen, ob Sie in Ihrem Kriterienbereich alle oder nur einen Teil der Feldnamen verwenden. Und auch, ob Sie in unter allen Feldnamen Suchkriterien eingeben oder nur unter einem Teil, wie es in den bisherigen Beispielen geschah.

10.1.2.1 Textsuche

Bei der Textsuche wird nicht exakt nach Ihrem Kriterium gesucht, sondern nach Text, der genauso beginnt. Daher findet »Müller« auch »Müllerfeld« oder »Müllerbach«. Im Normalfall ist gegen diese Suchmethode nichts einzuwenden. Enthält Ihre Datenbank jedoch extrem viele Sätze, werden Sie es sicher mühsam finden, sich bei der Suche nach einem Herrn Müller durch eine Unmenge an Sätzen hindurchzuquälen, die Sie überhaupt nicht interessieren, »Müllerin«, »Müllermeister« und so weiter.

In diesem Fall sollten Sie Excel zu einer exakten Textsuche veranlassen. Indem Sie wie bei einer Formel zunächst ein Gleichheitszeichen eingeben, gefolgt von Ihrem Suchtext in Anführungszeichen, der ebenfalls mit einem Gleichheitszeichen beginnt.

```
="=Müller"
```

Dieses Suchkriterium findet nur »Müller«, aber nicht »Müllerin«.

10.1.2.2 Kombinieren von Suchkriterien

Excel unterscheidet bei der Anwendung von Suchkriterien, ob sich diese in einer oder in mehreren Zeilen befinden. In einer Zeile enthaltene Suchkriterien verknüpft Excel intern mit der *UND()*-Funktion (siehe »Logische Funktionen«). Ein Datensatz wird nur dann angezeigt, wenn er all diesen Kriterien gleichzeitig entspricht. Wenn er zum Beispiel den Namen »Müller« *UND* den Vornamen »Ottokar« *UND* als Ort den Eintrag »Berlin« enthält. Diese *UND*-Verknüpfung erleichtert Ihnen die Einengung der Suche.

Umgekehrt wird eine Suche durch die *ODER*-Verknüpfung ausgeweitet. Excel wendet intern die *ODER()*-Funktion an, wenn sich in mehreren Zeilen des Kriterienbereichs Einträge befinden:

```
Ort
Mannheim
Berlin
München
```

Dieser Kriterienbereich besteht aus vier Zeilen mit einem Feldnamen und drei Suchkriterien in jeweils einer eigenen Zeile. Die *ODER*-Verknüpfung bewirkt, daß Excel alle Datensätze anzeigt, die unter Ort den Eintrag »Mannheim« *ODER* »Berlin« *ODER* »München« aufweisen.

10|1|2|3| Maskieren

Wesentlich komfortabler wird die Suche nach Texten durch das »Maskieren« und das »Abkürzen«. Wenn Sie nicht mehr wissen, ob sich die gesuchte Person »Maier«, »Meier« oder »Mayer« schreibt, geben Sie als Suchkriterium einfach »M« ein. Sie wissen ja, daß dieses Suchkriterium bei der »unexakten Suche« jeden Namen findet, der mit »M« beginnt.

Allerdings findet dieses Kriterium viel zuviel, nämlich nicht nur »Maier« in den verschiedensten Schreibweisen, sondern auch »Mahbach«, »Mehrsfeld«, »Maierfeld« oder »Mayerbach«. In diesem Fall ist es angebracht, die exakte Suche zu verwenden und einzelne Buchstaben mit dem Sonderzeichen »?« »auszumaskieren«. Als Suchkriterium benutzen Sie

```
="=M??er"
```

Das Fragezeichen bewirkt, daß sich Excel weder für den zweiten noch für den dritten Buchstaben eines Namens interessiert, sondern nur für die tatsächlich angegebenen. Da exakt verglichen wird, scheiden Namen wie »Maierbach« oder »Mayerfeld« aus.

Das Fragezeichen können Sie jedoch nur verwenden, wenn Sie genau wissen, wie viele Zeichen ignoriert werden sollen. Ist die Länge der zu ignorierenden Zeichenkette unbestimmt, verwenden Sie statt dessen »*«, um diese Zeichenfolge »auszumaskieren« und geben nur Anfang und Ende des gesuchten Textes exakt an. Zum Beispiel findet

```
="=M*feld"
```

alle Namen, die mit »M« beginnen und mit »feld« enden, egal, welche und wie viele Zeichen sich dazwischen befinden. Zum Beispiel »Maierfeld« und »Müllerfeld«. Bei der unexakten Suche (»M*feld«) würden zusätzlich »Maierfeldchen« oder »Müllerfeldbach« gefunden. Beide Maskierungstechniken können Sie kombiniert einsetzen. So findet

```
="=M??er*f"«
```

unter anderem »Meiersdorf« und »Mayersbacherdorf«, eben alle Zeichenketten, die mit »M« beginnen, denen nach dem zweiten und dritten Buchstaben »er« folgt, und die mit »f« enden.

Eine tückische »Falle« müssen Sie beim Suchen unbedingt beachten. Excel unterscheidet zwar nicht zwischen Groß- und Kleinschreibung. Geben Sie als Suchkriterium »Maier« ein, wird daher auch ein versehentlich »MAier« oder »MaIer« geschriebener Name gefunden.

Excel entfernt jedoch keine versehentlich eingegebenen Leerzeichen! Geben Sie als Such-kriterium versehentlich »Maier« mit einem Leerzeichen am Ende ein, also »Maier «, wird ein in der Datenbank enthaltener »Maier« nicht gefunden – außer, er enthält zufällig eben-falls ein Leerzeichen am Ende. »Maier« und »Maier « sind nicht miteinander identisch. Das Problem dabei ist, daß Sie das versehentlich am Ende einer Zeichenkette angehängte Leer-zeichen in Ihrem Suchkriterium nach der Eingabe nicht mehr sehen. Denn ein Leerzeichen ist eben ein *Leer*zeichen.

Wirklich tückisch wird dieses Problem, wenn gerade umgekehrt in der Datenbank selbst eine Zeichenkette versehentlich mit einem Leerzeichen endet und Sie die exakte statt der »normalen« Suche benutzen. Bei Verwendung der »unexakten« Suche findet

```
Maier
```

auch die Zeichenkette »Maier « mit einem nachfolgenden Leerzeichen. Bei der exakten Suche mit

```
="=Maier"
```

wird dieser Datensatz jedoch nicht entdeckt! Wenn Sie am Ergebnis einer exakten Suche zweifeln und das geschilderte Problem als Ursache vermuten, suchen Sie bitte unexakt oder mit Hilfe des Abkürzens. Zum Beispiel mit

```
="=Maier*"
```

Nun wird auch »Maier « gefunden, und Sie können in diesem Datensatz das ärgerliche Leerzeichen entfernen.

10.1.2.4 Logische Operatoren und Vergleichsoperatoren

Noch flexibler wird die Suche durch den Einsatz der »Vergleichsoperatoren«. Wenn Sie nicht wissen, was ich damit meine, lesen Sie bitte das von Ihnen offenbar für weniger inter-essant gehaltene Kapitel über »Logische Funktionen« nach, in dem ich Vergleiche und Vergleichsoperatoren erläutere.

Zum Beispiel findet das Kriterium »<M« im Feld »Name« Personen, deren Name alphabetisch gesehen kleiner als »M« ist, zum Beispiel »Hohenfeld« oder »Bauer«, aber nicht »Maier« oder »Walter«. Umgekehrt findet »>Maier« Namen wie »Walter« oder »Meier«, aber weder »Bauer« noch »Maier« selbst (letzteres wäre bei Verwendung von »>=Maier« der Fall, also einem Vergleich der Art »suche alles, was größer oder gleich >Maier< ist«).

Wahrscheinlich werden Sie diese Vergleichsoperatoren nur selten auf Zeichenketten anwenden, aber recht häufig auf Zahlen. Zum Beispiel auf Umsätze, wenn Sie alle Kunden interessieren, deren Umsatz im letzten Jahr größer als 5000 DM war (»>5000«). Oder alle Müller, die im Postleitzahlgebiet 5000 und größer wohnen (zwei Suchkriterien, »Müller« und »>=5000«).

10|1|2|5| Berechnete Suchkriterien

Komplizierter wird es, wenn Sie in einem einzigen Feld zwei oder mehr Vergleichsoperatoren kombinieren wollen. Um zum Beispiel alle Müller zu finden, die in Orten mit Postleitzahlen größer gleich 1000 und kleiner gleich 8000 wohnen. Es ist leider nicht möglich, in das Feld »Ort« ein kombiniertes Suchkriterium wie

`>=1000;<=8000`

einzugeben. Statt dessen müssen Sie ein »berechnetes Suchkriterium« verwenden. Eine Formel, die *unter anderem* Bezüge auf Felder Ihrer Datenbank enthält, aber zusätzlich beliebige weitere Inhalte besitzen kann.

Der zugehörige Kriterienbereich darf diesmal keinesfalls eine Überschrift enthalten, die mit einem der existierenden Feldnamen identisch ist! Um sich dennoch auf ein bestimmtes Feld zu beziehen, das Sie durchsuchen wollen, verwenden Sie einen Bezug auf den Eintrag des ersten Datensatzes in der betreffenden Spalte.

Ein Beispiel:

`=UND(D2>=1000;D2>=3000)`

Der Bezug D2 bezieht sich sich auf den ersten Datensatz, der sich in Zeile 2 befindet. Excel interessiert sich jedoch nur für die Spalte D, die dieser Bezug angibt, also für das Feld »Plz« der Datenbank. Es durchsucht der Reihe nach die Einträge aller Datensätze in diesem Feld. Der Bezug D2 steht stellvertretend für D3, D4 und so weiter. Die Formel testet der Reihe nach bei allen Sätzen, ob der Inhalt des Feldes »Plz« größer oder gleich 1000 und kleiner oder gleich 3000 ist. Alle Sätze, für die diese Formel *WAHR* ist, zeigt Excel bei der Suche an, also alle Sätze mit Postleitzahlen im angegebenen Bereich.

Abbildung 10.5 zeigt einen Kriterienbereich, der aus der Überschrift »Berechnetes Suchkriterium« und zwei Suchkriterien in den Feldern darunter besteht.

Das erste Feld enthält die Formel

`=UND(D2>=1000;<=3000)`

Und das zweite Feld die Formel

`=UND(D2>=6000;<=8000)`

Momentan wird im ersten Feld *FALSCH* und im zweiten *WAHR* angezeigt. Denn noch beziehen sich beide Formeln ausschließlich auf D2, und die darin enthaltene Postleitzahl erfüllt zwar die Bedingungen des zweiten Suchkriteriums, aber nicht die des ersten. Aber wie gesagt, bei der Suche ersetzt Excel D2 der Reihe nach durch D3, D4 bis D15, den Bezug des letzten Eintrags in dieser Spalte.

Da sich beide Kriterien untereinander befinden, werden Sie mit *ODER* verknüpft. Excel wird jeden Satz anzeigen, der zumindest eines der beiden Kriterien erfüllt, dessen Postleitzahl sich im Bereich 1000 bis 3000 oder 6000 bis 8000 bewegt. In diesem Fall alle Sätze außer »Otto Braun« (Postleitzahl 4000) und »Gerd Weber« (ebenfalls 4000).

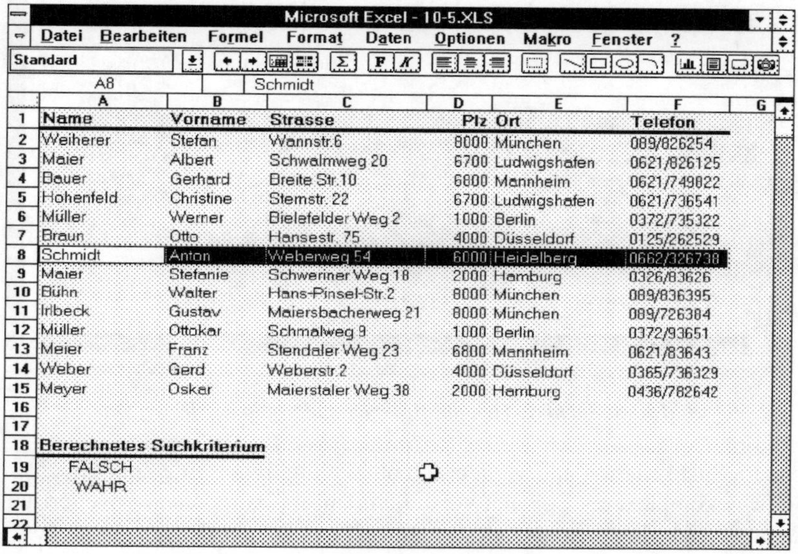

	A	B	C	D	E	F	G
1	Name	Vorname	Strasse	Plz	Ort	Telefon	
2	Weiherer	Stefan	Wannstr.6	8000	München	089/826254	
3	Maier	Albert	Schwalmweg 20	6700	Ludwigshafen	0621/826125	
4	Bauer	Gerhard	Breite Str.10	6800	Mannheim	0621/749822	
5	Hohenfeld	Christine	Sternstr. 22	6700	Ludwigshafen	0621/736541	
6	Müller	Werner	Bielefelder Weg 2	1000	Berlin	0372/735322	
7	Braun	Otto	Hansestr. 75	4000	Düsseldorf	0125/262529	
8	Schmidt	Anton	Weberweg 54	6000	Heidelberg	0662/326738	
9	Maier	Stefanie	Schweriner Weg 18	2000	Hamburg	0326/83626	
10	Bühn	Walter	Hans-Pinsel-Str.2	8000	München	089/836395	
11	Irlbeck	Gustav	Maiersbacherweg 21	8000	München	089/726384	
12	Müller	Ottokar	Schmalweg 9	1000	Berlin	0372/93651	
13	Meier	Franz	Stendaler Weg 23	6800	Mannheim	0621/83643	
14	Weber	Gerd	Weberstr.2	4000	Düsseldorf	0365/736329	
15	Mayer	Oskar	Maierstaler Weg 38	2000	Hamburg	0436/782642	
16							
17							
18	Berechnetes Suchkriterium						
19	FALSCH						
20	WAHR						
21							
22							

Bild 10.5: Berechnete Suchkriterien

Berechnete Suchkriterien können nicht nur Bezüge auf Datenbankspalten (immer auf das betreffende Feld des ersten Satzes) enthalten, sondern beliebige weitere Bezüge auf Felder oder Bereiche außerhalb der Datenbank. Allerdings müssen Sie diese Bezüge im absoluten Format eingeben.

Angenommen, C19 enthält eine Postleitzahl und Sie suchen alle Datensätze, die eine größere Postleitzahl enthalten. Dann definieren Sie einen Kriterienbereich, der genau zwei Felder enthält, die untereinander angeordnet sind. Ein Feld mit einer Überschrift wie »Test« (jedenfalls kein Feldname!), und darunter ein Feld, das die Formel

`=D2>$C$19`

enthält. Nach dem Starten der Suche vergleicht Excel der Reihe nach die einzelnen Postleitzahlen ab D2 (D2, D3, D4 usw.) mit der im Feld C19 enthaltenen und zeigt nur jene Datensätze an, die eine größere Postleitzahl enthalten.

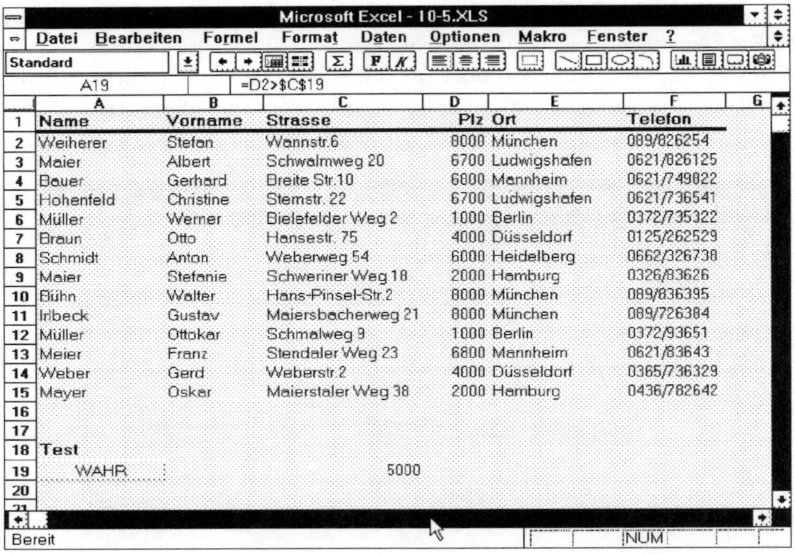

	A	B	C	D	E	F	G
1	**Name**	**Vorname**	**Strasse**	**Plz**	**Ort**	**Telefon**	
2	Weiherer	Stefan	Wannstr.6	8000	München	089/826254	
3	Maier	Albert	Schwalmweg 20	6700	Ludwigshafen	0621/826125	
4	Bauer	Gerhard	Breite Str.10	6800	Mannheim	0621/749822	
5	Hohenfeld	Christine	Stemstr.22	6700	Ludwigshafen	0621/736541	
6	Müller	Werner	Bielefelder Weg 2	1000	Berlin	0372/735322	
7	Braun	Otto	Hansestr.75	4000	Düsseldorf	0125/262529	
8	Schmidt	Anton	Weberweg 54	6000	Heidelberg	0662/326738	
9	Maier	Stefanie	Schweriner Weg 18	2000	Hamburg	0326/93626	
10	Bühn	Walter	Hans-Pinsel-Str.2	8000	München	089/836395	
11	Irlbeck	Gustav	Maiersbacherweg 21	8000	München	089/726384	
12	Müller	Ottokar	Schmalweg 9	1000	Berlin	0372/93651	
13	Meier	Franz	Stendaler Weg 23	6800	Mannheim	0621/83643	
14	Weber	Gerd	Weberstr.2	4000	Düsseldorf	0365/736329	
15	Mayer	Oskar	Maierstaler Weg 38	2000	Hamburg	0436/782642	
16							
17							
18	**Test**						
19	WAHR			5000			
20							

Bild 10.6: Suchkriterien mit Bezügen außerhalb der Datenbank

Da berechnete Suchkriterien außerordentlich nützlich und vielseitig sind, möchte ich Ihnen noch ein etwas komplexeres Beispiel vorstellen. Unsere Adreßdatei, erweitert um die Felder »R-Datum« und »Fehlbetrag«. »R-Datum« ist das Datum der letzten an den betreffenden Kunden verschickten Rechnung und »Fehlbetrag« der Betrag, den Ihnen dieser noch schuldet, sollte er unverschämterweise den Rechnungsbetrag nicht sofort – oder zumindest nicht vollständig – überwiesen haben. Da Sie eine größere Mahnaktion planen, wollen Sie nun einen Suchlauf starten, der Ihnen alle Kunden zeigt, an die Sie vor über 50 Tagen eine Rechnung verschickten und die Ihnen noch mehr als 1000 DM des Rechnungsbetrags schulden (vgl. Bild 10.7).

C18 enthält das aktuelle Datum, im Beispiel den 18.1.1991. Statt dieses Datum direkt einzutragen, gab ich die Formel =*JETZT()* ein, die als Funktionswert das in der Rechneruhr gespeicherte Datum übergibt. Als Suchkriterienbereich ist A17:A18 definiert, also die Überschrift »Mahnung« und – in A20 – die Formel:

```
=UND(DATUM(JAHR($C$18);MONAT($C$18);TAG($C$18))-
DATUM(JAHR(G2);MONAT(G2);TAG(G2))>50;H2>1000)
```

Der erste Teil dieser Formel ermittelt die Differenz zwischen dem in $C$18 enthaltenen aktuellen Datum und jenem in G2, dem Rechnungsdatum des ersten Datensatzes. Der Funktion *DATUM()* werden mit den gleichnamigen Funktionen die drei Datumsparameter »Jahr«, »Monat« und »Tag« übergeben (siehe »Datums- und Zeitfunktionen«). *DATUM()* ermittelt die zugehörige serielle Zahl. Die Subtraktion der seriellen Zahlen ergibt die Differenz in Tagen zwischen dem in $C$18 und dem in G2 enthaltenen Datum.

Ist die Differenz größer als 50 (Tage), ist auch der erste Ausdruck wahr. Der zweite Ausdruck ist wahr, wenn der in H2 enthaltene Fehlbetrag größer als 1000 (DM) ist. Da beide Aussagen mit *UND()* verknüpft sind, ist die Gesamtaussage nur wahr, wenn beide Aussagen wahr sind. Anders ausgedrückt: Nur dann, wenn das Rechnungsdatum mehr als 50 Tage vor dem aktuellen Datum liegt und der Fehlbetrag größer als 1000 DM ist.

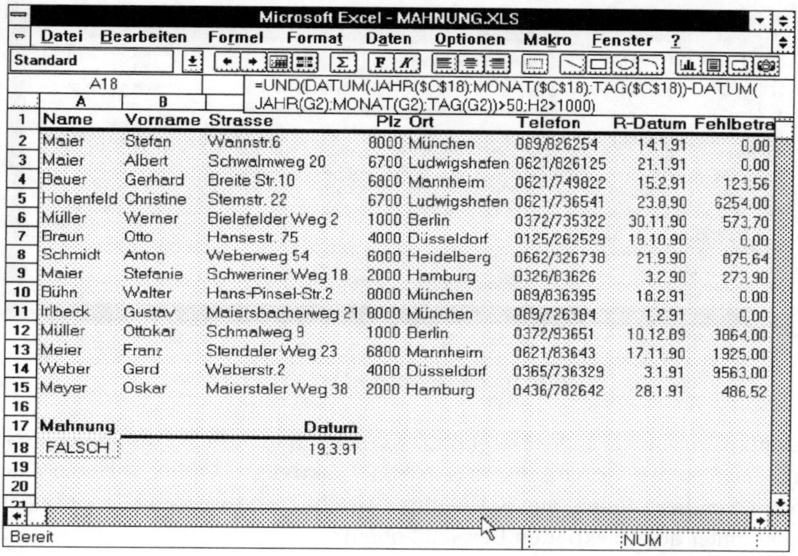

Bild 10.7: Die Datei MAHNUNG.XLS

Da das beim ersten Datensatz nicht der Fall ist, erscheint als Formelwert *FALSCH*. Beim Suchen wird Excel diese Formel mit dem ersten, danach mit dem zweiten Datensatz (also mit G3 und H3 statt G2 und H2) durchspielen und so weiter. Mit dem Resultat, daß genau vier Datensätze gefunden werden, die diesem Kriterium genügen: Christine Hohenfeld, Ottokar Müller, Franz Meier und Gerd Weber.

10.1.3   Ausgewählte Daten bearbeiten

In der Praxis wollen Sie sich wahrscheinlich bestimmte, ausgewählte Daten oft nicht nur anschauen, sondern auch ausdrucken oder sonstwie weiterverwenden. Daran haben auch die Excel-Entwickler gedacht und den Befehl *DATEN Suchen und kopieren...* kreiert. Dieser Befehl kopiert alle Datensätze, die Ihren Suchkriterien entsprechen, in einen angegebenen »Zielbereich«.

Zunächst geben Sie wie üblich in den definierten Kriterienbereich Ihre Suchkriterien ein. Dann kopieren Sie irgendwo auf Ihr Arbeitsblatt die Zeile mit den Feldnamen, also die erste Zeile des Datenbankbereichs. Diese Zeile selektieren Sie und wählen *Suchen und kopieren...*

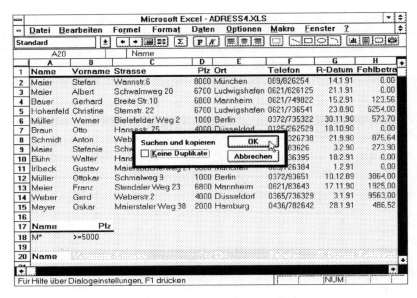

Bild 10.8: Die Datei ADRESS4.XLS

Eine Dialogbox erscheint, in der Sie gefragt werden, ob mehrfach vorkommende identische Datensätze nur einmal kopiert werden sollen (=aktivierte Option »Keine Duplikate«). Beantworten Sie diese Frage, wie Sie wollen. Anschließend werden alle gefundenen Sätze in die Zeilen unter den selektierten Bereich kopiert.

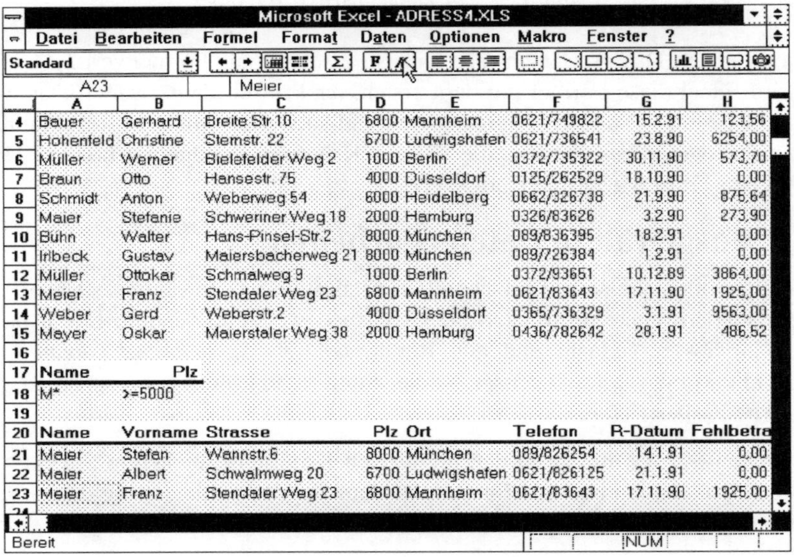

Bild 10.9: Kopieren ausgewählter Datensätze

Entsprechend den beiden Suchkriterien kopierte Excel alle Datensätze, die im Feld »Name« Zeichenketten enthalten, die mit »M« beginnen und deren Postleitzahl größer oder gleich 5000 ist. Beide Bedingungen gleichzeitig erfüllen offenbar drei Datensätze, die in den Bereich unterhalb der selektierten Feldnamen kopiert werden. Sie könnten nun die ausgewählten Datensätze zum Beispiel als Druckbereich definieren und nur diesen Teil der Tabelle ausdrucken.

Sie müssen keineswegs immer die kompletten Datensätze kopieren. Interessiert Sie nur der Name und die Telefonnummer, geben Sie wie in der folgenden Abbildung nur diese Felder im Zielbereich an. Excel orientiert sich immer an den selektierten Feldnamen und kopiert nur die zugehörigen Teile der gefunden Datensätze.

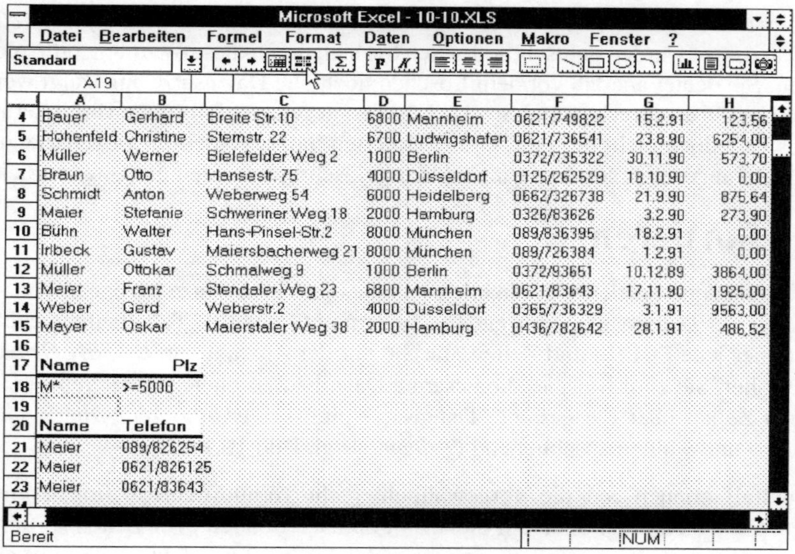

Microsoft Excel - 10-10.XLS

Datei Bearbeiten Formel Format Daten Optionen Makro Fenster ?

Standard

A19

	A	B	C	D	E	F	G	H
4	Bauer	Gerhard	Breite Str.10	6800	Mannheim	0621/749822	15.2.91	123,56
5	Hohenfeld	Christine	Sternstr. 22	6700	Ludwigshafen	0621/736541	23.8.90	6254,00
6	Müller	Werner	Bielefelder Weg 2	1000	Berlin	0372/735322	30.11.90	573,70
7	Braun	Otto	Hansestr. 75	4000	Düsseldorf	0125/262529	18.10.90	0,00
8	Schmidt	Anton	Weberweg 54	6000	Heidelberg	0662/326738	21.9.90	875,64
9	Maier	Stefanie	Schweriner Weg 18	2000	Hamburg	0326/83626	3.2.90	273,90
10	Bühn	Walter	Hans-Pinsel-Str.2	8000	München	089/836395	18.2.91	0,00
11	Irlbeck	Gustav	Maiersbacherweg 21	8000	München	089/726384	1.2.91	0,00
12	Müller	Ottokar	Schmalweg 9	1000	Berlin	0372/93651	10.12.89	3864,00
13	Meier	Franz	Stendaler Weg 23	6800	Mannheim	0621/83643	17.11.90	1925,00
14	Weber	Gerd	Weberstr.2	4000	Düsseldorf	0365/736329	3.1.91	9563,00
15	Mayer	Oskar	Maierstaler Weg 38	2000	Hamburg	0436/782642	28.1.91	486,52
16								
17	Name	Plz						
18	M*	>=5000						
19								
20	Name	Telefon						
21	Maier	089/826254						
22	Maier	0621/826125						
23	Meier	0621/83643						

Bereit NUM

Bild 10.10: Teile ausgewählter Datensätze kopieren

Eine interessante Frage ist, was mit eventuell bereits im Zielbereich enthaltenen Daten passiert. Sie werden überschrieben! Das kann recht unangenehm werden, denn vielleicht befinden sich irgendwo unter der Zeile mit den Feldnamen Tabellenteile, die Sie noch weiter benötigen. Und Sie wissen ja nicht von vornherein, wie viele Datensätze Ihren Suchkriterien entsprechen. Eventuell – bei entsprechend großen Datenbanken – mehrere Dutzend oder gar hundert. Dann nützt es Ihnen auch nichts, wenn sich der Zielbereich 10 oder 20 Zeilen über den wichtigen Tabellenteilen befindet.

Markieren Sie in einem solchen Fall im Zielbereich bitte nicht nur die Zeile mit den Feldnamen, sondern zusätzlich alle Zeilen darunter, die Excel beim Kopieren benutzen darf. Also alle Zeilen bis zum Beginn der folgenden Tabellenteile. Excel wird diese Zeilen überschreiben und – sollten sie nicht ausreichen – die Suche und das Kopieren anschließend abbrechen.

10|1|4| Selektierte Datensätze löschen

Der Befehl *DATEN Löschen* löscht alle Datensätze, die Ihren Suchkriterien entsprechen. Und zwar unwiderruflich. Er kann nicht mit der Funktion *BEARBEITEN Rückgängig* ungeschehen gemacht werden! Das ist vor allem dann tragisch, wenn Ihr Kriterienbereich versehentlich eine Leerzeile enthält, also ein Suchkriterium, das wie erläutert jeden Satz findet – dann dürfen Sie anschließend Ihre komplette Datenbank neu eingeben. Also speichern Sie Ihre Tabelle lieber, bevor Sie diesen Befehl benutzen.

Angewandt auf *ADRESS4.XLS* mit den Suchkriterien »M*« für »Name« und »>=5000« werden genau zwei Datensätze gelöscht. Die nachfolgenden Zeilen werden jeweils nach oben verschoben, um unschöne Leerzeilen in der Datenbank zu vermeiden.

Übrigens erscheint nach Anwahl dieses Befehls eine Dialogbox, die Sie warnt: »Alle angezeigten Datensätze werden gelöscht!«. Lassen Sie sich durch diese Warnung bitte nicht in die Irre führen. Sie deutet an, daß vor dem Löschen noch alle Datensätze angezeigt werden, die den Suchkriterien entsprechen und Sie das Löschen gegebenenfalls noch verhindern können. Genau das ist jedoch nicht der Fall. Die selektierten Sätze werden im Gegensatz zu diesem Hinweis nicht angezeigt, sondern ganz lapidar gelöscht, wenn Sie nun [Enter] drücken.

10|2| Sortieren

Excels verschiedene Sortiermöglichkeiten – und es gibt eine ganze Menge davon – können Sie nicht nur auf Datenbanken anwenden, sondern auf beliebige Tabellenbereiche! Sortiert werden immer jene Spalten und Zeilen, die Sie vor der Anwahl von *DATEN Ordnen...* auswählen. Wollen Sie zum Beispiel die gesamte Datenbank ordnen, selektieren Sie alle darin enthaltenen Zeilen über die gesamte Datensatzbreite – *allerdings ohne die Zeile mit den Feldnamen* – und wählen anschließend *Ordnen...* (vgl. Bild 10.11).

Im Normalfall können Sie die vorgewählten, recht vernünftigen Optionen mit [Enter] bestätigen. Sie haben unter anderem die Wahl, ob nach Spalten oder Zeilen sortiert werden soll. Die selektierte Option »Zeilen« bedeutet, daß jeweils komplette Zeilen mit allen dazu gehörenden Feldern im selektierten Bereich umgeordnet werden. Und genau ist üblicherweise bei einer Datenbank gewünscht.

Sie können eine Datenbank nach jedem beliebigen Feld sortieren, zum Beispiel nach »Name«, »Vorname« oder »Strasse«. Das gewünschte »Sortierkriterium« geben Sie an, indem Sie unter »1. Schlüssel« einen Bezug auf irgendein Feld der betreffenden Spalte eingeben (vgl. Bild 10.12).

Vorgegeben ist immer ein Bezug auf das gerade aktive Feld des selektierten Bereichs. Wenn Sie mit der Bereichsselektion wie ich selbst immer in der linken oberen Ecke beginnen, ist daher der Bezug $A$2 auf das erste Feld der ersten Spalte vorgegeben, auf die Spalte »Name«. Wenn nicht, geben Sie diesen Feldbezug bitte ein.

Die Option »Aufsteigend« bedeutet, daß nach der Neuordnung der Datensatz mit dem alphabetisch kleinsten Namen (»Bauer«) ganz oben und der mit dem größten Namen (»Weber«) ganz unten sein wird.

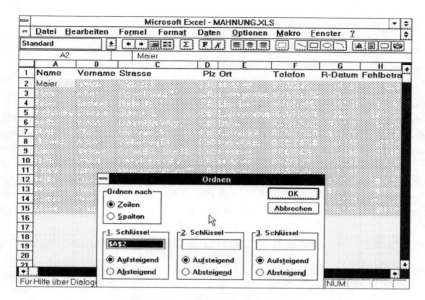

Bild 10.11: Ordnen einer Datenbank

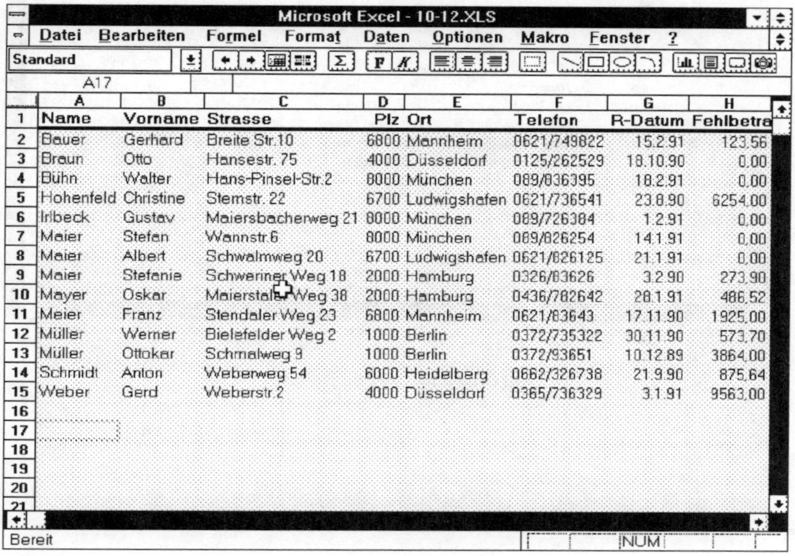

Bild 10.12: Sortierlauf mit den Vorgabeoptionen

10|2|1| Sortierkriterien

Der Bezug im Eingabefeld »1. Schlüssel« bestimmt das Sortierkriterium. Ist es ein Bezug auf Spalte A (zum Beispiel $A$3 oder $A$10), wird nach »Name« sortiert. Entscheidend für das gewählte Sortierkriterium sind nicht die exakten Koordinaten des Feldes, sondern nur die Spalte, in der es sich befindet – jedenfalls gilt das für das Sortieren nach Zeilen.

Um einen vorgegebenen Bezug zu ändern, übertippen Sie ihn oder bewegen den Zellcursor bei aktiviertem Eingabefeld »1. Schlüssel« mit der Maus oder den Cursortasten zum gewünschten Feld. Der angezeigte Bezug wird bei jeder Positionsänderung des Zellcursors entsprechend aktualisiert. Da die Dialogbox ein eigenes Fenster ist, können Sie sie wie jedes Fenster verschieben, wenn sie den Blick auf die Datenbank versperrt. Benutzen Sie diese Technik, um den Bezug $E$5 einzugeben, also auf ein Feld in Spalte E, und die Datenbank statt nach dem »Namen« nach »Ort« zu sortieren.

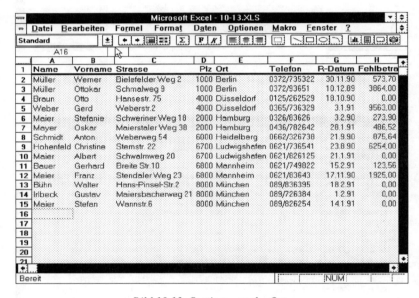

Bild 10.13: Sortieren nach »Ort«

10|2|2| Mehrfachschlüssel

Oft reicht das Sortieren einer Datenbank nach einem Sortierkriterium, einem »Schlüssel« für eine perfekte Sortierung nicht aus. Sortieren Sie die Datenbank in der Abbildung nach »Name«, befinden sich anschließend ziemlich weit unten zwei »Müller«. Zuerst kommt Werner Müller und danach Ottokar Müller. Optimal wäre es, wenn Sätze mit identischen Einträgen im Feld »Name« zusätzlich nach »Vorname« sortiert würden.

Wir benötigen einen zweiten »Sortierschlüssel«, einen »Sekundärschlüssel«. Dieser Sekundärschlüssel tritt in Aktion, wenn die Felder im Primärschlüssel wie die beiden Müller identische Einträge aufweisen. Dann entscheidet der Sekundärschlüssel über die Reihenfolge dieser beiden Sätze untereinander. Geben Sie auch für den Sekundärschlüssel als Sortierfolge »Aufsteigend« an, wird der Satz mit dem größeren Sekundärschlüssel (»Werner«) unter dem Satz mit dem kleineren (»Ottokar«) angeordnet. Angewandt auf das Beispiel werden folgende Optionen benötigt:

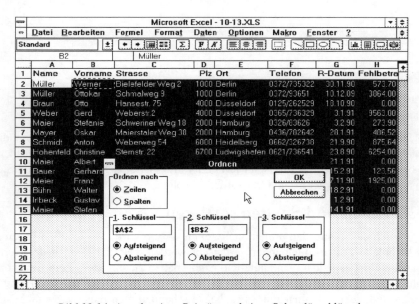

Bild 10.14: Angabe eines Primär- und eines Sekundärschlüssels

Der zweite Schlüssel wurde durch Anklicken der Option »2. Schlüssel« und bewegen des Zellcursors zu $B$2 angegeben, also einem Feld der Spalte »Vorname«.

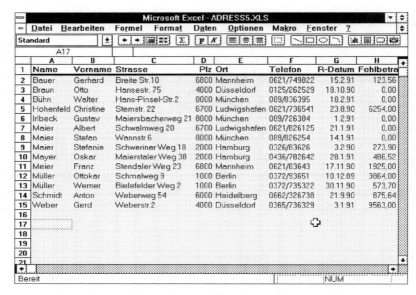

Bild 10.15: Die Datei ADRESS5.XLS

Wäre für »2. Schlüssel« die Option »Absteigend« gewählt worden, hätte Excel den Satz »Ottokar Müller« vor »Werner Müller« angeordnet.

Entsprechend können Sie einen weiteren Unterschlüssel definieren, der angewandt wird, wenn mehrere Sätze sowohl für den ersten als auch für den zweiten Schlüssel identische Inhalte besitzen. Wenn es zum Beispiel zwei oder drei »Ottokar Müller« gibt und Sie diese untereinander zum Beispiel nach »Ort« sortieren wollen.

10|2|3| Zeilen und Spalten sortieren

Bisher ging ich davon aus, daß immer nach Zeilen sortiert wird, was letztlich bedeutet, daß jeweils komplette Zeilen miteinander vertauscht werden. Das dürfte auch der Normalfall sein, manchmal ist es jedoch ganz nützlich, nach Spalten zu sortieren. Zum Beispiel in der Buchführung, die in einem früheren Kapitel vorgestellt wurde. Sie enthält zwei Spalten mit Einnahmen und sieben Spalten mit Ausgaben. Es handelt sich dabei zwar nicht um eine Datenbank, das Sortieren können Sie jedoch wie gesagt auf beliebige Tabellen anwenden. Zum Beispiel, um die sieben Ausgabenspalten nach Überschriften alphabetisch zu sortieren.

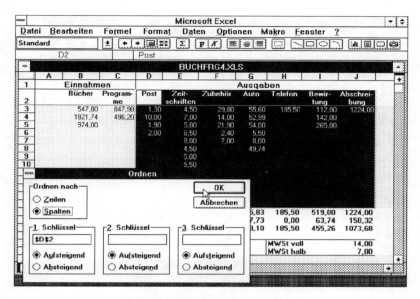

Bild 10.16: Sortieren nach Spalten

Sortiert werden soll der Bereich D2:J15, die Spalten mit den einzelnen Ausgaben »Post«, »Zeitschriften«, »Zubehör« und so weiter. Die Überschriften *müssen* selektiert werden, da sie als Sortierkriterium verwendet werden. Die gewählte Option »Spalten« bedeutet, daß Excel statt Zeilen nun die selektierten Spalten miteinander vertauschen wird.

Als Sortierschlüssel wird der Inhalt jener *Zeile* verwendet, in der sich der Zellcursor befindet ($D$2), also Zeile 2 mit den verschiedenen Überschriften. Ein Bezug auf eine andere Zeile wie zum Beispiel Zeile 3 hätte in diesem Beispiel äußerst unerwünschte Folgen. Excel würde jene Spalte ganz links anordnen, die in Zeile 3 den kleinsten Wert enthält. Also die Spalte »Post«, die in Zeile 3 die Zahl 1,30 enthält. Sortiert würde somit nicht nach Überschriften, sondern nach der Größe des jeweils ersten Werts in den neun Spalten. Da sich der tatsächlich gewählte Bezug $D$2 jedoch auf die Zeile mit den Überschriften bezieht, wird wie gewünscht sortiert (vgl. Bild 10.17).

Dieses Beispiel wirft eine Frage auf, die auch für andere Sortierprobleme interessant ist, bei denen wie hier keine Datenbank, sondern allgemeine Tabellenteile sortiert werden, die benannte Felder oder Bereiche enthalten: Warum wurden die zu den einzelnen Spalten gehörenden Formeln (unterer Bildschirmrand) nicht in den zu sortierenden Bereich aufgenommen?

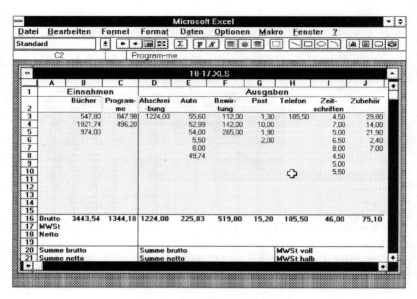

Bild 10.17: Resultat des Sortierlaufs

Dazu müssen Sie wissen, daß in diesem Beispiel die zu addierenden Bereiche Namen besitzen, die sich aus der Spaltenüberschrift ergeben. Der Bereich F3:F15 besaß vor der Sortierung den Namen »Zubehör« und das Feld darunter, F16, enthielt entsprechend die Formel *=SUMME(Zubehör)*.

Beim Sortieren eines Bereichs werden vorhandene Namen unverändert beibehalten! Also besitzt der Bereich F3:F15 immer noch den Namen »Zubehör«, obwohl sich die zugehörigen Ausgaben inzwischen in Spalte J befinden, genauer: in J3 bis J15. Und F3:F15 inzwischen keine Zubehör-, sondern Bewirtungsausgaben enthält. Da der Bereich noch den alten Namen besitzt, addiert die Formel *=SUMME(Zubehör)* in F16 unterhalb dieses Bereichs immer noch wie gewünscht die Zahlen in den Feldern darüber.

Wären die Formeln am unteren Ende jeder Spalte mitsortiert worden, würde sich die Formel *=SUMME(Zubehör)* inzwischen in Spalte J befinden, in J16. Und würde immer noch die Zahlen des Bereichs »Zubehör« addieren, also die Werte in Spalte F. Die Ergebnisse wären zwar korrekt, aber es wirkt doch recht seltsam, wenn unter der Spalte J (die nach der Sortierung die Überschrift »Zubehör« trägt) auf einmal die Summe der in der Spalte F enthaltenen Werte erscheinen. Das gleiche gilt für alle anderen Formeln.

Dieses Problem gilt für das Sortieren jeglicher Bereiche, die Namen enthalten. Die Namen beziehen sich auch nach dem Sortieren auf die gleichen Felder und Bereiche wie zuvor. Werden die zugehörigen Formeln, die sich auf diese Namen beziehen, mitsortiert, beziehen sie sich nun auf völlig andere Werte, da sich die zuvor in einem benannten Bereich enthaltenen Werte nun woanders befinden.

10|3| Datenbankfunktionen

Excel besitzt einige spezielle Datenbankfunktionen, die Sie auf beliebige Bereiche anwenden können, die die Struktur einer Datenbank besitzen. Also auf alle rechteckigen Bereiche mit Feldnamen in der ersten und Datensätzen in den folgenden Zeilen. Die Datenbankfunktionen führen mit diesen Bereichen statistische Auswertungen durch.

Alle Datenbankfunktionen besitzen Funktionsnamen der Art *DBFunktionsname()*. Alle erwarten drei Argumente:

DB*Funktionsname*(Datenbank;Feld;Suchkriterien)

»Datenbank« ist der Sie interessierende Bereich, inklusive der Feldüberschriften. Ist bereits ein Datenbankbereich definiert, trägt der betreffende Bereich also den Namen »Datenbank«, können Sie statt dem Bereichsbezug alternativ auch diesen Namen als Argument einsetzen.

Eine Datenbankfunktion arbeitet immer mit genau einer Spalte des Datenbankbereichs. Diese Spalte geben Sie mit dem Argument »Feld« an. Wichtig: »Feld« ist nicht der Feldname, sondern die Feldnummer!

»Suchkriterien« ist ein Bereich, der Suchkriterien enthält beziehungsweise der Name »Suchkriterien«, wenn Sie einem Bereich mit *DATEN Suchkriterien festlegen* diesen speziellen Namen zugewiesen haben.

Interessieren Sie sich nicht nur für ausgewählte Daten, sondern für die gesamte Spalte einer Datenbank, geben Sie als Suchkriterienbereich entsprechend einen Bereich an, der unter der Zeile mit den Feldnamen nur leere Felder enthält, also ein Suchkriterium, dem alle Datensätze genügen.

Stellvertretend für alle anderen erläutere ich nun den Umgang mit *DBMAX()* und *DBMITTELWERT()*. Die restlichen Datenbankfunktionen können Sie im Anhang dieses Buches nachschlagen.

DBMAX() prüft, welcher unter jenen Sätzen, die die Suchkriterien erfüllen, im angegebenen Feld den größten Wert enthält. *DBMITTELWERT()* ermittelt entsprechend für die ausgewählten Sätze den Mittelwert der in der Spalte »Feld« enthaltenen Werte.

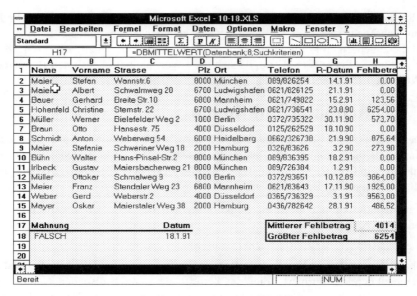

Bild 10.18: DBMAX() und DBMITTELWERT()

Als Datenbankbereich ist A1 bis H16 definiert, als Suchkriterienbereich A17 bis A18. A18 enthält die Formel

```
=UND(DATUM(JAHR($C$18);MONAT($C$18);TAG($C$18))-
DATUM(JAHR(G2);MONAT(G2);TAG(G2))>50;H2>1000)
```

Dieses Suchkriterium findet alle Sätze, bei denen das Rechnungsdatum mehr als 50 Tage gegenüber dem in C18 enthaltenen aktuellen Datum zurückliegt und der Fehlbetrag größer als 1000 DM ist. Die Formel

```
=DBMITTELWERT(Datenbank;8;Suchkriterien)
```

in H17 berechnet den mittleren Fehlbetrag, der sich bei den gefundenen Sätzen ergibt. Und die Formel

```
=DBMAX(Datenbank;8;Suchkriterien)
```

in H18 entsprechend den größten Fehlbetrag. Wäre weder der Datenbank- noch der Such-kriterienbereich definiert, würden Sie entsprechend die Formeln

```
=DBMITTELWERT(A1:H15;8;A17:A18)
```

und

```
=DBMAX(A1:H15;8;A17:A18)
```

verwenden. Durch Angabe der Bereichsbezüge können Sie beliebig viele Bereiche mit Datenbankfunktionen statistisch untersuchen, auch wenn sie sich im gleichen Arbeitsblatt befinden, ohne den Datenbank- und den Suchkriterienbereich ständig umzudefinieren.

Grafikobjekte
und Diagramme

ABCDE

11| Grafikobjekte

Excel besitzt sehr interessante Grafikfähigkeiten. Zum einen können Sie wie bei jeder anderen Tabellenkalkulation auch Diagramme erstellen, grafische Darstellungen einer Tabelle oder eines Tabellenbereichs.

Zusätzlich ist in der Version 3.0 nun auch eine Art »Mini-Zeichenprogramm« integriert, um Linien, Kreise und ähnliches zu malen und damit bestimmte Tabellenteile optisch hervorzuheben.

Diese Features werden viele unter Ihnen als reine Spielerei ansehen. Wenn ja, muß ich Ihnen gestehen, daß ich mich dieser Meinung anschließe. Daher liegt der Schwerpunkt dieses Kapitels eindeutig auf der Erzeugung und Manipulation von Diagrammen.

Grafikobjekte werde ich dennoch zuerst behandeln, da der Umgang mit ihnen vieles mit der Handhabung von Diagrammen gemeinsam hat. Können Sie mit den einfacheren Grafikobjekten umgehen, werden Ihnen danach auch Diagramme keine Probleme bereiten.

11|1| Erzeugen, selektieren und manipulieren

Die grundlegenden Eigenschaften von Grafikobjekten möchte ich an dem Objekt »Textbox« erläutern, einem rechteckigen Kästchen, das Text enthält. Wie allen anderen Grafikobjekten auch ist ihm in der Werkzeugleiste ein eigenes Symbol zugeordnet. Anklicken eines solchen Symbols erzeugt das zugehörige Objekt. Die Textbox ist das dritte Symbol von rechts, ein Kästchen mit mehreren darin enthaltenen Linien, die Textzeilen darstellen.

Wenn Sie das Symbol anklicken, wird der Mauscursor zu einer Art »Fadenkreuz«, mit dem Sie die Objektposition festlegen. Sie bewegen das Fadenkreuz zunächst zu jener Stelle, an der sich eine beliebige Ecke des Objekts befinden soll, zum Beispiel die linke obere Ecke.

Danach legen Sie die Größe des Objekts fest. Sie drücken die linke Maustaste und »ziehen« das Objekt bei weiter gedrückter Maustaste in die Länge beziehungsweise in die Breite. Die aktuelle Größe signalisiert während dieser Aktion eine gestrichelte Linie. Wenn die gewünschte Größe erreicht ist, lassen Sie die Maustaste los, und das Objekt erscheint. In der folgenden Abbildung habe ich diese Methode auf die Datei *BUCHFRG3.XLS* angewandt.

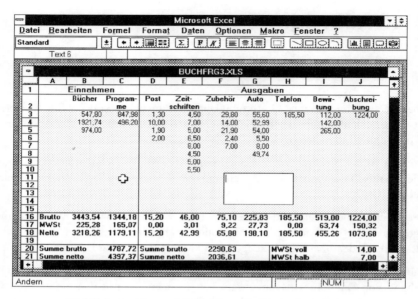

Bild 11.1: Position und Größe eines Grafikobjekts festlegen

Ich habe das Symbol angeklickt, das Fadenkreuz zur Mitte von Zelle F11 bewegt, die linke Maustaste gedrückt und die Maus nach rechts unten gezogen, bis sich das Objekt bis zur Mitte von Spalte H und nach unten bis zur Zeile 14 erstreckte.

Die Abbildung zeigt den Zustand nach dem Loslassen der Maustaste. Die Textbox erscheint an der festgelegten Position und in der definierten Größe. Sie ist undurchsichtig, die Zellen darunter sind nicht zu sehen. Der blinkende Cursor in der Box fordert Sie auf, Text einzugeben. Geben Sie Text als Fließtext ein. Excel kümmert sich automatisch um den Zeilenumbruch. Sie können durch Einfügen von Bindestrichen jederzeit nachträglich Worttrennungen festlegen. Excel ändert den Text entsprechend. (Enter) führt zum Anfang der nächsten Zeile und ermöglicht Ihnen die Festlegung von Absätzen.

Momentan ist das Grafikobjekt »aktiviert«. Wollen Sie nach der Texteingabe wieder die Tabelle aktivieren, klicken Sie einfach irgendeine Zelle des Arbeitsblattes an. Wenn Sie den Zellcursor in Zeile 13 von links nach rechts bewegen, wird er beim »Durchwandern« des Grafikobjekts teilweise unsichtbar sein. Grafikobjekte sind also prinzipiell undurchsichtig und verdecken den darunter liegenden Tabellenausschnitt.

Um mit einem Grafikobjekt irgendeine Aktion durchzuführen, seine Farbe, Größe oder Position zu ändern, darin enthaltenen Text zu editieren oder ähnliches, müssen Sie es zunächst selektieren, ähnlich wie Sie einen Tabellenteil selektieren.

Sie können gezielt einzelne Teile des Objekt oder auch das gesamte Objekt selektieren. Wenn Sie den in der Box enthaltenen Text editieren wollen, bewegen Sie den Zellcursor in die Box zum gewünschten Textteil. Er ändert seine Form und wird zum »Eingabecursor«. Wenn Sie ein Zeichen anklicken, wird es selektiert und der Cursor wie in der Eingabezeile an die betreffende Position gesetzt. Sie können den dort enthaltenen Text nun wie gewohnt editieren.

Viel wichtiger ist jedoch die Selektion des gesamten Grafikobjekts! Sie selektieren das gesamte Objekt, indem Sie den Zellcursor langsam auf einen der Objektränder zubewegen. Direkt am Rand wird der Zellcursor als Pfeil dargestellt. Drücken Sie die linke Maustaste, um das Objekt zu selektieren.

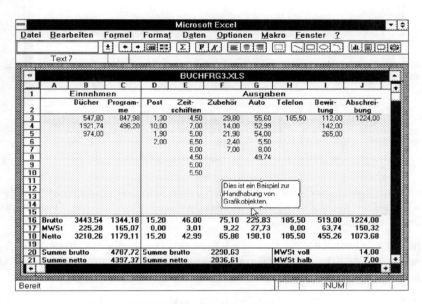

Bild 11.2: Grafikobjekt selektieren

An den Objekträndern erscheinen kleine Rechtecke und zeigen an, daß dieses Objekt selektiert ist. Sie können es nun durch Ziehen oder Schieben mit der Maus – bei weiterhin gedrückter Maustaste – in beliebige Richtungen verschieben. Zum Beispiel nach links und nach unten, so daß es in der Abbildung die Brutto-Einnahmensummen teilweise überdeckt.

Sie können auch die Objektgröße nachträglich verändern. Indem Sie das Objekt selektieren, die Maustaste diesmal jedoch loslassen. Die Rechtecke als Selektionsmerkmal bleiben auch nach dem Loslassen erhalten. Wenn Sie den Cursor zu einem der Rechtecke bewegen, ändert er erneut seine Form und wird wieder zum Fadenkreuz. Wenn Sie jetzt die Maustaste drücken und gedrückt halten, können Sie das Objekt wie zu Beginn beliebig in die Länge oder Breite ziehen beziehungsweise schieben. Und es zum Beispiel so vergrößern, daß es nun einen wesentlich größeren Teil der Tabelle einnimmt.

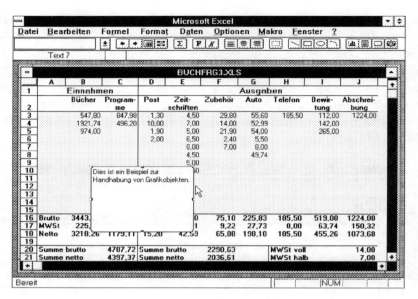

Bild 11.3: Position und Größe nachträglich verändern

Die Rechtecke in der Objektmitte ermöglichen Ihnen, die Objektgröße in einer Richtung zu manipulieren. Die Rechtecke an den Objektecken sind flexibler. Mit ihnen können Sie Breite und Höhe gleichzeitig verändern.

Wenn Sie dabei gleichzeitig die ⌊Umschalt⌋-Taste drücken, bleibt das Breite-Höhe-Verhältnis dabei unverändert. Jede Vergrößerung wirkt sich auf die Breite und Höhe des Objekts derart aus, daß die Objektform erhalten bleibt.

Wenn Sie bei Manipulationen der Objektgröße oder -position die ⌊Strg⌋-Taste drücken, erfolgen alle Veränderungen »zellweise«. Das Objekt wird nicht mehr in winzigsten Schritten verschoben, sondern um die Größe der darunterliegenden Zellen und deckt sich mit deren Rändern.

Sie können auch mehrere Objekte gleichzeitig manipulieren. Dazu müssen Sie sie zunächst zu einem übergeordneten Objekt zusammenfassen. Klicken Sie in der Werkzeugleiste das gestrichelte Rechteck an, und ziehen Sie mit der Maus einen Rahmen, der alle zu manipulierenden Objekte einschließt. Wenn Sie anschließend eines der in diesem Rahmen eingeschlossenen Objekte manipulieren, wirkt diese Manipulation auf alle Objekte gleichzeitig.

Noch einfacher sind diese gemeinsamen Manipulationen, wenn Sie anschließend *FORMAT Gruppieren* wählen. Die Objekte werden zu einem neuen übergeordneten Objekt zusammengefaßt, das die gleichen Manipulations-Rechtecke aufweist wie zuvor die einzelnen Objekte. Sie können diesen Modus jederzeit wieder aufheben, indem Sie das »Großobjekt« selektieren und den Befehl *FORMAT Gruppierung aufheben* wählen.

Überlappen sich mehrere Grafikobjekte, können Sie festlegen, welches sich im Vordergrund beziehungsweise im Hintergrund befinden soll. Sie selektieren das betreffende Objekt und wählen *FORMAT In den Vordergrund* beziehungsweise *FORMAT In den Hintergrund*.

Wenn ein Grafikobjekt selektiert ist, können Sie es auch mit den Befehlen des *BEARBEITEN-*Menüs editieren. Zum Beispiel mit *Objekt löschen* komplett entfernen (Kurztaste [Entf]). Oder das Objekt mit *Ausschneiden*, *Kopieren* und *Einfügen* kopieren oder entfernen und an einer anderen Position wieder einfügen.

Objekte, die Text enthalten, können Sie mit Hilfe der Werkzeugleiste formatieren. Es gelten die gleichen Regeln wie beim Formatieren von Tabellenbereichen.

Sie selektieren das zu formatierende Objekt, zum Beispiel eine Textbox, und drücken einen der Formatierungsknöpfe. Zum Beispiel »**F**«, wenn der darin enthaltene Text kursiv erscheinen soll. »*K*« formatiert ihn entsprechend kursiv. Auch die Ausrichtungsknöpfe können Sie verwenden, um den Text zu zentrieren beziehungsweise rechts- oder linksbündig anzuordnen.

11|2| Objektbezogene Dialogfelder

Wesentlich feinere Möglichkeiten zur Objektmanipulation bieten Ihnen die »objektbezogenen Dialogboxen«. Dialogboxen, die sich – abhängig vom gerade selektierten Objekt oder Diagramm – leicht voneinander unterscheiden. Sie öffnen diese Dialogfelder, indem Sie sich wieder einem der Objektränder nähern, bis der Pfeil erscheint, und das Objekt nicht wie zuvor durch einen einfachen Mausklick, sondern durch einen Doppelklick selektieren.

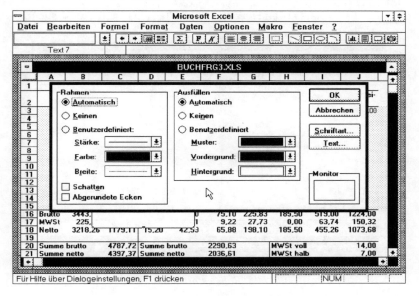

Bild 11.4: Objektbezogene Dialogfelder

Der Doppelklick besitzt die gleiche Wirkung wie der Befehl *FORMAT Muster...* und öffnet die zugehörige Dialogbox. Alle darin enthaltenen Manipulationsmöglichkeiten können Sie übrigens auf mehrere Objekte gleichzeitig anwenden, wenn Sie sie wie soeben erläutert zu einem übergeordneten Objekt zusammenfassen.

Die geöffnete Dialogbox ist nicht mit der von Tabellen her gewohnten identisch, sondern bezieht sich nun eindeutig auf das selektierte Objekt »Textbox«. Unter »Rahmen« bestimmen Sie die verschiedensten Eigenschaften des Objektrahmens. Die Option »Keinen« läßt den Rahmen verschwinden. Der Ausdruck »Stärke« ist schlecht gewählt, da dieses Listenfeld tatsächlich verschiedene Rahmenmuster zur Verfügung stellt, zum Beispiel gepunktete und gestrichelte Rahmenlinien.

»Farbe« legt die Rahmenfarbe fest und »Breite« stellt Ihnen verschiedene Strichbreiten zur Verfügung. Die Option »Automatisch« macht alle unter »Stärke«, »Farbe« und »Breite« getroffenen Einstellungen rückgängig und ersetzt sie durch die Standardeinstellungen.

Aktivieren Sie »Schatten«, wirft der Rahmen an der rechten und unteren Seite einen dünnen schwarzen Schatten. »Abgerundete Ecken« bewirkt das, was der Name sagt: Die Ecken werden durch Kreisausschnitte ersetzt.

Die folgende Abbildung zeigt die Wirkung all dieser Rahmenoptionen. Ich habe die Rahmenfarbe Rot und den breitesten Rahmenstrich gewählt und sowohl »Schatten« als auch »Abgerundete Ecken« aktiviert.

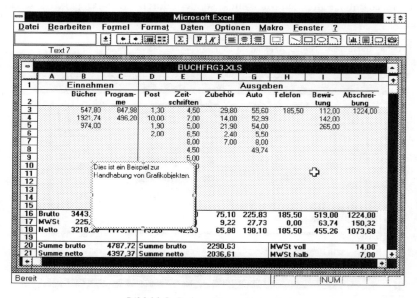

Bild 11.5: Rahmenformatierungen

Außer dem Objektrahmen können Sie prinzipiell auch das Objektinnere formatieren. Unter »Ausfüllen« können Sie wieder mit »Automatisch« die Standardvorgaben wählen. »Keinen« sorgt dafür, daß nur noch die in der Textbox enthaltenen Zeichen die Tabelle überlagern, aber nicht mehr der restliche Leerraum – das Objekt wird durchsichtig.

»Muster« bestimmt das Muster, mit dem das Objektinnere gefüllt wird, »Vordergrund« die Vordergrundfarbe des Musters, und »Hintergrund« seine Hintergrundfarbe. Allerdings besitzen nur Muster, die nicht ganzflächig, sondern durchbrochen sind, eine eigene Hintergrundfarbe. Mit dem vorgegebenen ganzflächigen Muster und der Vordergrundfarbe Schwarz ergibt sich eine interessante Darstellung.

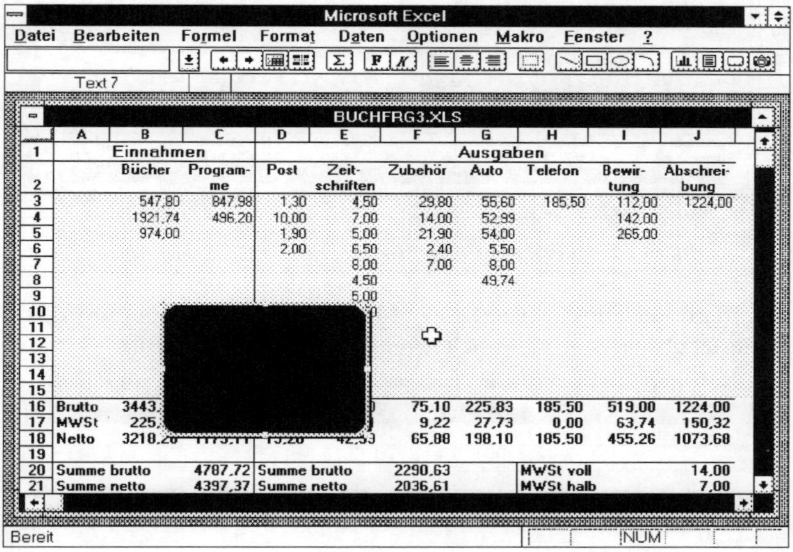

Bild 11.6: Formatierung des Objektinneren

Schwarze Zeichen werden auf einem schwarzen Muster dargestellt. Das Resultat entspricht dem berühmten »Schornsteinfeger im Kohlenkeller«. Sie können das jedoch sofort durch Formatierung des in der Box enthaltenen Textes ändern. Die zugehörige Dialogbox erreichen Sie wie gewohnt mit *FORMAT Schriftart...* oder einfacher durch Aktivierung des Knopfes »Schriftart...« in der Muster-Dialogbox (vgl. Bild 11.7).

Die Dialogbox ist nicht ganz mit jener identisch, die Sie von Tabellen her kennen. Zusätzlich sind darin die Knöpfe »Muster...« und »Text...« enthalten. »Muster...« aktiviert die gerade erläuterte Dialogbox des Befehls *FORMAT Muster...*, und »Text...« die Box des Befehls *FORMAT Text...*, der den Befehl *FORMAT Ausrichtung...* ersetzt, wenn ein Grafikobjekt selektiert ist.

Allgemein: Jede Dialogbox, mit der Sie Teile eines Grafikobjekts oder auch eines Diagramms formatieren können, enthält Knöpfe zur Aktivierung aller anderen Dialogboxen, mit denen weitere Formatierungen des betreffenden Objekts möglich sind.

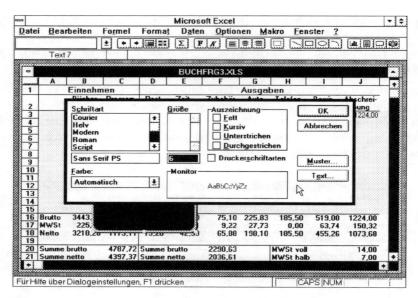

Bild 11.7: Das Dialogfeld des Befehls FORMAT »Schriftart...«

Mit der Schriftart Helvetica in der Größe 18 und der Farbe Weiß, um den Text vom schwarzen Muster abzuheben, ergibt sich bereits ein freundlicheres Bild:

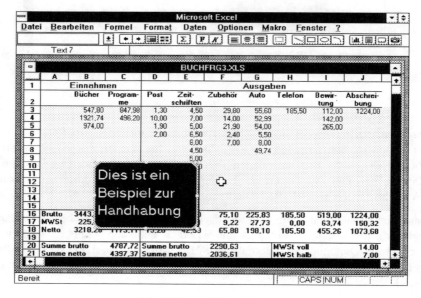

Bild 11.8: Schriftformatierung

Daß der Text nun in der Box nicht mehr vollständig sichtbar ist, ist nur ein kleiner Schönheitsfehler, der mit dem Knopf »Text...«, also dem Befehl *FORMAT Text...*, sofort behoben werden kann.

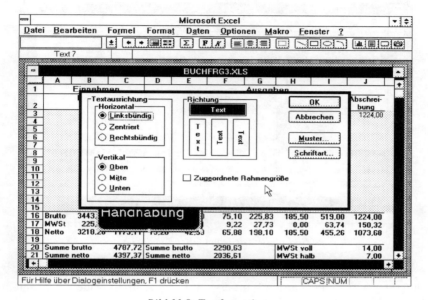

Bild 11.9: Textformatierung

Diese Dialogbox ermöglicht Ihnen zunächst einmal die Festlegung der Textausrichtung. Wie bei Zellen von Tabellen stehen die Optionen »Linksbündig«, »Zentriert« oder »Rechtsbündig« zur Wahl – wenn der Text wie üblich horizontal ausgerichtet ist.

Unter »Richtung« können Sie jedoch auch eine von drei vertikalen Ausrichtungsvarianten festlegen. Dann bestimmen die Optionen »Oben«, »Mitte« und »Unten« die Ausrichtung dieses vertikal angeordneten Textes. Sie entsprechen den Optionen für die horizontale Ausrichtung. Ist »Oben« aktiviert, beginnt der Text am oberen Objektrand, »Mitte« zentriert ihn, läßt also am oberen und unteren Rand gleich viel Platz, und »Unten« läßt am oberen Rand so viel Platz, daß sich das letzte Zeichen am unteren Objektrand befindet.

Sehr nützlich ist die Option »Zugeordnete Rahmengröße«. Normalerweise müssen Sie die Objektgröße immer anpassen, wenn Sie den darin enthaltenen Text editieren oder mit einer anderen Schriftart oder Schriftgröße formatieren. Diese Option sorgt für eine automatische Anpassung. Wählen Sie zum Beispiel eine größere Schrift, paßt Excel die Objektgröße automatisch an.

Das gleiche gilt für Änderungen des in der Box enthaltenen Textes. Die folgende Abbildung zeigt die Textbox, nachdem ich die Optionen »Horizontale Ausrichtung«, »Zentriert« und »Zugeordnete Rahmengröße« aktivierte, und anschließend den Text editierte.

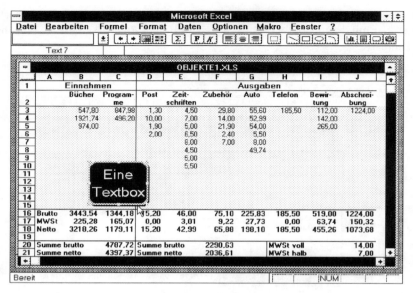

Bild 11.10: Die Datei OBJEKTE1.XLS

Der ursprüngliche Text wurde nachträglich durch »Eine Textbox« mit einem Zeilenumbruch (⟨Enter⟩) hinter dem ersten Wort ersetzt. Excel zentriert beide Zeilen automatisch
und paßt die Objektgröße neu an.

11.3 Objektbindung

Grafikobjekte sind nicht ganz so unabhängig von der darunterliegenden Tabelle, wie es auf
den ersten Blick erscheint. Tatsächlich sind sie an die Größe und die Position der Zellen,
die sie verdecken, »gebunden«. Diese Bindung können Sie mit dem Befehl *FORMAT
Objektposition...* beeinflussen, wenn Sie vor der Anwahl das betreffende Objekt selektieren.
Öffnen Sie bitte *OBJEKTE1.XLS*, selektieren Sie die Textbox, und wählen Sie diesen
Befehl (vgl. Bild 11.11).

Die aktivierte Option zeigt den momentan gültigen Bindungszustand. Aktivieren Sie bitte
wie in der Abbildung »Von Zellenposition und -größe abhängig«. Die Textbox ist nun an
den Bereich der Tabelle gebunden, über den sie sich erstreckt, also an den Bereich B9:D15.
Ändert sich die Position dieses Bereiches oder die Größe der darin enthaltenen Zellen, wird
die Position und die Größe der Textbox entsprechend angepaßt.

Außer, wenn es sich bei dem Objekt um eine Textbox handelt und Sie unter *FORMAT
Text...* die Option »Zugeordnete Rahmengröße« aktivierten. Dann paßt Excel die Größe
einer Textbox immer an den darin enthaltenen Text an. Wird diese Option jedoch deaktiviert und danach Spalte C verbreitert und die Höhe von Zeile 13 vergrößert, sehen Sie
sofort, welche Auswirkungen die Bindung an die Zellgröße hat (vgl. Bild 11.12).

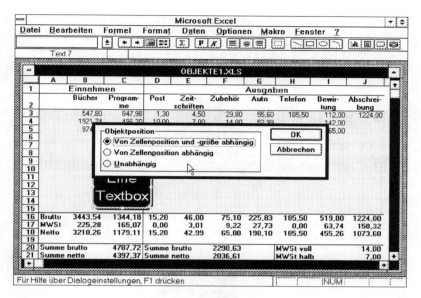

Bild 11.11: Bindungart festlegen

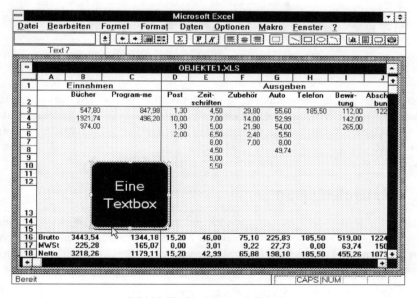

Bild 11.12: Bindung an Zellgröße

Die Textbox wird um den gleichen Betrag breiter wie Spalte C und um den gleichen Betrag höher, um den die Höhe von Zeile 13 wuchs. Ähnliche Auswirkungen besitzt die Bindung an die Zellposition. Fügen Sie zum Beispiel vor dem Bereich B9:D15, an dessen Position das Objekt gebunden ist, zwei Leerspalten ein, wird außer diesem Bereich auch das zugehörige Objekt um zwei Spalten nach rechts verschoben.

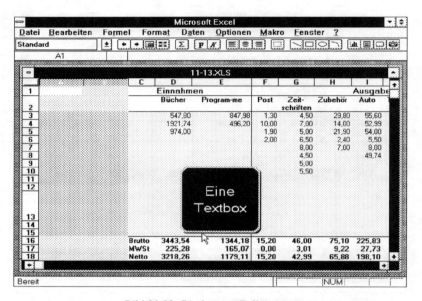

Bild 11.13: Bindung an Zellposition

Die Option »Von Zellenposition abhängig« bindet das Objekt an die Position der darunter-liegenden Zellen und ermöglicht somit ebenfalls diese parallele Verschiebung. Allerdings ist die Objektgröße nicht an die Größe irgendwelcher Zellen gekoppelt, sondern voll-kommen unabhängig. Bei der Option »Unabhängig« ist das Objekt völlig unabhängig, weder die Objektgröße noch die Objektposition sind mit Zellen verbunden.

11.4 Objekttypen

Sie kennen nun nicht nur die wesentlichen Eigenschaften von Grafikobjekten, sondern auch von Diagrammen. Sowohl der Objektselektion als auch der Manipulation von Größe und Position und den objektbezogenen Dialogfelder werden Sie bei Diagrammen erneut begeg-nen. Nun bleibt nur noch, die verschiedenen Objekttypen zu erläutern.

Textboxen kennen Sie bereits. Weiter links in der Werkzeugleiste befindet sich eine Gruppe von vier Objekten, die für Malprogramme typisch sind: eine Linie, ein Rechteck, eine Ellipse und eine gebogene Linie, ein Kreisausschnitt.

Der Umgang mit diesen Objekten entspricht der Erzeugung und Manipulation der Textbox. Sie drücken den betreffenden Knopf. Ein Fadenkreuz erscheint, das Sie dorthin positionieren, wo sich eine Ecke des Objekts befinden soll. Anschließend legen Sie bei gedrückter Maustaste durch Ziehen und Schieben die Form und Größe des Objekts fest.

Bei gedrückter ⌈Umschalt⌉-Taste können Sie mit dem Liniensymbol nur waagrechte, senkrechte oder Linien mit einem 45-Grad-Winkel zeichnen. Und mit dem Kreisbogensymbol nur echte Kreisausschnitte, keine Ausschnitte von Ellipsen. Das Kreissymbol ermöglicht dann ebenfalls keine Ellipsen mehr, sondern nur noch das Zeichnen echter Kreise. Diese Taste ist somit nützlich, wenn Sie die Angewohnheit besitzen, etwas »wackelig« zu zeichnen, was dadurch verhindert wird.

Die ⌈Strg⌉-Taste ermöglicht Ihnen, all diese Objekte bei Ihren Manipulationen an Zellgrenzen auszurichten und damit zu verhindern, daß sich die Objektränder mitten in einer Zelle befinden.

Sie können diese Objekte einsetzen, um bestimmte Tabellenteile besonders hervorzuheben. Zum Beispiel, indem Sie um einen wichtigen Wert einen Kreis herumlegen und mit dem Liniensymbol einen Pfeil erzeugen, der auf die betreffende Stelle deutet.

Vergessen Sie jedoch nicht, unter der Option »Ausfüllen« des Befehls *FORMAT Muster...* »Keinen« zu wählen, damit der Kreis durchsichtig wird und die darunterliegenden Zahlen auch tatsächlich zu sehen sind. Das Resultat dieser Hervorhebungstechnik zeigt die folgende Abbildung.

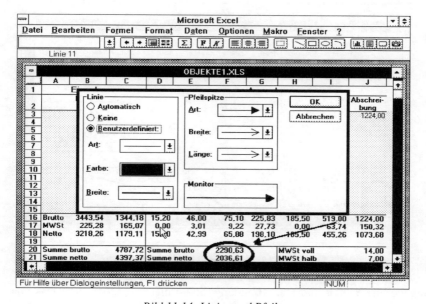

Bild 11.14: Linien und Pfeile

Diese Abbildung zeigt außer dem Kreis und dem Pfeil die objektbezogene Dialogbox, die erscheint, wenn die erzeugte Linie selektiert und der Befehl *FORMAT Muster...* gewählt wird (kürzer: Doppelklick auf die Linie). Sie enthält alle Formatierungsoptionen für Linien und Pfeile. Zunächst können Sie die Farbe, die Strichstärke und die Strichart der Linie bestimmen. Und zusätzlich festlegen, ob es sich überhaupt um eine einfache Linie oder um einen Pfeil handeln soll. Und sogar die Art, Länge und Breite der Pfeilspitze definieren.

Im Gegensatz zur Textbox ist es beim Umgang mit den vier reinen »Malobjekten« übrigens sehr sinnvoll, diese sowohl an die Größe als auch die Position der darunterliegenden Zellen zu binden. In der Abbildung weist der Pfeil auf die »eingekreisten« Felder F20 und F21. Sicher wollen Sie, daß beide Objekte auch nach dem Einfügen einer Leerspalte vor Spalte F weiterhin auf die gleichen – nun nach rechts verschobenen – Felder hinweisen.

Mit dem Kamerasymbol in der Werkzeugleiste können Sie eine Art »Foto« eines Tabellenbereichs aufnehmen und in beliebiger Größe irgendwo in der Tabelle »einkleben«. Zuerst selektieren Sie den interessierenden Tabellenbereich, zum Beispiel F20 und F21. Dann drücken Sie den Kameraknopf – das Fadenkreuz erscheint. Sie klicken die linke obere Ecke des Bereichs an, in den das Foto »geklebt« werden soll. Der aufgenommene Bereich erscheint dort als Grafikobjekt, das Sie nach Belieben verschieben oder durch Ziehen an den Ecken vergrößern oder verkleinern können.

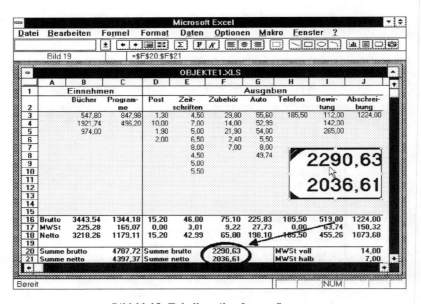

Bild 11.15: Tabellenteile »fotografieren«

Die Eingabezeile enthält in dieser Abbildung die Formel *=$F$20:$F$21*. Das Foto ist mit den beiden Bezugszellen dynamisch verbunden. Ändert sich deren Inhalt, wird auch das Foto sofort entsprechend aktualisiert.

12 Diagramme erzeugen

Nichts gegen Zahlenreihen, aber Kuchen- oder Balkendiagramme sind sicher anschaulicher und bei einer Präsentation zweifellos eindrucksvoller. Vor allem sind wesentliche Aussagen in einem Diagramm auf einen Blick zu erfassen, Zahlenreihen dagegen erfordern eine eingehende Analyse. Der Umfang des nun folgenden Teils bedeutet keineswegs, daß die Erstellung eines Diagramms mit Excel eine aufwendige Sache sein muß.

Excel bietet vielfältige Möglichkeiten, um ein Diagramm nach allen Regeln der Kunst zu bearbeiten und individuell zu gestalten. Diese Möglichkeiten auszuschöpfen, erfordert von Ihnen tatsächlich eine sehr intensive Beschäftigung mit diesem Teil des Buchs.

Sind Ihre Ansprüche jedoch geringer und reichen Ihnen »Standarddiagramme«, genügt fast schon ein Knopfdruck, um eine Zahlenreihe in ein Balken- oder ein Kuchendiagramm zu verwandeln. Genügt Ihnen dieses mit einfachsten Mitteln erzeugte Diagramm, zwingt Sie niemand, mehr als nur die ersten 5 oder 10 Seiten dieses Kapitels zu lesen, da sich der gesamte Rest ausschließlich mit der »Diagrammverfeinerung« beschäftigt.

Um Diagramme individuell ändern zu können, müssen Sie zunächst wissen, aus welchen Elementen ein Excel-Diagramm besteht. Praktisch jedes dieser Elemente können Sie nach Ihren Wünschen gestalten. Bevor ich diese Elemente erläutere, löse ich jedoch mein Versprechen ein und erkläre Ihnen kurz, wie Sie fast ohne jeden Aufwand ein einfaches Diagramm erzeugen können, genauer: wie Sie Excels Fähigkeiten zur automatischen Diagrammerzeugung nutzen können.

Diagramme können als Grafikobjekt dargestellt werden, die Teile der Tabelle überlagern, oder in einem eigenen Fenster. In einem solchen »Diagrammfenster« stehen Ihnen vielfältige Manipulationsmöglichkeiten zur Verfügung. Beachten Sie bitte bei allen folgenden Erläuterungen, daß sich die Excel-Menüs ändern, wenn ein Diagrammfenster aktiv ist. Die Menüzeile enthält dann teilweise bereits bekannte, teilweise jedoch vollkommen neue Menüs.

12.1 Integrierte Diagramme

Voraussetzung für die Erzeugung eines Diagramms ist eine Tabelle mit spalten- oder zeilenweise angeordneten Daten. Und normalerweise entsprechende Spalten- oder Zeilenüberschriften. Wie zum Beispiel in der Datei *DIAGRAMM.XLS* auf der Begleitdiskette.

Sie selektieren den Bereich, der in Form eines Diagramms dargestellt werden soll, in dieser Datei die verschiedenen Versicherungsprämien. Inklusive interessierender Spalten- oder Zeilenüberschriften. Öffnen Sie bitte die Datei *DIAGRAMM.XLS* und selektieren Sie den

Bereich A1:D10. Drücken Sie danach in der Werkzeugleiste den vierten Knopf von rechts, der ein Balkendiagramm-Symbol enthält. Der selektierte Bereich ist nun von einem Laufrahmen umgeben, und der Zellcursor wird durch ein Fadenkreuz ersetzt.

Bewegen Sie das Fadenkreuz zu einem leeren Bereich der Tabelle, zum Beispiel zu A12, drücken Sie die linke Maustaste, und bewegen Sie die Maus bei gedrückter Taste in verschiedene Richtungen. Ein Rechteck wird sichtbar, dessen Größe und Form Sie durch Ziehen und Schieben mit der Maus verändern. Dehnen Sie das Rechteck so weit aus, daß es sich ungefähr über den Bereich A12:H20 erstreckt. Lassen Sie die Maustaste los.

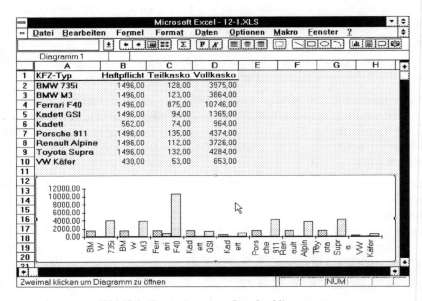

Bild 12.1: Erzeugung eines Standarddiagramms

Für jeden Autotyp erzeugt Excel genau drei Säulen, entsprechend den drei verschiedenen Versicherungsprämien. Die mittlere Säule »Teilkasko« ist allerdings kaum zu sehen, da die hier darzustellenden Zahlen im Vergleich zu den Haftpflicht- und Vollkaskoprämien extrem niedrig und die Säulen entsprechend klein sind. Sie ist nur beim Ferarri sichtbar, da dessen Teilkaskoprämie nicht ganz so niedrig ausfällt – wen wundert's? Wie Sie sehen, erkennt Excel sogar die Zeilenüberschriften »BMW 735i« usw. und verwendet diese Texte für die Beschriftung der horizontalen Diagrammachse.

Ein Diagramm ist mit den als Grundlage verwendeten Zahlen fest verbunden. Jede Änderung in *DIAGRAMM.XLS* wirkt sich sofort auf das zugehörige Diagramm aus. Erhöhen Sie eine der Zahlen, wird die entsprechende Säule höher. Ein Diagramm ist somit keineswegs statisch und muß nicht neu erstellt werden, wenn sich die zugrundeliegenden Zahlen ändern. Vielmehr ähnelt es einer Tabelle mit externen Bezügen, die Excel ja auch ständig aktualisiert, wenn möglich.

Wenn Sie mit Hilfe des Diagrammsymbols der Werkzeugleiste ein Säulendiagramm erzeugen, ist dieses Diagramm anschließend ein in die Tabelle integriertes Grafikobjekt wie eine Textbox oder ein Pfeil. Sie besitzen die gleichen Möglichkeiten wie bei jedem Grafikobjekt:

■ Nähern Sie den Zellcursor dem Rand des Objekts, wird er durch einen Pfeil ersetzt. Durch Anklicken und Ziehen können Sie das Diagramm nun verschieben.

■ Nähern Sie sich einem der kleinen Rechtecke, wird der Zellcursor zu einem Fadenkreuz. Anklicken und Ziehen verändert nun Form und Größe des Diagramms.

■ Mit den Befehlen *Ausschneiden*, *Kopieren* und *Objekt löschen* des *BEARBEITEN*-Menüs können Sie das Diagramm verschieben, kopieren oder ganz entfernen.

■ Wählen Sie *FORMAT Muster...*, erscheint eine Dialogbox, in der Sie den Rahmen um das Objekt herum formatieren können (Farbe, Breite, Strichart, Schatten, Eckenform) und das Objektinnere (Farbe, durchsichtig oder nicht, unterlegtes Muster).

Das in die Tabelle integrierte Diagramm wird wie jedes andere Grafikobjekt auch zusammen mit der Tabelle gespeichert, geladen und ausgedruckt.

12|2| **Eigenständige Diagrammfenster**

Die einzelnen Diagrammelemente (Texte, Balken usw.) können Sie bei Diagrammen, die in die Tabelle integriert sind, nicht manipulieren. Auch die Darstellungsform nicht. Das Diagrammsymbol erzeugt immer ein Balkendiagramm und niemals zum Beispiel ein Kreisdiagramm.

Solche Sonderwünsche erfüllt Excel nur über einen kleinen Umweg. Sie müssen aus dem integrierten Diagramm ein eigenständiges Diagrammfenster erzeugen. In diesem Fenster können Sie das Diagramm nun nach allen Regeln der Kunst manipulieren. Jede Änderung wirkt sofort auf das in die Tabelle integrierte Diagramm zurück. Entspricht das Diagramm Ihren Vorstellungen, schließen Sie das nun nicht mehr benötigte Diagrammfenster.

Es gibt zwei Möglichkeiten, um dieses Diagrammfenster zu erzeugen. Die erste setzt voraus, daß bereits mit der Werkzeugleiste ein in die Tabelle integriertes Diagramm erzeugt wurde. In diesem Fall bewegen Sie den Zellcursor zum Rand des Diagramms, bis ein Pfeil erscheint. Mit einem Doppelklick aktivieren Sie die Darstellung des Diagramms in einem eigenen Fenster. Dieses Fenster können Sie wie jedes andere auch manipulieren. Ordnet man beide Fenster mit *Alles anordnen* nebeneinander an, ergibt sich folgende Darstellung:

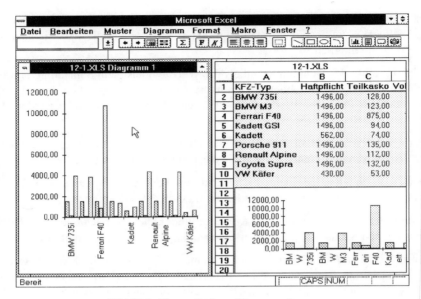

Bild 12.2: Eigenständiges Diagrammfenster

Das Diagramm befindet sich in einem separaten Fenster mit dem Namen »12-1.XLS Diagramm 1«. Allgemein: Es trägt den Namen der zugrundeliegenden Tabelle, gefolgt von »Diagramm X«. »X« steht für die Zahlen 1, 2, 3 usw., mit denen mehrere Diagramme, die auf Basis der gleichen Tabelle erstellt werden, durchnumeriert werden.

Bei der zweiten Methode zur Erzeugung eines Diagrammfensters wird der Befehl *DATEI Neu...* benutzt. Ein bereits in die Tabelle integriertes Diagramm wird dabei nicht vorausgesetzt. Sie eignet sich damit hervorragend für Leser, die keine Maus besitzen und somit auch keine Diagramme mit der Werkzeugleiste erzeugen können.

Sie selektieren wieder den interessierenden Tabellenbereich, zum Beispiel A1:D10 in *DIAGRAMM.XLS.* Danach wählen Sie *DATEI Neu...* und aktivieren in der Dialogbox die Option »Diagramm«. Excel erzeugt ein Säulendiagramm und stellt es in einem eigenen Fenster dar.

Wie auch immer Sie das eigenständige Diagrammfenster erzeugen, mit *DATEI Neu...* oder mit einem Doppelklick auf ein bereits integriertes Diagramm: In jedem Fall stehen Ihnen nun vielfältige Möglichkeiten zur Diagrammmanipulation zur Verfügung. Nehmen wir an, Sie ziehen statt eines Säulendiagramms eine andere Darstellungsform vor. Wenn ja, aktivieren Sie das Menü *MUSTER*. Die darin enthaltenen Befehle entsprechen den verfügbaren Diagrammarten. Selektieren Sie je nach Wunsch *Linien-*, *Flächen-*, *Kreisdiagramme* oder eine andere Diagrammart. Selektieren Sie anschließend mit der Maus eine der Varianten, die Ihnen gezeigt werden, oder wählen Sie mit »Weiter...« oder »Vorher...« eine andere Diagrammart. Zum Beispiel ergibt Variante 6 der »3D-Säulen...« folgende Darstellung:

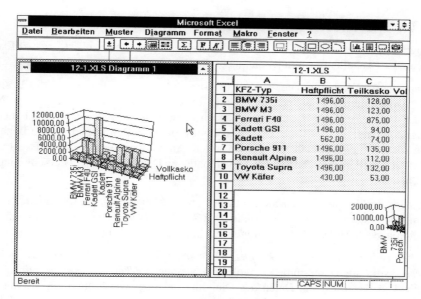

Bild 12.3: 3D-Säulendiagramm

Entstand das Fensterdiagramm durch einen Doppelklick auf ein in die Tabelle integriertes Diagramm, wird dieses automatisch aktualisiert und in der gleichen Form dargestellt. Über den »Fensterumweg« verändern Sie somit letztlich das integrierte Diagrammobjekt, auf das sich jede Manipulation in identischer Weise auswirkt.

Wenn Sie mit den Manipulationen fertig sind und das integrierte Diagramm Ihren Vorstellungen entspricht, wird das eigenständige Diagrammfenster nicht mehr benötigt und kann geschlossen werden.

12|2|1| Diagramme in die Tabelle kopieren

Wenn es noch kein integriertes Diagramm gibt, Sie mit *DATEI Neu...* ein Diagrammfenster erzeugen und das darin enthaltene Diagramm anschließend in die Tabelle integrieren wollen, können Sie es wie einen Tabellenbereich mit *Kopieren* und *Einfügen* aus dem Diagramm- in das Tabellenfenster kopieren.

Zuerst müssen Sie es selektieren indem Sie mit der Maus irgendeine Stelle am Rand des Diagrammfensters anklicken, oder alternativ – eventuell mehrmals – die Taste ⤍ drücken. In beiden Fällen wird das gesamte Diagramm von Kästchen umgeben. Es ist nun selektiert. Wählen Sie *Kopieren*, aktivieren Sie das Tabellenfenster, gehen Sie zur linken oberen Ecke des Bereichs, in den Sie das Diagramm einfügen wollen, und wählen Sie *Einfügen*. Nun haben Sie auch ohne die Werkzeugleiste ein Diagrammfenster und ein damit verbundenes in die Tabelle integriertes Diagramm erzeugt.

12│2│2│ Speichern, laden, schützen und drucken

Ein Diagrammfenster ist für Excel eine eigene Datei. Wird es gespeichert, ergänzt Excel im Unterschied zu Tabellenfenstern jedoch nicht die Erweiterung *.XLS*, sondern *.XLC*.

Die gespeicherte Diagrammdatei enthält externe Bezüge zur Tabelle, die die Basisdaten enthält. Angenommen, Sie speichern beide Dateien, zum Beispiel unter den Namen *TABELLE* und *DIAGRAMM*, schließen danach beide Fenster und laden anschließend nur die Diagrammdatei *DIAGRAMM.XLC*. Excel wird Sie daraufhin fragen, ob die Bezüge auf nicht geladene Dateien aktualisiert werden sollen. Antworten Sie mit ja, liest Excel wie bei verknüpften Tabellen die in *TABELLE.XLS* enthaltenen Daten und aktualisiert das Diagramm entsprechend.

Ebenso wie eine Tabelle können Sie eine Grafik beim Speichern sogar mit einem Kennwort schützen oder alternativ das Kommando *DIAGRAMM Datei schützen...* verwenden, das dem Kommando *OPTIONEN Datei schützen...* bei Tabellen entspricht.

Auch die Befehle *DATEI Verknüpfte Dateien öffnen...* und *DATEI Arbeitsbereich speichern...* sind auf Diagramme sinnvoll anzuwenden. *Verknüpfte Dateien öffnen...* zeigt Ihnen die Tabelle, mit deren Daten das Diagramm erzeugt wurde, und die Sie nun durch einfaches Anklicken ebenfalls laden können. *Arbeitsbereich speichern...* speichert wie üblich alle momentan im Arbeitsspeicher vorhandenen Fenster und zusätzliche Informationen wie die Fensterpositionen und -größen, welches der Fenster gerade aktiv ist, wo sich der Cursor darin befindet usw. unter einem von Ihnen zu wählenden Namen, wobei Excel als Vorgabe *WIEDER.XLW* verwendet. Am nächsten Tag genügt das Laden dieser Datei, um die unterbrochene Arbeit mit der Tabelle und dem zugehörigen Diagrammfenster fortzusetzen.

Das Drucken eines Diagrammfensters verläuft genauso wie der Ausdruck einer Tabelle. Ihnen steht sogar wie bei Tabellen die Seitenansicht zur Verfügung, um das Layout vor dem Ausdruck im Ganzen oder im Detail (mit der Lupe) zu überprüfen. Einen Unterschied gibt es jedoch zwischen dem Druck einer Tabelle und eines Diagrammfensters: Sie bestimmen die Größe des Ausdrucks und zwar mit dem Kommando *DATEI Layout...* Es enthält die gleichen Elemente wie das entsprechende Kommando, das den Ausdruck einer Tabelle steuert. Und zusätzlich die Optionen »Bildschirmgröße«, »An Seite angepaßt« und »Ganze Seite«. Mit »Bildschirmgröße« wird ein Diagramm in der gleichen Größe ausgedruckt, in der es am Bildschirm angezeigt wird (vgl. Bild 12.4).

Für diese Abbildung habe ich ein sehr kleines Diagrammfenster verwendet, das nur einen winzigen Teil des Bildschirms einnimmt. Entsprechend klein wird das Diagramm ausgedruckt.

»An Seite angepaßt« nutzt dagegen nahezu die gesamte Papiergröße. Das Diagramm wird so groß ausgedruckt, wie es gerade noch möglich ist, ohne das Verhältnis zwischen Breite und Höhe der Grafik zu verändern. Das heißt, daß zum Beispiel die volle Breite Ihres Papiers ausgenutzt wird, aber nicht die gesamte Länge eines Blatts (vgl. Bild 12.5).

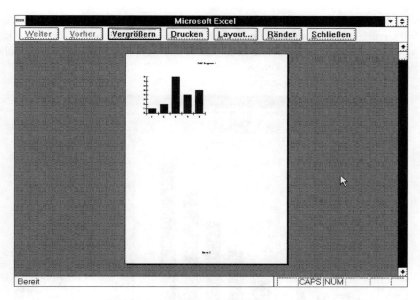

Bild 12.4: Ausdruck mit »Bildschirmgröße«

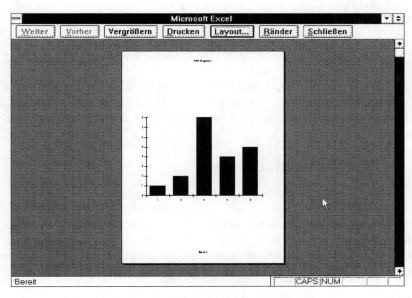

Bild 12.5: Ausdruck mit »An Seite angepaßt«

Die Option »Ganze Seite« nutzt das gesamte Blattformat vollständig aus. Was jedoch zu einer »Verzerrung« führt, zum Beispiel zu eiförmigen statt runden Kreisen. So, wie Sie es vielleicht von Laptops kennen, deren Bildschirme häufig ebenfalls nicht das übliche Verhältnis von X- und Y-Auflösung kennen.

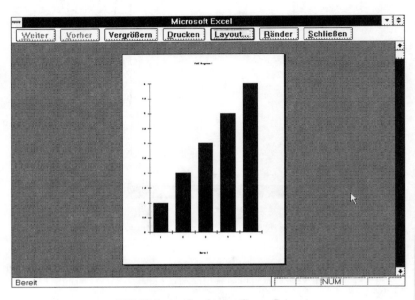

Bild 12.6: Ausdruck mit »Ganze Seite«

Sie sehen, daß hier die volle Breite und Höhe des Papiers genutzt wird. Mit dem Resultat, daß die Grafik in der Höhe mehr gestreckt wird als in der Breite und die Balken entsprechend dünner werden. Was jedoch kaum stört, solange Sie nicht gerade Tortendiagramme ausdrucken.

12.3 Diagrammelemente

Diagramme sind »objektorientiert«. Sie dürfen ein Diagramm keinesfalls als Ansammlung einzelner Punkte betrachten, wie das bei vielen Malprogrammen der Fall ist, sondern als Gesamtheit einzelner Objekte, die Sie separat selektieren und manipulieren können. Diese Betrachtungsweise ist auch für die automatische Diagrammerzeugung wichtig, da Sie bereits durch die Selektion bestimmter Objekte die Diagrammerstellung beeinflussen.

Ausgangspunkt für ein Diagramm sind »Datenpunkte«. Ein Datenpunkt ist ein einzelner numerischer Wert, eine Zahl in Ihrer Tabelle, in *DIAGRAMM.XLS* zum Beispiel die Vollkaskoprämie für einen bestimmten Autotyp. Ein »Datenpunktbild« ist die Darstellung dieses Wertes in einem Diagramm, ein Balken, eine Säule oder ein Kreissegment. Einen solchen einzelnen Wert wollen Sie wohl kaum als Diagramm darstellen, sondern immer eine Wertereihe, in der Excel-Terminologie eine »Datenpunktreihe«. Eine Datenpunktreihe ist eine Anzahl numerischer Werte, die in einer Spalte oder Zeile neben- beziehungsweise untereinander angeordnet sind. Zum Beispiel die Werte in der Spalte »Vollkasko« der Datei *DIAGRAMM.XLS*. Jedes Diagramm besteht aus mindestens einer solchen Datenpunktreihe. Ein Beispiel: Wenn Sie in *DIAGRAMM.XLS* den Bereich D2:D10 selektieren, also die Werte der Spalte »Vollkasko«, selektieren Sie eine Datenpunktreihe, die aus neun einzelnen Datenpunkten besteht. Erzeugen Sie mit der Werkzeugleiste ein integriertes Diagramm oder mit *DATEI Neu...* ein Diagrammfenster, setzt Excel diese neun Datenpunkte entsprechend in neun Säulen um.

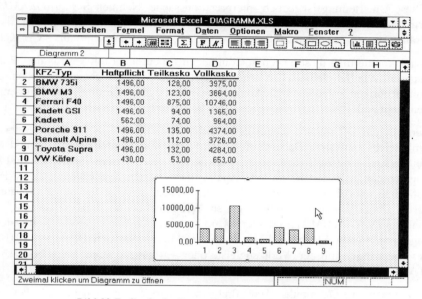

Bild 12.7: Grafische Darstellung einer Datenpunktreihe

Das Diagramm besteht aus einer »Diagrammfläche« mit den neun darin dargestellten Säulen, einer horizontalen und einer vertikalen »Diagrammachse« und den »Achsenbeschriftungen«. Die horizontale Achse ist die »Rubrikenachse« und die vertikale Achse die »Größenachse« (bei »liegenden« Balkendiagrammen ist es genau umgekehrt).

Zusätzlich kann ein Diagramm »Gitternetzlinien« enthalten, ein Liniennetz, das sich über die Diagrammfläche erstreckt und es Ihnen erleichtert, die Höhe einer Säule exakt abzulesen. Einen »Diagrammtitel«, einen von Ihnen in die Diagrammfläche eingefügten Text, zum Beispiel eine Überschrift wie »Test-Diagramm«. Und eine »Legende«, die die Identifizierung und Zuordnung einzelner Säulen oder Balken zu Rubriken wie »Teilkasko« oder »Vollkasko« erleichtert. Alle diese Elemente können Sie nachträglich einfügen und auf die verschiedenste Weise manipulieren, wenn sich das Diagramm in einem separaten Diagrammfenster befindet.

Texte in einem Diagramm können »zugeordnet« oder »nicht zugeordnet« sein. Ein zugeordneter Text ist zum Beispiel die Beschriftung der Rubrikenachse mit »VW Käfer« oder »Porsche 911«. Ein solcher Text ist mit dem zugehörigen Datenpunkt verknüpft, also der betreffenden Säule. Wird die Säule im Diagramm verschoben, verschiebt Excel auch den zugeordneten Text entsprechend. Im Gegensatz zu einem nicht zugeordneten Text, den Sie nachträglich eingefügt haben, um irgend etwas hervorzuheben, und den Sie an eine beliebige Stelle im Diagramm verschieben können, ohne andere Elemente zu beeinflussen.

12.3.1 Datenreihen und Rubriken

Die wichtigste Unterteilung eines Diagramms in Objekte betrifft »Datenreihen« und »Rubriken«. Diese Unterteilung ist jedoch Interpretationssache. Nehmen Sie *DIAGRAMM.XLS*. Die darin enthaltenen Werte könnte man als drei Datenreihen »Haftpflicht«, »Teilkasko« und »Vollkasko« mit jeweils neun Rubriken ansehen, von »BMW 735i« bis »VW Käfer«.

Umgekehrt könnte man diese Daten auch als neun Datenreihen mit jeweils drei Rubriken interpretieren. Wie Sie gleich sehen werden, besitzt Excel seine eigenen Methoden, Datenreihen und Rubriken festzulegen. Sie können diese Festlegung allerdings beeinflussen, wenn sie Ihnen nicht paßt.

Excel erstellt ein Diagramm, indem es zunächst den Inhalt des von Ihnen selektierten Tabellenbereichs analysiert. Dabei prüft Excel, welche Tabellenteile Rubriken und welche Datenreihen sind. Und zusätzlich, ob der selektierte Bereich Datenreihennamen und Rubrikennamen enthält, also Zeilen- und/oder Spaltenüberschriften. Das Ergebnis dieser Prüfungen muß nicht unbedingt Ihren Wünschen entsprechen. Solange Sie nur eine Datenreihe selektieren, gibt es keinerlei Zweideutigkeiten. Wie Excel bei der Analyse vorgeht, möchte ich wieder an *DIAGRAMM.XLS* erläutern. Und zwar zunächst an einer einzigen Datenreihe als Diagramm. Laden Sie bitte diese Datei, selektieren Sie den Bereich B1:B10, und erzeugen Sie wie ich mit der Werkzeugleiste oder – wenn Sie keine Maus besitzen – mit *DATEI Neu...* ein Diagramm (vgl. Bild 12.8).

Sie haben genau eine Datenreihe »Haftpflicht« selektiert, die in die neun Rubriken »BMW 735i« bis »VW Käfer« unterteilt ist. Entsprechend erzeugt Excel ein Diagramm mit neun Datenpunkten (Säulen) und gibt dieser Datenreihe die ebenfalls selektierte Überschrift »Haftpflicht«.

Oft ist es unzureichend, wenn in einem Diagramm nur die Datenreihen beschriftet sind. Daß dieses Diagramm Haftpflichtprämien darstellt, wissen Sie selbst. Aussagekräftiger wären zusätzliche Rubrikennamen. Jeder Datenpunkt stellt eine andere Rubrik des Oberbegriffs »Haftpflicht« dar. Der erste Datenpunkt entspricht der Haftpflichtprämie in der Rubrik »BMW 735i«, der zweite Datenpunkt der Prämie in der Rubrik »BMW M3« und so weiter. Jedem Datenpunkt ist in dieser Tabelle ein eigener Rubrikenname zugeordnet, und es wäre sehr nett, wenn Excel diese Rubrikennamen auch im Diagramm übernehmen würde.

Kein Problem: Selektieren Sie zunächst das bestehende Diagramm, und löschen Sie es mit ⌨Entf. Selektieren Sie anschließend statt B1:B10 den Bereich A1:B10. Also den gleichen Bereich wie zuvor, diesmal jedoch einschließlich der Rubrikennamen, die den einzelnen Werten der Datenreihe »Haftpflicht« zugeordnet sind (vgl. Bild 12.9).

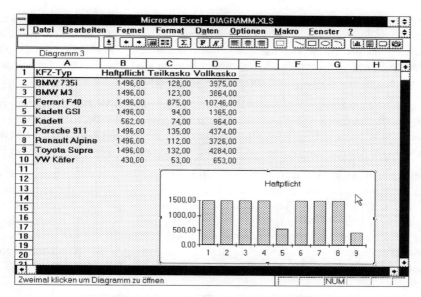

Bild 12.8: Selektion einer vertikalen Datenpunktreihe

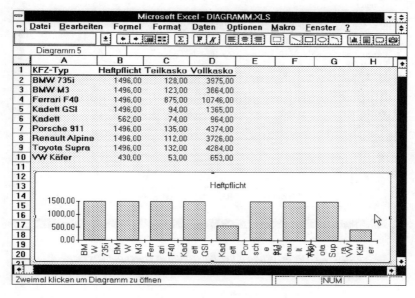

Bild 12.9: Zusätzliche Selektion von Rubrikennamen

In der Selektion befand sich neben jedem einzelnen Wert ein zugehöriger Text. Das erkennt auch Excel und interpretiert den selektierten Bereich entsprechend. Die Spaltenüberschrift »Haftpflicht« ist der Name der darzustellenden Datenreihe. Die Datenreihe besteht aus neun Datenpunkten, die Texte links von diesen Werten sind offenbar die Rubrikennamen, die Excel nun zur Beschriftung der Rubrikenachse verwendet.

Die Datenreihe muß keineswegs aus spaltenweise angeordneten Werten bestehen. Statt aus den Haftpflichtprämien für verschiedene Autotypen könnten Sie als Datenreihe ebensogut die verschiedenen Versicherungsprämien für ein Auto selektieren, zum Beispiel den BMW 735i. Dann besteht die Datenreihe aus drei zeilenweise angeordneten Werten, B2, C2 und D2.

Bei einer solchen zeilenweisen Anordnung übernimmt Excel – wenn vorhanden – den Text, der sich ganz links oder rechts in der Selektion befindet, als Datenreihenname, hier also »BMW 735i«. Und wie zuvor Texte, die den einzelnen Datenpunkten zugeordnet sind, als Rubrikennamen, hier also »Haftpflicht«, »Teilkasko« und »Vollkasko«. Wird eine vollständige Beschriftung des Diagramms gewünscht, selektieren Sie A1:D2 und geben Excel auf diese Weise außer der Datenreihe selbst die zugehörigen Rubrikennamen und den Datenreihennamen bekannt. Das Resultat:

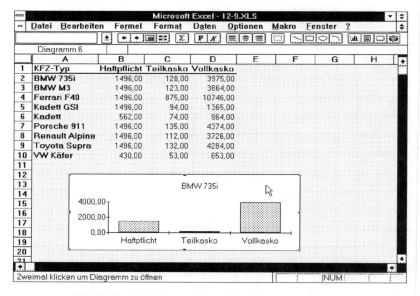

Bild 12.10: Selektion einer horizontalen Datenpunktreihe

In diesen Beispielen habe ich immer nur eine Datenreihe ausgewählt. Dann gibt es für Excel bei der Analyse des selektierten Bereichs keinerlei Zweideutigkeiten. Ganz im Gegensatz zu Diagrammen mit mehreren Datenreihen, bei denen als Datenbasis eine Matrix mit mehr als einer Spalte und mehr als einer Zeile vorliegt.

In diesen Fällen ist vor allem bei gleicher Spalten- und Zeilenanzahl nicht klar, welche Tabellenteile die Datenreihen und welche die Rubriken darstellen. Prinzipiell sind dann immer zwei äußerst unterschiedliche Darstellungsformen möglich. Die folgende Abbildung zeigt die erste:

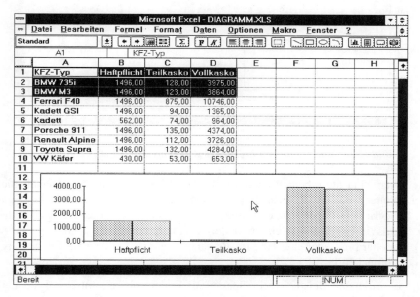

Bild 12.11: Darstellung in Form von zwei Datenreihen mit je drei Rubriken

In diesem Beispiel wird der Bereich A1 bis D3 als Diagramm dargestellt. Excel erzeugt ein Diagramm mit zwei Datenreihen, die den Zeilenüberschriften »BMW 735i« und »BMW M3« entsprechen. Jede der beiden Datenreihen enthält genau drei Rubriken, »Haftpflicht«, »Teilkasko« und »Vollkasko«.

Theoretisch könnte Excel jedoch auch umgekehrt vorgehen und annehmen, daß der selektierte Bereich nicht *zwei Datenreihen* »BMW 735i« und »BMW M3« mit jeweils *drei Werten* enthält, sondern *drei Datenreihen* »Haftpflicht«, »Teilkasko« und »Vollkasko« mit jeweils *zwei Werten*, was eine völlig andere Darstellung ergibt:

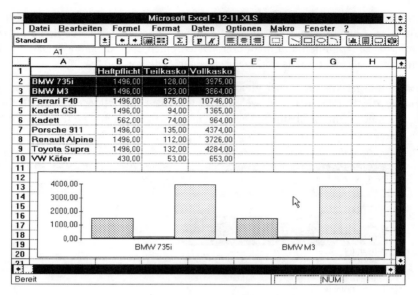

Bild 12.12: Darstellung in Form von drei Datenreihen mit je zwei Rubriken

Wie Sie sehen, sind diese beiden alternativen Darstellungsweisen völlig verschieden voneinander. Woher weiß Excel, welche Alternative die richtige ist? Excel kann es gar nicht wissen! Sondern geht davon aus, daß im Zweifelsfall mehr Rubriken als Datenreihen vorhanden sind. Wie Excel den selektierten Bereich interpretiert, hängt von seiner *Form* ab, davon, ob er eher breit oder eher lang ist. Es hängt davon ab, ob er mehr Spalten als Zeilen besitzt oder umgekehrt.

Gibt es wie im letzten Beispiel mehr Spalten als Zeilen, übernimmt Excel die Zeilen als Datenreihen und die Spalten als Rubriken dieser Datenreihen. Von den gezeigten Alternativen wird Excel zur ersten greifen. Die Zeilen »BMW 735i« und »BMW M3« sind für Excel die beiden darzustellenden Datenreihen, die jeweils drei Rubriken enthalten.

Enthält der selektierte Bereich jedoch mehr Zeilen als Spalten, übernimmt Excel gerade umgekehrt die Spalten als Datenreihen und die Zeilen als Rubriken dieser Datenreihen, etwa so wie in Bild 12.13.

Läßt man die Texte außer acht, enthält der selektierte Bereich vier Zeilen und drei Spalten. Excel nimmt an, daß die drei Spalten die Datenreihen darstellen und die vier Zeilen die vier Rubriken dieser Datenreihen.

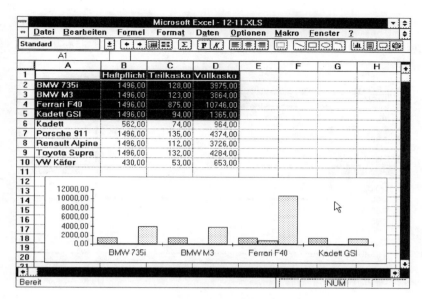

Bild 12.13: Mehr Zeilen als Spalten

Diese Vorgehensweise ist meistens richtig. Aber was tun Sie, wenn entgegen der letzten Abbildung nicht die Versicherungsarten, sondern die vier Autotypen als Datenreihen verwendet werden sollen? Und entsprechend die Versicherungsarten als Rubriken?

Sie benutzen den Befehl *BEARBEITEN Inhalte einfügen...*, um die Standardinterpretation von Excel zu übergehen. Die einzelnen Schritte:

▓ Zunächst selektieren Sie wie in der letzten Abbildung den Bereich A1:D5.

▓ Dann wählen Sie *BEARBEITEN Kopieren...*

▓ Sie erzeugen mit *DATEI Neu...* und der Option »Diagramm« ein Diagrammfenster, das zunächst noch leer ist.

▓ In diesem Fenster wählen Sie *BEARBEITEN Inhalte einfügen...* Unter »Werte [Y] aus« aktivieren Sie statt der vorselektieren Option »Spalten« die Option »Zeilen« und geben Excel damit bekannt, daß die Datenreihen nicht spalten- sondern zeilenweise angeordnet sind.

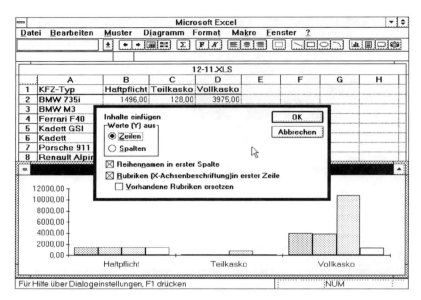

Bild 12.14: Der Befehl BEARBEITEN »Inhalte einfügen...«

Inhalte einfügen... fügt in ein Diagrammfenster die zu kopierenden Daten als Diagramm ein. Die aktuelle Interpretation des betreffenden Bereichs ist dabei vorselektiert. Paßt Ihnen die Excel-Interpretation nicht, aktivieren Sie unter »Werte [Y] aus« die entgegengesetzte Option. Mit den Optionen darunter bestimmen Sie, welche Spalten und/oder Zeilen als Datenreihen- und/oder Rubrikennamen verwendet werden.

Da das letzte Beispiel etwas einfach war, stelle ich noch ein praxisgerechteres vor. Nehmen wir an, Sie haben eine Aktiendatei mit 9 Kursen deutscher und amerikanischer Aktien, die über 19 Tage hinweg täglich eingegeben wurden. Wenn Sie diese Kurse selektieren und ein Diagramm erzeugen, verwendet Excel die Tage als Rubriken und die Aktien als Datenreihen, da weniger Zeilen (Aktien) als Spalten (Tage) vorhanden sind. Pro Tag werden genau 9 Säulen dargestellt, die jeweils der Höhe der einzelnen Aktien- und Indexkurse am betreffenden Tag entsprechen. Als Resultat erhalten Sie ein Diagramm, in dem die einzelnen Kursverläufe – abgesehen von Kursen mit sehr hohen Werten, deren Säulen die anderen entsprechend überragen – kaum noch zu unterscheiden sind (vgl. Bild 12.15).

Sie erhalten möglicherweise eine bessere Übersicht über den Verlauf der einzelnen Kurse, wenn für jeden Kurs alle 19 Säulen für die einzelnen Tage unmittelbar nebeneinander angeordnet wären, daneben dann die 19 Säulen für den nächsten Kurs und so weiter. Das bedeutet jedoch, daß nun die Kurse die Rubriken und die Tage die Datenreihen sind.

Also müssen Sie die Standardannahmen von Excel verwerfen und selbst bestimmen, was Rubriken und was Datenreihen sind. Sie selektieren wieder den darzustellenden Bereich, wählen *Kopieren*, erzeugen mit *DATEI Neu...* ein Diagrammfenster, wählen *Inhalte einfügen...* und aktivieren in der Dialogbox die Option »Zeilen« statt der vorselektierten Option »Spalten« (vgl. Bild 12.16).

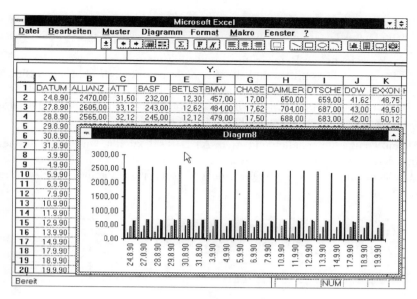

Bild 12.15: Tage als Rubriken

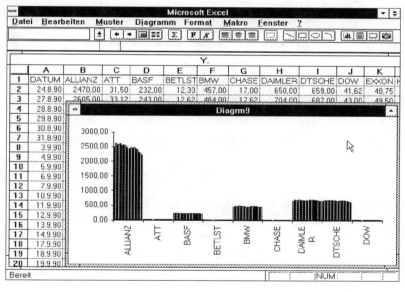

Bild 12.16: Aktien als Rubriken

Die Darstellung unterscheidet sich sehr von der vorhergehenden. Nun sind die 9 Aktien die Rubriken und die 19 Tage die Datenreihen. Jede Rubrik stellt einen Kursverlauf über 19

Tage dar, der sich optisch sehr gut vom Kursverlauf in den benachbarten Rubriken unterscheiden läßt. Dieses Diagramm ist wohl eindeutig besser lesbar als das vorhergehende.

Excel kann den selektierten Bereichs nicht eindeutig interpretieren, wenn der Bereich nur Spalten- oder Zeilenüberschriften enthält, aber nicht beides zugleich. Stellen Sie sich vor, in unserer KFZ-Versicherungsprämientabelle stehen in der ersten Spalte nicht die Namen der verschiedenen Autotypen, sondern irgendwelche Nummern, die Ihre Versicherung zur Identifizierung verwendet, sagen wir 1000, 1001 und so weiter.

Wenn Sie ein Diagramm erstellen und zuvor A1:D10 selektieren, wird Excel das gewohnte Diagramm erzeugen. Excel erkennt, daß die erste Zeile Texte enthält und interpretiert diese als Datenreihennamen. Die erste Spalte enthält diesmal jedoch keine Texte, sondern Zahlen. Das Resultat:

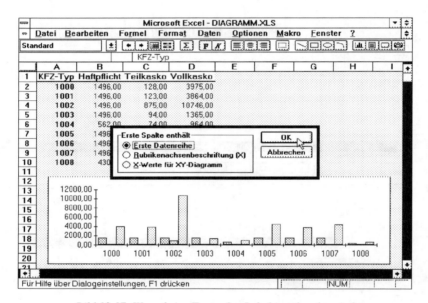

Bild 12.17: Wenn keine Texte als »Label« vorhanden sind

Excel fragt nach, welche Daten die erste Spalte enthält. Es vermutet, daß es sich einfach um eine vierte Datenreihe handelt. Wenn Sie statt dessen die zweite Option »Rubrikenachsenbeschriftung [X]« aktivieren, zwingen Sie Excel, diese Zahlen als Rubrikennamen zu interpretieren und erhalten das in der Abbildung gezeigte Diagramm.

12.3.2 Legenden einfügen

Eine Frage ist noch ungeklärt: Wo sind auf den Abbildungen die Datenreihennamen? Nun, bei der Selektion mehrerer Datenreihen verzichtet Excel auf das Einfügen von Datenreihennamen in das Diagramm. Nur bei der Darstellung einer einzigen Datenreihe wird der zugehörige Name automatisch als Diagrammtitel eingefügt.

Mehrere Datenreihennamen werden von Excel zu einer »Legende« zusammengefaßt, die Sie jederzeit problemlos in Ihr Diagramm einfügen können. Vorausgesetzt, Sie haben bei der Vorbereitung des Diagramms auch die Datenreihennamen selektiert, wie es bisher in allen Beispielen der Fall war. Dann genügt der Befehl *DIAGRAMM Legende einfügen* im Diagrammfenster.

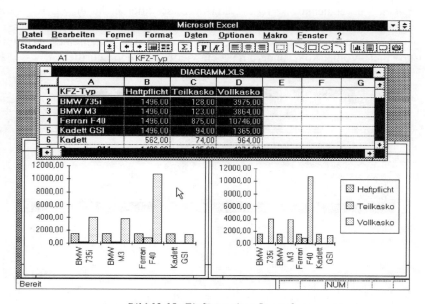

Bild 12.18: Einfügen einer Legende

Diese Abbildung zeigt die Datei *DIAGRAMM.XLS* mit dem selektierten Bereich A1:D5 (also auch Rubriken- und Datenreihennamen), einer daraus nach den Vorgaben von Excel mit *DATEI Neu...* erzeugten Grafik und zum Vergleich eine zweite Grafik, die ebenfalls nach den Standardvorgaben erzeugt wurde, in die jedoch anschließend mit *DIAGRAMM Legende einfügen* eine Legende eingefügt wurde.

Leider ist auf der monochromen Abbildung nicht zu sehen, daß jede Datenreihensäule eine eigene Farbe besitzt und die Legende entsprechende Erklärungen zu diesen Farben anbietet, so daß eine eindeutige Identifizierung möglich ist. Mit einem Farbmonitor sehen Sie das jedoch selbst auf Ihrem Bildschirm und wissen, was ich meine. Und mit einem Monochrommonitor sehen Sie statt farbiger unterschiedlich schraffierte Säulen.

Die Abbildung zeigt, warum Excel bei der Verwendung mehrerer Datenreihen auf eine automatische Beschriftung verzichtet: eine Legende benötigt recht viel Platz in der Diagrammfläche und beeinträchtigt dadurch die Lesbarkeit. Übrigens können Sie die Legende jederzeit wieder mit *DIAGRAMM Legende löschen* entfernen, der nun *Legende einfügen* ersetzt hat.

12|3|3| Leere Datenreihen

Rubriken- und Datenreihennamen entnimmt Excel dem selektierten Bereich selbständig.
Allerdings müssen Sie dabei ein wenig aufpassen!

Ich habe für alle Beispiele bewußt statt *KFZ-PRÄM.XLS* die Datei *DIAGRAMM.XLS* ver-
wendet. Laden Sie versuchsweise *KFZ-PRÄM.XLS*, selektieren Sie A1 bis E10, erzeugen
Sie ein neues Diagramm, und fügen Sie eine Legende ein. Das Resultat ist etwas seltsam.
Die Legende enthält nicht drei Kästchen, entsprechend den Datenreihen »Haftpflicht«,
»Teilkasko« und »Vollkasko«, sondern noch ein viertes, das unbeschriftet ist.

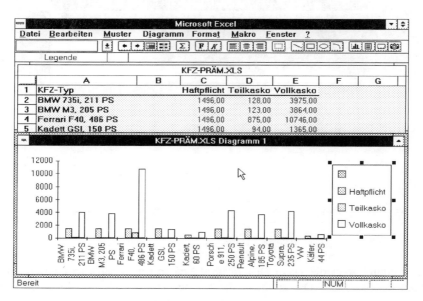

Bild 12.19: Leere Datenreihen

Anscheinend existieren in diesem Diagramm nicht nur drei, sondern vier Datenreihen.
Wenn Sie sich das Diagramm genau anschauen, erkennen Sie, daß zwischen jeder Rubrik
ein klein wenig Platz ist. Offenbar für einen vierten Balken mit der Höhe Null, entsprechend der vierten Datenreihe.

Der Grund dafür ist, daß der selektierte Bereich A1 bis E10 nicht nur vier, sondern fünf
Spalten enthält. Die erste Spalte enthält die Rubrikennamen, also die Namen der Autotypen. Die zweite Spalte ist jedoch leer und für Excel entsprechend eine vierte Datenreihe
mit lauter Nullen!

An diese typische Fehlerquelle sollte Sie denken, wenn ein Diagramm auf einmal mehr
Datenreihen enthält, als eigentlich vorgesehen waren. Gelöst wird dieses Problem mit Hilfe
der Mehrfachselektion. Selektieren Sie in *KFZ-PRÄM.XLS* zunächst nur die Rubrikennamen in A2 bis A10 und anschließend im Verlängerungsmodus die Datenreihennamen
und die Werte selbst, also den Bereich C1 bis E10.

12|4| Diagrammarten

Die Erzeugung individueller Diagramme beginnt mit der Auswahl des Diagrammtyps. Normalerweise verwendet Excel Säulendiagramme. Darüberhinaus haben Sie jedoch die Auswahl zwischen Flächen-, Balken-, Linien-, Kreis-, Punktdiagrammen, und dreidimensionalen Varianten dieser Typen. Und können sogar »Verbundformen« erstellen, in denen mehrere dieser Darstellungsarten miteinander kombiniert sind. Bei den folgenden Beispielen verwende ich für die gezeigten Abbildungen *DIAGRAMM.XLS*.

12|4|1| Die »Galerie«

Jeder Diagrammtyp existiert in mehreren Varianten. Excel zeigt Ihnen die verfügbaren Varianten, nachdem Sie sich im *MUSTER*-Menü des Diagrammfensters einen Diagrammtyp ausgesucht haben, zum Beispiel *3D-Kreis...*

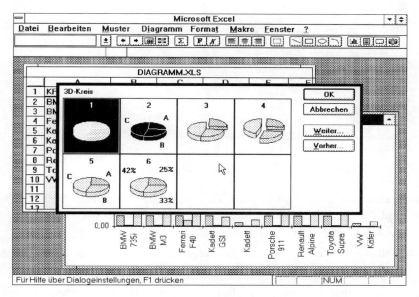

Bild 12.20: Die Diagramm-Galerie

Die gewünschte Variante selektieren Sie mit der Maus oder den Tasten [→] beziehungsweise [←]. »OK« oder ein Doppelklick auf eine der Varianten schließt die Box und zeigt Ihr Diagramm in der gewünschten Form an.

»Weiter...« und »Vorher...« erlaubt Ihnen das Durchblättern der Galerie, ohne jedesmal aufs Neue das *MUSTER*-Menü anzuwählen. »Weiter...« zeigt die Varianten des nächsten Diagrammtyps, »Vorher...« die des vorhergehenden.

12|4|2| 2D-Diagramme

Säulendiagramme kennen Sie bereits. Balkendiagramme sind damit nahezu identisch, allerdings sind die Balken nicht horizontal, sondern vertikal ausgerichtet. Und Rubriken- und Größenachse sind miteinander vertauscht.

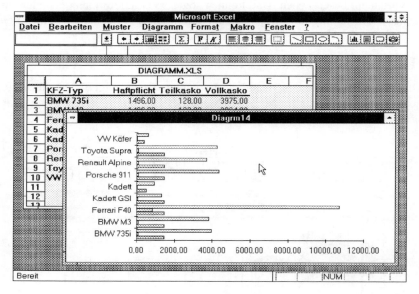

Bild 12.21: Balkendiagramme

Sehr interessant ist meiner Ansicht nach Variante 3, die »gestapelten Balken«. In dieser Variante sind die Datenpunktbilder (hier: Balken) jeder Rubrik übereinander angeordnet (vgl. Bild 12.22).

Diese Darstellungsform erlaubt hier einen optimalen Vergleich der gesamten pro Autotyp zu zahlenden Versicherungsprämien.

Liniendiagramme sind vor allem zur Darstellung von Daten geeignet, die sich nicht sprunghaft, sondern aufgrund irgendwelcher Gesetzmäßigkeiten eher kontinuierlich ändern, in kleinen Schritten. Zum Beispiel für Jahresumsatzzahlen oder Aktiencharts (für eine Information über die hier zugrundeliegenden Gesetzmäßigkeiten wäre ich Ihnen dankbar). Jede Datenreihe wird als einzelne Linie dargestellt, wobei die einzelnen Datenpunkte durch eine Gerade miteinander verbunden sind. Ein Paradebeispiel für die Anwendung dieser Darstellungsform habe ich vor wenigen Seiten dargestellt: die hypothetische Aktiendatei, die die Kurse von 9 Aktien über 19 Tage hinweg enthält (vgl. Bild 12.23).

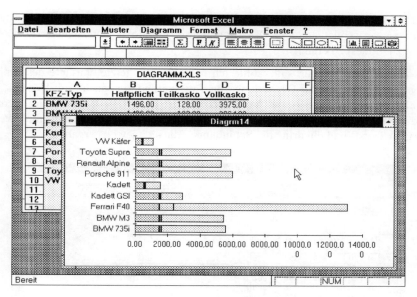

Bild 12.22: Gestapelte Balken

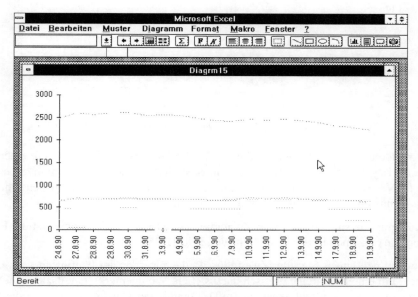

Bild 12.23: Aktiencharts als Liniendiagramme

Diese Abbildung zeigt die Darstellung dieser Daten als Liniendiagramm, wobei die Tage als Rubriken verwendet wurden. Das Diagramm ermöglicht, Unterschiede in den Kursverläufen zumindest zu erahnen.

Wenn wir bereits bei Aktien sind, sollte ich näher auf die letzte Variante des Linientyps eingehen. Sie ist speziell zur Darstellung von Tagesverläufen gedacht, mit Höchst-, Tiefst- und Schlußkursen für eine Aktie. Voraussetzung ist eine Tabelle mit drei Datenreihen, wobei die erste die Höchstkurse einer Aktie an mehreren Tagen darstellt, die zweite die zugehörigen Tiefst- und die dritte die Schlußkurse, die sich jeweils ergaben.

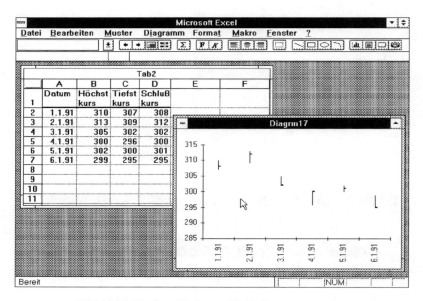

Bild 12.24: Höchst-, Tiefst- und Schlußkurse einer Aktie

Diese Abbildung zeigt im Hintergrund eine Tabelle, in der diese Kursverläufe einer Aktie über sechs Tage hinweg eingegeben wurden. Selektiert wurde als Diagrammvorbereitung A1:D7. Im Vordergrund sehen Sie das daraus erzeugte Diagramm, aus dem sich sehr schön die Kursspannweite an jedem der sechs Tage ablesen läßt.

Flächendiagramme sind eng mit Liniendiagrammen verwandt. Allerdings sind die Flächen zwischen den einzelnen Linien ausgefüllt (vgl. Bild 12.25).

Kreisdiagramme kennen Sie alle. Zweifellos ist das eine der am häufigsten verwendeten Methoden, um eine Datenreihe grafisch darzustellen. Wohlgemerkt, eine Datenreihe! Denn jedes Kreissegment entspricht genau einem Datenpunkt der Datenreihe. Besteht die Datenbasis aus mehreren Datenreihen, verwendet Excel nur die erste zum Aufbau der Grafik. Deutlich wird das bei einer Umwandlung des Aktienbeispiels in ein Kreisdiagramm (Variante 6 mit prozentualen Angaben zu jedem Kreisausschnitt) (vgl. Bild 12.26).

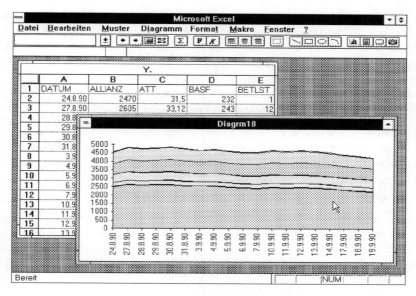

Bild 12.25: Flächendiagramme

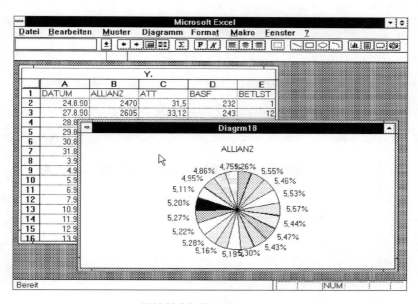

Bild 12.26: Kreisdiagramme

Nur die erste Datenreihe,»ALLIANZ«, wird als Kreis dargestellt. Jedes Kreissegment entspricht einem Tag. Die prozentualen Angaben beziehen sich immer auf den Vollkreis als 100%-Maßstab. Eine Angabe wie»5,20%« bedeutet, daß die Fläche dieses Segments 5,20% der Fläche des Vollkreises beträgt. Anders ausgedrückt: daß der Wert des ALLIANZ-Kurses am betreffenden Tag 5,20% der gesamten addierten Kurswerte ausmachte. Dieses Beispiel zeigt auch, daß Kreisdiagramme, so beliebt sie auch sein mögen, nur eingeschränkt anwendbar sind – zum Beispiel keinesfalls auf den Kursverlauf einer Aktie!

Kreisdiagramme sind nur von Interesse, wenn es um Teile eines Ganzen und prozentuale Anteile daran geht. Zum Beispiel darum, welche Monate wieviel Prozent des Jahresumsatzes erbrachten. In diesem Fall entspricht der Jahresumsatz dem Vollkreis und jedes Kreissegment einem Monat, so daß an der Größe der einzelnen Segmente abzulesen ist, welche Monate umsatzstark und welche umsatzschwach waren.

Noch ein Tip: Sie können einzelne Kreissegmente aus dem Gesamtkreis durch»herausziehen« hervorheben, indem Sie das betreffende Segment anklicken und anschließend *FORMAT Bewegen* wählen. Das Kreissegment wird von schwarzen Kästchen umrahmt, und Sie können es nun mit den Cursortasten oder durch Ziehen mit der Maus bewegen.

Auf die gleiche Weise können Sie ein Kreissegment selektieren, *FORMAT Muster...* wählen und in der erscheinenden Dialogbox die Segmentfarbe oder das Füllmuster bestimmen.

Punktdiagramme sind unter anderem für statistische Zwecke interessant, um zum Beispiel Streuungen um einen Mittelwert optisch darzustellen. Nehmen wir an, Sie erfassen bei 20 Testpersonen einer bestimmten Berufsgruppe deren Monatseinkommen. Und wollen die Größe der Unterschiede grafisch darstellen. Dann ist ein Punktdiagramm gut geeignet.

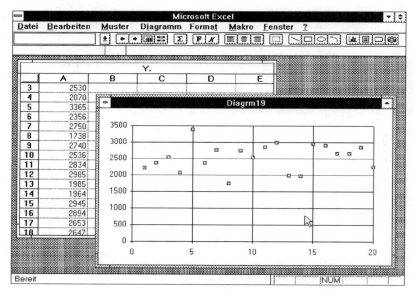

Bild 12.27: Punktdiagramme

Aus dieser Abbildung geht hervor, daß sich die erfaßten Einkommen vorwiegend zwischen 2500 DM bis 3000 DM bewegen und sowohl darüber als auch darunter nur sehr wenige Punkte vorhanden sind.

12|4|3| 3D-Diagramme

Flächen-, Säulen-, Linien- und Kreisdiagramme sind zusätzlich in dreidimensionalen Varianten vorhanden. Angewandt auf die Datei *DIAGRAMM.XLS* ergeben sich folgende Darstellungen:

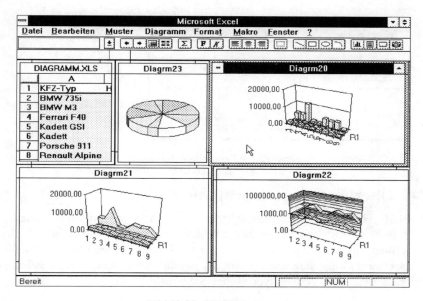

Bild 12.28: 3D-Diagramme

3D-Diagramme können Sie mit dem Befehl *FORMAT 3D-Ansicht...* unter beliebigen Perspektiven betrachten. Eine Dialogbox erscheint, die unter anderem sechs »Richtungsknöpfe« enthält, die beliebige Rotationen um drei rechtwinklig aufeinander stehende Achsen in jeweils entgegengesetzte Richtungen bewirken. »Zuweisen« überträgt die aktuelle Einstellung auf das Diagramm, ohne die Dialogbox zu schließen und erlaubt damit eine direkte Überprüfung der momentan definierten Perspektive. »Höhe« definiert das Verhältnis zwischen Breite und Höhe der Grafik in Prozent. Zum Beispiel bedeutet »50«, daß die Grafik halb so hoch wie breit ist.

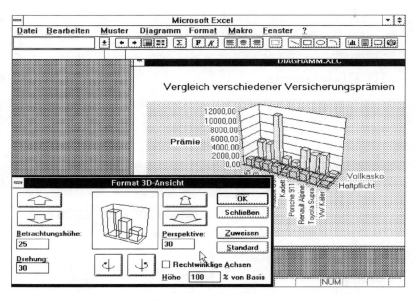

Bild 12.29: Perspektivenkontrolle

12|4|4 Überlagerungsdiagramme

Der Befehl *MUSTER Verbund...* ermöglicht Ihnen, zwei Diagrammtypen auf einer einzigen Diagrammfläche darzustellen. Für jeden der beiden Diagrammtypen wird jeweils die Hälfte der Datenreihen verwendet beziehungsweise für das Hauptdiagramm eine Datenreihe mehr als für das Überlagerungsdiagramm, wenn die Anzahl der Datenreihen ungerade ist. Die zur Verfügung stehenden Verbundtypen sehen Sie in Bild 12.30.

Die beiden ersten Varianten bestehen jeweils aus einem Säulen- und einem Linien-diagramm. Variante 3 überlagert zwei Liniendiagramme, Variante 4 ein Flächen- und ein Säulendiagramm, und Variante 5 überlagert ein Säulen- und ein sehr spezielles Linien-diagramm, nämlich die letzte Variante des Linientyps, die ausschließlich zur Darstellung von Höchst-, Tiefst- und Schlußkursen von Aktien gedacht ist.

Was die Aufteilung der Datenreihen bedeutet, erklärt am besten ein Beispiel. Abbildung 12.31 zeigt ein mit der Datei *DIAGRAMM.XLS* erstelltes Säulen- und daneben ein Ver-bunddiagramm.

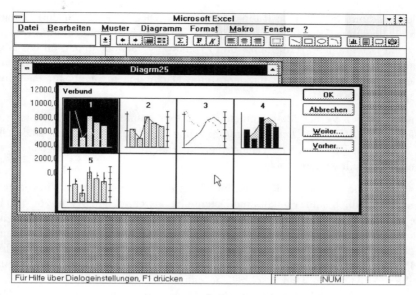

Bild 12.30: Verbundtypen

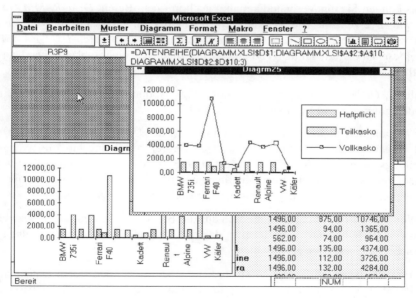

Bild 12.31: Verbund aus Säulen- und Liniendiagramm

Im Säulendiagramm enthält jede Rubrik drei Säulen, entsprechend den drei Datenreihen. Im Verbunddiagramm (Variante 1) werden dagegen für das Hauptdiagramm (Säulen) die beiden ersten Datenreihen »Haftpflicht« und »Teilkasko« verwendet, und für das Überlagerungsdiagramm (Linien) die dritte Datenreihe »Vollkasko«. Da die Anzahl der Datenreihen ungerade ist, wird für das Hauptdiagramm eine Datenreihe mehr als für das Überlagerungsdiagramm verwendet.

Übrigens ist es bei Verbunddiagrammen fast immer empfehlenswert, entsprechend der Abbildung mit *DIAGRAMM Legende einfügen* eine Legende zu erzeugen. Dadurch sehen Sie auf den ersten Blick, welche Datenreihen im Haupt- und welche im Überlagerungsdiagramm dargestellt werden.

Verbunddiagramme sind sinnvoll, wenn ein Diagramm Datenreihen enthält, deren Werte extrem unterschiedlich sind. Enthält eine Datenreihe ausschließlich Werte von 100 bis 200 und eine zweite Werte zwischen 10 000 und 20 000, sind die vergleichsweise kleinen Werte der ersten Datenreihe im erzeugten Diagramm kaum noch erkenn- und vor allem nicht mehr vergleichbar – die winzigen »Säulchen« sehen praktisch alle gleich niedrig aus. Dieses Problem lösen Sie, indem Sie ein Verbunddiagramm erzeugen, mit jeweils einer Datenreihe pro Diagramm. Und anschließend mit dem Befehl *DIAGRAMM Achsen...* jeder Datenreihe eine eigene Größenachse zuordnen. Mehr dazu erfahren Sie gleich im Abschnitt 13.1.2 »Achsenformatierung und -skalierung«.

Übrigens können Sie ein Verbunddiagramm auch mit dem Befehl *DIAGRAMM Überlagerung einfügen* erzeugen. Die Wirkung entspricht der direkten Anwahl von *Verbund...* Danach wird der Befehl *DIAGRAMM Überlagerung einfügen* durch *DIAGRAMM Überlagerung löschen* ersetzt, der den Verbund wieder zugunsten eines einheitlichen Diagrammtyps aufhebt.

Der Befehl *FORMAT Überlagerung...* stellt einige Optionen zur Verfügung, die nur bei Verbunddiagrammen verfügbar sind (vgl. Bild 12.32).

Welche Optionen verfügbar sind, hängt von der Art des Überlagerungsdiagramms ab, die Sie mit »Überlagerungsdiagrammart« festlegen (in der Abbildung ein Liniendiagramm). »Darstellungsart« entspricht der jeweiligen Variante. Handelt es sich beim Nebendiagramm um Balken oder Säulen, definieren »Überlappung« und »Abstand« deren Überlappung mit den Datenpunkten des Hauptdiagramms und die Breite der Balken/Säulen.

Beide Werte sind Prozentangaben, die sich auf die Breite der Balken/Säulen beziehen. Ein Abstand von 100% bedeutet zum Beispiel, daß der Abstand zwischen den einzelnen Säulen exakt der Breite einer Säule entspricht.

Unter »Format« bedeutet die Option »Rubriken verschieden«, daß jedem Datenpunkt eine andere Farbe zugewiesen wird. Diese Option ist nur verfügbar, wenn das Überlagerungsdiagramm nur eine einzige Datenreihe enthält.

»Bezugslinien« zieht von jedem Datenpunkt eines Linien- oder Flächendiagramms eine senkrechte Linie nach unten zur Rubrikenachse, damit besser erkennbar ist, zu welcher Rubrik der betreffende Datenpunkt gehört.

»Spannweitenlinien« zieht in Liniendiagrammen eine Linie vom höchsten zum niedrigsten Wert jeder Rubrik.

»Winkel des ersten Kreissegments« gibt die Position dieses Kreissegments im Kreis an. 0% bedeutet, daß sich das erste Kreissegment ab der 12-Uhr-Position beginnt, 90%, daß es an der 3-Uhr-Position beginnt und so weiter.

Unter »Reihenverteilung« bedeutet »Automatisch«, daß Excel wie beschrieben die Datenreihen selbständig auf das Haupt- und das Überlagerungsdiagramm aufteilt. In der Abbildung enthält das Überlagerungsdiagramm nur die dritte Datenreihe.

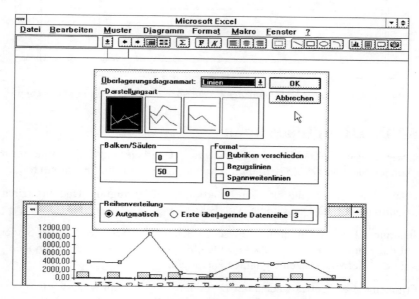

Bild 12.32: Der Befehl FORMAT Überlagerung...

Alternativ können Sie die Nummer der ersten überlagernden Datenreihe selbst angeben. Das Überlagerungsdiagramm enthält anschließend diese und jede Datenreihe mit einer höheren Nummer. Geben Sie, angewandt auf *DIAGRAMM.XLS*, eine 2 ein, enthält das Überlagerungsdiagramm die zweite und die dritte Datenreihe:

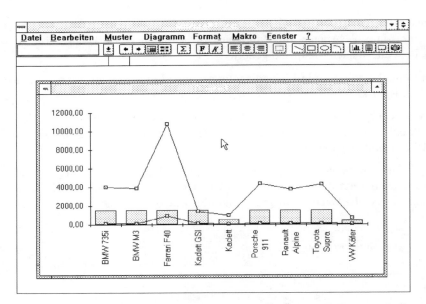

Bild 12.33: Manuelle Festlegung der Datenreihen des Überlagerungsdiagramms

12|4|5| Das Hauptdiagramm

Ebenso, wie Sie mit *FORMAT Überlagerung...* Überlagerungsdiagramme formatieren können, können Sie mit *FORMAT Hauptdiagramm...* auch das Hauptdiagramm formatieren.

Dabei stehen Ihnen nahezu die gleichen Funktionen zur Verfügung. Und zusätzlich einige spezielle Optionen für 3D-Diagramme (vgl. Bild 12.34).

»Zwischenraum« legt die Entfernung zwischen den in die Tiefe gestaffelten Säulenreihen in Prozent der Säulentiefe fest. 100% bedeuten, daß der Abstand der Säulenreihen voneinander exakt der Tiefe der einzelnen Säulen entspricht.

Durch Erhöhen dieses Wertes wächst das Diagramm jedoch nicht wie erwartet in die Tiefe, sondern die Tiefe der Säulenreihen wird geringer. Die Diagrammtiefe beeinflussen Sie statt dessen mit der zugehörigen Option »Diagrammtiefe«, einer Prozentangabe, die sich auf die Breite des Diagramms bezieht. Eine Diagrammtiefe von 250% zusammen mit einem Säulenzwischenraum von 100% ergibt eine Darstellung wie in Bild 12.35.

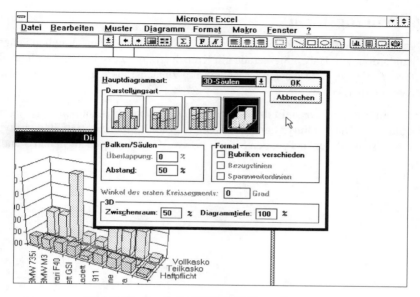

Bild 12.34: Der Befehl FORMAT Hauptdiagramm...

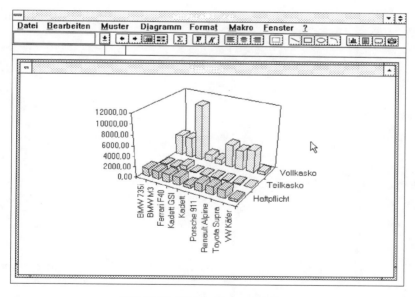

Bild 12.35: 3D-Diagramm-Optionen

12|4|6| Vorzugsform

Die Aufgabe des Befehls *Vorzugsform festlegen* ist trivial. Er stellt den aktuellen Diagramm-typ als Standardtyp ein. Haben Sie gerade ein Kreisdiagramm gestaltet, und wählen Sie nun *Vorzugsform festlegen*, wird jedes neue Diagramm zunächst als Kreis- statt wie bisher als Säulendiagramm dargestellt.

Und der Befehl *Vorzugsform* stellt das aktive Diagramm ohne umständliche Typauswahl im aktuellen Standard-Diagrammtyp dar. Als Säulendiagramm, wenn Sie den Standardtyp nicht überschreiben, sonst als jenen Typ, den Sie mit *Vorzugsform festlegen* als neuen Standardtyp wählten.

13| Diagramme manipulieren

Diagramme können Sie in vielfältiger Weise manipulieren. Allerdings nur auf dem Umweg über ein »Diagrammfenster«. Nur wenn dieses Fenster aktiv ist, stehen Ihnen die entsprechenden Manipulationsmenüs zur Verfügung. Zum Beispiel das *FORMAT*-Menü, das Ihnen erlaubt, die Farben von Achsen, Säulen oder Linien individuell zu definieren oder das für eine Säule verwendete Muster, die Größe einer Achsenbeschriftung oder einer Legende zu ändern.

Haben Sie bereits mit der Werkzeugleiste ein in die Tabelle integriertes Diagramm erzeugt, genügt ein Doppelklick auf dessen Rand, um ein zugehöriges Diagrammfenster, das mit diesem Diagramm verbunden ist zu aktivieren. Gibt es noch kein Diagramm, selektieren Sie die darzustellenden Daten und erzeugen das Fenster mit *DATEI Neu...* und der Option »Diagramm«. Seinen Inhalt können Sie nach dem Beenden der Manipulationen mit *Kopieren* und *Einfügen* in das Tabellenfenster kopieren.

Gehen wir davon aus, daß Sie ein Diagrammfenster aktiviert haben. Zum Formatieren des Diagramms müssen Sie zunächst jenes Diagrammelement selektieren, das Sie formatieren wollen. Das Formatieren selbst erfolgt immer über eine von drei verschiedenen Dialogboxen, die Ihnen zum Beispiel verschiedene Schriftarten und -größen für die Achsen- oder Legendenbeschriftung, verschiedene Muster oder Farben für den Inhalt eines Kästchens (Legende, Säule, Balken, Kreissegment usw.) zur Verfügung stellen.

Grundsätzlich erhalten Sie eine dieser Dialogboxen, indem Sie nach der Selektion im Menü *FORMAT* den gewünschten Befehl anwählen. Zum Beispiel *FORMAT Schriftart...*, wenn Sie die Schriftart eines Textes ändern wollen, *FORMAT Muster...*, um für ein Element (Säule, Linie usw.) eine bestimmte Schraffur oder Strichstärke zu wählen, oder *FORMAT Teilung...*, um die Achsenskalierung näher zu bestimmen.

Nicht alle diese Befehle sind zu jedem Zeitpunkt ausführbar. Sondern nur jene Befehle, die sinnvoll auf das von Ihnen selektierte Element angewandt werden können. Zum Beispiel können Sie den Befehl *FORMAT Teilung...* nur anwählen, wenn Sie eine Achse selektiert haben. Dann erlaubt Ihnen dieser Befehl, die Unterteilung der Achse im Detail festzulegen.

Nach der Selektion eines Balkens, einer Säule oder der Legende ist er jedoch völlig sinnlos und kann von Ihnen daher auch nicht ausgeführt werden – er ist im Menü *FORMAT* sichtbar, aber nicht anwählbar. Beim Formatieren anderer Diagrammelemente haben Sie es daher nur mit zwei Dialogboxen zu tun, die nach der Anwahl von *FORMAT Schriftart...* oder *FORMAT Muster...* erscheinen.

Ihnen stehen zur Formatierung somit je nach Element bestimmte Befehle und zugehörige Dialogboxen zur Verfügung, die für die verschiedensten Elemente in nahezu identischer Form immer wiederkehren. Egal, ob Sie Achsen, Datenpunkte oder eine Legende formatieren.

Allerdings hängt der Inhalt der Dialogboxen davon ab, welches Objekt Sie selektiert haben! Die Dialogbox von *FORMAT Muster...* verwenden Sie zum Beispiel, um Linien oder Kästchen zu formatieren. Das kann eine Achsenlinie sein, der Rahmen einer Säule oder eines Balkens oder der Rahmen um eine Legende. Vom gerade selektierten Objekt hängt es ab, welche Optionen im einzelnen in der Dialogbox verfügbar sind.

Alle möglichen Variationen der Dialogboxen zu erläutern, würde ein wenig zu weit führen und Sie sicher nur langweilen. Daher gehe ich anders vor. Ich verwende zunächst zwei Beispiele und zeige Ihnen detailliert, wie Datenpunkte und Achsen formatiert werden. Anschließend kennen Sie die »Formatier-Dialogboxen«, und ich gehe beim Formatieren anderer Elemente – zum Beispiel beim Formatieren einer Diagrammüberschrift – davon aus, daß Sie das Gelernte auf dieses neue Objekt übertragen können – ohne die betreffende Dialogbox mit nahezu identischen Optionen noch einmal zu erläutern.

Die ersten Seiten dieses Kapitels sind für Sie daher zugleich die wichtigsten, da nur hier Formatierbefehle und -optionen im Detail erläutert werden. Anschließend sollte es für Sie kein Problem sein, die erläuterten Prinzipien auf das Formatieren anderer Diagrammelemente zu übertragen.

Zum Beispiel das Prinzip, daß jede für das Formatieren verwendete Dialogbox Schaltflächen enthält, deren Anwahl eine der anderen »Formatier-Dialogboxen« zeigt. Wenn Sie den Befehl *FORMAT Muster...* wählen, um die Strichstärke einer Achse zu bestimmen, enthält die zugehörige Dialogbox unter anderem die Schaltfläche »Schriftart...«. Eine Aktivierung führt zu jener Dialogbox, die der Befehl *FORMAT Schriftart...* anzeigt.

Umgekehrt enthält die Dialogbox, die nach *FORMAT Schriftart...* erscheint, die Schaltfläche »Muster...«, die die Dialogbox des Befehls *FORMAT Muster...* aktiviert. Sie ersparen sich auf diese Weise die wiederholte Anwahl des *FORMAT*-Menüs und können direkt von einer Dialogbox zu einer anderen wechseln.

Ein weiteres allgemeines Prinzip ist, daß Formatierungen einzelner Diagrammobjekte meist verloren gehen, wenn Sie nach beendeter Formatierung im *MUSTER*-Menü einen anderen Diagrammtyp wählen. Statt dessen sollten Sie den gewünschten Typ mit dem Befehl *FORMAT Hauptdiagramm...* bestimmen, wenn Sie auf Ihre Formatierungen Wert legen!

13.1 Selektieren und Formatieren

Außerordentlich wichtig für die Erstellung individueller Grafiken ist die »Selektion von Diagrammelementen«. Jedes einzelne Objekt können Sie mit den Cursortasten oder der Maus selektieren. Die verwendete Methode unterscheidet sich jedoch deutlich von der Selektion eines Tabellenbereichs. Laden Sie bitte *DIAGRAMM.XLS*, selektieren Sie D2 bis D10, also nur die letzte Datenreihe, und erzeugen Sie daraus ein Diagrammfenster. Drücken Sie nun bei aktivem Diagrammfenster genau einmal ⊣ (vgl. Bild 13.1).

Sie haben soeben ein Diagrammelement selektiert, wie Ihnen die Kästchen um das Diagramm herum anzeigen. Ähnlich dem inversen Balken in einer Tabelle markieren nun die Kästchen den selektierten Bereich. Sie haben das gesamte Diagramm ausgewählt. Welches Objekt gerade selektiert ist, zeigt Excel ganz links in der Eingabezeile an, wo nun »Diagramm« steht. Drücken Sie noch einmal $\boxed{\rightarrow}$ (vgl. Bild 13.2).

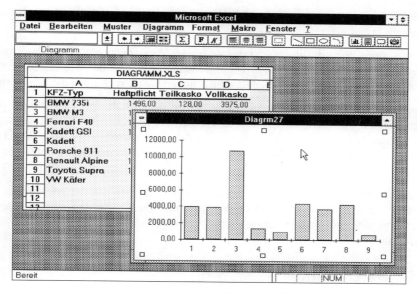

Bild 13.1: Selektion des Diagramms

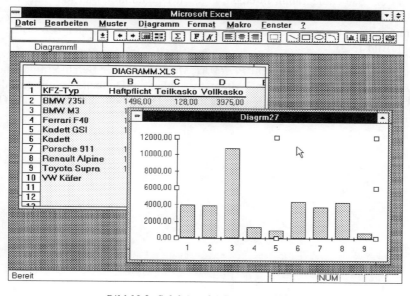

Bild 13.2: Selektion der Diagrammfläche

Jetzt ist das Objekt »Diagrammfläche« selektiert. Allgemein: Mit $\boxed{\rightarrow}$ blättern Sie von Objekt zu Objekt weiter, mit $\boxed{\leftarrow}$ entsprechend zurück. Das erste mit $\boxed{\rightarrow}$ selektierte Objekt ist immer die gesamte Diagrammfläche. Wenn Sie nun noch mehrmals $\boxed{\rightarrow}$ drücken, selektieren Sie zunächst die Größen-, dann die Rubrikenachse, und danach der Reihe nach die einzelnen Datenpunkte.

Natürlich können Sie für die Selektion auch die Maus benutzen. Um eine Achse zu selektieren, klicken Sie einfach die zugehörige Linie oder eine der Beschriftungen dieser Achse an. Um einen Datenpunkt zu selektieren, klicken Sie entsprechend die Säule selbst an.

Für zwei Objekte stehen alternativ zur Auswahl mit der Tastatur oder der Maus spezielle Selektionsbefehle zur Verfügung. Der Befehl *DIAGRAMM Diagramm auswählen* selektiert alles, den gesamten Fensterinhalt. *DIAGRAMM Diagrammfläche auswählen* selektiert die Fläche zwischen den beiden Achsen, also jenen Raum, in dem die Datenpunkte dargestellt werden.

Auch «auf diese beiden Objekte können Sie die Formatieroptionen des nachfolgend erläuterten Befehls *FORMAT Muster...* anwenden, um zum Beispiel der Diagrammfläche – also dem »Untergrund« der Balken, Säulen usw. – eine spezielle Farbe oder ein bestimmtes Muster zuzuweisen.

13.1.1 Datenpunkte

Ich erläutere nun der Reihe nach die einzelnen Formatiermöglichkeiten, die immer von den Objekten abhängig sind, die Sie formatieren wollen. In allen Fällen verwende ich als Ausgangspunkt ein Säulendiagramm in einem eigenen Diagrammfenster, das durch Selektion von D2:D10 in *DIAGRAMM.XLS* und Anwahl von *DATEI Neu...* mit der Option »Diagramm« erzeugt wurde. Selektieren Sie bitte mit den Cursortasten den dritten Datenpunkt (vgl. Bild 13.3).

Wählen Sie anschließend den Befehl *FORMAT Muster...* Dieser Befehl ermöglicht Ihnen, das selektierte Objekt zu formatieren. Alternativ genügt ein Doppelklick mit der Maus auf die selektierte Säule. In beiden Fällen erscheint eine Dialogbox, die zwei große Optionsfelder enthält (vgl. Bild 13.4).

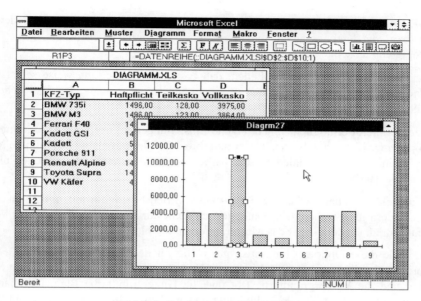

Bild 13.3: Selektion eines Datenpunktes

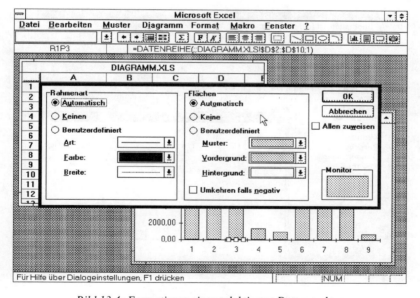

Bild 13.4: Formatieren eines selektierten Datenpunktes

Unter »Rahmenart« bestimmen Sie, wie der Rahmen eines Balkens, einer Säule oder eines Kreises (bzw. der Kreissegmente) dargestellt wird. Und mit »Flächen« die Darstellungsweise der davon umschlossenen Flächen.

»Automatisch« bedeutet in beiden Fällen, daß Excel die Darstellungsweise selbst wählt. »Keinen«, daß kein Rahmen vorhanden ist, beziehungsweise »Keine«, daß die Fläche nicht ausgefüllt wird und leer ist.

»Benutzerdefiniert« ermöglicht Ihnen, eigene Einstellungen zu treffen. »Art« definiert die Strichform einer Linie (durchgehend oder unterbrochen oder mit einem bestimmten Muster versehen). Unter »Farbe« wählen Sie die Farbe des Rahmens und unter »Breite« die verwendete Strichstärke.

Im Optionsfeld »Flächen« können Sie zwar keine Strichstärken einstellen, da es nicht um Striche, sondern um Flächen geht. Dafür jedoch nicht nur separat die Farben von Vorder- und Hintergrund, sondern sogar das Muster, mit dem die Fläche gefüllt wird.

Probieren Sie diese Optionen bitte aus, indem Sie für den Rahmen die Farbe Gelb und einen breiten durchgezogenen Strich wählen. Und für die Säulenfläche das dritte Muster von oben und die Vordergrundfarbe Rot und die Hintergrundfarbe Blau. Ihr Diagramm müßte nun in etwa der folgenden Abbildung entsprechen – abgesehen von den in diesem Buch leider fehlenden Farben, mit denen es zweifellos wesentlich hübscher geworden wäre.

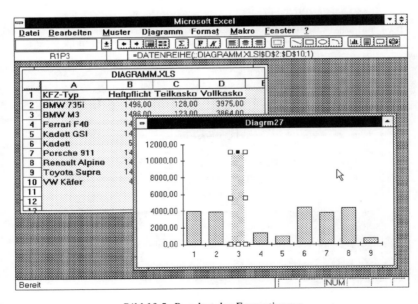

Bild 13.5: Resultat der Formatierung

Auf die gleiche Weise können Sie auch die restlichen Datenpunkte einzeln formatieren. Sehr nützlich ist die Option »Allen zuweisen«. Wenn Sie diese Option aktivieren, übernimmt Excel Ihre Formatierungen automatisch auch für alle anderen Datenpunkte.

Um alle Datenpunkte auf einmal zu formatieren, genügt mit der Maus übrigens ein Doppelklick auf irgendeine Säule. Dieser Doppelklick selektiert nicht nur den betreffenden, sondern alle Datenpunkte, bevor die Dialogbox erscheint. Darin getroffene Einstellungen gelten daher auf alle Fälle für alle Säulen, auch wenn »Allen zuweisen« deaktiviert ist.

Eine andere Manipulationsmöglichkeit betrifft die Höhe eines Balkens oder einer Säule, die Sie interaktiv verändern können. Voraussetzung ist, daß Sie die betreffende Säule bei gedrückter $\boxed{\text{Strg}}$-Taste anklicken. Um die Säule herum erscheinen weiße Eckpunkte und am oberen Rand ein schwarzes Kästchen. Sie können die $\boxed{\text{Strg}}$-Taste nun loslassen. Klikken Sie das schwarze Kästchen an, und ziehen Sie die Maus nach oben oder unten. An der Größenachse wandert ein Strich mit, der die neue Säulenhöhe markiert. Wenn Sie die Maustaste loslassen, erscheint die Säule in der eingestellten Höhe – und der zugehörige Wert in der Tabelle wird entsprechend aktualisiert!

13|1|2| Achsenformatierung und -skalierung

Die Formatierung von Achsen verläuft analog. Klicken Sie die vertikale Achse (die Größenachse) mit einem Doppelklick an. Oder selektieren Sie die Achse mit den Cursortasten, und wählen Sie *FORMAT Muster...* Sie erhalten erneut eine Dialogbox, die jedoch nicht mit der vorhergehenden identisch ist.

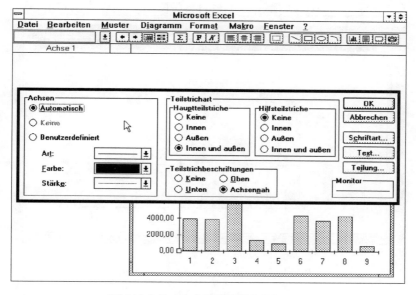

Bild 13.6: Der Befehl FORMAT Muster...

Unter »Benutzerdefiniert« können Sie wieder Farbe, Form und Breite der verwendeten Linie einstellen, diesmal eben nicht auf die Umrandung eines Datenpunkts, sondern auf die betreffende Achse bezogen.

»Teilstrichart« kennen Sie zum Teil bereits. Und zwar in Form der »Hauptteilstriche«, die die beiden Achsen unterteilen. Eine noch feinere Unterteilung ermöglichen »Hilfsteilstriche«. Für beide Teilungsarten können Sie wählen, ob die Teilstriche überhaupt nicht dargestellt werden sollen (»Keine«) oder – wenn doch – an den Innenseiten der Achsen, den Außenseiten oder beiden.

»Teilstrichbeschriftungen« ermöglicht Ihnen eine genauere Bestimmung des Orts der Beschriftungen. Standard ist »Achsennah«: die Beschriftungen befinden sich direkt an den Achsen, an den Hauptteilstrichen. Wie Sie sehen, sind jedoch auch andere Optionen möglich. Die Auswirkungen probieren Sie am besten selbst aus. Selektieren Sie die vertikale Rubrikenachse und führen Sie die Einstellungen gemäß der letzten Abbildung durch. Um Ihnen die Optionswahl etwas zu erleichtern: Aktivieren Sie vom vorgegebenen Standard abweichend:

▓ Durchgezogenen Strich mit mittlerer Stärke in der Farbe Grün

▓ Hilfsteilstriche innen

▓ Teilungsbeschriftungen oben

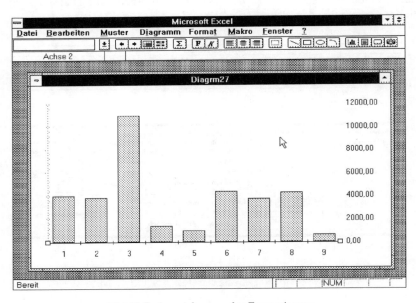

Bild 13.7: Auswirkungen der Formatierung

Diese Abbildung zeigt leider nicht, daß die Größenachse nun tatsächlich grün dargestellt wird – aber dafür zeigt es hoffentlich Ihr Farbmonitor. Wie Sie sehen, bedeutet die Option »Oben« für die Achsenbeschriftungen, daß diese an der gegenüberliegenden Diagrammseite eingezeichnet werden. Angewandt auf die vertikale Achse, die Größenachse, würden deren Beschriftungen entsprechend auf der rechten Diagrammseite erscheinen.

Aktivieren Sie bitte erneut nach Selektion der Größenachse die »Muster«-Dialogbox. Die Schaltflächen »Schriftart...«, »Text...« und »Teilung...« führen wie »OK« alle momentan vorgenommenen Einstellungen aus – und zeigen eine neue Dialogbox. »Schriftart...« zum Beispiel die folgende:

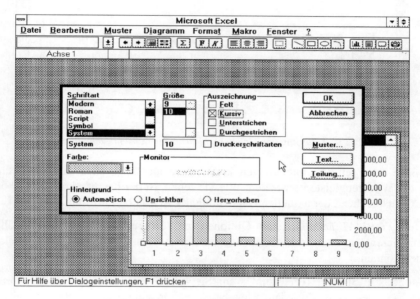

Bild 13.8: Der Befehl FORMAT Schriftart...

Die gleiche Dialogbox erscheint, wenn Sie eine der beiden Achsen selektieren und anschließend *FORMAT Schriftart...* wählen. Die meisten Optionen entsprechen der Formatierung von Schriften in Tabellen. Wie dort können Sie Art und Größe der Schrift wählen, die Excel für die Beschriftung der selektierten Achse verwendet. »Unsichtbar« und »Hervorheben« bezieht sich darauf, wie sich die Schrift vor einem eventuell vorhandenen Hintergrundtext abhebt.

Für die folgende Abbildung wurde die Schriftart System in der Größe 10 und der Farbe Rot gewählt, und zusätzlich die Option »Kursiv« aktiviert.

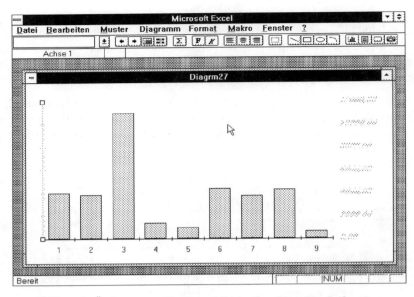

Bild 13.9: Änderung von Größe und Farbe der Achsenbeschriftungen

Für kursive oder fette Formatierungen können Sie alternativ auch die entsprechenden Knöpfe der Werkzeugleiste verwenden. Wie Sie sehen, ist der Knopf »*F*« in der Abbildung gedrückt, entsprechend der aktuellen Darstellung der Achsenbeschriftung.

Der Befehl *FORMAT Teilung...* stellt Optionen zur Verfügung, die sich ausschließlich auf das Formatieren von Achsen beziehen und die Sie auf keine anderen Diagrammelemente anwenden können.

Die Dialogbox in Bild 13.10 erscheint, wenn Sie vor der Wahl von *FORMAT Teilung...* die Größenachse selektieren. Zu jedem Eingabefeld gehört eine eigene Option mit der Überschrift »Automatisch«. Ist diese Option aktiviert, verwendet Excel einen Standardwert statt der von Ihnen eventuell eingegebenen Zahl.

»Kleinstwert« und »Höchstwert« bestimmen, welche Werte im Diagramm angezeigt werden. Die Standardwerte entsprechen dem kleinsten beziehungsweise dem größten Datenpunkt, das heißt alle Werte werden exakt angezeigt. Im Normalfall ist das auch sinnvoll. Eine Ausnahme liegt vor, wenn eine Datenpunktreihe einen außergewöhnlich kleinen oder großen Wert enthält. Da auch dieser Extremwert korrekt dargestellt wird, ergeben sich Diagramme, die kaum Aussagekraft besitzen, wie das in Bild 13.11.

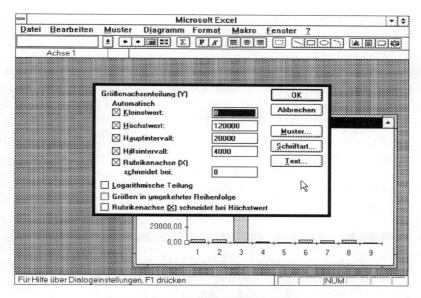

Bild 13.10: Der Befehl FORMAT Teilung...

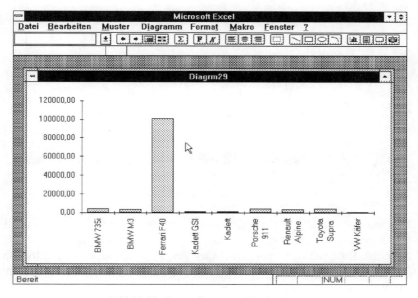

Bild 13.11: Darstellung von Extremwerten

Dieses Diagramm enstand durch Selektion des Bereichs A1:D10 in der Datei *DIA-GRAMM.XLS* – nachdem die Prämie für einen Ferrari F40 zuvor auf irreale 100 746 DM erhöht wurde!

Das Resultat ist ein Diagramm, in dem neben dieser Säule alle anderen praktisch gleich niedrig wirken und daher kaum noch unterscheidbar sind. Es erlaubt einzig und allein die Aussage, daß die Vollkasko-Prämie für einen F40 weitaus höher ist als für die anderen erfaßten Autos, zwischen diesen ist jedoch keinerlei Vergleich mehr möglich.

Um das zu ändern, sollte »Höchstwert« ohne Berücksichtigung des Extremwerts 100 746 gewählt werden. Excels Vorgabewert 120 000 ist ein wenig größer als dieser größte Wert. Die zweithöchste Prämie in *DIAGRAMM.XLS* ist 4374 DM. Sinnvoll wäre demnach ein »Höchstwert« von etwa 5000 DM. Nach dieser Eingabe ergibt sich als aktualisiertes Diagramm:

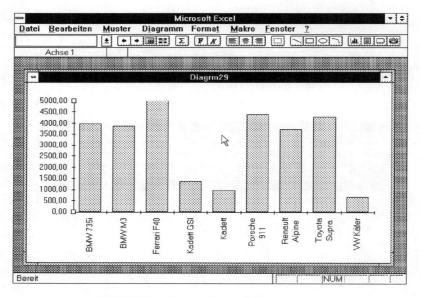

Bild 13.12: »Abschneiden« von Extremwerten

Dieses Diagramm ist eigentlich falsch. Denn die Säule für den F40 reicht nur noch bis zum Wert 5000, dem höchsten dargestellten. Obwohl doch die zugehörige Prämie tatsächlich weitaus höher ist. Dafür ist nun ein vernünftiger Vergleich der anderen Prämiensätze möglich. Daß die Säule »abgeschnitten« ist, zeigt Excel übrigens durch den fehlenden oberen Rahmenstrich an.

Mit »Hauptintervall« und »Hilfsintervall« bestimmen Sie den Abstand zwischen den Teilungsstrichen auf der Größenachse. Standard ist in diesem Beispiel eine 500er-Teilung der Hauptteilstriche, also eine Unterteilung in die Werte 0, 500, 1000, 1500 und so weiter. Ersetzen Sie diese Vorgabe zum Beispiel durch 1000, erscheinen nur noch halb so viele Hauptteilstriche, 0, 1000, 2000, 3000 und so weiter – dafür mit doppeltem Abstand und entsprechend weniger aneinandergedrängt. Entsprechend bestimmt »Hilfsintervall« die Anzahl und den Abstand der – nicht beschrifteten – Hilfsteilstriche. Sind diese sichtbar (wenn irgendeine Option außer »Keine« im Optionsfeld »Hilfsteilstriche« der Dialogbox von *FORMAT Achsen...* gewählt wurde), erscheinen normalerweise zwischen zwei Haupt- fünf Hilfsteilstriche. Eine Erhöhung des Standardwerts zeigt entsprechend mehr bezie- hungsweise eine Verringerung weniger Hilfsteilstriche an.

Die Standardvorgabe für »Rubrikenachse[X] schneidet bei« ist Null. Interessiert Sie, wel- che Prämien höher als 2000 DM sind und welche niedriger, sollten Sie diesen Wert auf 2000 setzen. Das Resultat:

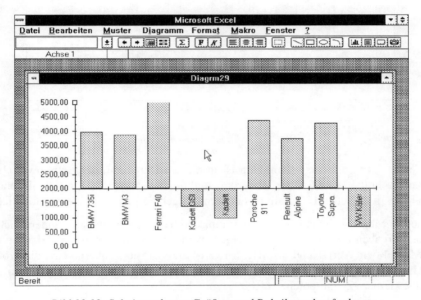

Bild 13.13: Schnittpunkt von Größen- und Rubrikenachse festlegen

Alle Datenpunkte mit höheren Werten als 2000 erscheinen oberhalb, alle mit niedrigeren Werten unterhalb der Größenachse. Zusätzlich wurde unter »Hilfsintervall« der Wert 250 eingegeben, daher erscheint nur jeweils ein Hilfsteilstrich zwischen zwei Hauptteilstrichen.

Normalerweise ist die Größenachse linear unterteilt. Die Höhe einer Säule wächst also linear mit der Größe des zugehörigen Wertes. Bei extrem unterschiedlichen Werten ist diese Teilung jedoch nicht sehr aussagekräftig, wie wir gerade am Beispiel der Prämie von 100 746 DM sahen. Sinnvoller ist in diesem Fall eine logarithmische Teilung. Wenn Sie es noch nicht getan haben: Laden Sie *DIAGRAMM.XLS*, ändern Sie den in D4 enthaltenen F40-Vollkasko-Wert in 100 746, und selektieren Sie A1:D10. Erzeugen Sie ein neues Dia- gramm, selektieren Sie die Größenachse, wählen Sie *FORMAT Teilung...*, und aktivieren Sie »Logarithmische Teilung«. Bei allen anderen Optionen sollte »Automatisch« aktiviert sein.

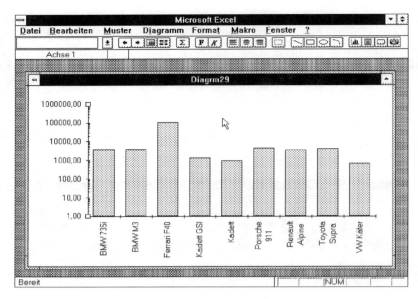

Bild 13.14: Logarithmische Teilung

Im Gegensatz zur vorletzten Abbildung ist in diesem Diagramm der Extremwert 100 746 nicht »abgeschnitten« und daher weiterhin vollkommen korrekt dargestellt. Dennoch ist dank der logarithmischen Unterteilung ein vernünftiger Vergleich aller Werte möglich.

Im gleichen Moment, indem Sie »Logarithmische Teilung« aktivieren, ändern sich übrigens die Vorgaben für »Kleinstwert«, »Höchstwert« und so weiter. Als »Kleinstwert« verwendet Excel den Wert 1 und als »Höchstwert« die kleinste Zehnerpotenz, die größer als der höchste Wert ist. Also 1 000 000, da in unserem Fall der größte Wert 100 746 ist und die nächst kleinere Zehnerpotenz 100 000 somit kleiner wäre.

Der Wert für das Hauptintervall muß eine – ganzzahlige – Zehnerpotenz sein, also 1, 10, 100, 1000 oder ähnlich. Die Vorgabe 10 bedeutet, daß jeder weitere Hauptteilstrich einen Wert darstellt, der um den Faktor 10 höher ist als der Wert des letzten Teilstrichs. Würden Sie 10 in 100 ändern, zeigt Excel nur noch drei Teilstriche an. Jene, die den Werten 100 (»Kleinstwert«), 100 000 und 1 000 000 (»Höchstwert«) entsprechen.

Der Wert für das Hilfsintervall muß ein Zehntel oder die Hälfte des Hauptintervalls betragen. Zum Beispiel 10 bei einem Hauptintervall von 100. Mit dem Resultat, daß ein Haupt- in zehn Hilfsintervalle unterteilt ist.

»Größen in umgekehrter Reihenfolge« bewirkt, daß die Werte auf der Größenachse nicht wie üblich steigen, sondern fallen. Das heißt, der Nullpunkt entspricht nun dem höchsten Wert und der letzte Punkt dieser Achse dem kleinsten Wert.

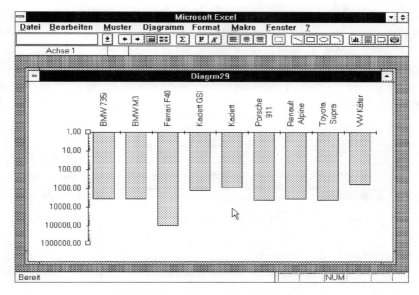

Bild 13.15: Umkehrung der Größenachse

Eine ähnliche, aber keinesfalls identische Darstellung ergibt sich, wenn statt dessen »Rubrikenachse schneidet bei Höchstwert« aktiviert wird.

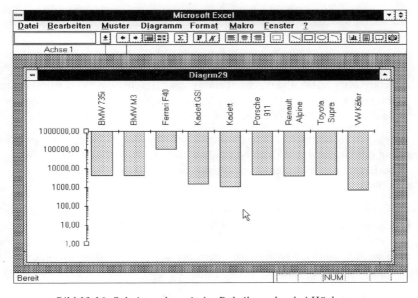

Bild 13.16: Schnittpunkte mit der Rubrikenachse bei Höchstwert

Die Größenachse verläuft wie üblich vom kleinsten zum größten Wert. Die Balken zeigen dennoch nach unten, da sich der Schnittpunkt mit der Rubrikenachse nun nicht mehr beim kleinsten Wert 100, sondern beim größten Wert 1 000 000 befindet.

Selektieren Sie nun – wieder von einem mit *DIAGRAMM.XLS* (A1 bis D10) erzeugten Diagramm ausgehend – bitte nicht die Größen- sondern die Rubrikenachse. Wählen Sie wieder *FORMAT Teilung...*

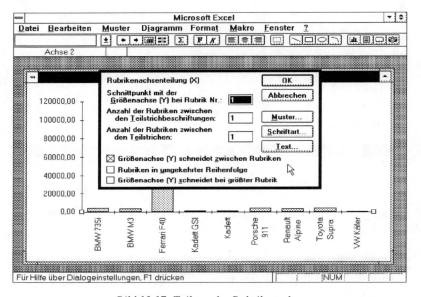

Bild 13.17: Teilung der Rubrikenachse

Diese Dialogbox ermöglicht Ihnen, die Teilung und Beschriftung der Rubrikenachse zu variieren. Normalerweise enthalten alle drei Eingabefelder wie in der Abbildung den Wert 1. Ändern Sie die beiden ersten Werte in 5 beziehungsweise 2 (vgl. Bild 13.18).

Mit der Option »Schnittpunkt...« bestimmen Sie, wo der Schnittpunkt zwischen der Rubriken- und der Größenachse liegt. Normalerweise bei der ersten Rubrik, also am linken Ende der Rubrikenachse. In diesem Beispiel jedoch in der Mitte dieser Achse, genauer: bei der fünften Rubrik »Kadett«.

Die zweite Option entscheidet darüber, ob alle oder nur einige der Rubriken beschriftet werden. Der Standardwert 1 bedeutet, daß jede Rubrik beschriftet wird. Der hier verwendete Wert 2, daß – siehe Abbildung – nur jede zweite Rubrik beschriftet wird, bei 3 nur jede dritte und so weiter. Sinnvoll ist das vor allem bei sehr langen Beschriftungen, die sonst über mehrere Zeilen verteilt werden.

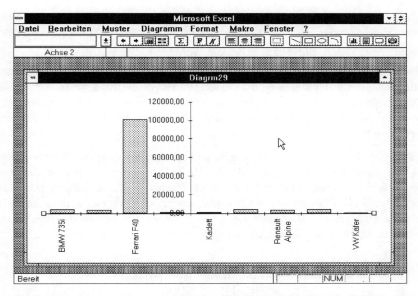

Bild 13.18: Achsenschnittpunkt verschieben, beschriftete Rubrikenanzahl bestimmen

Normalerweise befindet sich auf der Rubrikenachse pro Rubrik genau ein Teilstrich (Standardwert 1). Ähnlich wie bei der vorhergehenden Option bewirkt der Wert 2 für »Anzahl der Rubriken zwischen den Teilstrichen«, daß nur bei jeder zweiten Rubrik ein Teilstrich vorhanden ist, mit einer 3 nur bei jeder dritten Rubrik und so weiter.

Die Option »Größenachse [Y] schneidet zwischen Rubriken« ist aktiviert. Was dazu führt, daß der Schnittpunkt der beiden Achsen zwischen zwei Rubriken verläuft, hier zwischen den Rubriken »Kadett GSI« (in der Abbildung nicht beschriftet) und »Kadett«. Würden Sie diese Option deaktivieren, verläuft die Größenachse anschließend »durch« die Rubrik »Kadett«, also exakt durch den mittleren der drei Balken (»Teilkasko«).

Die Aufgabe der Option »Rubriken in umgekehrter Reihenfolge« geht bereits aus dem Optionsnamen eindeutig hervor: Die Reihenfolge der Rubriken von links nach rechts wird umgekehrt. Mit dem Resultat, daß sich zum Beispiel »BMW 735i« danach nicht mehr am linken, sondern am rechten Rand der Rubrikenachse befindet, und »VW Käfer« statt am rechten am linken Rand.

»Größenachse [Y] schneidet bei größter Rubrik« ist eine etwas unglücklich gewählte Bezeichnung. Es geht dabei keineswegs um die Rubrik mit den höchsten Säulen oder Balken. Sondern um die Rubrik mit dem höchsten Index. Die Rubrik ganz links ist Rubrik Nummer 1, dann folgt rechts davon Rubrik Nr. 2 und so fort. Normalerweise schneidet die Größen- die Rubrikenachse bei der Rubrik mit der kleinsten Nummer, also am linken Ende der Rubrikenachse. Wird die Option aktiviert, liegt der Schnittpunkt dagegen bei der Rubrik mit der höchsten Nummer, also am rechten Ende der Rubrikenachse.

Den Befehl *DIAGRAMM Achsen...* können Sie anwählen, ohne zuvor eine der Achsen zu selektieren. Kein Wunder, denn der Befehl bezieht sich ja offensichtlich ganz eindeutig auf die Diagrammachsen und ist nicht auf andere Objekte anwendbar.

Im einfachsten Fall erscheint eine Dialogbox mit den Optionen »Rubrikenachse« und »Größenachse«. Beide Optionen sind aktiviert, was bedeutet, daß beide Achsen sichtbar sind. Deaktivieren Sie eine der beiden Optionen, verschwindet die zugehörige Achse (inklusive der Achsenbeschriftung), ohne daß sich jedoch weitere Änderungen am Diagramm ergeben würden.

Interessanter ist dieser Befehl, wenn Sie ein überlagerndes Diagramm verwenden, zum Beispiel ausgehend von A1:D10 in *DIAGRAMM.XLS* ein neues Diagramm erzeugen und mit dem Befehl *MUSTER Verbund...* die erste Verbundvariante wählen (Überlagerung eines Säulen- und eines Liniendiagramms). Wie immer bei Verbunddiagrammen sollten Sie eine Legende einfügen (*DIAGRAMM Legende einfügen*), um besser zu erkennen, welche Datenreihen in welchem der beiden Diagrammtypen dargestellt werden.

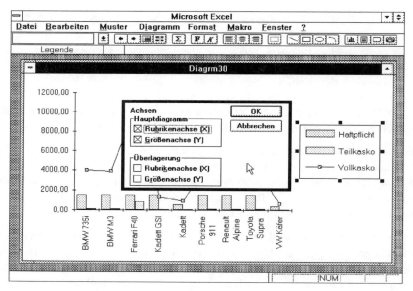

Bild 13.19: Der Befehl DIAGRAMM Achsen..., angewandt auf Verbunddiagramme

Da das Diagramm drei Datenreihen enthält, ist eine genau hälftige Aufteilung der Datenreihen nicht möglich. Entspechend werden die beiden ersten Datenreihen (»Haftpflicht« und »Teilkasko«) im Hauptdiagramm (Säulen) und die letzte Datenreihe (»Vollkasko«) im Nebendiagramm (Linie) dargestellt.

Bei Verbunddiagrammen können Sie sowohl für das Haupt- als auch für das Nebendiagramm die Rubriken- und die Größenachse wahlweise aus- oder einblenden. Standard ist die Achsendarstellung ausschließlich für das Hauptdiagramm. Wobei jedoch zusätzliche Achsen, die sich auf das Nebendiagramm beziehen, die Aussagekraft des Diagramms oft verbessern. Zum Beispiel eine zusätzliche Größenachse für das Nebendiagramm in unserem Beispiel (Option »Größenachse« des Optionsfeldes »Überlagerung« aktivieren):

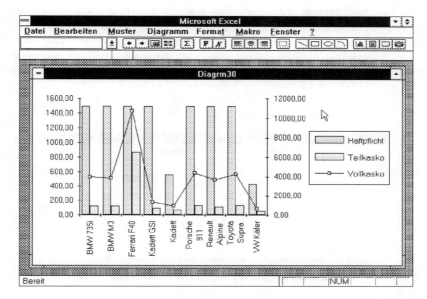

Bild 13.20: Zusätzliche Rubrikenachse für das Liniendiagramm

Die zusätzliche Größenachse erscheint am rechten Bildschirmrand. Ihre Werte beziehen sich ausschließlich auf das Nebendiagramm, das in unserem Fall ein Liniendiagramm mit genau einer als Linie dargestellten Datenreihe ist, »Vollkasko«.

Aufgrund des völlig anderen Maßstabs der beiden Größenachsen sind nun auch die im Vergleich zur Vollkaskoprämie minimalen Teilkaskoprämien gut zu erkennen. Zuvor wurden alle drei Datenreihen auf einer gemeinsamen Größenachse eingetragen, die von 0 bis 12 000 reichte. Wobei Teilkaskoprämien in Höhe von etwa 100 DM kaum zu erkennen waren. Da nun für die Vollkaskoprämien eine eigene Größenachse zur Verfügung steht, orientiert sich die Unterteilung der Größenachse des Hauptdiagramms am höchsten Wert der in diesem Diagramm dargestellten beiden Datenreihen »Haftpflicht« und »Teilkasko«. Und das ist mit 1496 DM ein weitaus kleinerer Wert als zum Beispiel die F40-Vollkaskoprämie von 10 746 DM, die auf dieser Achse gar nicht mehr dargestellt wird, da für die Vollkaskoprämien eine eigene Größenachse zur Verfügung steht.

13|1|3| Textzuordnung

Bisher kennen wir ausschließlich »zugeordneten Text«, Texte, die mit einem bestimmten Diagrammobjekt verknüpft sind und bei Änderungen der Darstellung entsprechend verschoben werden. Zum Beispiel Beschriftungen der Größenachse, die bei einer geänderten Achsenteilung oder einer logarithmischen statt linearen Skalierung verschoben oder durch andere Werte ersetzt werden. Oder Rubrikennamen, die bei der Aktivierung der Option »Rubriken in umgekehrter Reihenfolge« ebenfalls in umgekehrter Reihenfolge erscheinen, so daß sich weiterhin unter jeder Rubrik trotz der geänderten Reihenfolge der zugehörige Name befindet.

Abgesehen von der Legende erscheinen alle zugeordneten Texte automatisch, wenn wir zuvor die entsprechenden Spalten- oder Zeilenüberschriften markieren. Zugeordnete Texte können Sie jedoch auch per Hand einfügen, mit dem Befehl *DIAGRAMM Text zuordnen...*

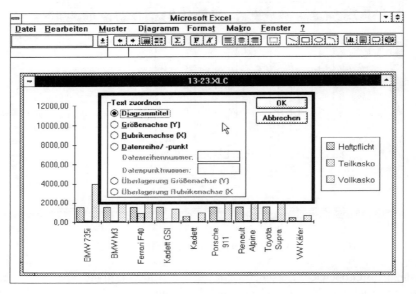

Bild 13.21: Text zuordnen

In dieser Dialogbox wählen Sie zunächst das Objekt, dem Sie einen Text zuordnen wollen. Zum Beispiel mit der Option »Diagrammtitel«. Nach der Auswahl einer Option führt Excel mehrere Aktionen durch:

▪ Excel markiert den Diagrammbereich, in dem der Text erscheinen wird.

▪ Ein Titelvorschlag erscheint, im Fall der Option »Diagrammtitel« zum Beispiel der Text »Titel«.

▪ Die Eingabezeile wird aktiviert. Links erscheint der Name des Objekts, um das es geht, zum Beispiel »Titel«, »Achse 1« oder »Achse 2«, und rechts daneben der diesem Objekt momentan zugeordnete Text.

Sie können nun den Vorschlag mit ⌈Enter⌋ übernehmen oder wie gewohnt drauflostippen, den gewünschten Text eingeben und mit den Editiertasten manipulieren. Geben Sie versuchsweise als Diagrammtitel »Vergleich verschiedener Versicherungsprämien« ein.

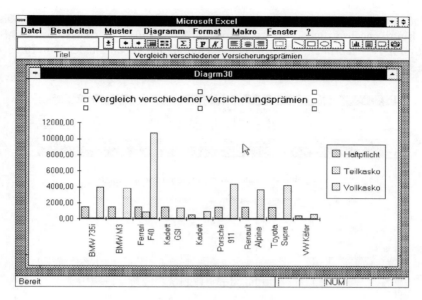

Bild 13.22: Darstellung des Textes

Auf die gleiche Weise können Sie der Größenachse, der Rubrikenachse und sogar den einzelnen Datenpunkten Texte zuordnen. In jedem Fall wird Excel eine – recht einfallslose – Vorgabe anzeigen, wie »Y« bei Zuordnung von Text zur Größenachse. In jedem Fall erzeugen Sie ein neues Diagrammobjekt!

Bedenken Sie, daß es die von Ihnen zugeordneten Texte bisher nicht gab. Es gab bisher kein Objekt »Titel« – das haben Sie soeben erzeugt! Davon können Sie sich sehr leicht selbst überzeugen. Wie Sie wissen, selektieren Sie mit fortlaufender Betätigung einer Cursortaste der Reihe nach die einzelnen Diagrammobjekte. Dabei wird jeweils in der Eingabezeile der Name des Objekts und sein »Inhalt« angezeigt. Wenn Sie nun zum Beispiel immer wieder → drücken, selektieren Sie irgendwann das Objekt »Titel«, das zuvor nicht existierte. Daneben erscheint in der Eingabezeile der zugehörige Text »Vergleich verschiedener Versicherungsprämien«. Noch einfacher ist es natürlich, dieses neue Objekt mit der Maus zu selektieren: anklicken genügt.

Nach der Selektion können Sie einen neuen Diagrammtitel eingeben oder den aktuellen Titel editieren. Wie immer, indem Sie den Bearbeitungsmodus einschalten. Mit F2 oder einfacher durch Anklicken des Textes in der Bearbeitungszeile mit der Maus. Um einen Text zu löschen, selektieren Sie ebenfalls das betreffende »Textobjekt«, schalten den Bearbeitungsmodus ein und löschen Zeichen für Zeichen in der Bearbeitungszeile. Nach Enter enfernt Excel das gesamte Textobjekt aus dem Diagramm.

Soviel zum Prinzip. Als praktische Übung sollen Sie nun das als Beispiel verwendete Diagramm nach allen »Regeln der Kunst« mit zugeordneten Texten versehen. Mit dem Titel »Vergleich verschiedener Versicherungsprämien« (wenn nicht bereits geschehen), dem Text »Prämie«, den Sie der Größenachse zuordnen, und dem Text »Autotyp« als Text, der der Rubrikenachse zugeordnet ist. Aktivieren Sie jeweils in der Dialogbox des Befehls *DIAGRAMM Text zuordnen...* die zugehörige Option, und geben Sie den betreffenden Text ein. Sie sollten in etwa folgendes Resultat erhalten:

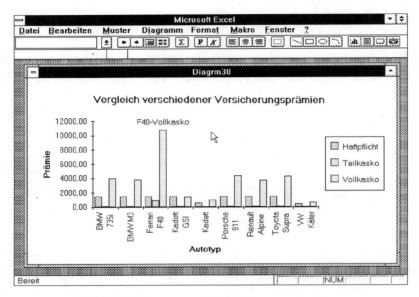

Bild 13.23: Diagramm nach der Zuordnung von Texten

Zusätzlich zeigt diese Abbildung einen Text, der der höchsten vorhandenen Säule zugeordnet wurde, also einem speziellen Datenpunkt, genauer: dem dritten Datenpunkt (F40) der dritten Datenpunktreihe (Vollkasko). Die einfachste Möglichkeit, diesen Text einzugeben: Sie selektieren die zugehörige – die höchste – Säule. In der Eingabezeile erscheint der Objektname »R3P3« (»R« für »Reihe«, »P« für »Punkt«). Sie wählen *DIAGRAMM Text zuordnen...* und in der Dialogbox die Option »Datenreihe/-punkt«. Excel gibt sowohl als Nummer der Datenreihe als auch als Nummer des Datenpunktes jeweils eine 3 vor, entsprechend dem momentan selektierten Objekt R3P3. Nach ⌈Enter⌉ erscheint in der Eingabezeile als Textvorgabe der Wert des betreffenden Datenpunktes, also die KFZ-Prämie, die für diesen Ferrari zu zahlen ist. Übertippen Sie diese Vorgabe bitte durch den Text »F40-Vollkasko«. Alternativ ist es natürlich auch möglich, die Excel-Vorgaben für Datenreihen- und Datenpunktnummern zu übertippen und diese Angaben »per Hand« zu machen.

Auf die gleiche Weise können Sie jedem einzelnen Datenpunkt (korrekter: jedem »Datenpunktbild«) einen eigenen Text zuordnen. Um zum Beispiel der Haftpflichtprämie für einen Käfer den Text »Billig« zuzuordnen, müßten Sie als »Datenreihennummer« eine 1 und als »Datenpunktnummer« eine 9 eingeben, da diese Prämie der neunte Wert der ersten Datenreihe »Haftpflicht« ist. Oder einfacher vor Anwahl von *Text zuordnen...* die betreffende Säule selektieren, so daß Excel das entsprechende Objekt als Vorgabe verwendet.

Übrigens ist bei Texten, die Datenpunkten zugeordnet sind, die Textvorgabe von Excel gar nicht so übel. Wie wir soeben sahen, besteht diese Vorgabe jeweils aus dem zugehörigen Wert des Datenpunktes. Wenn es auf Genauigkeit ankommt, ist es oftmals nützlich, wenn sich über jeder Säule oder jedem Balken der exakte zugehörige Wert befindet.

Noch ein Tip zur Eingabe von Diagrammtexten. Vielleicht wollen Sie Ihren Text in mehrere Zeilen aufteilen, etwa so:

Vergleich
verschiedener Versicherungsprämien

Drücken Sie in diesem Fall nach »Vergleich« Strg+Enter. In der Eingabezeile wird eine neue Zeile begonnen, in der Sie den zweiten Teil des Textes eingeben. Sie können auch nachträglich einen bereits eingegebenen Text in mehrere Zeilen aufteilen. Selektieren Sie das Objekt »Titel«, und klicken Sie das Leerzeichen nach »Vergleich« an (bzw. mit F2 Bearbeitungsmodus einschalten und Cursor zum Leerzeichen bewegen). Drücken Sie nun Strg+Enter. Der Text hinter »Vergleich« erscheint in der darunterliegenden Zeile. Wenn Sie die Eingabe mit Enter abschließen, erscheinen beide Teile des Titels untereinander im Diagramm – und zwar jeweils in der Diagrammitte zentriert!

Nicht zugeordnete Texte sind zum Beispiel Kommentare. Solche Texte fügen Sie ein, indem Sie sie einfach eingeben, *ohne zuvor ein Objekt zu selektieren*. Geben Sie bitte ein »Nicht zugeordnete Texte sind für Kommentare brauchbar« – mit Strg+Enter nach »Texte«. Achten Sie unbedingt darauf, daß kein Objekt selektiert ist, bevor Sie lostippen. Wenn doch, drücken Sie Esc, um die Selektion aufzuheben. Wenn Sie Enter drücken, erscheint dieser Text irgendwo im Diagramm – meist dort, wo man ihn nicht haben will.

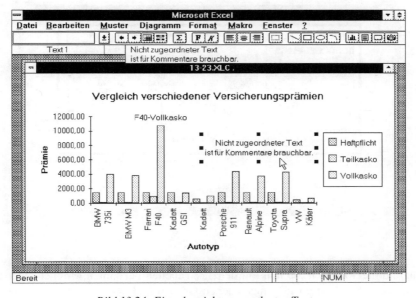

Bild 13.24: Eingabe nicht zugeordneten Textes

Also verschieben Sie den Text an eine geeignetere Position. Und zwar mit *FORMAT Bewegen*. Nach Anwahl dieses Befehls erscheint um den Text herum ein Kästchen. Mit den Cursortasten können Sie anschließend Kästchen und Inhalt nach Belieben in allen vier Richtungen verschieben. Zum Beispiel in die obere linke Diagrammecke.

Noch einfacher ist dieser Vorgang mit der Maus. Sie selektieren den Diagrammtext durch Anklicken und halten die Maustaste weiter gedrückt, während Sie die Maus in die gewünschte Richtung ziehen – und damit zugleich auch den selektierten Text. Nach dem Anklicken einer der Ecken können Sie ihn sogar beliebig in die Breite oder Höhe ziehen, also seine Größe und Form verändern. Ohne Maus benutzen Sie dazu den Befehl *FORMAT Größe*.

Löschen Sie nun bitte diesen doch sehr unschönen Text wieder. Selektieren Sie ihn, und löschen Sie die Eingabezeile komplett.

13|1|4| Textformatierung

Sowohl das Verschieben von Diagrammtext als auch das Manipulieren der Größe ist ausschließlich mit nicht zugeordnetem Text möglich! Dafür können Sie bei allen Texten, zugeordneten und nicht zugeordneten, wie in einer Tabelle unter einer Vielzahl von Schriftarten und -varianten wählen. Selektieren Sie den zuvor eingegebenen Diagrammtitel »Vergleich verschiedener Versicherungsprämien«, und wählen Sie *FORMAT Schriftart...*

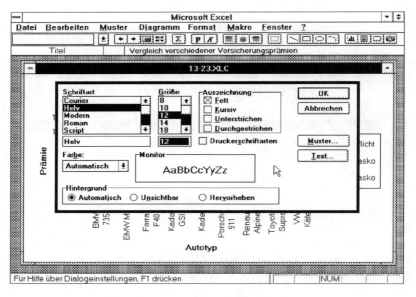

Bild 13.25: Der Befehl FORMAT Schriftart...

Den Diagrammtext können Sie nun mit den aus Tabellen bekannten Möglichkeiten formatieren, zwischen Schriftarten in verschiedenen Größen und Varianten (Fett, Unterstrichen usw.) und Farben wählen. Zusätzlich stehen verschiedene »Hintergrund«-Optionen zur Verfügung. »Automatisch« ist die Standardvorgabe. »Unsichtbar« bedeutet, daß eventuell an der gleichen Position im Hintergrund vorhandener Text ebenfalls sichtbar ist, sich also beide Texte überlagern. Der Text im Vordergrundtext ist praktisch »durchsichtig«. Wenn gewünscht, verhindert genau das die Option »Hervorheben«, die die Hintergrundfläche weiß (bzw. in/mit der/dem aktuellen Hintergrundfarbe/-Hintergrundmuster) ausfüllt, so daß nur noch der Vordergrundtext sichtbar ist.

Interessanter ist es jedoch, die Beschriftungen der Rubrikenachse zu ändern. Eine kleinere Schriftart wäre sinnvoll, da die recht langen Rubrikennamen durch die Aufteilung in mehrere Zeilen doch recht zerrissen wirken.

Sie werden jedoch feststellen, daß es nicht möglich ist, einen einzelnen Rubrikennamen zu selektieren. *Eine Achsenbeschriftung ist kein eigenständiges Objekt!* Statt dessen müssen Sie die die Achse selbst selektieren, zum Beispiel die Rubrikenachse. Wenn Sie anschließend *FORMAT Schriftart...* wählen, beziehen sich die Einstellungen in dieser Dialogbox auf alle Beschriftungen der selektierten Achse gleichzeitig. Ändern Sie die Schriftgröße von 10 in 8. Wie gesagt, diese Änderung wird sich auf alle Rubrikennamen auswirken. Selektieren Sie danach den nicht zugeordneten Text »F40-Vollkasko«, und verkleinern Sie die dafür verwendete Schrift auf die gleiche Weise.

Selektieren Sie zuletzt die Legende, und formatieren Sie sie ebenfalls mit *FORMAT Schriftart...* in der Größe 8, jedoch zusätzlich mit der Option »Fett«. Nach all diesen Formatierungen sieht Ihr Diagramm – hoffentlich – etwa so aus:

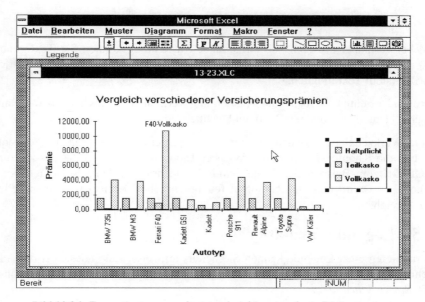

Bild 13.26: Formatierte zugeordnete und nicht zugeordnete Diagrammtexte

Sie können sogar die Ausrichtung von Texten bestimmen, mit *FORMAT Text...* Die folgende
Abbildung zeigt die Dialogbox dieses Befehls und die Auswirkungen, wenn die linke der
drei vertikalen Anordnungsalternativen selektiert wird.

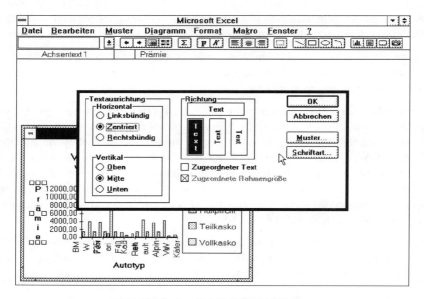

Bild 13.27: Der Befehl FORMAT Text...

Sowohl bei vertikaler als auch bei horizontaler Ausrichtung können Sie Text zentrieren.
Wie Sie sehen, ist alternativ auch eine rechts- beziehungsweise linksbündige Ausrichtung
von horizontalem Text möglich.

Entsprechend orientiert »Oben« die Ausrichtung vertikalen Textes am oberen Rand der
Textfläche, »Unten« am unteren Rand, und »Mitte« zentriert ihn.

Auch die Werkzeugleiste können Sie zur Textformatierung einsetzen, die Ausrichtungsknöpfe und die Knöpfe »F« und »K«. Wie bei Tabellen, selektieren Sie das zu formatierende Objekt, zum Beispiel den Diagrammtitel, und drücken den zuständigen Formatie-
rungsknopf. »F« wird den Diagrammtitel fett hervorheben, ebenso wie einen beliebigen
Tabellenbereich.

13.1.5 Legende formatieren

Das Formatieren einer Legende kennen Sie bereits teilweise. Zumindest was die Auswahl
von Schriftart und Schriftgröße angeht. Sie selektieren die Legende und wählen anschließend *FORMAT Schriftart...*

Oder aber statt dessen den Befehl *FORMAT Legende...*, der Ihnen zusätzliche Möglichkeiten zur Gestaltung einer Legende anbietet.

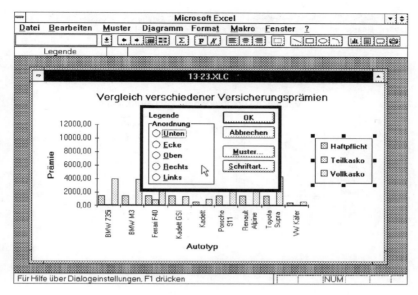

Bild 13.28: Der Befehl FORMAT Legende...

Die Schaltflächen »Muster...« und »Schriftart...« führen zu den bereits bekannten Dialog-boxen. »Muster...« ermöglicht die Formatierung des Kästchens um die Legendentexte herum. Sie haben in der zugehörigen Dialogbox die Wahl zwischen verschiedenen Strichstärken, Strichformen oder Farben für dieses Kästchen. All das kennen Sie bereits vom Formatieren von Achsen. Die Dialogbox zu »Schriftart...« haben wir gerade zum Formatieren von Texten verwendet.

Entsprechend ermöglicht sie Ihnen nun die Formatierung der Legendentexte in verschie-denen Schriftarten und Schriftgrößen. Wobei sich diese Formatierungen immer auf alle Legendentexte gleichzeitig beziehen!

Das Optionsfeld »Anordnung« ist neu. Es ermöglicht Ihnen eine grobe Positionierung der Legende. »Rechts« ist die Standardoption, bei der sich die Legende rechts neben dem Dia-gramm befindet. »Ecke« positioniert die Legende ebenfalls auf der rechten Seite, allerdings von der Höhe her nicht in der Diagrammitte, sondern weiter oben. »Unten« und »Oben« positionieren die Legende unter- beziehungsweise oberhalb des Diagramms, jeweils mittig zentriert.

Einfacher ist das Ganze mit der Maus. Wie auch andere Grafikobjekte können Sie die Legende einfach anklicken und in die gewünschte Richtung verschieben. Und zum Beispiel mitten im Diagramm positionieren.

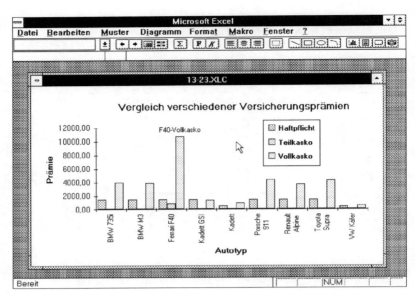

Bild 13.29: Positionierung der Legende

13|1|6| Pfeile und Gitternetzlinien

Mit Pfeilen können Sie in einem Diagramm wichtige Objekte hervorheben. Wählen Sie bitte *DIAGRAMM Pfeil einfügen*. Ein »Diagrammpfeil« erscheint, eine dünne Linie mit einer Pfeilspitze. Wo er erscheint, bestimmt Excel. Anschließend können Sie ihn jedoch nach Belieben verschieben oder seine Größe ändern.

Am einfachsten sind diese Funktionen wieder mit der Maus auszuführen. Selektieren Sie den Pfeil durch Anklicken. An beiden Enden erscheint je ein schwarzes Kästchen ·(Ausgangszustand nach dem Einfügen des Pfeils). Klicken Sie das Kästchen an der Pfeilspitze an. Ziehen Sie dieses Kästchen versuchsweise in alle möglichen Richtungen. Sie werden feststellen, daß Sie den Pfeil auf diese Weise verkürzen oder verlängern und sogar seine Richtung verändern können. Beim Ändern der Richtung dient das zweite Kästchen als Drehpunkt, um den herum der Pfeil bewegt wird. Ebenso können Sie das Kästchen am anderen Pfeilende in beliebige Richtungen verschieben und damit Drehungen oder Größenänderungen bewirken. Um den gesamten Pfeil an eine andere Diagrammposition zu verschieben, klicken Sie einfach die Pfeillinie selbst an und ziehen diese über die Diagrammfläche. Mit ein wenig Herumprobieren sollte es Ihnen möglich sein, die folgende Abbildung nachzuvollziehen.

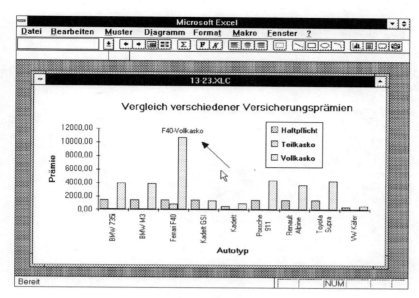

Bild 13.30: Positionierter Diagrammpfeil

Um diese Manipulationen über die Tastatur auszuführen, selektieren Sie zunächst durch mehrmalige Betätigung der Cursortasten (bis die Kästchen an den Pfeilenden erscheinen) den Pfeil. Dann wählen Sie *FORMAT Größe*. Nun können Sie mit den Cursortasten den Pfeil drehen und seine Länge verändern. Anschließend wählen Sie *FORMAT Bewegen* und bewegen ihn ebenfalls mit den Cursortasten an die gewünschte Position.

Weitere Manipulationsmöglichkeiten stellt der Befehl *FORMAT Muster...* zur Verfügung. Er öffnet eine Dialogbox, in der Sie sich die Farbe, die Strichform und Strichstärke, und die Form der Pfeilspitze aussuchen können. Die gleiche Dialogbox öffnet sich auch nach einem Doppelklick auf einen Pfeil.

Um den Pfeil zu löschen, selektieren Sie ihn und wählen den Befehl *DIAGRAMM Pfeil löschen*, der *Pfeil einfügen* ersetzt, wenn gerade ein Pfeilobjekt selektiert ist.

Mit den erläuterten Techniken können Sie beliebig viele Objekte durch Pfeile hervorheben. Jede Wahl von *Pfeil einfügen* erzeugt einen neuen Diagrammpfeil in Standardgröße und an der Standardposition, den Sie anschließend individuell formatieren können.

Außer Pfeilen lassen sich auch andere Diagrammobjekte bewegen oder mit dem Befehl *FORMAT Muster...* formatieren, zum Beispiel Kreissegmente. Die folgende Abbildung zeigt unser Diagramm in Form eines Kreisdiagramms, wobei zwei Segmente mit der Maus ein Stück aus dem Kreis herausgezogen wurden:

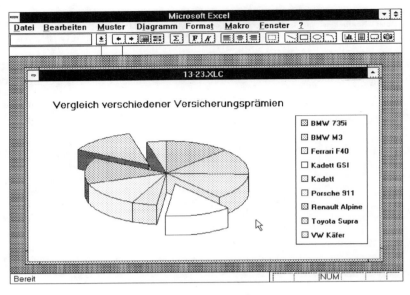

Bild 13.31: Positionieren von Kreissegmenten

Gitternetzlinien erleichtern vor allem den Größenvergleich von Säulen oder Balken. Es handelt sich dabei um dünne Geraden, die sich über das gesamte Diagramm erstrecken, ausgehend jeweils von einem Punkt der Größen- beziehungsweise der Rubrikenachse. Der Befehl *DIAGRAMM Gitternetzlinien...* öffnet folgende Dialogbox:

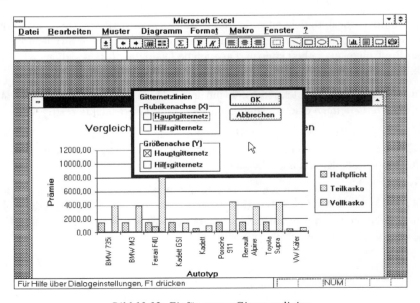

Bild 13.32: Einfügen von Gitternetzlinien

Die Abbildung zeigt zugleich, welche Auswirkungen die Aktivierung der Option »Haupt-gitternetzlinie« für »Größenachse« besitzt. Von jedem Hauptteilungspunkt der Größen-achse geht genau eine waagrechte Linie aus. Entsprechend könnten Sie zusätzliche Linien zwischen diesen Hauptteilungen einfügen, indem Sie auch »Hilfsgitternetzlinie« aktivieren. Das gleiche gilt für senkrechte Haupt- und Hilfsgitternetzlinien, die von der Rubrikenachse ausgehen.

13|1|7| Diagramm und Diagrammfläche

Auch die beiden Objekte »Diagramm« und »Diagrammfläche« können Sie formatieren, »Diagramm« mit den Befehlen *FORMAT Muster...* und *FORMAT Schriftart...* Unter *Schriftart...* getroffene Einstellungen gelten für alle im Diagramm enthaltenen Texte, also für Legenden-, Achsen- und alle anderen Beschriftungen.

Beiden Objekten, dem Gesamtdiagramm und der Diagrammfläche – dem Raum zwischen den Achsen – können Sie beliebige Farben und Muster zuweisen.

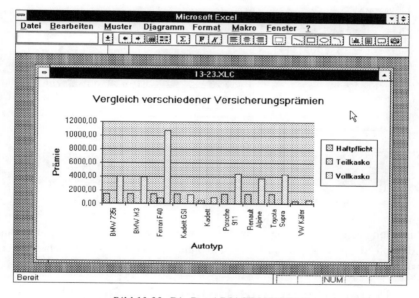

Bild 13.33: Die Datei DIAGRAMM.XLC

13|2| Symbole aus Zeichenprogrammen übernehmen

Zur Manipulation von Diagrammen gehört auch die Übernahme von Symbolen aus Zeichen-programmen. Gemeint ist, daß Sie für Balken und Säulen als Vorlage Zeichnungen ver-wenden können, die Sie mit einem Malprogramm erzeugen und über die Zwischenablage in das Diagramm einfügen. Das Prinzip:

■ Voraussetzung ist ein Diagramm, das sich in einem eigenen Fenster befindet.

■ Im Grafikprogramm selektieren Sie die zu übernehmende Zeichnung und übertragen sie mit *Kopieren* in die Zwischenablage.

■ Sie wechseln zurück zu Excel und selektieren eine Datenreihe, klicken also irgendeinen Datenpunkt (eine Säule) dieser Datenreihe an.

■ Sie übernehmen mit *Einfügen* die Zeichnung aus der Zwischenablage als Symbol der zugehörigen Datenreihenpunkte.

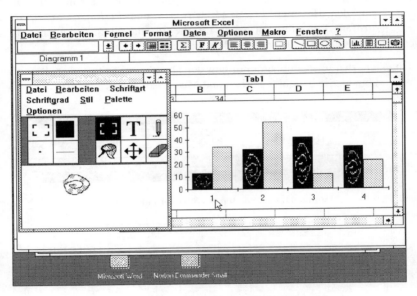

Bild 13.34: Symbole aus Grafikprogrammen übernehmen

Diese Abbildung zeigt ein Diagramm, in das die weiter links gezeigte Zeichnung einkopiert wurde, die ich mit dem Windows-Programm Paint erzeugte. Wie Sie sehen, übernimmt Windows das gezeichnete Muster als Vorlage für die erste Datenpunktreihe.

13.3   Datenreihen und Datenreihenformeln

Sie können in ein Diagramm jederzeit nachträglich eine oder mehrere zusätzliche Daten-reihe(n) einfügen. Ähnlich wie bei Tabellen über die Kommandos *BEARBEITEN Kopieren* und *BEARBEITEN Einfügen*. Eine andere Möglichkeit erläutere ich unter »Datenreihen-formeln editieren«.

Um die Technik mit den Befehlen *Kopieren* und *Einfügen* auszuprobieren, verwende ich als Ausgangspunkt erneut *DIAGRAMM.XLS*. Selektieren Sie A1:C10, also nur die Spalten »Haftpflicht« und »Teilkasko« – ohne »Vollkasko«! Erzeugen Sie aus diesen beiden Daten-reihen ein Diagramm, und fügen Sie die Legende ein.

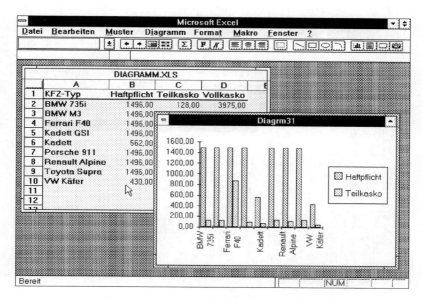

Bild 13.35: Diagramm mit zwei Datenreihen

Tun wir so, als würden wir erst nach der Erzeugung des Diagramms bemerken, daß versehentlich nur zwei Datenreihen selektiert wurden und »Vollkasko« fehlt. Eine Möglichkeit, den Fehler zu korrigieren, besteht natürlich darin, den gesamten Vorgang zu wiederholen und ein neues Diagramm zu erzeugen.

Eine andere Möglichkeit ist jedoch, nur die gewünschte Datenreihe D1:D10 (Überschrift plus Werte) zu selektieren, *BEARBEITEN Kopieren* zu wählen, das bestehende Diagramm zu aktivieren und die zusätzliche Datenreihe mit *BEARBEITEN Einfügen* einzufügen. Excel fügt nicht nur die Datenreihe selbst ein, sondern aktualisiert auch die Legende entsprechend (vgl. Bild 13.36).

Es ist also keineswegs notwendig, wegen einer übersehenen Datenreihe jedesmal ein komplett neues Diagramm zu erzeugen. Und ebensowenig, wenn Ihr Diagramm eine Datenreihe enthält, die eigentlich gar nicht hinein sollte. Löschen Sie einfach diese eine Datenreihe. Selektieren Sie sie (mit den Cursortasten beziehungsweise durch Anklicken eines der zugehörigen Datenpunktbilder), drücken Sie ⌈Entf⌉, und entscheiden Sie in der nun erscheinenden Box, ob Sie nur die der betreffenden Datenreihe zugewiesenen Formate oder die Datenreihe selbst löschen wollen.

Entscheidend für die Darstellung von Diagrammen ist, wie Excel die von Ihnen selektierten Daten als Datenreihen, Datenreihennamen und Rubrikennamen interpretiert. Am tiefgreifendsten können Sie diese Interpretation durch das Editieren der »Datenreihenformeln« beeinflussen. Öffnen Sie bitte die Dateien *DIAGRAMM.XLS* und *DIAGRAMM.XLC*. Drücken Sie anschließend mehrmals ⌈→⌉, um der Reihe nach die einzelnen Diagrammobjekte zu selektieren.

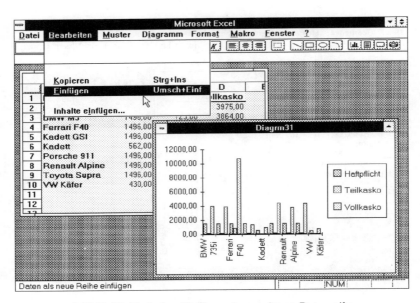

Bild 13.36: Nach dem Einfügen einer weiteren Datenreihe

In der Eingabezeile steht jeweils links der Name des Objekts und rechts daneben die zugehörige »Definition«. Ist das Objekt eine Achse oder ein Diagrammtitel, besteht diese Definition entsprechend aus dem zugehörigen Text.

Ist jedoch eine Datenreihe als Objekt selektiert, zeigt die Eingabezeile statt dessen den Aufruf einer Funktion *DATENREIHE()* an. Jede Datenreihe wird durch genau einen Aufruf dieser Funktion definiert, den Excel beim Erzeugen eines Diagramms selbständig erstellt. Der Datenreihe Nummer 3 (Vollkasko) ist zum Beispiel folgender Funktionsaufruf zugeordnet:

`=DATENREIHE(DIAGRAMM.XLS!$D$1;DIAGRAMM.XLS!$A$2:$A$10;DIAGRAMM.XLS!$D$2:$D$10;3)`

Um diesen Aufruf zu verstehen, müssen Sie die allgemeine Syntax dieser Funktion kennen, also die Bedeutung der zu übergebenden Argumente:

`DATENREIHE(Datenreihenname;Rubrikennamen;Werte;Datenreihennummer)`

■ Datenreihenname: Name der Datenreihe, der in der Legende erscheint

■ Rubrikennamen: Namen der einzelnen Rubriken

■ Werte: Werte, aus denen die Datenreihe besteht (pro Rubrik ein Wert)

■ Datenreihennummer: Reihenfolge der dargestellten Datenreihen

Im Beispiel entspricht dem Argument »Datenreihenname« der Ausdruck *DIAGRAMM .XLS!$D$1*. Der Datenreihenname ergibt sich aus dem Inhalt von $D$1 in der Datei *DIAGRAMM.XLS*. Wie wir wissen, enthält dieses Feld den Text »Vollkasko«, eben den Datenreihennamen der dritten Datenreihe.

Nun sollten auch die restlichen Argumente plausibel sein. Das zweite Argument *DIAGRAMM.XLS!$A$2:$A$10* besagt, daß die Felder $A$2 bis $A$10 der gleichen Datei die Rubrikennamen enthalten, in unserem Fall »BMW 735i...«, »BMW M3...« und so weiter.

Das Argument *DIAGRAMM.XLS!$D$2:$D$10* entspricht dem Bereich, der die eigentlichen Werte dieser Datenreihe enthält. Die 3 als letztes Argument bestimmt, daß diese Datenreihe die dritte im Diagramm ist. Aus diesem Grund ist die Säule für die Vollkaskoprämie in jeder Rubrik als dritte angeordnet, da die Datenreihe »Haftpflicht« die Nummer 1 und die Reihe »Teilkasko« die Nummer 2 besitzt – wovon Sie sich überzeugen können, indem Sie sich die entsprechenden Datenreihenformeln anschauen.

Soviel zum Prinzip. Die Frage ist, inwiefern das Editieren dieser Formeln sinnvoll sein könnte. Ein Beispiel: Sie würden gern die Anordnung der Datenreihen im Diagramm verändern. Ihnen wäre es am liebsten, wenn in jeder Rubrik zuerst unverändert die Haftpflichtprämie dargestellt wird. Dann jedoch statt der Teilkasko- die Vollkaskoprämie, und erst zuletzt die Teilkaskoprämie.

Eine Möglichkeit, dieses Ziel zu erreichen, besteht darin, die zugrundeliegende Tabelle entsprechend zu ändern. Sie vertauschen einfach die Inhalte der beiden Spalten C (Teilkasko) und D (Vollkasko) miteinander und erstellen das Diagramm anschließend neu.

Soll die Tabelle jedoch unverändert erhalten bleiben, ändern Sie einfach die Datenreihenformeln der dritten Datenreihe. Selektieren Sie mit der Maus irgendeine »Vollkasko-Säule«, damit in der Eingabezeile die zugehörige Datenreihenformel erscheint. Ersetzen Sie im letzten Argument die 3 durch eine 2.

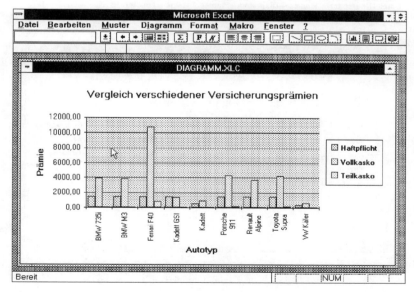

Bild 13.37: Ändern der Datenreihen-Reihenfolge durch Editieren der zugehörigen Datenreihenformeln

Das war's bereits. Die Datenreihe »Vollkasko« ist nun die zweite Datenreihe. Theoretisch müßten Sie noch in der Definition der bisher zweiten Datenreihe »Teilkasko« entsprechend die Datenreihennummer 2 durch eine 3 ersetzen.

In der Praxis bleibt Ihnen diese Änderung erspart. Excel erkennt, daß es nun eine andere zweite Datenreihe gibt und definiert die »alte« zweite Reihe durch Änderung des entsprechenden Arguments in der zugehörigen Formel selbständig in Datenreihe Nummer 3 um. Als Resultat erhalten Sie die gewünschte neue Reihenfolge »Haftpflicht«, »Vollkasko« und zuletzt »Teilkasko« der Datenpunktbilder – ohne jede Änderung der Tabelle selbst und Neuerzeugung des Diagramms.

Ausgehend von diesem Beispiel können Sie sich denken, welche weiteren Möglichkeiten im Editieren von Datenreihenformeln stecken. Zum Beispiel könnten Sie nachträglich den Namen einer Datenreihe ändern und dennoch die zugehörigen Texte in der Tabelle unverändert lassen. Nehmen wir als Beispiel wieder die Datenreihe »Vollkasko«, die ja nun die zweite Datenreihe ist. Ersetzen Sie das erste Argument *DIAGRAMM.XLS!$D$1* bitte durch »"Test"«, so daß sich folgende Formel ergibt:

```
=DATENREIHE("Test";DIAGRAMM.XLS!$A$2:$A$10;DIAGRAMM.XLS!$D$2:$D$10;3)
```

Beachten Sie, daß als Argument nun keine Zellreferenz (auf einen Text) mehr verwendet wird, sondern ein unmittelbar angegebener Text, der sich daher in Anführungszeichen befinden muß! In der Legende wird der alte Datenreihenname »Vollkasko« durch »Test« ersetzt.

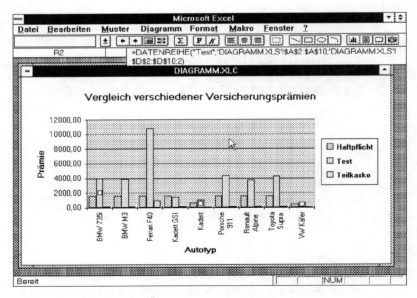

Bild 13.38: Ändern von Datenreihenreihennamen

Sicher, dieses Beispiel ist nicht sehr praxisgerecht. Nehmen wir ein anderes. Stellen Sie sich vor, Sie haben eine Tabelle mit einigen Zahlen – und zwar nur mit Zahlen, ohne Spalten- oder Zeilenüberschriften.

Als Diagramm dargestellt, erhalten Sie entsprechende Datenpunktbilder, zu denen jedoch jede Erklärung in Form einer Legende fehlt – entsprechend den fehlenden Texten in der Tabelle.

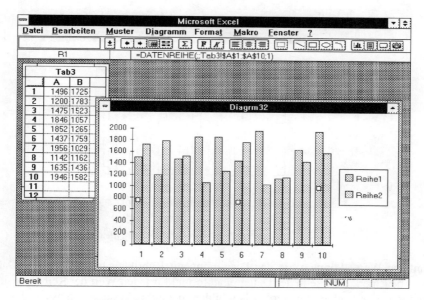

Bild 13.39: Diagramm mit unbenannter Legende

Nach *Legende einfügen* erhalten Sie zwar eine Legende. Sehr aussagekräftig ist sie aber nicht gerade. Das können Sie ändern – ohne nun gezwungermaßen die Tabelle mit Texten zu versehen. Schauen Sie sich die Eingabezeile an. Die Formel für die erste Datenreihe lautet:

`=DATENREIHE(;;TAB3!$A$1:$A$10;1)`

Die beiden Semikoli bedeuten, daß die beiden ersten Argumente nicht definiert sind. Also weder der Name der Datenreihe noch die Rubrikennamen. Sie könnten die Datenreihenformel nun zum Beispiel in

`=DATENREIHE("1990";;DIAGRAMM.XLS!$A$1:$A$10;1)`

ändern. Und entsprechend die Formel für die zweite Datenreihe, die

`=DATENREIHE(;;DIAGRAMM.XLS!$B$1:$B$10;2)`

lautet, in

`=DATENREIHE("1991";;DIAGRAMM.XLS!$B$1:$B$10;2)`

Als Ergebnis erhalten Sie das gleiche Diagramm wie zuvor, nun jedoch mit den Texten »1990« beziehungsweise »1991« in der Legende:

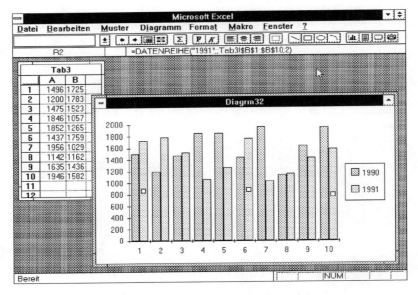

Bild 13.40: Nachträglich eingefügte Legendentexte

Auf ähnliche Weise könnten Sie das Diagramm mit Rubrikennamen versehen. Dabei ist jedoch zu beachten, daß Sie in der Datenreihenformel für jeden Wert der Reihe genau einen Rubrikennamen eingeben müssen! Also bilden mehrere Texte gemeinsam das zweite Argument, im Beispiel 10 Stück. Sie müssen sie nach folgendem Schema eingeben:

`...;{"Text1";"Text2";"Text3";...;"TextN"};...`

Also eingeschlossen in geschweifte Klammern und jeweils durch ein Semikolon getrennt, wie eine Matrixkonstante. Im Beispiel habe ich in der Formel für die erste Datenreihe auf diese Weise die zehn Rubrikennamen »Jan« bis »Sep« definiert:

`=DATENREIHE("1990";{"Jan";"Feb";"Mae";"Apr";"Mai";"Jun";"Jul";"Aug";"Sep"};`
`DIAGRAMM.XLS!$A$1:$A$9;1)`

Es reicht vollkommen aus, diese Rubrikennamen in nur einer Datenreihenformel einzufügen (vgl. Bild 13.41).

Selbstverständlich können statt Texten auch Bezüge auf Texte eingefügt werden, zum Beispiel der Bezug *TEST.XLS!$A$1:$A$10*. Dieser Bezug veranlaßt Excel, die im Bereich A1:A10 in der Tabelle *TEST.XLS* enthaltenen Texte als Rubrikennamen zu verwenden. Wie Sie sehen, dürfen in Datenreihenformeln Bezüge auf beliebige Dateien enthalten sein. Sie können daher irgendwelche in einer Datei *TEST.XLS* enthaltene Texte als Rubrikennamen, andere, in *HALLO.XLS* enthaltene Texte als Datenreihennamen und in einer dritten Datei enthaltene Zahlen als die eigentlich darzustellenden Werte verwenden.

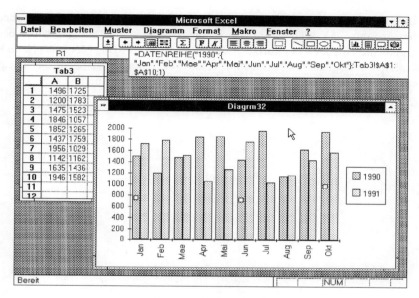

Bild 13.41: Nachträglich eingefügte Rubrikennamen

Der Befehl *DIAGRAMM Datenreihen bearbeiten...* ermöglicht ähnliches. Allerdings auf komfortablere Weise. Wenn Sie ihn anwählen, erscheint folgende Dialogbox:

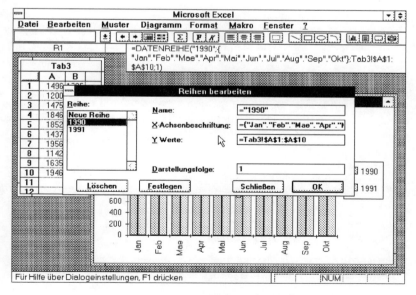

Bild 13.42: Der Befehl DIAGRAMM Datenreihen bearbeiten...

In der Box wird die momentan selektierte Datenreihe beschrieben. Unter »Name«, »X-Achsenbeschriftung«, »Y Werte« und »Darstellungsfolge« können Sie die soeben beschriebenen Argumente erheblich komfortabler eingeben als zuvor. Das Element »Neue Reihe« des Listenfelds ermöglicht die Aufnahme einer weiteren Datenreihe in das Diagramm, »Löschen« löscht eine bereits existierende, die im Listenfeld selektiert wird.

Makros

ABCD**E**

14 Grundlagen

Allmählich nähern wir uns dem Ende dieses Buches. Im letzten Teil geht es um die möglichst komfortable und automatisierte Anwendung von Excel mit Hilfe von »Makros«.

Im einfachsten Fall ist ein Makro eine Aufzeichnung von Tastenbetätigungen, die auf Befehl abgespult wird. Zum Beispiel könnten Sie die Tastenfolge, die Sie benötigen, um eine Tabelle auszudrucken, aufnehmen und ihr den Namen »Drucken« geben. Jeder Schritt wird aufgenommen, die Anwahl des Menüs »Datei«, die Wahl des Kommandos »Drucken...« und die Einstellungen in der folgenden Dialogbox. Alle diese normalerweise manuell durchzuführenden Schritte spult Excel automatisch ab, wenn Sie das Makro »Drucken« aufrufen.

Allerdings ist dieses Beispiel sehr einfach. Makros ermöglichen nicht nur das Aufzeichnen von Tastenbetätigungen. Für komplexe Probleme stellt Ihnen Excel zusätzlich eine »Makrosprache« und »Makrofunktionen« zur Verfügung. Beides zusammen ergibt eine echte Programmiersprache, die für Sie vor allem interessant ist, wenn Sie Excel nicht zur Lösung eigener Probleme einsetzen, sondern im Kundenauftrag.

Mit Hilfe dieser Programmiersprache können Sie sehr komplexe Anwendungen erstellen, die Ihre indivuelle »Handschrift« tragen. Zum Beispiel statt der üblichen Excel-Menüs und Dialogboxen eigendefinierte Menüs und Dialogboxen, exakt zugeschnitten auf die betreffende Anwendung.

14.1 Funktionsweise von Makros

Nach einer Einführung in die Prinzipien, auf denen Makros basieren, werde ich zunächst die einfachste Anwendung erläutern: die Aufzeichnung von Tastenbetätigungen mit Hilfe des »Makrorekorders«. Und erst anschließend auf die erheblich anspruchsvollere »Makroprogrammierung« eingehen. Allerdings nicht auf jede Einzelheit, da die Besprechung der Makroprogrammierung im Detail ein eigenständiges Buch erfordern würde und im Rahmen dieses Buches nur ein Überblick möglich ist.

14.1.1 Makroarbeitsblätter

Ein Makro ist eine Folge von Anweisungen, die Excel nacheinander ausführen soll. Diese Anweisungen werden in separaten Arbeitsblättern gespeichert, den »Makroarbeitsblättern«.

Sie werden mit *DATEI Neu...* erzeugt. Danach haben Sie die Wahl zwischen den Optionen »Makrovorlage« und »Internationale Makrovorlage«. Der Unterschied betrifft die in den Vorlagen enthaltenen Funktionsaufrufe. Normale Makrovorlagen sind an die jeweilige Landessprache angepaßt. Die entsprechenden Makrofunktionen sind also deutschsprachig. Internationale Vorlagen verwenden dagegen englische Funktionsbezeichnungen. Zum Beispiel heißt die Funktion *RÜCKSPRUNG()* in einer internationalen Vorlage *RETURN()*. Ich werde übrigens ausschließlich nationale Makrovorlagen mit deutschen Funktionsbezeichnungen verwenden, was Sie selbstverständlich nicht unbedingt übernehmen müssen.

Zu unterscheiden sind »Befehls-« und »Funktionsmakros«. Ein Befehlsmakro entspricht der erwähnten Anweisungsfolge, die auf Knopfdruck ausgeführt wird. Auch ein Funktionsmakro besteht aus einer Folge auszuführender Anweisungen. Funktionsmakros übergeben jedoch nach der Ausführung im Gegensatz zu Befehlsmakros einen Wert, den Funktionswert. Ein Funktionsmakro entspricht einer neuen Excel-Funktion, die von Ihnen definiert wird. Vorläufig werde ich ausschließlich Befehlsmakros besprechen und Funktionsmakros erst bei der Erläuterung der Makrofunktionen.

Zurück zum Makroarbeitsblatt. Folgen Sie bitte den nun von mir erläuterten Schritten. Erzeugen Sie zunächst mit dem Kommando *DATEI Neu...* und der Option »Makrovorlage« in der anschließend erscheinenden Dialogbox ein nationales Makroarbeitsblatt:

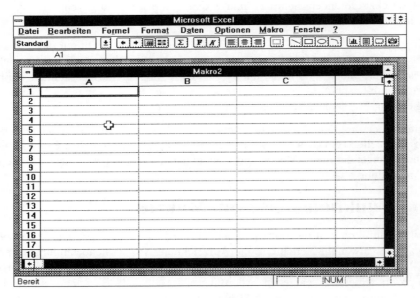

Bild 14.1: Ein Makroarbeitsblatt

Wie Sie sehen, ist eine neue Makrovorlage scheinbar identisch mit einer ganz normalen Tabelle. Ebenso wie ein neu erzeugtes Tabellenarbeitsblatt oder Diagramm erhält diese Vorlage einen von Excel vergebenen »Standardnamen«, in diesem Fall den Namen *MAKRO2*, da ich zuvor bereits eine solche Vorlage erzeugte.

Noch ist dieses Blatt leer. Später, wenn es Einträge enthält, können Sie es wie eine Tabelle editieren und Bereiche löschen, kopieren oder verschieben. Auch beim Speichern und Laden verhält sich dieses Arbeitsblatt wie gewohnt. Beim Speichern mit *DATEI Speichern* wird an den aktuellen Namen ein Zusatz angehängt, bei Makroarbeitsblättern die Erweiterung *.XLM*. Dieses Blatt würde Excel somit unter dem vollständigen Namen *MAKRO2.XLM* speichern. Mit *Speichern unter...* könnten Sie dem Blatt einen beliebigen anderen Namen geben, und mit *Öffnen...* laden Sie es wie gewohnt.

Die Spaltenbreite ist kein echter Unterschied zwischen einem Makro- und einem Tabellen-arbeitsblatt. Sicher, die Spalten sind breiter. Das können Sie jedoch jederzeit mit *FORMAT Spaltenbreite...* ändern. Denn auch dieser Befehl arbeitet wie gewohnt.

14|1|2| Makros schreiben

Der einzige echte Unterschied zu einer Tabelle besteht im Inhalt einer solchen Vorlage, den auszuführenden Anweisungen. Jede dieser Anweisungen ist ein eigener Funktionsaufruf, den Sie wie üblich als Formel in eine Zelle des Blattes eingeben. Versuchsweise wollen wir ein Makro erstellen, das den Ausdruck vorbereitet.

Sicher wäre es ganz nützlich, wenn vor dem Drucken einer Tabelle mit einem Tastendruck die üblichen Optionen für die Seitenzahl usw. eingestellt würden und vor dem Ausdruck noch die Seitenansicht der Tabelle erscheint. Dazu benötigen wir ein Makro, das den Befehl *DATEI Drucken...* wählt, unter »Kopien« eine 1 einstellt, unter »Seiten« die Option »Alle« aktiviert, zusätzlich die Option »Seitenansicht« aktiviert, und danach die Box schließt, so daß die erste Seite im Prüfmodus erscheint. Wir benötigen folgende Anweisungen:

- in A1: Test
- in A2: =DRUCKEN(1;;;1;FALSCH;WAHR;1;FALSCH;1)
- in A3: =RÜCKSPRUNG()

Geben Sie diese Anweisungen der Reihe nach untereinander in der ersten Spalte des noch leeren Blattes ein, in A1, A2 und A3. »Test« ist keine Anweisung, sondern stellt den Namen des Makros dar. Die beiden folgenden Eingaben enthalten jeweils genau einen Funktionsaufruf.

Die Funktion *DRUCKEN()* ist für den Ausdruck zuständig. Die einzelnen Argumente entsprechen der Anzahl der Kopien, dem ein- oder ausgeschalteten Prüfmodus und so weiter. Die Funktion *RÜCKSPRUNG()* bewirkt das Beenden eines Makros.

14|1|3| Makros benennen und ausführen

Nach dem Eingeben der auszuführenden Anweisungen muß das Makro benannt werden. Dazu genügt der Name »Aufzeichnung1« in A1 noch nicht. Zusätzlich müssen Sie jenem Feld, in dem das Makro beginnt, mit *FORMEL Namen festlegen...* einen Namen geben. Das kann wahlweise das Feld A1 mit der Überschrift »Aufzeichnung1« sein oder das Feld A2, das die erste »echte« Anweisung enthält.

Selektieren Sie nun bitte A1, und wählen Sie *FORMEL Namen festlegen...* Excel erkennt, daß sich diese Zuweisung auf ein Makro bezieht. Das Resultat ist eine Dialogbox, die sich von der sonst auf diesen Befehl hin erscheinenden Box leicht unterscheidet.

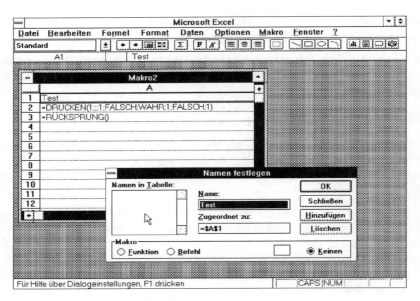

Bild 14.2: Makros benennen

Den Namen »Aufzeichnung« benötigt Excel intern. Ihn dürfen Sie auf keinen Fall löschen!

Davon abgesehen gibt Excel wie üblich als Bezug die momentan selektierte Zelle vor, also A1. Und als Namen den in diesem Feld enthaltenen oder daran angrenzenden Text, in unserem Fall »Test«.

Zusätzlich befinden sich am unteren Rand der Dialogbox die Optionen »Funktion«, »Befehl«, »Taste« und »Keinen«. »Funktion« und »Befehl« bestimmen, ob es sich um ein Funktions- oder ein Befehlsmakro handelt. Da wir vorläufig nur Befehlsmakros behandeln, aktivieren Sie bitte »Befehl«.

Mit »Taste« legen Sie fest, wie das Makro aufgerufen wird. Und zwar immer mit einer Kombination aus ⌷Strg⌷ und jener Taste, die Sie hier festlegen. Geben Sie ein ⌷a⌷ ein, und beenden Sie die Makrobenennung mit »Hinzufügen« oder »OK«. Im Eingabefeld befindet sich anschließend der Eintrag »Test«. Damit wäre das Makro vollständig definiert, und Sie können es anschließend jederzeit von Excel ausführen lassen.

Öffnen und aktivieren Sie bitte die Datei *BUCHFRG1.XLS*. Drücken Sie anschließend die festgelegte Tastenkombination ⌷Strg⌷+⌷a⌷. Excel beginnt die Ausführung mit dem zugehörigen Feld, in unserem Fall mit A1, und führt der Reihe nach alle Funktionsaufrufe aus. Die Standarddruckoptionen werden eingestellt, danach erscheint die Tabelle in der Seitenansicht. Der Aufruf der Funktion *RÜCKSPRUNG()* beendet die Makroausführung.

Voraussetzung zur Ausführung eines Makros ist, daß die zugehörige Vorlage geöffnet ist. Sie muß allerdings keineswegs das Fenster sein, sondern kann sich irgendwo im Hintergrund befinden.

Übrigens: Soweit ich nicht ausdrücklich auf eine andere Tastenkombination hinweise, können Sie jedes Makro auf der Begleitdiskette mit ⎡Strg⎤+⎡a⎤ *aufrufen!*

Eine alternative Methode zur Makroausführung bietet der Befehl *MAKRO Ausführen...*

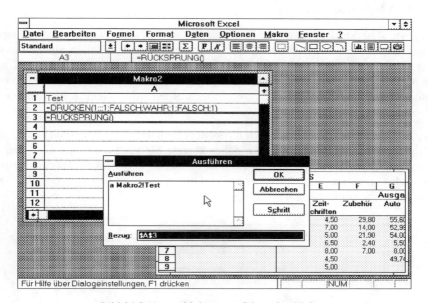

Bild 14.3: Auswahl des auszuführenden Makros

Er ermöglicht Ihnen, ein Makro komplett oder erst ab einer bestimmten Anweisung auszuführen. Die Ausführung beginnt immer ab der Zellreferenz »Bezug«. Ist gerade eine Makrovorlage aktiv, gibt Excel den Bezug der gerade aktiven Zelle vor, im Beispiel $A$3, die Anweisung =*RÜCKSPRUNG()*. Sie können diesen Bezug übernehmen, verändern, oder aber sinnvollerweise im Listenfeld eines der dort enthaltenen Makros selektieren.

Selektieren Sie unser Makro mit der Bezeichnung »a Makro2!Test«, erscheint unter Bezug die zugehörige Zellreferenz Makro2!Test, also der Name des Makros und der Name der Makrovorlage, in der es sich befindet. »OK« aktiviert die Ausführung: Die aktive Tabelle wird in der Seitenansicht gezeigt.

14 2 Der Makrorekorder

Die soeben erläuterte Methode können Sie in der Praxis nicht anwenden, da Sie die benötigten Makrofunktionen noch nicht kennen. Aber immerhin haben Sie nun einen gewissen Überblick über die Funktionsweise von Makros. Sie bestehen aus einzelnen Funktionsaufrufen, die in einer Makrovorlage gespeichert sind. Der Anfang des Makros ist benannt, und mit der definierten Tastenkombination oder dem Befehl *MAKRO Ausführen...* werden alle Anweisungen ab dem zugehörigen Bezug der Reihe nach von Excel ausgeführt. Bis zum Aufruf

RÜCKSPRUNG( ), der die Ausführung eines Makros beendet. Beziehungsweise *RETURN( )*, wenn Sie eine internationale Makrovorlage mit englischen Funktionsbezeichnungen erzeugt haben.

14|2|1| Makros aufzeichnen

Nun zu jener Methode der Makroerstellung, die Sie auf Anhieb anwenden können, der Aufzeichnung mit dem »Makrorekorder«. Der Rekorder ähnelt tatsächlich einem Kassettenrekorder oder Tonbandgerät. Er zeichnet Ihre Schritte auf, egal ob es sich dabei um die Betätigung der Tastatur oder der Maus handelt, und setzt sie in Aufrufe der entsprechenden Makrofunktionen um. Diese Funktionsaufrufe werden von Excel selbständig in eine Makrovorlage eingetragen.

Um das auszuprobieren, sollten Sie nun das bereits vorhandene Makroarbeitsblatt zunächst schließen. Es wird nicht mehr benötigt, daher können Sie auch die Frage nach dem Speichern verneinen. Wir erzeugen nun mit Hilfe des Rekorders ein Makro, das eine Datei nicht im Prüfmodus zeigt, sondern gleich ausdruckt. Öffnen Sie bitte *BUCHFRG1.XLS*. Wählen Sie *MAKRO Aufzeichnung beginnen...*

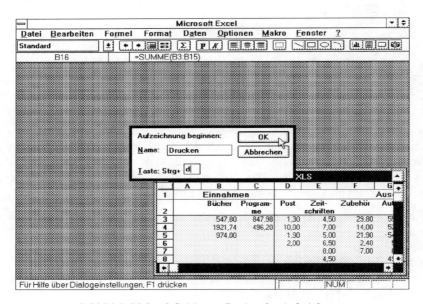

Bild 14.4: Makrodefinition zu Beginn der Aufzeichnung

Eine Dialogbox erscheint, in der Sie das aufzuzeichnende Makro definieren sollen. Die Definition besteht aus einem Namen für das Makro und einem zugeordneten Tastenschlüssel.

Als Makroname gibt Excel für das erste aufzuzeichnende Makro immer »Aufzeichnung1« vor, für das nächste »Aufzeichnung2« und so weiter. Und für den Tastenschlüssel des ersten Makros »a« (also die Tastenkombination Strg+a), für das nächste »b«, dann »c« usw.

Beide Vorgaben können Sie überschreiben. Geben Sie wie in der Abbildung gezeigt als Makroname »Drucken« und als Tastenschlüssel »d« ein. Die Aufzeichnung beginnt, wenn Sie »OK« aktivieren. Im Hintergrund erscheint ein von Excel automatisch angelegtes Makroarbeitsblatt.

Öffnen Sie nun das Menü *DATEI*, wählen Sie *Drucken...*, deaktivieren Sie den Prüfmodus, sollte er gerade aktiviert sein, und drücken Sie ⟨Enter⟩. Das aktive Arbeitsfenster wird ausgedruckt, also *BUCHFRG1.XLS*, wenn diese Tabelle zuvor aktiviert war.

Nach dem Ausdruck wählen Sie bitte *MAKRO Aufzeichnung beenden.* Dieser Befehl schaltet den Rekorder aus. Als Resultat erhalten Sie ein Makro, in dem alle während der Aufzeichnung von Ihnen gegebenen Kommandos aufgezeichnet wurden.

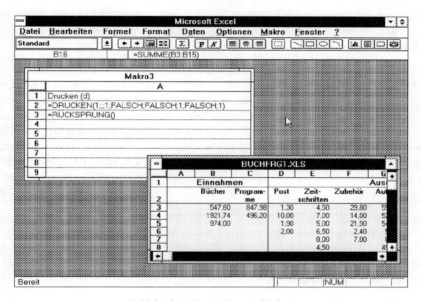

Bild 14.5: Aufgezeichnetes Makro

Excel legt beim Aufzeichnen mit dem Rekorder ein neues (nationales) Makroarbeitsblatt an, wenn gerade keines geöffnet ist. Wie Sie sehen, hat der Rekorder A1 den von uns vergebenen Makronamen »Drucken« gespeichert – mit dem Zusatz »(d)«, der darauf hinweist, daß dem Makro der Tastenschlüssel ⟨Strg⟩+⟨d⟩ zugewiesen wurde. Mit *FORMEL Namen festlegen...* können Sie sich bei aktivierter Makrovorlage davon überzeugen, daß nun ein neuer Name »Drucken« existiert – und zusätzlich der Name »Aufzeichnung«, auf den ich gleich näher eingehe.

Der Rekorder führt somit alle Schritte, die wir beim Schreiben eines Makros erledigen müssen, selbständig aus. Er wandelt Tastendrücke in Funktionsaufrufe um, speichert diese in einer Makrovorlage und benennt das Makro. Übrigens verwendet er englische Funktionsbezeichnungen, wenn Sie eine internationale Makrovorlage erzeugt haben.

Sie können die gespeicherten Anweisungen wie bei einem selbst geschriebenen Makro mit dem Tastenschlüssel (hier: $\boxed{\text{Strg}}$+$\boxed{\text{d}}$) oder dem Kommando *Makro ausführen...* jederzeit automatisch ausführen lassen.

14|2|2| Aufzeichnungsmodi

Bei der Aufzeichnung eines weiteren Makros wird Excel keine neue Makrovorlage öffnen, sondern die bereits vorhandene Vorlage verwenden. Das zweite Makro wird in Spalte B gespeichert, ein drittes in Spalte C und so weiter.

Diese automatische Festlegung der Makroposition funktioniert jedoch nur, wenn Sie nicht versehentlich im Listenfeld des Befehls *Namen festlegen...* den Eintrag »Aufzeichnung« gelöscht haben. Excel merkt sich unter diesem Namen immer die zuletzt verwendete Spalte der Makrovorlage. Lautet der zugehörige Bezug beispielsweise $A$1, weiß Excel, daß das zuletzt aufgezeichnete Makro in Spalte A enthalten ist und verwendet für das nächste Makro Spalte B – und aktualisiert den Bezug entsprechend in $B$1.

Haben Sie diesen Namen versehentlich gelöscht, müssen Sie ihn entweder selbst definieren. Oder aber die Position des Makros vor der Aufzeichnung genau festlegen, was manchmal auch aus anderen Gründen nützlich sein kann. Und zwar mit dem Befehl *MAKRO Aufzeichnung festlegen*. Vor Beginn der Aufzeichnung selektieren Sie in Ihrer Makrovorlage das erste Feld, das für die Aufzeichnung benutzt werden soll, zum Beispiel E15. Dann wählen Sie *Aufzeichnung festlegen...* Starten Sie anschließend die Aufzeichnung mit *Aufzeichnung beginnen...*, speichert Excel in E15 den Namen des aufzuzeichnenden Makros und in den darunterliegenden Zeilen die zugehörigen Anweisungen.

Es ist sogar möglich, Excel mitzuteilen, welcher Bereich der Makrovorlage zur Speicherung benutzt werden soll. Selektieren Sie vor Anwahl von *MAKRO Aufzeichnen...* zum Beispiel C5:C15, und wählen Sie wieder *Aufzeichnung festlegen*, werden nur diese zehn Felder für die folgende Aufzeichnung verwendet. Was jedoch bei umfangreichen Makros keinesfalls ausreicht. Es ist daher empfehlenswert, immer nur ein Feld (das »Startfeld«) vor Anwahl von *Aufzeichnung festlegen* zu selektieren, wenn Sie die Position eines Makros selbst bestimmen wollen.

Der Befehl *MAKRO Aufzeichnung ausführen* ermöglicht Ihnen auf einfache Weise, ein bestehendes Makro um weitere Anweisungen zu ergänzen. Sie selektieren *irgendein* Feld des bereits aufgezeichneten Makros und wählen *Aufzeichnung festlegen*. Anschließend geben Sie den Befehl *Aufzeichnung ausführen*. Excel wird nun ebenso wie bei dem Befehl *Aufzeichnung beginnen...* alle folgenden Aktionen in Form von Funktionsaufrufen speichern. Allerdings werden diese Anweisungen am Ende des bestehenden Makros angehängt. Die erste Anweisung überschreibt den Aufruf *RÜCKSPRUNG()*, also das bisherige Makroende. Alle weiteren Anweisungen werden in den darunterliegenden leeren Feldern gespeichert und das erweiterte Makro wird wie immer mit *RÜCKSPRUNG()* beendet, wenn Sie die Aufzeichnung mit *Aufzeichnung beenden* abschließen. Sie haben das alte Makro ohne größeren Aufwand um irgendwelche zuvor übersehenen Anweisungen ergänzt.

Wenn Sie ein Makro mit dem Rekorder aufzeichnen, das Zellreferenzen enthält, verwendet Excel üblicherweise absolute Bezüge. Sie können das während der Aufzeichnung jederzeit mit dem Kommando *MAKRO Relative Aufzeichnung* ändern. Nach Anwahl dieses Kommandos verwendet Excel während der Fortsetzung der Aufzeichnung solange relative Bezüge, bis Sie das Kommando *MAKRO Relative Aufzeichnung* wählen, das den ursprünglichen Befehl inzwischen ersetzt hat. Sie können somit während der Makroaufzeichnung jederzeit zwischen beiden Bezugsarten umschalten.

14|2|3| Speichern, laden, schützen und editieren

Ein Makro können Sie nur anwenden, wenn die zugehörige Makrovorlage geladen ist. Sie speichern diese Vorlage wie jede andere Dateiart mit *Speichern* oder *Speichern unter...*, wobei Excel als Erweiterung *.XLM* verwendet.

Unter »Dateiformat« stehen Ihnen im Vergleich mit dem Speichern von Tabellen weitere Formate zur Verfügung. Besonders interessant ist das Format »Intl. Makro«, das »internationale Makroformat«. Wenn Sie Ihre Vorlage in diesem Format speichern, ersetzt Excel in der gespeicherten Datei alle deutschsprachigen Funktionsbezeichnungen durch ihre englischen Äquivalente. Zum Beispiel wird das Makro

```
=AUSWÄHLEN(!B1)
=GEHEZU(!A5)
=RÜCKSPRUNG()
```

ersetzt durch

```
=SELECT(!B1)
=GOTO(!A5)
=RETURN()
```

Das Format »Intl. Zusatz« speichert Ihre Vorlage als sogenanntes »Add-in«, die ich in Kürze beschreibe. Übrigens können Sie auch Makrovorlagen beim Speichern mit einem Kennwort schützen oder mit dem Befehl *OPTIONEN Datei schützen...*

Das Laden funktioniert ebenfalls wie gewohnt, wobei der Befehl *Arbeitsbereich speichern...* in diesem Fall besonders nützlich ist. Denn Makros werden Sie häufig auf ganz bestimmte Tabellen anwenden. Dann ist es äußerst lästig, die Tabelle und die Makrovorlage in zwei Schritten getrennt laden zu müssen. Eine Arbeit, die Ihnen *Arbeitsbereich speichern...* erspart. Sie sichern den kompletten aktuellen Zustand Ihrer Dateien und Fenster, zum Beispiel unter dem Namen *WIEDER.XLW*, und laden später nur diese eine Datei. Excel lädt automatisch die zugehörige Tabelle und Makrovorlage nach.

Wie bereits erwähnt, können Sie Makrovorlagen mit den üblichen Befehlen editieren. Sie können zum Beispiel ein Makro, das sich in Spalte A befindet, selektieren, und anschließend mit *Ausschneiden* und *Einfügen* in Spalte B verschieben. Den Bezug des Makronamens paßt Excel wie immer der neuen Situation automatisch an. Lautete der ursprüngliche Bezug vor dem Verschieben $A$1, ist der neue Bezug nun $B$1. Excel kennt somit die neue Position des Makros, und Sie können es immer noch problemlos aufrufen.

Sie können ein Makro jederzeit löschen, indem Sie den betreffenden Teil der Makrovorlage löschen, anschließend *Namen festlegen...* wählen und auch den zugehörigen Namen löschen.

Zum Thema Editieren gehört auch das Ändern des Tastenschlüssels. Eine sehr häufige Aufgabe, da es doch oft vorkommt, daß sich der ursprünglich vergebene Schlüssel später als ungeeignet herausstellt. Das nachträgliche Ändern ist sehr einfach. Wählen Sie *FORMEL Namen festlegen...*, selektieren Sie das betreffende Makro, und ändern Sie die angezeigte Schlüsseltaste. Beachten Sie dabei, daß Excel in diesem Fall zwischen Groß- und Kleinschreibung unterscheidet! Ein Makro, bei dem Sie als Schlüsseltaste »C« definieren, können Sie nicht mit ⌈Strg⌉+⌈c⌉ aufrufen, sondern nur mit ⌈Strg⌉+⌈C⌉.

Oft ist auch das Editieren einzelner Anweisungen sinnvoll und der kompletten Neu-aufzeichnung eines fehlerhaften Makros vorzuziehen. Um das auszuprobieren, erzeugen wir ein weiteres Makro. Das neue Makro soll die Seitenansicht eines gerade aktiven Dia-grammfensters zeigen, aber zuvor das Layout manipulieren. Die Standardkopfzeile, die in der Blattmitte den Dateinamen ausgibt, wird verändert. Statt dessen soll der Dateiname am linken Rand erscheinen und das aktuelle Datum am rechten Rand. Im Feld »Kopfzeile« der Layout-Dialogbox wird daher der Formatstring »&L&N&R&D« benötigt.

Aktivieren Sie bitte die Datei *BUCHFRG1.XLS*. Bei nicht aktivierter Makrovorlage benutzt der Rekorder automatisch die erste freie Spalte der Vorlage, also Spalte B, da Spalte A das zuvor aufgezeichnete Makro »Drucken« enthält.

Wählen Sie *Makro aufzeichnen...*, geben Sie als Name »Druckneu« und als Tastenschlüssel »n« ein. Die Aufzeichnung beginnt. Wählen Sie *DATEI Layout...*, und geben Sie den For-matstring »versehentlich« fehlerhaft ein. Und zwar bitte »&X&N&R&D« statt dem eigent-lich korrekten »&L&N&R&D«. Drücken Sie ⌈Enter⌉, wählen Sie *DATEI Drucken...*, deaktivieren Sie einen eventuell aktivierten Prüfmodus, und drucken Sie die Datei aus. Beenden Sie die Aufzeichnung anschließend mit *Aufzeichnung beenden.*

Beim Ausdruck wird aufgrund des fehlerhaften Formatstrings der Dateiname nicht links-bündig, sondern weiterhin in der Blattmitte erscheinen. Sie haben nun zwei Möglichkeiten: Entweder löschen Sie das Makro und zeichnen es komplett neu auf. Oder Sie editieren in der Vorlage den fehlerhaften Funktionsaufruf.

Abbildung 14.6 zeigt den fehlerhaften Aufruf. Selektieren Sie B2, und editieren Sie die Eingabezeile. Ersetzen Sie »X« durch »L«.

Vor allem bei sehr komplexen Makros kann das Editieren einzelner Anweisungen sehr viel Zeit ersparen. Zum Editieren gehört auch, fehlerhafte längere Makros nur teilweise neu auf-zuzeichnen. Sind die ersten Anweisungen korrekt, löschen Sie den fehlerhaften Teil und wählen *Aufzeichnung festlegen*. Mit *Aufzeichnung ausführen* starten Sie die Aufzeichnung der folgenden Anweisungen ab dem aktuellen Makroende und zeichnen nun den zuvor fehlerhaften Teil erneut auf.

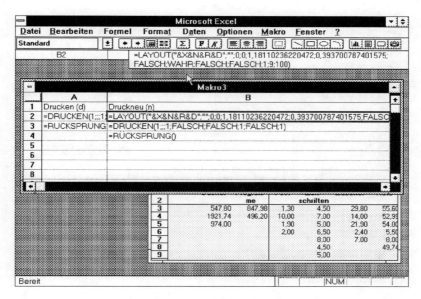

Bild 14.6: Fehlerhafter Funktionsaufruf in einem Makro

14|2|4| Autoexec-Makros

Eine sehr nützliche Sache sind die »Autoexec-Makros«, Makros, die beim Laden und/oder Schließen einer Datei automatisch ausgeführt werden. Sie definieren in der betreffenden Datei, meist einer Tabelle, mit *Namen festlegen...* den Namen »auto_laden«. Als Bezug geben Sie das erste Feld jenes Makros an, das nach dem Laden der Datei automatisch ausgeführt werden soll. Das Resultat: Sie laden Ihre Tabelle, und Excel führt das betreffende Makro aus. Dabei ist es keineswegs Voraussetzung, daß Sie zuvor die Makrovorlage selbst laden. Befindet sich die Vorlage nicht im Speicher, lädt Excel außer der Tabelle auch die Makrovorlage und führt danach das darin enthaltene Makro aus.

Ein Beispiel: Wir schreiben ein Makro, das nach dem Laden der Datei *DIAGRAMM.XLS* die darin enthaltenen Daten automatisch als Diagramm präsentiert. Schließen Sie zunächst alle Dateien, die sich momentan im Speicher befinden. Laden Sie *DIAGRAMM.XLS*. Da wir diese Datei nicht verändern wollen, wählen Sie bitte *Speichern unter...*, und speichern Sie die Datei unter dem Namen *AUTOEXEC.XLS*. Wir haben nun eine Kopie von *DIAGRAMM.XLS* erzeugt, an der wir diese neue Anwendung von Makros ausprobieren wollen. Wählen Sie *Aufzeichnung beginnen...*

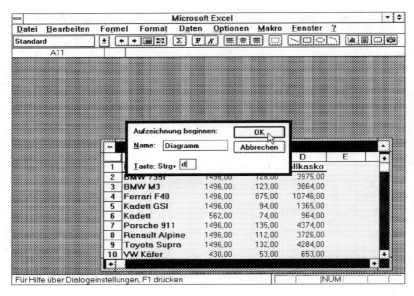

Bild 14.7: Erzeugen eines Autoexec-Makros

Geben Sie dem Makro entsprechend dieser Abbildung den Namen »Diagramm«, und ordnen Sie ihm den Tastenschlüssel ⒟ zu. Zeichnen Sie danach mit dem Rekorder folgende
Schritte auf:

■ Bereich A1 bis D10 selektieren

■ *DATEI Neu...* wählen, Diagramm erzeugen

■ Diagramm auf Vollbild »zoomen«

Beenden Sie die Aufzeichnung, und wählen Sie *FENSTER Alles anordnen.* Sie sehen außer
dem Diagramm- und dem Tabellenfenster ein drittes Fenster: die vom Rekorder erzeugte
Makrovorlage. Welchen Namen sie besitzt, hängt davon ab, wie viele Makrovorlagen Sie
bereits während dieser Excel-Sitzung erzeugt haben. Haben Sie wie ich bereits drei erzeugt,
trägt diese neue Makrovorlage wie in der Abbildung den Namen *MAKRO4.XLM.* Aktivieren Sie das Tabellenfenster, und wählen Sie *FORMEL Namen festlegen...*

Geben Sie als Makronamen, wie in dieser Abbildung gezeigt, »auto_laden« ein. Aktivieren
Sie das Feld »Bezug«. Klicken Sie mit der Maus in der Makrovorlage das erste Feld des
aufgezeichneten Makros an, die in A1 enthaltene Überschrift »Diagramm«. Heißt auch Ihre
Vorlage *MAKRO4.XLS*, sollte der von Excel eingefügte Bezug wie in der Abbildung
MAKRO4.XLM!$A$1 lauten.

Nun wählen Sie bitte den umgeschalteten Befehl *DATEI Alles schließen* (Anwahl des
DATEI-Menüs bei gedrückter ⸢Umschalt⸥-Taste). Bestätigen Sie die Speicherung von Änderungen in der Tabelle und der Makrovorlage, und speichern Sie die Vorlage unter dem vorgegebenen Namen. Das Diagramm zu speichern ist unnötig.

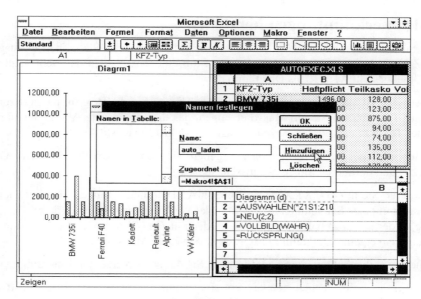

Bild 14.8: Bezug auf Autoexec-Makro herstellen

Laden Sie anschließend *AUTOEXEC.XLS*, die soeben gespeicherte Tabelle mit dem Bezug auf das Autoexec-Makro in der ebenfalls gespeicherten Makrovorlage. Beobachten Sie genau, was passiert: Excel lädt die Tabelle und erkennt, daß darin der Name »auto_laden« definiert ist. Und daß sich dieser Name auf ein Feld in der Makrovorlage *MAKRO4.XLS* bezieht (die wie gesagt bei Ihnen nicht unbedingt den gleichen Namen besitzen muß). Mit dem Resultat, daß Excel auch diese Datei lädt und anschließend das Makro ausführt, das im betreffenden Feld beginnt – der Bereich A1:D10 wird selektiert, ein Diagramm erzeugt und als Vollbild dargestellt. Dieser Vorgang wird sich jedesmal wiederholen, wenn Sie diese Tabelle laden.

Übrigens ist es alternativ möglich, beim Schließen einer Tabelle automatisch ein Makro ausführen zu lassen. In der Tabelle definieren Sie mit Bezug auf dieses Makro nicht den Namen »auto_laden«, sondern »auto_schließen«. Das war's bereits. Beim Schließen der Tabelle führt Excel das betreffende Makro automatisch aus – eventuell nach vorhergehendem Laden der Makrovorlage, wenn sich diese momentan nicht im Speicher befindet.

14|3| **Makros und Grafikobjekte**

Makros können mit beliebigen Grafikobjekten verbunden sein, Textboxen, Linien, Kreisen und so weiter. In jedem Fall kann über das betreffende Objekt das zugehörige Makro gestartet werden.

14|3|1| Verknüpfungen herstellen

Öffnen Sie bitte die Datei *OBJEKT.XLS* auf der Begleitdiskette. Sie enthält einmal mehr die KFZ-Versicherungsprämientabelle, ergänzt um eine Textbox, in der steht »Anklicken dieses Objekts stellt A1:A10 als Diagramm dar.«.

Diese Aussage ist allerdings noch nicht korrekt. Klicken Sie die Box an, passiert zunächst gar nichts. Erst müssen Sie ein Makro erzeugen, das die gewünschte Aktion ausführt, und es mit der Textbox verknüpfen. Erzeugen wir das Makro zunächst:

■ Wählen Sie *Aufzeichnung beginnen...*, geben Sie dem Makro den Namen »Objekt-makro«, und definieren Sie als Schlüsseltaste »⊡«.

■ Selektieren Sie in *OBJEKT.XLS* den Bereich A1:D10, und erzeugen Sie ein Diagramm. Entweder mit dem Säulendiagrammsymbol der Werkzeugleiste ein integriertes Diagramm (bitte in der später gewünschten Größe), oder mit *DATEI Neu...* und der Option »Dia-gramm« ein eigenes Diagrammfenster, wenn Sie keine Maus besitzen.

■ Beenden Sie die Aufzeichnung, und löschen Sie das soeben erzeugte Diagramm wieder.

Im Hintergrund befindet sich nun die von Excel angelegte Makrovorlage, die das auf-gezeichnete Makro »Objektmakro« enthält. Dieses Makro soll nun mit der Textbox ver-knüpft werden. Selektieren Sie die Textbox durch Anklicken. Wählen Sie *MAKRO Objekt zuweisen.*

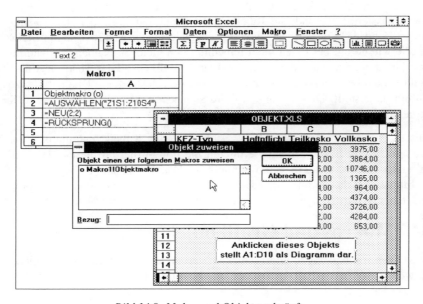

Bild 14.9: Makro und Objekt verknüpfen

Entscheidend für die Verknüpfung ist der Bezug im Eingabefeld der Dialogbox. Sie können ihn direkt eingeben oder in der Liste unter den vorhandenen benannten Makros wählen. Selektieren Sie bitte das einzige Element im Listenfeld, unser soeben aufgezeichnetes Makro »Objektmakro«, und wählen Sie »OK«.

Das Makro ist nun mit der Textbox verknüpft. Noch ist das Objekt selektiert. Selektieren Sie statt dessen bitte irgendeine Zelle der Tabelle. Bewegen Sie den Mauscursor anschließend langsam zur Textbox zurück. Wenn Sie den Rand erreichen, ändert sich seine Form: Er wird als Hand dargestellt.

Die Hand signalisiert, daß dieses Objekt nun eine besondere Funktion hat. Drücken Sie bei dieser Darstellungsform den linken Mausknopf, wird das zugehörige Makro aktiviert, im Beispiel aus dem Bereich A1:D10 ein in die Tabelle integriertes Diagramm erzeugt.

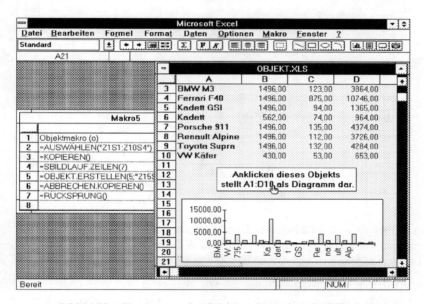

Bild 14.10: »Handcursor« bei Selektion des verknüpften Objekts

14.3.2 Schaltknöpfe

Wie gesagt, Sie können jedes in die Tabelle integrierte Grafikobjekt mit einem Makro verknüpfen, auch Pfeile oder integrierte Diagramme. Die häufigste Anwendung dürften jedoch Boxen sein, die irgendeinen Text enthalten, der auf die Aktion hinweist, die das Makro beim Anklicken des Objekts ausführt.

Als Objekt können Sie zu diesem Zweck entweder eine Textbox verwenden – oder aber einen »Schaltknopf«, das zweite Grafikobjekt von rechts in der Werkzeugleiste, neben dem Kamerasymbol.

Wie bei jedem anderen Grafikobjekt auch klicken Sie das Symbol an, und ein Fadenkreuz erscheint, mit dem Sie – bei gedrücktem linken Mausknopf – das Objekt in der Tabelle positionieren und seine Form und Größe bestimmen. Lassen Sie den Mausknopf los, erscheint eine graue Schaltfläche mit einem vorgegebenen Inhalt wie »Schaltfläche 1« – und die bereits bekannte »Makro-Objekt-Verknüpfungsdialogbox« öffnet sich.

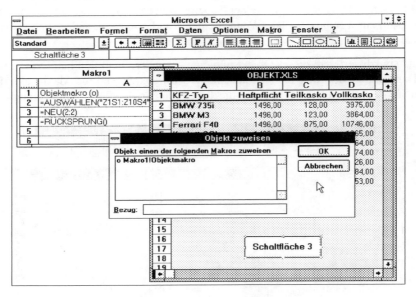

Bild 14.11: Makro-Schaltknöpfe

Die Box öffnet sich automatisch, da Excel davon ausgeht, daß dieses spezielle Symbol immer mit einem Makro verknüpft werden soll. Wenn nicht, wählen Sie »Abbrechen« und stellen die Verknüpfung zu einem späteren Zeitpunkt mit *Objekt zuweisen* her.

Sie können den Inhalt des Schaltknopfes wie den einer Textbox editieren, indem Sie irgendein Zeichen anklicken. Sie können ihn mit den Formatierknöpfen der Werkzeugleiste manipulieren oder mit den Befehlen *FORMAT Text...* und *FORMAT Schriftart...*

15| Makroprogrammierung

Der Rekorder erleichtert die Anwendung von Makros ungemein. Allerdings können Sie damit bei weitem nicht alle Möglichkeiten ausschöpfen. Das ist nur mit Hilfe der Makro-programmierung möglich, dem manuellen Schreiben von Makros unter Einsatz der Makrofunktionen – wobei jedoch oft zur Erleichterung der Rekorder mit eingesetzt wird.

Beachten Sie dabei bitte, daß es von der Art der Makrovorlage abhängt, welche Funktions-bezeichnungen der Rekorder einsetzt. Zeichnen Sie die Aktionen in einer internationalen Makrovorlage auf, setzt der Rekorder entsprechend englische Funktionsbezeichnungen ein, zum Beispiel *RETURN()* statt *RÜCKSPRUNG()* und *SUM()* statt *SUMME()*.

Überhaupt hängen die Ihnen zur Verfügung stehenden Funktionsbezeichnungen von der Art der Vorlage ab. Das zeigt sehr deutlich der Befehl *FORMEL Funktion einfügen...* Ist eine internationale Makrovorlage aktiv, enthält das zugehörige Listenfeld die englischen Funktionsbezeichnungen, ist eine nationale Vorlage aktiv, die deutschen Bezeichnungen. Es ist nicht möglich, beide Sprachen in einer Vorlage zu mischen. Ich werde übrigens aus-schließlich nationale Vorlagen verwenden.

15|1| Makrofunktionen

Makros bestehen aus Funktionsaufrufen. Ein Beispiel:

```
=AUSWÄHLEN(""Z1S1:Z10S4"")
=NEU(2)
=VOLLBILD(WAHR)
=RÜCKSPRUNG()
```

Dieses Makro selektiert in der aktiven Tabelle den Bereich A1:D10 und erzeugt daraus ein Diagramm in einem eigenen Fenster.

Die Funktion *AUSWÄHLEN()* selektiert den als Argument angegebenen Tabellenbereich. *NEU()* erzeugt ein neues Fenster, wobei das Argument 2 für die zweite Option »Diagramm« des entsprechenden Befehls *DATEI Neu...* steht. Die Funktion *VOLLBILD()* beeinflußt die Darstellung des aktiven Fensters. Das Argument *WAHR* bedeutet, daß es als Vollbild dar-gestellt wird, im Gegensatz zum Argument *FALSCH*.

Offenbar ist es gar nicht so schwierig, ohne den Rekorder Makros zu erzeugen, wenn die benötigten Makrofunktionen bekannt sind. Nur auf diese Weise können Sie zum Beispiel eigene Menüs erzeugen oder aus Excel heraus andere Anwendungen aufrufen.

Ich werde nun die verschiedenen Funktionsgruppen prinzipiell erläutern. »Prinzipiell« bedeutet, daß ich Ihnen anhand einiger ausgewählter Funktionen den praktischen Einsatz zeige. Interessieren Sie weitere Funktionen der jeweiligen Gruppe, finden Sie im Anhang eine komplette Übersicht.

Kommen Sie aber bitte keinesfalls auf die Idee, auf die folgenden Kurzübersichten völlig zu verzichten, nach dem Motto »der Anhang enthält ja ein vollständiges Funktionsverzeichnis«! Die folgenden Seiten zeigen nicht nur die Anwendung der einen oder anderen Makrofunktion, sondern erläutern zugleich wichtige allgemeingültige Prinzipien der Makroprogrammierung.

Die ersten Kapitel besitzen einführenden Charakter. Unverzichtbar sind jedoch die Abschnitte 15.1.3 »Aktionsäquivalente Funktionen und Bezugsformate« und 15.1.4 »Steuerfunktionen, Bedingungen und Schleifen«. Sie zeigen Ihnen nicht nur die Bedeutung der betreffenden Gruppen anhand einiger ausgewählter Funktionen. Vielmehr werden in »Sonstige aktionsäquivalente Funktionen« die verschiedenen in Makros vorkommenden Bezugsformate ausführlich erläutert. Und diese Bezugsformate in »Steuerfunktionen« zum Aufbau umfangreicherer Makros verwendet, die Ihnen zeigen:

■ wie Sie sich das Leben ganz ungemein erleichtern, indem Sie das manuelle Schreiben von Makros und die Aufzeichnung mit dem Rekorder miteinander verbinden. Und zur Erzeugung eines Makros teilweise die eine und teilweise die andere Methode einsetzen.

■ wie Bedingungen, Sprünge und Schleifen eingesetzt werden, also jene Elemente zur Ablaufsteuerung, ohne die ein größeres Programm nicht denkbar ist.

15.1.1 »Debuggen« von Makros

Bevor ich die Makrofunktionen bespreche, möchte ich noch einige Worte zum Thema »Debuggen« oder »Entwanzen« loswerden. Falls Sie diesen Begriff noch nicht kennen: In den Anfangstagen der elektronischen Datenverarbeitung wurde einmal ein Rechner durch eine Wanze lahmgelegt, die sich in die Kiste verirrt hatte – wird zumindest behauptet. Ob diese Geschichte nun wahr oder falsch ist, seitdem wird das Suchen und Entfernen von Fehlern in einem Programm als »Entwanzen« bezeichnet.

Wie Excel-Makroprogramme »entwanzt« werden, demonstriere ich wieder an einem Beispiel. Nehmen wir an, Sie schreiben ein Makro wie das in Bild 15.1.

Zweck dieses Makros ist es, die im Hintergrund sichtbare Tabelle *DIAGRAMM.XLS* zu formatieren. Jede der drei Zahlenreihen soll ein anderes Zahlenformat zugewiesen werden. Die Funktion *AUSWÄHLEN()* selektiert wie erläutert den angegebenen Bereich. Der Aufruf

```
=AUSWÄHLEN("Z2S2:Z10S2")
```

selektiert die erste Zahlenreihe, genauer: den Bereich B2 bis B10 der aktiven Tabelle. Wahrscheinlich wundern Sie sich darüber, daß dieser Bezug als Text (in Anführungszeichen) eingegeben wurde, und überhaupt über die Verwendung des Z1S1-Bezugsformats.

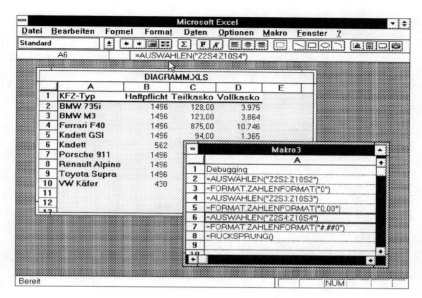

Bild 15.1: Fehlerhafter Funktionsaufruf

Dies ist eine Eigenheit der Funktion *AUSWÄHLEN()*. Dieser Funktion wird ein Bereich entweder wie hier im Format Z1S1 als Text übergeben oder aber im gewohnten Format A1. Dann jedoch nicht als Text und dafür mit einem zusätzlichen Ausrufezeichen vor der eigentlichen Bezugsangabe, das bedeutet, daß es sich um einen Bezug auf die aktive Tabelle handelt. Zum Beispiel in der Form !B2:B10. Welches Format Sie verwenden, ist prinzipiell Ihre Sache. Ich ziehe bei *AUSWÄHLEN()* das Format Z1S1 vor, da es auch dem Aufzeichnungsformat des Makrorekorders entspricht und daher Makros, die teilweise per Hand geschrieben und teilweise mit dem Rekorder aufgezeichnet werden, einheitlich sind.

Soviel zu dieser zweifellos ungewöhnlichen, aber momentan völlig nebensächlichen Bezugsangabe, die ich in Kürze ausführlich erläutern werde. Wichtig ist, daß dieser Befehl die erste Zahlenreihe selektiert und der folgende diesem nun selektierten Bereich das Zahlenformat »0« zuweist. Entsprechend selektiert der zweite Aufruf von *AUSWÄHLEN()* die zweite Reihe, der anschließend das Format »0,00« zugewiesen wird. Auf die gleiche Weise wird der dritten Zahlenreihe das Tausenderpunktformat zugewiesen.

Geben Sie diese Anweisungen bitte exakt so ein, wie es die Abbildung zeigt. Inklusive dem fehlerhaften dritten Aufruf von *AUSWÄHLEN()*! Fehlerhaft, da ich »versehentlich« *AUSWAHLEN* schrieb statt *AUSWÄHLEN* (siehe Abbildung, Eingabezeile). Benennen Sie das Feld A1 der Makrovorlage mit »Debugging«, weisen Sie dem Makro den Tastenschlüssel [d] zu, aktivieren Sie die Tabelle *DIAGRAMM.XLS*, und starten Sie das Makro.

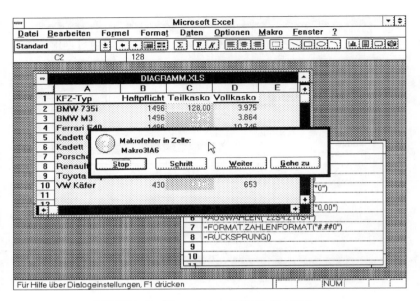

Bild 15.2: Ausführung eines fehlerhaften Makros

Diese Meldung erhalten Sie, wenn bei der Ausführung eines Makros ein Fehler auftritt. Excel weist Sie darauf hin, wo der Fehler auftrat und will wissen, wie es darauf reagieren soll. »Stop« oder die ⌈Esc⌋-Taste beendet die Makroausführung. »Weiter« setzt sie mit der nächsten Anweisung fort, was jedoch nach dem Auftreten eines Fehlers nur in den seltensten Fällen sinnvoll ist. »Gehe zu« aktiviert die Makrovorlage und selektiert dort die Zelle A6, die den fehlerhaften Aufruf enthält. »Schritt« erzeugt eine neue Dialogbox (vgl. Bild 15.3)

Die folgenden Anweisungen können Sie nun im »Einzelschritt-Modus« ausführen lassen. Excel zeigt Ihnen die nächste auszuführende Anweisung, wartet mit der Ausführung jedoch solange, bis Sie in dieser Box ebenfalls »Schritt« aktivieren. Die gezeigte Anweisung wird ausgeführt, anschließend wird die Ausführung erneut angehalten. Excel öffnet wieder diese Dialogbox und zeigt Ihnen die nächste Anweisung, deren Ausführung Sie ebenfalls mit »Schritt« veranlassen. Auf diese Weise können Sie das gesamte restliche Makroprogramm schrittweise ausführen lassen und nach jeder Anweisung deren Resultate überprüfen. Oder aber jederzeit mit »Stop« das Makro abbrechen beziehungsweise mit »Weiter« normal fortsetzen lassen.

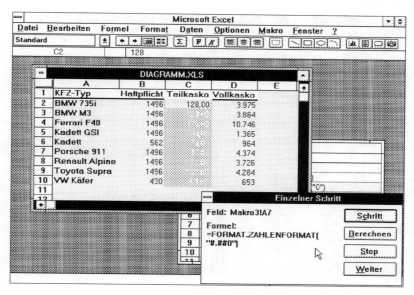

Bild 15.3: Einzelschritt-Dialogbox

»Berechnen« wertet die aktuelle Formel aus und zeigt den resultierenden Wert an, zum Beispiel 20, wenn als nächstes A7 ausgeführt würde und diese Zelle die Formel =2*(4+6) enthielte.

Die schrittweise weitere Ausführung eines Makros nach jener Stelle, an der ein Fehler auftrat, ist ebenso sinnlos wie die »normalschnelle«. Dennoch ist der Einzelschritt-Modus sehr nützlich. Allerdings in einem völlig anderen Fall: wenn Ihre Funktionsaufrufe zwar syntaktisch korrekt sind, aber nicht die gewünschte Wirkung erzielen. Wenn sich also logische statt syntaktischer Fehler im Programm befinden.

Nehmen wir wieder ein Beispiel. Korrigieren Sie zunächst den fehlerhaften Aufruf von *AUSWÄHLEN()*. Nun bauen wir einen logischen Fehler ein. Ersetzen Sie im zweiten Aufruf von *FORMAT.ZAHLENFORMAT()* (Zelle A5) den Formatierungsstring »0,0« durch »0,o«. Sie müssen zugeben, daß dieser Fehler recht praxisgerecht ist. Wer hat noch nie versehentlich statt der Zahl 0 den Buchstaben »o« eingetippt? Aktivieren Sie danach wieder *DIA-GRAMM.XLS*, und starten Sie das Makro.

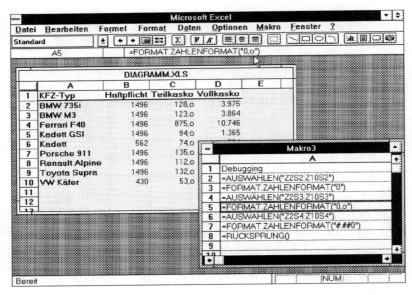

Bild 15.4: Auswirkung eines logischen Fehlers in einem Makro

Die Ausführung des Makros klappt ohne Beanstandungen, da für Excel jede der Anweisungen syntaktisch korrekt ist. Was jedoch nichts am fehlerhaften Formatstring und der entsprechend fehlerhaften Formatierung des Bereichs C2:C10 ändert.

In der Praxis würden Sie die Fehlerquelle in diesem Makro sicher auf Anhieb finden. Stellen Sie sich jedoch vor, das Makro wäre zehn- oder zwanzigmal so lang! Dann suchen Sie entweder endlos – oder greifen zum Einzelschritt-Modus.

Sie können diesen Modus einschalten, auch wenn im Makro kein Fehler auftritt. Am einfachsten, indem Sie es nicht über den zugeordneten Tastenschlüssel, sondern mit *MAKRO Ausführen...* starten (vgl. Bild 15.5).

Unter »Bezug« geben Sie einen Bezug auf jene Stelle des Makros ein, ab der es gestartet werden soll. Normalerweise die erste Anweisung, in unserem Fall wäre das A2. Noch bequemer ist es, die betreffende Zelle vor Anwahl von *Ausführen...* zu selektieren, da Excel immer den Bezug auf die aktive Zelle vorgibt. Starten Sie das Makro anschließend nicht mit »OK«, sondern mit »Schritt«. die Einzelschritt-Dialogbox erscheint, das Makro wird Anweisung für Anweisung ausgeführt.

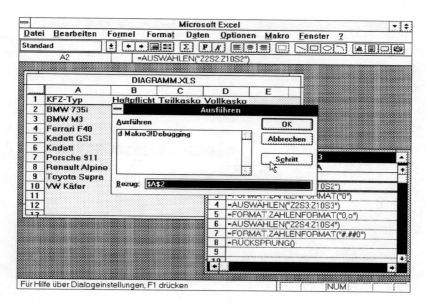

Bild 15.5: Makro im Einzelschrittmodus starten

Mit dieser Technik können Sie ein Makro ab einer beliebigen Position schrittweise ausführen lassen, zum Beispiel erst ab der zwanzigsten oder dreißigsten Anweisung.

Den Normalfall stellt jedoch die Ausführung ab der ersten Anweisung dar. Wobei es bei einem umfangreichen Makro selten sinnvoll ist, immer den Einzelschritt-Modus zu verwenden. Wenn Sie die ersten 20 von insgesamt 100 Anweisungen nicht interessieren, möchten Sie diese bestimmt mit normalem Tempo ausführen lassen und erst ab Anweisung Nummer 21 den Einzelschritt-Modus aktivieren.

Dazu benötigen Sie eine neue Makrofunktion, *EINZELSCHRITT()*. Dieser Funktion werden keine Argumente übergeben. Ihre einzige Aufgabe besteht darin, den Einzelschritt-Modus zu aktivieren.

Fügen Sie diese Anweisung bitte als dritte in das Programm ein, vor dem zweiten Aufruf von *AUSWÄHLEN()*. Wenden Sie also wie bei Tabellen die Befehle *Ausschneiden* und *Einfügen* oder alternativ *Leerzellen...* auf das Makro an, um alle der Überschrift folgenden Anweisungen um eine Zeile nach unten zu verschieben. Nach dem Einfügen des Funktionsaufrufs sollte Ihr Makro so aussehen:

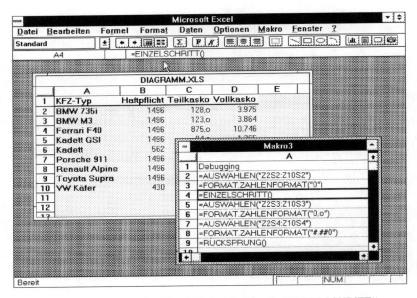

Bild 15.6: Aktivieren des Einzelschritt-Modus mit »EINZELSCHRITT()«

Aktivieren Sie *DIAGRAMM.XLS*, und starten Sie das Makro. Die beiden ersten Anweisungen werden noch ohne Pause ausgeführt. Dann schaltet der Aufruf von *EINZELSCHRITT()* den Einzelschritt-Modus ein. In der entsprechenden Dialogbox wird angezeigt, daß als nächstes der *AUSWÄHLEN()*-Aufruf in A5 ausgeführt wird. Im nächsten Schritt wird die fehlerhafte Formel *=FORMAT.ZAHLENFORMAT("0,o")* in A6 angezeigt (vgl. Bild 15.7).

In der Praxis würden Sie diese Anweisung nun ausführen lassen und sofort danach erkennen, daß das Resultat falsch ist – die Fehlerquelle ist lokalisiert.

Wie gesagt, *EINZELSCHRITT()* können Sie an beliebigen Stellen eines Makros aufrufen. Auch mehrmals! Nehmen wir an, Ihr Makro enthält zwei Fehler. Sie vermuten, daß die Fehler kurz nach Anweisung Nummer 10 beziehungsweise 50 auftreten. Dann fügen Sie vor beiden Stellen jeweils einen Aufruf von *EINZELSCHRITT()* ein, zum Beispiel als neue Anweisungen Nummer 10 und 50.

Nach dem Start des Makros werden die ersten 10 Anweisungen normal ausgeführt und erst danach der Einzelschritt-Modus eingeschaltet. Sie prüfen die nächsten drei oder vier Anweisungen in diesem Modus. Danach wird es erst wieder ab Anweisung Nummer 50 interessant. Also geben Sie in der Einzelschritt-Dialogbox das Kommando »Weiter«. Das Makro wird normal fortgesetzt, aber nur bis zur fünfzigsten Anweisung, da diese ja wiederum ein Aufruf der Funktion *EINZELSCHRITT()* ist.

In der Praxis wird man *EINZELSCHRITT()*-Aufrufe vor jede Anweisung setzen, die als mögliche Fehlerursache in Verdacht ist. Die betreffende Anweisung wird ausgeführt, Sie prüfen das Ergebnis. Ist es korrekt, lassen Sie das Programm mit »Weiter« bis zum nächsten *EINZELSCHRITT()*-Aufruf im »Eiltempo« fortsetzen.

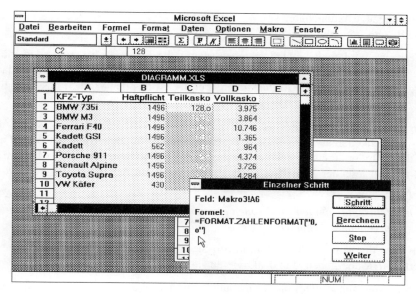

Bild 15.7 Makroausführung im Einzelschritt-Modus

15.1.2 Befehlsäquivalente Funktionen und Dialogfeldfunktionen

Ein »Makroprogramm« muß in der Lage sein, jede Möglichkeit von Excel auszunutzen. Auch das Öffnen von Menüs und die Anwahl darin enthaltener Befehle. Daher existiert in der Makrosprache von Excel zu jedem möglichen Befehl ein entsprechender Funktionsaufruf, eine entsprechende »befehlsäquivalente Funktion«. Zum Beispiel öffnet die Funktion *ÖFFNEN()* eine Datei, führt also die gleiche Aktion aus wie der zugehörige Befehl *DATEI Öffnen...*

ÖFFNEN(Datei_Text*;Aktualisieren_Verkn;Schreibschutz;Format;Kennwort; Schreibschutz_Kennwort;Schreibschutz_ignorieren;Dateiherkunft*)

Alle Argumente außer »Datei_Text« sind optional, müssen also nicht angegeben werden. »Datei_Text« ist der Name der zu ladenden Datei in Textform. Dieser Name kann um Laufwerks- und Verzeichnisnamen erweitert sein und muß sich wie jedes Textargument in Anführungszeichen befinden (siehe 8.1.2 »Argumente, Datentypen und verschachtelte Funktionsaufrufe«).

Es wäre zu langwierig, alle optionalen Argumente zu erläutern – vor allem, da der Anhang dieses Buches darüber Auskunft gibt. Stellvertretend für den Rest erläutere ich daher nur die beiden ersten optionalen Argumente. »Aktualisieren_Verkn« ist eine Zahl zwischen 0 und 3, die bestimmt, welche Bezüge nach dem Laden aktualisiert werden:

0: Keine Bezüge aktualisieren
1: Nur externe Bezüge aktualisieren

2: Nur Fernbezüge aktualisieren

3: Beide Bezugsarten aktualisieren

Normalerweise wird man wohl 3 angeben, damit die Datei nach dem Laden möglichst aktuelle Werte enthält. Oder dieses Argument ganz weglassen. Excel verwendet dann den Standardwert. Im Falle von »Aktualisieren_Verkn« ist das der Wert 3, das Aktualisieren aller Bezugsarten.

Das Argument »Schreibschutz« ist ein Wahrheitswert (*WAHR* oder *FALSCH*), das die Zugriffsmöglichkeiten auf die geladene Datei bestimmt. Mit dem Argument *WAHR* aktivieren Sie diese Option, die sich auch in der zugehörigen Dialogbox befindet. Mit dem Resultat, daß nur ein lesender Zugriff möglich ist, die Datei auf der Platte also nicht verändert werden kann – im Gegensatz zum Argument *FALSCH*.

Bei allen befehlsäquivalenten Funktionen existiert für jede Option der zugehörigen Dialogbox ein entsprechendes Argument.

Sie aktivieren die betreffende Option, indem Sie für das zugehörige Argument den Wahrheitswert *WAHR* übergeben, und deaktivieren sie mit dem Wert *FALSCH*.

Fast immer sind diese »Optionsargumente« optional. Was passiert, wenn Sie sie nicht angeben, hängt von der Dialogbox ab. Wenn Sie *DATEI öffnen...* wählen, ist in der zugehörigen Box die Option »Schreibschutz« immer deaktiviert. Das ist der Standardwert dieser Option. Ihn verwendet Excel, wenn Sie das Argument »Schreibschutz« beim Aufruf von *ÖFFNEN()* nicht angeben.

Allerdings gibt es auch Dialogfelder, bei denen einfach der aktuelle Optionszustand unverändert bleibt. Die Funktion *BILDSCHIRMANZEIGE()* entspricht dem Befehl *OPTIONEN Bildschirmanzeige...*, die zahllose Optionen enthält. Beim Aufruf von Excel sind sie teilweise aktiviert und teilweise deaktiviert. Ändern Sie diese Einstellungen, bleibt der neue Optionszustand bis zur nächsten Änderung erhalten. Die zugehörige Funktion *BILDSCHIRM-ANZEIGE()* arbeitet analog. Rufen Sie sie ohne Angabe der optionalen Argumente auf, bleibt der aktuelle Zustand der zugehörigen Optionen unverändert.

Allgemein: Entfällt ein optionales Argument, verwendet Excel – falls es ihn gibt – den Standardwert der betreffenden Option oder läßt den aktuellen Optionszustand unverändert. In jedem Fall verhält sich die Option genauso wie bei der manuellen Anwahl des Befehls statt beim Aufruf über die zugehörige befehlsäquivalente Funktion.

Schließen Sie nun bitte alle eventuell geöffneten Fenster, und erzeugen Sie eine neue Makrovorlage. Tragen Sie in dieser Vorlage in A1, A2 und A3 folgende Anweisungen ein:

```
Laden
=ÖFFNEN("DIAGRAMM.XLS";3;FALSCH)
=RÜCKSPRUNG()
```

Selektieren Sie A1, wählen Sie *Namen festlegen...*, nennen Sie dieses Feld »Laden« und verwenden Sie als Tastenschlüssel ⬜1. Rufen Sie das Makro anschließend mit Strg+1 auf.

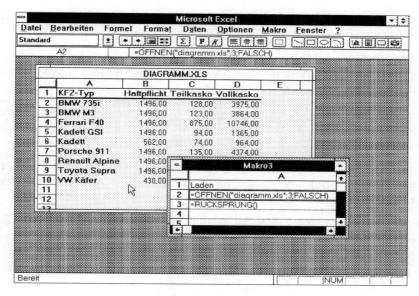

Bild 15.8: Befehlsäquivalente Makros

Wenn Sie sich im aktuellen Verzeichnis befindet, wird die Datei *DIAGRAMM.XLS* geladen, als hätten Sie den entsprechenden Menübefehl gewählt und die Datei in der Dialogbox selektiert. Beachten Sie bitte, daß *ÖFFNEN()* der vollständige Dateiname zu übergeben ist, inklusive Erweiterung! Verständlich, da ein Name wie *DIAGRAMM* mehrdeutig ist und sowohl auf *DIAGRAMM.XLS* als auch auf *DIAGRAMM.XLC* zutrifft.

Wenn Sie *FALSCH* durch *WAHR* ersetzen, *DIAGRAMM.XLS* schließen und das Makro erneut starten, wird die Datei schreibgeschützt geöffnet. Im Fenster befindet sich nun der Titel »DIAGRAMM.XLS [Schreibgeschützt]«.

Übrigens wäre das Resultat des ersten Versuchs mit *ÖFFNEN("DIAGRAMM.XLS";3; FALSCH)* ohne die beiden optionalen Argumente das gleiche gewesen, da sowohl das Argument 3 als auch *FALSCH* den Standardwerten dieser Argumente entsprechen. Der folgende Aufruf wäre daher äquivalent:

```
ÖFFNEN("DIAGRAMM.XLS";;)
```

oder einfacher

```
ÖFFNEN("DIAGRAMM.XLS")
```

Zum Umgang mit den Trennzeichen zwischen optionalen Argumenten: Ein Semikolon, dem keine weiteren Argumente folgen, können Sie wie in diesem Beispiel einfach weglassen. Folgen ihm jedoch irgendwelche angegebenen Argumente, muß das Semikolon stehenbleiben. Wollen Sie zum Beispiel für »Nur_lesen« den Wert *FALSCH* einsetzen, aber das Argument »Aktualisieren_Verkn« weglassen, dürfen Sie auf keinen Fall schreiben:

```
ÖFFNEN("DIAGRAMM.XLS";FALSCH)
```

Dieser Aufruf ist syntaktisch falsch! Denn *FALSCH* ist fälschlicherweise das zweite und nicht das dritte Argument. Korrekt ist dagegen folgender Aufruf:

`ÖFFNEN("DIAGRAMM.XLS";;FALSCH)`

Das entfallende Argument »Aktualisieren_Verkn« wird durch ein Semikolon ersetzt und *FALSCH* ist nun korrekt das Argument Nummer 3.

Für jeden Menübefehl existiert eine zugehörige befehlsäquivalente Funktion. Für einen Teil davon gibt es zusätzlich eine »Dialogfeldfunktion«. Und zwar für jeden Menübefehl, der eine Dialogbox aufruft. Zum Beispiel für *DATEI Öffnen...* oder *DATEI Layout...*

Der Name der betreffenden Dialogfeldfunktion ist bis auf eine winzige Kleinigkeit identisch mit der entsprechenden befehlsäquivalenten Funktion: ein zusätzliches Fragezeichen nach dem eigentlichen Funktionsnamen und vor den Argumentklammern.

ÖFFNEN() ist die befehlsäquivalente Funktion des Befehls *DATEI Öffnen...* Da nach Anwahl dieses Befehls eine Dialogbox erscheint, existiert zusätzlich eine entsprechende Dialogfeldfunktion, die *ÖFFNEN?()* heißt.

`Befehlsäquivalent:`
`ÖFFNEN(`*Datei_Text;Aktualisieren_Verkn;Schreibschutz;Format;Kennwort;*
Schreibschutz_Kennwort;Schreibschutz_ignorieren;Dateiherkunft`)`
`Dialogfeldfunktion:`
`ÖFFNEN?(`*Datei_Text;Aktualisieren_Verkn;Schreibschutz;Format;Kennwort;*
Schreibschutz_Kennwort;Schreibschutz_ignorieren;Dateiherkunft`)`

Von der Syntax her gibt es zwei Unterschiede: das zusätzliche Fragezeichen, und daß nun alle drei Argumente optional sind, auch »Datei_Text«. Fügen Sie in dem Makro bitte hinter *ÖFFNEN* das Fragezeichen ein, um – mit den gleichen Argumenten – die Dialogfeldfunktion aufzurufen (vgl. Bild 15.9).

Nach dem Aufruf wird nicht wie zuvor sofort *DIAGRAMM.XLS* geladen, sondern die Dialogbox erscheint. Mit Vorgabe des als Argument angegebenen Dateinamens im Eingabefeld. Dieses Argument könnte natürlich auch eine Pfadangabe oder Maske sein, zum Beispiel »C:\EXCEL*.*«.

Eine befehlsäquivalente Funktion führt den betreffenden Befehl vollständig aus, ohne daß der Benutzer eine Möglichkeit zum Eingreifen besitzt. Führt der Befehl zu einer Dialogbox, werden die übergebenen Argumente als Parameter für diese Box verwendet, so als hätte sie der Benutzer eingetippt und »OK« aktiviert.

Eine Dialogfeldfunktion dagegen setzt ebenfalls entsprechend den übergebenen Argumenten die zugehörigen Optionen der Box, wartet dann jedoch bei geöffneter Box auf die Bestätigung des Benutzers, der die Vorgaben gegebenenfalls ändern kann.

Was passiert, wenn alle drei optionalen Argumente nicht angegeben werden, auch kein Dateiname? Ändern Sie entsprechend den Aufruf in *ÖFFNEN?()*, und starten Sie das Makro (vgl. Bild 15.10).

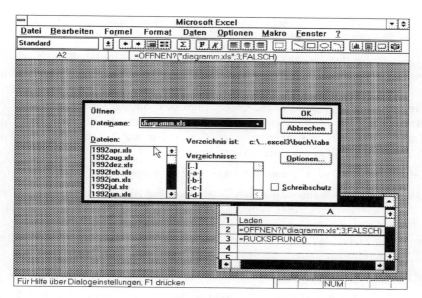

Bild 15.9: Aufruf der Dialogfeldfunktion »ÖFFNEN?()«

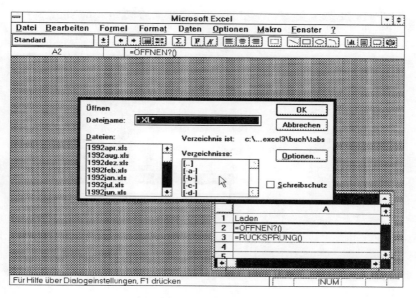

Bild 15.10: Verwendung der Standardwerte

Ohne das Argument »Datei_Text« verwendet Excel den zugehörigen Standardwert, die wohlbekannte Vorgabe »*.XL*«.

Die Dialogbox des Befehls *DATEI Öffnen...* war ein Beispiel für das Einsetzen von Standardwerten für nicht angegebene Optionen. Wie gesagt, abhängig von der Dialogbox können statt dessen die aktuellen Werte auch unverändert bleiben, zum Beispiel bei der Box des Befehls *OPTIONEN Bildschirmanzeige...*, mit dem Sie die Darstellung des Tabellen- oder Makroblattes beeinflussen können (Anzeige von Formeln, Gitternetzlinien, Spaltenköpfen und Nullwerten zulassen oder unterdrücken, Farbwahl). Die zugehörige Funktion *BILDSCHIRMANZEIGE()* besitzt folgende Syntax:

`BILDSCHIRMANZEIGE(`*Formel;Gitternetzlinien;Kopf;Null;Farbe;Gliederung;Seitenumbruch;Objekte*`)`

Jedes der ersten vier Argumente ist vom Typ »Boolean« (*WAHR* oder *FALSCH*) und entspricht der gleichnamigen Option. Geben Sie als Argument »Gitternetzlinien« zum Beispiel *FALSCH* an, wird die Option »Gitternetzlinien« deaktiviert und kein Raster mehr im Tabellen- oder Makroblatt angezeigt. Ersetzen Sie in Ihrem Makro bitte den Aufruf von *ÖFFNEN?()* durch

`BILDSCHIRMANZEIGE(;FALSCH;FALSCH)`

Er deaktiviert die zweite (»Gitternetzlinien«) und die dritte (»Köpfe«) Option. Alle anderen Einstellungen dieser Dialogbox bleiben unverändert.

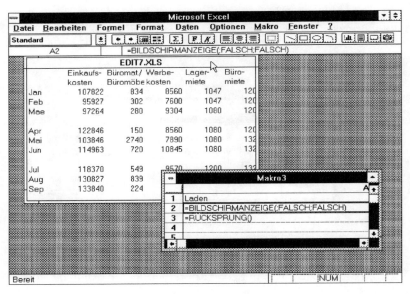

Bild 15.11: Anzeige von Gitternetzlinien und Spaltenköpfen unterdrücken

Diese Abbildung zeigt die Tabelle *EDIT7.XLS* nach der Ausführung des Makros. Das Raster und die Spaltenköpfe fehlen. Wenn Sie anschließend *OPTIONEN Bildschirmanzeige...* wählen, sehen Sie, daß beide Optionen deaktiviert sind. Und nun der Gegenversuch. Ersetzen Sie den Aufruf durch

```
BILDSCHIRMANZEIGE()
```

Nach dem Start des Makros ergibt sich keinerlei Veränderung. Lassen Sie Optionsargumente weg, bleiben in dieser Box die zugehörigen Optionseinstellungen unverändert.

All das gilt übrigens nur, wenn immer das gleiche Arbeitsblatt aktiv ist. Denn die Bildschirmanzeige bezieht sich immer auf ein bestimmtes Arbeitsblatt und kann für jedes Blatt separat eingestellt werden (siehe »Individuelle Bildschirmanzeigen«).

15|1|3| Aktionsäquivalente Funktionen und Bezugsformate

Befehlsäquivalente und Dialogfeldfunktionen führen Aktionen aus. Es gibt jedoch eine ganze Menge möglicher Aktionen, für die kein zugehöriger Menübefehl existiert.

Sie können zum Beispiel mit der Maus oder den Cursortasten einen Tabellenbereich selektieren oder den Fensterinhalt rollen. Diese Aktionen auch in einem Makroprogramm auszuführen, ist die Aufgabe der »sonstigen aktionsäquivalenten Funktionen«.

Ein Beispiel für diese Funktionsgruppe hatte ich bereits kurz erwähnt, die Funktion *AUSWÄHLEN()*. Zweifellos die wichtigste Funktion dieser Gruppe, denn was basiert in Excel nicht alles auf der vorhergehenden Selektion eines Bereichs. Daher werde ich diese Funktion nun ausführlich besprechen. *AUSWÄHLEN()* gibt es in vier Varianten:

```
AUSWÄHLEN(Element)
AUSWÄHLEN(Element;Einzelpunkt)
AUSWÄHLEN(Objektkenntext;Ersetzen)
AUSWÄHLEN(Auswahl;Aktives_Feld)
```

Am häufigsten werden Sie sicher die letzte Variante verwenden, die zur Selektion in einer Tabelle oder Makrovorlage verwendet wird. »Auswahl« ist ein einzelnes Feld, ein Bereich oder eine Mehrfachauswahl. »Aktives_Feld« ist das Feld, das innerhalb dieser Auswahl aktiv sein soll.

Die Anwendung von *AUSWÄHLEN()* ist nicht ganz einfach, weil die Wahl des Bezugsformats entscheidende Auswirkungen auf die Wirkungsweise ausübt. Die nun erläuterten Unterschiede zwischen den Bezugsformaten gelten prinzipiell übrigens nicht nur für *AUSWÄHLEN()*, sondern für alle Makrofunktionen!

Ein Makro, das ausgeführt wird, soll normalerweise auf eine Tabelle wirken. Also bietet es sich an, externe Bezüge auf das betreffende Fenster anzugeben, damit die korrekte Tabelle angesprochen wird, auch wenn gerade ein anderes Fenster aktiv ist, zum Beispiel die Makrovorlage selbst. Um zum Beispiel in *DIAGRAMM.XLS* den Bereich B2:B10 zu selektieren, würden Sie wahrscheinlich folgenden Aufruf verwenden:

```
AUSWÄHLEN(DIAGRAMM.XLS!B2:B10)
```

Genau das ist jedoch nicht zulässig! Werden *AUSWÄHLEN()* Bezüge im A1-Format übergeben, muß es sich um entweder um Bezüge auf das aktive Fenster oder auf die Makrovorlage selbst handeln. Externe Bezüge sind nicht möglich.

Interessant ist, daß Excel einen Bezug wie B2 immer als Bezug auf die Makrovorlage interpretiert – auch wenn gerade ein anderes Fenster aktiv ist! Nur wenn wie bei !B2 ein Anführungszeichen vorangestellt ist, meint der Bezug in jedem Fall die aktive Tabelle und nicht die Makrovorlage selbst! Wollen Sie in *DIAGRAMM.XLS* den Bereich B2:B10 selektieren, müssen Sie daher den Aufruf *AUSWÄHLEN(!B2:B10)* verwenden und vor dem Starten des Makros die betreffende Tabelle aktivieren.

Daß keine externen Bezüge zulässig sind, ist eine Spezialität von *AUSWÄHLEN()* und gilt nicht für andere Makrofunktionen. Gemeinsam ist jedoch allen, daß sich ein Bezug wie B2 immer auf die Makrovorlage bezieht und nur mit einem vorangestellten Anführungszeichen (!B2) die gerade aktive Tabelle angesprochen wird, auch wenn das nicht die Makrovorlage ist!

Wie immer haben Sie die Wahl zwischen relativen und absoluten Bezügen. Relative Bezüge haben wie sonst auch den Vorteil, daß sie beim Kopieren der Anweisung an eine andere Stelle der Makrovorlage angepaßt werden. Beim Kopieren um eine Zeile nach unten wird aus !B2:B10 der Bezug !B3:B11. Paßt Ihnen das nicht, verwenden Sie statt dessen absolute Bezüge:

`AUSWÄHLEN(!$B$2:$B$10)`

Die sich ebenfalls nur dann auf die aktive Tabelle beziehen, wenn sie mit einem Anführungszeichen beginnen, und ansonsten auf die Makrovorlage, unabhängig davon, welches Fenster gerade aktiv ist!

Der Makrorekorder benutzt das Bezugsformat Z1S1. Da es der Rekorder verwendet, sollten Sie sich der Einheitlichkeit wegen ebenfalls an dieses Format gewöhnen. Allerdings gibt es auch hierbei einige Besonderheiten zu beachten. Sie benötigen bei Bezügen auf die gerade aktive Tabelle kein zusätzliches Ausrufezeichen. Dafür müssen Z1S1-Bezugsargumente jedoch wie Textargumente in Anführungszeichen eingeschlossen werden. Also

`AUSWÄHLEN("Z2S2:Z10S2")`

mit absolutem beziehungsweise

`AUSWÄHLEN("Z(2)S(2):Z(10)S(2)")`

mit relativem Bezug. Und vor allem: Relative Bezüge im Z1S1-Format haben ihre Tücken. Laden Sie *DIAGRAMM.XLS*, und erstellen Sie ein Makro, das aus einer Überschrift, dem Funktionsaufruf *AUSWÄHLEN("Z(2)S(2):Z(10)S(2)")* und einem Aufruf von *RÜCKSPRUNG()* besteht. Aktivieren Sie *DIAGRAMM.XLS*, und *selektieren Sie als aktives Feld B5*, bevor Sie das Makro aufrufen.

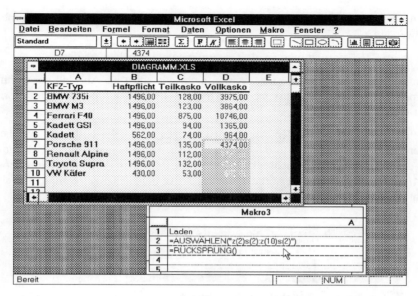

Bild 15.12: Ausgangszustand vor Aufruf des Makros

Selektiert wurde nicht etwa die zweite Spalte vom zweiten bis zum zehnten Feld, sondern der Bereich D7:D15. Ursache dafür ist das relative Format des Z1S1-Bezugs. Excel interpretiert diesen Bezug als *Abstand zur gerade aktiven Zelle*, die in diesem Fall B5 ist. Selektiert wird ein Bereich, der zwei Spalten rechts neben und unterhalb dieses Feldes beginnt, und ebenfalls zwei Spalten rechts daneben, aber zehn Zeilen darunter endet. Welcher Bereich selektiert wird, hängt bei Verwendung von relativen Bezügen im Z1S1-Format davon ab, welche Zelle gerade aktiv ist!

Im Gegensatz zu relativen Bezügen im A1-Format, die Excel als *Abstandsangabe zur Formelzelle* interpretiert, die den Aufruf von *AUSWÄHLEN()* enthält. Im A1-Format tritt dieses Problem somit nicht auf.

Sie sehen, bei der Übergabe von Bezugsargumenten an *AUSWÄHLEN()* und andere Makrofunktionen gibt es so manche Fehlerquelle. Eine kleine Zusammenfassung schadet daher bestimmt nicht.

▧ Im Gegensatz zu anderen Makrofunktionen können *AUSWÄHLEN()* keine externen Bezüge wie DIAGRAMM.XLS!B2 übergeben werden, sondern nur Bezüge auf die Makrovorlage selbst oder auf die aktive Tabelle.

▧ Generell (nicht nur bei *AUSWÄHLEN()*) meint eine Bezugsangabe wie B2 immer die Makrovorlage, auch wenn eine andere Tabelle aktiv ist. Mit einem vorangestellten Anführungszeichen (!B2) wird dagegen immer die aktive Tabelle angesprochen.

■ Im A1-Format sind nicht nur absolute, sondern auch relative Bezüge problemlos anzuwenden.

■ Bezüge im Z1S1-Format müssen als Textargumente übergeben werden.

■ Relative Bezüge im Z1S1-Format werden nicht wie sonst als Abstand zur Formelzelle interpretiert, sondern als Abstand zur aktiven Zelle! Sie sollten daher im Normalfall nicht verwendet werden.

Kommen wir zu dem optionalen Argument »Aktives_Feld«. Es bestimmt, welches Feld nach der Bereichsselektion darin das aktive Feld ist. Ohne nähere Angabe ist immer das Feld in der linken oberen Bereichsecke aktiv. In der folgenden Abbildung wird der Aufruf *AUSWÄHLEN(!B2:B10;!B5)* verwendet, um das aktive Feld näher zu bestimmen (vergessen Sie nicht das Ausrufezeichen vor der zweiten Bezugsangabe).

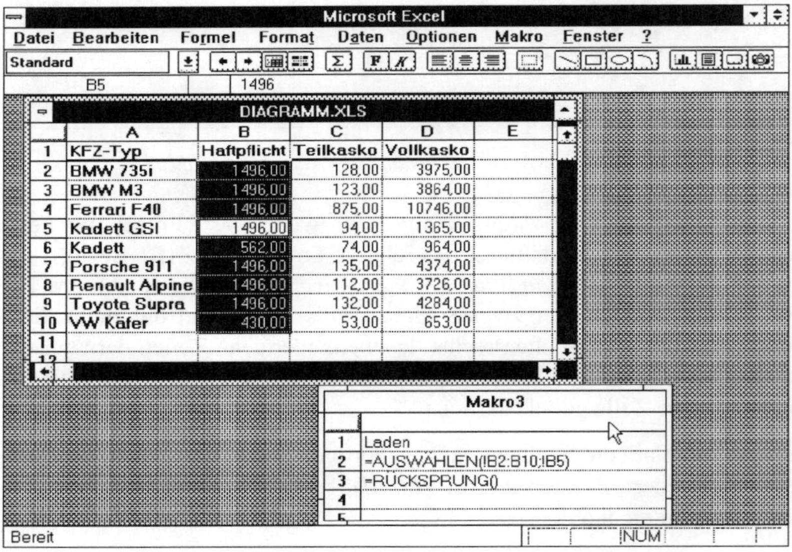

Bild 15.13: Wahl des aktiven Feldes in der Auswahl

Entsprechend wird der Bereich B2:B10 selektiert und danach ist B5 das aktive Feld dieses Bereichs. »Aktives_Feld« bezieht sich immer auf ein Feld in dem durch das erste Argument selektierten Bereich! Ist momentan ein Bereich selektiert, kann das erste Argument »Auswahl« entfallen. Zum Beispiel selektiert das Makro

```
=AUSWÄHLEN(!B2:B10)
=AUSWÄHLEN(;!B5)
```

zunächst den Bereich B2 bis B10 und wählt anschließend B5 als aktive Zelle des selektierten Bereichs. Wie gesagt, bei der Makroprogrammierung wird das Bezugsformat Z1S1 recht häufig verwendet. Zur Übung: Mit dieser Bezugsart lautet das Makro

```
=AUSWÄHLEN("Z2S2:Z10S2")
=AUSWÄHLEN(;"Z5B5")
```

Mit *AUSWÄHLEN()* können Sie nicht nur einen Bereich selektieren, sondern auch einfach das aktive Feld bestimmen. Indem Sie als Argument »Auswahl« keinen Bereich, sondern nur diesen einen Bezug angeben. Zum Beispiel bestimmt

```
AUSWÄHLEN(!C4)
```

C4 als aktives Feld. Ebenso wie der folgende Aufruf, der das Z1S1-Format verwendet:

```
AUSWÄHLEN("Z4S3")
```

Noch ein Beispiel zur Diagrammvariante *AUSWÄHLEN(Element)*. »Element« ist – in Textform – das zu selektierende Diagrammobjekt. Zum Beispiel selektiert

```
AUSWÄHLEN("Diagramm")
```

das komplette Diagramm und

```
AUSWÄHLEN("R2P4")
```

den vierten Datenpunkt der zweiten Datenreihe. Eine vollständige Liste der Diagrammobjekte und der zugehörigen Texte finden Sie im Anhang. Eine weitere wichtige »aktionsäquivalente« Funktion ist *FORMEL()*:

```
FORMEL(Formel ;Bezug)
```

Sie erlaubt die programmgesteuerte Eingabe von Formeln, Texten und Werten in die Felder einer Tabelle. »Formel« ist der zuzuweisende Feldinhalt, »Bezug« der Bezug auf das betreffende Feld – wobei es sich im Gegensatz zu AUSWÄHLEN() auch um einen externen Bezug handeln darf! Ohne das optionale Argument »Bezug« wird »Formel« dem gerade aktiven Feld zugewiesen. Einige Beispiele:

1. *FORMEL(100;"Z2S2")*: Speichert im Feld B2 der aktiven Tabelle den Wert 100.

2. *FORMEL("Hallo";"Z2S2")*: Speichert im gleichen Feld den Text »Hallo«.

3. *FORMEL("Hallo";DIAGRAMM.XLS!B2)*: Speichert diese Zeichenkette in *DIAGRAMM .XLS*, auch wenn gerade eine andere Tabelle aktiv ist.

Interessanter ist die Eingabe einer Formel. Beachten Sie, daß Sie die zuzuweisende Formeln in Anführungszeichen einschließen und für in der Formel enthaltene Bezüge das Format Z1S1 verwenden müssen! Ein korrektes Beispiel:

```
FORMEL("=2*Z5S1";"Z2S2")
```

Dieser Aufruf speichert im Feld B2 der aktiven Tabelle die Formel *=2*Z5S1*. Vergessen Sie bitte nicht das Anführungszeichen, mit dem jede Formel beginnt! Daß Sie das Z1S1-Format verwenden müssen, gilt übrigens wirklich nur für *in der Formel enthaltene* Bezüge. Beim Argument »Bezug« haben Sie die Wahl zwischen dem Z1S1- und dem A1-Format. Sie könnten das Beispiel auch so formulieren:

```
FORMEL("=2*Z5S1";!B2)
```

Auch dieser Aufruf speichert in B2 die Formel *=2*Z5S1*. Und zwar dank des Ausrufezeichens im Feld B2 der aktiven Tabelle. Der Aufruf

```
FORMEL("=2*Z5S1";B2)
```

speichert die Formel dagegen in der Makrovorlage selbst, egal welche Tabelle gerade aktiv ist.

Zum Schluß möchte ich aus dieser Funktionsgruppe noch *AKTIVIEREN( )* vorstellen:

AKTIVIEREN(*Fenster_Text;Unterfenster_Nummer*)

Eine sehr nützliche Funktion, die das Aktivieren eines beliebigen geöffneten Fensters erlaubt. »Fenster_Text« ist der Name des Fensters, zum Beispiel *DIAGRAMM.XLS* (in Anführungszeichen, da Textargument). Und »Unterfenster_Nummer« die Nummer des Unterfensters, die ausschließlich bei geteilten Fenstern von Bedeutung ist. Dieses Argument ist eine Zahl zwischen 1 und 4, entsprechend der möglichen Teilung in bis zu vier Unterfenster. 1 ist das Unterfenster links oben, 2 rechts oben, 3 links unten und 4 rechts unten. Zum Beispiel aktiviert der Aufruf

```
AKTIVIEREN("DIAGRAMM.XLS")
```

das Fenster mit der gleichnamigen Datei – vorausgesetzt, sie ist geladen. Achten Sie darauf, als »Fenster_Text« jeweils den exakten Inhalt der Titelleiste des zugehörigen Fensters anzugeben. Zum Beispiel *DIAGRAMM*, wenn die betreffende Datei noch nicht gespeichert wurde. Und *DIAGRAMM.XLS*, wenn sie bereits gespeichert wurde, woraufhin Excel bekanntlich in der Titelleiste den vollständigen Namen inklusive Erweiterung anzeigt!

AKTIVIEREN( ) ist außerordentlich nützlich, da es Ihnen diese Funktion erspart, vor der Ausführung eines Makros immer erst per Hand das Fenster zu aktivieren, auf das Sie das Makro anwenden wollen. Ein Beispiel:

```
Datensatz1
=AKTIVIEREN("DIAGRAMM.XLS")
=FORMEL(100;"Z1S1")
=RÜCKSPRUNG()
```

Dieses Makro speichert in A1 von *DIAGRAMM.XLS* den Wert 100. Es funktioniert auch, wenn *DIAGRAMM.XLS* zwar geladen, aber gerade irgend ein anderes Fenster aktiv ist, zum Beispiel die Makrovorlage.

15.1.4 Steuerfunktionen, Bedingungen und Schleifen

»Steuerfunktionen« beeinflussen den Programmablauf. Wichtig ist in diesem Zusammenhang, daß ein Makro selbst wiederum ein Makro aufrufen kann. Zum Beispiel ruft die Formel

```
=Datensatz1()
```

das Makro mit dem Namen »Datensatz1« auf. Benötigt wird nur der Makroname, gefolgt von einem Klammerpaar. Handelt es sich beim aufgerufenen Makro um ein Funktionsmakro (siehe »Selbstdefinierte Funktionen«) befinden sich in diesen Klammern eventuell zu übergebende Argumente.

In jedem Fall bewirkt diese Anweisung eine Verzweigung des Programmflusses zum Beginn des betreffenden Makros. Es wird ausgeführt, und, bei Erreichen der *RÜCK-SPRUNG( )*-Anweisung, die Ausführung des »aufrufenden« Makros fortgesetzt.

Übrigens kann der Aufruf von Makros aus Makros heraus sehr tief »geschachtelt« werden. Zum Beispiel kann das Makro »M1« das Makro »M2« aufrufen, das wiederum »M3« aufruft, welches selbst wieder »M4« aufruft. Am Ende von »M4« wird zu »M3« zurückgekehrt und dieses Makro fortgesetzt, am Ende von »M3« zu »M2« zurückgekehrt und am Ende von »M2« zu »M1«, womit die »oberste Aufrufebene« wieder erreicht wäre.

Abgesehen von dieser Möglichkeit, den Programmfluß zu steuern, besitzt Excel jedoch zusätzlich spezielle »Steuerfunktionen«. Erst mit diesen Funktionen wird die Makroprogrammierung zu einer echten Programmiersprache.

Jede Programmiersprache benötigt zumindest zwei Steueranweisungen: eine, um Entscheidungen treffen zu können, und eine weitere, die Sprünge von einem Programmteil zu einem anderen ermöglicht. Die erste Konstruktion kennen Sie bereits, die *WENN( )*-Funktion. Sie testet, ob eine angegebene Bedingung erfüllt ist (eine Aussage »wahr« ist). Wenn ja, wird eine von dieser Bedingung abhängige Anweisung ausgeführt, sonst nicht.

Wir schreiben nun unser erstes größeres Makroprogramm, das zugleich zeigt, wie auch bei der Programmierung der Rekorder eingesetzt werden kann. Es soll folgende Aufgaben erledigen:

1. Das Fenster *DIAGRAMM.XLS* aktivieren.

2. Die Zahlenreihe »Vollkasko« selektieren und in die freie Spalte daneben kopieren.

3. Die kopierten Zahlen auf Werte untersuchen, die größer als 5000 sind und jeden entsprechenden Wert durch 5000 ersetzen.

4. Aus der kopierten Zahlenreihe ein Diagramm erzeugen.

Sinn der ganzen Aktion ist, jederzeit auf Tastendruck eine bildhafte Darstellung der Vollkaskoprämien zu erhalten. Dabei sollen »Ausrutscher« wie die extrem hohe Prämie für den Ferarri F40 »geglättet« werden, da durch einen solchen Spitzenwert alle anderen Werte einheitlich klein und kaum unterscheidbar würden, wie ich bereits im Kapitel über Diagramme erläuterte.

Auf keinen Fall sollen jedoch die Originalwerte der Spalte »Vollkasko« geändert werden. Daher werden diese zunächst kopiert und eventuell fällige Manipulationen an der Kopie vorgenommen. Um Ihnen das Nachvollziehen der einzelnen Schritte zu erleichtern, finden Sie zu jeder »Entwicklungsstufe« eine entsprechende Abbildung.

Laden Sie zunächst *DIAGRAMM.XLS*. Die Schritte 1 und 2 werden am einfachsten mit dem Rekorder aufgezeichnet. Wählen Sie *Aufzeichnung beginnen...*, geben Sie dem Makro einen Namen, und bestimmen Sie als Tastenschlüssel [a]. Selektieren Sie D1:D10, wählen Sie *Kopieren*, selektieren Sie E1, und drücken Sie [Enter]. Beenden Sie danach die Aufzeichnung.

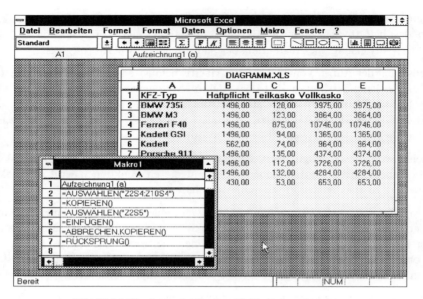

Bild 15.14: Kopieren der Spalte »Vollkasko« aufzeichnen

Ihre Makrovorlage sollte nun die in der Abbildung gezeigten Funktionsaufrufe enthalten. *AUSWÄHLEN("Z1S4:Z10S4")* ist die Bereichsauswahl, *KOPIEREN()* der Aufruf des gleichnamigen Befehls, *AUSWÄHLEN("Z1S5")* die Selektion von E1 als aktive Zelle und *EINFÜGEN()* fügt den zu kopierenden Bereich an der Position des aktiven Feldes ein. *ABBRECHEN.KOPIEREN()* beendet den Kopiervorgang und löscht den Kopierrahmen und den ausgewählten Bereich.

Nun folgt der erste manuelle »Eingriff«. Fügen Sie in das Makro mit *Leerzellen...* als erste Anweisung =*AKTIVIEREN("DIAGRAMM.XLS")* ein, um sicherzustellen, daß es auf jeden Fall auf diese Tabelle angewendet wird, egal welches Fenster gerade aktiv ist.

Den dritten Schritt bildet das Durchsuchen der Kopie nach Werten, die größer als 5000 sind und das Ersetzen jedes gefundenen größeren Wertes durch 5000. Führen wir diesen Vorgang zunächst für den ersten Wert in E2 durch. Selektieren Sie in der Makrovorlage das Feld A8, das den Aufruf von *RÜCKSPRUNG()* enthält. Geben Sie ein

`=WENN(`

Nun folgt der Bezug auf E2 in *DIAGRAMM.XLS*. Wir könnten ihn natürlich per Hand einfügen, einfacher ist es jedoch, das Tabellenfenster zu aktivieren und E2 anzuklicken. Excel fügt daraufhin den benötigten Bezug ein:

`=WENN(DIAGRAMM.XLS!$E$2`

Ergänzen Sie die Formel nun zu:

`=WENN(DIAGRAMM.XLS!$E$2>5000;FORMEL(5000;`

Selektieren Sie erneut in der Tabelle das Feld E2. Excel fügt erneut diesen Bezug ein:

`=WENN(DIAGRAMM.XLS!$E$2>5000;FORMEL(5000;DIAGRAMM.XLS!$E$2`

Sie ergänzen daraufhin die beiden schließenden Klammern:

`=WENN(DIAGRAMM.XLS!$E$2>5000;FORMEL(5000;DIAGRAMM.XLS!$E$2))`

Wie gesagt: Nur bei *AUSWÄHLEN()* sind externe Bezüge nicht zulässig. Im Gegensatz zu allen anderen Makrofunktionen wie *WENN()* oder *FORMEL()*.

Unsere Formel prüft zunächst, ob der Inhalt des Feldes DIAGRAMM.XLS!$E$2 größer als 5000 ist. Ist diese Bedingung erfüllt, wird der folgende Funktionsaufruf *FORMEL(5000;DIAGRAMM.XLS!$E$2)* ausgeführt. Die *FORMEL()*-Funktion weist E2 den Wert 5000 zu, wodurch der ursprüngliche, höhere Wert überschrieben wird.

Diese Formel benötigen wir nun noch genau achtmal, für die Felder E3 bis E10. Am einfachsten wäre das Kopieren der Formel – was jedoch an den darin enthaltenen absoluten Bezügen scheitert. Ändern Sie die Formel bitte in

`=WENN(DIAGRAMM.XLS!E2>5000;FORMEL(5000;DIAGRAMM.XLS!E2))`

Die nun relativen Bezüge werden beim Kopieren korrekt angepaßt. Kopieren Sie die Formel in der Makrovorlage nach A10 bis A17.

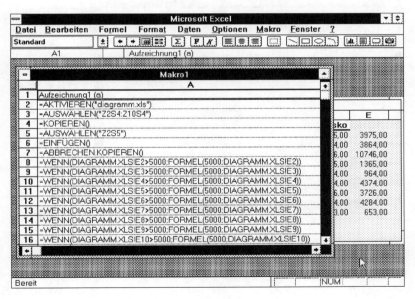

Bild 15.15: Kopieren der Formel mit relativen Bezügen

Nun werden der Reihe nach alle neun Werte auf die gleiche Weise behandelt. Übrigens ist der von Excel eingefügte Bezug in unserem Fall unnötig ausführlich. Statt DIA-GRAMM.XLS!E2 (Bezug auf E2 in der Tabelle *DIAGRAMM.XLS*) würde !E2 (Bezug auf E2 in der gerade aktiven Tabelle) vollkommen ausreichen. Denn der Aufruf von *AKTI-VIEREN()* am Anfang des Makros sorgt dafür, daß bei Erreichen der neun Formeln mit Sicherheit *DIAGRAMM.XLS* aktiv ist.

Die zur Erzeugung des Diagramms benötigten Anweisungen kann wieder der Rekorder aufzeichnen. Selektieren Sie irgendeine Makroanweisung, egal welche. Wählen Sie *MAKRO Aufzeichnung festlegen*. Aktivieren Sie *DIAGRAMM.XLS*, und wählen Sie *MAKRO Aufzeichnung ausführen*. Wurde mit *Aufzeichnung festlegen* irgend ein Teil eines bereits existierenden Makros als Aufzeichnungsbereich festgelegt, schaltet *Aufzeichnung ausführen* nicht nur den Rekorder ein, sondern setzt vor allem die Aufzeichnung am Ende des vorhandenen Makros fort, wobei ein eventuell vorhandener *RÜCKSPRUNG()*-Aufruf überschrieben wird.

Selektieren Sie in *DIAGRAMM.XLS* den Bereich E1 bis E10, erzeugen Sie mit der Werkzeugleiste – oder mit *DATEI Neu...*, wenn Sie keine Maus besitzen – ein Diagramm, und schalten Sie den Rekorder mit *Aufzeichnung beenden* aus.

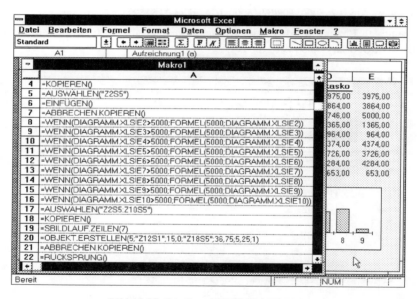

Bild 15.16: Die Datei WENNMAKR.XLM

In der Abbildung sehen Sie die vom Rekorder am bisherigen Makroende angefügten Formeln. *AUSWÄHLEN("Z2S5:Z10S5")* selektiert die interessierenden Werte in Spalte E *KOPIEREN()* bereitet das Einfügen der Werte in ein Diagramm vor, *SBILDLAUF.ZEILEN(7)* entspricht dem Bildlauf um sieben Zeilen nach unten, den ich durchführte, um zu einem leeren Bereich zu gelangen. Der Aufruf der Funktion *OBJEKT.ERSTELLEN()* erzeugt dort das gewünschte Diagrammobjekt. *ABBRECHEN.KOPIEREN()* löscht den Laufrahmen um den selektierten Bereich herum, und *RÜCKSPRUNG()* kennen Sie ja zur Genüge.

Um das Makro auszuprobieren, sollten Sie die Tabelle schließen – ohne sie zu speichern! Dann laden Sie die Originaldatei *DIAGRAMM.XLS*, die noch kein Diagramm enthält und führen das Makro mit ⌈Strg⌉+⌈a⌉ aus. Als Resultat erhalten Sie das in der Abbildung gezeigte Diagramm. Ebenfalls wie in der Abbildung sollte der Extremwert 10 764 für die F40-Prämie durch 5000 ersetzt worden sein. Sie finden diese Makrovorlage übrigens unter dem Namen *WENNMAKR.XLM* auf der Diskette zum Buch.

Soviel zur bedingten Ausführung von Makroanweisungen mit Hilfe der *WENN()*-Funktion. Der zweite grundlegende Befehl jeder Programmiersprache ist eine »Sprunganweisung«, in Excel die Funktion

`GEHEZU(Bezug)`

»Bezug« ist ein Feld der Makrovorlage. Ein Aufruf von *GEHEZU()* setzt die Makroausführung an der betreffenden Stelle fort. Diese Funktion wird fast immer in Verbindung mit der *WENN()*-Funktion benutzt. Etwa so:

`WENN(Bedingung;GEHEZU(Feld1);GEHEZU(Feld2)`

Konstruktionen dieser Art führen entweder den einen (Teil1) oder den anderen (Teil2) Abschnitt eines Makros aus, je nachdem, ob die angegebene Bedingung erfüllt ist oder nicht. Ein Beispiel:

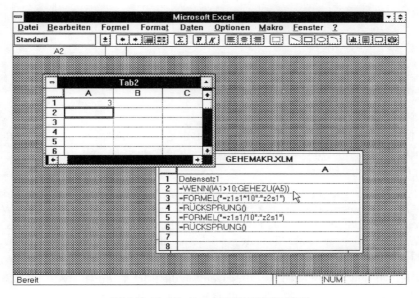

Bild 15.17: Die Datei GEHEMAKR.XLM

Sie finden dieses Makro unter dem Namen *GEHEMAKR.XLM* auf der Begleitdiskette. Wird es gestartet, während gerade eine Tabelle aktiv ist, fügt es in das Feld A2 dieser Tabelle eine von zwei Formeln ein. Welche Formel eingefügt wird, hängt vom Wert des Feldes A1 ab. Die Formel

```
=WENN(!A1>10;GEHEZU(A5))
```

prüft, ob der in A1 enthaltene Wert größer als 10 ist. Legen Sie bitte eine neue Tabelle an, geben Sie in A1 wie in der Abbildung den Wert 3 ein, und rufen Sie das Makro mit $\boxed{\text{Strg}}$+$\boxed{\text{a}}$ auf.

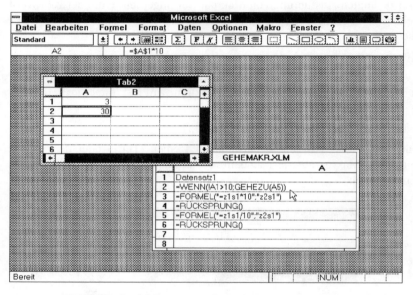

Bild 15.18: Ausführung, wenn die Bedingung nicht erfüllt ist

Da die Bedingung *!A1>10* nicht erfüllt ist, wird die Sprunganweisung nicht ausgeführt und das Makro ganz normal mit der folgenden Anweisung fortgesetzt, mit

```
=FORMEL("=Z1S1*10";"Z2S1")
```

Diese Anweisung speichert in A2 die Formel *=Z1S1*10* oder in der A1-Darstellung *=$A$1*10*. Entsprechend enthält A2 anschließend wie in der Abbildung den Wert 30. Beachten Sie, daß Sie wie in diesem Beispiel Formeln, die aus einem Makro heraus mit der *FORMEL()*-Funktion in einer Tabelle speichern, immer in Anführungszeichen setzen müssen!

Betrachten wir nun den zweiten Fall. Ersetzen Sie die 3 in A1 durch eine 12. Noch ändert sich nicht das Geringste an der in A2 enthaltenen Formel. Rufen Sie das Makro erneut auf.

Da die Bedingung *!A1>10* nun erfüllt ist, wird der Aufruf *GEHEZU(A5)* ausgeführt. Obwohl gerade die Tabelle aktiv ist, verzweigt die Makroausführung nicht »versehentlich« zum Feld A5 der Tabelle, sondern in jedem Fall zum Feld A5 der gerade bearbeiteten

Makrovorlage. Dort befindet sich ein Aufruf der Funktion *FORMEL()*, der in Feld A2 der Tabelle eine etwas andere Formel speichert:

```
=FORMEL("=Z1S1*10";"Z2S1")
```

Mit der Ausführung dieses Aufrufs wird die Makrobearbeitung fortgesetzt. Das Resultat:

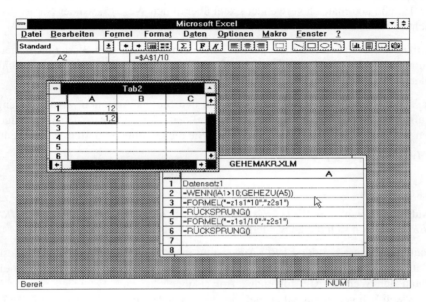

Bild 15.19: Ausführung bei erfüllter Bedingung

Anstelle der Formel *=Z1S1*10* enthält die Tabelle nun die Formel *=Z1S1/10* beziehungsweise bei eingeschalteter A1-Anzeige die Formel *=$A$1/10*. Beachten Sie bitte, daß natürlich beide alternativ auszuführenden Programmteile jeweils mit einem eigenen Aufruf von *RÜCKSPRUNG()* enden müssen!

Die *GEHEZU()*-Funktion ermöglicht unter anderem auch die Bildung von »Programmschleifen«, in der die gleichen Anweisungen mehrfach wiederholt werden. Allerdings nur mit viel Aufwand. Zum Glück besitzt die Makrosprache von Excel wie jede auch nur halbwegs vernünftige Programmiersprache spezielle »Schleifenanweisungen«.

In Excel stehen zur Bildung von zwei verschiedenen Schleifenarten die drei Funktionen *FÜR()*, *SOLANGE()* und *WEITER()* zur Verfügung. *FÜR()* bildet »Zählschleifen«. Alle Anweisungen in einer solchen Schleife werden so oft wiederholt, wie Sie es wünschen, zum Beispiel zweimal oder zehnmal.

FÜR(Zählername;Anfang;Ende;*Schrittweite*)

Unter anderem definiert die *FÜR()*-Funktion einen Namen und weist ihm einen Wert zu. Erinnern Sie sich an das Kapitel 6.1.1 »Konstanten und Formeln benennen«. Darin erläuterte ich, daß Sie mit *Namen festlegen...* nicht nur einem Feld oder einem Bereich einen Namen geben können, sondern auch einer Konstanten wie 100 oder einer Formel wie

=SUMME(A1:A5). In beiden Fällen merkt sich Excel »intern« (Sie sehen es nicht in Ihrem Arbeitsblatt) die betreffende Konstante oder Formel als Wert des Namens. Mit dem Resultat, daß Sie von nun ab in Ihrer Tabelle statt dem Wert 14 zum Beispiel den aussagekräftigeren Namen »MWST« verwenden können. Ändert sich der Mehrwertsteuersatz, ändern Sie die diesem Namen zugeordnete Konstante (wieder mit *Namen festlegen...*), zum Beispiel in 15, und automatisch verwendet Excel überall den Wert 15, wo der Name »MWST« auftaucht.

»Zählername« ist ein solcher Name, der einem intern gespeicherten Wert zugeordnet ist. In Programmen spricht man in diesem Fall von einer »Variablen«, genauer: einer »Schleifenvariablen«, da sie zur Bildung einer Schleife eingesetzt wird.

Dieser Variablen wird jener Wert zugewiesen, den Sie als Argument »Anfang« angeben. Der Aufruf *FÜR("Test";5;10)* bewirkt, daß Excel dem Namen »Test« den Wert 5 zuordnet. Um den weiteren Ablauf zu verstehen, müssen Sie die gesamte Schleifenstruktur kennen:

```
=FÜR("Test";1;5)
=....
=....
=WEITER()
```

Der Aufruf der Funktion *WEITER()* bildet das »Schleifenende«. Zwischen *FÜR()* und *WEITER()* befinden sich die zu wiederholenden Anweisungen.

Am Schleifenanfang, bei der *FÜR()*-Anweisung merkt sich Excel den Namen »Test« und weist ihm das Argument »Anfang« zu, im Beispiel also eine 1. Die Variable »Test« besitzt momentan den Wert 1. Alle folgenden Anweisungen bis zum Erreichen von *WEITER()* werden wie üblich genau einmal ausgeführt. Bei Erreichen des Aufrufs von *WEITER()* entscheidet sich, ob die in der Schleife enthaltenen Anweisungen ein zweites Mal ausgeführt werden oder nicht.

Excel erhöht den Wert von »Test« um 1, so daß dieser Name nun den neuen Wert 2 besitzt. Es prüft, ob der neue Wert größer ist als das Argument »Ende«. Ist »Test« noch nicht größer, springt Excel zur ersten Anweisung nach *FÜR()* und setzt die Makroausführung dort fort. Alle Anweisungen, die dem Aufruf von *FÜR()* folgen, werden ein weiteres Mal ausgeführt. Am Schleifenende wird »Test« wieder um 1 erhöht und geprüft, ob der neue Wert dieser Variablen nun größer ist als der angegebene Endwert »Ende«. Dieser Vorgang wiederholt sich solange, bis der nach jedem »Schleifendurchgang« um 1 erhöhte Wert von »Test« größer ist als »Ende«. Dann ist die Schleife beendet, und die Makroausführung wird ganz normal mit der nächsten Anweisung unterhalb von *WEITER()* fortgesetzt.

Für die Anzahl der Schleifenwiederholungen ergibt sich folgende Regel: Wollen Sie bestimmte Anweisungen N-mal wiederholen, fügen Sie diese Anweisungen zwischen einen Aufruf von *FÜR()* und *WEITER()* ein, wobei Sie für »Start« den Wert 1 und für »Ende« die gewünschte Anzahl an Wiederholungen N verwenden.

Ein – nicht unbedingt praxisgerechtes – Beispiel: Sie wollen fünfmal zwischen den Fenstern *DIAGRAMM.XLS* und *MAKRO1.XLM* hin- und herschalten:

```
Aufzeichnung1
=FÜR("X";1;5)
=AKTIVIEREN("DIAGRAMM.XLS")
=AKTIVIEREN("MAKRO1.XLM")
=WEITER()
=RÜCKSPRUNG()
```

Der Schleifenvariablen »X« wird der »Startwert« 1 zugewiesen. Die beiden folgenden *AKTIVIEREN()*-Aufrufe werden wie üblich ausgeführt. Beim Erreichen von *WEITER()* erhöht Excel den Wert der Schleifenvariablen. Der neue Wert ist 2. Excel prüft, ob dieser neue Wert größer als der angegebene Endwert 5 ist. Da das nicht der Fall ist, werden die *AKTIVIEREN()*-Aufrufe ein weiteres Mal ausgeführt. Und so weiter, bis nach fünf Schleifendurchgängen »Test« den Wert 6 besitzt und somit größer als der angegebene Endwert ist. Die Schleife ist beendet und die folgende Anweisung wird ausgeführt, *RÜCKSPRUNG()*.

Normalerweise ist es sinnlos, mehrfach immer wieder exakt die gleichen Aktionen auszuführen. Nützlicher ist es, zum Beispiel irgendeine Anweisung wiederholt mit verschiedenen Feldern einer Tabelle auszuführen, zum Beispiel der Reihe nach mit den Feldern A5, A6, A7, A8 und A9.

Für derartige Aktionen, die wiederholt ablaufen, aber jedesmal leicht variieren, werden häufig relative Bezüge im Z1S1-Format eingesetzt. Analysieren Sie das folgende Makro:

```
Aufzeichnung1
=AUSWÄHLEN("Z5S1")
=FÜR("X";1;4)
=FORMEL(X)
=AUSWÄHLEN("Z(1)S")
=WEITER()
=RÜCKSPRUNG()
```

AUSWÄHLEN("Z5S1") bestimmt in der aktiven Tabelle A5 als aktives Feld. Dann beginnt die Schleife. Zunächst wird der Variablen »X« der Startwert 1 zugewiesen. Danach speichert *FORMEL(Zähler)* im gerade aktiven Feld A5 den aktuellen Wert von »X«, also eine 1. Im aktiven Feld, da das optionale Argument »Bezug« nicht angegeben wurde.

Der Aufruf *AUSWÄHLEN("Z(1)S")* bestimmt erneut das gerade aktive Feld, allerdings unter Verwendung relativer Bezüge! Das neue aktive Feld ist jenes, das sich in der gleichen Spalte wie das momentan aktive, jedoch eine Zeile darunter befindet. Mit anderen Worten: Der Zellcursor wird um genau eine Zeile nach unten bewegt, zu A6. Am Schleifenende wird »X« erhöht und besitzt nun den Wert 2. Im nächsten Durchgang wird daher in A6 der Wert 2 gespeichert. Dieser Vorgang wiederholt sich genau viermal, bis »X« den Endwert 4 überschreitet. Der Reihe nach werden in A5, A6, A7 und A8 die Werte 1, 2, 3 und 4 gespeichert.

Sehr wichtig ist, daß die Variable »X« korrekt eingesetzt wird. Bei der Definition dieses Namens in der *FÜR()*-Anweisung wird »X« als Textargument übergeben und entsprechend in Anführungszeichen gesetzt. Von nun an steht »X« jedoch stellvertretend für eine Zahl und wird wie jede andere Zahl auch ohne Anführungszeichen als Funktionsargument übergeben, zum Beispiel im Aufruf *FORMEL(X)*.

Allgemein: Bei der Definition von Schleifenvariablen mit *FÜR()* übergeben Sie als Variablenname ein Textargument in Anführungszeichen. Anschließend benutzen Sie die Variable jedoch wie jede andere Zahl auch.

Was halten Sie davon, versuchsweise mit Hilfe eines Makros die *SUMME()*-Funktion nachzubilden und die in einem bestimmten Bereich enthaltenen Werte Feld für Feld zu addieren? Genau das ist die Aufgabe des folgenden Makros:

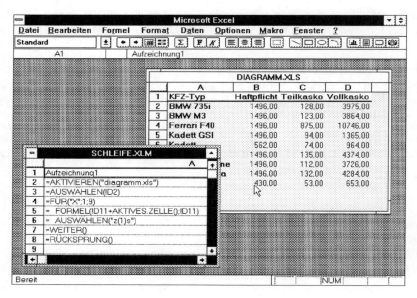

Bild 15.20: Die Datei SCHLEIFE.XLM

Die erste Anweisung aktiviert *DIAGRAMM.XLS*. Die zweite bestimmt D2 als aktives Feld, den ersten Wert in Spalte D. In der folgenden Schleife werden zwei Anweisungen neunmal wiederholt.

```
=FORMEL(!D11+AKTIVES.ZELLE();!D11)
```

erhöht D11 um den Inhalt des gerade aktiven Feldes. Der Ablauf: Das zweite Argument !D11 besagt, daß D11 ein neuer Wert zugewiesen wird. Das erste Argument *!D11+AKTIVES.ZELLE()* bestimmt diesen Wert. Er ergibt sich aus dem momentanen Inhalt von D11 plus dem Resultat der Funktion *AKTIVES.ZELLE()*. Diese Funktion liefert als Ergebnis den Bezug des gerade aktiven Feldes, im ersten Schleifendurchgang also den

Bezug D2. Der Inhalt dieses Feldes plus der Inhalt von D11 wird als neuer Wert in D11 gespeichert.

Anschließend bewegt =AUSWÄHLEN("Z(1)S") den Zellcursor um eine Zeile nach unten. Im nächsten Durchgang wird entsprechend der Inhalt des neuen aktiven Feldes D3 zu D11 addiert und wiederum in D11 gespeichert. Und so weiter, bis sich dieser Vorgang neunmal wiederholt hat und D11 zum Schluß die Gesamtsumme der Felder D2 bis D10 enthält.

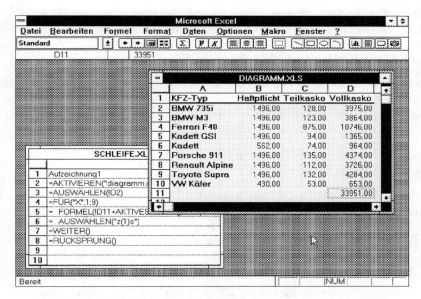

Bild 15.21: Nachbildung der »SUMME()«-Funktion mit einer Schleife

Dies ist der Endzustand nach Ausführung des Makros. D11 enthält die Summe der neun Zahlen. Sie finden dieses Makro unter dem Namen *SCHLEIFE.XLM* auf der Begleitdiskette.

Sie sollten sich angewöhnen, Anweisungen, die sich in einer Schleife befinden, entsprechend der Abbildung ein wenig einzurücken. Also statt

```
=FÜR("X";1;9)
=FORMEL(!D11+AKTIVES.ZELLE();!D11)
=AUSWÄHLEN("Z(1)S")
=WEITER()
```

besser folgende Schreibweise zu verwenden:

```
=FÜR("X";1;9)
=  FORMEL(!D11+AKTIVES.ZELLE();!D11)
=  AUSWÄHLEN("Z(1)S")
=WEITER()
```

Der Vorteil: Sie erkennen auf einen Blick den Schleifenanfang, das Schleifenende, und die beiden wiederholt ausgeführten Anweisungen. Vor allem umfangreiche Makros gewinnen dadurch erheblich an Übersichtlichkeit. Es ist übrigens nicht möglich, Anweisungen einzurücken, indem das Gleichheitszeichen nach rechts verschoben wird, etwa so:

```
=FORMEL(!D11+AKTIVES.ZELLE();!D11)
```

Excel besteht darauf, daß das Gleichheitszeichen das erste Zeichen in der Zelle sein muß.

Sehr häufig wird in einer Schleife der sich ständig ändernde Wert der Schleifenvariablen verwendet. Ein Beispiel dafür hatten wir bereits: das Ausfüllen eines Bereichs mit einer fortlaufenden Zahlenfolge wie 1, 2, 3, 4 und so weiter, entsprechend dem jeweils aktuellen Wert der Schleifenvariablen.

Bei diesem Beispiel bietet es sich an, das bisher unterschlagene Argument »Schrittweite« zu erläutern. Es bestimmt, um welchen Betrag die Schleifenvariable nach jedem Durchgang erhöht wird. Normalerweise um 1. Das können Sie jedoch ändern. Die Formel

```
=FÜR("Zähler";1;10;2)
```

erhöht den Zähler nach jedem Durchgang um 2 (1, 3, 5, 7 usw.). Und

```
=FÜR("Zähler";10;100;5)
```

erhöht den Zähler jeweils um 5, was insgesamt 19 Schleifendurchgänge ergibt. Dieses zusätzliche Argument ermöglicht es uns zum Beispiel, einen Bereich mit der Zahlenfolge 10, 15, 20, 25 und so weiter zu füllen. Die folgende Abbildung zeigt ein entsprechendes Makro und seine Auswirkungen, wenn das Tabellenfenster aktiviert und das Makro gestartet wird.

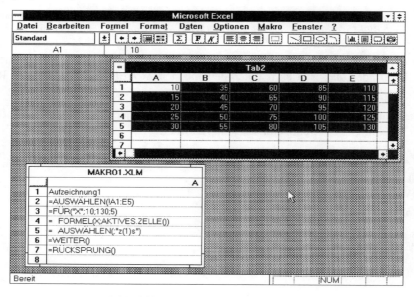

Bild 15.22: Das Argument »Schrittweite«

Das Makro selektiert offenbar den Bereich A1:E5 der aktiven Tabelle und füllt ihn mit der erwähnten Zahlenfolge. Für das Selektieren dieses Bereichs ist die erste Anweisung zuständig, *AUSWÄHLEN(!A1:E5)*. Wenn wie in diesem Fall das Argument »Aktives_Feld« fehlt, ist anschließend immer das Feld in der linken oberen Bereichsecke aktiv, hier das Feld A1.

Die folgende Schleife verwendet die Schleifenvariable »X«, der zunächst der Startwert 10 zugewiesen wird, und die bei jedem Durchgang um 5 erhöht wird, bis zum Endwert 130. Das heißt, genau 25mal werden die Funktionsaufrufe *FORMEL(X;AKTIVES.ZELLE())* und *AUSWÄHLEN(;"Z(1)S")* ausgeführt.

Die erste Anweisung speichert im von *AKTIVES.ZELLE()* übergebenen Bezug, also im gerade aktiven Feld, den aktuellen Wert von »X«. Im ersten Durchgang ist A1 das aktive Feld und »X« besitzt den Startwert 10, in A1 wird daher eine 10 gespeichert.

Danach bewegt *AUSWÄHLEN(;"Z(1)S")* den Zellcursor im selektierten Bereich um eine Zeile nach unten, nach A2. Beachten Sie das Semikolon im Aufruf. Es ersetzt das nicht angegebene erste Argument »Bereich«, da die aktuelle Bereichsselektion unverändert bleiben soll. Am Schleifenende wird »X« um 5 erhöht. Der zweite Durchgang beginnt. »X« hat nun den Wert 15 und diesen neuen aktuellen Zählerwert speichert *FORMEL(X;AKTIVES.ZELLE())* im neuen aktiven Feld A2.

Und so weiter, wobei eines zu beachten ist: Der Aufruf *AUSWÄHLEN(;"Z(1)S")* wirkt wie die Betätigung der ⌨Tab⌨-Taste in einem selektierten Bereich. Wenn der untere Bereichsrand erreicht ist, setzt der nächste Aufruf den Zellcursor nicht erneut eine Zeile tiefer (auf ein Feld außerhalb des Bereichs), sondern auf das erste Feld der nächsten Spalte. Daher bewegt sich der Cursor immer nur im selektierten Bereich voran.

Die zweite Schleifenform ist keine Zählschleife, sondern wesentlich allgemeiner. Die in ihr enthaltenen Anweisungen werden solange wiederholt, bis eine angegebene Bedingung nicht mehr erfüllt ist. Die prinzipielle Form dieser Schleifenkonstruktion:

```
=SOLANGE(Wahrheitswert_Prüfung)
=  ....
=  ....
=WEITER()
```

»Wahrheitswert_Prüfung« ist ein beliebiger Ausdruck, der den Wahrheitswert *WAHR* oder *FALSCH* besitzt.

```
=SOLANGE(!A1>3)
=  ....
=  ....
=WEITER()
```

Dies ist ein Beispiel für eine korrekte *SOLANGE()*-Schleife. Enthält das Feld A1 der aktiven Tabelle einen Wert, der größer als 3 ist, werden die folgenden Anweisungen ausgeführt. *WEITER()* führt zu einem Sprung zum Schleifenanfang, wo die Prüfung erneut stattfindet. Ist der Wert in A1 immer noch größer als 3, wird die Schleife ein weiteres Mal durchlaufen. Und so weiter, in diesem Fall endlos, da sich der Inhalt von A1 ja nicht von selbst ändert. Sinnvoll ist eine *SOLANGE()*-Schleife also nur einzusetzen, wenn die in der Schleife enthaltenen Anweisungen das Prüfungsresultat beeinflussen und dafür sorgen, daß die Prüfung irgendwann negativ ausfällt und die Schleife verlassen wird.

Die Prüfung der Schleifenbedingung findet übrigens am Schleifenanfang statt. Das bedeutet, daß die Schleife einfach übersprungen wird, wenn die Bedingung beim Erreichen des *SOLANGE()*-Aufrufs von vornherein nicht erfüllt ist.

Sie kennen zwar die *WENN()*-Funktion, aber noch nicht in der erweiterten »Blockversion«:

```
=WENN(Bedingung1)
  Anweisung1
  ...
  AnweisungN
=WENN.ENDE()
```

In dieser Struktur werden ganze »Bedingungsblöcke« gebildet. *WENN()* wird als Argument nur die zu prüfende Bedingung übergeben. Darunter folgen beliebig viele Zellen mit Anweisungen, die ausgeführt werden, wenn die Bedingung erfüllt ist. Der Aufruf der Funktion *WENN.ENDE()* beendet den Anweisungsblock.

Sie können die Programmstruktur um einen alternativen Anweisungsblock erweitern, der mit dem Aufruf der Funktion *SONST()* (keine zu übergebenden Argumente) eingeleitet und ausgeführt wird, wenn die Bedingung nicht erfüllt ist.

```
=WENN(Bedingung1)
  Anweisung1
  ...
  AnweisungN
=SONST()
  Anweisung1
  ...
  AnweisungN
=WENN.ENDE()
```

Derartige Blöcke benötigen Sie, wenn abhängig davon, ob eine bestimmte Bedingung erfüllt ist oder nicht, nicht nur eine, sondern mehrere Anweisungen ausgeführt werden sollen.

Das Makro in Bild 15.23 speichert in den Zellen A2 und A3 der aktiven Tabelle den Wert 1, wenn in A1 ein größerer Wert als 10 enthalten ist. Beziehungsweise den Wert 2, wenn A1 keinen größeren Wert enthält.

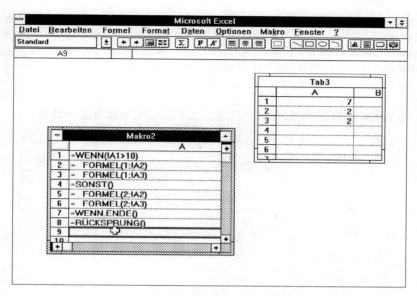

Bild 15.23: Die »SONST()«-Funktion

Zusätzlich können vor *SONST()* beliebig viele Blöcke eingefügt werden, die mit einem Aufruf der Funktion *SONST.WENN()* beginnen, der eine alternative zu prüfende Bedingung übergeben wird.

```
=WENN(Bedingung1)
  Anweisung1
  ...
  AnweisungN
=SONST.WENN(Bedingung2)
  Anweisung1
  ...
  AnweisungN
=SONST.WENN(Bedingung3)
  Anweisung1
  ...
  AnweisungN
=SONST()
  Anweisung1
  ...
  AnweisungN
=WENN.ENDE()
```

Die *SONST.WENN()*-Blöcke ermöglichen Ihnen das Überprüfen beliebig vieler Bedingungen und damit eine Art »Fallunterscheidung«. Ist die erste Bedingung nicht erfüllt, wird die zweite geprüft. Ist diese auch nicht erfüllt, wird die dritte geprüft und so weiter. Ausgeführt wird nur jener Block, der der erfüllten Bedingung folgt. Beziehungsweise der Block unterhalb von *SONST()*, wenn keine der Bedingungen erfüllt ist.

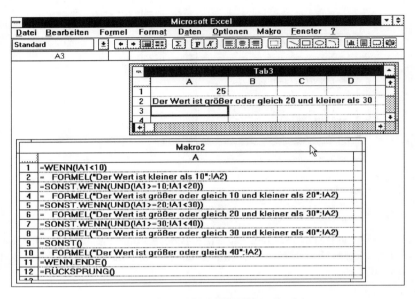

Bild 15.24: Die »SONST.WENN()«-Funktion

Die Anweisungen überprüfen den in Zelle A1 enthaltenen Wert. Ist er kleiner als 10 (*WENN(!A1<10)*), wird in A2 »Der Wert ist kleiner als 10« gespeichert. Ist er dagegen größer oder gleich 10 und kleiner als 20 (*SONST.WENN(UND(!A1>=10;!A1<20))*), wird die Zeichenkette »Der Wert ist größer oder gleich 10 und kleiner als 20« darin gespeichert. Und so weiter. In jedem Fall wird genau ein Anweisungsblock ausgeführt. Auch dann, wenn keine der Bedingungen zutrifft. In diesem Fall der Block, der dem Aufruf von *SONST()* folgt.

Der *SONST()*-Teil ist optional. Lassen Sie ihn weg, wird überhaupt keine Anweisung ausgeführt, wenn keine der Bedingungen erfüllt ist.

15.1.5 Wertausgabefunktionen

Ein Beispiel für eine »Wertausgabefunktion« kennen Sie bereits. Die Funktion *AKTIVES.ZELLE()* liefert als Funktionswert den Bezug des aktiven Feldes. Ähnlich übergibt *FORMEL.ZUORDNEN()* den Inhalt eines Feldes. Die Funktion *FENSTER()* übergibt die Namen der auf dem Bildschirm momentan sichtbaren Fenster, *DOKUMENTE()* die Namen der geladenen Dateien und so weiter. Ich denke, diese Beispiele kennzeichnen die Aufgabe dieser Funktionsgruppe ausreichend. Die Anwendung dieser Funktionen ist recht einfach und keineswegs von so grundlegender Bedeutung wie die soeben besprochenen »Programmierfunktionen«. Daher verzichte ich auf weitere Erläuterungen und bitte Sie, Details zu den einzelnen Funktionen dieser Gruppe im Anhang nachzulesen.

15 1 6 Anwenderspezifische Funktionen

Wesentlich interessanter sind die »anwenderspezifischen Funktionen«. Sie ermöglichen Ihnen unter anderem

- die Erzeugung eigener Menüs und Dialogboxen

- die Ausgabe eigener Meldungen in der Statuszeile

- die Anzeige von Warnfeldern und Eingabefenstern

- den Aufruf einer anderen Anwendung

- die Abfrage von Tastenbetätigungen und anderen Anwenderaktivitäten

- die Manipulation von Textdateien

Die Erzeugung eigener Menüs und Dialogboxen werde ich einige Seiten weiter in einem eigenen Kapitel erläutern. Nun einige Beispiele zu den restlichen Anwendungen dieser Funktionsgruppe.

`ANW.AKTIVIEREN(`*Titel;Warten_Wahrheitswert*`)`

Diese Funktion aktiviert eine (bereits geladene) andere Anwendung. »Titel« ist der Name der Anwendung, zum Beispiel »Write« oder »Paint«. Ohne diese Angabe wird Excel gestartet. Ist »Warten_Wahrheitswert« wahr (einfach *WAHR* angeben) oder nicht angegeben, wartet Excel vor dem Starten der genannten Anwendung darauf, aktiviert zu werden und blinkt solange. Ist »Warten_Wahrheitswert« falsch, startet Excel die betreffende Anwendung sofort. Beachten Sie bitte, daß

1. Excel nicht in der Lage ist, die betreffende Anwendung zu laden. Sie muß bereits geladen sein.

2. »Titel« exakt mit dem Inhalt der Titelleiste der betreffenden Anwendung übereinstimmen muß.

Wenn Sie zum Beispiel außer Excel »WinWord« (Microsoft Word) geladen haben und durch ein Makro aktivieren wollen, genügt es nicht, zu schreiben:

`ANW.AKTIVIEREN("Microsoft Word")`

Beim Aufruf von Microsoft Word ohne Dateiangabe enthält die Titelleiste den Text »Microsoft Word – Dokument1«. Entsprechend muß das Makro lauten:

```
Datensatz1
=ANW.AKTIVIEREN("Microsoft Word – Dokument1")
=RÜCKSPRUNG()
```

Eine verwandte Funktion ist

AUSF(Programm_Text;*Fenster_Zahl*)

Sie lädt *und* (optional) aktiviert eine Anwendung. »Programm_Text« ist entsprechend nicht der Inhalt der Titelleiste des Programms, sondern sein Dateiname. Eventuell inklusive Laufwerks- und Verzeichnisangabe. »Fenster_Zahl« bestimmt, ob das geladene Programm als

1: Standardfenster
2: Sinnbildfenster
3: Vollbildfenster

erscheint (Standardwert ist 2). Zum Beispiel lädt der Funktionsaufruf

AUSF("c:\win3\winword\winword.exe";3)

das Programm WinWord, das sich im Verzeichnis C:\WIN3\WINWORD befindet, und »zoomt« das neue Fenster auf volle Größe. Statt einem Programm- können Sie auch einen zugeordneten Dateinamen angeben. Der Aufruf

AUSF("Write test.wri")

ruft das Programm Write und die Datei *TEST.WRI* auf, die einen mit Write erstellten Text enthält – vorausgesetzt, Write wird von Windows gefunden. Wenn nicht, geben Sie wie im letzten Beispiel zusätzlich den Zugriffspfad an. Die gleiche Funktion besitzt der einfachere Aufruf

AUSF("test.wri")

Verschiedene Makrofunktionen erlauben Ihnen, die Ausführung eines Makros von einer Bedingung abhängig zu machen. Zum Beispiel davon, ob der Anwender ein bestimmtes Fenster aktiviert.

Tritt der von Ihnen definierte Zustand ein, führt Excel automatisch das zugeordnete Makro aus. Als – nicht unbedingt sinnvolles – Beispiel zeige ich Ihnen ein Makro, das immer dann ein Diagramm erzeugt, wenn der Anwender das Fenster *DIAGRAMM.XLS* aktiviert. Es beruht auf der Funktion

BEI.FENSTER(*Fenster_Text;Makro_Text*)

»Fenster_Text« ist der Name des Fensters, dessen Aktivierung das Makro »Makro_Text« starten soll. Ohne Angabe von »Fenster_Text« startet das Makro die Aktivierung eines beliebigen Fensters.

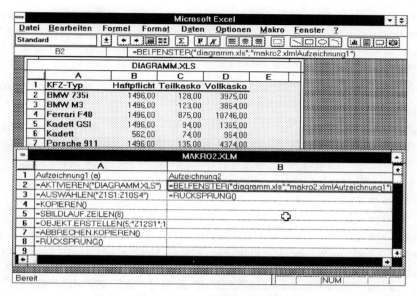

Bild 15.25: Bedingte Ausführung eines Makros

»Aufzeichnung1« ist das Makro, das ausgeführt werden soll, wenn der Benutzer das Fenster *DIAGRAMM.XLS* aktiviert. Es selektiert in *DIAGRAMM.XLS* den Bereich A1:D10 und erzeugt daraus ein in die Tabelle integriertes Diagramm. Das Makro »Aufzeichnung2« enthält nur einen interessanten Funktionsaufruf:

```
BEI.FENSTER("diagramm.xls";"makro2.xlm!Aufzeichnung1")
```

Das erste Argument besagt, daß bei Aktivierung von *DIAGRAMM.XLS* ein Makro ausgeführt werden soll. Und zwar das Makro mit dem als zweitem Argument angegebenen Namen »Aufzeichnung1«, das sich in der aktuellen Makrovorlage *MAKRO2.XLM* befindet. Selbstverständlich kann sich das Makro in einer beliebigen anderen Vorlage befinden, die Excel dann bei Bedarf lädt, bevor das darin enthaltene Makro »Aufzeichnung1« ausgeführt wird.

Wenn Sie dieses zweite Makro starten, passiert zunächst nichts. Sobald Sie jedoch *DIAGRAMM.XLS* aktivieren, startet Excel das angegebene Makro zur Diagrammerzeugung. Und zwar jedesmal, wenn Sie *DIAGRAMM.XLS* aktivieren, beliebig oft! Sie können diese Makroausführung mit einer weiteren Anweisung aufheben, mit

```
=BEI.FENSTER("diagramm.xls")
```

Diese Anweisung ist mit der ersten bis auf das fehlende zweite Argument identisch. Das Resultat: Das Starten dieses Makros weist Excel an, bei Aktivierung des Fensters *DIAGRAMM.XLS* nichts zu tun, kein Makro auszuführen. Die Zuordnung des Makros »Aufzeichnung1« zur Aktion »Fenster *DIAGRAMM.XLS* aktivieren« wird aufgehoben.

Außer der Aktivierung eines Fensters können Sie noch weitere Ereignisarten definieren, die die Ausführung eines Makros aktivieren sollen: Zusätzlich kann Excel überprüfen, ob der Anwender eine bestimmte Taste drückt, ob eine bestimmte Zeitdauer verstrichen ist oder ob eine andere Anwendung Daten sendet (Stichwort DDE).

Ein wenig in Richtung eigener Dialogboxen und Menüs geht die Funktion *WARNUNG()*:

```
WARNUNG(Meldungstext;Typzahl)
```

»Meldungstext« ist der Text, der in einem Warnfeld erscheinen soll. »Typzahl« bestimmt die Art dieses Warnfeldes:

1: Der Benutzer hat die Wahl zwischen den Schaltflächen »OK« und »Abbrechen«.
2: Das Feld enthält nur die Schaltfläche »OK« und dient nur zur Ausgabe einer Information.
3: Wie 2, zusätzlich erscheint ein Ausrufezeichen.

Die Funktion *WARNUNG()* übergibt immer den Wahrheitswert *WAHR*, außer, wenn der Benutzer »Abbrechen« wählte (Warnfeld vom Typ 1). Dann wird *FALSCH* übergeben.

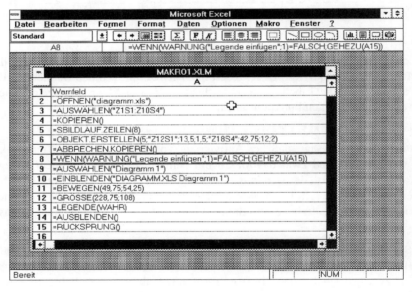

Bild 15.26: Die Datei WARNFELD.XLM

Das abgebildete Makro öffnet die Datei *DIAGRAMM.XLS*, selektiert den Bereich A1:D10 und erzeugt ein in die Tabelle integriertes Diagramm. Danach wird die Funktion *WARNUNG()* aufgerufen. Ein Warnfeld erscheint, in dem der Benutzer entscheiden kann, ob eine Legende eingefügt werden soll oder nicht. Entscheidet er sich mit »Abbrechen« gegen die Legende, übergibt *WARNUNG()* den Wert *FALSCH*. Die Bedingung *WENN(WARNUNG("Legende einfügen";1)=FALSCH)* ist erfüllt, und die Anweisung

GEHEZU(A15) wird ausgeführt – das Makro wird mit dem Aufruf von *RÜCKSPRUNG()* beendet.

Ist der Benutzer jedoch mit der Legende einverstanden und wählt »OK«, übergibt *WARNUNG()* den Wert *WAHR*. Die Bedingung ist nicht erfüllt, die Makroausführung wird mit der nächsten Anweisung fortgesetzt. *EINBLENDEN("DIAGRAMM.XLS Diagramm 1")* fügt das Diagramm in ein separates Diagrammfenster mit dem Namen *DIAGRAMM.XLS* ein. *LEGENDE(WAHR)* fügt eine Legende ein, und *AUSBLENDEN()* schließt das Diagrammfenster. Das in die Tabelle integrierte Diagramm enthält nun die zuvor in das Diagrammfenster eingefügte Legende, da jede Änderung in diesem Fenster auf das Originaldiagramm zurückwirkt. Die folgende Abbildung zeigt das nach dem Starten des Makros und dem Erzeugen des integrierten Diagramms geöffnete Warnfeld.

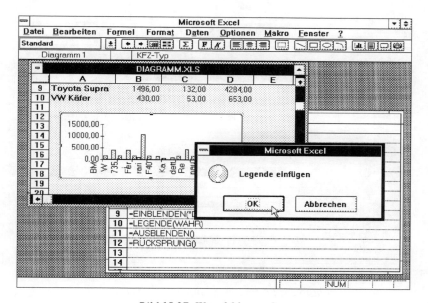

Bild 15.27: Warnfeld ausgeben

Verwandt mit *WARNUNG()* ist die Funktion *EINGABE()*. Sie erlaubt Ihnen die Definition einfacher »Eingabeboxen«.

`EINGABE(Aufforderungstext;Typ;`*Überschrift;Vorgabe;x_Position;y_Position*`)`

Die Argumente »Aufforderungstext«, »Überschrift« und »Vorgabe« sind Texte, die drei anderen Zahlen. Welche Bedeutung diese Argumente besitzen, wird sofort an einem Beispiel klar. Der Aufruf

`EINGABE("Geben Sie eine Zahl ein";1;"Test";"25";150;130)`

erzeugt ein Fenster mit einer Eingabezeile. Am oberen Rand erscheint das Argument »Aufforderungstext«, also die Zeichenkette »Geben Sie eine Zahl ein«, und weist den

Benutzer darauf hin, was nun von ihm erwartet wird. »Überschrift« ist der Inhalt der Titelleiste, im Beispiel »Test«. Ohne dieses Argument verwendet Excel als Überschrift den Text »Eingabe«. Wird »Vorgabe« angegeben, erscheint dieser Text – im Beispiel »25« – im Eingabefeld, so daß ihn der Benutzer editieren oder unverändert übernehmen kann.

Die Argumente »x_Position« und »y_Position« bestimmen die Position des Fensters beim Erscheinen auf dem Bildschirm. »Beim Erscheinen«, da es sich um ein echtes Fenster handelt, das der Benutzer anschließend nach Belieben verschieben kann. Ohne diese Angaben zentriert Excel das Fenster in der Bildschirmmitte. Die Position wird in »Punkten« gemessen (analog den Schriftgrößen), wobei der Ursprung des Koordinatensystems die obere linke Bildschirmecke ist (Position 1/1).

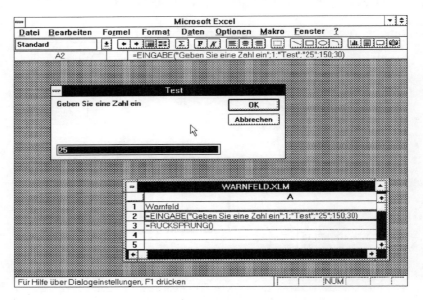

Bild 15.28: Eingabe eines unzulässigen Datentyps

»Typ« bestimmt, welche Arten von Eingaben Excel akzeptieren soll.

- 0: Formel
- 1: Zahl
- 2: Text
- 4: Wahrheitswert
- 8: Bezug
- 16: Fehlerwert
- 64: Matrix

Die 1 in diesem Aufruf steht für die Eingabe einer Zahl. Geben Sie einen anderen Datentyp ein, versucht Excel, Ihre Eingabe in den verlangten Datentyp umzuwandeln. Gelingt das nicht, weil zum Beispiel ein Text wie »Hallo« statt einer Zahl eingegeben wurde, erscheint ein Dialogfeld mit einem entsprechenden Hinweis. Nach Bestätigung dieser Warnung ist erneut das Eingabefenster aktiv, und der Benutzer kann die fehlerhafte Eingabe korrigieren.

Wird, wie in diesem Beispiel, die Eingabe einer Zahl verlangt, akzeptiert Excel übrigens auch die Eingaben »Wahr« und »Falsch«. »Wahr« interpretiert Excel beispielsweise als den Wahrheitswert *WAHR*, der den »internen« Wert 1 besitzt, dem also eine Zahl zugeordnet ist. Mit dem Resultat, daß in diesem Fall eine »Datentypumwandlung« stattfinden kann. Aus dem Wahrheitswert *WAHR* wird die Zahl 1.

Durch Addition der Typwerte erzeugen Sie *ODER*-Verknüpfungen. Das heißt, die Eingabe darf einem von mehreren Datentypen entsprechen. Zum Beispiel erlaubt der Wert 3 dem Benutzer, entweder eine Zahl (1) oder einen Text (2) einzugeben.

Eine Frage ist noch offen. Wie kann ein Makroprogramm die Eingabe des Benutzers weiterverwenden? Durch entsprechende Behandlung des Funktionswerts. *EINGABE()* übergibt als Funktionswert die Eingabe des Benutzers, wenn diese mit »OK« bestätigt wurde. Bei einem Abbruch übergibt die Funktion den Wahrheitswert *FALSCH*. Zum Beispiel erzeugt der Aufruf

```
FORMEL(=EINGABE("Geben Sie eine Zahl ein";1;"Test";"25";150;130);!A1)
```

das gezeigte Eingabefenster und speichert den eingegebenen Wert im Feld A1 der aktiven Tabelle.

Ebenfalls in Richtung einer individuellen Gestaltung der »Excel-Optik« geht die Funktion

```
MELDUNG(Wahrheitswert;Text)
```

Sie ermöglicht die Anzeige von Meldungen in der Statuszeile. Ist »Wahrheitswert« *WAHR*, zeigt Excel in der Statuszeile »Text« an. Entsprechend zeigt der Aufruf *MELDUNG(WAHR; "Bitte warten Sie einen Moment")* in der Statuszeile den Text »Bitte warten Sie einen Moment« an. Ist »Wahrheitswert« *FALSCH*, wird der aktuelle Inhalt der Statuszeile gelöscht, zum Beispiel mit dem Aufruf *MELDUNG(FALSCH)*.

Eine sehr wichtige Funktion ist *FEHLER()*. Normalerweise handhabt Excel die Fehlerbehandlung auf eigene Art und Weise. Zum Beispiel wird ein Fehler bei der Ausführung eines Makros mit der bekannten Box quittiert, in der Sie auf die fehlerhafte Anweisung hingewiesen werden und die Wahl haben zwischen »Halt«, »Schritt« und »Weiter«.

Sie können allerdings auch eigene »Fehlerbehandlungsroutinen« schreiben. Gemeint ist ein separates Makro, das immer dann ausgeführt wird, wenn ein Fehler auftritt.

```
FEHLER(Aktivieren;Makrobezug)
```

»Aktivieren« ist ein Wahrheitswert. Setzen Sie *FALSCH* ein, gibt es überhaupt keine Fehlerbehandlung. Excel setzt die Makroausführung beim Auftreten eines Fehlers ungerührt fort, als wäre bisher alles fehlerfrei verlaufen – ein Verhalten, das nur selten sinnvoll ist. Normalerweise geben Sie daher als erstes Argument *WAHR* an. Und als zweites den Namen Ihres Makros, das von nun an für die Fehlerbehandlung zuständig sein soll.

Ein Beispiel: Sie schreiben ein Makro, das mit einer bestimmten Tabelle Berechnungen ausführt. Die Tabelle heißt *CALC.XLS.* Der Benutzer dieser Tabelle besitzt jedoch die Angewohnheit, die Tabelle ab und zu umzubenennen, weil ihm der immer gleiche Name zu langweilig ist. Angenommen, die Tabelle heißt inzwischen *CALCNEU.XLS.* Dann tritt ein Fehler auf, wenn Ihr Makro versucht, sie zu laden. Diesen Fehler können Sie mit *FEHLER()* erkennen und darauf reagieren. Zum Beispiel, indem Sie den Benutzer mit *EINGABE()* nach dem neuen Dateinamen fragen und im weiteren Verlauf des Makros diesen Namen verwenden.

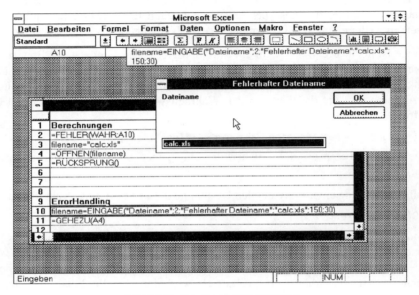

Bild 15.29: Die Datei ERROR.XLM

Nach dem Start des Makros »Berechnungen« wird zunächst mit *FEHLER(WAHR;A10)* die Fehlerbehandlung aktiviert und auf das bei A10 beginnende Makro »ErrorHandling« umgeleitet. Dann wird der Variablen »filename« die Zeichenkette »calc.xls« zugewiesen (Achtung: Zuweisungen an Variablen sind keine Formel und beginnen daher auch nicht mit einem Anführungszeichen!) und versucht, *CALC.XLS* zu öffnen.

Wenn sich nicht zufällig eine Datei dieses Namens in Ihrem aktuellen Verzeichnis befindet, tritt nun ein Fehler auf. Da die Fehlerbehandlung auf A10 umgeleitet wurde, wird nun die Anweisung ausgeführt:

```
filename=EINGABE("Dateiname";2;"Fehlerhafter Dateiname";"calc.xls";150;30)
```

Eine Eingabebox mit der Überschrift »Fehlerhafter Dateiname« und dem Hinweis »Dateiname« erscheint. Sie werden aufgefordert, die Vorgabe »calc.xls« zu übernehmen oder zu ändern. Geben Sie den Namen einer tatsächlich existierenden Datei ein, entweder eine Datei, die sich im aktuellen Verzeichnis befindet, oder einen Dateinamen inklusive Pfadangabe.

Nehmen wir an, Sie geben »diagramm« ein. Diese Zeichenkette übergibt *EINGABE()* als Funktionswert, der anschließend der Variablen »filename« zugewiesen wird. Danach erfolgt die Rückkehr zum »Hauptprogramm«, zu A4, wo erneut versucht wird, die Datei mit *ÖFFNEN(FILENAME)* zu öffnen. Diesmal jedoch die Datei *DIAGRAMM.XLS*, da die Variable »filename« nun die Zeichenkette »diagramm« enthält.

Klappt es, wird das Programm fortgesetzt. Tritt auch mit dem neuen Dateinamen ein Fehler auf, erfolgt erneut ein Sprung zur Fehlerroutine: Sie werden wieder aufgefordert, den Dateinamen zu korrigieren.

Auch externe Bezüge auf Fehlerbehandlungsmakros sind zulässig. Zum Beispiel bewirkt der Aufruf *FEHLER(WAHR;ERROR.XLM!C10)*, daß Excel beim Auftreten eines Fehlers zunächst die angegebene Makrovorlage lädt und anschließend die darin enthaltene Routine ausführt, die bei C10 beginnt. Eine Makrovorlage darf beliebig viele Fehlerbehandlungen enthalten. Das gestattet Ihnen zum Beispiel folgende Programmstruktur:

```
Aufzeichnung1
....
....
=FEHLER(WAHR;Error1)
....
....
=FEHLER(WAHR;Error2)
....
....
RÜCKSPRUNG()
Error1
....
....
Error2
....
....
```

Während der Ausführung des Makros »Aufzeichnung1« wird die Fehlerbehandlung zweimal »umgeleitet«. Einmal auf das Makro »Error1«, danach auf »Error2«. Wahrscheinlich findet die Umleitung in beiden Fällen vor der Ausführung einer kritischen Anweisung statt, die möglicherweise mit einem Fehler endet. »Error1« beziehungsweise »Error2« sind Routinen, die speziell zur Behandlung dieser beiden Fehlerarten konzipiert wurden.

f15.1.7 Selbstdefinierte Funktionen

»Selbstdefinierte Funktionen« sind Funktionen, die Sie definieren und anschließend auf die gleiche Weise wie die eingebauten Funktionen *SUMME()* usw. benutzen.

Die Rückgabe des Funktionswerts erfolgt mit der *RÜCKSPRUNG()*-Funktion, bei der Sie einfach in den Klammern den zu übergebenden Funktionswert einsetzen. Schreiben Sie als Beispiel eine Funktion *TEST()*, die den Wert 25 übergibt. Geben Sie in einer Makrovorlage ein:

```
Test
=RÜCKSPRUNG(25)
```

Benennen Sie das Makro mit dem Namen »Test«, und *wählen Sie beim Benennen die Option »Funktion«!* Denn zum ersten Mal schreiben wir kein Befehls- sondern ein Funktionsmakro. Geben Sie anschließend in irgendeiner Zelle eines Tabellenfensters ein:

```
=2*MAKRO1!Test()
```

Dieser Funktionsaufruf besteht aus drei Teilen:

1. dem Namen der verwendeten Makrovorlage, die natürlich nicht unbedingt *MAKRO1* heißen muß, sondern ebenso *MAKRO12* oder *MAKRO1.XLM*, wenn die Makrovorlage bereits gespeichert wurde,

2. dem Namen des darin definierten Funktionsmakros,

3. und den – leeren – Argumentklammern, die Sie keinesfalls vergessen dürfen!

Beachten Sie, daß Excel ein Funktionsmakro nur ausführen kann, wenn die zugehörige Makrovorlage geladen ist! Was geschieht, wenn diese Voraussetzung erfüllt ist und sich Funktionsmakro und die darauf Bezug nehmende Tabelle beide im Speicher befinden, zeigt die folgende Abbildung.

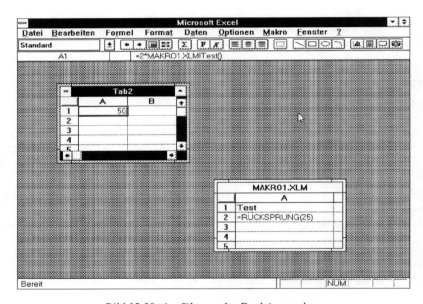

Bild 15.30: Ausführung des Funktionsmakros

Das Funktionsmakro wird wie eine »interne« Excel-Funktion behandelt. Die in A1 enthaltene Formel ruft dieses Makro auf und multipliziert den durch *RÜCKSPRUNG()* definierten Funktionswert 25 mit 2.

Dieser Funktionswert könnte selbstverständlich auch ein Bezug sein. Zum Beispiel übergibt *RÜCKSPRUNG(2*TAB2!$A$2)* das Doppelte des im Feld A2 von *TAB2* enthaltenen Werts.

Ändern Sie ein Funktionsmakro, ist allerdings erneut eine Besonderheit von Excel zu berücksichtigen. Ändern Sie bitte wie gezeigt den Aufruf von *RÜCKSPRUNG()* entsprechend der folgenden Abbildung, und geben Sie zusätzlich in das Feld A2 der Tabelle den Wert 32 ein.

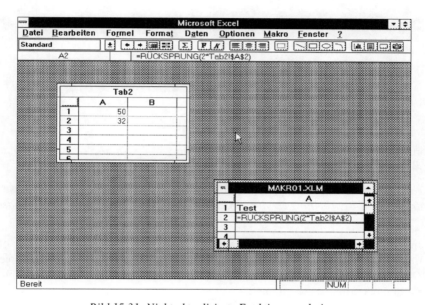

Bild 15.31: Nicht aktualisierte Funktionsergebnisse

Wie Sie sehen, enthält A1 immer noch den Wert 50. Excel aktualisiert den Funktionswert nicht automatisch, wenn sich die definierte Funktion ändert. Diese Aktualisierung findet erst statt, wenn Sie den Funktionsaufruf neu eingeben oder eine Neueingabe zumindest »vortäuschen«. Es genügt, die in A1 enthaltene Formel zu editieren, also den Bearbeitungsmodus einzuschalten und einfach nur (Enter) zu drücken. Diese Vorgehensweise führt zum gleichen Resultat wie eine komplette Neueingabe:

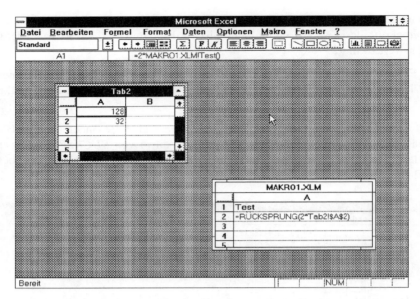

Bild 15.32: Aktualisierung nach der Neueingabe des Funktionsaufrufs

Die Formel wird mit dem geänderten Funktionswert 2*TAB2!$A$2 neu durchgerechnet, was zum Resultat 128 führt.

Nach jeder Änderung eines Funktionsmakros müssen Sie für alle Formeln, die diese Funktion aufrufen, den Bearbeitungsmodus einschalten und mit [Enter] *eine Neueingabe simulieren!*

Der Einsatz eigendefinierter Funktionen erfordert normalerweise die Übergabe von Werten, also Argumenten. Diese Übergabe geschieht wie immer, zum Beispiel ruft *MAKRO2.XLM!Test(50;22)* die in der Makrovorlage *MAKRO2.XLM* enthaltene Funktion *Test()* auf und übergibt ihr zwei numerische Argumente.

So könnte der Aufruf einer Funktion lauten, die eine Fläche berechnen und zu diesem Zweck zwei Werte miteinander multiplizieren soll. Jedem der übergebenen Argumente entspricht im Funktionsmakro ein zugehöriger Name. Diese »Parameternamen« werden mit der Funktion *ARGUMENT()* definiert, die sich am Anfang des Makros befindet:

ARGUMENT(Text)

Für jedes Argument wird genau ein Aufruf von *ARGUMENT()* benötigt, um dem Makro diese Übergabe bekannt zu geben. »Text« ist ein von Ihnen zu vergebender Name, der sich – da es ein Text ist – in Anführungszeichen befinden muß. Angewandt auf die Flächenberechnung:

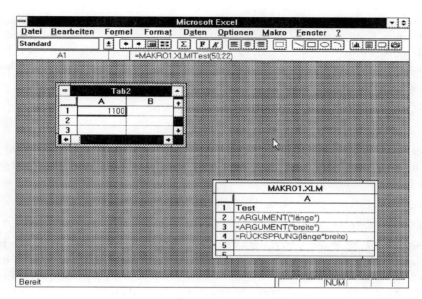

Bild 15.33: Übergabe von Argumenten

Die Formel *=MAKRO1.XLM!Test(50;22)* übergibt der Funktion *Test()* als Argumente die Werte 50 und 22. Der erste Aufruf der *ARGUMENT()*-Funktion bewirkt, daß in der Makrovorlage der Name »länge« definiert wird und Excel unter diesem Namen den Wert des ersten Arguments speichert. Der zweite Aufruf definiert entsprechend den Namen »breite«, dem das zweite Argument zugewiesen wird. Beide Namen können Sie anschließend frei verwenden. Zum Beispiel im Ausdruck *RÜCKSPRUNG(länge*breite)*, der die zugehörigen Werte multipliziert und das Resultat als Funktionswert übergibt.

Die Funktion *ARGUMENT()* kennt außer dem Namenstext noch weitere Argumente:

ARGUMENT(Text;*Datentyp_Nummer*)

»Datentyp_Nummer« kennzeichnet den Typ des Arguments:

  1: Zahl
  2: Text
  4: Wahrheitswert
  8: Bezug
 16: Fehlerwert
 64: Matrix

Ohne diese Angabe geht Excel davon aus, daß es sich bei dem Argument um eine Zahl, einen Text oder einen Wahrheitswert handelt. Durch Addieren von Typwerten erreichen Sie eine *ODER*-Verknüpfung. Zum Beispiel bedeutet 25, daß es sich entweder um eine Zahl, einen Bezug oder einen Fehlerwert handelt.

Sinn dieser Angabe ist es, Excel dazu zu zwingen, das übergebene Argument gegebenenfalls in einen bestimmten Datentyp umzuwandeln. Ist diese Umwandlung jedoch nicht möglich, erhalten Sie die Fehlermeldung »#WERT!«. Das ist zum Beispiel der Fall, wenn Sie den zweiten *ARGUMENT()*-Aufruf in unserem Makro »Test« folgendermaßen ändern:

`=ARGUMENT("Länge";1)`

Und zusätzlich in der Tabelle den Funktionsaufruf ändern:

`=MAKRO1.XLM!Test("Hallo";22)`

Excel erwartet als Argument eine Zahl (»Datentyp_Nummer« ist 1) und ist nicht in der Lage, die übergebene Zeichenkette in den geforderten Datentyp umzuwandeln (welchen »Wert« besitzt »Hallo«?).

Zusätzlich existiert noch eine zweite Variante der *ARGUMENT()*-Funktion:

`ARGUMENT`(*Text;Datentyp_Zahl*`;Bezug`)

In dieser Form speichert *ARGUMENT()* den übergebenen Wert im Feld »Bezug« der Makrovorlage und gibt diesem Feld den Namen »Text«. Zum Beispiel speichert *=ARGUMENT("Länge";;C10)* beim Aufruf des Funktionsmakros mit *MAKRO1.XLM!Test(50;22)* den ersten übergebenen Wert 50 im Feld C10 der Vorlage und weist diesem Feld den Namen »Länge« zu. Sie können anschließend wahlweise über den Namen »Länge« oder den Bezug C10 auf den übergebenen Wert zugreifen und ihn weiterverwenden.

Funktionswerte übergeben Sie mit der *RÜCKSPRUNG()*-Funktion. Davor können Sie einen Aufruf der Funktion *ERGEBNIS()* einfügen, die den Datentyp des Funktionswerts bestimmt.

`ERGEBNIS(Datentyp_Zahl)`

Analog der Funktion *ARGUMENT()* bestimmt »Datentyp_Zahl« den Typ des Funktionswertes, wobei – wenn notwendig (und möglich) – eine Umwandlung des verwendeten in den angegebenen Datentyp erfolgt.

15 1 8 Add-in's erzeugen

Die eleganteste Möglichkeit zur Erzeugung eigener Funktionen bieten die »Add-in's« oder »Zusätze«, die den Sprachumfang von Excel um zusätzliche Funktionen erweitern, die sich exakt so wie die eingebauten verhalten. Bei denen Sie beim Aufruf nicht mehr den Namen der zugehörigen Makrovorlage angeben müssen. Statt mit *MAKRO1.XLM!Test(50;22)* rufen Sie die eigendefinierte Funktion *Test()* einfach mit *Test(50;22)* auf, was sich nun wirklich nicht mehr vom Aufruf eingebauter Funktionen unterscheidet.

Entscheidend ist das Format, in dem Sie Ihre Makrovorlage speichern. Und zwar nicht wie sonst im Format »Standard«, sondern im Format »Intl. Zusatz«, das nur verfügbar ist, wenn eine Makrovorlage aktiv ist. In diesem Format gespeicherte Dateien erhalten die Erweiterung *.XLA*. »Intl.« steht für »International« und bedeutet, daß in diesem Format englischsprachige Funktionsbezeichnungen verwendet werden. Befindet sich in Ihrem Makro zum Beispiel ein Aufruf der Funktion *GEHEZU()*, wird in der Add-in-Datei statt dessen ein Aufruf des englischen Äquivalents *GOTO()* gespeichert. Ein nationales Format ist für derartige Zusätze leider nicht vorhanden, so daß Sie sich an Funktionsbezeichnungen wie *SELECT()* und *RETURN()* gewöhnen sollten.

Auf der Begleitdiskette befindet sich die Datei *ADD-IN.XLA*. Sie enthält das Funktionsmakro »Test«, das eine Fläche berechnet und erwartet, daß zwei numerische Argumente übergeben werden, die Länge und die Breite der Fläche. *Test()* verhält sich wie eine eingebaute Funktion, die als Funktionswert das Produkt der beiden übergebenen Zahlen übergibt.

Voraussetzung zur Benutzung solcher Zusatzfunktionen ist jedoch, daß die betreffende Datei geöffnet wurde. Wenn Sie *ADD-IN.XLA* laden, sind die darin enthaltenen Zusatzfunktionen verfügbar, aber nicht sichtbar – die Datei wird nach dem Öffnen unter keinen Umständen angezeigt. Sie können die darin enthaltenen Funktionen dennoch benutzen und aus beliebigen Tabellen heraus die Zusatzfunktion *Test()* wie eine eingebaute Funktion aufrufen, zum Beispiel mit *Test(10;20)*, um die Zahlen 10 und 20 miteinander zu multiplizieren.

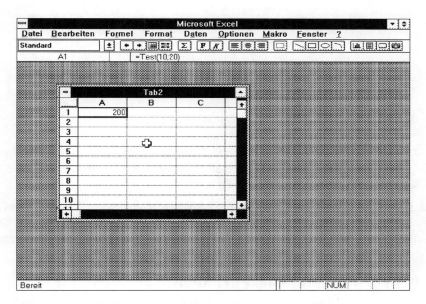

Bild 15.34: Die Datei Benutzung ADD-IN.XLA

An den Inhalt eines Add-in's kommen Sie nur heran, wenn Sie die Datei auf eine spezielle Art und Weise öffnen. Indem Sie *DATEI Öffnen...* wählen, die Datei selektieren, und beim Bestätigen mit »OK« *gleichzeitig die* Umschalt-*Taste drücken!* Die Makrovorlage ist zwar immer noch unsichtbar. Das können Sie nun jedoch mit *FENSTER Einblenden...* ändern. Dafür ist es nicht mehr möglich, die Funktion *Test()* wie eine eingebaute Funktion zu benutzen. Das ist nur möglich, wenn die Datei »normal« geladen wurde.

Einmal »normal« geladene Add-in's bleiben übrigens erhalten, bis Sie Excel verlassen. Sie können sie noch nicht einmal mit dem umgeschalteten Befehl *Alles Schließen* entfernen. Wie perfekt die Integration dieser Zusatzfunktionen in die Excel-Umgebung ist, sehen Sie nach dem Öffnen eines Add-in's an dem Befehl *FORMEL Funktion Einfügen...*

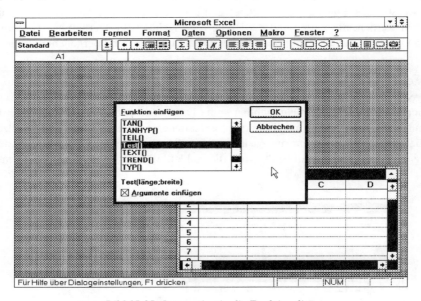

Bild 15.35: Integration in die Funktionsliste

Er enthält alphabetisch korrekt eingeordnet auch den Namen der eigendefinierten Funktion *Test()*. Und sogar Informationen über die zu übergebenden Argumente. Wie Sie sehen, unterscheidet Excel hier zwischen Groß- und Kleinschreibung.

Ich empfehle Ihnen, das auszunutzen und bei der Benennung eigendefinierter Funktionen nicht nur Großbuchstaben zu verwenden. Wie die Abbildung zeigt, können Sie dadurch eigene Funktionen auf einen Blick von den tatsächlich eingebauten unterscheiden, was nach Jahren vielleicht nicht mehr selbstverständlich ist.

15.1.9 Verwendung von Variablen

Jede Programmiersprache benötigt außer einem möglichst umfangreichen Vorrat an Funktionen und Steueranweisungen auch einen Mechanismus, der es dem Programm erlaubt, sich bestimmte Werte zu merken. In Excel gäbe es eine Möglichkeit, mit der Funktion *FORMEL()* den betreffenden Wert in einem Feld zu speichern. Eleganter ist jedoch der Einsatz einer anderen Funktion:

```
NAMEN.ZUWEISEN(Name;Wert)
```

Diese Funktion definiert in der Makrovorlage einen Namen und weist ihm den angegebenen Wert zu. Beziehungsweise löscht diesen Namen wieder, wenn Sie das Argument »Wert« weglassen. Zum Beispiel definiert

```
NAMEN.ZUWEISEN("X";15)
```

den Namen »X« und weist ihm den Wert 15 zu. Das bedeutet, daß dieser Name das Excel-Äquivalent für die »Variablen« anderer Programmiersprachen darstellt. Da Variablen sehr häufig eingesetzt werden, besitzt diese Funktion eine alternative und stark vereinfachte Syntax, die der Zuweisung eines Werts an eine Variable in der Sprache Basic entspricht:

```
Name=Wert
```

Um der Variablen »X« den Wert 15 zuzuweisen, schreiben Sie einfach:

```
X=15
```

Diese Schreibweise kennen Sie bereits, da ich sie wenige Seiten zuvor bei der Variablen »filename« einführte. Sogar das extrem häufig benötigte »In-« oder »Dekrementieren« (aktuellen Wert um 1 erhöhen beziehungsweise vermindern) einer Variablen ist problemlos möglich:

```
X=X+1
```

Diese Anweisung weist »X« als neuen Wert den aktuellen Inhalt plus 1 zu. Also zum Beispiel den Wert 16, wenn »X« zuvor den Wert 15 enthielt. Ich möchte den Umgang mit Variablen durch ein kleines Beispiel verdeutlichen.

Stellen Sie sich ein Makro vor, das mit einer *FÜR()-WEITER()*-Schleife in den 50 Feldern des Bereichs A1 bis E10 einer Tabelle der Reihe nach die Werte 1 bis 50 speichert. Zählschleifen dieser Art können jederzeit »per Hand« mit Hilfe von Variablen, der *WENN()*- und der *GEHEZU()*-Funktion nachgebildet werden.

```
Feld  Variante 1                          Variante 2
 A1   =AUSWÄHLEN("z1s1:z10s5")            =AUSWÄHLEN("z1s1:z10s5")
 A2   =FÜR("Zähler";1;50)                 Zähler=1
 A3   =  FORMEL(Zähler;AKTIVES.ZELLE())   =FORMEL(Zähler;AKTIVES.ZELLE())
 A4   =  AUSWÄHLEN(;"z(1)s")              =AUSWÄHLEN(;"z(1)s")
 A5   =WEITER()                           Zähler=Zähler+1
 A6   =RÜCKSPRUNG()                       =WENN(Zähler<=50;GEHEZU(A3))
 A7                                       =RÜCKSPRUNG()
```

Beachten Sie bitte die Einrückungen, die die Schleifenstruktur verdeutlichen sollen. In der linken Variante wird eine Schleife 50mal ausgeführt, bis der Name (die Variable) »Zähler« größer ist als der Endwert 50. In jedem Durchgang wird der aktuelle Wert dieser Variablen mit der Funktion *FORMEL()* im gerade aktiven Feld gespeichert und danach mit *AUSWÄHLEN()* der Zellcursor zum nächsten Feld bewegt.

Das leistet auch Variante 2 – und zwar ohne spezielle Schleifenfunktionen! Die Anweisung *Zähler=1* definiert die Variable »Zähler« und weist ihr den Wert 1 zu, der wie zuvor anschließend im aktiven Feld gespeichert wird. Nach dem Weiterbewegen des Zellcursors erhöht die Anweisung *Zähler=Zähler+1* den aktuellen Inhalt der Variablen. Der folgende Aufruf der *WENN()*-Funktion prüft, ob er immer noch kleiner oder gleich dem Endwert 50 ist. Wenn ja, erfolgt ein Sprung zu A3, zur Formel *=FORMEL(Zähler;AKTIVES.ZELLE())*, die den neuen Wert in das nun aktive Feld einträgt.

In der Praxis werden Sie Variablen wohl kaum verwenden, um Zählschleifen nachzubilden. Die Anwendungsmöglichkeiten sind jedoch derart vielfältig, daß ich nur einige Hinweise geben kann. Sie können zum Beispiel mitzählen, wieviele Dateien bisher geladen wurden:

```
Datensatz1
Anzahl=0
...
...
ÖFFNEN("TEST.XLS")
Anzahl=Anzahl+1
...
...
ÖFFNEN("DIAGRAMM.XLS")
Anzahl=Anzahl+1
...
...
```

Am Anfang Ihres Programms weisen Sie der Variablen »Anzahl« den Ausgangswert 0 zu. Und erhöhen nach jedem Laden einer neuen Datei den Inhalt der Variablen um 1. Dank »Anzahl« wissen Sie jederzeit, wieviele Dateien bisher geladen wurden. Ein weiteres Beispiel: In Ihrem Makro kann der Benutzer einen bestimmten Bereich selektieren, mit dem Ihr Programm nun die verschiedensten Dinge anstellt. Dann rufen Sie zunächst die Funktion *AUSWAHL()* auf, die keine Argumente erwartet und einfach den Bezug der aktuellen Auswahl als Funktionswert übergibt (externer Bezug). Und speichern diesen Bezug in irgendeiner Variablen, zum Beispiel in »Bezug«:

```
Bezug=AUSWAHL()
```

Die Variable »Bezug« enthält nun einen externen Bezug auf den vom Benutzer selektierten Bereich. Diesen Bezug können Sie verwenden, um zum Beispiel mit der Funktion *BEREICH.VERSCHIEBEN()* den selektierten Bereich zu verschieben oder mit der Funktion *ZELLE.ZUORDNEN()* nähere Informationen über ein Feld dieses Bereichs zu erhalten, zum Beispiel über seine Formatierung. Oder ihn mit der Funktion

```
FORMEL.AUSFÜLLEN(Formel;Bezug)
```

mit einem bestimmten Wert auszufüllen. Wofür Sie Variablen vorwiegend benötigen, ist, um sich die Werte zu merken, die von allen möglichen Excel-Funktionen übergeben werden. Zum Beispiel lädt die Funktion *DÖFFNEN()* eine Textdatei, ein »Dokument«. Und übergibt dabei eine Zahl, die sogenannte »Kennnummer« der Datei. Diese Zahl müssen

Sie wiederum im Aufruf von Funktionen wie *DLESEN.ZEILE()* angeben, die genau eine Textzeile der geladenen Datei übergibt. Oder beim Aufruf von *DSCHREIBEN()*, mit der Sie den in der Datei enthaltenen Text verändern können. Allgemein: Beim Aufruf jeder Funktion, die in irgendeiner Weise auf die geladene Textdatei zugreift, müssen Sie die von *DÖFFNEN()* übergebene Kennummer angeben. Also bleibt Ihnen gar keine andere Wahl, als diese Kennummer mit einem Aufruf der Art

```
Kennummer=DÖFFNEN("demo.txt")
```

beim Laden in einer Variablen zu speichern, damit diese Nummer in Ihrem Makro jederzeit verfügbar ist.

15.2 Eigendefinierte Menüs

Mit der Makrosprache von Excel können Sie sich eigene Menüs und Dialogfelder basteln. Die Erzeugung individueller Dialogfelder wird durch ein separates Programm vereinfacht, den »Dialog Editor«. Er erlaubt Ihnen die interaktive Gestaltung Ihrer Objekte. Menüs müssen Sie jedoch weiter per Hand gestalten.

15.2.1 Definitionsbereiche

Den Makrofunktionen, mit denen Sie eigene Menüs und Dialogfelder erzeugen können, werden zum größten Teil sehr ähnliche Argumente übergeben. Das wichtigste dieser Argumente ist ein Bezug auf einen Bereich der Makrovorlage. In diesem Bereich definieren Sie Ihre Menüs und Dialogfelder. In allen Fällen ist dieser Bereich spaltenorientiert. Jede Spalte beitzt eine ganz bestimmte Bedeutung. Wollen Sie zum Beispiel in bereits vorhandene Menüs zusätzliche Befehle einfügen, besitzt der Definitionsbereich folgende Form:

Spaltennummer	Bedeutung
1	Befehlsname
2	zugehöriges Befehlsmakro
3	Tastenschlüssel (optional)
4	Statusleisten-Text (optional)
5	Hilfspunkt (optional)

Tabelle 15.1: Bedeutung der einzelnen Spalten des Bezugsbereichs

Die erste Bereichsspalte enthält die zusätzlichen Befehlsnamen, also Texte wie »Sortieren...« oder »Neuer_Befehl« in Anführungszeichen. Die zweite Spalte enthält die Namen der zugehörigen Befehlsmakros, die bei Anwahl der betreffenden Befehle auszuführen sind. In der – optionalen – dritten Spalte kann dem Befehl ein Tastenschlüssel zugeordnet werden. Die – ebenfalls optionale – vierte Spalte enthält zu jedem Befehl einen Text, der bei Selektion des Befehls in der Statuszeile angezeigt wird. Die – optionale – fünfte Spalte definiert »Hilfspunkte« für die betreffenden Befehle. Der Definitionsbereich besteht also aus bis zu fünf Spalten. In jeder Zeile dieses Bereichs wird genau ein zusätzlicher Befehl definiert.

Bei komplexeren Definitionsbereichen ist es empfehlenswert, eine Spalte rechts oder links von diesem Bereich für Kommentare zu benutzen, damit Sie selbst jederzeit wissen, was darin definiert wird.

15|2|2| Befehle einfügen und löschen

Mit der Funktion *BEFEHL.EINFÜGEN()* können Sie in ein bereits vorhandenes Excel-Menü einen zusätzlichen Befehl einfügen.

`BEFEHL.EINFÜGEN(Kennummer;Menü;Befehlsbezug;Position)`

»Kennummer« ist die Nummer der Menüleiste, in die ein neuer Befehl eingefügt werden soll. Excel besitzt sechs Standard-Menüleisten, die von 1 bis 6 numeriert sind.

1: Makrovorlagen- und Tabellenmenüleiste (ganze Menüs)
2: Diagramm-Menüleiste (ganze Menüs)
3: Basis-Menüleiste
4: Info-Menüleiste
5: Makrovorlagen- und Tabellenmenüleiste (Kurzmenüs)
6: Diagramm-Menüleiste (Kurzmenüs)

Die »Makrovorlagen- und Tabellenmenüleiste« und die »Diagramm-Menüleiste« (jeweils in den Varianten »Kurzmenüs« und »ganze Menüs«) sind jene Menüleisten, die Sie den ganzen Tag über bei der Arbeit mit Excel benutzen. Mit der »Basis-Menüleiste« ist jene gemeint, die nur das *DATEI*-Menü enthält und erscheint, wenn momentan kein Arbeitsfenster vorhanden ist. Die »Info-Menüleiste« enthält nur die Menüs *DATEI*, *INFO*, *MAKRO* und *FENSTER* und erscheint, wenn das Info-Fenster aktiv ist.

»Menü« kennzeichnet das Menü, in das der neue Befehl eingefügt werden soll. Entweder geben Sie den Menünamen als Text in Anführungszeichen ein, zum Beispiel »Optionen«, wenn Sie das *OPTIONEN*-Menü um einen neuen Befehl erweitern wollen. Oder die Menünummer, wobei das Menü ganz links die Nummer 1 besitzt, das Menü rechts daneben die Nummer 2 und so weiter.

»Befehlsbezug« ist ein Bezug auf jenen Bereich der Makrovorlage, in dem die zusätzlichen Befehle definiert werden. Die folgende Abbildung zeigt die Makrovorlage *COMMINS1.XLM*, die nur die nicht optionalen ersten beiden Spalten verwendet, um einen zusätzlichen Befehl in ein Menü einzufügen.

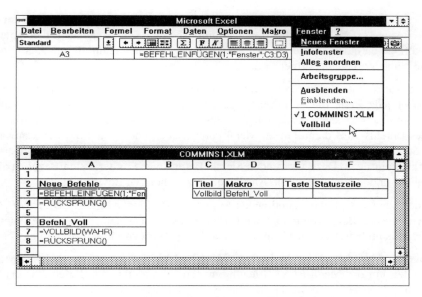

Bild 15.36: Die Datei COMMINS1.XLM

Die Spalten C und D enthalten die Definition des neuen Befehls. Er heißt *Vollbild*. Bei seiner Anwahl soll das Makro »Befehl_Voll« ausgeführt werden. Dieses Makro befindet sich in A6 bis A8. Es ruft die Funktion *VOLLBILD()* auf, um das aktive Fenster auf volle Größe zu bringen. Darüber befindet sich das Hauptmakro »Neue_Befehle«, das den neuen Befehl einfügt:

```
=BEFEHL.EINFÜGEN(1;"Fenster";C3:D3)
```

1 ist die Nummer der interessierenden Menüleiste, der Makrovorlagen- und Tabellenleiste. »Fenster« ist der Name des Menüs, in das der zusätzliche Befehl eingefügt wird. C3:D3 ist der Bereich, in dem dieser Befehl definiert wird.

Beachten Sie, daß der angegebene Definitionsbereich C3:D3 nur die echten Definitionen enthält und die Spaltenüberschriften nicht dazu gehören! Überschriften oder ähnliche Kommentare sind Ihr »Privatvermögen« und haben nichts mit den eigentlichen Definitionen zu tun!

Wenn Sie *COMMINS1.XLM* laden und das Makro »Neue_Befehle« aufrufen, wird entsprechend der Abbildung der zusätzliche Befehl *Vollbild* am Ende des *FENSTER*-Menüs eingefügt. Seine Anwahl ruft das Makro »Befehl_Voll« auf, das das aktive Fenster auf volle Größe bringt.

Soviel zum Grundprinzip. In der Praxis sind mehrere Feinheiten zu beachten. Zum einen, daß alle Bezüge extern sein dürfen. Der Definitionsbereich kann sich daher in einer anderen Makrovorlage befinden als die aufgerufenen Makros. Voraussetzung für die Ausführung ist nur, daß beide Vorlagen geöffnet sind.

Wie bereits erwähnt, dürfen Sie im Definitionsbereich beliebig viele neue Befehle definieren, wobei jede Zeile dieses Bereichs genau eine Befehlsdefinition enthält. Außerdem können Sie einem Zeichen des Befehlsnamens ein »&« voranstellen. Das betreffende Zeichen des Befehls wird daraufhin im Menü unterstrichen und erlaubt die Direktanwahl des neuen Befehls. Drittens können Sie in einem Menü nicht nur neue Befehle, sondern auch Trennlinien einfügen. Dazu verwenden Sie als Befehlsname in der ersten Bezugsspalte das Zeichen »-« und verzichten auf die Angabe eines zugehörigen Befehlsmakros.

Zusätzlich können Sie mit dem optionalen Argument »Position« von *BEFEHL.EINFÜGEN()* festlegen, wo der Befehl eingefügt wird. »Position« ist der Name – oder die Nummer – eines Befehls im betreffenden Menü. Der neue Befehl wird vor diesem eingefügt werden.

Die folgende Abbildung zeigt die Datei *COMMINS2.XLM*, die diese zusätzlichen Möglichkeiten nutzt, um das Menü *FENSTER* um eine Trennlinie und zwei Befehle zu erweitern, *Vollbild* und *Fenster*, wenn Sie das Makro »Neue_Befehle« aufrufen.

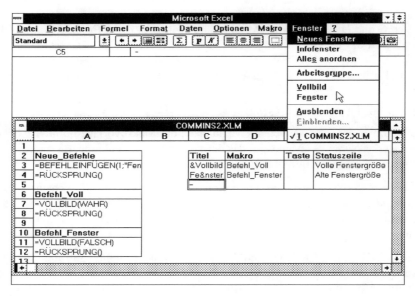

Bild 15.37: Mehrere Befehle einfügen

Das Makro »Neue_Befehle« enthält die Formel

```
=BEFEHL.EINFÜGEN(1;"Fenster";C3:F5;"Ausblenden")
```

Sie ist so zu interpretieren: »Füge die im Bereich C3:C5 definierten Befehle im Menü *FENSTER* der Menüleiste Nummer 1 vor dem Befehl *Ausblenden* ein«.

Die zusätzlichen Befehlsnamen »&Vollbild« und »Fe&nster« befinden sich wieder in der ersten Spalte des Definitionsbereichs. Das Zeichen »&« bewirkt, daß der jeweils folgende Buchstabe unterstrichen dargestellt wird und darüber die Direktanwahl des Befehls möglich ist. Der letzte Befehl, der nur aus dem Zeichen »-« besteht, erzeugt die in der Abbildung sichtbare Trennlinie vor dem *Ausblenden*-Befehl.

In der zweiten Definitionsspalte befinden sich die beiden zugehörigen Makronamen »Befehl_Voll« und »Befehl_Fenster«. Die dritte Spalte für den optionalen Tastenschlüssel ist leer. Die vierte Spalte enthält zu jedem Befehl einen Text, der in der Statuszeile angezeigt wird, wenn Sie den betreffenden Befehl selektieren. In der Abbildung ist gerade *Vollbild* selektiert. In der Statuszeile gibt Excel entsprechend den Hinweis »Volle Fenstergröße«.

Die neuen Befehle bleiben erhalten, bis Sie Excel verlassen oder ein weiteres Makro aufrufen, das die Funktion *BEFEHL.LÖSCHEN()* aufruft, um die hinzugekommenen Befehle wieder zu entfernen.

`BEFEHL.LÖSCHEN(Kennummer;Menü;Befehl)`

Analog zu »Menü« ist »Befehl« wahlweise der Befehlsname oder seine Nummer im betreffenden Menü (der erste Befehl besitzt die Nummer 1).

Mit dieser Funktion können Sie nicht nur nachträglich hinzugekommene, sondern auch »Excel-eigene« Befehle löschen. Zum Beispiel entfernt der Aufruf *BEFEHL.LÖSCHEN(1;"Daten";"Ordnen...")* aus dem Menü *DATEN* von Leiste Nummer 1 den Befehl *Ordnen...*

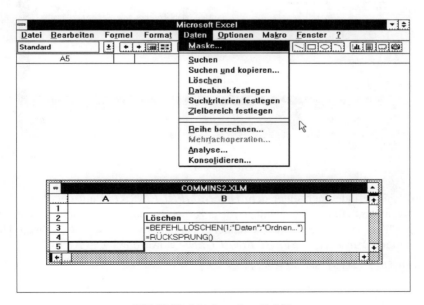

Bild 15.38: Löschen eines Befehls

15|2|3| Menüs einfügen und löschen

Mit der Funktion *MENÜ.EINFÜGEN( )* können Sie neue Menüs in eine Menüleiste einfügen:

`MENÜ.EINFÜGEN(Kennummer;Menübezug;`*Position*`)`

»Kennummer« spezifiziert wieder die jeweilige Leiste und »Menübezug« den Definitionsbereich der Makrovorlage, in dem das neue Menü definiert wird. »Position« ist die Nummer oder der Name des Menüs, vor dem das neue Menü eingefügt werden soll. Ohne diese Angabe wird es ganz rechts eingefügt.

Der »Menüdefinitionsbereich« ist ebenso aufgebaut wie ein »Befehls-Definitionsbereich«. Der einzige Unterschied: Die erste Zeile enthält den Namen des neuen Menüs. Damit ist es ein leichtes, die Makrovorlage aus der letzten Abbildung so zu ändern, daß sich die Befehle *Vollbild* und *Fenster* in einem eigenen Menü mit dem Namen *NEU* befinden.

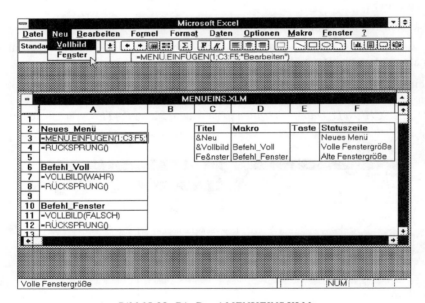

Bild 15.39: Die Datei MENUEINS.XLM

Diese Vorlage befindet sich unter dem Namen *MENUEINS.XLM* auf der Begleitdiskette. Die einzigen Änderungen gegenüber der vorhergehenden Abbildung: Dem Makro »Neue_Befehle« habe ich den nun passenderen Namen »Neues_Menü« gegeben. Und der darin enthaltene Aufruf von *BEFEHL.EINFÜGEN( )* wurde durch den Aufruf

`MENÜ.EINFÜGEN(1;C3:F5;"Bearbeiten")`

ersetzt. Dieser Aufruf fügt in die Menüleiste Nummer 1 vor dem *BEARBEITEN*-Menü ein neues Menü ein, das im Bereich C3:F5 definiert ist. Die erste Zeile dieses Bereichs enthält in der ersten Spalte den Menünamen »&Neu«. Das »N« wird unterstrichen dargestellt und kann zur Direktanwahl mit ⟨Alt⟩+⟨n⟩ verwendet werden.

Die Makrobezugsspalte bleibt bei der Menüdefinition leer. In der Statuszeile können Sie wieder einen beliebigen Text eintragen, der bei der Aktivierung des Menüs angezeigt wird. Die folgenden Zeilen enthalten die bereits bekannten Befehlsdefinitionen.

Die Funktion *MENÜ.LÖSCHEN()* entfernt ein Menü komplett aus der betreffenden Leiste. Egal, ob es sich dabei um ein von Ihnen definiertes oder ein Excel-Standardmenü handelt.

`MENÜ.LÖSCHEN(Kennummer;Menü)`

Zum Beispiel entfernt der Aufruf *MENÜ.LÖSCHEN(1;"Daten")* das Menü *DATEN* komplett aus der Menüleiste Nummer 1.

15|2|4| Menüleisten erzeugen und löschen

Der Gipfel der »Excel-Umdefinition« besteht darin, komplett neue Menüleisten mit neuen Menüs und neuen darin enthaltenen Befehlen zu erzeugen. Eine neue Menüleiste erzeugen Sie mit *MENÜLEISTE.EINFÜGEN()*:

`MENÜLEISTE.EINFÜGEN(Kennummer)`

»Kennummer« ist optional. Geben Sie dieses Argument nicht an, erhält die neue Leiste die höchste bisher vorhandene Kennummer plus eins. Also die Kennummer 7, wenn momentan nur die sechs Originalleisten vorhanden sind. Insgesamt dürfen bis zu 15 Menüleisten definiert sein.

MENÜLEISTE.EINFÜGEN() erzeugt zwar eine neue Leiste, zeigt diese jedoch noch nicht an. Das erfolgt erst nach dem Aufruf von

`MENÜLEISTE.ZEIGEN(Kennummer)`

In der Praxis gehen Sie so vor:

1. Mit *MENÜLEISTE.EINFÜGEN()* wird eine neue Leiste definiert.

2. Mit mehrfachem Aufruf von *MENÜ.EINFÜGEN()* werden die darin enthaltenen Menüs und Befehle definiert.

3. Mit *MENÜLEISTE.ZEIGEN()* wird die neue Leiste angezeigt.

Das Makro »Neue_Menüleiste« definiert durch den Aufruf *MENÜLEISTE.EINFÜGEN()* eine neue Leiste, die die Nummer 7 enthält (6 Standardleisten plus 1). Danach fügt *MENÜ.EINFÜGEN(7;C3:F5)* in diese Leiste Nummer 7 das bereits bekannte Menü ein, das im Bereich C3:F5 definiert wird, wieder aus den Befehlen *Vollbild* und *Fenster* besteht, diesmal jedoch den Namen *MYMENÜ* trägt. Und *MENÜLEISTE.ZEIGEN(7)* aktiviert diese Leiste. Die Abbildung zeigt das Resultat. Die neue Leiste enthält nur das soeben definierte Menü *MYMENÜ*.

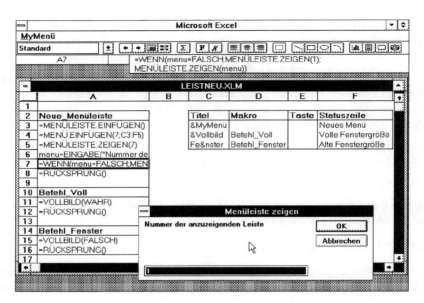

Bild 15.40: Die Datei LEISTNEU.XLM

Wenn Ihr Makro wie in diesem Beispiel eine neue Menüleiste aktiviert, »sägen Sie am eigenen Ast«. Sie verfügen anschließend nur noch über die in Ihrem eigenen Menü enthaltenen Befehle. Sie können keine Dateien mehr speichern oder laden, keine Tabellen mehr formatieren und so weiter. Denn alle diese Menüs sind ja nun deaktiviert! Sie können noch nicht einmal ein zusätzliches Makro definieren, das mit *MENÜLEISTE.ZEIGEN(1)* die Standardleiste aktiviert. Denn zum Ausführen des Makros müßten Sie entweder mit *Namen festlegen...* einen Tastenschlüssel definieren oder aber es mit *Ausführen...* starten. Beide Befehle sind jedoch ebenfalls nicht mehr vorhanden!

Achten Sie daher immer auf eine »Rückzugsmöglichkeit« zu der Standardmenüleiste Nummer 1. Die einfachste Möglichkeit: Sie beenden das Makro mit dem Aufruf *MENÜ-LEISTE.ZEIGEN(1)*. Das Makro »Neue_Menüleiste« aus der Abbildung verwendet eine komfortablere Technik: eine Eingabebox, in der Sie die Nummer der zu aktivierenden Menüleiste selbst angeben können. Diese Box, die in der Abbildung am unteren Bildschirmrand zu sehen ist, öffnet der folgende Aufruf:

```
menu=EINGABE("Nummer der anzuzeigenden Leiste";1;"Menüleiste zeigen";"1";150;30)
```

Sie werden nach der Nummer der zu aktivierenden Menüleiste gefragt und dabei wird eine 1 für die Standardleiste vorgegeben. Ihre Eingabe wird anschließend in der Variablen »menu« gespeichert. Nun folgt die Aktivierung der gewünschten Leiste:

```
=WENN(menu=FALSCH;MENÜLEISTE.ZEIGEN(1);MENÜLEISTE.ZEIGEN(menu))
```

Haben Sie die Eingabe mit »Abbrechen« oder $\boxed{\text{Esc}}$ abgebrochen, übergibt die Funktion *EINGABE()* den Wahrheitswert *FALSCH*. Enthält »menu« diesen Wert, wird die Standardmenüleiste Nummer 1 aktiviert. Geben Sie dagegen irgendeine Zahl ein und bestätigen

Sie die Eingabe mit »OK«, wird die Menüleiste Nummer »menu« aktiviert, *MENÜ-LEISTE.ZEIGEN()* also die von Ihnen eingegebene Leistennummer übergeben.

Die »Rückzugsmöglichkeit« zum Aufruf der Original-Excel-Leisten entfernen Sie erst nach der endgültigen Fertigstellung Ihres Makroprogramms, damit der Benutzer nur Ihre Menüs zu Gesicht bekommt und für ihn nur die darin vorgesehenen Befehle verfügbar sind. Zum Schluß noch zwei Hinweise. Mit der Funktion

`MENÜLEISTE.LÖSCHEN(Kennnummer)`

können Sie jederzeit die Leiste mit der angegebenen Kennnummer löschen. Und die Funktion

`MENÜLEISTE.ZUORDNEN()`

übergibt als Funktionswert die Nummer der gerade aktiven Leiste.

15|2|5| Befehle umbenennen, hinterlegen, Wahlmarkierungen festlegen

Zum perfekten Umgang mit eigendefinierten Leisten, Menüs und Befehlen fehlen noch ein paar Kleinigkeiten. Zum einen können Sie bereits definierte Befehle nachträglich umbenennen.

`BEFEHL.UMBENENNEN(Kennnummer;Menü;Befehl;Name)`

»Name« ist der neue Name des Befehls. Zum Beispiel ersetzt der Aufruf

`BEFEHL.UMBENENNEN(1;"Daten";"Maske...";"Hallo")`

im Menü *DATEN* den Befehl *Maske...* durch *Hallo*. Beachten Sie, daß bei Anwahl des Befehls weiterhin das gleiche Makro ausgeführt wird wie zuvor. Nur der Befehlsname hat sich geändert, nicht seine Funktion!

Sinnvoll ist diese Umbenennung, wenn ein Befehl durch einen anderen ersetzt werden soll. Analog zur Umbenennung des Excel-Befehls *Aufzeichnung beginnen...* in *Aufzeichnung beenden*, wenn der Rekorder bereits eingeschaltet ist.

Da sich dabei jedoch auch die Befehlsfunktion ändern soll, muß das aufgerufene Makro prüfen, welcher von zwei oder mehr Zuständen gegeben ist, und davon abhängig unterschiedliche Aktionen ausführen. Die Funktion

`BEFEHL.AKTIVIEREN(Kennnummer;Menü;Befehl;Aktivieren)`

bestimmt, ob ein Befehl normal dargestellt wird oder hinterlegt (schwach sichtbar). Also auch, ob der betreffende Befehl momentan wählbar ist oder nicht. Normal dargestellt wird er mit dem Argument *WAHR* für »Aktivieren«, hinterlegt mit dem Wahrheitswert *FALSCH*.

Auch die Anzeige von »Wahlmarkierungen« (Häkchen) ist sowohl bei Excel- als auch bei eigendefinierten Befehles möglich. Mit der Funktion

`BEFEHL.WÄHLEN(Kennnummer;Menü;Befehl;Wählen)`

Ist »Wählen« *WAHR*, wird im Menü vor dem betreffenden Befehl ein Häkchen angezeigt. Ist »Wählen« *FALSCH*, wird ein eventuell vorhandenes Häkchen entfernt.

15|3| Dialogfelder

Ein bereits definiertes Dialogfeld auf dem Bildschirm auszugeben, ist trivial. Der Funktion

`DIALOGFELD(Dialogfeldbezug)`

wird als Argument »Dialogfeldbezug« ein Bezug auf jenen Bereich der Makrovorlage übergeben, in dem das Dialogfeld definiert wird. Die Definition selbst ist jedoch alles andere als trivial, kein Wunder, da ein Dialogfeld die unterschiedlichsten Elemente enthalten kann, die alle separat definiert werden müssen.

15|3|1| Definition der Dialogfeldelemente

Im Definitionsbereich muß jedes verwendete Element durch eine eigene »Elementnummer« gekennzeichnet werden. Darüberhinaus kann die Position des Elements festgelegt werden, seine Breite, Höhe und noch einiges mehr. Jedes Element wird in genau einer Zeile des Definitionsbereichs beschrieben. Der Bereich muß aus *mindestens zwei Zeilen und exakt sieben Spalten* bestehen.

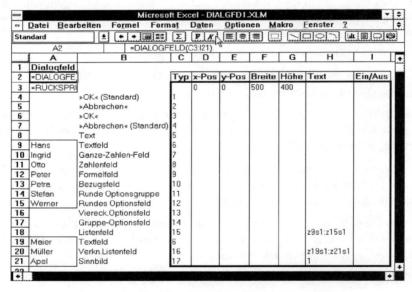

Bild 15.41: Die Datei DIALOGFD1.XLM

Der Definitionsbereich reicht in dieser Abbildung von C3 bis I21. Das dort definierte Dialogfeld wird entsprechend von dem Makro »Dialogfeld« mit dem Aufruf *DIALOGFELD(C3:I21)* aktiviert.

Beachten Sie unbedingt, daß weder Zeile 2 noch die Spalten A und B zum Definitionsbereich gehören! Nur der in der Abbildung dick umrahmte Bereich enthält Dialogfelddefinitionen. Alles andere sind Kommentare, die Ihnen den Aufbau dieses Bereichs erläutern sollen.

Zum Beispiel erläutern die Kommentare oberhalb des Bereichs die Funktionen der sieben Bereichsspalten C bis I. Die erste Spalte des Dialogfelddefinitionsbereichs enthält die Nummer des zu definierenden Elements. Die zweite und dritte Spalte legen die Position des Elements im Dialogfeld fest. Die vierte und fünfte Spalte definieren die Höhe und die Breite des Elements. Die Funktionen der sechsten und der siebten Spalte erläutere ich später.

Ebensowenig gehören die Spalten A und B zum Bezugsbereich. In Spalte B habe ich einige Kommentare gespeichert, denen Sie entnehmen können, welche Art von Element in der betreffenden Zeile definiert wird.

Insgesamt werden in diesem Bereich 17 verschiedene Elemente mit den zugehörigen Elementnummern 1 bis 17 definiert. Jeweils einmal, abgesehen von Element Nummer 6, dem »Textfeld«, das zweimal definiert wird.

In der ersten Zeile wird das Dialogfeld selbst definiert. Die linke obere Ecke (hier Feld C3) muß entweder wie in der Abbildung leer sein oder oder einen Bezug auf einen »Hilfepunkt« – einen Hilfstext, der dem Dialogfeld zugeordnet ist – enthalten. Die Spalten rechts daneben definieren die Position und Größe des Dialogfelds.

Ab Zeile Nummer 2 des Definitionsbereichs beginnen die Elementdefinitionen. Jedes Element wird in einer eigenen Zeile definiert. Alle Angaben sind optional, abgesehen von der Elementnummer, die in die erste Bereichsspalte (hier Spalte B) einzutragen ist. Ihre Bedeutung:

1: Schaltfläche »OK«, vorselektiert (fetter schwarzer Rand, Aktivierung mit $\boxed{\text{Enter}}$).
2: Schaltfläche »Abbrechen«, nicht vorselektiert.
3: Schaltfläche »OK«, nicht vorselektiert.
4: Schaltfläche »Abbrechen«, vorselekiert (fetter schwarzer Rand, Aktivierung mit $\boxed{\text{Enter}}$).
5: Unveränderlicher Ausgabetext (Kommentare), der an beliebiger Stelle in der Dialogbox erscheinen kann.
6: Textfeld: Feld zur Eingabe einer Zeichenkette.
7: Ganze-Zahlen-Feld: Feld zur Eingabe einer ganzen Zahl zwischen -32765 und $+32765$.
8: Zahlenfeld: Feld zur Eingabe einer beliebigen Zahl.
9: Formelfeld: Feld zur Eingabe einer Formel.
10: Bezugsfeld: Feld zur Eingabe eines Bezugs.
11: Optionsfeldgruppe: Dieses Element muß unmittelbar vor der Definition runder Optionsfelder definiert werden.
12: Rundes Optionsfeld: ein »Unterlement« einer Optionsfeldgruppe. In der gesamten Gruppe kann genau eine Option (ein rundes Optionsfeld) aktiviert werden.
13: Viereckiges Optionsfeld: Optionsfeld, das wahlweise aktiviert oder deaktiviert werden kann.
14: Gruppierungs-Optionsfeld: ermöglicht einen Rahmen um bestimmte Elemente des Dialogfeldes zu legen.

15: Listenfeld: Feld zur interaktiven Wahl zwischen den Einträgen in einem Listenfeld. Die Spalte »Text« muß einen Bezug auf den Bereich enthalten, in dem diese Elemente enthalten sind. Für diesen Bezug muß das Format Z1S1 oder – bei benannten Bereichen – der zugehörige Name verwendet werden! Das A1-Format ist nicht zulässig.

16: Verknüpftes Listenfeld: entspricht Element Nummer 15, muß jedoch unmittelbar nach einem Textfeld (Element Nummer 6) definiert sein. Dieses Textfeld ist mit dem Listenfeld »verknüpft«. Im Textfeld erscheint ständig das im Listenfeld selektierte Listenelement, und Eingaben im Textfeld (Dateimasken wie »*.xls« usw.) besitzen entsprechende Rückwirkungen auf das Listenfeld.

17: Sinnbild: die Aufmerksamkeit des Anwenders erweckende hervorgehobene Anzeige eines Fragezeichens, Informationssymbols oder Ausrufezeichens.

18: Verknüpftes Datei-Listenfeld: Listenfeld mit Dateinamen als Einträgen. Muß unmittelbar nach einem Texteingabefeld (Typ 6) definiert werden, dessen Inhalt Excel mit diesem Listenfeld verknüpft. Unmittelbar nach der Definition muß ein Element vom Typ 19 definiert werden.

19: Verknüpftes Laufwerks- und Verzeichnisfeld: Listenfeld mit Laufwerks- und Verzeichnisnamen als Einträgen. Folgt unmittelbar darauf die Definition eines Elements vom Typ 5 (reiner Text), verknüpft Excel dieses Textelement mit dem Listenfeld und zeigt als Text den Namen des jeweils aktuellen Laufwerks und Verzeichnisses an.

20: Verzeichnistext: Zeigt den Namen des aktuellen Verzeichnisses beim Öffnen der Box an, wird bei Änderungen jedoch nur aktualisiert, wenn unmittelbar auf die Definition eines Elements vom Typ 19 die Definition eines Elements vom Typ 5 folgt.

Die letzten drei Elemente sind hier nicht erläutert, da ich auf sie in einem eigenen Kapitel eingehen werde, in »Dateihandling in Dialogfeldern« (15.3.2).

Die Bezeichnungen einiger Elemente werden Ihnen momentan nichts sagen. Das ändert sich jedoch teilweise, wenn Sie die Datei *DIALGFD1.XLM* laden und das in A1:A3 definierte Makro mit ⎡Strg⎤+⎡a⎤ aufrufen (vgl. Bild 15.42).

Ohne nähere Angaben bestimmt Excel selbständig die Position und Größe der definierten Elemente. Wobei allerdings nichts vernünftiges herauskommt, wie diese Abbildung zeigt. Die Elemente werden einfach untereinander angeordnet, und eventuell einige davon – abhängig von der Größe der Dialogbox – überhaupt nicht angezeigt.

Immerhin lassen sich in der Abbildung zunächst die vier Schaltflächen mit den Elementnummern 1 bis 4 erkennen. Bei den Elemten 1 und 4 handelt es sich um vorselektierte Schaltflächen, die einen fetten Rahmen besitzen und durch Betätigung von ⎡Enter⎤ aktiviert werden. Wobei es natürlich absolut sinnlos ist, wie in diesem Beispiel für »OK« *und* für »Abbrechen« die vorselektierte Variante darzustellen. Wie Sie wissen, ist in Excel in fast allen Dialogboxen »OK« vorselektiert, »Abbrechen« muß hingegen ausdrücklich angewählt werden.

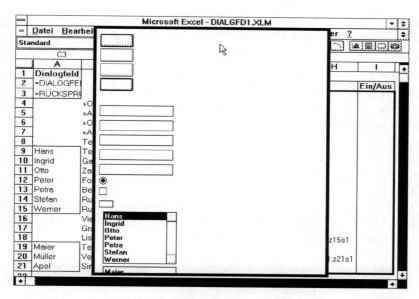

Bild 15.42: Eigendefiniertes Dialogfeld

Unter diesen vier Elementen befinden sich fünf rechteckige Felder, die Eingabefelder »Textfeld«, »Ganze-Zahlen-Feld«, »Zahlenfeld«, »Formelfeld« und »Bezugsfeld«. In ein Textfeld kann der Anwender einen beliebigen Text eingeben. Die vier anderen Feldarten erlauben Ihnen eine nähere Überprüfung der Eingabe. In einem »Ganze-Zahlen-Feld« läßt Excel nur Eingaben des entsprechenden Datentyps zu. Gibt der Benutzer in ein solches Feld statt dessen einen Text wie »Hallo« oder eine Zahl mit Nachkommastellen wie 22,34 ein, erscheint bei Aktivierung der Schaltfläche »OK« die Fehlermeldung »Unzulässige Zahl«. Excel nimmt somit vor dem Schließen der Dialogbox eine Eingabeprüfung vor und gestattet das Schließen mit »OK« erst, wenn der Benutzer eine Zahl eingibt, die dem von Ihnen definierten Typ entspricht.

Entsprechendes gilt für die drei anderen Varianten. Soll der Benutzer eine Formel eingeben, definieren Sie kein Text- sondern ein Formelfeld. Sie wissen, daß Excel eine Aktivierung von »OK« erst zuläßt, wenn das betreffende Feld eine korrekte Formel enthält.

Unterhalb dieser Eingabefelder befindet sich ein rundes und ein viereckiges Optionsfeld. Darunter wiederum ein etwas länglicher Rahmen, das Element »Gruppierungs-Optionsfeld«. Normalerweise würden Sie die Definition dieses Elements so erweitern, daß es einen Rahmen um verschiedene zusammengehörende Optionen bildet.

Das letzte vollständig sichtbare Element ist Nummer 15, das Listenfeld, mit verschiedenen darin enthaltenen Einträgen. Nur teilweise sichtbar ist das Textfeld, das mit dem Element Nummer 16 verknüpft ist, dem verknüpften Listenfeld, und das Element 17, das Sinnbild.

Wie Sie sehen, ist es undenkbar, alle optionalen Elementdefinitionen tatsächlich wegzulassen. Das Resultat ist kein Dialogfeld, sondern eine chaotische Ansammlung geometrischer Figuren.

In Spalte zwei und drei des Bezugsbereichs wird die Position der linken oberen Ecke des betreffenden Elements definiert. Und zwar relativ zur linken oberen Ecke der Dialogbox. Die zweite Spalte bestimmt den horizontalen Abstand des Elements zur linken oberen Ecke der Dialogbox. Und die dritte Spalte entsprechend den vertikalen Abstand.

Beide Angaben erfolgen in »Bildschirmeinheiten«. Eine horizontale Einheit entspricht 1/8 der Breite eines Zeichens (abhängig von der verwendeten Schriftart). Und eine vertikale Einheit 1/12 der Höhe eines Zeichens. Wollen Sie zum Beispiel ein Element so positionieren, daß es genau zwei Zeichen vom linken Rand der Dialogbox und ein Zeichen vom oberen Rand entfernt ist, geben Sie in der zweiten Definitionsspalte den Wert 16 und in der dritten Spalte den Wert 12 ein. Aus der folgenden Abbildung geht hervor, wie Sie Elemente mit diesen Angaben beliebig innerhalb der Box positionieren können.

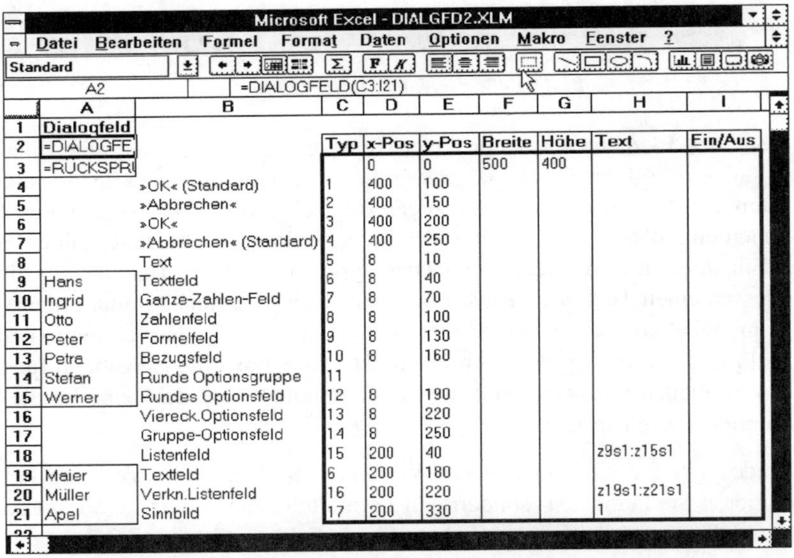

	A	B	C	D	E	F	G	H	I
1	Dialogfeld								
2	=DIALOGFE		Typ	x-Pos	y-Pos	Breite	Höhe	Text	Ein/Aus
3	=RÜCKSPRI			0	0	500	400		
4		»OK« (Standard)	1	400	100				
5		»Abbrechen«	2	400	150				
6		»OK«	3	400	200				
7		»Abbrechen« (Standard)	4	400	250				
8		Text	5	8	10				
9	Hans	Textfeld	6	8	40				
10	Ingrid	Ganze-Zahlen-Feld	7	8	70				
11	Otto	Zahlenfeld	8	8	100				
12	Peter	Formelfeld	9	8	130				
13	Petra	Bezugsfeld	10	8	160				
14	Stefan	Runde Optionsgruppe	11						
15	Werner	Rundes Optionsfeld	12	8	190				
16		Viereck.Optionsfeld	13	8	220				
17		Gruppe-Optionsfeld	14	8	250				
18		Listenfeld	15	200	40			z9s1:z15s1	
19	Maier	Textfeld	6	200	180				
20	Müller	Verkn.Listenfeld	16	200	220			z19s1:z21s1	
21	Apel	Sinnbild	17	200	330			1	

Bild 15.43: Die Datei DIALGFD2.XLM

Als »x-Position« (Abstand zum linken Rand der Box) wird für die ersten vier definierten Elemente (die vier Schaltflächen) der Wert 400 verwendet. 400 geteilt durch 8 ergibt einen Abstand von 50 Zeichen. Die »y-Position« (Abstand vom oberen Rand) 100 der ersten Schaltfläche ergibt eine Distanz von knapp 11 Zeichen. 50 Einheiten – also etwa 4 Zeichen – darunter befindet sich die zweite Schaltfläche, wieder 4 Zeichen darunter die dritte, und vier Zeichen unter dieser die letzte Fläche. Mit dem Resultat, daß die vier Schaltflächen in der Dialogbox ziemlich weit rechts untereinander angeordnet werden.

Diese und alle anderen Festlegungen treffen Sie in der Praxis durch Ausprobieren. Sie geben irgendwelche Werte ein, aktivieren das Dialogfeld, korrigieren die Werte, aktivieren es wieder und so weiter.

Beachten Sie bitte die fehlende Positionsangabe für das Element »Runde Optionsgruppe«. Die Definition dieses Elements muß sich vor der Definition runder Optionsfelder befinden, erzeugt jedoch selbt keine Bildschirmausgabe, daher ist auch keine Positionierung notwendig.

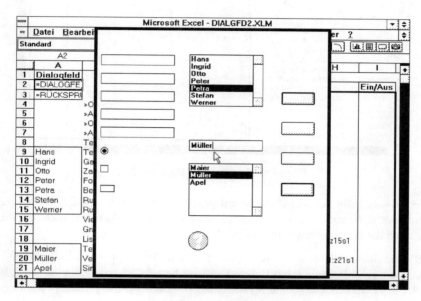

Bild 15.44: Positionsdefinition

Nun sind endlich alle Elemente gleichzeitig sichtbar und die Anordnung einigermaßen übersichtlich. Wie die Abbildung zeigt, können Sie die einzelnen Elemente wie gewohnt benutzen. Nach dem Öffnen der Box ist in beiden Listenfeldern jeweils der erste Eintrag vorselektiert. Wie sie sehen, habe ich anschließend mit der Maus in beiden Feldern einen anderen Eintrag selektiert. Wobei der im verknüpften Listenfeld selektierte zugleich im zugeordneten Textfeld darüber erscheint.

Kommen wir zur vierten und fünften Spalte des Definitionsbereichs, mit denen Sie die Breite und Höhe der Elemente festlegen. Und zwar erneut in horizontalen beziehungsweise vertikalen Bildschirmeinheiten. Zum Beispiel könnte man die Höhe und Breite der vier Schaltflächen vergrößern, das letzte Eingabefeld doppelt so lang machen, die Höhe des ersten Listenfelds vergrößern und die des zweiten Listenfelds verringern.

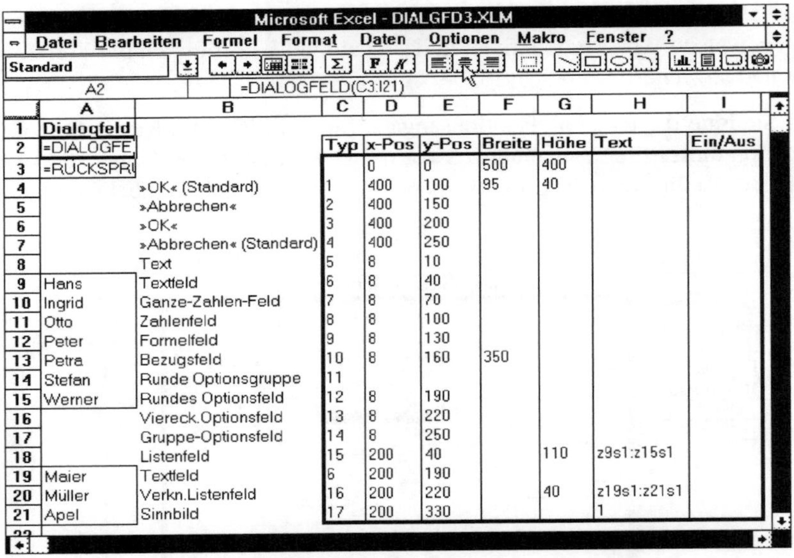

	A	B	C	D	E	F	G	H	I
1	Dialogfeld								
2	=DIALOGFE		Typ	x-Pos	y-Pos	Breite	Höhe	Text	Ein/Aus
3	=RÜCKSPRI			0	0	500	400		
4		»OK« (Standard)	1	400	100	95	40		
5		»Abbrechen«	2	400	150				
6		»OK«	3	400	200				
7		»Abbrechen« (Standard)	4	400	250				
8		Text	5	8	10				
9	Hans	Textfeld	6	8	40				
10	Ingrid	Ganze-Zahlen-Feld	7	8	70				
11	Otto	Zahlenfeld	8	8	100				
12	Peter	Formelfeld	9	8	130				
13	Petra	Bezugsfeld	10	8	160	350			
14	Stefan	Runde Optionsgruppe	11						
15	Werner	Rundes Optionsfeld	12	8	190				
16		Viereck.Optionsfeld	13	8	220				
17		Gruppe-Optionsfeld	14	8	250				
18		Listenfeld	15	200	40		110	z9s1:z15s1	
19	Maier	Textfeld	6	200	190				
20	Müller	Verkn.Listenfeld	16	200	220		40	z19s1:z21s1	
21	Apel	Sinnbild	17	200	330			1	

Bild 15.45: Die Datei DIALGFD3.XLM

Der Wert 40 als Höhe der Schaltfläche entspricht knapp vier Zeichen. Mit dem Resultat, daß die Schaltfläche nahezu doppelt so hoch wird wie üblich. Allerdings nicht nur die erste, sondern auch die drei anderen Schaltflächen!

Wenn Sie die Standardhöhe und -breite eines Elements ändern, paßt Excel Höhe und Breite aller gleichartigen Elemente (zum Beispiel anderer Schaltflächen) an, die in den folgenden Zeilen definiert werden. Geben Sie für die Höhe von Schaltfläche 1 einen bestimmten Wert an, werden alle unmittelbar danach definierten Schaltflächen ebenso hoch sein. Außer natürlich, Sie geben auch für diese Flächen individuelle Werte an. Diese »Fortsetzung« gilt, bis ein anderer Elementtyp definiert wird.

Der Wert 350 als Breite des letzten Eingabefelds wird von Excel nur für dieses eine Feld verwendet, nicht für die vier zuvor definierten Eingabefelder. Denn wie gesagt: Höhen- oder Breitenangaben übernimmt Excel nur für unmittelbar *danach* definierte Elemente der gleichen Art!

Wie Abbildung 15.46 zeigt, führten die Manipulationen zu den gewünschten Resultaten. Und wie bereits erwähnt, können Sie mit den Angaben in der ersten Zeile des Definitionsbereichs die Position und Größe des Dialogfeldes selbst bestimmen. Die Maßeinheiten sind ebenfalls horizontale und vertikale Bildschirmeinheiten, der Bezugspunkt jedoch ein anderer. Die Positionsbestimmung legt den Abstand der linken oberen Ecke der Box zur linken oberen Bildschirmecke fest.

Kommen wir zu den beiden letzten Spalten des Definitionsbereichs. Die sechste Spalte enthält »unveränderliche« Texte und Bezüge auf Texte. Zum Beispiel den Titel der Dialogbox. Den gewünschten Text geben Sie in H3 ein. Er erscheint am oberen Rand der Dialogbox, wie

Sie es von Excel gewohnt sind. Nur eine Dialogbox, in der auf diese Weise ein Titel definiert wurde, erscheint als eigenständiges Fenster, das Sie mit der Maus durch Anklicken des Fenstertitels und Ziehen beliebig verschieben können.

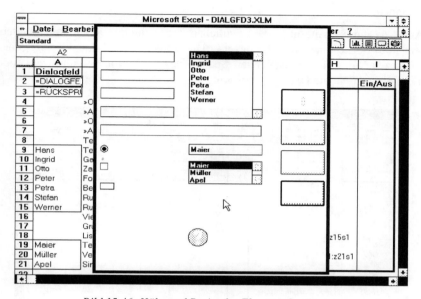

Bild 15.46: Höhe und Breite der Elemente bestimmen

Zu den unveränderlichen Texten zählen auch die Inhalte der Schaltflächen, das Element Nummer 5, das aus nichts anderem als einem auszugebenden Text besteht, und der Text, der als Überschrift in dem Rahmen erscheinen soll, den Element Nummer 14, das »Gruppierungs-Optionsfeld«, erzeugt.

»Unveränderliche Texte«, dazu gehören natürlich auch die Texteinträge in den beiden Listenfeldern. Da es jedoch nicht möglich ist, diese Einträge alle in ein einziges Feld einzutragen, wird statt dessen ein Bezug auf den Bereich angegeben, der die betreffenden Texte enthält. Für diesen Bezug müssen Sie das Format Z1S1 verwenden. Alternativ können Sie den Bereich mit den Texten natürlich auch benennen und als Bezug den betreffenden Bereichsnamen angeben.

In der Abbildung befinden sich die Texteinträge »Hans« bis »Werner« des ersten Listenfeldes im Bereich A9:A15 der Makrovorlage. Entsprechend wird in H18 der Z1S1-Bezug Z9S1:Z15S1 eingetragen. Und zwar ohne vorangehendes Gleichheitszeichen, da es sich nicht um eine Formel, sondern um einen Bezug in Textform handelt.

Die letzte »Textart« dieser Spalte ist der »Text« im Element »Sinnbild«. Dabei handelt es sich wie gesagt um ein Fragezeichen, ein großes »i« wie »Information«, oder ein Ausrufezeichen. Je nach gewünschtem Inhalt geben Sie in der sechsten Bereichsspalte die Kennziffer 1 (Fragezeichen), 2 (Informationssymbol) oder 3 (Ausrufezeichen) ein.

Die siebte Spalte bezeichnet mein Kommentar als »Ein/Aus«. Zugegeben, eine nicht sehr aussagekräftige Bezeichnung, aber sie trifft den Kern. »Ein«, da hier alle in die Dialogboxen »hineinkommenden« veränderlichen Texte und Werte angegeben werden. Zum Beispiel Texte, die in Eingabefeldern als Vorgaben erscheinen, vom Benutzer jedoch editiert werden können.

Und »Aus«, da diese Spalte nach dem Schließen der Dialogbox Resultate enthalten wird, Eingaben und Selektionen des Benutzers. Die folgende Abbildung zeigt die Datei *DIALGFD4.XLM*, die die beiden letzten Spalten des Definitionsbereichs verwendet, um etwas mehr »Leben« in die Dialogbox zu bringen.

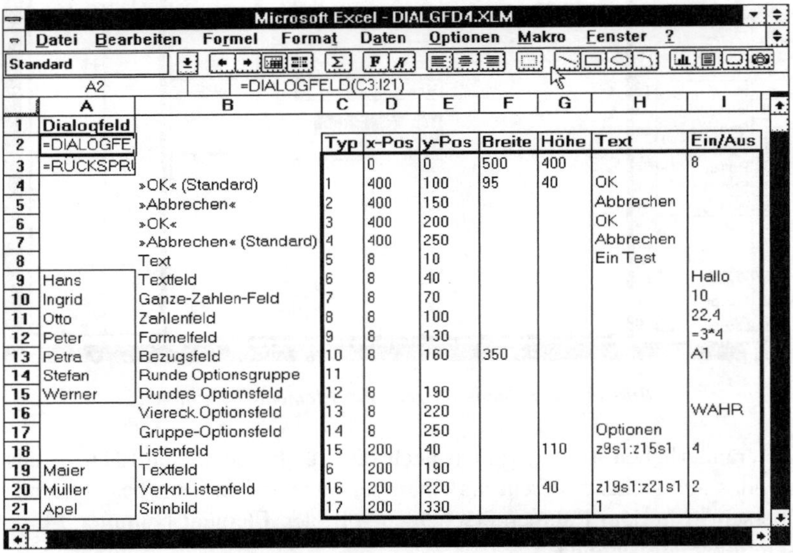

	A	B	C	D	E	F	G	H	I
1	Dialogfeld								
2	=DIALOGFE		Typ	x-Pos	y-Pos	Breite	Höhe	Text	Ein/Aus
3	=RÜCKSPRU			0	0	500	400		8
4		»OK« (Standard)	1	400	100	95	40	OK	
5		»Abbrechen«	2	400	150			Abbrechen	
6		»OK«	3	400	200			OK	
7		»Abbrechen« (Standard)	4	400	250			Abbrechen	
8		Text	5	8	10			Ein Test	
9	Hans	Textfeld	6	8	40				Hallo
10	Ingrid	Ganze-Zahlen-Feld	7	8	70				10
11	Otto	Zahlenfeld	8	8	100				22,4
12	Peter	Formelfeld	9	8	130				=3*4
13	Petra	Bezugsfeld	10	8	160	350			A1
14	Stefan	Runde Optionsgruppe	11						
15	Werner	Rundes Optionsfeld	12	8	190				
16		Viereck.Optionsfeld	13	8	220				WAHR
17		Gruppe-Optionsfeld	14	8	250			Optionen	
18		Listenfeld	15	200	40		110	z9s1:z15s1	4
19	Maier	Textfeld	6	200	190				
20	Müller	Verkn.Listenfeld	16	200	220		40	z19s1:z21s1	2
21	Apel	Sinnbild	17	200	330			1	

Bild 15.47: Die Datei DIALGFD4.XLM

Als Inhalt der vier Schaltflächen werden die »unveränderlichen« (und daher in die sechste Spalte einzugebenden) Texte »OK« beziehungsweise »Abbrechen« definiert. Das bisher auf keiner Abbildung sichtbare Element Nummer 5 – reiner Text – wird endlich vollständig definiert und ihm als auszugebende Zeichenkette »Hallo« zugewiesen. Der vom Element »Gruppierungs-Optionsfeld« erzeugte Rahmen soll die Überschrift »Optionen« erhalten. Die Bezugsangaben für die Listenelemente der beiden Listenfelder kennen Sie ja bereits aus vorangegangenen Abbildungen. Beim ersten Listenfeld verweist der Bezug auf die im Bereich A9:A15 der Makrovorlage gespeicherten Vornamen, beim zweiten Listenfeld auf die im Bereich A19:A21 enthaltenen Nachnamen. Wie gesagt: Werden statt den Namen benannter Bereiche wie hier Feldbezüge angegeben, muß für diese Bezüge das Z1S1-Format verwendet werden! Die letzte Angabe in dieser Spalte ist der Wert 1 für den »Text« des Sinnbildes, der wie erläutert für das Fragezeichen steht.

Die siebte und letzte Spalte des Definitionsbereichs bestimmt den Inhalt von Eingabe-feldern (veränderlicher Text) und den Ausgangszustand der Optionen. Dabei steht *WAHR* für eine aktivierte und *FALSCH* für eine deaktivierte Option. Wozu die Angabe *WAHR* für das viereckige Optionsfeld und die Textvorgaben der fünf Eingabefelder führen, zeigt die folgende Abbildung:

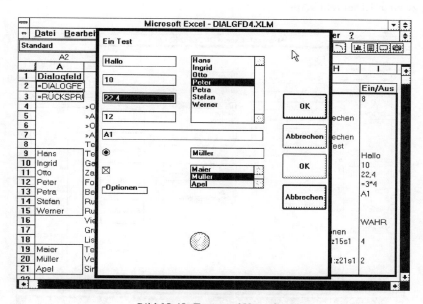

Bild 15.48: Texte und Vorgaben

Zu einer Dialogbox, die – abgesehen von der mangelhaften optischen Gestaltung – endlich so aussieht, wie wir es gewohnt sind! Sie erhalten diese Box, wenn Sie *DIALGFD4.XLM* laden und das Makro »Dialogfeld« mit ⌐Strg⌐+⌐a⌐ starten.

In ihr sind nach dem Öffnen in den beiden Listenfeldern nicht wie sonst die jeweils ersten Einträge vorselektiert, sondern der vierte beziehungweise der zweite Eintrag. Dafür sorgen die entsprechenden Zahlenwerte 4 und 2 in den Feldern I18 und I20.

Zusätzlich ist es möglich, in dieser Spalte zu bestimmen, welches der definierten Objekte nach dem Öffnen der Box aktiv sein soll, wenn es nicht wie sonst das erste (zuerst defi-nierte) Objekt sein soll. Und zwar tragen Sie in der ersten Definitionszeile (im Beispiel in Feld H4) die Nummer des betreffenden Objekts ein. Über die Nummer entscheidet die Reihenfolge der Objektdefinition. In der Abbildung wird die Nummer 8 verwendet, die besagt, daß das achte definierte Objekt nach dem Öffnen der Box aktiv sein soll, in unserem Fall also das Zahlenfeld, das zufällig auch die Elementnummer 8 besitzt.

Selektieren Sie nach dem Starten des Makros und der Aktivierung der Box bitte das erste Eingabefeld. Ersetzen Sie die Vorgabe »Hallo« durch »Hei«. Ersetzen Sie im zweiten Eingabefeld die 10 durch eine 15. Löschen Sie die Vorgabe »22,4« im dritten Feld komplett. Geben Sie im vierten die Formel $=3*(25+4)$ ein, und im fünften den Bezug A5. Deaktivieren Sie das rechteckige Optionsfeld, selektieren Sie im ersten Listenfeld den Eintrag »Petra« und im zweiten Listenfeld »Apel«.

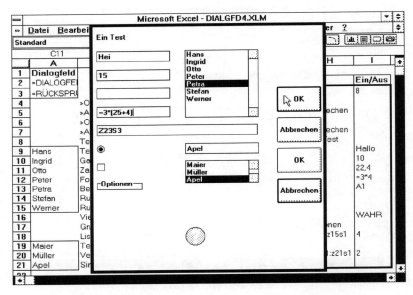

Bild 15.49: Ändern der vorgegebenen Texte und Selektionen

Aktivieren Sie »OK«, und schauen Sie sich in der Makrovorlage den Inhalt der siebten Definitionsspalte an (vgl. Bild 15.50).

Nun wissen Sie, was das »Aus« in meinem Kommentar zur letzten Spalte bedeutet. Sie enthält nach dem Schließen der Box mit »OK« alle von Ihrem Makroprogramm benötigten Informationen. Alle Vorgaben sind durch die beim Schließen der Box gültigen Zustände überschrieben worden.

Die vorgegebenen Texte ersetzte Excel durch die von Ihnen eingegebenen. Der Bezug A5 wurde dabei in das Z1S1-Format umgewandelt (Z5S1). Der vorgegebene Wahrheitswert *WAHR* des viereckigen Optionsfeldes wurde aufgrund Ihrer Deaktivierung in *FALSCH* geändert. Die 1 in der Definitionszeile der runden Optionsgruppe bedeutet, daß die erste – und in unserem Fall auch einzige – dieser Optionen aktiviert war.

Bei den Listenfeldern gibt die Zahl 5 beziehungsweise 3 Auskunft darüber, welcher Eintrag zuletzt selektiert war. Der Wert 5 für das erste Listenfeld sagt aus, daß der fünfte Eintrag »Petra« selektiert war, und der Wert 3 für das zweite Feld kennzeichnet entsprechend den ersten Nachnamen »Apel«. Im zugehörigen Eingabefeld befindet sich dieser Eintrag im Klartext.

In der Praxis würde Ihr Makroprogramm nun die aktuellen Inhalte dieser letzten Definitionsspalte auswerten und auf die Eingaben des Benutzers entsprechend reagieren.

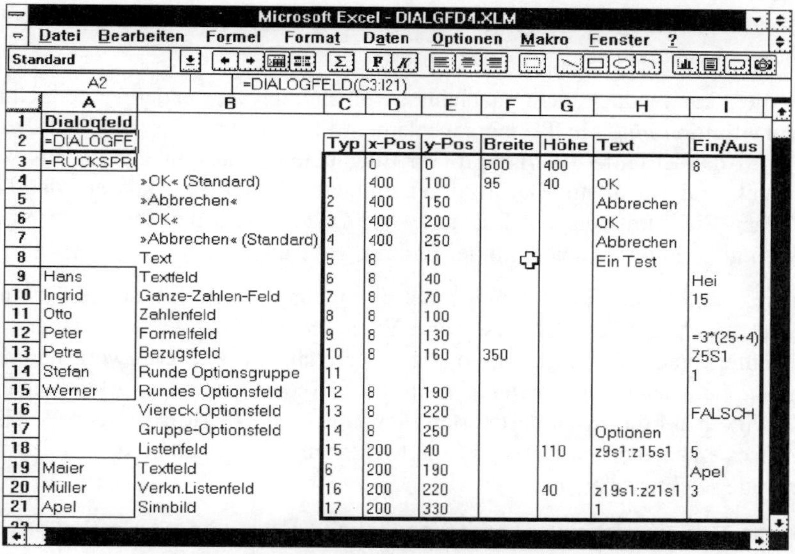

	A	B	C	D	E	F	G	H	I
1	Dialogfeld								
2	=DIALOGFE		Typ	x-Pos	y-Pos	Breite	Höhe	Text	Ein/Aus
3	=RÜCKSPR			0	0	500	400		8
4		»OK« (Standard)	1	400	100	95	40	OK	
5		»Abbrechen«	2	400	150			Abbrechen	
6		»OK«	3	400	200			OK	
7		»Abbrechen« (Standard)	4	400	250			Abbrechen	
8		Text	5	8	10			Ein Test	
9	Hans	Textfeld	6	8	40				Hei
10	Ingrid	Ganze-Zahlen-Feld	7	8	70				15
11	Otto	Zahlenfeld	8	8	100				
12	Peter	Formelfeld	9	8	130				=3*(25+4)
13	Petra	Bezugsfeld	10	8	160	350			Z5S1
14	Stefan	Runde Optionsgruppe	11						1
15	Werner	Rundes Optionsfeld	12	8	190				
16		Viereck.Optionsfeld	13	8	220				FALSCH
17		Gruppe-Optionsfeld	14	8	250			Optionen	
18		Listenfeld	15	200	40		110	z9s1:z15s1	5
19	Maier	Textfeld	6	200	190				Apel
20	Müller	Verkn.Listenfeld	16	200	220		40	z19s1:z21s1	3
21	Apel	Sinnbild	17	200	330			1	

Bild 15.50: Informationsübernahme aus der Dialogbox

Daß die ursprünglichen Vorgaben überschrieben wurden, ist nicht weiter tragisch. Es bedeutet, daß beim nächsten Aufruf des Dialogfeldes durch Ihr Makroprogramm die zuletzt vorgenommenen Eingaben als neue Vorgaben erscheinen werden. Genau das sind Sie ja von Excel gewohnt: daß – mit wenigen Ausnahmen – der Zustand aller Optionen und Felder einer Dialogbox nach dem Öffnen gegenüber der letzten Aktivierung der gleichen unverändert ist.

Alle diese Änderungen führt Excel natürlich nur aus, wenn die Box durch Aktivierung einer der beiden »OK«-Schaltflächen geschlossen wurde. Bei Aktivierung von »Abbrechen« findet keine Informationsübernahme statt.

15|3|2| Dateihandling in Dialogfeldern

Die Dialogboxelemente mit den Nummern 18, 19 und 20 habe ich bisher noch nicht behandelt. Sie sind für den Umgang mit Dateien und Verzeichnissen gedacht. 18 und 19 sind spezielle Formen von Listenfeldern, die zugleich zeigen, was unter einem (mit einem Textfeld) »verknüpften« Listenfeld zu verstehen ist, wozu auch das ebenfalls noch nicht besprochene Element Nummer 16 zählt.

Nummer 18 (Verknüpftes Datei-Listenfeld) ist ein Listenfeld mit sehr speziellen Einträgen, nämlich dem Dateinamen im aktuellen Verzeichnis. Selbstverständlich müssen Sie diese Listenelemente nicht irgendwo in Ihrer Makrovorlage definieren. Excel zeigt sie automatisch in diesem Listenfeld an.

Dieses Element kann jedoch nicht unabhängig von anderen verwendet werden. Unmittelbar *vor* seiner Definition *muß* ein Texteingabeelement (Typ 6) definiert sein. Mit diesem Eingabefeld wird das Listenfeld verknüpft. Im Eingabefeld erscheint das jeweils selektierte Listenelement, und vor allem: Darin vorgenommene Eingaben wirken auf das Listenfeld zurück. Geben Sie zum Beispiel die Maske *.BAT ein, wird das Listenfeld automatisch aktualisiert und darin nur Dateien mit der Endung .BAT angezeigt.

Dem Datei-Listenfeld *muß* wiederum die Definition eines weiteren Listenfelds vom Typ 19 folgen, eines »verknüpften Laufwerks- und Verzeichnisfelds«. Wie der Name sagt, zeigt dieses Listenfeld keine Dateinamen, sondern Verzeichnisse und Laufwerksnamen an, die durch Selektionen der entsprechenden Einträge gewechselt werden. Aktionen in diesem Listenfeld wirken auf die zuvor definierten Elemente 6 und 18 zurück. Beim Wechsel eines Verzeichnisses erscheinen im Datei-Listenfeld die neuen Dateinamen und im Texteingabefeld der gerade selektierte Name.

Die Elemente 6, 18 und 19 bilden somit eine Einheit, sind miteinander verknüpft, und müssen in dieser Reihenfolge definiert werden. Wahlweise können Sie unmittelbar nach dem Laufwerks- und Verzeichnisfeld ein Textausgabefeld (Typ 5) definieren. Dann ist dieses Ausgabefeld mit dem Laufwerks- und Verzeichnisfeld in der Weise verknüpft, daß als Text jeweils der Name des aktuellen Laufwerks und Verzeichnisses erscheint. Beachten Sie jedoch, daß Sie unbedingt die Länge dieses Textausgabefeldes – möglichst großzügig – definieren müssen! Die von Excel verwendete Standardlänge ist ziemlich knapp bemessen, so daß von einem Namen wie C:\WIN\EXCEL\BUCH nur ein Teil angezeigt würde.

Die folgende Abbildung zeigt eine Makrovorlage, in der die beiden üblichen Schaltflächen »OK« und »Abbrechen« definiert sind. Und vor allem die drei miteinander verknüpften »Dateielemente« inklusive des – optionalen – zugehörigen Textausgabefelds nach der Definition von Element Nummer 19.

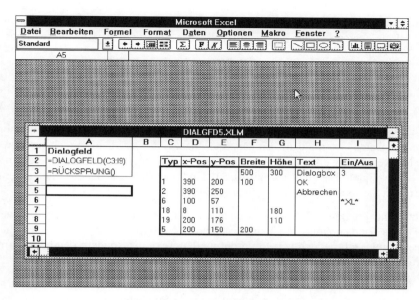

Bild 15.51: Die Datei DIALGFD5.XLM

Wie Sie sehen, wird im Definitionsbereich die erläuterte Definitionsreihenfolge exakt eingehalten. Diese Definitionsreihenfolge ist jedoch nicht mit der Reihenfolge der Objekte auf
dem Bildschirm gleichzusetzen. Wie üblich kann jedes Objekt frei positioniert werden,
wobei die hier verwendeten Positionsbestimmungen zu folgender Anordnung führen:

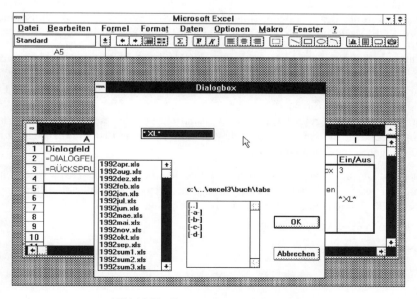

Bild 15.52: Erzeugte Dateiselektionsbox

Beachten Sie bitte, daß aufgrund des Fenstertitels »Dialogbox« die Dialogbox nun zum ersten Mal als echtes Fenster dargestellt wird, das Sie durch Anklicken des Fenstertitels verschieben können.

Alle vier Dateielemente sind miteinander verknüpft. Ganz oben befindet sich das Texteingabefeld, das wegen der 3 in der letzten Spalte der Dialogboxdefinition nach dem Öffnen der Box aktiv ist. Es enthält als Vorgabe die bei der Definition verwendete Maske *.*XL**.

Die Verknüpfung mit den anderen Elementen wirkt sich so aus, daß jede Selektion eines Eintrags im Datei-Listenfeld im Eingabefeld angezeigt wird. Und umgekehrt dort eingegebene Masken, Laufwerks- oder Verzeichnisnamen entsprechend die in den beiden Listenfeldern angezeigten Elemente beeinflussen. Und natürlich auch den zuletzt definierten Element vom Typ 5 angezeigten vollständigen Pfad.

Das letzte und im Beispiel nicht verwendete Dateielement ist der Typ 20, »Verzeichnistext«. Dieses Element muß mit keinem anderen verknüpft werden. Es entspricht einem Textausgabefeld, gibt jedoch keinen vordefinierten Text aus, sondern den beim Öffnen der Box aktuellen Pfad – der jedoch bei Änderungen nicht aktualisiert wird!

Dieses Element sollten Sie daher nur verwenden, wenn in einer Dialogbox der aktuelle Pfad zwar angezeigt wird, die Box jedoch keine Möglichkeit bietet, ihn zu ändern. Sonst wäre es recht peinlich, wenn der Benutzer als Laufwerk und Verzeichnis C:\UTIL bestimmt, das Element »Verzeichnistext« jedoch unverändert den beim Öffnen aktuellen Pfad D:\WIN\EXCEL\BUCH anzeigt.

Verwenden Sie für »dynamische« Boxen daher bitte die erläuterte Kombination aus den Elementen 6, 18, 19 und (wenn gewünscht) 5 – die genau in dieser Reihenfolge definiert werden müssen. Und vergessen Sie nicht, die Breite des Typ 5-Elements zu definieren, da sonst aufgrund der geringen Standardlänge von längeren Verzeichnisnamen wie C:\WIN\EXCEL\BUCH nur ein Teil angezeigt würde.

Eine nähere Erläuterung des Listenfelds vom Typ 16 kann ich mir nun wohl ersparen. Der einzige Unterschied zum bekannten Typ 15 (Listenfeld, bei dem ein Bezug auf die Listenelemente anzugeben ist) besteht in der Verknüpfung mit einem Texteingabefeld (Typ 6). Dieses Prinzip kennen Sie ja inzwischen. *Vor* dem Listenfeld wird ein Typ-6-Element definiert und in diesem zeigt Excel das im Listenfeld gerade selektierte Element an. Eingaben in dieses Feld wirken in entsprechender Weise auf das Listenfeld zurück (zum Beispiel die Eingabe eines Elementnamens).

Zwischen die Definitionen der einzelnen Dateielemente können Sie Textausgaben mit Elementen des Typs 5 »einschieben«. Und damit zum Beispiel eine »nackte« Pfadangabe wie C:\WIN\EXCEL\BUCH mit einem Kommentar versehen:

```
Verzeichnis:   C:\WIN\EXCEL\BUCH
```

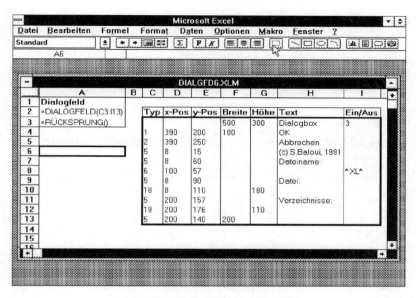

Bild 15.53: Die Datei DIALGFD6.XLM

Die Makrovorlage *DIALGFD6.XLM* nutzt diese Möglichkeit ausgiebig, um das Eingabefeld und die beiden Listenfelder zu kommentieren, und in der oberen linken Ecke der Dialogbox einen zusätzlichen Copyright-Vermerk unterzubringen.

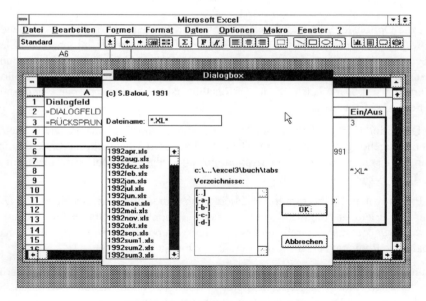

Bild 15.54: Zusätzliche Textausgaben

15│3│3 Optionsgruppen

Die Vorlage *DIALGFD7.XLM* entspricht dem letzten Beispiel, demonstriert jedoch zusätzlich den Umgang mit Optionsgruppen.

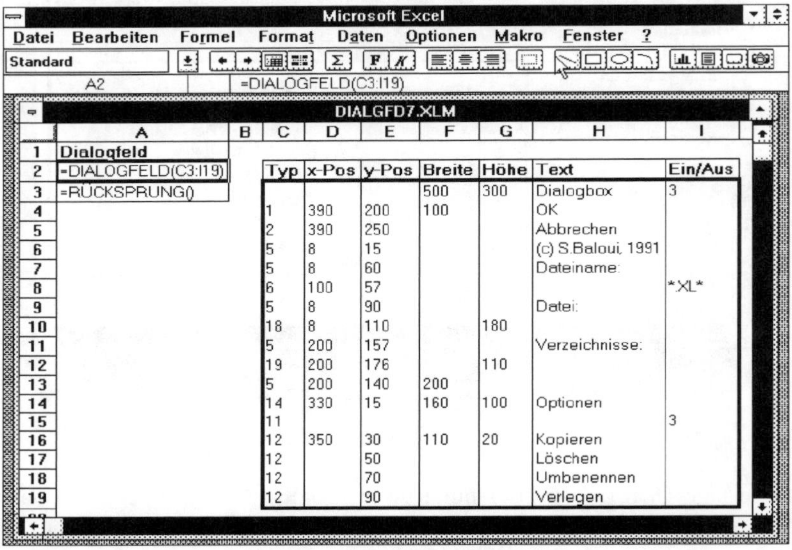

	Typ	x-Pos	y-Pos	Breite	Höhe	Text	Ein/Aus
1 Dialogfeld							
2 =DIALOGFELD(C3:I19)							
3 =RÜCKSPRUNG()				500	300	Dialogbox	3
4	1	390	200	100		OK	
5	2	390	250			Abbrechen	
6	5	8	15			(c) S.Baloui, 1991	
7	5	8	60			Dateiname:	
8	6	100	57				*.XL*
9	5	8	90			Datei:	
10	18	8	110		180		
11	5	200	157			Verzeichnisse:	
12	19	200	176		110		
13	5	200	140	200			
14	14	330	15	160	100	Optionen	
15	11						3
16	12	350	30	110	20	Kopieren	
17	12		50			Löschen	
18	12		70			Umbenennen	
19	12		90			Verlegen	

Bild 15.55: Die Datei DIALGFD7.XLM

Neu ist die Optionsfeldgruppe mit den Optionen »Kopieren«, »Löschen«, »Umbenennen« und »Verlegen«. Eine solche Gruppendefinition wird mit der Definition eines Elements vom Typ 11 (runde Optionsfeldgruppe) eingeleitet. Dabei sind außer der Elementnummer keine zusätzlichen Angaben erforderlich. Außer, wenn eine andere als die erste Option vorselektiert sein soll. Dann geben Sie in der Resultatspalte die entsprechende Optionsnummer an, hier eine 3 (»Umbenennen«).

Dieser Definition folgt pro Option eine Definition eines Typ-12-Elements. Die Spalte »Text« enthält die zugehörigen Kommentare. Theoretisch müssen Sie nur für das erste Element die Position festlegen. Excel positioniert daraufhin alle folgenden Optionselemente in einem vernünftigen Abstand untereinander.

In der Praxis wollen Sie bestimmt zusätzlich einen Rahmen um die gesamte Gruppe legen, was mit dem Element Nummer 14 erfolgt, dem »Gruppierungs-Optionsfeld«. Dieses Element wird *vor* der zu »umrahmenden« Optionsgruppe definiert, wobei der Inhalt der Textspalte die Rahmenüberschrift festlegt, hier »Optionen«.

Und nun das Problem: Den Rahmen legt Excel nicht automatisch um die Optionen herum, sondern erzeugt einfach einen recht kleinen – und vor allem leeren – Rahmen. Selbstverständlich können Sie diesen Rahmen durch Festlegung von Breite und Höhe so groß festlegen, daß er alle Optionen problemlos aufnehmen kann.

Das Resultat ist dann jedoch ein leerer Rahmen, *unter* dem die Optionen angeordnet sind! Der Rahmen ist für Excel ein selbständiges Element, das nicht automatisch mit den folgenden Optionsdefinitionen verknüpft wird.

Sind die Positionen dieser Optionen nicht festgelegt, und würden sie sich normalerweise mit dem »Rahmenobjekt« überschneiden, verschiebt Excel alle Optionen so weit nach unten, bis sie sich außerhalb des Rahmens befinden!

Sollen Optionen innerhalb des Rahmens angezeigt werden, müssen Sie daher zumindest wie in der Abbildung die Y-Koordinaten der Optionen einzeln festlegen und Excel auf diese Weise jede selbständige Verschiebeaktion untersagen. Das Resultat kann sich sehen lassen.

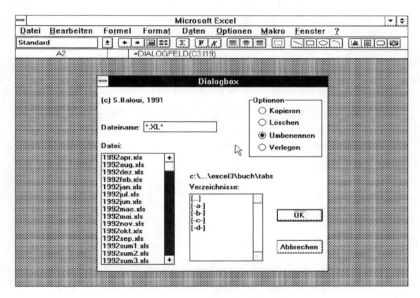

Bild 15.56: Eine »professionelle« Dialogbox

15|3|4| Der Dialog Editor

Die Definition eigener Dialogboxen ist mit enormem Aufwand verbunden. Zu Excel gehört jedoch ein separates Programm, *EXCELDE.EXE*, der »Dialog Editor«, der bei der Installation von Excel ebenfalls installiert werden kann und Ihnen die manuelle Dialogfelddefinition erspart und die interaktive Erzeugung einer Dialogbox ermöglicht.

»Interaktiv« heißt, daß Sie menügesteuert Objekte in die auf dem Bildschirm sichtbare Box einfügen, mit der Maus vergrößern, verkleinern oder verschieben und Ihre Dialogbox letztlich geradezu spielerisch erzeugen. Der Dialog Editor analysiert die Box und die darin enthaltenen Elemente und fügt in die Windows-Zwischenablage die resultierenden Definitionen des Dialogfeld-Bezugsbereichs ein. Sie wählen anschließend in Excel *BEARBEITEN Kopieren*, und schon haben Sie in Ihre Makrovorlage einen Definitionsbereich eingefügt, der die zuvor »gemalte« Box definiert.

Ich werde den Umgang mit diesem Programm nur anreißen und nicht bis ins letzte Detail erläutern. Es wäre überflüssig, da wenige Minuten Umgang mit dem Dialog Editor genügen, um seine Anwendung spielerisch und intuitiv zu verstehen.

Nach dem Aufruf erscheint eine leere Dialogbox, die Sie mit der Maus an den Ecken anklicken und danach vergrößern oder verkleinern können oder in beliebige Richtungen verschieben können. Mit dem Elemente-Menü können Sie Elemente auswählen, die Sie in die Box einfügen wollen. Zum Beispiel ein verknüpftes Laufwerks-/Verzeichnisfeld« und ein »Verzeichnisfeld«. Daraufhin erscheinen in der Box die vier bekannten Dateielemente, die beiden Listenfelder, das Eingabefeld für Dateinamen, Masken usw., und das Ausgabefeld mit der Angabe des aktuellen Laufwerks und Verzeichnisses. Alle diese Elemente können Sie durch Anklicken und Ziehen unabhängig voneinander positionieren. Und durch Anklicken einer Ecke und Ziehen Größe und Form bestimmen. Versuchen Sie, die folgende Abbildung nachzuvollziehen:

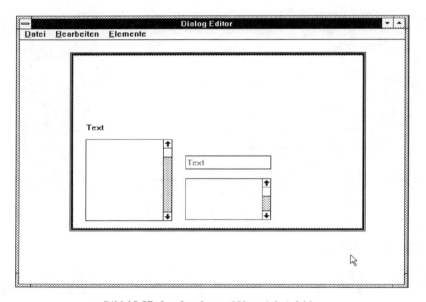

Bild 15.57: Laufwerks- und Verzeichnisfelder

Auf die gleiche Weise können Sie Optionsgruppen einfügen. Zunächst müssen Sie *ELEMENTE Gruppenfeld* wählen. Ein Rahmen erscheint, den Sie beliebig positionieren können. Anschließend selektieren Sie mit *ELEMENTE Schaltflächen...*, welche Elemente in diesen Rahmen hineinkommen sollen.

Selektieren Sie »Rundes Optionsfeld«, wird in das Gruppenfeld ein rundes Optionsfeld eingefügt. Um zum Beispiel fünf derartige Optionen zu erzeugen, wählen Sie anschließend viermal *BEARBEITEN Duplikat*. Jedesmal erzeugt Excel ein Duplikat des selektierten Objekts. Neben jeder dieser Optionen befindet sich der Text »Optionsfeld«. Um ihn zu editieren, genügt ein Doppelklick auf das Objekt.

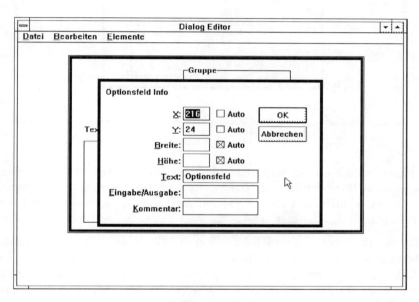

Bild 15.58: Optionsfelder

Ein Dialogfeld erscheint, in dem Sie dem Objekt einen beliebigen Text zuordnen und verschiedene weitere Parameter einstellen können. Diese Optionen stehen Ihnen bei allen mit Texten verknüpften Objekten, bei Schaltflächen, Verzeichnisfeldern und so weiter zur Verfügung. In jedem Fall öffnet ein Doppelklick auf das Objekt die »Definitions-Dialogbox«. Somit ist es kein Problem, die Texte etwa folgendermaßen zu editieren:

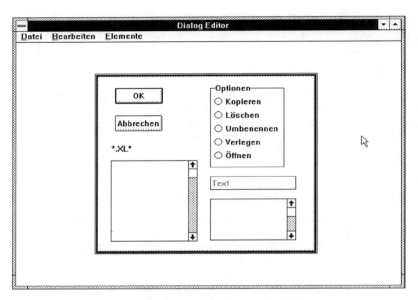

Bild 15.59: Vollständiges Dialogfeld

Ich bin sicher, daß Sie nach dieser kleinen Einführung und ein wenig Experimentieren problemlos mit dem Programm zurechtkommen. Noch ein Tip: Bei allzu viel Experimentieren hilft der Befehl *BEARBEITEN Inhalte löschen*, der das gerade selektierte Objekt komplett löscht, beziehungsweise die [Entf]-Taste.

Nach Kreation des Dialogfeldes muß noch in einer Makrovorlage der entsprechende Definitionsbereichs erzeugt werden. *DATEI Beenden* und Beantwortung der Frage »Änderungen in Zwischenablage einfügen?« mit »Ja« beendet den Dialog Editor und fügt die Dialogfelddefinition in die Zwischenablage ein. Mit *DATEI Einfügen* wird diese Definition anschließend in eine Excel-Makrovorlage eingefügt, und Sie können sie gegebenenfalls noch nachbearbeiten.

Und nun das Schönste: Die umgekehrte Richtung funktioniert ebenfalls. Sie können einen Definitionsbereich mit *Kopieren* in die Zwischenablage übertragen und anschließend mit *Einfügen* in den Dialog Editor einfügen und dort interaktiv bearbeiten.

Anhang

Der Anhang enthält ein tabellarisches Verzeichnis aller Excel-Funktionen, unterteilt einerseits in Tabellen- und Datenbankfunktionen und andererseits in Makrofunktionen. Wie bereits in der Einführung erwähnt, ist diese Übersicht keinesfalls als Ersatz für das entsprechende Excel-Handbuch gedacht. Sondern vielmehr zum schnellen Nachschlagen, wenn Sie zum Beispiel eine bestimmte Funktion zwar kennen, aber die Bedeutung der zu übergebenden Argumente vergessen haben. Entsprechend kurz finden Sie zu jeder Funktion eine Darstellung der Syntax, einen Satz zur »Funktion der Funktion« und eventuell ein kleines Beispiel – wenn dieses einfach ausfallen kann, was zum Beispiel bei den finanzmathematischen und den Matrixfunktionen nicht der Fall ist.

A⎸ Tabellen- und Datenbankfunktionen

ABS(Zahl)

Funktion: Übergibt den Absolutwert von »Zahl«.

Beispiel: *ABS(–3,2)* übergibt 3,2.

ADRESSE(Zeile;Spalte*;Abs;A1;Tabellenname***)**

Funktion: Übergibt den Bezug einer Zelle als Text. »Zeile« und »Spalte« sind die Koordinaten der Zelle *als Nummer*, wobei die Spalten und Zeilen ab 1 fortlaufend numeriert werden. Wenn »A1« *WAHR* ist, wird die Adresse im A1-Format übergeben (Standardvorgabe), sonst im Z1S1-Format. »Tabellenname« ist der Name eines Arbeitsblattes, wenn eine externe Referenz erzeugt werden soll. »Abs« bestimmt, ob absolute oder relative Bezüge erzeugt werden:

1 Absolute Bezüge
2 Absoluter Zeilenbezug; relativer Spaltenbezug
3 Relativer Zeilenbezug; absoluter Spaltenbezug
4 Relative Bezüge

Beispiel: *ADRESSE(1;2;3;WAHR;"TEST.XLS")* übergibt den Bezug »TEST.XLS!$B1«.

ANZAHL(Wert1;*Wert2;***...)**

Funktion: Übergibt die Anzahl an Zahlen, die in der Argumentliste enthalten sind (die auch Bezüge auf Matrizen oder Bereiche enthalten kann, um die darin enthaltenen Zahlen zu zählen). Bei der Angabe von Matrizen oder Bezügen werden Leerfelder, Wahrheitswerte und Zahlen in Textform nicht als Zahlen gewertet.

Beispiel: *ANZAHL(A1:A3)* ergibt 2, wenn A1 und A3 Zahlen enthalten und A2 den Wahrheitswert *WAHR*.

ANZAHL2(Wert1;*Wert2;***...)**

Funktion: Ermittelt die Anzahl der nicht-leeren Felder, die in der Argumentliste enthalten sind.

Beispiel: *ANZAHL2(A1:A3)* ergibt 3, wenn A1 und A3 Zahlen enthalten und A2 den Wahrheitswert *WAHR*.

ARCCOS(Zahl)

Funktion: Übergibt den Arcuscosinus von »Zahl«.
Beispiel: *ARCCOS(–0,5)* ergibt 2,094.

ARCCOSHYP(Zahl)

Funktion: Übergibt den inversen hyperbolischen Kosinus des übergebenen Winkels.
Beispiel: *ARCCOSHYP(1)* übergibt 0.

ARCSIN(Zahl)

Funktion: Übergibt den Arcussinus von »Zahl«.
Beispiel: *ARCSIN(–0,5)* ergibt –0,524.

ARCSINHYP(Zahl)
Funktion: Übergibt den inversen hyperbolischen Sinus des übergebenen Winkels.
Beispiel: *ARCSINHYP(10)* übergibt 2,99822295.

ARCTAN(Zahl)
Funktion: Übergibt den Arcustangens von »Zahl«.
Beispiel: *ARCTAN(1)* ergibt 0,785.

ARCTANHYP(Zahl)
Funktion: Übergibt den inversen hyperbolischen Tangens des übergebenen Winkels.
Beispiel: *ARCTANHYP(1)* übergibt 0,785.

ARCTAN2(x_Koordinate;y-Koordinate)
Funktion: Übergibt den Arcustangens des Punktes mit den angegebenen Koordinaten.
Beispiel: *ARCTAN2(1;1)* ergibt 0,785.

BEREICHE(Bezug)
Funktion: Übergibt die Anzahl der (Mehrfachauswahl-)Bereiche in »Bezug«.
Beispiel: *BEREICHE(Test)* ergibt 2, wenn die Bereiche A1:D2 und F1:F3 mit »Preise«
benannt wurden.

BW(Zins;Zzr;*Rmz;Zw;F*)
Funktion: Barwert, den eine Reihe zu leistender Zahlungen ergeben (»Zins« = Zinssatz pro
Zeitraum; »Zzr« = Anzahl Zahlungszeiträume bei Jahreszahlungen; »Rmz« = pro Zeitraum
zu leistende Zahlung; »Zw« = zukünftiger Wert nach Abschluß aller Zahlungen; »F« =
Fälligkeit (0 = am Anfang der Periode; 1 = am Ende der Periode).

CODE(Text)
Funktion: Liefert den ASCII-Code des ersten Zeichens in »Text«.
Beispiel: *CODE("Bauer")* ergibt 66.

COS(Winkel)
Funktion: Übergibt den Cosinus des angegebenen Winkels.
Beispiel: *COS(1,047)* ergibt 0,5.

COSHYP(Zahl)
Funktion: Übergibt den hyperbolischen Kosinus des übergebenen Winkels.
Beispiel: *COSHYP(1)* übergibt 1,54308063.

DATUM(Jahr;Monat;Tag)
Funktion: Übergibt für ein angegebenes Datum die zugehörige serielle Zahl.
Beispiel: *DATUM(1990;1;1)* ergibt 32874.

DATWERT(Datumstext)
Funktion: Übergibt für ein als Text angegebenes Datum die zugehörige serielle Zahl.
Beispiel: *DATUM("1.Jan 90")* ergibt 32874.

DBANZAHL(Datenbank;*Feld*;Suchkriterien)
Funktion: Übergibt die Anzahl der Datenbankfelder, die »Suchkriterien« erfüllen und in der
Spalte »Feld« Zahlen enthalten.

DBANZAHL2(Datenbank;*Feld*;Suchkriterien)

Funktion: Übergibt die Anzahl der nicht-leeren Felder in der Spalte »Feld«, für die die zugehörigen Sätze »Suchkriterien« erfüllen.

DBMAX(Datenbank;*Feld*;Suchkriterien)

Funktion: Übergibt die größte Zahl in der Spalte »Feld« für Sätze, die »Suchkriterien« erfüllen.

DBMIN(Datenbank;*Feld*;Suchkriterien)

Funktion: Übergibt die kleinste Zahl in der Spalte »Feld« für Sätze, die »Suchkriterien« erfüllen.

DBMITTELWERT(Datenbank;*Feld*;Suchkriterien)

Funktion: Übergibt den Mittelwert aller Werte der Spalte »Feld« für jene Sätze, die »Suchkriterien« erfüllen.

DBPRODUKT(Datenbank;*Feld*;Suchkriterien)

Funktion: Multipliziert die Werte in der Spalte »Feld« jener Sätze miteinander, die »Suchkriterien« erfüllen.

DBSTDABW(Datenbank;*Feld*;Suchkriterien)

Funktion: Ermittelt die Standardabweichung für Stichproben für die Werte in der Spalte »Feld« jener Sätze miteinander, die »Suchkriterien« erfüllen.

DBSTDABWN(Datenbank;*Feld*;Suchkriterien)

Funktion: Ermittelt die Standardabweichung für Grundgesamtheiten für die Werte in der Spalte »Feld« jener Sätze miteinander, die »Suchkriterien« erfüllen.

DBSUMME(Datenbank;*Feld*;Suchkriterien)

Funktion: Addiert die Werte in der Spalte »Feld« jener Sätze miteinander, die »Suchkriterien« erfüllen.

DBVARIANZ(Datenbank;*Feld*;Suchkriterien)

Funktion: Ermittelt die Varianz für Stichproben für die Werte in der Spalte »Feld« jener Sätze miteinander, die »Suchkriterien« erfüllen.

DBVARIANZEN(Datenbank;*Feld*;Suchkriterien)

Funktion: Ermittelt die Varianz für Grundgesamtheiten für die Werte in der Spalte »Feld« jener Sätze miteinander, die »Suchkriterien« erfüllen.

DIA(Kosten;Rest;Dauer;Zr)

Funktion: Übergibt den Wert der digitalen Abschreibung für ein Anlageobjekt über einen bestimmten Zeitraum.

DM(Zahl;*Dezimalstellen*)

Funktion: Rundet eine Zahl auf die angegebene Anzahl an Dezimalstellen und übergibt das Ergebnis als Text aus.
Beispiel: *DM(123,4567;2)* ergibt »DM123,46«.

ERSETZEN(Alter_Text;Beginn;Anzahl_Zeichen;Neuer_Text)
Funktion: Entfernt aus »Alter_Text« genau »Anzahl_Zeichen« Zeichen ab dem »Beginn«.ten Zeichen und ersetzt diese durch die Zeichen in »Neuer_Text«.
Beispiel: *ERSETZEN("Test";2;2;"hei")* ergibt »Theit«.

EXP(Zahl)
Funktion: Potenzierung mit Verwendung von »Zahl« als Exponent zur Basis e.
Beispiel: *EXP(1)* ergibt 2,71...

FAKULTÄT(Zahl)
Funktion: Übergibt die Fakultät von »Zahl«.
Beispiel: *FAKULTÄT(5)* ergibt 120.

FALSCH()
Funktion: Übergibt den Wahrheitswert *FALSCH*.

FEST(Zahl;*Dezimalstellen*)
Funktion: Rundet »Zahl« auf die angegebene Anzahl an Nachkommastellen und gibt das Ergebnis als Text aus.
Beispiel: *FEST(1234,567;2)* ergibt »1234,57«.

FINDEN(Suchtext;Text;*Beginn*)
Funktion: Durchsucht »Text« ab dem »Beginn«.ten Zeichen nach »Suchtext« und übergibt die gefundene Position. *FINDEN()* unterscheidet nicht zwischen Groß- und Kleinbuchstaben und akzeptiert »Wildcards« (»M??er«).
Beispiel: *FINDEN("a";"Hallo";1)* ergibt 2.

GANZZAHL(Zahl)
Funktion: Übergibt die nächstkleinere ganze Zahl von »Zahl« beziehungsweise »Zahl« selbst, wenn »Zahl« ganzzahlig ist.
Beispiel: *GANZZAHL(−10,2)* ergibt −11.

GDA(Kosten;Rest;Dauer;Zeitraum)
Funktion: Ermittelt den Abschreibungswert eines degressiv abzuschreibenden Objekts für einen bestimmten Zeitraum.

GLÄTTEN(Text)
Funktion: Entfernt bis auf je ein Leerzeichen zwischen zwei Wörtern alle weiteren Leerzeichen aus »Text«.
Beispiel: *GLÄTTEN("Ein   Test")* ergibt »Ein Test«.

GROSS(Text)
Funktion: Wandelt alle in »Text« enthaltenen Klein- in Großbuchstaben um.
Beispiel: *GROSS("Hallo")* ergibt »HALLO«.

GROSS2(Text)
Funktion: Wandelt den ersten Buchstaben jedes Wortes von »Text« in einen Großbuchstaben um und alle sonstigen Buchstaben in Kleinbuchstaben.
Beispiel: *GROSS2("ein tESt")* ergibt »Ein Test«.

HEUTE()
Funktion: Übergibt das aktuelle Tagesdatum als serielle Zahl.

IDENTISCH(Text1;Text2)
Funktion: Übergibt *WAHR*, wenn »Text1« und »Text2« identisch sind, sonst *FALSCH*.
Beispiel: *IDENTISCH(A1;A2)* ergibt *WAHR*, wenn z.B. sowohl A1 als auch A2 den Text »Hei« enthalten.

IKV(Werte;*Schätzwerte*)
Funktion: Ermittelt den internen Kapitalverzinsungssatz für eine Reihe regelmäßiger Cashflows.

INDEX(Bezug;Zeile;Spalte;*Bereich*)
Funktion: In der Bezugsform liefert *INDEX()* den Bezug des/der Feld/er, die durch die Argumente festgelegt werden.

INDEX(Matrix;Zeile;Spalte)
Funktion: In der Matrixform liefert *INDEX()* den Wert des Feldes, das durch die Argumente festgelegt wird.

INDIREKT(Bezug_Text;*Bezugsart*)
Funktion: Übergibt den Bezug, den »Bezug_Text« angibt.
Beispiel: *INDIREKT(F5)* übergibt den Bezug A1, wenn das Feld F5 den Text »A1« enthält.

INFO(Typ)
Funktion: Übergibt Informationen über die gegenwärtige Arbeitsumgebung. »Typ« ist ein Text, der festlegt, welche Information übergeben wird.

"directory"	Pfadname des aktuellen Verzeichnisses
"memavail"	Verfügbarer Speicherplatz in Bytes
"numfile"	Anzahl geöffneter Arbeitsblätter
"osversion"	Betriebssystemversion als Text
"recalc"	Berechnungsmodus: »Automatisch« oder »Manuell«
"release"	Excel-Version als Text
"system"	Betriebssystem: »Mac« für MacIntosh, »pcos« für Windows und »pcos2« für OS/2
"totmem"	Gesamter vorhandener Speicherplatz
"memused"	Belegter Speicherplatz

ISTBEZUG(Wert)
Funktion: Liefert *WAHR*, wenn »Wert« ein Bezug oder eine Bezugsformel ist, sonst *FALSCH*.
Beispiel: *ISTBEZUG(5)* ergibt *FALSCH*, da 5 kein Bezug ist.

ISTFEHL(Wert)
Funktion: Liefert *WAHR*, wenn »Wert« ein Fehlerwert – mit Ausnahme von »#N/V« ist, sonst *FALSCH*.
Beispiel: *ISTFEHL(A1)* ergibt *FALSCH*, wenn A1 den Fehlerwert »#N/V« enthält.

ISTFEHLER(Wert)
Funktion: Liefert *WAHR*, wenn »Wert« ein Fehlerwert ist, sonst *FALSCH*.
Beispiel: *ISTFEHL(A1)* ergibt *WAHR*, wenn A1 den Fehlerwert »#N/V« enthält.

ISTKTEXT(Wert)
Funktion: Liefert *WAHR*, wenn »Wert« kein Text ist.
Beispiel: *ISTKTEXT(A1)* ergibt *WAHR*, wenn A1 den Fehlerwert »#N/V« enthält.

ISTLEER(Wert)
Funktion: Liefert *WAHR*, wenn »Wert« ein leeres Feld ist.
Beispiel: *ISTLEER(A1)* ergibt *FALSCH*, wenn A1 den Fehlerwert »#N/V« enthält.

ISTLOG(Wert)
Funktion: Liefert *WAHR*, wenn »Wert« ein logischer Ausdruck ist.
Beispiel: *ISTLOG(A1)* ergibt *WAHR*, wenn A1 den Ausdruck *FALSCH* enthält.

ISTNV(Wert)
Funktion: Liefert *WAHR*, wenn »Wert« ein Fehlerwert »#N/V« ist.
Beispiel: *ISTNV(A1)* ergibt *WAHR*, wenn A1 den Fehlerwert »#N/V« enthält.

ISTTEXT(Wert)
Funktion: Liefert *WAHR*, wenn »Wert« ein Text ist.
Beispiel: *ISTTEXT(A1)* ergibt *FALSCH*, wenn A1 den Fehlerwert »#N/V« enthält.

ISTZAHL(Wert)
Funktion: Liefert *WAHR*, wenn »Wert« eine Zahl ist.
Beispiel: *ISTZAHL(A1)* ergibt *FALSCH*, wenn A1 den Fehlerwert »#N/V« enthält.

JAHR(Serielle_Zahl)
Funktion: Liefert das Jahr, das dem Argument »Serielle_Zahl« entspricht.
Beispiel: *JAHR(32874)* ergibt 1990.

JETZT()
Funktion: Übergibt die serielle Zahl, die dem aktuellen Datum und der aktuellen Uhrzeit entspricht.
Beispiel: *JETZT()* liefert 31778,52778, wenn gerade 12:40:00 am 1.Jan 1987 ist.

KAPZ(Zins;Zr;Zzr;Bw;*Zw;F*)
Funktion: Ermittelt die Zahlung auf das Kapital über einen gegebenen Zeitraum für eine Investition auf der Grundlage regelmäßiger, konstanter Zahlungen.

KLEIN(Text)
Funktion: Wandelt alle in »Text« enthaltenen Groß- in Kleinbuchstaben um.
Beispiel: *KLEIN("Test")* ergibt »test«.

KÜRZEN(Zahl;*Stellenanzahl*)
Funktion: Schneidet Nachkommastellen ab, normalerweise alle. Die Angabe »Stellenanzahl« erhält jedoch die angegebene Anzahl an Nachkommastellen.
Beispiel: *KÜRZEN(1234,56789;2)* ergibt 1234,56.

LÄNGE(Text)
Funktion: Übergibt die Anzahl der in »Text« enthaltenen Zeichen.
Beispiel: *LÄNGE("Hallo")* ergibt 5.

LIA(Kosten;Rest;Dauer)
Funktion: Ermittelt den Wert der linearen Abschreibung für ein Anlageobjekt mit einem Anschaffungspreis »Kosten« und einem Restwert »Rest« nach der Nutzungsdauer von »Dauer« Jahren für einen einzigen Zeitraum.
Beispiel: *LIA(8000;0;2)* liefert für einen Computer mit einem Anschaffungspreis von 8 000 DM und einem Restwert von 0 DM nach 2 Jahren als Wert der jährlichen Abschreibung 4 000 DM.

LINKS(Text;*Anzahl_Zeichen*)
Funktion: Übergibt die ersten »Anzahl_Zeichen« Zeichen in »Text«.
Beispiel: *LINKS("Computer";4)* ergibt »Comp«.

LN(Zahl)
Funktion: Übergibt den Logarithmus von »Zahl« zur Basis e.
Beispiel: *LN(86)* ergibt 4,45.

LOG(Zahl;*Basis*)
Funktion: Übergibt den Logarithmus von »Zahl« zur Basis »Basis« (Standard 10).
Beispiel: *LOG(100;10)* ergibt 2.

LOG10(Zahl)
Funktion: Übergibt den Zehnerlogarithmus von »Zahl«.
Beispiel: *LOG10(100)* ergibt 2.

MAX(Zahl1;*Zahl2;...*)
Funktion: Übergibt die größte in der Argumentliste enthaltene Zahl.
Beispiel: *MAX(5;8;4)* ergibt 8.

MDET(Matrix)
Funktion: Übergibt die Determinante von »Matrix«.
Beispiel: *MDET({1.2;3.4})* ergibt –2.

MEDIAN(Zahl1;*Zahl2;...*)
Funktion: Übergibt den Median der angegebenen Zahlen, jene Zahl, die sich bei numerischer Ordnung der Zahlen in der Mitte befindet, gegenüber der es ebensoviele kleinere wie größere Zahlen gibt. Bei einer geradzahligen Anzahl an Zahlen übergibt die Mitte den Mittelwert der beiden Zahlen in der Mitte der Menge.
Beispiel: *MEDIAN(1;5;6;10;13)* übergibt 6.

MIN(Zahl1;*Zahl2;...*)
Funktion: Übergibt die kleinste in der Argumentliste enthaltene Zahl.
Beispiel: *MIN(5;8;4)* ergibt 4.

MINUTE(Serielle_Zahl)
Funktion: Liefert die Minute, die »Serielle_Zahl« entspricht.
Beispiel: *MINUTE(,05)* ergibt 12.

MINV(Matrix)
Funktion: Übergibt die Inverse von »Matrix«.

MITTELWERT(Zahl1;*Zahl2*;...)
Funktion: Übergibt den Mittelwert der Zahlen in der Argumentliste.
Beispiel: *MITTELWERT(6;8;4)* ergibt 6.

MMULT(Matrix1;Matrix2)
Funktion: Multipliziert »Matrix1« mit »Matrix2«.

MONAT(Serielle_Zahl)
Funktion: Übergibt den Monat, der »Serielle_Zahl« entspricht.
Beispiel: *MONAT(32874)* (1.1.1990) ergibt 1.

MTRANS(Matrix)
Funktion: Transponiert »Matrix« (Zeilen werden zu Spalten und umgekehrt).

N(Wert)
Funktion: Wandelt Werte in Zahlen um, was Excel normalerweise jedoch selbständig vornimmt.
Beispiel: *N(WAHR)* ergibt 1.

NBW(Zins;Wert1;*Wert2*;...)
Funktion: Übergibt den Nettobarwert einer Investition auf der Grundlage einer Reihe regelmäßiger Cashflows »WertN« und einem Diskontsatz »Zins«.

NICHT(Wahrheitswert)
Funktion: Kehrt den Wahrheitswert eines logischen Ausdrucks um.
Beispiel: *NICHT(WAHR)* ergibt *FALSCH*.

NV()
Funktion: Übergibt den Fehlerwert »#N/V«.

ODER(Wahrheitswert1;*Wahrheitswert2*;...)
Funktion: *ODER*-Verknüpfung logischer Ausdrücke.
Beispiel: *ODER(WAHR;FALSCH)* ergibt *WAHR*.

PI()
Funktion: Übergibt *PI* auf 15 Stellen genau.
Beispiel: *PI()* ergibt 3,14...

PRODUKT(Zahl1;*Zahl2*;...)
Funktion: Multipliziert die in der Argumentliste angegebenen Zahlen.
Beispiel: *PRODUKT(3;4;5)* ergibt 60.

QIKV(Werte;Investitionssatz;Reinvestitionssatz)
Funktion: Ermittelt den qualifizierten internen Kapitalverzinsungssatz für eine Reihe regelmäßiger Cashflows.

RECHTS(Text;*Anzahl_Zeichen*)
Funktion: Übergibt die letzten »Anzahl_Zeichen« Zeichen von »Text«.
Beispiel: *RECHTS("Hallo";2)* ergibt »lo«.

REST(Zahl;Divisor)
Funktion: Übergibt den Divisionsrest.
Beispiel: *REST(8;3)* ergibt 2.

RGP(Bekannte_y_Werte;*Bekannte_x_Werte;Konstante;stats*)
Funktion: Legt nach dem Verfahren der kleinsten Abweichungsquadrate eine Gerade durch Punkte in einem Koordinatensystem (als Matrix zu übergeben) und übergibt eine Matrix, die die Gerade beschreibt. Ist »Konstante« *WAHR*, wird zur Beschreibung der Gerade eine Funktion der Art *y=mx* statt einer Funktion der Art *y=mx+b* verwendet. Ist »stats« *WAHR*, enthält die Ergebnismatrix zusätzlich die Standardfehler, den Determinationskoeffizienten, den F-Wert, die Anzahl der Freiheitsgrade, die Summe der Abweichungsquadrate und die Residualsumme.

RKP(Bekannte_y_Werte;*Bekannte_x_Werte;Konstante;stats*)
Funktion: Gleiche Funktion wie *RGP()*, führt jedoch keine lineare, sondern eine exponentielle Regression durch.

RMZ(Zins;Zzr;Bw;*Zw;F*)
Funktion: Übergibt die Zahlung für eine Investition auf der Grundlage regelmäßiger, konstanter Zahlungen bei konstantem Zinssatz.

RUNDEN(Zahl;Anzahl_Stellen)
Funktion: Rundet »Zahl« auf die angegebene Stellenanzahl.
Beispiel: *RUNDEN(3,45;1)* ergibt 3,5.

SÄUBERN(Text)
Funktion: Entfernt nichtdarstellbare Steuerzeichen aus »Text«.
Beispiel: *SÄUBERN(ZEICHEN(0))* ergibt »« (der Text besteht aus dem Steuerzeichen mit dem ASCII-Code 0, das entfernt wird).

SEKUNDE(Serielle_Zahl)
Funktion: Übergibt die Sekunde, die »Serielle_Zahl« entspricht.
Beispiel: *SEKUNDE(,007)* ergibt 5.

SIN(Winkel)
Funktion: Übergibt den Sinus von »Winkel«.
Beispiel: *SIN(PI())* ergibt – nahezu – 0.

SINHYP(Zahl)
Funktion: Übergibt den hyperbolischen Sinus des übergebenen Winkels.
Beispiel: *SINHYP(1)* übergibt 1,175201194.

SPALTE(Bezug)
Funktion: Übergibt die Spaltennummer von »Bezug«.
Beispiel: *SPALTE(C5)* ergibt 3.

SPALTEN(Matrix)
Funktion: Übergibt die Anzahl der Spalten in »Matrix«.
Beispiel: *SPALTEN({1.2;3.4})* ergibt 2.

STABW(Zahl1;*Zahl2*;...)
Funktion: Übergibt die Standardabweichung für Stichprobenziehungen.

STABWN(Zahl1;*Zahl2*;...)
Funktion: Übergibt die Standardabweichung für Grundgesamtheiten als Grundlage.

STUNDE(Serielle_Zahl)
Funktion: Übergibt die Stunde, die »Serielle_Zahl« entspricht.
Beispiel: *STUNDE(,7)* ergibt 16.

SUCHEN(Suchtext;Text;*Beginn*)
Funktion: Durchsucht »Text« ab dem Zeichen Nummer »Beginn« nach »Suchtext«. Unterscheidet Groß- und Kleinbuchstaben und akzeptiert keine »Wildcards«.
Beispiel: *SUCHEN("al";"Hallo";1)* ergibt 2.

SUMME(Zahl1;*Zahl2*;...)
Funktion: Addiert die in der Argumentliste angegebenen Zahlen.
Beispiel: *SUMME(3;4;5)* ergibt 12.

SUMMENPRODUKT(Array1;*Array2*;...)
Funktion: Übergibt die Summe mehrerer Matrizen, indem die Komponenten an identischen Positionen miteinander multipliziert und die Resultate addiert werden.

SVERWEIS(Suchkriterium;Mehrfachoperationsmatrix;Spaltenindex)
Funktion: Sucht in »Mehrfachoperationsmatrix« nach einer Zeile, in deren erster Spalte »Suchkriterium« enthalten ist. Übergibt daraufhin den Inhalt der Spalte »Spaltenindex« dieser Zeile.

T(Wert)
Funktion: Übergibt »Wert« als Text.
Beispiel: *T("Test")* ergibt »Test«.

TAG(Serielle_Zahl)
Funktion: Übergibt den Monat, der »Serielle_Zahl« entspricht.
Beispiel: *TAG(32874)* (1.1.1990) ergibt 1.

TAGE360(Anfangsdatum;Enddatum)
Funktion: Übergibt die Differenz zwischen zwei Datumsangaben (Datumstexte oder serielle Zahlen) »Anfangsdatum« und »Enddatum« in Tagen, wobei von 12 Monaten mit je 30 Tagen ausgegangen wird.
Beispiel: *TAGE360("1.1.91";"1.3.91")* übergibt 60.

TAN(Winkel)
Funktion: Übergibt den Tangens von »Winkel«.
Beispiel: *TAN(0,785)* ergibt 1.

TANHYP(Zahl)

Funktion: Übergibt den hyperbolischen Tangens des übergebenen Winkels.
Beispiel: *TANHYP(0,5)* übergibt 0,462117157.

TEIL(Text;Beginn;Anzahl_Zeichen)

Funktion: Übergibt die ersten »Anzahl_Zeichen« ab »Beginn« der in »Text« enthaltenen Zeichenkette.
Beispiel: *TEIL("Ein schöner Tag";5;7)* ergibt »schöner«.

TEXT(Wert;Textformat)

Funktion: Übergibt »Wert« nach Formatierung mit »Textformat«.
Beispiel: *TEXT(1234,5678;0,00)* ergibt 1234,57.

TREND(Bekannte_y_Werte;Bekannte_x_Werte;*Neue_x_Werte;stats*)

Funktion: Legt nach dem Verfahren der kleinsten Abweichungsquadrate eine Gerade durch Punkte in einem Koordinatensystem (als Matrix zu übergeben), ermittelt entsprechend die zugehörigen y-Werte für »Neue_x_Werte« und übergibt diese als Matrix. Wenn »stats« *WAHR* ist, wird zur Beschreibung der linearen Beziehung zwischen den X- und Y-Werten statt einer Funktion der Art $y=mx+b$ eine Funktion der Art $y=mx$ verwendet.

TYP(Wert)

Funktion: Übergibt den Datentyp von »Wert«.

1 Zahl
2 Text
4 Wahrheitswert
16 Fehlerwert
64 Matrix

Beispiel: *TYP(A1)* ergibt 1, wenn A1 eine Zahl enthält.

UND(Wahrheitswert1;*Wahrheitswert2;...*)

Funktion: *UND*-Verknüpfung logischer Ausdrücke.
Beispiel: *UND(WAHR;FALSCH)* ergibt *FALSCH*.

VARIANZ(Zahl1;*Zahl2;...*)

Funktion: Ermittelt die Varianz einer Grundgesamtheit auf der Grundlage der angegebenen Stichprobenwerte.

VARIANZEN(Zahl1;*Zahl2;...*)

Funktion: Ermittelt die Varianz für eine Grundgesamtheit auf der Grundlage der angegebenen vollständigen Daten dieser Grundgesamtheit.

VARIATION(Bekannte_y_Werte;*Bekannte_x_Werte;Neue_x_Werte*)

Funktion: Legt nach dem Verfahren der kleinsten Abweichungsquadrate eine Exponentialkurve durch Punkte in einem Koordinatensystem (als Matrix zu übergeben), ermittelt entsprechend die zugehörigen y-Werte für »Neue_x_Werte« und übergibt diese als Matrix.

VDB(Kosten;Rest;Dauer;Zeitraum_Anfang;*Zeitraum_Ende;Faktor;Schalter*)

Funktion: Übergibt den Abschreibungswert für eine bestimmte Periode. »Kosten« ist der Ausgangswert des abzuschreibenden Objekts, »Rest« sein Restwert am Ende des gesamten Abschreibungszeitraums, »Dauer« der Abschreibungszeitraum in Einheiten, die für Zeiträume wie Tage, Monate oder Jahre stehen. »Zeitraum_Anfang« und »Zeitraum_Ende« definieren die interessierende Einheit, für die die Abschreibung ermittelt werden soll. Zum Beispiel legt 0 für »Zeitraum_Anfang« und 1 für »Zeitraum_Ende« die erste Abschreibungseinheit fest, zum Beispiel das erste Jahr. »Faktor« definiert die Abschreibungsmethode, wobei Excel die Formel *(Kosten − bisherige Abschreibung) * Faktor / Dauer* verwendet. Standardvorgabe ist 2, was der degressiven Abschreibung entspricht. 1 führt zur linearen Abschreibung. Ohne Angabe von »Schalter« oder mit dem Wahrweitswert *FALSCH* benutzt Excel die lineare Abschreibung, wenn der Abschreibungsbetrag größer als bei degressiver Abschreibung ist.

Beispiel: *VDB(10000;0;4;0;1)* ermittelt die degressive Abschreibung eines Objektes mit einem Ausgangswert von 10 000 (DM), einem Endwert von 0 (DM), das einen Nutzungszeitraum von vier Einheiten (Jahren) besitzt, für die erste dieser Einheiten (das erste Jahr), und übergibt 5 000 (DM). *VDB(10000;0;4;0;1;1)* würde die entsprechende lineare Abschreibung ermitteln und den Wert 2 500 (DM) übergeben.

VERGLEICH(Suchkriterium;Suchmatrix;*Vergleichstyp*)

Funktion: Übergibt die Position jenes Elements in »Suchmatrix«, das »Suchkriterium« entspricht. »Vergleichstyp« bestimmt die Suchmethode (1 = gefunden wird der größte Wert, der kleiner oder gleich dem Suchkriterium ist (bei aufsteigender Anordnung der Werte oder Texte verwenden); −1 = der kleinste Wert, der größer oder gleich dem Suchkriterium ist (bei absteigender Anordnung verwenden); 0 = der erste Wert, der mit dem Suchkriterium identisch ist (Anordnung unwichtig)).

VERWEIS(Suchkriterium;Suchvektor;Ergebnisvektor)

Funktion: In der Vektorform (Vektor = eindimensionale Matrix, z.B. in der Physik mit den beiden Komponenten Kraft und Richtung) sucht *VERWEIS()* in »Suchvektor« nach »Suchkriterium«, geht zur entsprechenden Position in »Ergebnisvektor« und übergibt den dort enthaltenen Wert.

VERWEIS(Suchkriterium;Matrix)

Funktion: In der Matrixform sucht *VERWEIS()* in der ersten Zeile oder Spalte von »Matrix« nach »Suchkriterium« und übergibt den Wert in der zugehörigen letzten Zeile oder Spalte der Matrix.

VORZEICHEN(Zahl)

Funktion: Übergibt eine 1, wenn »Zahl« positiv ist, 0 bei der Zahl 0, und −1 bei negativen Zahlen.

Beispiel: *VORZEICHEN(A1)* ergibt −1, wenn A1 die Zahl −3,4 enthält.

WAHL(Index;Wert1;*Wert2;...*)

Funktion: Übergibt den in der Werteliste enthaltenen Wert Nummer »Index«.

Beispiel: *WAHL(3;10;15;20;25;30)* ergibt 20.

WAHR()
Funktion: Übergibt den Wahrheitswert *WAHR*.
Beispiel: *WAHR()* ergibt *WAHR*.

WECHSELN(Text;Alter_Text;Neuer_Text;*Häufigkeit_Zahl*)
Funktion: Ersetzt in »Text« die Zeichenkette »Alter_Text« durch »Neuer_Text«. Überall beziehungsweise nur an beim »Häufigkeit_Zahl«.ten Vorkommen von »Alter_Text« in »Neuer_Text«.
Beispiel: WECHSELN("Hallo";"l";"ei";2) ergibt »Haleio«.

WENN(Wahrheitsprüfung;Dann_Wert;*Sonst_Wert*)
Funktion: *WENN()* prüft den logischen Ausdruck »Wahrheitsprüfung«. Ist er wahr, wird die Anweisung »Dann_Wert« ausgeführt. Ansonsten wird – wenn angegeben – die Anweisung »Sonst_Wert« ausgeführt.
Beispiel: *WENN(A1<10;5;10)* speichert im Feld, das diese Formel enthält, den Wert 50, wenn A1 einen kleineren Wert als 60 enthält, sonst den Wert 60.

WERT(Text)
Funktion: Übergibt »Text« als Zahlenwert (Excel führt jedoch diese Umwandlung – wenn notwendig – selbständig aus).
Beispiel: *WERT("123,45")* ergibt die Zahl 123,45.

WIEDERHOLEN(Text;Multiplikator)
Funktion: Übergibt einen Text, der durch »Multiplikator«-fache Aneinanderreihung von »Text« gebildet wird.
Beispiel: *WIEDERHOLEN("Bauer";2)* ergibt »BauerBauer«.

WOCHENTAG(Serielle_Zahl)
Funktion: Übergibt den Wochentag, der »Serielle_Zahl« entspricht (1 = Sonntag, 2 = Montag usw.).
Beispiel: *WOCHENTAG(32874)* (1.1.1990) ergibt 2 (Montag).

WURZEL(Zahl)
Funktion: Übergibt die Quadratwurzel von »Zahl«.
Beispiel: *WURZEL(16)* ergibt 4.

WVERWEIS(Suchkriterium;Mehrfachoperationsmatrix;Zeilenindex)
Funktion: Durchsucht die erste Zeile von »Mehrfachoperationsmatrix« nach einem Feld, das »Suchkriterium« enthält. Übergibt den Inhalt jenes Feldes, das sich in der Zeile Nummer »Zeilenindex« der gleichen Spalte befindet.

ZEICHEN(Zahl)
Funktion: Übergibt das Zeichen, das dem ASCII-Code »Zahl« entspricht.
Beispiel: *ZEICHEN(66)* ergibt »B«.

ZEILE(*Bezug*)
Funktion: Übergibt die Zeilennummer von »Bezug« beziehungsweise wenn »Bezug« nicht angegeben, die Nummer der Zeile, in der sich dieser Funktionsaufruf befindet.
Beispiel: *ZEILE(Test)* ergibt 3, wenn sich A3 mit »Test« benannt wurde.

ZEILEN(Matrix)

Funktion: Übergibt die Anzahl der Zeilen, die »Matrix« enthält.
Beispiel: *ZEILEN({1.2;3.4;5.6})* ergibt 3.

ZEIT(Stunde;Minute;Sekunde)

Funktion: Übergibt die serielle Zahl, die der angegebenen Uhrzeit entspricht.
Beispiel: *ZEIT(12;0;0)* ergibt 0,5.

ZEITWERT(Zeittext)

Funktion: Übergibt die serielle Zahl, die der – als Text anzugebenden – Uhrzeit entspricht.
Beispiel: ZEITWERT("12:00:00") ergibt 0,5.

ZINS(Zzr;Rmz;Zw;F;*Schätzwert*)

Funktion: Übergibt den Zinssatz pro Zeitraum für eine Jahreszahlung.

ZINSZ(Zins;Zr;Zzr;Bw;Zw;F)

Funktion: Übergibt die Zinszahlung für eine Investition über einen angegebenen Zeitraum und verwendet dafür als Grundlage die regelmäßigen, konstanten Zahlungen bei einem konstanten Zinssatz.

ZUFALLSZAHL()

Funktion: Übergibt eine Zufallszahl zwischen 0 (inklusive) und 1 (exklusive).
Beispiel: *ZUFALLSZAHL()* ergibt – keine Ahnung!

ZW(Zins;Zzr;Rmz;*Bw;F*)

Funktion: Übergibt den zukünftigen Wert einer Investition auf der Basis regelmäßiger, konstanter Zahlungen und eines konstanten Zinssatzes.

ZZR(Zins;Rmz;Bw;*Zw;F*)

Funktion: Übergibt die Anzahl der Zeiträume für eine Investition auf der Grundlage regelmäßiger, konstanter Zahlungen bei konstantem Zinssatz.

B Makrofunktionen

A1.Z1S1(z1s1)
Funktion: Entspricht der Aktivierung der Option »Z1S1« im Befehl *OPTIONEN Arbeitsbereich*, wenn »z1s1« wahr ist, sonst der Deaktivierung dieser Option.
Beispiel: *A1.Z1S1(FALSCH)* deaktiviert die Option »Z1S1«.

ABBRECHEN()
Funktion: Beendet eine SOLANGE-WEITER- oder FÜR-WEITER-Schleife.

ABBRECHEN.KOPIEREN()
Funktion: Löscht den Laufrahmen nach dem Kopieren oder Ausschneiden eines Bereichs.

ABBRECHEN.TASTE(Aktivieren;*Makrobezug*)
Funktion: Deaktiviert die Unterbrechung eines laufenden Makros mit [Esc], wenn »Aktivieren« *FALSCH* ist, beziehungsweise läßt die Unterbrechung wieder zu, wenn »Aktivieren« *WAHR* ist. Bei einer Deaktivierung mit Angabe von »Makrobezug« führt [Esc] die Ausführung bei »Makrobezug« fort.
Beispiel: *ABBRECHEN.TASTE(WAHR;C5)* führt zur Makrofortsetzung bei C5, wenn [Esc] gedrückt wird.

ABFRAGEN(Kanalnummer;Objekt)
Funktion: Fragt aus der Anwendung, die »Kanalnummer« verwendet, die durch »Objekt« spezifizierten Informationen ab und übergibt sie als Matrix.

ABSPOS(Bezug_Text;Bezug)
Funktion: Übergibt den Bezug der Felder, die sich an der Position »Bezug_Text« (relative Bezugsangabe im Z1S1-Format als Text) befinden, ausgehend von der Position »Bezug« (bzw. der linken oberen Ecke, wenn »Bezug« ein Bereich ist).
Beispiel: *ABSPOS("Z(1)S(1)";C5)* ergibt D6.

ACHSEN(*Haupt_Rubrik;Haupt_Reihen;Haupt_Größen*)
Funktion: Ermöglicht, bei 3D-Diagrammen festzulegen, welche der drei Achsen sichtbar sind. Jedes der drei Argumente steht für eine der drei Achsen und kann wahlweise *FALSCH* oder *WAHR* sein.

ACHSEN(*Haupt_Rubrik;Haupt_Größe;Überlagerung_Rubrik;Überlagerung_Größe*)
ACHSEN?(*Haupt_Rubrik;Haupt_Größe;Überlagerung_Rubrik;Überlagerung_Größe*)
Funktion: Entspricht dem Befehl *DIAGRAMM Achsen* und die vier Argumente den vier Optionen im zugehörigen Dialogfeld.

AKTIVES.ZELLE()
Funktion: Übergibt den Bezug des momentan aktiven Feldes als externen Bezug.
Beispiel: *AKTIVES.ZELLE()* ergibt TEST.XLS!Z5, wenn momentan das Feld Z5 in *TEST.XLS* aktiv ist.

AKTIVE.ZELLE.ZEIGEN()
Funktion: Führt einen Bildlauf zum aktiven Feld durch.

AKTIVIEREN(Fenster_Text;*Unterfenster_Nummer*)
Funktion: Aktiviert das Fenster »Fenster_Text« und – falls angegeben – darin das Unterfenster »Unterfenster_Nummer«:
1 Unterfenster oben links
2 oben rechts
3 unten links
4 unten rechts
Beispiel: *AKTIVIEREN("TEST.XLS";3)* aktiviert das rechte untere Unterfenster von *TEST.XLS*.

AKTIVIEREN.VORHER()
Funktion: Aktiviert das vorhergehende Fenster des Windows-Fenster-»Stacks«.

AKTIVIEREN.WEITER()
Funktion: Aktiviert das nächste Fenster des Windows-Fenster-»Stacks«.

AKTUALISIERUNGSSTATUS.FESTLEGEN(Verknüpfung;Status;*Verknüpfungsart*)
Funktion: Definiert die Aktualisierung von Verknüpfungen. »Verknüpfung« ist der Pfadname der interessierenden Verknüpfung. »Status« definiert die Aktualisierungsart (1=Automatisch; 2=Auf Befehl). »Verknüpfungsart« kennzeichnet die Verknüpfungsart (2=DDE; 4=NewWave).

ALLES.SCHLIESSEN()
Funktion: Entspricht dem Befehl *DATEI Alles schließen.*

ANALYSE(Analysetext)
Funktion: Entspricht dem Befehl *DATEN Analyse...*

ANORDNEN()
Funktion: Entspricht dem Befehl *FENSTER Alles anordnen.*

ANSICHT.3D(*Betrachtungshöhe;Perspektive;Drehung;Achse;Höhe%*)

ANSICHT.3D?(*Betrachtungshöhe;Perspektive;Drehung;Achse;Höhe%*)
Funktion: Entspricht dem Befehl *FORMAT 3D-Ansicht...* »Betrachtungshöhe« ist eine Gradangabe zwischen –90 und 90, »Perspektive« ist eine Prozentzahl zwischen 0 und 100, »Drehung« eine Gradangabe zwischen 0 und 360. Wenn »Achse« *WAHR* ist, sind die Achsen fixiert, sonst können sie gedreht werden. »Höhe%« ist eine Zahl zwischen 20 und 500, die das Verhältnis zwischen Höhe und Länge des Diagramms festlegt.

ANW.AKTIVIEREN(*Titel;Warten_Wahrheitswert*)
Funktion: Aktiviert die Anwendung mit der Überschrift »Titel« in der zugehörigen Titelzeile (Standardvorgabe: Excel). Ist »Warten_Wahrheitswert« *WAHR* oder nicht angegeben, wartet Excel blinkend darauf, aktiviert zu werden, bevor die Anwendung gestartet wird.

ANW.BEWEGEN(x_Position;y_Position)

ANW.BEWEGEN?(*x_Position;y_Position*)

Funktion: Entspricht dem Befehl *SYSTEM Bewegen*. Die beiden Argumente »x_Position« und »y-Position« bestimmen die horizontale bzw. vertikale Entfernung des Fensters in Punkten von der linken oberen Bildschirmecke.

ANW.GRÖSSE(x_Zahl;y_Zahl)

ANW.GRÖSSE?(*x_Zahl;y_Zahl*)

Funktion: Entspricht dem Befehl *SYSTEM Größe ändern*. Die beiden Argumente bestimmen die Höhen- beziehungsweise Breitenänderung in Punkten.

ANW.SINNBILD()

Funktion: Entspricht dem Befehl *SYSTEM Symbol*.

ANW.WIEDERHERSTELLEN()

Funktion: Entspricht dem Befehl *SYSTEM Wiederherstellen*.

ANZEIGEN(Fenster_Text)

Funktion: »Fenster_Text« ist der Name des anzuzeigenden Fensters.

ARBEITSBEREICH(*Fest;Dezimal;Z1S1;Bildlauf;Status;Formel;Menütaste;Fern; Eingabe;Unterstreichung;Symbole;Notizen;Tastaturschlüssel_übersetzen;Menütaste*)

ARBEITSBEREICH?(*Fest;Dezimal;Z1S1;Bildlauf;Status;Formel;Menütaste;Fern; Eingabe;Unterstreichung;Symbole;Notizen;Tastaturschlüssel_übersetzen;Menütaste*)

Funktion: Entspricht dem Befehl *OPTIONEN Arbeitsbereich*. Die Argumente entsprechen den gleichnamigen Optionen im Dialogfeld dieses Befehls.

ARBEITSBEREICH.SPEICHERN(*Name*)

ARBEITSBEREICH.SPEICHERN?(*Name*)

Funktion: Entspricht dem Befehl *DATEI Arbeitsbereich speichern...* Ohne die Angabe »Name« wird als Name der Arbeitsbereichsdatei *WIEDER.XLW* bzw. der Namen der zuletzt geladenen Arbeitsbereichsdatei verwendet.

ARBEITSBEREICH.ZUORDNEN(Infotyp)

Funktion: Übergibt Informationen über die aktuellen Arbeitsbereiche. »Infotyp« bestimmt, welche Informationen übergeben werden:

1 Name und Versionsnummer der Windows-Version
2 Excel-Versionsnummer als Text
3 Anzahl Dezimalstellen, wenn automatische Dezimalstellen gesetzt
4 *WAHR* bei Z1S1-Anzeige, sonst *FALSCH*
5 *WAHR*, wenn Bildlaufleisten angezeigt, sonst *FALSCH*
6 *WAHR* bei Anzeige der Statuszeile
7 *WAHR* bei Anzeige der Bearbeitungszeile
8 *WAHR*, wenn Fernabfragen aktiviert sind
9 die alternative Menütaste als Text bzw. »#N/V«, wenn »Menütaste ändern« nicht verwendet

10 Modus-Info als Ganzzahl zwischen 0 und 3 (1 = Daten Suchen; 2 = Kopieren; 3 = Ausschneiden; 0 = kein Sondermodus)
11 x-Position des Excel-Fensters in Punkten ab der linken oberen Bildschirmecke
12 y-Position des Fensters
13 Arbeitsbereichsbreite in Punkten
14 Arbeitsbereichshöhe
15 Anwendungsmodus (1 = Excel ist momentan weder Voll- noch Sinnbild; 2 = Sinnbild; 3 = Vollbild)
16 freie Kbyte
17 Gesamtspeicher (Kbyte)
18 *WAHR*, wenn mathematischer Coprozessor vorhanden
19 *WAHR*, wenn Maus vorhanden
20 horizontale Matrix mit Namen der betreffenden Arbeitsblätter, wenn eine Arbeitsgruppe aktiv ist
21 *WAHR*, wenn die Werkzeugleiste sichtbar ist
22 Fehlercode für DDE-Anwendungen
23 Pfadname des Startverzeichnisses
24 Pfadname des alternativen Startverzeichnisses
25 *WAHR*, wenn relative Aufzeichnung eingestellt ist
26 Benutzername
27 Benutzer-Organisation
28 1, wenn Menüs durch die alternativen Tasten aktiviert werden; 2, wenn die Lotus 1-2-3-Hilfe aktiviert ist
29 *WAHR*, wenn die alternativen Steuerungstasten aktiviert sind

ARBEITSGRUPPE(*Namensarray*)
Funktion: Entspricht dem Befehl *FENSTER Arbeitsgruppe...* »Namensarray« ist eine Matrixkonstante mit den Namen der zu einer Arbeitsgruppe zusammenzufassenden Blätter.

ARBEITSGRUPPE.AUSFÜLLEN(Typ)
ARBEITSGRUPPE.AUSFÜLLEN?(*Typ*)
Funktion: Entspricht dem Befehl *BEARBEITEN Arbeitsgruppe ausfüllen.* »Typ« gibt an, mit was der selektierte Bereich gefüllt wird (1=Alles; 2=Formeln; 3=Formate).

ARGUMENT(Name;Datentypzahl)
ARGUMENT(*Name;Datentypzahl;Bezug*)
Funktion: Definiert den Typ der Argumente, die an ein Funktionsmakro zu übergeben sind.

AUFRUFEN(Aufruftext;*Argument1*;...)
Funktion: Ruft eine Funktion aus der Window-Bibliothek mit den angegebenen Argumenten auf. »Aufruftext« wird von der Funktion *REGISTER()* ermittelt.

AUSFÜHREN(Kanalnummer;Ausführen_Text)

Funktion: Führt in der Anwendung, die »Kanalnummer« verwendet, die Funktion »Ausführen_Text« aus.

AUSRICHTUNG(Typzahl;*Umbruch*)
AUSRICHTUNG?(*Typzahl;Umbruch*)

Funktion: Entspricht dem Befehl *FORMAT Ausrichtung...*, wobei »Typzahl« die gewünschte Ausrichtung angibt (1 = Standard; 2 = Linksbündig; 3 = Zentriert; 4 = Rechtsbündig; 5 = Ausfüllen). »Umbruch« entspricht der Option »Zeilenumbruch« der Dialogbox.

AUSSCHNEIDEN()

Funktion: Entspricht dem Befehl *BEARBEITEN Ausschneiden.*

AUSWAHL()

Funktion: Übergibt den Bezug einer getroffenen Auswahl als externen Bezug.

AUSWÄHLEN(*Auswahl;Aktives_Feld*)

Funktion: Selektiert einen Bereich. »Auswahl« muß ein Bezug auf die aktive Tabelle wie !A1 sein oder ein relativer Bezug im Format Z1S1 als Text. »Aktives_Feld« bestimmt das aktive Feld in der Auswahl (Standard: Feld in der linken oberen Ecke).

AUSWÄHLEN(Objektkenntext;*Ersetzen*)

Funktion: Selektiert das Objekt mit dem Namen und der Kennummer »Objektkenntext«. Die Angabe mehrerer Objekte ist möglich (»"Linie 1, Kreis 2, Linie 4"«). Ist »Ersetzen« *FALSCH*, werden auch momentan selektierte Objekte in die Auswahl aufgenommen.

AUSWÄHLEN(Element)

Funktion: Selektiert ein Diagrammelement. Der Text »Element« bestimmt das auszuwählende Objekt:

»Diagramm«	Gesamtdiagramm
»Diagrammfl«	Diagrammfläche
»Legende«	Legende
»Achse 1«	Größenachse Hauptdiagramm
»Achse 2«	Rubrikenachse Hauptdiagramm
»Achse 3«	Größenachse Überlagerungsdiagramm
»Achse 4«	Rubrikenachse Überlagerungsdiagramm
»Titel«	Diagrammtitel
»Achsentext 1«	Größenachsen-Beschriftung
»Achsentext 2«	Rubrikenachsen-Beschriftung
»Text n«	n-tes nicht zugeordnetes Textelement
»Pfeil n«	n-ter Pfeil
»Gitternetz 1«	Hauptgitternetzlinien Größenachse
»Gitternetz 2«	Hilfsgitternetzlinien Größenachse
»Gitternetz 3«	Hauptgitternetzlinien Rubrikenachse
»Gitternetz 4«	Hilfsgitternetzlinien Rubrikenachse

»Bezugsl 1«	Bezugslinien Hauptdiagramm
»Bezugsl 2«	Bezugslinien Überlagerungsdiagramm
»Spannweitl 1«	Spannweitenlinien Hauptdiagramm
»Spannweitl 2«	Spannweitenlinien Überlagerungsdiagramm
»RnPm«	Daten von Punkt m in Reihe n
»Text RnPm«	Punkt m in Reihe n zugeordneter Text
»Text Rn«	Reihentitel der Reihe n
»Bodenfl«	Bodenfläche von 3D-Diagrammen
»Wände«	Wandfläche von 3D-Diagrammen

AUSZEICHNUNG(Fett;Kursiv)

AUSZEICHNUNG?(Fett;Kursiv)

Funktion: Entspricht wie die vorzuziehende Funktion *FORMAT.SCHRIFTART()* dem gleichnamigen Befehl.

BEARBEITEN.LÖSCHEN(Zahl)

BEARBEITEN.LÖSCHEN?(Zahl)

Funktion: Entspricht dem Befehl *BEARBEITEN Löschen...*

BEENDEN()

Funktion: Beendet Excel.

BEFEHL.AKTIVIEREN(Kennummer;Menü;Befehl;Aktivieren)

Funktion: Fügt vor dem Befehl »Befehl« des Menüs »Menü« der Leiste »Kennummer« eine Wählmarkierung (Häkchen) ein, wenn »Aktivieren« *WAHR* ist bzw. löscht eine vorhandene Markierung, wenn »Aktivieren« *FALSCH* ist.

BEFEHL.EINFÜGEN(Kennummer;Menü;Befehlsbezug;*Position*)

Funktion: Fügt in das Menü »Menü« der Leiste »Kennummer« den in »Befehlsbezug« definierten Befehl an der Position »Position« ein.

BEFEHL.LÖSCHEN(Kennummer;Menü;Befehl)

Funktion: Entfernt den Befehl »Befehl« aus dem Menü »Menü« der Leiste »Kennummer«.

BEFEHL.UMBENENNEN(Kennummer;Menü;Befehl;Name)

Funktion: Benennt den Befehl »Befehl« des Menüs »Menü« der Leiste »Kennummer« in »Name« um.

BEFEHL.WÄHLEN(Kennummer;Menü;Befehl;Wählen)

Funktion: Fügt vor dem Befehl »Befehl« des Menüs »Menü« der Leiste »Kennummer« eine Wählmarkierung (Häkchen) ein und wählt den Befehl, wenn »Aktivieren« *WAHR* ist bzw. löscht eine vorhandene Markierung, wenn »Aktivieren« *FALSCH* ist.

BEI.BERECHNEN(Tabellentext;*Makrotext*)

Funktion: Startet das Makro »Makrotext«, wenn die Tabelle »Tabellentext« neu berechnet wird, beziehungsweise wenn irgendeine Tabelle neu berechnet wird, wenn »Tabellentext« nicht angegeben wird.

BEI.DATEN(Datei_Text;Makro_Text)

Funktion: Ruft das Makro »Makro_Text« auf, wenn eine Anwendung Daten zur Datei »Datei_Text« sendet.

BEI.FENSTER(*Fenster_Text;Makro_Text*)

Funktion: Ruft das Makro »Makro_Text« auf, wenn das Fenster »Fenster_Text« bzw. – ohne dieses Argument – irgendein Fenster aktiviert wird. Macht diese Zuordnung rückgängig, wenn das Argument »Makro_Text« nicht angegeben wird.

BEI.TASTE(Taste_Text;Makro_Text)

Funktion: Ruft das Makro »Makro_Text« auf, wenn die Taste »Taste_Text« gedrückt wird.

BEI.ZEIT(Zeit;Makro_Text;*Toleranz;Eingabe_Wahrheitswert*)

Funktion: Ruft das Makro »Makro_Text« zum angegebenen Zeitpunkt »Zeit« auf.

BENUTZERDEFINIERT.WIEDERHOLEN(Makrotext;*Wiederholungstext;Aufzeichnungstext*)

Funktion: Weist dem Kommando *BEARBEITEN Wiederholen* eine benutzerdefinierte Funktion zu. Bei Anwahl dieses Befehls wird von nun an das Makro »Makrotext« ausgeführt, »Wiederholungstext« legt die exakte Bezeichnung des *Wiederholen*-Kommandos fest.

BENUTZERDEFINIERT.WIDERRUFEN(Makrotext;*Widerrufungstext*)

Funktion: Weist dem Kommando *BEARBEITEN Widerrufen* eine benutzerdefinierte Funktion zu. Bei Anwahl dieses Befehls wird von nun an das Makro »Makrotext« ausgeführt, »Widerrufungstext« legt die exakte Bezeichnung des *Wiederholen*-Kommandos fest.

BERECHNEN(Typzahl;Iteration;Max_Zahl;Änderungshöchstwert;Aktualisieren; Genauigkeit;1904)

BERECHNEN?(*Typzahl;Iteration;Max_Zahl;Änderungshöchstwert;Aktualisieren; Genauigkeit;1904*)

Funktion: Entspricht dem Befehl *OPTIONEN Berechnen...*

BEREICH.VERSCHIEBEN(Bezug;Zeilen;Spalten;*Höhe;Breite*)

Funktion: Übergibt einen gegenüber dem angegebenen »Bezug« um »Zeilen« Zeilen und »Spalten« Spalten verschobenen Bezugsbereich mit maximal »Höhe« Zeilen und »Breite« Spalten.

BEREICHEBEREICHE(Bezug)

Funktion: Übergibt die Anzahl der in »Bezug« enthaltenen Bereiche.

BEWEGEN(x_Position;y_Position;*Fenster_Text*)

Funktion: Entspricht dem Befehl *SYSTEM Bewegen* und verschiebt das Fenster »Fenster_Text« (bzw. das aktive Fenster, wenn nicht angegeben) zur Position »x_Position«/»y_Position« (Punkte, gemessen ab dem linken oberen Bildschirmrand).

BILD.EINFÜGEN()
Funktion: Entspricht dem Befehl *BEARBEITEN Bild einfügen.*

BILD.KOPIEREN(Erscheinungsbild;Größe)
Funktion: Entspricht dem Befehl *BEARBEITEN Bild kopieren.* »Erscheinungsbild« bestimmt die Kopierart (1 = wie angezeigt; 2 = wie ausgedruckt) und »Größe« die Größe der Kopie (1 = wie angezeigt; 2 = wie ausgedruckt).

BILDSCHIRMANZEIGE(*Formel;Gitternetzlinien;Kopf;Null;Farbe;Gliederung; Seitenumbruch;Objekte*)
BILDSCHIRMANZEIGE?(*Formel;Gitternetzlinien;Kopf;Null;Farbe;Gliederung; Seitenumbruch;Objekte*)
Entspricht dem Befehl *OPTIONEN Bildschirmanzeige...* Die Argumente entsprechen den gleichnamigen Optionen (*FALSCH* bzw. *WAHR*). »Objekte« ist ein Wert zwischen 1 und 3:
1 Alle anzeigen
2 Platzhalter anzeigen
3 Alle ausblenden

BILDSCHIRMANZEIGE(Feld;Formel;Wert;Format;Schützen;Namen;Vorrangige; Abhängige;Notiz)
Funktion: Entspricht dem Befehl *INFO Bildschirmanzeige.* Für »Vorrangige« und »Abhängige« gilt: 0 = keine; 1 = nur direkt; 2 = alle Ebenen.

BÜNDIG.ANORDNEN()
Funktion: Entspricht dem Befehl *FORMAT Bündig anordnen.*

DATEI.BERECHNEN()
Funktion: Entspricht den Befehlen *OPTIONEN Neu berechnen* und *DIAGRAMM Neu berechnen.*

DATEI.LÖSCHEN(Name)
DATEI.LÖSCHEN?(*Name*)
Funktion: Entspricht dem Befehl *DATEI Datei löschen...*, wobei »Name« die zu löschende Datei spezifiziert.

DATEI.SCHLIESSEN(*Speichern_Wahrheitswert*)
Funktion: Entspricht dem Befehl *DATEI Schließen.* Ist »Wahrheitswert« *WAHR*, wird die Datei – wenn noch nicht geschehen – zuvor gespeichert, bei *FALSCH* nicht gespeichert, und ohne dieses Argument eine entsprechende Warnung ausgegeben.

DATEI.SCHÜTZEN(*Inhalt;Fenster*)
DATEI.SCHÜTZEN?(*Inhalt;Fenster*)
Funktion: Entspricht den Befehlen *OPTIONEN Datei schützen...* (mindestens ein Argument *WAHR*) bzw. *OPTIONEN Dateischutz aufheben...* (beide Argumente *FALSCH*). Für das Argument »Inhalt« verwendet Excel als Standard *WAHR*, für »Fenster« *FALSCH*.

DATEI.ZUORDNEN(Infotyp;*Name*)

Funktion: Übergibt Informationen über das Fenster »Name«. Infotyp bestimmt die übergebene Informationsart.

Allgemeine Infos:

1   Dateiname ohne Pfad
2   Pfadname
3   Dateiart (1=Tabelle; 2=Diagramm; 3=Makrovorlage; »#N/V«=Infofenster)
4   *WAHR*, wenn seit der letzten Speicherung geändert
5   *WAHR*, wenn nur lesender Zugriff erlaubt
6   *WAHR*, wenn Datei geschützt
7   *WAHR*, wenn Dokumentinhalt geschützt
8   *WAHR*, wenn Dateifenster geschützt

Infos speziell für Diagramme:

9   Hauptdiagrammtyp (1=Flächen; 2=Balken; 3=Säulen; 4=Linien; 5=Kreis; 6=Punkt)
10 Typ des überlagernden Diagramms (1 bis 6)
11 Nummer der Datenreihe im Hauptdiagramm
12 Nummer der Datenreihe im Überlagerungsdiagramm

Infos speziell für Tabellen und Makrovorlagen:

9   Nummer der ersten nichtleeren Zeile
10 Nummer der letzten benutzten Zeile
11 erste benutzte Spalte
12 letzte benutzte Spalte
13 Fensteranzahl
14 Berechnungsmodus (1=automatisch; 2=automatisch außer bei Mehrfachoperationen; 3=auf Befehl)
15 *WAHR*, wenn »Iteration« aktiviert
16 maximale Iterationsanzahl
17 Änderungshöchstwert zwischen Iterationen
18 *WAHR*, wenn »Fernbezüge aktualisieren« aktiviert
19 *WAHR*, wenn »Genauigkeit wie angezeigt« aktiviert
20 *WAHR*, wenn »1904 Datumswerte« aktiviert
21 horizontale Textmatrix (vier Elemente) mit den Namen der vier Schriftarten
22 horizontale Zahlenmatrix (vier Elemente) mit den Größen der vier Schriftarten
23 horizontale Matrix aus vier Wahrheitswerten, wobei *WAHR* jeweils für das Attribut »fett« der betreffenden Schriftart steht
24 entsprechende Matrix mit vier Wahrheitswerten für das Attribut »kursiv«
25 entsprechende Matrix für das Attribut »unterstrichen«
26 entsprechende Matrix für das Attribut »durchgestrichen«;

DATEIEN(*Verzeichnis_Text*)

Funktion: Übergibt eine horizontale Wertematrix mit den Namen der Dateien im Verzeichnis »Verzeichnis_Text« (in diesem Argument sind auch Dateimasken zur Selektion erlaubt).

DATEN.LÖSCHEN()
DATEN.LÖSCHEN?()
Funktion: Entspricht dem Befehl *DATEN Löschen...*

DATENREIHE.BEARBEITEN(*Datenreihe;Name_Bezug;x_Bez;y_Bez;z_Bez;
Darstellungsfolge*)
DATENREIHE.BEARBEITEN?(*Datenreihe;Name_Bezug;x_Bez;y_Bez;z_Bez;
Darstellungsfolge*)
Funktion: Entspricht dem Befehl *DIAGRAMM Datenreihen bearbeiten...* »Datenreihe« ist
die Nummer der zu bearbeitenden Reihe (0 oder entfallendes Argument erzeugt eine
zusätzliche Datenreihe), »Name_Bezug« ist der Name der Datenreihe. »x_Bez« ist ein
externer Bezug wahlweise auf die Rubrikennamen oder die X-Koordinaten in einem Punkt-
Diagramm. »y_Bez« ist ein externer Bezug auf die Datenreihenpunkte in 2D-Diagrammen.
»z_Bez« ist ein externer Bezug auf Werte für 3D-Diagramme. »Darstellungsfolge« ist eine
Nummer, die die Reihenfolge der einzelnen Datenreihen festlegt.

DATEN.SUCHEN(Wahrheitswert)
Funktion: Entspricht den Befehlen *DATEN Suchen* (»Wahrheitswert« ist *WAHR*) bzw.
DATEN Suche abbrechen (»Wahrheitswert« ist *FALSCH*).

DATEN.SUCHEN.VORHER()
Funktion: Sucht den nächsten übereinstimmenden Satz nach Einleitung einer Suche mit
DATEN.SUCHEN(). Übergibt *FALSCH*, wenn kein weiterer existiert.

DATEN.SUCHEN.WEITER()
Funktion: Sucht den vorhergehenden übereinstimmenden Satz nach Einleitung einer Suche
mit *DATEN.SUCHEN()*. Übergibt *FALSCH*, wenn kein weiterer existiert.

DATENBANK.FESTLEGEN()
Funktion: Entspricht dem Befehl *DATEN Datenbank festlegen.*

DATENREIHE.BERECHNEN(Zeile_Spalte;Typ;Datum;Schrittweite;Endwert)
DATENREIHE.BERECHNEN?(*Zeile_Spalte;Typ;Datum;Schrittweite;Endwert*)
Funktion: Entspricht dem Befehl *DATEN Reihe berechnen...* »Zeile_Spalte« bestimmt, ob
die Datenreihe in Zeilen (1) oder Spalten (2) eingegeben werden soll. »Typ« legt den
Datenreihentyp fest (1=Arithmetisch; 2=Geometrisch; 3=Datum). »Datum« gibt den Typ
einer Datumsdatenreihe an (1=Tag; 2=Wochentag; 3=Monat; 4=Jahr).

DEF.ZUORDNEN(*Definitionstext;Datei*)
Funktion: Übergibt den Namen der Definition »Definitionstext« in der Datei »Datei« als
Text. Falls die Definition ein Bezug ist, wird er im Z1S1-Format übergeben.

DGRÖSSE(Dateinummer)
Funktion: Übergibt die Anzahl der in einer Datei enthaltenen Zeichen. »Dateinummer« ist
die Kennziffer für eine Datei, die *DÖFFNEN()* nach dem Laden übergibt.

DIAGRAMM.ELEMENT(x_y_Index;Punkt_Index;Element_Text)

Funktion: Übergibt die senkrechte oder waagrechte Position eines Punktes in einem Diagrammelement. »x_y_Index« bestimmt die interessierende Koordinate (1=waagrechte Koordinate, 2=senkrechte), »Punkt_Index« ist ein Index, der den Punkt angibt (Standard 1), und »Element_Text« einer der unter *AUSWÄHLEN()* beschriebenen Auswahltexte. Ist das ausgewählte Element ein Punkt, muß »Punkt_Index« 1 sein. Ist es keine Datenlinie, gibt 1 den Punkt unten links und 2 den Punkt oben rechts an. Ist es ein Rechteck oder eine Fläche in einem Flächendiagramm, selektieren Sie die Position des Diagrammelements mit folgenden Werten:

1 oben links
2 oben Mitte
3 oben rechts
4 rechts Mitte
5 unten rechts
6 unten Mitte
7 unten links
8 links Mitte

Ist es ein Pfeil:

1 Pfeilschaft
2 Pfeilspitze

Ist es ein Kreisdiagrammsegment:

1 am weitesten außen gegen den Uhrzeigersinn liegender Punkt
2 Mittelpunkt des Kreisbogens
3 am weitesten außen im Uhrzeigersinn liegender Punkt
4 Mittelpunkt des gegen den Uhrzeigersinn liegenden Radius
5 Kreismittelpunkt
6 Mittelpunkt des im Uhrzeigersinn liegenden Radius

DIAGRAMM.KOPIEREN(Zahl)

DIALOGFELD(Dialogfeldbezug)

Funktion: Öffnet das im Bereich »Dialogfeldbezug« definierte Dialogfeld. Übergibt nach dem Schließen mit »OK« die Nummer der gewählten Schaltfläche (übergibt bei Wahl von »Abbrechen« *FALSCH*) und trägt in die »Resultat«-Spalte des Bezugsbereichs die aktuellen Dialogfeldparameter ein.

DÖFFNEN(Datei_Text;Zugriff_Zahl)

Funktion: Lädt die Textdatei »Datei_Text«. »Zugriff_Zahl« gibt die anschließend zulässige Zugriffsart auf die Datei an (1=lesen und schreiben; 2=nur lesen; 3=Erzeugung einer neuen Datei mit Lese- und Schreibzugriff). Übergibt nach dem Laden eine Kennummer.

DLESEN(Dateinummer;Anzahl_Zeichen)

Funktion: Liest genau »Anzahl_Zeichen« aus der Datei »Dateinummer« ab der aktuellen Zugriffsposition (sequentieller Zugriff) und übergibt diese als Text. »Dateinummer« ist die von *DÖFFNEN()* übergebene Kennummer.

DLESEN(Zeile)

Funktion: Liest ab der aktuellen Zugriffsposition in der aktuellen Datei »Dateinummer« (wird von *DÖFFNEN()* übergeben) folgende Zeichen bis zum nächsten Zeilenende und übergibt diese als Text.

DOKUMENTE()

Funktion: Übergibt die Namen aller geladenen Dateien alphabetisch sortiert in einer Textmatrix.

DPOS(Dateinummer;*Position*)

Funktion: Bestimmt die aktuelle Zugriffsposition »Position« in der Datei »Dateinummer« (wird von *DÖFFNEN()* übergeben). »Position« ist die Anzahl der Zeichen ab dem Dateianfang. Ohne Angabe dieses Arguments übergibt *DPOS()* die aktuelle Zugriffsposition.

DRUCKBEREICH.FESTLEGEN()

Funktion: Entspricht dem Befehl *OPTIONEN Druckbereich festlegen*.

DRUCKEN(*Bereich;Von;Bis;Kopien;Entwurf;Seitenansicht;Auszug;Farbe; Papiervorschub*)

DRUCKEN?(*Bereich;Von;Bis;Kopien;Entwurf;Seitenansicht;Auszug;Farbe; Papiervorschub*)

Funktion: Entspricht dem Befehl *DATEI Drucken...* Die Argumente entsprechen den gleichnamigen Optionen im zugehörigen Dialogfeld.

DRUCKER.EINRICHTUNG(Drucker_Text)

DRUCKER.EINRICHTUNG?(*Drucker_Text*)

Funktion: Entspricht dem Befehl *DATEI Druckerkonfiguration...* »Drucker_Text« ist der Name des zu aktivierenden Druckers.

DRUCKTITEL.FESTLEGEN()

Funktion: Entspricht dem Befehl *OPTIONEN Drucktitel festlegen*.

DSCHLIESSEN(Dateinummer)

Funktion: Schließt die Datei »Dateinummer« (die von *DÖFFNEN()* übergebene Kennnummer).

DSCHREIBEN(Dateinummer;Text)

Funktion: Speichert die Zeichenfolge »Text« ab der aktuellen Zugriffsposition »Text« in der Datei »Dateinummer« (die von *DÖFFNEN()* übergebene Kennnummer).

DSCHREIBEN.ZEILE(Dateinummer;Text)

Funktion: Speichert die Zeichenfolge »Text« ab der aktuellen Zugriffsposition in der Datei »Dateinummer« (die von *DÖFFNEN()* übergebene Kennnummer) und fügt dahinter eine CR-LF-Kombination ein (Zeilenendemarkierung).

DUPLIZIEREN()

Funktion: Dupliziert das selektierte Objekt.

ECHO(Wahrheitswert)

Funktion: Ist »Wahrheitswert« *FALSCH*, wird die Bildschirmaktualisierung deaktiviert, bis *ECHO()* mit *WAHR* aufgerufen wird – oder ohne Argument, da *ECHO()* ohne Argument den aktuellen Aktualisierungsstatus umschaltet.

EINFÜGEN()

Funktion: Entspricht dem Befehl *BEARBEITEN Einfügen*.

EINGABE(Aufforderungstext;Typ;*Überschrift;Vorgabe;x_Position;y_Position*)

Funktion: Öffnet ein Dialogfeld mit einer Eingabebox. Übergibt nach dem Schließen mit »OK« die Benutzereingabe bzw. *FALSCH*, wenn »Abbrechen« gewählt wurde. »Aufforderungstext« erscheint im Dialogfeld als Hinweis für den Benutzer, »Überschrift« am oberen Rand (Standard: der Text »Eingabe«) und »Vorgabe« im Eingabefeld. »x_Position« und »y-Position« ist die Distanz des Dialogfeldes von der linken oberen Bildschirmecke in Punkten. »Typ« bestimmt die von Excel vorgenommenen Eingabeprüfungen beim Schließen der Box mit »OK«:

0 Formel
1 Zahl
2 Text
4 Wahrheitswert
8 Bezug
16 Fehlerwert
64 Matrix

Additionen dieser Werte ergeben *ODER*-Verknüpfungen mehrerer Eingabetypen. Zum Beispiel gestattet der Wert 3 dem Benutzer, eine Formel, Zahl oder Text einzugeben.

EINGABE.SPERREN(Wahrheitswert)

Funktion: Ist »Wahrheitswert« *WAHR*, ignoriert Excel von nun an die Tastatur und die Maus (außer in Dialogfeldern), bis die Sperre mit einem erneuten Aufruf und dem Argument *FALSCH* aufgehoben wird.

EINGABEFELD.WEITER()

Funktion: Bewegt den Zellcursor wie ⎡Tab⎤ zum nächsten Feld.

EINGABEFELD.VORHER()

Funktion: Bewegt den Zellcursor wie ⎡Umschalt⎤+⎡Tab⎤ zum vorhergehenden Feld.

EINZELHEITEN.ZEIGEN(Zeile_Spalte;Zeile_Spalte_Nummer;*Erweitern*)

Funktion: Zeigen oder Verstecken einzelner Spalten oder Zeilen einer Gliederung. »Zeile_Spalte« gibt an, ob Zeilen (1) oder Spalten (2) gemeint sind. »Zeile_Spalte_Nummer« ist die Nummer (auch bei Spalten!) der interessierenden Spalte oder Zeile. Ist »Erweitern« *WAHR*, wird die betreffende Spalte oder Zeile gezeigt, sonst versteckt.

EINZELSCHRITT()

Funktion: Startet die schrittweise Ausführung eines Makros.

ENDE.AUSWÄHLEN(Richtungszahl)

Funktion: Bewegt den Zellcursor in Abhängigkeit von »Richtungszahl«:

1 nach links
2 nach rechts
3 nach oben
4 nach unten

ENDE.WENN()

Funktion: Bildet das Ende einer Makro-Anweisungsstruktur, die mit der *WENN()*- und gegebenenfalls zusätzlich mit der *SONST()*- und der *SONST.WENN()*-Funktion gebildet wird.

ERGEBNIS(Typzahl)

Funktion: »Typzahl« bestimmt den Datentyp des an den Aufrufer zurückgegebenen Funktionswerts eines Funktionsmakros:

1 Zahl
2 Text
4 Wahrheitswert
8 Bezug
16 Fehlerwert
64 Matrix

Additionen dieser Werte (bei Bezügen und Matrizen nicht möglich) erlauben die Verwendung von Funktionswerten, die mal vom einen und mal vom anderen Typ sind.

FARBE.BEARBEITEN(Farbnummer;*Farbwert_Rot;Farbwert_Grün;Farbwert_Blau*)

Funktion: Definiert die Farbe Nummer »Farbnummer« (1 bis 16) neu. Die drei Farbangaben sind Werte zwischen 0 und 255, die den Anteil der betreffenden Grundfarbe in der neuen »Farbmischung« angeben.

FARBPALETTE(*Dateitext*)

FARBPALETTE?(*Dateitext*)

Funktion: Entspricht der Wahl von »Farben kopieren von« des Befehls *OPTIONEN Farbpalette...* und kopiert die Farben der geöffneten Datei »Dateitext« in die aktive Tabelle.

FEHLER(Aktivieren;*Makrobezug*)

Funktion: Ist »Aktivieren« *FALSCH*, wird die Fehlerprüfung bei der Ausführung von Makros deaktiviert, mit *WAHR* wieder eingeschaltet. Mit *WAHR* erfolgt beim Auftreten eines Fehlers ein Sprung zum Makro »Makrobezug«, wenn dieses Argument angegeben wurde.

ZELLSCHUTZ(*Gesperrt;Formel_verbergen*)

ZELLSCHUTZ?(*Gesperrt;Formel_verbergen*)

Funktion: Entspricht dem Befehl *FORMAT Zellschutz...*

FENSTER()

Funktion: Übergibt eine horizontale Matrix von Textwerten, den Namen aller Fenster auf dem Bildschirm. Das erste Matrixelement entspricht dem aktiven Fenster, das zweite dem Fenster darunter usw.

FENSTER.FIXIEREN(Wahrheitswert)

Funktion: Entspricht dem Befehl *OPTIONEN Fenster fixieren* (mit dem Argument *WAHR*) bzw. *OPTIONEN Fensterfixierung aufheben* (mit dem Argument *FALSCH*).

FENSTER.ZUORDNEN(Infotyp;*Name*)

Funktion: Übergibt Informationen über das Fenster »Name«, abhängig von »Infotyp«. Für alle Fensterarten gilt:

1 Name der zugehörigen Datei als Text
2 Fensternummer
3 x-Position in Punkten ab dem linken Bildschirmrand
4 y-Position in Punkten ab dem oberen Bildschirmrand
5 Fensterbreite in Punkten
6 Fensterhöhe in Punkten
7 *WAHR*, wenn Fenster verborgen

Nur für Tabellen und Makrovorlagen gilt zusätzlich:

8 *WAHR*, wenn Formeln angezeigt werden
9 *WAHR*, wenn Gitternetzlinien angezeigt werden
10 *WAHR*, wenn Kopfleisten angezeigt werden
11 *WAHR*, wenn Nullwerte angezeigt werden
12 Farbe der Gitternetzlinien als Zahl zwischen 0 und 8 (Zuordnung siehe Dialogfeld von *OPTIONEN Bildschirmanzeige...*)

Zusätzlich übergeben die folgenden Werte horizontale Zahlenmatrizen, die für jedes Unterfenster seine Position angeben:

13 linke Spalte aller Unterfenster
14 oberste Zeile aller Unterfenster
15 rechte Spalte aller Unterfenster
16 unterste Zeile aller Unterfenster

Mit 17 als »Infotyp« erhalten Sie die Nummer des gerade aktiven Unterfensters (1=oben links; 2=oben rechts; 3=unten links; 4=unten rechts).

FOR.CELL("Name";Bezug;Überspringen)

Funktion: Bildet zusammen mit *WEITER()* eine Schleife, in der jedes Feld des Bereichs »Bezug« (bzw. der aktuellen Selektion, wenn »Bezug« nicht angegeben) genau einmal behandelt wird. »Name« ist ein beliebiger Text, den Excel intern verwendet, um sich die gerade behandelte Zelle zu merken. Ist »Überspringen« *WAHR*, werden leere Zellen übergangen.

FORMAT.BEWEGEN(x_Position;y_Position)

FORMAT.BEWEGEN?(x_Position;y_Position)

Funktion: Entspricht dem Befehl *FORMAT Bewegen...* und bewegt ein Objekt zu den in Punkten angegebenen Koordinaten.

FORMAT.GRÖSSE(Breite;Höhe)
FORMAT.GRÖSSE?(*Breite;Höhe*)
Funktion: Entspricht dem Befehl *FORMAT Größe...* und definiert für ein Objekt die in Punkten angegebene Größe.

FORMAT.HAUPTDIAGRAMM(Typ;*Ansicht;Überlappung;Abstand;Verschieden;*
***Bezugsl;Spannweite;Winkel;Zwischenraum;Diagrammtiefe*)**
FORMAT.HAUPTDIAGRAMM?(*Typ;Ansicht;Überlappung;Abstand;Verschieden;*
***Bezugsl;Spannweite;Winkel;Zwischenraum;Diagrammtiefe*)**
Funktion: Entspricht dem Befehl *FORMAT Hauptdiagramm...* »Typ« ist der Diagrammtyp:
1 Flächen
2 Balken
3 Säulen
4 Linien
5 Kreis
6 Punkt
7 3D-Flächen
8 3D-Säulen
9 3D-Linien
10 3D-Kreis
»Ansicht« ist eine Zahl zwischen 1 und 4:

Ansicht	1	2	3	4
Flächen	Überlappt	Gestapelt	100%	
Balken	Seite	Gestapelt	100%	
Säulen	Seite	Gestapelt	100%	
Linien	Normal	Gestapelt	100%	
Kreis	Normal			
Punkt	Normal			
3D-Flächen	Gestapelt	100%	3D-Ansicht	
3D-Säulen	Seite	Gestapelt	100%	3D-Ansicht
3D-Linien	3D-Ansicht			
3D-Kreis	Normal			

»Überlappung« ist eine Zahl zwischen −100 und +100, die angibt, ob und wie stark sich Säulen oder Balken überlappen. Je größer der Wert, desto stärker ist die Überlappung. »Abstand« ist ein Wert zwischen 0 und 500. Je höher er ist, desto größer ist der Abstand zwischen den Säulen- und Balkenkolonnen. »Verschieden« entspricht der Option »Rubriken verschieden«, »Bezugsl« der Option »Bezugslinien« und »Spannweite« der Option »Spannweitenlinien«. »Winkel« entspricht der Angabe »Winkel des ersten Kreissegments« und ist ebenfalls eine Zahl zwischen 0 und 360. »Zwischenraum« ist eine Zahl zwischen 0 und 500, die bei 3D-Diagrammen den Abstand der in der Tiefe angeordneten Säulen oder Balken festlegt. »Diagrammtiefe« ist eine Zahl zwischen 20 und 2000, die die Tiefe des Diagramms bestimmt.

FORMAT.LEGENDE(Position)

FORMAT.LEGENDE?(*Position*)

Funktion: Entspricht dem Befehl *FORMAT Legende*..., wobei »Position« die Legendenposition festlegt:

1 unten quer
2 Ecke
3 oben quer
4 seitlich

FORMAT.LÖSCHEN(Formattext)

Funktion: Entspricht der Schaltfläche »Löschen« des Befehls *FORMAT Zahlenformat*... und entfernt das Format »Formattext«.

FORMAT.SCHRIFTART(Name;Größe;Fett;Kursiv;Unterstreichen;Durchstreichen)

FORMAT.SCHRIFTART?(*Name;Größe;Fett;Kursiv;Unterstreichen;Durchstreichen*)

FORMAT.SCHRIFTART(Farbe;Hintergrund;Gilt_für;Name;Größe;Fett;Kursiv; Unterstreichen;Durchstreichen)

FORMAT.SCHRIFTART?(Farbe;Hintergrund;Gilt_für;Name;Größe;Fett;Kursiv; Unterstreichen;Durchstreichen)

Funktion: Entspricht dem Befehl *FORMAT Schriftart*... für Tabellen und Makrovorlagen (1.Variante) bzw. für Diagramme (2.Variante).

FORMAT.TEXT(x_Ausrichtung;y_Ausrichtung;Senkrecht;Zugeordnet_Text; Zugeordnet_Größe;*Schlüssel_zeigen;Wert_zeigen*)

FORMAT.TEXT?(*x_Ausrichtung;y_Ausrichtung;Senkrecht;Zugeordnet_Text; Zugeordnet_Größe;Schlüssel_zeigen;Wert_zeigen*)

Funktion: Entspricht dem Befehl *FORMAT Text*... Die Argumente entsprechen den entsprechenden Optionen im Dialogfeld, wobei für die Ausrichtung gilt

x-Richtung:
1 linksbündig
2 zentriert
3 rechtsbündig

y-Richtung:
1 oben
2 Mitte
3 unten

FORMAT.ÜBERLAGERUNG(Art;*Ansicht;Überlappung;Abstand;Verschieden; Bezugsl;Spannweite;Winkel;Reihenabstand;Reihen*)

FORMAT.ÜBERLAGERUNG?(Art;*Ansicht;Überlappung;Abstand;Verschieden; Bezugsl;Spannweite;Winkel;Reihenabstand;Reihen*)

Funktion: Entspricht dem Befehl *FORMAT Überlagerung*... »Typ« ist der Diagrammtyp:

1 Flächen
2 Balken

3 Säulen
4 Linien
5 Kreis
6 Punkt
7 3D-Flächen
8 3D-Säulen
9 3D-Linien
10 3D-Kreis

»Ansicht« ist eine Zahl zwischen 1 und 3:

Ansicht	1	2	3
Flächen	Überlappt	Gestapelt	100%
Balken	Seite	Gestapelt	100%
Säulen	Seite	Gestapelt	100%
Linien	Normal	Gestapelt	100%
Kreis	Normal		
Punkt	Normal		

»Überlappung« ist eine Zahl zwischen −100 und +100, die angibt, ob und wie stark sich Säulen oder Balken überlappen. Je größer der Wert, desto stärker ist die Überlappung. »Abstand« ist ein Wert zwischen 0 und 500. Je höher er ist, desto größer ist der Abstand zwischen den Säulen- und Balkenkolonnen. »Verschieden« entspricht der Option »Rubriken verschieden«, »Bezugsl« der Option »Bezugslinien« und »Spannweite« der Option »Spannweitenlinien«. »Winkel« entspricht der Angabe »Winkel des ersten Kreissegments« und ist ebenfalls eine Zahl zwischen 0 und 360. Mit dem Wert 1 für »Reihenabstand« ordnet Excel die überlappenden Datenreihen selbständig an, mit dem Wert 2 geben Sie die Anordnung selbst an, indem Sie mit dem Argument »Reihen« die Nummer der ersten Datenreihe angeben.

FORMEL.UMWANDELN(Formel;von_A1;*zu_A1;zu_Abs;rel_zu_Bezug*)
Funktion: Wandelt Bezugsformate um. »Formel« ist die Formel mit den umzuwandelnden Bezügen als Text. *WAHR* für »von_A1« gibt an, daß darin enthaltene A1-Bezüge umzuwandeln sind, *FALSCH*, daß darin enthaltene Z1S1-Bezüge umzuwandeln sind. *WAHR* für »zu_A1« legt fest, daß diese Bezüge ins A1-Format umzuwandeln sind, *FALSCH*, daß sie ins Z1S1-Format umzuwandeln sind. »zu_Abs« bestimmt die Bezugsart:
1 absoluter Bezug
2 absoluter Zeilen-, relativer Spaltenbezug
3 relativer Zeilen-, absoluter Spaltenbezug
4 relativer Bezug
»rel_zu_Bezug« ist ein absoluter Bezug, der bei relativen Bezügen die Bezugszelle angibt.

FORMAT.ZAHLENFORMAT(Formattext)
FORMAT.ZAHLENFORMAT?(*Formattext*)
Funktion: Entspricht dem Befehl *FORMAT Zahlenformat...*

FORMATVORLAGE.FESTLEGEN(Formatvorlage;*Zahl;Schriftart;Ausrichtung;* ***Rahmen;Muster;Schutz*)**
FORMATVORLAGE.FESTLEGEN?(*Formatvorlage;Zahl;Schriftart;Ausrichtung;*** ***Rahmen;Muster;Schutz*)**
Funktion: Entspricht der Anwahl von »Festlegen >>« im Befehl *FORMAT Format-vorlage...* zur Definition einer Formatvorlage per Beispiel anhand der momentan selektierten Felder. »Formatvorlage« ist der Name der zu definierenden neuen Vorlage. Die restlichen Argumente entsprechen den zugehörigen Formatierungsoptionen und bestimmen, welche der Formatierungsmerkmale übernommen werden. *WAHR* entspricht einer aktivierten Option – die zugehörigen Formatierungen werden übernommen.

FORMATVORLAGE.FESTLEGEN(Formatvorlage;2;*Formattext*)
Funktion: Legt das Zahlenformat der Formatvorlage »Formatvorlage« fest. Die Argumente entsprechen der *FORMAT.ZAHLENFORMAT()*-Funktion.

FORMATVORLAGE.FESTLEGEN(Formatvorlage;3;*Name;Größe;Fett;Kursiv;* ***Unterstreichen;Durchgstreichen;Farbe;Kontur;Schatten*)**
Funktion: Legt das Schriftartformat der Formatvorlage »Formatvorlage« fest. Die Argumente entsprechen der *FORMAT.SCHRIFTART()*-Funktion.

FORMATVORLAGE.FESTLEGEN(Formatvorlage;4;*Typzahl;Zeilenumbruch*)
Funktion: Legt das Ausrichtungsformat der Formatvorlage »Formatvorlage« fest. Die Argumente entsprechen der *AUSRICHTUNG()*-Funktion.

FORMATVORLAGE.FESTLEGEN(Formatvorlage;5;*Gesamt;Rand_links;* ***Rand_rechts;Rand_oben;Rand_unten;Schraffieren;Farbe_gesamt;Farbe_links;*** ***Farbe_rechts;Farbe_oben;Farbe_unten*)**
Funktion: Legt das Rahmenformat der Formatvorlage »Formatvorlage« fest. Die Argumente entsprechen der Feldvariante der *RAHMENART()*-Funktion.

FORMATVORLAGE.FESTLEGEN(Formatvorlage;6;*FMuster;FVgrd;FHgrd*)
Funktion: Legt das Musterformat der Formatvorlage fest. Die Argumente entsprechen der Feldvariante der *MUSTER()*-Funktion.

FORMATVORLAGE.FESTLEGEN(Formatvorlage;7;*Gesperrt;Formel_verbergen*)
Funktion: Legt das Zellschutzformat der Formatvorlage »Formatvorlage« fest. Die Argumente entsprechen der *ZELLSCHUTZ()*-Funktion.

FORMATVORLAGE.LÖSCHEN(Formatvorlage)
Funktion: Entspricht der Anwahl von »Löschen« im Befehl *FORMAT Formatvorlage...* und löscht die Vorlage namens »Formatvorlage«.

FORMATVORLAGEN.ZUSAMMENFÜHREN(Datei)
Funktion: Entspricht der Aktivierung von »Zusammenführen...« und Angabe eines Dateinamens im Befehl *FORMAT Formatvorlage...*

FORMATVORLAGE.ZUWEISEN(Formatvorlage)

FORMATVORLAGE.ZUWEISEN?(*Formatvorlage*)

Funktion: Entspricht dem Befehl *FORMAT Formatvorlage...* mit Auswahl der darin definierten Formatvorlage mit dem Namen »Formatvorlage«.

FORMEL(Formel;*Bezug*)

Funktion: Entspricht einer Text-, Zahlen-, Wahrheitswert- oder Formeleingabe (Argument »Formel«) in das Feld »Bezug«. Enthält »Formel« Bezüge, muß für diese das Z1S1-Format verwendet werden. Angewandt auf ein Diagramm, entspricht die Funktion der Eingabe von Texthinweisen oder Datenreihenformeln.

FORMEL.AUSFÜLLEN(Formel;*Bezug*)

Funktion: Trägt die angegebene »Formel« (Z1S1-Format für darin enthaltene Bezüge verwenden) in den durch »Bezug« definierten Bereich ein bzw. – »Bezug« nicht angegeben – in den momentan ausgewählten Bereich.

FORMEL.ERSETZEN(Suchtext;Ersatztext;*Vergleiche;Suche_nach;Aktuelles_Feld*)

FORMEL.ERSETZEN?(*Suchtext;Ersatztext;Vergleiche;Suche_nach;Aktuelles_Feld*)

Funktion: Entspricht dem Befehl *FORMEL Ersetzen...*, wobei die Argumente den Optionen im zugehörigen Dialogfeld entsprechen. »Vergleiche« bestimmt die Suchart (1=vollständiger Vergleich; 2=Teilvergleich) und »Suche_nach« die Suchrichtung (1=zeilenweise; 2=spaltenweise).

FORMEL.GEHEZU(Bezug)

FORMEL.GEHEZU?(*Bezug*)

Funktion: Entspricht dem Befehl *FORMEL Gehe zu...*, wobei »Bezug« ein externer oder ein Bezug im Z1S1-Format in Textform ist.

FORMEL.MFORMEL(Formel;*Bezug*)

Funktion: Entspricht der Eingabe einer Matrixformel »Formel« in den Bereich »Bezug«.

FORMEL.SUCHEN(Text;In_Zahl;Vergleiche_Zahl;Nach_Zahl;*Richtung*)

FORMEL.SUCHEN?(*Text;In_Zahl;Vergleiche_Zahl;Nach_Zahl;Richtung*)

Funktion: Entspricht dem Befehl *FORMEL Suchen...*, wobei »In_Zahl« bestimmt, welche Datenart gesucht wird (1=Formeln; 2=Werte; 3=Notizen), »Vergleiche_Zahl« die Suchart (1=vollständiger Vergleich; 2=Teilvergleich) und »Nach_Zahl« die Suchrichtung (1=zeilenweise; 2=spaltenweise), und »Richtung« mit dem Argument 1 für »Weiter« (Standardvorgabe) steht und mit dem Wert 2 für »Vorher«.

FORMEL.SUCHEN.VORHER()

Funktion: Sucht das vorhergehende Feld, das den mit *FORMEL Suchen...* festgelegten Suchkriterien entspricht.

FORMEL.SUCHEN.WEITER()

Funktion: Sucht das nächste Feld, das den mit *FORMEL Suchen...* festgelegten Suchkriterien entspricht.

FORMEL.ZUORDNEN(Bezug)

Funktion: Übergibt den Inhalt des Feldes in der linken oberen Ecke von »Bezug«.

FÜR(Zählername;Anfang;Ende;*Schrittweite*)

Funktion: Beginn einer FÜR-WEITER-Schleife mit dem Zähler »Zählername«, dem der Startwert »Anfang« zugewiesen und der bei jedem Durchgang hochgezählt wird, bis der Endwert »Ende« überschritten wird. »Schrittweite« (Standardvorgabe 1) bestimmt den nach jedem Durchgang zu »Zählername« addierten Wert.

GEHEZU(Bezug)

Funktion: Setzt die Makroausführung beim oberen linken Feld von »Bezug« fort.

GENAUIGKEIT(Wahrheitswert)

Funktion: Entspricht der Option »Genauigkeit wie angezeigt« des Befehls *OPTIONEN Berechnen...* Im Gegensatz zu allen anderen Funktionen wird diese Option mit *WAHR* deaktiviert und mit *FALSCH* aktiviert.

GITTERNETZLINIEN(*Rubrik_Haupt;Rubrik_Hilfs;Größe_Haupt;Größe_Hilfs; Serien_Haupt;Serien_Hilfs*)

GITTERNETZLINIEN?(*Rubrik_Haupt;Rubrik_Hilfs;Größe_Haupt;Größe_Hilfs; Serien_Haupt;Serien_Hilfs*)

Funktion: Entspricht dem Befehl *DIAGRAMM Gitternetzlinien...*

GLIEDERUNG(*Gliederungsfolge;Zeilen;Spalten;Erstellen_Zuweisen*)

Funktion: Entspricht dem Befehl *FORMEL Gliederung...* »Gliederungsfolge« entspricht der Option »Automatische Gliederungsfolge« der zugehörigen Dialogbox, »Zeilen« der Option »Hauptzeilen unter Detaildaten«, »Spalten« der Option »Hauptspalten rechts von Detaildaten«, und »Erstellen_Zuweisen« ist die Zahl 1 oder 2:

1 erzeugt eine Gliederung mit den aktuellen Einstellungen
2 weist Formate entsprechend den jeweiligen Gliederungsebenen zu

GLIEDERUNGSEBENEN.ZEIGEN(*Zeilenebene;Spaltenebene*)

Funktion: »Zeilenebene« gibt an, wieviele Zeilenebenen der Gliederung angezeigt werden, »Spaltenebene«, wieviele Spaltenebenen angezeigt werden.

GRÖSSE(Breite;Höhe;*Fenster_Text*)

Funktion: Definiert die Größe des Fensters »Fenster_Text« bzw. – Argument fehlt – die Größe des aktiven Fensters, wobei »Breite« und »Höhe« in Punkten angegeben werden.

GRUPPIEREN()

Funktion: Entspricht dem Befehl *FORMAT Gruppieren* und faßt selektierte Objekte zu einem übergeordneten Objekt zusammen.

GRUPPIERUNG.AUFHEBEN()

Funktion: Entspricht dem Befehl *FORMAT Gruppierung aufheben*.

HAUPTDIAGRAMM(Art;Stapel;100;Verschieden;Überlappung;Bezugsl; Spannweite;Überlappung%;Gruppe;Winkel)

Funktion: Entspricht dem Befehl *FORMAT Hauptdiagramm...* Bis auf »Art« entsprechen die Argumente den Optionen des zugehörigen Dialogfeldes. »Art« ist eine Zahl zwischen 1 und 6 mit folgender Bedeutung:

1 Flächen
2 Balken
3 Säulen
4 Linien
5 Kreis
6 Punkt

HERAUFSTUFEN(*Zeile_Spalte*)
HERAUFSTUFEN?(*Zeile_Spalte*)

Funktion: Stuft die selektierten Spalten oder Zeilen herauf. 1 oder keine Angabe für »Zeile_Spalte« stuft Zeilen herauf, 2 stuft Spalten herauf. Die Angabe wird ignoriert, wenn komplette Zeilen oder Spalten selektiert sind.

HERUNTERSTUFEN(*Zeile_Spalte*)
HERUNTERSTUFEN?(*Zeile_Spalte*)

Funktion: Stuft die selektierten Spalten oder Zeilen herab. 1 oder keine Angabe für »Zeile_Spalte« stuft Zeilen herab, 2 stuft Spalten herab. Die Angabe wird ignoriert, wenn komplette Zeilen oder Spalten selektiert sind.

HILFE(*Hilfe_Bezug*)

Funktion: Zeigt den mit »Hilfe_Bezug« angegebenen Hilfepunkt an bzw. – Argument fehlt – die Standardhilfestellung von Excel.

IN.DEN.HINTERGRUND()

Funktion: Entspricht dem Befehl *FORMAT In den Hintergrund*, der selektierte Objekte gegenüber anderen, die sie eventuell überlappen, in den Hintergrund bringt.

IN.DEN.VORDERGRUND()

Funktion: Entspricht dem Befehl *FORMAT In den Vordergrund*, der selektierte Objekte gegenüber anderen, die sie eventuell überlappen, in den Vordergrund bringt.

INFO.ZEIGEN(Wahrheitswert)

Funktion: Aktiviert mit *WAHR* das Infofenster, mit *FALSCH* die damit verknüpfte Datei, wenn das Infofenster gerade aktiv ist.

INFO.VERKNÜPFUNG.ZUORDNEN(Verknüpfungstext;Typ;*Verknüpfungsart; Bezug*)

Funktion: Übergibt Informationen über die Aktualisierung einer externen Verknüpfung. Und zwar die Zahl 1, wenn die Verknüpfung automatisch aktualisiert wird, sonst 2. »Verknüpfungstext« ist der Pfadname der Verknüpfung. »Typ« ist bei Excel für den PC und für DOS immer 1. »Verknüpfungsart« gibt die Art der Verknüpfung an, wobei in der PC- und DOS-Version nur 2 (DDE-Verknüpfung) und 3 (NewWave-Verknüpfung) verfügbar ist. »Bezug« ist für diese Versionen belanglos.

INHALTE.AUSWÄHLEN(Typzahl;*Wertetyp;Ebene*)

Funktion: Entspricht dem Befehl *FORMEL Inhalte auswählen*, wobei »Typzahl« der Aktivierung einer der folgenden Optionen entspricht:

1 Notizen
2 Konstanten
3 Formeln
4 Leere Felder
5 Aktueller Bereich
6 Aktuelle Matrix
7 Zeilenunterschiede
8 Spaltenunterschiede
9 Vorrangige
10 Abhängige

Bei Aktivierung von »Konstanten« oder »Formeln« ist mit »Wertetyp« eine detailliertere Bestimmung möglich (Additionen entsprechen *ODER*-Verknüpfungen der betreffenden Elemente):

1 Zahlen
2 Text
4 Wahrheitswerte
16 Fehlerwerte

Ist »Typzahl« 2 oder 3, entspricht »Ebene« den Optionen:

1 nur direkt
2 alle Ebenen

INHALTE.EINFÜGEN(Inhalt)

INHALTE.EINFÜGEN?(*Inhalt*)

Funktion: Entspricht dem Befehl *BEARBEITEN Inhalte einfügen...* zum Einfügen eines Diagramm(teil)s in ein anderes, wobei »Inhalte« definiert, was eingefügt wird:

1 Alles
2 Formate
3 Formeln

INHALTE.EINFÜGEN(Inhalt;Operation;Überspringen;Transponieren)

INHALTE.EINFÜGEN?(*Inhalt;Operation;Überspringen;Transponieren*)

Funktion: Entspricht dem Befehl *BEARBEITEN Inhalte einfügen...*, angewandt auf Tabellen und Makrovorlagen. »Inhalt« bestimmt erneut, was eingefügt wird:

1 Alles
2 Formeln
3 Werte
4 Formate
5 Notizen

»Operation« definiert Verknüpfungen mit dem Bereich, in den eingefügt wird:
1 Keine
2 Addieren
3 Subtrahieren
4 Multiplizieren
5 Dividieren

INHALTE.EINFÜGEN(Zeile_Spalte;Reihe;Rubriken;Anwenden)
INHALTE.EINFÜGEN?(*Zeile_Spalte;Reihe;Rubriken;Anwenden*)

Funktion: Entspricht dem Befehl *BEARBEITEN Inhalte einfügen...* zum Einfügen von Tabellen (Datenreihen) in Diagramme. »Spalte_Zeile« definiert, ob die einzufügenden Datenreihen zeilenweise (1) oder spaltenweise (2) angeordnet sind.

INHALTE.LÖSCHEN(Zahl)
INHALTE.LÖSCHEN?(*Zahl*)

Funktion: Entspricht dem Befehl *BEARBEITEN Inhalte löschen...*, wobei »Zahl« bestimmt, was gelöscht wird:
1 Alles
2 Formate
3 Formeln (Standard)
4 Notizen

KANAL.ÖFFNEN(Anwendung_Text;Thema)

Funktion: Öffnet einen DDA-Kanal zur Anwendung mit dem DDA-Namen »Anwendung_Text«, wobei »Thema« das interessierende Element dieser Anwendung angibt. Übergibt eine »Kanalnummer«.

KANAL.SCHLIESSEN(Kanalnummer)

Funktion: Schließt den mit *KANAL.ÖFFNEN()* geöffneten Kanal mit der von dieser Funktion übergebenen »Kanalnummer«.

KONSOLIDIEREN(*Ursprungsbezüge;Funktion;Oberste_Zeile;Linke_Spalte; Verknüpfungen_erstellen*)
KONSOLIDIEREN?(*Ursprungsbezüge;Funktion;Oberste_Zeile;Linke_Spalte; Verknüpfungen_erstellen*)

Funktion: Entspricht dem Befehl *DATEN Konsolidieren...* »Ursprungsbezüge« sind externe Bezüge auf die zu konsolidierenden Bereiche und werden als Matrixkonstante angegeben. »Funktion« ist eine Zahl zwischen 1 und 11, die die Konsolidierungsfunktion festlegt (Standardvorgabe 9):
1 *MITTELWERT()*
2 *ANZAHL()*
3 *ANZAHL2()*
4 *MAX()*

5 *MIN()*
6 *PRODUKT()*
7 *STABW()*
8 *STABWN()*
9 *SUMME()*
10 *VARIANZ()*
11 *VARIANZEN()*

»Oberste_Zeile« und »Linke_Spalte« entsprechen den gleichnamigen Optionen der zugehörigen Dialogbox (Vorgabe *FALSCH* = deaktivierte Option). »Verknüpfungen erstellen« entspricht der Option »Quelldatei verknüpfen«, die Vorgabe dieser Option ist ebenfalls *FALSCH* (= nicht verknüpfen).

KOPIEREN()
Funktion: Entspricht dem Befehl *BEARBEITEN Kopieren.*

KURZMENÜS(Wahrheitswert)
Funktion: Entspricht dem Befehl *OPTIONEN Kurze Menüs* bzw. *DIAGRAMM Kurze Menüs*, wenn »Wahrheitswert« *WAHR* ist, sonst den Befehlen *OPTIONEN Ganze Menüs* bzw. *DIAGRAMM Ganze Menüs.*

LAYOUT(*Kopf;Fuß;Links;Rechts;Oben;Unten;Kopfbereiche;Gitter;Horizontal;***
Vertikal;Ausrichtung;Papiergröße;Teilung)
LAYOUT?(*Kopf;Fuß;Links;Rechts;Oben;Unten;Kopfbereiche;Gitter;Horizontal;***
Vertikal;Ausrichtung;Papiergröße;Teilung)
Funktion: Entspricht dem Befehl *DATEI Layout...,* angewandt auf Tabellen und Makro-vorlagen. Die Argumente entsprechen den gleichnamigen Optionen.

LAYOUT(*Kopf;Fuß;Links;Rechts;Oben;Unten;Größe;Horizontal;Vertikal;***
Ausrichtung;Papiergröße;Teilung)
LAYOUT?(*Kopf;Fuß;Links;Rechts;Oben;Unten;Größe;Horizontal;Vertikal;***
Ausrichtung;Papiergröße;Teilung)
Funktion: Entspricht dem Befehl *DATEI Layout...,* angewandt auf Diagramme. Die Argu-mente entsprechen den gleichnamigen Optionen, wobei »Größe« bedeutet:
1 Bildschirmgröße
2 an Seite angepaßt
3 ganze Seite

LEERZELLEN(Verschieben_Zahl)
LEERZELLEN?(*Verschieben_Zahl***)**
Funktion: Entspricht dem Befehl *BEARBEITEN Leerzellen...,* wobei »Verschieben_Zahl« die Verschieberichtung angibt (1=nach rechts; 2=nach unten).

LEGENDE(Wahrheitswert)
Funktion: Entspricht dem Befehl *DIAGRAMM Legende einfügen* (*WAHR*) bzw. *DIAGRAMM Legende löschen* (*FALSCH*).

LETZTER.FEHLER()
Funktion: Übergibt den Bezug der Zelle der Makrovorlage, in der der letzte Fehler auftrat.

LETZTE.ZELLE.AUSWÄHLEN()
Funktion: Markiert das letzte Feld in der Tabelle, das eine Formel, einen Wert oder ein Format enthält, oder auf das Bezug genommen wird.

LINKS.AUSFÜLLEN()
Funktion: Entspricht dem Befehl *BEARBEITEN Links ausfüllen.*

MAKRO.AUSFÜHREN(Bezug)
MAKRO.AUSFÜHREN?(*Bezug*)
Funktion: Entspricht dem Befehl *MAKRO Ausführen...*, wobei »Bezug« der Name des auszuführenden Makros ist.

MASKE()
Funktion: Entspricht dem Befehl *DATEN Maske.*

MEHRFACHOPERATION(Zeilenbezug;Spaltenbezug)
MEHRFACHOPERATION?(*Zeilenbezug;Spaltenbezug*)
Funktion: Entspricht dem Befehl *DATEN Mehrfachoperation*, wobei die beiden Bezüge den zugehörigen Eingabefeldern entsprechen.

MELDUNG(Wahrheitswert;*Text*)
Funktion: Zeigt in der Statuszeile »Text« an, wenn »Wahrheitswert« *WAHR* ist bzw. löscht den Inhalt der Statuszeile, wenn »Wahrheitswert« *FALSCH* ist.

MENÜ.EINFÜGEN(Kennummer;Menübezug)
Funktion: Fügt in die Leiste »Kennummer« das im Bereich »Menübezug« der Makrovorlage definierte Menü ein.

MENÜ.LÖSCHEN(Kennummer;Menü)
Funktion: Entfernt aus der Leiste »Kennummer« das Menü Nummer »Menüposition«.

MENÜLEISTE.EINFÜGEN()
Funktion: Erzeugt eine leere Menüleiste und übergibt ihre Kennummer (=letztdefinierte Menüleiste plus 1).

MENÜLEISTE.LÖSCHEN(Kennummer)
Funktion: Löscht die Leiste Nummer »Kennummer«.

MENÜLEISTE.ZEIGEN(Kennummer)
Funktion: Aktiviert die Leiste Nummer »Kennummer«.

MENÜLEISTE.ZUORDNEN()
Funktion: Übergibt die Kennummer der aktiven Leiste.

MUSTER(*FMuster;FVgrd;FHgrd*) (Zellen)

MUSTER?(*FMuster;FVgrd;FHgrd*) (Zellen)

MUSTER(*SAut;SArt;SFarbe;SStark;PfBreit;PfLang;PfAusf*) (Linien und Pfeile)

MUSTER?(*SAut;SArt;SFarbe;SStark;PfBreit;PfLang;PfAusf*) (Linien und Pfeile)

MUSTER(*RAut;RArt;RFarbe;RStark;Schatten;FAut;FMuster;FVgrd;FHgrd; Abgerundet*) (Textboxen, Rechtecke, Ovale, Kreisbögen, Fotos)

MUSTER?(*RAut;RArt;RFarbe;RStark;Schatten;FAut;FMuster;FVgrd;FHgrd; Abgerundet*) (Textboxen, Rechtecke, Ovale, Kreisbögen, Fotos)

MUSTER(*RAut;RArt;RFarbe;RStark;Schatten;FAut;FMuster;FVgrd;FHgrd;Umkehr; Zuweisen*) (Diagrammfläche, Säulen, Balken, Kreissegmente, Textbeschriftungen)

MUSTER?(*RAut;RArt;RFarbe;RStark;Schatten;FAut;FMuster;FVgrd;FHgrd; Umkehr;Zuweisen*) (Diagrammfläche, Säulen, Balken, Kreissegmente, Textbeschriftungen)

MUSTER(*SAut;SArt;SFarbe;SStark;THaupt;THilfs;TBeschrift*) (Diagrammachsen)

MUSTER?(*SAut;SArt;SFarbe;SStark;THaupt;THilfs;TBeschrift*) (Diagrammachsen)

MUSTER(*SAut;SArt;SFarbe;SStark;Zuweisen*) (Diagramm-Gitternetzlinien, Hoch-Tief-Linien, Linien in Liniendiagrammen)

MUSTER?(*SAut;SArt;SFarbe;SStark;Zuweisen*) (Diagramm-Gitternetzlinien, Hoch-Tief-Linien, Linien in Liniendiagrammen)

MUSTER(*SAut;SArt;SFarbe;SStark;PAut;PAuszeich;PVgrd;PHgrd;Zuweisen*) (Datenlinien)

MUSTER?(*SAut;SArt;SFarbe;SStark;PAut;PAuszeich;PVgrd;PHgrd;Zuweisen*) (Datenlinien)

MUSTER(*Typ;Bildeinheiten;Zuweisen*) (Bildhalter)

MUSTER?(*Typ;Bildeinheiten;Zuweisen*) (Bildhalter)

Funktion: Entspricht dem Befehl *FORMAT Muster...*, das jedoch bekanntlich je nach selektiertem Diagrammobjekt höchst unterschiedliche Elemente enthält. Entsprechend existiert diese Funktion in verschiedenen Varianten zur Formatierung unterschiedlicher Elemente.

Zuweisen	entspricht dem Optionsfeld »Allgemeingültig«
SAut	Strichausführung (0=vom Anwender festgelegt; 1=automatisch; 2=unsichtbar)
SArt	Kennnummer der Strichart
SFarbe	Kennnummer der Strichfarbe
SStark	Kennnummer der Strichstärke
RAut	Rahmenausführung (0=vom Anwender festgelegt; 1=automatisch; 2=unsichtbar)
RArt	Zahl zwischen 1 und 8 entsprechend den acht Rahmenarten
RFarbe	Zahl zwischen 1 und 16 entsprechend den 16 Rahmenfarben
RStark	Zahl zwischen 1 und 4 entsprechend den vier Rahmenstärken
Schatten	entspricht dem Optionsfeld »Schatten«
FAut	Flächenausführung (0=vom Anwender festgelegt; 1=automatisch; 2=unsichtbar)

FMuster	Zahl zwischen 1 und 16 entsprechend den 16 Mustern
FVgrad	Zahl zwischen 1 und 16 entsprechend den 16 Vordergrundfarben
FHgrad	Zahl zwischen 1 und 16 entsprechend den 16 Hintergrundfarben
Umkehr	entspricht dem Optionsfeld »Umkehren«
THaupt	Typ der Hauptteilstriche (1=unsichtbar; 2=innen; 3=außen; 4=außen und innen)
THilfs	Typ der Hilfsteilstriche (1=unsichtbar; 2=innen; 3=außen; 4=außen und innen)
TBeschrift	Position der Teilungsbeschriftungen (1=ohne; 2=unten; 3=oben; 4=achsennah)
PAut	automatische Punktmarkierung (0=vom Anwender festgelegt; 1=automatisch; 2=unsichtbar)
PAuszeich	Zahl zwischen 1 und 7 entsprechend den sieben Auszeichnungen der Punktmarkierungen
PVgrd	Zahl zwischen 1 und 16 entsprechend den 16 Vordergrundfarben
PHgrd	Zahl zwischen 1 und 16 entsprechend den 16 Hintergrundfarben
PfBreit	Breite der Pfeilspitze (1=schmal; 2=mittel; 3=breit)
PfLang	Länge der Pfeilspitze (1=kurz; 2=mittel; 3=lang)
PfAusf	Ausführung der Pfeilspitze (1=keine Spitze; 2=offene Spitze; 3=geschlossene Spitze)

MUSTER.3D.FLÄCHEN(Typ)
MUSTER.3D.FLÄCHEN?(*Typ*)
Funktion: Entspricht dem Befehl *MUSTER 3D-Flächen...* »Typ« ist die Nummer der zu erzeugenden Diagrammvariante in der entsprechenden Dialogbox.

MUSTER.3D.KREIS(Typ)
MUSTER.3D.KREIS?(*Typ*)
Funktion: Entspricht dem Befehl *MUSTER 3D-Kreis...* »Typ« ist die Nummer der zu erzeugenden Diagrammvariante in der entsprechenden Dialogbox.

MUSTER.3D.LINIEN(Typ)
MUSTER.3D.LINIEN?(*Typ*)
Funktion: Entspricht dem Befehl *MUSTER 3D-Linien...* »Typ« ist die Nummer der zu erzeugenden Diagrammvariante in der entsprechenden Dialogbox.

MUSTER.3D.SÄULEN(Typ)
MUSTER.3D.SÄULEN?(*Typ*)
Funktion: Entspricht dem Befehl *MUSTER 3D-Säulen...* »Typ« ist die Nummer der zu erzeugenden Diagrammvariante in der entsprechenden Dialogbox.

MUSTER.BALKEN(Zahl;*Überlagerung_Löschen*)
MUSTER.BALKEN?(*Zahl;Überlagerung_Löschen*)
Funktion: Entspricht dem Befehl *MUSTER Balken...*, wobei »Zahl« die Nummer des Diagrammtyps ist. Ist »Löschen« *WAHR*, werden Überlagerungen gelöscht und das neue Format auf das Hauptdiagramm angewendet, sonst auf das Diagramm, das das aktuelle Diagrammelement enthält.

MUSTER.FLÄCHEN(Zahl;*Überlagerung_Löschen*)
MUSTER.FLÄCHEN(*Zahl;Überlagerung_Löschen*)
Funktion: Entspricht dem Befehl *MUSTER Flächen...*, wobei »Zahl« die Nummer des Diagrammtyps ist. Ist »Löschen« *WAHR*, werden Überlagerungen gelöscht und das neue Format auf das Hauptdiagramm angewendet, sonst auf das Diagramm, das das aktuelle Diagrammelement enthält.

MUSTER.KREIS(Zahl;*Überlagerung_Löschen*)
MUSTER.KREIS(*Zahl;Überlagerung_Löschen*)
Funktion: Entspricht dem Befehl *MUSTER Kreis...*, wobei »Zahl« die Nummer des Diagrammtyps ist. Ist »Löschen« *WAHR*, werden Überlagerungen gelöscht und das neue Format auf das Hauptdiagramm angewendet, sonst auf das Diagramm, das das aktuelle Diagrammelement enthält.

MUSTER.PUNKT(Zahl;*Überlagerung_Löschen*)
MUSTER.PUNKT(*Zahl;Überlagerung_Löschen*)
Funktion: Entspricht dem Befehl *MUSTER Punkt...*, wobei »Zahl« die Nummer des Diagrammtyps ist. Ist »Löschen« *WAHR*, werden Überlagerungen gelöscht und das neue Format auf das Hauptdiagramm angewendet, sonst auf das Diagramm, das das aktuelle Diagrammelement enthält.

MUSTER.SÄULEN(Zahl;*Überlagerung_Löschen*)
MUSTER.SÄULEN(*Zahl;Überlagerung_Löschen*)
Funktion: Entspricht dem Befehl *MUSTER Säulen...*, wobei »Zahl« die Nummer des Diagrammtyps ist. Ist »Löschen« *WAHR*, werden Überlagerungen gelöscht und das neue Format auf das Hauptdiagramm angewendet, sonst auf das Diagramm, das das aktuelle Diagrammelement enthält.

NAMEN(*Datei_Text;Typ*)
Funktion: Übergibt eine horizontale Matrix mit allen in »Datei_Text« definierten Namen bzw. – Argument fehlt – in der aktiven Datei. »Typ« legt fest, welche Art von Namen die Matrix enthalten soll:
1 nur normale Namen
2 nur versteckte Namen
3 alle Namen

**NAMEN.ANWENDEN(Namensmatrix;Ignorieren;Verwenden_Zeile_Spalte;
Spalte_weglassen;Zeile_weglassen;Namen_Reihenfolge;Anhang)**
**NAMEN.ANWENDEN?(*Namensmatrix;Ignorieren;Verwenden_Zeile_Spalte;
Spalte_weglassen;Zeile_weglassen;Namen_Reihenfolge;Anhang*)**
Funktion: Entspricht dem Befehl *FORMEL Namen anwenden...* und ersetzt in allen Formeln Bezüge durch zugehörige in der Matrix »Namensmatrix« enthaltene Namen. »Ignorieren«, »Verwenden_Zeile_Spalte«, »Spalte_weglassen« und »Zeile_weglassen« entsprechen den zugehörigen Optionen des Dialogfelds. Bei »Namen_Reihenfolge« steht eine 1 für die Option »Zeile Spalte« und eine 2 für »Spalte Zeile«. Ist »Anhang« wahr,

ersetzt die Funktion nicht nur eventuell bereits in »Namensmatrix« verwendete Namen für Bezüge, sondern auch in den Listenfeldern der Befehle *FORMEL Namen festlegen...* und *FORMEL Namen übernehmen...*

NAMEN.AUFLISTEN()

Funktion: Entspricht dem Befehl *FORMEL Namen einfügen.*

NAMEN.FESTLEGEN(Name;Bezug_auf;*Makrotyp;Tastaturschlüssel;Ausblenden*)

NAMEN.FESTLEGEN?(*Name;Bezug_auf;Makrotyp;Tastaturschlüssel;Ausblenden*)

Funktion: Entspricht dem Befehl *FORMEL Namen festlegen...* Ist »Ausblenden« *WAHR*, wird der Name in der Liste nicht angezeigt.

NAMEN.LÖSCHEN(Name)

Funktion: Entspricht dem Löschen des Namens »Name« mit *FORMEL Namen festlegen...*

NAMEN.ÜBERNEHMEN(*Oben;Links;Unten;Rechts*)

NAMEN.ÜBERNEHMEN?(*Oben;Links;Unten;Rechts*)

Funktion: Entspricht dem Befehl *FORMEL Namen übernehmen...*

NAMEN.ZUORDNEN(Name)

Funktion: Übergibt die Definition des Namens »Name«.

NAMEN.ZUWEISEN(Name;*Wert*)

Funktion: Definiert in der Makrovorlage »Name« und weist ihm »Wert« zu bzw. – ohne das Argument »Wert« – löscht einen definierten Namen.

NEU(Typ;*XY_Reihen*)

NEU?(*Typ;XY_Reihen*)

Funktion: Entspricht dem Befehl *DATEI Neu...*, wobei »Typ« die Art der zu erzeugenden Datei angibt (1=Tabelle; 2;=Diagramm; 3=Makrovorlage) und »XY_Reihen«, wie die Daten zu interpretieren sind:

0   die entsprechende Dialogbox erscheint
1   die erste Spalte/Zeile enthält die erste Datenreihe
2   die erste Spalte/Zeile enthält die Rubrikennamen
3   die erste Spalte/Zeile enthält x-Werte für ein Punktdiagramm

NEUBERECHNEN()

Funktion: Entspricht den Befehlen *OPTIONEN Neu berechnen* und *DIAGRAMM Neu berechnen.*

NEUES.FENSTER()

Funktion: Entspricht dem Befehl *FENSTER Neues Fenster.*

NEUSTART(*Ebene*)

Funktion: Führt dazu, daß ein Makro beim Erreichen der *RÜCKSPRUNG()*-Anweisung auch dann beendet wird, wenn es selbst von einem Makro aufgerufen wurde. Es findet also kein Rücksprung zum aufrufenden Makro statt.

NEWWAVE.ATTRIBUTES(*comment_text;auto_share***)**

NEWWAVE.ATTRIBUTES?(*comment_text;auto_share***)**

Funktion: Nur in Verbindung mit NewWave von Hewlett Packard verfügbar. Entspricht dann dem Befehl *DATEI Objektattribute.*

NEWWAVE.SAVE.NEW.OBJEKT(*comment_text;auto_share***)**

NEWWAVE.SAVE.NEW.OBJEKT?(*comment_text;auto_share***)**

Funktion: Nur in Verbindung mit NewWave von Hewlett Packard verfügbar. Entspricht dann dem Befehl *DATEI Neues Objekt speichern.*

NEWWAVE.SHARE()

Funktion: Nur in Verbindung mit NewWave von Hewlett Packard verfügbar. Entspricht dann dem Befehl *BEARBEITEN Teilen.*

NEWWAVE.SHARE.NAME(name_text)

Funktion: Nur in Verbindung mit NewWave von Hewlett Packard verfügbar. Entspricht dann dem Befehl *BEARBEITEN Teilen* mit Angabe eines Bereichs.

NOTIZ(Text;Feldbezug;Anfang;Anzahl_Zeichen)

Funktion: Ersetzt in der Notiz, die dem Feld »Feldbezug« zugewiesen ist, ab »Anfang« genau »Anzahl_Zeichen« durch »Text«.

NOTIZ.ZUORDNEN(Feldbezug;*Beginn;Anzahl_Zeichen*)

Funktion: Übergibt ab dem Zeichen Nummer »Beginn« genau »Anzahl_Zeichen« der Notiz, die dem Feld »Feldbezug« zugeordnet ist.

OBEN.AUSFÜLLEN()

Funktion: Entspricht dem Befehl *BEARBEITEN Oben ausfüllen.*

OBJEKT.AUSBLENDEN(*Objektkenntext;Ausblenden***)**

Funktion: Versteckt ein Objekt oder macht es wieder sichtbar. »Objektkenntext« ist der Name und die Kennnummer (oder nur die Nummer) des Objekts, wie sie bei der Selektion in der Eingabezeile angezeigt werden. Ist »Ausblenden« *WAHR* oder nicht angegeben, wird das Objekt versteckt, sonst wieder sichtbar.

OBJEKT.ERSTELLEN(Objekt;Bezug_1;*x_Offset1;y_Offset1***;Bezug_2;***x_Offset2;***
y_Offset2)**

OBJEKT.ERSTELLEN(Objekt;Bezug_1;*x_Offset1;y_Offset1***;Bezug_2;***x_Offset2;***
y_Offset2;Text)**

OBJEKT.ERSTELLEN(Objekt;Bezug_1;*x_Offset1;y_Offset1***;Bezug_2;***x_Offset2;***
y_Offset2;XY-Datenreihen)**

Funktion: Erzeugt ein Grafikobjekt und übergibt eine Nummer, die das betreffende Objekt identifiziert. Variante 1 erzeugt Linien, Rechtecke, Ovale, Kreisausschnitte und Fotos. Variante 2 erzeugt Textboxen und Schaltknöpfe. Variante 3 erzeugt integrierte Diagramme. »Objekt« gibt den Typ des zu erzeugenden Objekts an:

1 Linie
2 Rechteck
3 Oval

4   Kreisausschnitt
5   Integriertes Diagramm
6   Textbox
7   Schaltknopf
8   Foto

»Bezug_1« ist ein Bezug auf die Zelle, von der ausgehend die linke obere Ecke des Objekts gezeichnet wird. »x_Offset1« und »y_Offset1« gibt die horizontale bzw. vertikale Distanz der linken oberen Ecke des Objekts von der linken oberen Ecke dieser Zelle an. »Bezug_2« ist ein Bezug auf die Zelle, von der ausgehend die rechte untere Ecke des Objekts gezeichnet wird. »x_Offset2« und »y_Offset2« gibt die horizontale bzw. vertikale Distanz der rechten unteren Ecke des Objekts von der rechten unteren Ecke dieser Zelle an. »Text« ist der Text, der in einer Textbox erscheinen soll. »XY-Datenreihen« ist eine Zahl zwischen 0 und 3, die die Rubriken und Datenreihen festlegt:

0   bei nicht eindeutiger Selektion erscheint die entsprechende Dialogbox
1   die erste Spalte/Zeile enthält die erste Datenreihe
2   die erste Spalte/Zeile enthält die Rubrikennamen
3   die erste Spalte/Zeile enthält die X-Werte für ein Punktdiagramm

OBJEKTPOSITION(*Positionstyp*)

Funktion: Entspricht dem Befehl *FORMAT Objektposition...* »Positionstyp« bestimmt die Art der Bindung des selektierten Objekts an die darunterliegenden Zellen:

1   abhängig von Zellengröße und -position
2   abhängig von Zellenposition
3   unabhängig

OBJEKT.SCHÜTZEN(*Gesperrt;Text_gesperrt*)

Funktion: Entspricht dem Befehl *FORMAT Objekt schützen...* und schützt das selektierte Objekt (*WAHR* für »Gesperrt«) oder hebt den Schutz wieder auf (*FALSCH* für »Gesperrt«). Ist »Text_gesperrt« *WAHR*, wird der Text in einer Textbox oder einem Knopf vor Veränderungen geschützt.

OBJEKT.ZUORDNEN(Typ;*Objektkenntext;Anfang;Zähler_Nr*)

Funktion: Übergibt Informationen über ein Objekt. »Objektkenntext« ist der Name und die Kennummer des interessierenden Objektes (oder nur die Nummer), die bei Selektion des Objektes in der Eingabezeile angezeigt werden. Welche Informationen übergeben werden, bestimmt der Wert »Typ«:

1   Nummer, die das Objekt kennzeichnet (1=Linie; 2=Rechteck; 3=Oval; 4=Kreisbogen; 5=Integriertes Diagramm; 6=Textbox; 7=Knopf; 8=Foto)
2   *WAHR*, wenn das Objekt geschützt ist, sonst *FALSCH*
3   Position im Vorder- oder Hintergrund
4   Bezug der Zelle unter der linken oberen Objektecke
5   X-Abstand der linken oberen Objektecke von der linken oberen Ecke der darunterliegenden Zelle
6   Y-Abstand der linken oberen Objektecke von der linken oberen Ecke der darunterliegenden Zelle
7   Bezug der Zelle unter der rechten unteren Objektecke

8 X-Abstand der rechten unteren Objektecke von der rechten unteren Ecke der darunterliegenden Zelle

9 Y-Abstand der rechten unteren Objektecke von der rechten unteren Ecke der darunterliegenden Zelle

10 Name eines dem Objekt zugeordneten Makros (*FALSCH*, wenn kein Makro zugeordnet
ist)

11 Nummer, die die Objektposition definiert (1=Position und Größe mit darunterliegenden
Zellen verknüpft; 2=Position mit darunterliegenden Zellen verknüpft; 3=Position fest)

Die Werte 12 bis 21 beziehen sich auf Textboxen und Knöpfe:

12 übergibt den Text, der ab dem Zeichen Nummer »Anfang« beginnt, und zwar die
ersten »Zähler_Nr« Zeichen ab dieser Position

13 den Namen der Schriftart dieses Textes (#NV bei uneinheitlicher Formatierung)

14 die Schriftgröße dieses Textes (#NV bei uneinheitlicher Formatierung)

15 *WAHR*, wenn dieser Text fett ist (#NV, wenn teilweise fett)

16 *WAHR*, wenn dieser Text kursiv ist (#NV, wenn teilweise kursiv)

17 *WAHR*, wenn dieser Text unterstrichen ist (#NV, wenn teilweise unterstrichen)

18 *WAHR*, wenn dieser Text durchgestrichen ist (#NV, wenn teilweise durchgestrichen)

19 *WAHR* bei »Outline«-Schriften (#NV, wenn teilweise durchgestrichen); nur bei Mac-
Excel verfügbar

20 *WAHR*, wenn dieser Text einen Schatten wirft (#NV, wenn er nur teilweise einen
Schatten wirft); nur bei Mac-Excel verfügbar

21 die Farbzahl (0 bis 16) dieses Textes (#NV bei uneinheitlicher Farbgebung)

Die Werte 22 bis 25 beziehen sich ebenfalls auf Textboxen und Knöpfe, allerdings auf den
gesamten darin enthaltenen Text:

22 Kennwert für die horizontale Ausrichtung (1=Linksbündig; 2=Zentriert; 3=Rechts-
bündig)

23 Kennwert für die vertikale Ausrichtung (1=Oben; 2=Mitte; 3=Unten)

24 Kennwert für die Textorientierung (0=Horizontal; 1=Vertikal; 2=Aufwärts; 3=Abwärts)

25 *WAHR*, wenn die zugeordnete Rahmengröße automatisch angepaßt wird, sonst *FALSCH*.

Die Werte 26 bis 40 gelten wieder für alle Objekte:

26 *WAHR*, wenn das Objekt sichtbar ist, sonst *FALSCH*

27 Kennwert für den Rahmen (0=Benutzerdefiniert; 1=Automatisch; 3=Keinen)

28 Nummer der Strichart

29 Strichfarbe (0 bis 16)

30 Nummer der Strichstärke

31 Kennwert für das Rahmeninnere (0=Benutzerdefiniert; 1=Automatisch; 3=Keinen)

32 Nummer des Füllmusters

33 Vordergrundfüllfarbe (0 bis 16)

34 Hintergrundfüllfarbe (0 bis 16)

35 Winkel der Pfeilspitzen (1=Eng; 2=Mittel; 3=Weit)

36 Länge der Pfeilspitzen (1=Kurz; 2=Mittel; 3=Lang)

37 Art der Pfeilspitze (1=keine Spitze; 2=offene Spitze; 3=geschlossene Spitze)

38 *WAHR*, wenn die Rahmenecken rund sind, sonst *FALSCH*

39 *WAHR*, wenn der Rahmen einen Schatten wirft, sonst *FALSCH*

40 *WAHR*, wenn »Text gesperrt« unter *FORMAT Objekt schützen...* aktiviert ist, sonst *FALSCH*

OBJEKT.ZUWEISEN(*Makrobezug*)

OBJEKT.ZUWEISEN?(*Makrobezug*)

Funktion: Entspricht dem Befehl *MAKRO Objekt zuweisen* und verbindet das Makro, auf das »Makrobezug« verweist, mit dem gerade selektierten Objekt.

ÖFFNEN(Datei_Text;*Aktualisieren_Verkn;Schreibschutz;Format;Kennwort; Schreibschutz_Kennwort;Schreibsch_ignorieren;Dateiherkunft*)

ÖFFNEN?(*Datei_Text;Aktualisieren_Verkn;Schreibschutz;Format;Kennwort; Schreibschutz_Kennwort;Schreibsch_ignorieren;Dateiherkunft*)

Funktion: Entspricht dem Befehl *DATEI Öffnen...* »Aktualisieren_Verkn« bestimmt über die Aktualisierung darin enthaltener Bezüge:

0 nichts aktualisieren

1 nur externe Bezüge aktualisieren

2 nur Fernbezüge

3 alles aktualisieren

Die restlichen Argumente entsprechen den gleichnamigen Optionen und Eingabefeldern der zugehörigen Dialogbox.

ORDNEN(Ordnen;Schlüssel1;Reihenfolge1;*Schlüssel2;Reihenfolge2;Schlüssel3; Reihenfolge3*)

ORDNEN?(*Ordnen;Schlüssel1;Reihenfolge1;Schlüssel2;Reihenfolge2;Schlüssel3; Reihenfolge3*)

Funktion: Entspricht dem Befehl *DATEN Ordnen*, wobei »Ordnen« angibt, ob nach Zeilen (1) oder nach Spalten (2) sortiert wird und die restlichen Argumente den Sortierkriterien des zugehörigen Dialogfeldes entsprechen.

PASTE.PICTURE.LINK()

Funktion: Entspricht dem Befehl *BEARBEITEN Verknüpftes Bild einfügen*.

PFEIL.EINFÜGEN()

Funktion: Entspricht dem Befehl *DIAGRAMM Pfeil einfügen*.

PFEIL.LÖSCHEN()

Funktion: Entspricht dem Befehl *DIAGRAMM Pfeil löschen*.

POSTEXT(Bezug;*A1*)

Funktion: Wandelt »Bezug« in einen absoluten Bezug in Textform um. Ist »A1« *FALSCH* oder fehlt dieses Argument, wird das Z1S1-Format verwendet.

POSWERT(Bezug)

Funktion: Übergibt den Wert der Felder in »Bezug« (einen einzelnen Wert bzw. eine Wertematrix, je nachdem, ob »Bezug« ein einzelnes Feld kennzeichnet oder einen Bereich).

RAHMENART(*Gesamt;Rand_links;Rand_rechts;Rand_oben;Rand_unten; Schraffieren;Farbe_Gesamt;Farbe_links;Farbe_rechts;Farbe_oben;Farbe_unten*)

RAHMENART?(*Gesamt;Rand_links;Rand_rechts;Rand_oben;Rand_unten; Schraffieren;Farbe_Gesamt;Farbe_links;Farbe_rechts;Farbe_oben;Farbe_unten*)

Funktion: Entspricht dem Befehl *FORMAT Rahmenart...*

RECHTS.AUSFÜLLEN()

Funktion: Entspricht dem Befehl *BEARBEITEN Rechts ausfüllen.*

REGISTER(Modul;Prozedur;Eingabetext;*Funktion;Argumente*)

Funktion: Übergibt einen Textwert, der für den Aufruf einer Windows-Funktion mit *AUFRUFEN()* verwendet wird.

RELPOS(Bezug;Relativ_zu_Bezug)

Funktion: Übergibt im Format Z1S1 als Text einen Bezug, der den Bezug des Feldes »Bezug« relativ zum Feld »Relativ_zu_Bezug« beschreibt (bzw. relativ zur linken oberen Ecke eines Bereichs, wenn »Relativ_zu_Bezug« ein Bereichsbezug ist).

RÜCKGÄNGIG()

Funktion: Entspricht dem Befehl *BEARBEITEN Widerrufen.*

RÜCKSPRUNG(*Wert*)

Funktion: Beendet ein Makro und legt bei einem Funktionsmakro mit »Wert« dessen Funktionswert fest.

SBILDLAUF(Bildlauf;Zeile_Wahrheitswert)

Funktion: Führt im aktiven Fenster einen senkrechten Bildlauf durch. Bis zur Zeile »Bildlauf«, wenn »Zeile_Wahrheitswert« *WAHR* ist. Sonst zu der Zeile, die »Bildlauf« Prozent der Tabelle entsprechen.

SBILDLAUF.SEITEN(Anzahl_Fenster)

Funktion: Führt einen senkrechten Bildlauf des aktiven Fensters um »Anzahl_Fenster« Seiten durch (nach oben, wenn das Argument negativ ist).

SBILDLAUF.ZEILEN(Anzahl_Zeilen)

Funktion: Führt einen senkrechten Bildlauf des aktiven Fensters um »Anzahl_Zeilen« Zeilen durch (nach oben, wenn das Argument negativ ist).

SCHLIESSEN(*Speichern_Wahrheitswert*)

Funktion: Entspricht dem Befehl *SYSTEM Schließen*, wobei »Speichern_Wahrheitswert« angibt, ob die Datei gegebenenfalls gespeichert (*WAHR*), nicht gespeichert (*FALSCH*) oder eine entsprechende Warnung ausgegeben wird (Argument fehlt).

SCHRIFTART(Name;Größe)

SCHRIFTART.ERSETZEN(Schriftart;Name;Größe;Fett;Kursiv;Unterstreichen; Durchstreichen)

Funktion: Entspricht dem Ersetzen einer Schriftart durch eine andere mit dem Befehl *FORMAT Schriftart...* in Excel-Versionen bis einschließlich 2.1.

SEITENANSICHT()

Funktion: Entspricht dem Befehl *DATEI Seitenansicht.*

SEITENUMBRUCH.FESTLEGEN()

Funktion: Entspricht dem Befehl *OPTIONEN Seitenwechsel festlegen.*

SENDEN(Kanalnummer;Objekt;Datenbezug)

Funktion: Sendet zum Objekt »Objekt« der Anwendung mit der Kanalnummer »Kanalnummer« die durch »Datenbezug« angegebenen Daten.

SIGNAL(*Zahl*)

Funktion: Erzeugt einen von vier verschiedenen Tönen, abhängig vom Argument »Zahl«, einer Zahl zwischen 1 und 4.

SOLANGE(Wahrheitswert_Prüfung)

Funktion: Startet eine SOLANGE-WEITER-Schleife, die immer wieder ausgeführt wird, solange »Wahrheitswert_Prüfung« *WAHR* ergibt.

SONST()

Funktion: Kennzeichnet den Beginn jenes Anweisungsblocks, der in einem Makro ausgeführt wird, wenn die in der *WENN()*-Funktion angegebene Bedingung nicht erfüllt ist.

SONST.WENN(Bedingung)

Funktion: Kennzeichnet den Beginn eines alternativen Anweisungsblocks in einem Makro, der ausgeführt wird, wenn »Bedingung« erfüllt ist.

SPALTENBREITE(Breite;*Bezug;Standardbreite;Typ*)

SPALTENBREITE?(*Breite;Bezug;Standardbreite;Typ*)

Funktion: Entspricht dem Befehl *FORMAT Spaltenbreite...*, wobei »Breite« die gewünschte Spaltenbreite ist. »Bezug« ist ein Bezug (externer Bezug oder Bezug auf die aktive Tabelle oder Bezug in Textform im Z1S1-Format), der die betreffenden Spalten enthält, z.B. !$A:$C für die Spalten A, B und C. »Standardbreite« entspricht der gleichnamigen Option und ist *WAHR* oder *FALSCH*. »Typ« ist eine Zahl zwischen 1 und 3:

1 Spalte verstecken (Spaltenbreite 0)
2 Spalte sichtbar machen (alte Spaltenbreite wiederherstellen)
3 optimale Spaltenbreite einstellen

SPEICHERN()

Funktion: Entspricht dem Befehl *DATEI Speichern.*

SPEICHERN.UNTER(*Datei;Typ;Kennwort;Sicherung;Schreibschutz_Kennwort;
Schreibschutz_empfehlen***)**

SPEICHERN.UNTER?(*Datei;Typ;Kennwort;Sicherung;Schreibschutz_Kennwort;
Schreibschutz_empfehlen***)**

Funktion: Entspricht dem Befehl *DATEI Speichern unter...* Die Argumente entsprechen wie üblich den entsprechenden Optionen, wobei »Typ« dem verwendeten Format entspricht:

 1 Standard
 2 SYLK
 3 Text (durch TABs getrennt)
 4 WKS
 5 WK1
 6 ASC (durch Semikolon getrennt)
 7 DBF2
 8 DBF3
 9 DIF
10 Reserviert
11 DBF4
12 Reserviert
13 Reserviert
14 Reserviert
15 WK3
16 Excel 2.x
17 Mustervorlage
18 Zusatz
19 Text (Macintosh)
20 Text (Windows)
21 Text (OS/2 oder DOS)
22 CSV (Macintosh)
23 CSV (Windows)
24 CSV (OS/2 oder DOS)
25 Internationale Makrovorlage
26 Internationaler Zusatz

STANDARDSCHRIFT(*Name;Größe;Fett;Kursiv;Unterstreichen;Durchstreichen;
Farbe;Kontur;Schatten***)**

Funktion: Definiert die Merkmale der Formatvorlage »Standard«.

STOP(*Abbrechen***)**

Funktion: Unterbricht die Makroausführung (zum Testen geeignet).

SUCHEN.KOPIEREN(Keine_Doppel)

SUCHEN.KOPIEREN?(*Keine_Doppel***)**

Funktion: Entspricht dem Befehl *DATEN Suchen und kopieren...* »Keine_Doppel« entspricht der Option »Keine Duplikate«.

SUCHKRITERIEN.FESTLEGEN()
Funktion: Enspricht dem Befehl *DATEN Suchkriterien festlegen.*

TASTENF.SENDEN(Tasten;Warten_Wahrheitswert)
Funktion: Simuliert für die aktive Anwendung die Betätigung der Tasten »Tasten«. Ist »Warten_Wahrheitswert« *WAHR*, wird auf die Verarbeitung der Tastenfolge gewartet, bevor das Makro fortgesetzt wird.

TEILEN(*Spalte;Zeile*)
Funktion: Entspricht dem Befehl *SYSTEM Teilen*, wobei »Spalte« und »Zeile« die Teilungsposition in Spalten und Zeilen bestimmen, ausgehend von der linken oberen Fensterecke.

TEILUNG(Min;Max;Haupt;Hilfs;Schnittpunkt;Logarithmisch;Umgekehrt;Max)
TEILUNG(Schnittpunkt;Rubriken_Beschriftung;Rubriken_Teilstrich;Zwischen; Max;Umgekehrt)
Funktion: Entspricht dem Befehl *FORMAT Teilung...* für Größenachsen (Variante 1) bzw. für Rubrikenachsen (Variante 2).

TEXTFELD(Text;Objektkenntext;*Anfang;Anzahlzeichen*)
Funktion: Ersetzt den Text in der Textbox mit dem Kenntext »Objektkenntext«, der bei Selektion der Box in der Eingabezeile angezeigt wird, durch den Text »Text«. »Anfang« legt fest, ab dem wievielten Zeichen der bereits vorhandene Text ersetzt wird, und »Anzahlzeichen« bestimmt, wieviele Zeichen ersetzt werden.

TEXTPOS(Text;*A1*)
Funktion: Wandelt einen in Textform angegebenen Bezug »Text« in einen Bezug um. Ist »A1« *WAHR*, geht Excel davon aus, daß es sich bei dem Text um einen Bezug im A1-Format handelt.

TEXT.ZUORDNEN(Zuordnen_zu_Zahl;*Datenreihennummer;Datenpunktnummer*)
TEXT.ZUORDNEN?(*Zuordnen_zu_Zahl;Datenreihennummer;Datenpunktnummer*)
Funktion: Entspricht dem Befehl *DIAGRAMM Text zuordnen...*, wobei »Zuordnen_zu_Zahl« angibt, welchem Element der Text zugeordnet wird:
1 Diagrammüberschrift
2 Größenachse
3 Rubrikenachse
4 Datenreihe oder Datenpunkt

ÜBERLAGERUNG(Art;Stapel;100;Verschieden;Überlappung;Bezugsl;Spannweite; Überlappung%;Gruppe;Winkel;Reihe;Automatisch)
Funktion: Entspricht dem Befehl *FORMAT Überlagerung*, wobei »Art« die Art des überlagernden Diagramms angibt:
1 Flächen
2 Balken
3 Säulen
4 Linien

5   Kreis
6   Punkt

ÜBERLAGERUNG.EINFÜGEN()
Funktion: Entspricht dem Befehl *DIAGRAMM Überlagerung einfügen.*

ÜBERLAGERUNG.LÖSCHEN()
Funktion: Entspricht dem Befehl *DIAGRAMM Überlagerung löschen.*

UNTEN.AUSFÜLLEN()
Funktion: Entspricht dem Befehl *BEARBEITEN Unten ausfüllen.*

URSPRUNG()
Funktion: Übergibt bei der Ausführung eines Funktionsmakros den Bezug des Feldes, das das Funktionsmakro aufrief.

VERBERGEN()
Funktion: Entspricht dem Befehl *FENSTER Ausblenden.*

VERBUND(Zahl)
VERBUND?(*Zahl*)
Funktion: Entspricht dem Befehl *MUSTER Verbund...*, wobei »Zahl« einem der Formate dieses Menüs entspricht.

VERKNÜPFEN.UND.EINFÜGEN()
Funktion: Entspricht dem Befehl *BEARBEITEN Verknüpfen und einfügen.*

VERKNÜPFTE.DATEIEN(*Datei_Text;Typ*)
Funktion: Übergibt eine horizontale Textmatrix mit den Namen aller Dateien mit externen Bezügen in der Datei »Datei_Text«. »Typ« kennzeichnet den Typ der Verknüpfungen zu den betreffenden Tabellen (1=Excel; 2=DDE; 3=NewWave).

VERKNÜPFTE.DATEIEN.ÖFFNEN(Datei_Text1;*Datei_Text2;...;Nur_lesen*)
VERKNÜPFTE.DATEIEN.ÖFFNEN?(*Datei_Text1;Datei_Text2;...;Nur_lesen*)
Funktion: Entspricht dem Befehl *DATEI Verknüpfte Dateien öffnen...*, wobei die Argumente »Datei_TextN« den zu ladenden Dateien entsprechen und »Nur_lesen« dem Optionsfeld »Nur-lesen«.

VERKNÜPFUNG.AKTUALISIEREN(*Verknüpfungstext;Verknüpfungstyp*)
Funktion: Entspricht dem Befehl *DATEI Verknüpfte Dateien öffnen...* und aktualisiert Verknüpfungen zur Datei »Verknüpfungstext«. »Verknüpfungstyp« ist die Art der Verknüpfung (1=Excel-Verknüpfung; 2=DDE;4=NewWave).

VERKNÜPFUNG.WECHSELN(Alte_Verknüpfung;Neue_Verknüpfung; *Verknüpfungsart*)
VERKNÜPFUNG.WECHSELN?(*Alte_Verknüpfung;Neue_Verknüpfung; Verknüpfungsart*)
Funktion: Entspricht dem Befehl *DATEI Verknüpfte Dateien öffnen...* mit Angabe der bisherigen verknüpften Datei »Alte_Verknüpfung«, dem Aktivieren der Schaltfläche »Wechseln« und der Eingabe von »Neue_Verknüpfung« als neuem Namen der verknüpften Datei.

»Verknüpfungstyp« ist die Art der Verknüpfung (1=Excel-Verknüpfung; 2=DDE; 4=NewWave).

VERZEICHNIS(*Pfadtext*)

Funktion: Wenn »Pfadtext« angegeben wurde (Laufwerks- plus Verzeichnisangabe möglich), bestimmt dieses Argument den neuen aktuellen Pfad und übergibt den vollständigen Pfadnamen.

VOLATILE()

Funktion: Muß sich in einem Funktionsmakro vor jeder Anweisung bis auf *ARGUMENT()* und *ERGEBNIS()* befinden und legt fest, daß auch diese Funktion neu berechnet wird, wenn Arbeitsblätter neu berechnet werden.

VOLLBILD(Wahrheitswert)

Funktion: Bringt (*WAHR*) das aktive Fenster auf volle Größe bzw. (*FALSCH*) verkleinert es wieder auf die vorherige Größe.

VORZUGSFORM()

Funktion: Entspricht dem Befehl *MUSTER Vorzugsform*.

VORZUGSFORM.FESTLEGEN()

Funktion: Entspricht dem Befehl *MUSTER Vorzugsform festlegen*.

WARNUNG(Meldungstext;Typzahl)

Funktion: Gibt ein Warnfeld mit dem Text »Meldungstext« und einem von »Typzahl« abhängigen Symbol aus:

1 Fragezeichen (Wahl zwischen »OK« und »Abbrechen«)
2 Stern (Warnung mit »OK« bestätigen)
3 Fragezeichen (Warnung mit »OK« bestätigen)

WARTEN(Serielle_Zahl)

Funktion: Unterbricht die Ausführung eines Makros bis zur »Serielle_Zahl« entsprechenden Zeit.

WBILDLAUF(Bildlauf;Spalte_Wahrheitswert)

Funktion: Führt einen waagrechten Bildlauf des aktiven Fensters zur Spalte »Bildlauf« durch (»Spalte_Wahrheitswert« ist *WAHR*) bzw. zu jener Spalte, die »Bildlauf« Prozent der Tabellenbreite entspricht (»Spalte_Wahrheitswert« ist *FALSCH*).

WBILDLAUF.SEITEN(Anzahl_Fenster)

Funktion: Führt im aktiven Fenster einen waagrechten Bildlauf um »Anzahl_Fenster« Seiten nach rechts durch (nach links, wenn »Anzahl_Fenster« negativ ist).

WBILDLAUF.SPALTEN(Anzahl_Spalten)

Funktion: Führt im aktiven Fenster einen waagrechten Bildlauf um »Anzahl_Spalten« Spalten nach rechts durch (nach links, wenn »Anzahl_Spalten« negativ ist).

WEITER()

Funktion: Beendet eine *FÜR()-WEITER()-* oder *SOLANGE()-WEITER()*-Schleife.

WENN(Wahrheitsprüfung)

Funktion: Beginn einer *WENN( )-SONST( )-SONST.WENN( )-ENDE.WENN( )*-Struktur.

WENN(Wahrheitsprüfung;Dann_Wert;*Sonst_Wert*)

Funktion: Übergibt »Dann_Wert«, wenn »Wahrheitsprüfung« *WAHR* ist, sonst – wenn angegeben – »Sonst_Wert«.

WERT.FESTLEGEN(Bezug;Werte)

Funktion: Ändert die Werte der in der Makrovorlage enthaltenen Felder »Bezug« in »Werte«, beläßt darin enthaltene Formeln jedoch unverändert.

ZEILENHÖHE(*Höhe;Bezug;Standardhöhe;Typ*)

ZEILENHÖHE?(*Höhe;Bezug;Standardhöhe;Typ*)

Funktion: Entspricht dem Befehl *FORMAT Zeilenhöhe...*, wobei »Höhe« die gewünschte Zeilenhöhe ist und »Bezug« ein Bezug (externer Bezug oder Bezug auf die aktive Tabelle oder Bezug in Textform im Z1S1-Format) ist, der die betreffenden Spalten enthält, z.B. !$A:$C für die Spalten A, B und C. »Standardhöhe« entspricht der entsprechenden Option (logisches Argument). »Typ« ist eine Zahl zwischen 1 und 3:

1 Zeile verstecken (Zeilenhöhe 0)
2 Zeile sichtbar machen (alte Zeilenhöhe einstellen)
3 optimale Zeilenhöhe einstellen

ZELLE(Infotyp;*Bezug*)

Funktion: Liefert Informationen über »Bezug« (siehe *ZELLE.ZUORDNEN( )*).

ZELLE.ZUORDNEN(Infotyp;*Bezug*)

Funktion: Übergibt Informationen über das Feld »Bezug« bzw. das Feld in der linken oberen Ecke, wenn »Bezug« ein Bereich ist bzw. – »Bezug« nicht angegeben – über das aktive Feld. »Infotyp« bestimmt die Art der übergebenen Informationen:

1 Bezug des Feldes als Text
2 Zeilennummer des Feldes
3 Spaltennummer des Feldes
4 Datentyp seines Inhalts
5 Inhalt selbst
6 eine darin enthaltene Formel als Text
7 Feldformat als Text
8 Feldausrichtung als Kennziffer (1=Standard; 2=Linksbündig; 3=Zentriert; 4=Rechtsbündig; 5=Ausfüllen)
9 Typ des linken Feldrands (0=kein Rand; 1=dünne Linie; 2=mittlere Linie; 3=gepunktete Linie; 4=gestrichelte Linie; 5=dicke Linie; 6=Doppellinie; 7=Haarlinie)
10 Typ des rechten Feldrands
11 Typ des oberen Feldrands
12 Typ des unteren Feldrands
13 Zahl zwischen 0 und 18, entsprechend den Zellmustern des zugehörigen Listenfeldes
14 *WAHR*, wenn Feld gesperrt
15 *WAHR*, wenn Feld verborgen
16 Spaltenbreite in Zeichen der Schriftart 1

17 Zeilenhöhe in Punkten
18 Name der Schriftart als Text
19 Größe der Schriftart in Punkten
20 *WAHR*, wenn Feld fett
21 *WAHR*, wenn Feld kursiv
22 *WAHR*, wenn Feld unterstrichen
23 *WAHR*, wenn Feld durchgestrichen
24 Schriftfarbe als Zahl zwischen 0 (automatisch) und 16
25 *WAHR*, wenn »Outline«-Font verwendet
26 *WAHR*, wenn Zelle Schatten besitzt
27 Umbruch bei dieser Zelle ja oder nein (0=nein; 1=Zeilenumbruch; 2=Spaltenumbruch; 3=beides)
28 Gliederungs-Zeilenebene
29 Gliederungs-Spaltenebene
30 *WAHR*, wenn zugehörige Zeile eine Summenzeile ist
31 *WAHR*, wenn zugehörige Zeile eine Summenspalte ist
32 Name des zugehörigen Arbeitsblatts
33 *WAHR*, wenn mit Umbruch-Ausrichtungsoption formatiert
34 Farbe des linken Rands als Zahl zwischen 0 (automatisch) und 16
35 Farbe des rechten Rands als Zahl zwischen 0 (automatisch) und 16
36 Farbe des oberen Rands als Zahl zwischen 0 (automatisch) und 16
37 Farbe des unteren Rands als Zahl zwischen 0 (automatisch) und 16
38 Schattenvordergrundfarbe des unteren Rands als Zahl zwischen 0 (automatisch) und 16
39 Schattenhintergrundfarbe des unteren Rands als Zahl zwischen 0 (automatisch) und 16
40 Schriftart als Text

ZIELWERTSUCHE(Zielzelle;Zielwert;Variable_Zelle)

ZIELWERTSUCHE?(*Zielzelle;Zielwert;Variable_Zelle*)

Funktion: Entspricht dem Befehl *FORMEL Zielwertsuche...* Die drei Argumente entsprechen den gleichnamigen Bezugsangaben in der entsprechenden Dialogbox.

Stichwortverzeichnis

#BEZUG! 266
#DIV/0 364
#WERT! 584
#ZAHL! 364
.XLA-Erweiterung 584
1904 Datumswerte 261

A

A1.Z1S1 634
ABBRECHEN 634
ABBRECHEN.KOPIEREN 634
ABBRECHEN.TASTE 634
ABFRAGEN 634
Abkürzen 383, 410
ABS 368, 620
Absätze 430
Absatzende 236
ABSPOS 634
Absteigend 422
Achsen 634
– formatieren 483, 486
– skalieren 483
Achsenbeschriftung 451, 485
Achsendarstellung 494
Achsenschnittpunkt verschieben 493
Add-in 392
– anwenden 392
– erzeugen 584
Add-in-Manager 392
Addition 74
Additionsoperator 73
ADRESSE 620
Aktien 466
Aktiencharts 465
AKTIVE.ZELLE.ZEIGEN 635
AKTIVES.ZELLE 570, 634
AKTIVIEREN 554, 635
AKTIVIEREN.VORHER 635
AKTIVIEREN.WEITER 635
AKTUALISIERUNGSSTATUS.FESTLEGEN
   635
Alarmbox 40
ALLES.SCHLIESSEN 635
AM 171
Analyse 316, 635

Analysefunktion 350, 354
Analysezeile 350
–, Fehler 352
Änderungshöchstwert 261
Änderungsmodus 56
– einschalten 101
Anführungszeichen 365
Anklicken 29
ANORDNEN 635
ANSICHT.3D 635
ANW.AKTIVIEREN 635
ANW.BEWEGEN 636
ANW.GRÖSSE 636
ANW.SINNBILD 636
ANW.WIEDERHERSTELLEN 636
Anweisungsblock 568
–, alternativer 568
Anweisungsfolge 520
ANZAHL 373, 620
ANZAHL2 620
ANZEIGEN 636
Arbeitsbereich 448, 636
– laden 71
– sichern 71
– speichern 229
ARBEITSBEREICH.SPEICHERN 636
ARBEITSBEREICH.ZUORDNEN 636
Arbeitsbereichsdatei 72
Arbeitsblatt 23, 96
– ausdrucken 187
– selektieren 98
Arbeitsfenster 24, 26
– rollen 29
– schließen 66
–, Systemmenü 35
ARBEITSGRUPPE 637
ARBEITSGRUPPE.AUSFÜLLEN 637
Arbeitsgruppen 270
Arbeitsspeicher 26
ARCCOS 620
ARCCOSHYP 620
ARCSIN 620
ARCSINHYP 621
ARCTAN 621
ARCTAN2 621
ARCTANHYP 621

Argument 137, 362, 364, 368, 582, 583, 637
–, mehrere angeben 366
– umwandeln 584
Argumentart 364
Art 482
ASCII-Code 352
ASCII-Datei 22
ASCII-Format 22, 344
Aufrufebene 555
AUFRUFEN 637
Aufsteigend 418
Aufzeichnungsmodi 526
Ausblenden 160, 312
Ausblendungslinie 309
Ausdruck 194
–, geklammerter 74
Ausdruckgröße 448
AUSFÜHREN 638
Ausfüllen 435
Ausgabetext 599
Ausgangsbasis 371
Ausmaskieren 383
Ausrichtung 638
–, horizontale 437
Ausrichtungsknöpfe 433
Ausrichtungsvariante 148, 437
Aussage 383
Aussagenprüfung 384
Ausschneiden 110, 638
Ausschnitt 26, 56
– drucken 198
– rollen 27
Auswahl 549, 638
AUSWÄHLEN 536, 549, 638
Auswahlmenüs 23
Auswertungen 404
–, statistische 288
Auswertungsreihenfolge 74
AUSZEICHNUNG 639
Autoexec-Makros 529

B

Balkendiagramme 464
Balkenhöhe 483
Barwert 389
Basis-Menüleiste 590
BEARBEITEN Arbeitsgruppe ausfüllen... 272
– Ausschneiden 110, 433
– Bild verkleinern 359
– Bild verschieben 359
– Duplikat 617
– Einfügen 110, 114, 357, 433, 508
– Inhalte einfügen... 457, 458

– Inhalte löschen... 89, 110, 119
– Kopieren 83, 110, 113, 358, 433, 508
– Leerzellen... 77, 81, 102
– Löschen... 81, 103, 119
– Widerrufen 120
– Wiederholen 121
BEARBEITEN.LÖSCHEN 639
Bearbeitungsmodus 54
Bearbeitungszeile 54, 55, 56
Bedingungen 554
Bedingungsblöcke 568
BEENDEN 639
Befehl 30, 595
– einfügen 590
– hinterlegen 597
– löschen 590
– selektieren 31
– umbenennen 597
– wiederholen 121
BEFEHL.AKTIVIEREN 639
BEFEHL.EINFÜGEN 590, 639
BEFEHL.LÖSCHEN 593, 639
BEFEHL.UMBENENNEN 639
BEFEHL.WÄHLEN 639
Befehls-Definitionsbereich 594
Befehlsmakro 520
Befehlsname 39
BEI.BERECHNEN 639
BEI.DATEN 640
BEI.FENSTER 640
BEI.TASTE 640
BEI.ZEIT 640
Beispielzelle 177, 185
Benennung, nachträgliche 224
BENUTZERDEFINIERT.WIDERRUFEN 640
BENUTZERDEFINIERT.WIEDERHOLEN 640
Benutzeroberfläche 21
BERECHNEN 640
Berechnung 144
Berechnungsmöglichkeiten 259
Berechnungsreihenfolge 74
Bereich 91, 364
–, aktueller 338
– ausfüllen 128
– benennen 209
– einfügen 109
– eingeben 138
– selektieren 93, 94
–, verknüpfter 122
BEREICH.VERSCHIEBEN 640
BEREICHE 621, 640
Bereichsname 209, 215
Bereichsrand 218
Bereichsselektion 100

Beschriftung, achsennah 484
–, Teilstrichbeschriftung 484
BEWEGEN 640
Bewegungsmöglichkeiten, im selektierten Bereich
   102
Bezug 356
–, absoluter 81, 85, 526, 550
– aktualisieren 283
–, Eigenschaften 264
–, externer 543
–, gemischter 81, 89
–, relativer 76, 81, 85, 527, 550
Bezugsangabe 537
Bezugsanpassungen 76
Bezugsarten 527
– aktualisieren 544
Bezugsdatei 284
–, Verzeichnis 284
Bezugsfeld 282, 599
– verschieben 79
Bezugsformat 76, 342, 549
– A1 81
– Z1S1 79
Bezugsspalte 592
Bezugstabelle 264, 282
BILD.EINFÜGEN 641
BILD.KOPIEREN 641
Bildlauf 26, 27, 230
Bildlaufbox 29
Bildlaufpfeile 29
Bildschirmanzeige 641
– steuern 256
Bildschirmdarstellung 193
Bildschirmeinheiten 602
Bildschirmgröße 448
BILSCHIRMANZEIGE 548
Bindungszustand 438
Blättern 27
Blattrand 196
Bogenmaß 391
Breite 434, 482
–, optimale 162, 164
Breitenangabe 604
Buchdiskette 98
BÜNDIG.ANORDNEN 641
Bw 389

C

Cache-Programme 21
Chart-Format 344
Clipboard 357
Clipper 357
CODE 621

Coprozessor 48, 259
COS 621
COSHYP 621
CSV-Format 65, 344
Cursor 24
Cursortasten 24, 26

D

Darstellungsform 446
DATEI 67, 610
– Alles schließen 37, 229
– Arbeitsbereich speichern... 71, 229, 448, 527
– beenden 618
– Datei löschen... 69
– Drucken... 194
– Druckerkonfiguration... 157, 186
– Erläuterung drucken 46
– Layout... 38, 192, 448
– löschen 69
– Neu... 70, 100, 451
– öffnen 66, 67
– schließen 37, 66
– Seitenansicht 196
– speichern 60, 61, 62, 527
– Speichern unter... 63, 344, 527
– verknüpfte 285
– Verknüpfte Dateien öffnen... 284, 448
– verknüpfte laden 282
Datei-Listenfeld 610
–, verknüpftes 600, 610
DATEI.BERECHNEN 641
DATEI.LÖSCHEN 641
DATEI.SCHLIESSEN 641
DATEI.SCHÜTZEN 641
DATEI.ZUORDNEN 642
DATEIEN 642
Dateifenster 68
Dateiformat 65, 344, 527
– CSV 65
Dateihandling 60, 610
Dateinamen 61
Dateischutz 64, 174
Dateiselektion 68
DATEN Analyse... 349
– ausgewählte bearbeiten 415
– Datenbank festlegen 397, 399
– exportieren 343
– importieren 343
– Konsolidieren... 285
– Löschen 418
– Mehrfachoperation... 317
– Ordnen... 418
– Suche abbrechen 407

– Suchen 407
– Suchen und kopieren... 415
– Suchkriterien festlegen 425
DATEN.LÖSCHEN 643
DATEN.SUCHEN 643
DATEN.SUCHEN.VORHER 643
DATEN.SUCHEN.WEITER 643
Datenanalyse 351
Datenaustausch 65, 355, 359
–, dynamischer 261, 343, 357, 359
Datenbank 357, 397, 425
– anwenden 404
– definieren 397
– durchblättern 403
– editieren 400
–, Nächsten suchen 403
– ordnen 418
– sortieren 421
– Struktur 398
–, Vorherigen suchen 403
DATENBANK.FESTLEGEN 643
Datenbankbefehle 404
Datenbankbereich 397, 398
– definieren 399, 400
Datenbankfunktionen 425
Datenbankspalten, Bezüge 413
Datenbasis 357, 404
Datenblock 28
– verschieben 102
Dateneingabe 56, 100, 101
Datenfernübertragungsprogramm 343
Datenkonsolidierung 285
Datenmasken 397, 402
Datenpunkt 450, 452, 480, 498
– zuweisen 483
Datenpunktbild 450, 498
Datenpunktnummer 498
Datenpunktreihe 450, 498
Datenreihe 452, 456, 460, 498, 508
–, mehrere selektieren 460
DATENREIHE.BEARBEITEN 643
DATENREIHE.BERECHNEN 643
Datenreihen 452
–, leere 462
Datenreihenformel 508, 509
– editieren 512
Datenreihenname 452, 454, 460, 461, 462, 510
Datenreihennummer 498, 510
Datensatz 398
– aktuellen ändern 403
– anlegen 403
– eintragen 401
– kopieren 417

– löschen 403
–, selektierte löschen 418
Datenstrukturierung 398
Datentyp 364, 384, 389, 576, 584, 601
Datentypumwandlung 577
Datum 24, 169, 371, 621
–, Differenz errechnen 372
Datumsformat 169
– erstellen 170
Datumsfunktion 371
Datumsreihe berechnen 241, 242
Datumssymbole 169
Datumstext 371, 372
Datumswert 261
– eingeben 169
DATWERT 371, 621
DBANZAHL 621
DBANZAHL2 622
dBase 355
–, Datenaustausch 357
dBase-Datei direkt importieren 357
dBase-Format 344, 357
DBF2-Format 344
DBF3-Format 344
DBF4-Format 344
DBFunktionsname 425
DBMAX 425, 622
DBMIN 622
DBMITTELWERT 425, 622
DBPRODUKT 622
DBSTDABW 622
DBSTDABWN 622
DBSUMME 622
DBVARIANZ 622
DBVARIANZEN 622
DDE 343
Debuggen 536
DEF.ZUORDNEN 643
Definitionsbereich 589, 598, 599
Definitionsreihenfolge 611
Detaildaten 300, 315
Determinante 391
Dezimalkomma 347, 348
Dezimalpunkt 347, 348
DFÜ-Programm 343
DGRÖSSE 643
DIA 622
Diagramm 507
– Achsen... 494
– beschriften 454
– Datei schützen... 448
– Datenreihen bearbeiten... 515
– Diagramm auswählen 480

– Diagrammfläche auswählen 480
– erzeugen 443
– formatieren 477
– Gitternetzlinien... 506
– Hintergrundfarbe 482
– Legende einfügen 461
– Legende löschen 461
– Pfeil einfügen 504, 505
– Pfeil löschen 505
– Text zuordnen... 496
– Texte einfügen 451
–, überlagerndes 494
– Überlagerung einfügen 472
– Überlagerung löschen 472
Diagramm-Galerie 463
Diagramm-Menüleiste 590
DIAGRAMM.ELEMENT 644
DIAGRAMM.KOPIEREN 644
Diagrammachse 451
– beschriften 444
Diagrammarten 446, 463
Diagrammdatei 448
Diagramme 429
– 2D 464
– 3D 469
– erzeugen 443
– individuelle erzeugen 463
– integrierte 443
– manipulieren 477
Diagrammelement 450, 478
– selektieren 477, 478
Diagrammerstellung 450
Diagrammfenster 443, 445, 457
– drucken 448
Diagrammfläche 451, 507
Diagrammobjekt 553
Diagrammpfeil 504
Diagrammsymbol 445
Diagrammtext 499, 501
Diagrammtitel 451, 500
Diagrammtyp 463
– als Standardtyp 476
Dialog Editor 615
Dialogbox 44
– interaktiv erzeugen 615
–, objektbezogene 442
Dialogboxelemente 610
Dialogboxtitel 604
Dialogfeld 38, 133, 598, 644
–, eigendefiniertes 601
–, objektbezogenes 433
Dialogfeld-Definition 615
Dialogfeldelemente definieren 598

Dialogfeldfunktion 543, 546, 547
DIF-Format 344
Direktanwahl 32, 592
Division 74
– durch Null 364
DLESEN 644
DLESEN.ZEILE 589
DM 622
DÖFFNEN 588, 644
DOKUMENTE 571, 645
Doppelklick 68, 264, 433, 442
Doppelpfeil 163
DOS-Konventionen 62
DPOS 645
Druck im Hintergrund 204
Druckaufträge 205
–, Priorität 205
Druckbereich 198
– festlegen 199
DRUCKBEREICH.FESTLEGEN 645
Druckbereichsbegrenzung 199
Drucken 186, 645
DRUCKER.EINRICHTUNG 645
Druckereinrichtung 186
Druckerschriftart 188
Druckerschriften 156
Druckerspooler 204
Druckertreiber 191
Druckertyp 187
Druckervarianten 158
Druckformat 188
Druck-Manager 205
Drucktitel 202
DRUCKTITEL.FESTLEGEN 645
Druckvorgang 205
DSCHLIESSEN 645
DSCHREIBEN 589, 645
DSCHREIBEN.ZEILE 645
DUPLIZIEREN 645
Dynamic Data Exchange 343
Ebenenknopf 302
ECHO 646
Ecken, abgerundete 434
Editierbefehle 130
Editieren 98, 332
Editierfunktionen 233
Editiermöglichkeiten 55
Einblenden 160, 312
Einfügebereich 113
Einfügen 110, 646
Eingabe 575, 646
– abschließen 25
EINGABE.SPERREN 646

Eingabearten 576
Eingabeboxen 575
Eingabecursor 431
Eingabefeld 38, 131, 323
– editieren 39
EINGABEFELD.VORHER 646
EINGABEFELD.WEITER 646
Eingabefenster 577
Eingabemasken 402
Eingabemodus 54, 55, 90
Eingaben 39
– editieren 55, 131
–, überlange 56
Eingabeüberprüfung 601
Eingabezeile 23, 52
Einschachteinzug 188
Eintrag 42
Einzelblatt 188
EINZELHEITEN.ZEIGEN 646
Einzelnadelsteuerung 157
EINZELSCHRITT 646
Einzelschritt-Modus 539
Einzug 188
ELEMENTE Gruppenfeld 617
– Schaltflächen... 617
Elementnummer 598
Ellipse 440
ENDE.AUSWÄHLEN 647
ENDE.WENN 647
Endkapital 390
Endlospapier 188
Endwert 587
Entscheidung 384
Entwurf 194
Entwurfsmodus 187
Ereignisarten 574
ERGEBNIS 584, 647
Ergebnismatrix 330
Ersetzen 277, 623
Erweiterung 61
Excel Arbeitsblatt 51
– Fenster 22
– Macintosh 261
– Modi 55
– Standardformatierung 119
– Systemmenü 34
– Titelleiste 34
EXCEL.INI 22
EXP 623
Exponent 58
Exponentialformat 57, 141, 144, 347
Exponentialschreibweise 58
Exportieren von Daten 343

F

Fadenkreuz 429
FAKULTÄT 623
Fälligkeit 389
FALSCH 364, 383, 389, 544, 623
Farbe 168, 187, 434, 442, 482, 503
FARBE.BEARBEITEN 647
Farbpalette 258, 647
Farbwahl 167
FEHLER 577, 647
Fehlerbehandlung 577
Fehlerbehandlungsmakros 579
Fehlerbehandlungsroutine 577
Fehlermeldung 87, 215
Fehlerwert 364
Feld 24, 51, 398, 409
–, abhängiges 342
– benennen 209
–, berechnetes 399
–, vorrangiges 238, 342
Feldbezug 75, 364
– eingeben 89
Feldname 399, 409
Feldnummer 425
Feldschutz 174
Feldüberschriften 425
Fenster 30, 570, 648
–, aktives wechseln 225
– aktivieren 574
– Alles anordnen 227
– anordnen 227
– anzeigen 227
– Arbeitsgruppe... 270
– arrangieren 226
– Ausblenden 227, 228
– Einblenden... 228
– Fenster... 226
– fixieren 231
– Infofenster 237
–, mehrere gleichzeitig 224
– Neues Fenster 233
– speichern 229
– verbergen 227
–, verborgene 228
FENSTER.FIXIEREN 648
FENSTER.ZUORDNEN 648
Fenstergröße 32, 448
– einstellen 227
Fensterposition 32, 448
– ändern 227
Fenstertitel 34, 605
Fernanfragen aktualisieren 261

Fernbezug 544
FEST 623
Festkommaformat 143
FINDEN 366, 623
Flächen 482
Flächendiagramme 466
Fließtext 430
FORMAT 3D-Ansicht... 469
– Ausrichtung... 147, 435
– Bewegen 468, 500, 505
– Feldschutz... 174
– Formatvorlage... 175
– ganzzahliges 143
– Größe 500, 505
– Gruppieren 432
– Gruppierung aufheben 432
– Hauptdiagramm... 474, 478
– Legende... 502
– Muster... 167, 434, 435, 441, 480, 483
– Objektposition... 438
– Rahmenart... 165
– Schriftart... 151, 435, 485, 500
– Spaltenbreite... 158
– Teilung... 486
– Text... 435, 437, 438, 502
– Zahlenformat... 140, 145, 170
– Zeilenhöhe... 158
FORMAT.BEWEGEN 648
FORMAT.GRÖSSE 649
FORMAT.HAUPTDIAGRAMM 649
FORMAT.LEGENDE 650
FORMAT.LÖSCHEN 650
FORMAT.SCHRIFTART 650
FORMAT.TEXT 650
FORMAT.ÜBERLAGERUNG 650
FORMAT.ZAHLENFORMAT 651
Formatbeschreibung 146
Formatdefinition 175
Formate 133, 356
–, allgemeine 344
–, eigendefinierte 146
Formateinstellungen 238
Formatier-Dialogbox 478
Formatieren 132
Formatiermöglichkeiten 175
Formatierung 125
Formatierungsbestandteile 175
Formatierungsknöpfe 433
Formatkombination 175
Formatvorlage 175
FORMATVORLAGE.FESTLEGEN 652
FORMATVORLAGE.LÖSCHEN 652
FORMATVORLAGE.ZUWEISEN 653

FORMATVORLAGEN.ZUSAMMENFÜHREN 652
Formatvorlagendefinition 185
Formatvorlagenname 175
Formel 24, 553, 560, 653
–, angepaßte 78
– benennen 206
– Bezugsart ändern 89
– eingeben 51
– Ersetzen... 270
– Funktion einfügen... 392, 535
– Gehe zu... 161, 264
– Gliederung... 300
– Inhalte auswählen... 323, 337
– Namen anwenden... 218
– Namen festlegen... 211, 216, 521, 528
– Namen übernehmen... 215
– Notiz... 235
– Solver... 248
– verbergen 174
FORMEL.AUSFÜLLEN 653
FORMEL.ERSETZEN 653
FORMEL.GEHEZU 653
FORMEL.MFORMEL 653
FORMEL.SUCHEN 653
FORMEL.SUCHEN.VORHER 653
FORMEL.SUCHEN.WEITER 653
FORMEL.UMWANDELN 651
FORMEL.ZUORDNEN 570, 654
Formeleingabe 89
Formelfeld 599
Formeln 73
– anzeigen 257
–, komplexe 74
– kopieren 84, 85
– testen 320
Formelzelle 78
Foto 442
Füllmuster 468
Funktion 362
Funktionen, aktionsäquivalente 549
–, anwendungsspezifische 571
–, befehlsäquivalente 543
–, finanzmathematische 389
–, logische 383
–, mathematische 368
–, selbstdefinierte 579
–, statistische 287, 373
–, trigonometrische 390
Funktionsargumente 362
Funktionsaufrufe 365
– verschachteln 365
–, verschachtelte 364

Funktionsbezeichnungen 363, 520, 535
–, englische 519
Funktionsgruppe 367
Funktionsmakro 520, 580, 585
Funktionsname 363
Funktionswert 137, 362, 364
FÜR 561, 654
Fußzeile 192

G

Galerie 463
– durchblättern 463
Ganze-Zahlen-Feld 599
GANZZAHL 368, 623
GDA 623
GEHEZU 559, 654
Genauigkeit 261, 654
Gesamtaussage 388
Gesamtübersicht 285
Gitternetzlinien 23, 169, 193, 451, 504, 506, 548,
    654
GLÄTTEN 623
Glättung 376
Gleichheitszeichen 74
Gliederung 299, 654
–, automatische 299
–, manuelle 303
–, spaltenorientiert 313
Gliederungsebene 299
GLIEDERUNGSEBENEN.ZEIGEN 654
Gliederungsfunktion 300
Gliederungsschema 302, 312
GOTO 585
Grafik einbinden 359
– individuell erstellen 478
– integrieren 358
Grafikauflösung 187
Grafikmodus 187
Grafikobjekt 429, 438, 445
– selektieren 431
Grenzwert 250
GROSS 365, 623
GROSS2 623
GRÖSSE 654
Großbuchstaben 365
Größenachse 451, 492, 493, 494
–, lineare Unterteilung 489
Gruppenname 44
GRUPPIEREN 654
GRUPPIERUNG.AUFHEBEN 654
Gruppierungs-Optionsfeld 599, 614

H

Häkchen 597
Hauptdiagramm 470, 474, 494, 655
– formatieren 474
Hauptintervall 488
Hauptspalte 315
Hauptspeicherkapazität 397
Hauptteilstriche 484
Hauptteilung 507
Hauptzeilen 300
Helvetica 150
Herabstufungsknopf 307
HERAUFSTUFEN 655
Heraufstufungsknopf 309
HERUNTERSTUFEN 655
HEUTE 624
Hilfe 46, 655
– Excel-Info 48
–, kontextsensitive 48
– Leitfaden 47
– Lernprogramm 47
– Lotus 1-2-3... 47
– Multiplan... 46
– Tastatur 46
Hilfefunktion 45
Hilfemenü 45
Hilfepunkt 599
Hilfetext 46
Hilfsgitternetzlinie 507
Hilfsintervall 488
Hilfsteilstriche 484, 489
Hintergrund 435, 500
– unsichtbar 501
Hintergrunddruck 204
Hintergrundfarbe 482, 501
Hintergrundfläche 501
Hintergrundmuster 501
Hochformat 188, 193
Höchstwert 486

I

IDENTISCH 624
IKV 624
Importieren von Daten 343
IN.DEN.HINTERGRUND 655
IN.DEN.VORDERGRUND 655
INDEX 378, 379, 624
INDIREKT 624
INFO 624
Info-Menüleiste 590
INFO.VERKNÜPFUNG.ZUORDNEN 655

INFO.ZEIGEN 655
Infofenster 236
– drucken 239
Informationen 234
Informationsfunktionen 389
Inhalte löschen 119
INHALTE.AUSWÄHLEN 656
INHALTE.EINFÜGEN 656
INHALTE.LÖSCHEN 657
INT 368
Interpolation 374
Intl. Makro 527
Intl. Zusatz 527, 584
Inverse 391
Investition 390
ISTBEZUG 624
ISTFEHL 624
ISTFEHLER 625
ISTKTEXT 625
ISTLEER 625
ISTLOG 625
ISTNV 625
ISTTEXT 389, 625
ISTZAHL 389, 625
Iteration 250, 261
– Höchstzahl 261

J

Jahr 170, 372, 625
Jahreszahlung 390
JETZT 625

K

Kameraknopf 442
Kamerasymbol 442
KANAL.ÖFFNEN 657
KANAL.SCHLIESSEN 657
KAPZ 625
Kennummer 588
Kennwort 64, 174, 448, 527
Klammer 74
Klammersetzung 350
KLEIN 625
Kleinstwert 486
KONSOLIDIEREN 657
Konsolidierung 286, 293
Konstante 73, 364
– benennen 206
–, numerische 384
Koordinaten 59, 81
– anzeigen 80

Koordinatensystem 80, 126, 377
Kopfzeile 192
Kopienanzahl 194
Kopieren 83, 360, 658
–, selektives 122
Kopierziel 83
Korrespondenzmodus 187
Kreisausschnitt 440
Kreisdiagramme 466
Kreissegment 466, 505
– positionieren 506
Kreiszahl 391
Kriterien 404
Kriterienbereich 405
– anpassen 408
– erweitern 408
KÜRZEN 625
Kurzmenüs 36, 658
Kurztasten 130

L

Landessprache 519
LÄNGE 365, 626
Laufwerk wechseln 68
Laufwerks-Listenfeld 62
Laufwerksfeld, verknüpftes 600
Layout 448, 658
Layouten 196
Leerbereich 103
Leerfeld einfügen 102, 103
– löschen 102
Leerspalte einfügen 107
Leerzeichen-Sequenzen 353
Leerzellen 658
– überspringen 125
Legende 451, 461, 658
– anordnen 503
– einfügen 460
– formatieren 502
– gestalten 502
– positionieren 503
Legendentext 503
– formatieren 503
LETZTE.ZELLE.AUSWÄHLEN 659
LETZTER.FEHLER 659
LIA 626
Linie 440
–, Formatierungsoptionen 442
–, gebogene 440
Liniendiagramme 464
Linken 262
LINKS 370, 626

LINKS.AUSFÜLLEN 659
Liste, vorrangige 238
Listenelement 610
Listenfeld 42, 62, 67, 141, 600, 610
–, Mehrfachselektionen 219
–, verknüpftes 600
LN 626
LOG 626
LOG10 626
LOOKUP 355
Lotus 355
–, Befehle 47
–, Format 344
–, Funktionen 356
–, Menüs 47
–, Tabellen konvertieren 356
Lupe 448

M

Macintosh 261
Macro Translator 355, 356
MAKRO Aufzeichnung ausführen 526
– Aufzeichnung beenden 525
– Aufzeichnung beginnen... 524
– Aufzeichnung festlegen... 526
– Ausführen... 523, 540
– Objekt zuweisen 532
– Relative Aufzeichnung 527
MAKRO.AUSFÜHREN 659
Makroarbeitsblatt 520
Makroaufzeichnung 527
Makrodefinition 524
Makroerstellung 524
Makrofunktionen 535, 634
Makroname 524
Makroprogramme 536
Makroprogrammierung 535, 555
–, Prinzipien 536
Makrorecorder 523, 526
Makros 355, 519
– aktivieren 574
– aufzeichnen 524
– ausführen 521
–, Befehlsäquivalente 545
– benennen 521, 522
– debuggen 536
– editieren 527
–, Einzelschritt-Modus 538
–, Funktionsweise 519
– laden 527
–, Neuaufzeichnen 528
–, Position 526
– schreiben 521

– schrittweise ausführen 538
– schützen 527
– speichern 527
– verschachteln 555
Makrovorlage 519, 520
–, internationale 519, 524, 535
–, nationale 520
– neu anlegen 530
Makrovorlagenleiste 590
Malobjekte 442
Mantisse 58
Markierung bewegen 30
MASKE 659
Maskieren 383, 410
Matrix 323, 324, 364, 379
–, aktuelle 323, 339
– transponieren 391
–, Zeilenposition 379
Matrixbereich 332
–, mehrdimensionaler 330
Matrixexpansion 333
Matrixformel 122, 325, 360, 376
–, Eigenschaften 328
Matrixfunktionen 391
Matrixkonstante 333, 364, 374
Matrixzeile 381
Matrizen 374, 391
Maus, Bildlauf durchführen 29
– Fenstermanipulation 35
– Menübedienung 35
Mauspfeil 35
Maustaste 35
MAX 373, 626
Maximalgröße 34
MDET 626
MEDIAN 626
Mehrfachauswahl 337
Mehrfachoperation 260, 315, 317, 323, 659
Mehrfachoperationsbereich 260, 323
– editieren 323
Mehrfachschlüssel 421
Mehrfachselektion 94, 462
MELDUNG 659
Menü 30, 595
– definieren 589
– einfügen 594
– löschen 594
– öffnen 31
– selektieren 30, 31
MENÜ.EINFÜGEN 594, 659
MENÜ.LÖSCHEN 595, 659
Menüdefinitionsbereich 594
Menüleiste 23, 30, 590
– aktivieren 31

– deaktivieren 31
– erzeugen 595
– löschen 595
MENÜLEISTE.EINFÜGEN 595, 659
MENÜLEISTE.LÖSCHEN 659
MENÜLEISTE.ZEIGEN 595, 659
MENÜLEISTE.ZUORDNEN 659
Menüname 30
MIN 373, 626
Minuszeichen 143
MINUTE 626
MINV 627
MITTELWERT 373, 627
MMULT 391, 627
Monat 170, 372, 627
MTRANS 627
Multiplan 355
–, Format 344
–, Makros 356
Multiplikation 74
Muster 167, 435, 660
– 3D-Kreis... 463
– Hintergrundfarbe 435
– Verbund... 470
– Vordergrundfarbe 435
MUSTER.3D.FLÄCHEN 661
MUSTER.3D.KREIS 661
MUSTER.3D.LINIEN 661
MUSTER.3D.SÄULEN 661
MUSTER.BALKEN 661
MUSTER.FLÄCHEN 662
MUSTER.KREIS 662
MUSTER.PUNKT 662
MUSTER.SÄULEN 662
Mustervorlagen 270
Musterwahl 167

N

Nachkommastellen 58, 141
– festlegen 141
Name 208
– ändern 214
– anwenden 218
– einfügen 214
– ersetzen 220
– kombinieren 221
– suchen 214
Namen 662
– übernehmen 215
NAMEN.ANWENDEN 662
NAMEN.AUFLISTEN 663
NAMEN.FESTLEGEN 663
NAMEN.LÖSCHEN 663

NAMEN.ÜBERNEHMEN 663
NAMEN.ZUORDNEN 663
NAMEN.ZUWEISEN 663
Namensgebung 211, 223
NBW 627
Nebendiagramm 494
NEU 663
NEUBERECHNEN 663
NEUES.FENSTER 663
Neukalkulation 259
NEUSTART 663
NEWWAVE.ATTRIBUTES 664
NEWWAVE.SAVE.NEW.OBJEKT 664
NEWWAVE.SHARE 664
NEWWAVE.SHARE.NAME 664
NICHT 627
Notiz 234, 664
– ausdrucken 236
NOTIZ.ZUORDNEN 664
Notizfenster 234
Null 146
Nullpunkt 490
Numerierung, fortlaufende 193
Nummernzeichen 58
NV 627

O

OBEN.AUSFÜLLEN 664
Objekt 479
– löschen 433
OBJEKT.AUSBLENDEN 664
OBJEKT.ERSTELLEN 664
OBJEKT.SCHÜTZEN 665
OBJEKT.ZUORDNEN 665
OBJEKT.ZUWEISEN 667
Objektbindung 438
Objekte gleichzeitig manipulieren 432
Objektgröße 431, 437, 440
Objektmanipulation 433
Objektposition 429, 440, 665
Objektrahmen 434, 435
Objektrand 431, 433, 437
Objekttypen 440
ODER 388, 627
ODER-Verknüpfung 410
ÖFFNEN 543, 667
ÖFFNEN? 546
Operatoren, logische 411
–, mathematische 73
OPTION Datei schützen... 527
Optionen Arbeitsbereich... 24, 79, 81
– Berechnen... 259
– Datei berechnen 260

– Datei schützen... 174
– Druckbereich festlegen 198
– Drucktitel festlegen 203
– Fenster fixieren 231
– Fensterfixierung aufheben 232
– Ganze Menüs 36
– Kurze Menüs 36
– Neu berechnen 260, 369
– Seitenwechsel aufheben 202
– Seitenwechsel festlegen 200
Optionsargumente 544
Optionsfeld 43, 44
–, rundes 599, 617
–, viereckiges 599
Optionsfeldgruppe 599, 614
Optionsgruppe 42, 44, 614
Optionszustand 43
ORDNEN 667

P

Palette editieren 259
Papierbreite 188
Papiergröße 193
Papierhöhe 188
Papierlänge 199
Parameter 316
–, Variation 249
Perspektivenkontrolle 470
Pfad 62
Pfeil 442, 504
–, Farbe 505
–, Formatierungsoptionen 442
–, Strichform 505
–, Strichstärke 505
PFEIL.EINFÜGEN 667
PFEIL.LÖSCHEN 667
Pfeilspitze 442, 505
–, Art 442
–, Breite 442
–, Länge 442
PI 391, 627
Platzhalter 142
PM 171
Positionsangabe, relative 379
Positionsanzeiger 24
Positionsdefinition 603
POSTEXT 667
POSWERT 668
Primärschlüssel 421
Priorität 299, 307
Prioritätsebenen 74
Prioritätseinstufung 303
Problemlösungsmodelle 254

PRODUKT 368, 627
Prognose 376
Programmdateien 61
Programmfluß, Verzweigung 555
Programmiersprache 555
Programmschleife 561
Prozentformate 144
Prozentzeichen 144
Pseudozufallszahl 368
Pull-down-Menü 30
Punkt 498
Punktdiagramme 468
Punktformat 143

Q

QIKV 627
Quadratwurzel 368
Querformat 188, 193

R

Rahmen 165, 434
Rahmenart 482, 668
Rahmenattribute 167
Rahmenfarbe 434
Rahmenformatierung 165
Rahmengröße, zugeordnete 437, 438
Rahmenlinien 434
Rahmenmuster 434
Rahmenobjekt 615
Rahmenoptionen 434
Randbedingungen 249
Randeinstellungen 192
Ränder 192
Rechenoperation 127
Rechenungenauigkeit 144
Rechenvorschrift 51, 362
Rechenzeit 261
Rechteck 440
RECHTS 628
RECHTS.AUSFÜLLEN 668
Regelmäßige Zahlung 389
REGISTER 668
Regression 377
–, lineare 377
–, mehrfaktorielle 377
Regressionsanalyse 374
Reihe 498
– automatisch ergänzen 241
Reihenfolge 490
RELPOS 668
REST 628
RETURN 519, 585

RGP 628
Richtung 437
Richtungsknöpfe 469
RKP 628
Rmz 389, 628
Rubriken 452, 456
–, Reihenfolge 493
Rubrikenachse 451, 489, 491, 492, 494
– beschriften 451, 492
– teilen 492
Rubrikenbeschriftung 290
Rubrikenname 291, 452, 461, 462, 510
Rubrikenreihenfolge 293
Rubrikenüberschrift 291
RÜCKGÄNGIG 668
RÜCKSPRUNG 522, 579, 668
RUNDEN 628

S

SÄUBERN 628
Säulendiagramme 464
Säulenhöhe 483
SBILDLAUF 668
SBILDLAUF.SEITEN 668
SBILDLAUF.ZEILEN 668
Schaltfläche 40, 41, 599
Schaltknopf 533
Schatten 434
Schätzen 350
Schleife 554, 561, 587
Schleifenanfang 567
Schleifenanweisung 561
Schleifenarten 561
Schleifenbedingung 568
Schleifendurchgang 562
Schleifenende 562
Schleifenkonstruktion 567
Schleifenstruktur 562
Schleifenvariable 567
SCHLIESSEN 668
Schlüssel 421
Schlüsseltaste 528
Schönschriftart 188
Schraffieren 165
Schrift, 10-Punkt 150
–, 12-Punkt 150
Schriftart 150, 151, 436, 669
SCHRIFTART.ERSETZEN 669
Schriftarten 188
Schriftformatierung 436
Schriftgröße 150
Schrittweite 566
Schutzeinstellungen 238

Segmentfarbe 468
Seitenanpassung 448
Seitenansicht 194, 448, 669
Seitenlayout 191
Seitenränder 199
Seitenumbruch 200
–, manueller 199
SEITENUMBRUCH.FESTLEGEN 669
Seitenunterteilung 199
Seitenverhältnis 448
Seitenzahl 193
Sekundärschlüssel 421
SEKUNDE 628
SELECT 585
Selektion 91
– durch Zeigen 90
Selektionsbalken 42
Selektionsbefehle 480
SENDEN 669
Sicherungsdatei erstellen 64
SIGNAL 669
SIN 391, 628
SINHYP 628
Sinnbild 600
Sinnbildfenster 572
Sinus-Funktion 390
SOLANGE 567, 669
Solver 247
–, Dialogbox 253
SOLVER-Verzeichnis 247
SOLVER.EXE 247
SOLVER.XLA 247
SONST 568, 669
SONST.WENN 569, 669
Sortieren 418
Sortierfolge 421
Sortierkriterien 420
Sortierläufe 403
Sortiermöglichkeiten 418
Sortierprobleme 423
Sortierschlüssel 421, 423
Spalte 23, 24, 96, 379, 389, 628
– sortieren 422
SPALTEN 629
Spaltenangabe, relative 80
Spaltenbezeichnung 24, 193
Spaltenbreite 161, 163, 669
– manipulieren 163
Spaltendifferenz 79, 339
Spaltenkoordinaten 51
Spaltenkopf 193
Spaltenname 223
– verwenden 220
Spaltensummen 138

Spaltenüberschrift 215, 232, 454
Speicherkapazität 121, 224
SPEICHERN 669
SPEICHERN.UNTER 670
Speicheroptionen 63, 346
Speicherplatz 122, 325
Speicherung, interne 373
Spooler 205
–, Priorität 205
Springen, wortweise 28
Sprunganweisung 559
Sprünge 555
STABW 629
STABWN 629
Standardabweichung 374
Standardattribut 174
Standard-Diagrammtyp 476
Standardeinstellung 434
Standardfenster 572
Standardformat 141, 143
Standardhöhe 158, 604
Standardinterpretation 457
Standardleiste 595
Standardmaske 402
STANDARDSCHRIFT 670
Standardwert 366
Startwert 563
Statistik, deskriptive 374
Statuszeile 23, 30, 55, 577
Stellvertreterzeichen 141
Steueranweisung 555
Steuerfunktionen 554
STOP 670
Strichart 442
Strichbreite 434
Strichform 482, 503
Strichstärke 442, 482, 503
String 364
Stringfunktionen 370
STUNDE 629
Stundeneinteilung 171
Subtraktion 74
Suchbegriff 277
Suche 46, 406
–, exakte 411
SUCHEN 629
SUCHEN.KOPIEREN 670
Suchfunktion 378
Suchkriterien 378, 403, 404, 405, 409, 425
–, berechnete 412
– kombinieren 409
– verknüpfen 407
SUCHKRITERIEN.FESTLEGEN 671
Suchkriterienbereich 425

Suchkriterium 378
Suchmatrix 378
Suchmodus 407
Suchmöglichkeiten 403, 409
Suchstring 383
Suchtext 409
SUMME 137, 362, 629
SUMMENPRODUKT 629
SVERWEIS 380, 629
SYLK-Format 344, 355
Symbole aus Zeichenprogramm übernehmen 507
Symphony 355
–, Format 344
–, Funktionen 356
–, Tabellen 356
Syntaxangabe 366
System 150
– Teilen 230
Systemmenü 32

T

Tabelle 229
–, abhängige 282, 284
– aktualisieren 260
– anlegen 60, 70
– durchsuchen 337
–, Grundbegriffe 51
– löschen 60
–, Neuberechnung 368
– schließen 531
– verknüpfen 233, 262
Tabellenbereich 91
Tabellenblatt 23
Tabellenfenster 23, 70
Tabellenkalkulation 51
Tabellenmenüleiste 590
Tabellenoptionen 261
Tabellenteile drucken 198
Tabulator 348, 352, 354
Tabulatorzeichen 353
TAG 372, 629
Tage 170
–, Differenz 371
TAGE360 629
TAN 629
TANHYP 630
TASTENF.SENDEN 671
Tastenfolge aufzeichnen 519
Tastenkombination 93, 130, 522
Tastenschlüssel 524
– ändern 528
Tausenderpunkt 142
TEIL 630

Teilaussage 388
TEILEN 671
Teilstrichart 484
Teilung 671
–, logarithmische 489, 490
Testwerte 318, 320
Text 364, 630
– aufteilen 499
–, Ausrichtung 502
– hervorheben 501
–, kursiv 433
–, linksbündig 433, 437
–, Mitte 437
–, oben 437
–, rechtsbündig 437
–, unten 437
–, unveränderlicher 605
–, vergleichen 384
–, zentriert 437
–, zugeordneter 451
– zuordnen 496
TEXT.ZUORDNEN 671
Textargument 370, 543, 550
Textausgabefeld 610
Textausrichtung 147, 437
Textbox 429, 434
Textdatei 61, 589
– einlesen 352
Texteingabeelement 610
Textfeld 599, 671
Textformat 65, 345
Textformatierung 437, 500
Textfunktionen 370
Textmodus 187
Textobjekt 497
TEXTPOS 671
Textqualität 187
Textsuche 409
–, exakte 409
Textvorgabe 499
Textzeile 351
Textzuordnung 495
Titelleiste 22
Titelzeile 203
Traktor 188
Transponieren 122, 126
TREND 374, 630
Trendgerade 376
Trennzeichen bei Kommastellen 347
– zwischen Argumenten 545
TYP 630
Typauswahl 476
Typwerte addieren 577, 583

U

Überlagerung 494, 495, 671
ÜBERLAGERUNG.EINFÜGEN 672
ÜBERLAGERUNG.LÖSCHEN 672
Überlagerungsdiagramm 470
– formatieren 474
Überschriften definieren 202
– fixieren 232
Uhrzeit 169, 371
–, Differenz 373
Umgeschaltete Befehle 37
UND 388, 630
UND-Operator 388
UND-Verknüpfung 409
UNTEN.AUSFÜLLEN 672
Unterbereich 218
Unterfenster 229
–, Bildlauf verwenden 231
– einrichten 229
–, Trennstrich 232
Unterschlüssel 422
URSPRUNG 672
Ursprungsbezüge 286
Utilities 352

V

Variable 562, 586, 587
–, unabhängige 375
–, Wert zuweisen 587
Varianz 374, 630
VARIANZEN 630
VARIATION 630
VDB 631
VERBERGEN 672
VERBUND 672
Verbunddiagramm 472, 494
Verbundtypen 470
VERGLEICH 378, 631
Vergleichsfeld 340
Vergleichsoperator 383, 404, 411
Vergleichsoperatoren kombinieren 412
Vergleichsspalte 340
Vergleichstyp 378, 379
Vergleichswert 340
Vergleichszeile 341
Vergrößerungsmodus 195
Verknüpfen 122
– und einfügen 121
VERKNÜPFEN.UND.EINFÜGEN 672
VERKNÜPFTE.DATEIEN 672
VERKNÜPFTE.DATEIEN.ÖFFNEN 672
Verknüpfung 284

– aktualisieren 282
–, dynamische 295
VERKNÜPFUNG.AKTUALISIEREN 672
VERKNÜPFUNG.WECHSELN 672
Verlängerungsmodus 94, 96, 462
Verschieberichtung 108
Vertauschen 111
Verweis 355, 378, 631
–, externer 283
Verzeichnis 62, 67, 673
– wechseln 68
Verzeichnis-Listenfeld 62
Verzeichnisfeld 616
–, verknüpftes 600
Verzeichnisnamen in abhängiger Tabelle 283
Verzeichnisse 610
Verzeichnistext 600, 612
Verzerrung 450
VisiCalc-Format 344
Vollbild 33, 673
Vollbildfenster 572
Vollbildmodus 22
Vordergrund 168
Vordergrundfarbe 435
Vordergrundtext 501
Vorkommastellen 58, 142
– festlegen 142
Vorzeichen 58, 368, 631
Vorzugsform 476, 673
VORZUGSFORM.FESTLEGEN 673

W

WAHL 631
Wahlmarkierungen 597
– festlegen 597
WAHR 364, 383, 389, 544, 632
Wahrheitsprüfung 384, 386
Wahrheitswert 364, 383, 388
Währungsformat 143
WARNUNG 574, 673
WARTEN 673
Warteschlange 205
Was wäre, wenn...-Analyse 315
WBILDLAUF 673
WBILDLAUF.SEITEN 673
WBILDLAUF.SPALTEN 673
WECHSELN 632
WEITER 562, 567, 673
Weitersuchen 277
WENN 384, 555, 568, 632, 674
WENN.ENDE 568
Werkzeugleiste 23, 135, 148, 185, 305, 313, 429,
    432, 433, 440, 442, 502

Wert 632
– aus Spalte 318
– aus Zeile 319
–, zukünftiger 390
WERT.FESTLEGEN 674
Wertausgabefunktionen 570
WIEDERHOLEN 632
Windows-Applikationen, Datenaustausch 357
Windows-Notizblock 22
Winkel 391
Winkelangabe in Grad 391
WinWord 359
WK1-Format 344
WK3-Format 344
WKS-Format 344
WOCHENTAG 371, 632
Word 66, 346
Worttrennung 430
WURZEL 368, 632
WVERWEIS 381, 632

X

XLSTART 239, 247, 392

Z

Z1S1 600, 605
– Bezugsargumente 550
– Format 79, 342, 537, 563
Zahl 364
– als Text 59
–, linksbündig 147
–, negative 143
–, rechtsbündig 147
–, serielle 172, 261, 371
– vergleichen 384
Zahlenausrichtung 147
Zahlenfeld 599
Zahlenformat 140, 356
– definieren 146
Zahlenreihe berechnen 243
Zähler 587
Zählschleife 561
Zahlungsperiode 389
Zahlungszeiträume 390
Zehnerpotenz 490
ZEICHEN 632
Zeichenfolge 24
Zeichenkette 366
–, Länge 365
– vergleichen 384
Zeigemodus 89, 138
Zeile 23, 24, 96, 379, 389, 632

– sortieren 422
ZEILEN 633
Zeilenangabe, relative 80
Zeilendifferenz 79, 339
Zeilenhöhe 158, 163, 674
– manipulieren 163
Zeilenkoordinaten 51
Zeilenkopf 193
Zeilenname 223
– verwenden 220
Zeilennummer 24, 108, 193
Zeilenüberschrift 216, 232
Zeilenumbruch 430
Zeilenvorschub 345
ZEIT 373, 633
Zeitformate 171
Zeitfunktionen 371, 373
Zeitsymbole 171
Zeitwert 633
– eingeben 169
Zellattribut 125, 174
Zellcursor 24, 101
– als Pfeil 431
Zelle 24, 51, 56, 674
–, aktive 100
–, benannte 212
–, gesperrt 174
– verschieben 109, 214
ZELLE.ZUORDNEN 674

Zellen, benachbarte 57
Zellgröße, Bindung 438
Zellhintergrund 167
Zellinhalt 57
– übernehmen 124
– verschieben 113
Zellname 209
Zellposition, Bindung 440
Zellreferenz 24, 75, 526
– anpassen 79
ZELLSCHUTZ 647
Zellselektion 91
Zentriert 147
Zielbereich 415, 417
Zielwertsuche 244, 675
Zielzelle 249
Ziffernblock 23, 102
Zins 389, 390, 633
Zinssatz 389
ZINSZ 633
ZUFALLSZAHL 368, 633
Zugriff, lesender 544
Zugriffsmöglichkeiten auf die geladene Datei 544
Zusätze 584
Zusatzfunktionen 392, 585
Zw 390, 633
Zwischenablage 357, 358, 359
Zzr 390, 633

Excel 3.0 bei Markt&Technik

Stand: Juni 1991

Ignatz Schels
Excel 3.0 – Markt&Technik aktuell

Das Wichtigste zur aktuellen Programmversion 3.0: Leistungsumfang, Update-Hilfen und Kurzeinführung. Für den schnellen Überblick und zur Hilfe für die Kaufentscheidung geeignet.
1991, 163 Seiten
ISBN 3-87791-066-1
DM 19,80

B. Rosemann/D. Schlopsnies
Excel 3.0 – Die Einführung

Die Tabellenkalkulation sehen, verstehen und anwenden. Anhand zahlreicher Übungen, die auf der beiliegenden Diskette mitgeliefert werden, wird der Leser Schritt für Schritt an das mächtige Programm herangeführt.
Lieferbar 3. Quartal 1991,
ca. 400 Seiten,
inkl. Diskette
ISBN 3-89090-952-3
ca. DM 59,–

R. Kost/J. Steiner/R. Valentin (Hrsg.)
So geht's! Excel 3.0: Starthilfen

Wer sich mit Tabellenkalkulation erstmals beschäftigt, stößt auf Begriffe wie »Arbeitsblatt« oder »Adressierung«. Diejenigen, die trotzdem mit Excel 3.0 arbeiten wollen, greifen zu den »Starthilfen«. Da wird alles anschaulich erklärt.
1991, 224 Seiten,
inkl. Diskette
ISBN 3-87791-109-9
DM 39,80

Said Baloui
Excel 3.0 – Das Kompendium

Zum schrittweisen Lernen, Vertiefen und Nachschlagen: die umfassende Beschreibung der Programmversion 3.0 – einschließlich Makroprogrammierung mit Pfiff. Mit zahlreichen Beispielen und Übungen auf Begleitdiskette und mit ausführlichem Anhang.
1991, 784 Seiten,
inkl. Diskette
ISBN 3-87791-089-0
DM 89,–

H. Erlenkötter/V. Reher
Excel 3.0 – Schnellübersicht

Systematische Hilfe für die Praxis. Aus dem Inhalt: Installation und Bedienung; Formatierung und Darstellung; Grafik; Datenbank; Funktionen, Berechnung, Auswertung; Drucken; Dateien und Datenaustausch; Präsentation; Makroprogrammierung; Dialogfelder.
Lieferbar 3. Quartal 1991,
ca. 350 Seiten
ISBN 3-87791-140-4
DM 39,–

Ignatz Schels
Makro-Programmierung mit Excel 3.0

Für alle, die mit Makros Zeit sparen möchten. Aus dem Inhalt: Programmierlogik; Datenflußpläne; Tests; Organisation; umfassender Nachschlageteil; pfiffige Schleichwege durch den Codedschungel. Mit Beispielmakros auf Begleitdiskette.
Lieferbar 3. Quartal 1991,
ca. 350 Seiten,
inkl. Diskette
ISBN 3-87791-087-4
ca. DM 69,–

Markt &Technik-Bücher gibt's überall im Fachhandel und bei Ihrem Buchhändler.

91089-21

Excel 3.0 bei Markt&Technik

Stand: Juni 1991

Krieger, Zander & Partner GmbH
(Hrsg.)
Excel 3.0 –
Fachkolleg
Interaktive Lernsoftware mit
Schulungsbuch für den
gründlichen Lernerfolg.
Damit können Sie jederzeit
und ohne teure Seminare
das Programm Excel 3.0
kennenlernen, trainieren
und Ihr Wissen kontrollie-
ren. Keine Vorausset-
zungen – außer einem PC.
Lieferbar 4. Quartal 1991,
ca. 300 Seiten, inkl. $3^1/_2$"-
und $5^1/_4$"-Disketten
ISBN 3-89090-977-9
DM 249,–